Entscheidungen

des

Reichsgerichts.

Herausgegeben

von

den Mitgliedern des Gerichtshofes
und der Reichsanwaltschaft.

Entscheidungen in Civilsachen.

Neue Folge.

Vierter Band.

Der ganzen Reihe vierundfünfzigster Band.

Leipzig,
Verlag von Veit & Comp.
1903

Entscheidungen

des

Reichsgerichts

in

Civilsachen.

Neue Folge.

Vierter Band.

Der ganzen Reihe vierundfünfzigster Band.

Leipzig,
Verlag von Veit & Comp.
1903

Druck von Metzger & Wittig in Leipzig.

Inhalt.

I. Reichsrecht.

II. Gemeines Recht.

III. Preußisches Recht.

IV. Rheinisches Recht.

V. Prozeßrecht.

1. 1. Verhältnis der §§ 376. 383 Abs. 1 Ziff. 5. 385 Abs. 2 C.P.O. zueinander.

2. Wird ein Anvertrautsein im Sinne des § 383 Abs. 1 Ziff. 5 C.P.O. dadurch ausgeschlossen, daß die Partei gesetzlich gezwungen gewesen ist, den Zeugen zur Wahrnehmung der Tatsachen, über die er vernommen werden soll, zuzulassen?

V. Civilsenat. Beschl. v. 7. Februar 1903 i. S. B. (Kl.) w. St. u. Gen. (Bekl.). Beschw.-Rep. V. 36/03.

I. Landgericht Hannover.
II. Oberlandesgericht Celle.

Der Kläger, der behufs Vergrößerung einer von ihm betriebenen Wurstfabrik Grundstücke von den Beklagten angekauft, für die hier beabsichtigte Anlegung einer Talgschmelze, einer Darmbereitungsanlage und einer Knochenkocherei, die nach § 16 Gew.O. erforderliche polizeiliche Genehmigung nachgesucht, jedoch nicht erhalten hatte und deshalb vom Vertrage zurückgetreten war, behauptete in dem über die Rechtmäßigkeit seines Rücktritts geführten Prozeß, die Anlagen, die Gegenstand des Genehmigungsgesuchs gewesen seien, hätten ihrer Art nach dem bisherigen klägerischen Fabrikbetrieb entsprochen, insbesondere habe bereits die bisherige Betriebsstätte Einrichtungen zum Schmelzen von Talg, zum Reinigen und Zubereiten der Därme und zum Kochen der Knochen gehabt. Zum Beweise des Gegenteils nahmen die Beklagten auf das sachverständige Zeugnis des Gewerbeinspektors M. in H. Bezug. Dieser verweigerte indessen, nachdem die gemäß § 376 C.P.O. erforderliche Genehmigung seiner vorgesetzten Dienstbehörde, des Regierungspräsidenten in H., eingeholt und erteilt worden war, sein Zeugnis auf Grund des § 383 Abs. 1 Ziff. 5 C.P.O., weil er von den fraglichen Fabrikeinrichtungen bei den in seiner Eigenschaft als Aufsichtsbeamter vorgenommenen Revisionen der Fabrik Kenntnis erhalten habe und daher nach § 139b Abs. 1 Gew.O. zur Geheimhaltung der Wahrnehmungen verpflichtet sei. Kläger lehnte es ab, den Zeugen von dieser Verpflichtung zu entbinden. Die Zeugnisverweigerung wurde vom ersten Richter für unbegründet, in der Beschwerdeinstanz für begründet erklärt. Die gegen letzteren Beschluß von den Beklagten eingelegte weitere sofortige Beschwerde ist zurückgewiesen worden aus folgenden

Gründen:

... „Zunächst unterliegt es keinem Zweifel, daß die dem Zeugen von seinem Vorgesetzten erteilte Genehmigung zur Zeugnisablegung die Frage, ob ein Zeugnisverweigerungsrecht besteht, nicht erledigt hat. Denn für jene Genehmigung kamen nur Rücksichten des öffentlichen Rechts in Betracht. Sie mußte nach § 376 Abs. 2 C.P.O. erteilt werden, sofern eine Gefährdung des Wohles des Reichs oder eines Bundesstaats durch die Aussage nicht zu besorgen war. Viel weiter reicht die Vorschrift des § 385 Abs. 2 C.P.O., die, wie ihre allgemein lautende Fassung ergibt, auch Privatgeheimnisse einer Partei, an deren Wahrung letztere ein Interesse hat, schützen will. Hat daher der Zeuge seine solche Privatgeheimnisse umfassenden Wahrnehmungen in amtlicher Eigenschaft gemacht, so muß, um ihn von der Verpflichtung zur Verschwiegenheit zu entbinden, zu der Genehmigung der vorgesetzten Dienstbehörde noch die Genehmigung der Partei, deren Interesse in Frage steht, hinzukommen. Dies verkennen die Beschwerdeführer nicht. Sie machen aber geltend, § 139b Abs. 1 Gew.O. sei keine die Geheimhaltung von Tatsachen gebietende gesetzliche Vorschrift im Sinne des § 383 Abs. 1 Ziff. 5 C.P.O., sondern bringe nur die allgemeine Verpflichtung der Beamten zur Amtsverschwiegenheit, wie sie § 11 des Reichsbeamtengesetzes vom 31. März 1873 ausspreche, in „besonders scharfer" Weise zum Ausdruck. Insoweit sei daher dem Zeugen für seine Berufung auf den citierten § 383 durch die ihm vom Regierungspräsidenten erteilte Erlaubnis zum Zeugnisablegen die Stütze entzogen worden. Außerdem fehle es aber auch an der weiteren dort aufgestellten Voraussetzung, daß die Tatsachen dem Zeugen „anvertraut" sein müssen. Dies erfordere zwar nicht unmittelbare Mitteilung von Person zu Person, sondern könne auch in der Weise vor sich gehen, daß eine Person der anderen — dem Vertrauensmann — die Befugnis gewähre, sich durch eigene Wahrnehmung die geheim zu haltenden Kenntnisse zu verschaffen. Immer müsse jedoch die Zugänglichmachung des Wahrzunehmenden darauf beruhen, daß die mitteilende Person in den anderen kraft ihres freien Willens ein besonderes Vertrauen setzt. Sei jemand gesetzlich gezwungen, einem anderen die Möglichkeit gewisser Wahrnehmungen zu verschaffen, so liege kein Vertrauen und daher auch kein Anvertrauen vor. Diese Ausführungen gehen durchweg fehl. Ob § 11 des Reichsbeamtengesetzes im Wege der Analogie gegenüber preußischen Staatsbeamten, zu denen der Zeuge M. unzweifelhaft gehört, überhaupt angewendet werden darf, wie die Beschwerdeführer und der angefochtene Beschluß — anscheinend im Anschluß an den reichsgerichtlichen Beschluß vom 24. Mai 1895, Entsch. des R.G.'s in Civils. Bd. 35 S. 402. 403 — annehmen, kann dahingestellt bleiben. Denn jedenfalls ist die weitere Darlegung des Oberlandesgerichts zutreffend, daß die Verschwiegenheitspflicht des § 139b Gew.O. weiter greift und anderer Art ist als die durch das Reichsbeamtengesetz den Beamten auferlegte allgemeine Verpflichtung zur Wahrung des Amtsgeheimnisses, mithin in der Tat eine auf Geheimhaltung von Tatsachen bezügliche Sondervorschrift, wie sie § 383 Abs. 1 Ziff. 5 C.P.O. voraussetzt, enthält. Wenn aber weiterhin die Beschwerdeführer die Freiwilligkeit der Zugänglichmachung des Anzuvertrauenden als ein wesentliches Begriffsmerkmal des Anvertrautseins bezeichnen, so übersehen sie dabei, daß für eine solche einengende Auslegung der Ziff. 5 der Gesetzeswortlaut keinen Anhalt bietet. Die dort gebrauchte passive Redeform erfordert weiter nichts, als daß dem Zeugen die Tatsachen kraft seines Amtes anvertraut sind. Von welcher Seite ihm das Vertrauen entgegengebracht wird, ob von der Partei, die an der Geheimhaltung ein privates Interesse hat, oder von der staatlichen Anstellungsbehörde, die den Zeugen zur Bekleidung eines solchen Vertrauenspostens für würdig hält, ist gleichgültig. Es kann daher nicht darauf ankommen, ob, was die Beschwerdeführer behaupten, etwa andere Reichsgesetze, insbesondere das Strafgesetzbuch bei Normierung des Tatbestandes der Unterschlagung, mit dem Ausdruck „anvertrauen" einen abweichenden Sinn verbinden." . . .

1*

2. Voraussetzungen der Zurücknahme eines Patentes nach § 11 Ziff. 2 des Patentgesetzes.

I. Civilsenat. Beschl. v. 11. Februar 1903 i. S. Maschinenfabrik G. (Kl.) w. M. D. (Bekl.). Beschw.-Rep. I. 291/02.

I. Patentamt.

Der Beklagte M. D. war Inhaber des Patentes Nr. 73906, durch welches ein Apparat zum Pichen und Entpichen von Bierfässern geschützt war. Zu diesem Patente wurde dem P. K. unter Nr. 108126 ein Zusatzpatent bewilligt, welches auf die Klägerin überging. Unter der Behauptung, daß der Beklagte ihr die Erteilung der Lizenz für die Ausführung des Zusatzpatentes trotz des Anerbietens angemessener Vergütung und genügender Sicherheit verweigere, die Erteilung der Erlaubnis zur Benutzung des Patentes Nr. 73906 für den bezeichneten Zweck aber im öffentlichen Interesse gelegen sei, erhob Klägerin bei dem Patentamte Klage auf Zurücknahme des Patentes Nr. 73906. Das Patentamt wies die Klage durch Urteil vom 13. Januar 1902 ab. Auf die Berufung der Klägerin gab das Reichsgericht durch Beschluß vom 11. Februar 1903 dem Beklagten auf, der Klägerin die Erlaubnis zur Benutzung der durch Patent Nr. 73906 unter Schutz gestellten Erfindung behufs Ausführung des Patentes Nr. 108126 gegen eine Lizenzgebühr von 350 *M* von jedem nach dem Patent Nr. 108126 hergestellten Apparat und gegen eine nach Maßgabe der §§ 233 und 234 B.G.B. zu bestellende Sicherheit von 20000 *M* binnen einer Frist von vier Wochen zu erteilen, widrigenfalls das Patent Nr. 73906 zurückgenommen werde.

Gründe:

„Der Senat erachtete sämtliche Voraussetzungen des § 11 Ziff. 2 des Patentgesetzes für gegeben.

1. In Frage steht die Erteilung der Erlaubnis zur Benutzung einer Erfindung für eine Verbesserungserfindung. Daß das der Klägerin erteilte Zusatzpatent gegenüber dem dem Beklagten gehörigen Mutterpatent einen neuen selbständigen Erfindungsgedanken verwirklicht, welcher gewerbliche Verwertung gestattet, sonach einen gewerblichen Fortschritt bedeutet, hat die über die Patenterteilung entscheidende

technische Behörde, das Kaiserliche Patentamt, durch die Erteilung des Patentes auf Grund sachkundiger Prüfung festgestellt. Da die Patentfähigkeit des Zusatzpatentes im Prozeß nicht beanstandet worden ist, so ist für die hier zu gebende Entscheidung davon auszugehen, daß das klägerische Zusatzpatent eine Vervollkommnung der dem Beklagten geschützten Erfindung darstellt. Diese Auffassung ist aber auch durch das Ergebnis der Beweisaufnahme bestätigt worden. Der in erster Instanz vernommene Sachverständige hat in seinem Gutachten als besondere Vorzüge des klägerischen Patents bezeichnet:" (Dieselben werden unter a—c angeführt.)

„2. Durch die Erteilung eines Patentes wird dem Inhaber ein Privileg gegeben, seine Erfindung ausschließlich in seinem Interesse zu verwerten. Dieses Privileg wird aber gewährt auf Grund desjenigen Standes der Technik, wie er zur Zeit der Patenterteilung besteht. Die Vorteile, welche das Patent gewährt, sollen zu Erfindungen auf gewerblichem Gebiete anspornen und anreizen; nicht aber darf das dem einzelnen gewährte Privileg dazu führen, die Entwickelung der gewerblichen Technik hintanzuhalten und zu schädigen. Vielmehr hat die Allgemeinheit ein Interesse daran, daß der gewerbliche Fortschritt nicht gehemmt werde. Dieses öffentliche Interesse ist im vorliegenden Falle um so gewisser anzuerkennen, als das klägerische Zusatzpatent eine erhöhte Sicherheit der im Brauereigewerbe beschäftigten Arbeiter bezweckt und nach dem Gutachten des Sachverständigen auch erreicht.

3. Um das Interesse des privilegierten Patentinhabers mit dem Interesse der Allgemeinheit an der gewerblichen Weiterentwickelung in Einklang zu bringen, hat der deutsche Gesetzgeber nach eingehender Prüfung aller in Betracht kommender Gesichtspunkte und nach dem Vorbild anderer Gesetzgebungen eine Mittellinie gesucht und in der Bestimmung des § 11 Ziff. 2 des Patentgesetzes auch gefunden.

Vgl. Regierungsbegründung zu § 11 des Patentgesetzes S. 26 flg., und Bericht des Reichstagskommission, erstattet von dem Abgeordneten Dr. Hammacher, S. 20 flg.

Er gleicht die sich gegenüberstehenden Interessen in der Weise aus, daß er zwar die Lizenzerteilung erzwingt, aber andererseits dem privilegierten Patentinhaber eine angemessene Vergütung für die Gewährung der Lizenz sichert. Eine solche angemessene Vergütung ist im vorliegenden Falle dem Beklagten von der Klägerin in Höhe von 250 bis 400 *M* angeboten. Der Senat ist in der Lage, auf Grund des eigenen Vorbringens des Beklagten die Höhe dieser Vergütung zu arbitrieren. Das Verlangen einer Lizenzgebühr von 1800 *M* (wie in den dem Prozesse vorausgegangenen Verhandlungen) oder auch von 650 *M* (wie im Prozeß geltend gemacht) steht einer Verweigerung der Lizenz gleich. Nach der eigenen Darstellung des Beklagten ist er zu dem Betrage von 1800 *M* dadurch gekommen, daß er den für den Fall der Gewährung einer weiteren Lizenz von ihm an zwei Lizenzträger versprochenen Konventionalstrafen von 1000 *M* und 500 *M* eine von ihm für die Lizenz beanspruchte Vergütung von 300 *M* hinzurechnete. Damit hat Beklagter selbst erklärt, welche Vergütung er für angemessen erachtet. Die Konventionalstrafen kommen jedoch für diese Beurteilung nicht in Betracht, weil eine im öffentlichen Interesse erzwungene Lizenz nicht als Zuwiderhandlung gegen eine vertraglich übernommene Verpflichtung aufgefaßt werden kann. Ob und welche Rechte die Lizenzträger aus ihren Verträgen mit dem Beklagten gegen diesen etwa ableiten können, braucht hier im einzelnen nicht geprüft zu werden. Keinesfalls konnte der Beklagte auf die Lizenznehmer mehr Rechte übertragen, als er selbst besaß. Das ihm selbst durch die Patenterteilung gewährte Privileg bestand aber von vornherein nur innerhalb der durch das Patentgesetz gezogenen Schranken, zu welchen auch die Bestimmung des § 11 des Patentgesetzes gehört. Hat der Beklagte darüber hinaus Verpflichtungen übernommen oder Garantie geleistet, so kann dies den auf § 11 Ziff. 2 gestützten Anspruch der Klägerin nicht berühren. Durch die vertragsmäßigen Abmachungen des Beklagten mit Dritten können die gesetzlichen Grenzen des Patentrechts des Beklagten nicht zum Nachteil der Klägerin verschoben werden.

4. Da die Berufungsklägerin sich auch zu jeder von dem Gericht für genügend erachteten Sicherheitsleistung ausdrücklich bereit erklärt hat, war der Senat in der Lage, dem Beklagten sofort die Erteilung der Erlaubnis zur Benutzung seiner Erfindung für die Ausführung des klägerischen Zusatzpatentes aufzugeben und ihm für den Fall, daß er der gemachten Auflage innerhalb der festgesetzten an-

gemessenen Frist nicht nachkommt, gemäß § 30 Abs. 2 des Patentgesetzes, § 13 der Kaiserlichen Verordnung vom 6. Dezember 1891 die Zurücknahme des Patentes anzudrohen."

---

3. Beruht eine Berufungsverhandlung, in der einer der Richter nach Verlesung der Anträge durch die Parteien einen von ihm aus den Akten entworfenen Tatbestand vorträgt, und in der die Parteien, nachdem sie das Vorgetragene als richtige Wiedergabe der Verhandlungen in erster Instanz anerkannt haben, sodann weiter zur Sache verhandeln, auf Verletzung des der Civilprozeßordnung zu grunde liegenden Grundsatzes der mündlichen Parteiverhandlung?

III. Civilsenat. Urt. v. 13. Februar 1903 i. S. Württemb. Staatsfinanzverwaltung (Bekl.) w. evangel. Kirchengemeinde W. (Kl.). Rep. III. 363/02.

I. Landgericht Stuttgart.
II. Oberlandesgericht daselbst.

Die Frage wurde bejaht aus nachfolgenden

Gründen:

„Die Rügen der Revisionsklägerin, daß in dem Verfahren vor dem Berufungsgerichte der Grundsatz der mündlichen Parteiverhandlung verletzt worden sei, und daß eine Abänderung der Urteils erster Instanz über den Berufungsantrag der Klägerin hinaus erfolgt sei, sind für begründet zu erachten.

Das Sitzungsprotokoll über die Berufungsverhandlung enthält zunächst die Konstatierung über die Zustellungen des erstinstanzlichen Urteils und der beiderseitigen Berufungsschriftsätze, um sodann fortzufahren:

„Der Vertreter der Klägerin, Berufungsklägerin und Berufungsbeklagten verlas sodann den Antrag aus der Berufungsschrift 1, der Vertreter der Beklagten, Berufungsbeklagten und Berufungsklägerin aus der Berufungsbeantwortung 4 und aus der Berufungsschrift 2, der Vertreter der Klägerin, Berufungsklägerin und Berufungsbeklagten noch denjenigen aus dem Schriftsatz 5. Im Einverständnis der

Parteivertreter trug hierauf der Berichterstatter den von ihm aus den Akten entworfenen Tatbestand vor. Das Vorgetragene wird von den Parteivertretern als richtige Wiedergabe der Verhandlungen in erster Instanz anerkannt. Sodann verhandelten die Parteianwälte weiter zur Sache. Nach Beendigung der Parteivorträge schloß der Vorsitzende die Verhandlung."

Dieses Verfahren, welches an die §§ 365. 391 der Strafprozeßordnung erinnert, enthält eine Verletzung des nach der Civilprozeßordnung geltenden Grundsatzes der mündlichen Parteiverhandlung. Nach § 128 ist die Verhandlung der Parteien über den Rechtsstreit vor dem erkennenden Gerichte eine mündliche. Nach § 136 eröffnet und leitet der Vorsitzende die mündliche Verhandlung in der dort im einzelnen geordneten Weise. Nach § 137 wird die mündliche Verhandlung dadurch eingeleitet, daß die Parteien ihre Anträge stellen, sind deren Vorträge in freier Rede zu halten, haben diese Vorträge das Streitverhältnis in tatsächlicher und rechtlicher Beziehung zu umfassen, und ist eine Bezugnahme auf Schriftstücke statt mündlicher Verhandlung unzulässig. Nach § 139 hat der Vorsitzende das Fragerecht auszuüben, auf die Bedenken, welche in Ansehung der von amtswegen zu berücksichtigenden Punkte obwalten, aufmerksam zu machen und jedem Mitgliede des Gerichts auf Verlangen zu gestatten, Fragen zu stellen. Nach § 338 enthält das Urteil eine gedrängte Darstellung des Sach- und Streitstandes auf Grundlage der mündlichen Vorträge der Parteien unter Hervorhebung der genannten Anträge (Tatbestand), wobei eine Bezugnahme auf die vorbereitenden Schriftsätze und die zum Sitzungsprotokoll erfolgten Feststellungen nicht ausgeschlossen ist. Diese Vorschriften finden insbesondere auch betreffs der Verhandlung über das Rechtsmittel der Berufung (hinsichtlich des Tatbestandes mit der sich aus § 543 ergebenden Modifikation) Anwendung. Denn nach § 525 wird der Rechtsstreit in den durch die Anträge bestimmten Grenzen von neuem verhandelt. Nach § 526 haben die Parteien bei der mündlichen Verhandlung das durch die Berufung angefochtene Urteil, sowie die dem letzteren vorausgegangenen Entscheidungen nebst den Entscheidungsgründen und den Beweisverhandlungen insoweit vorzutragen, als dies zum Verständnis der Berufungsanträge und zur Prüfung der Richtigkeit der angefochtenen Entscheidung erforderlich ist, und hat im Falle der Unrichtigkeit oder Unvollständigkeit des Vortrags der Vorsitzende dessen Berichtigung oder Vervollständigung, nötigenfalls unter Wiedereröffnung der Verhandlung zu veranlassen. Nach § 537 endlich sind Gegenstand der Verhandlung und Entscheidung des Berufungsgerichts alle einen zuerkannten oder aberkannten Anspruch betreffenden Streitpunkte, über welche in Gemäßheit der Anträge eine Verhandlung und Entscheidung erforderlich ist. Nach vorstehenden Bestimmungen kann es keinem Zweifel unterliegen, daß die Verhandlung vor dem Berufungsgerichte der Civilprozeßordnung nicht entsprochen hat. Denn statt der Parteien hat der Berichterstatter, der lediglich wie die übrigen Mitglieder des Gerichts das Recht hat, Fragen zu stellen, und in einem Civilprozesse nur nach Maßgabe des § 199 Abs. 1 Satzes 2 des Gerichtsverfassungsgesetzes eine besondere Stellung rechtlich einnimmt, den Sach- und Streitstand statt der Parteien vorgetragen. Die letzteren haben alsdann allerdings weiter zur Sache verhandelt. Allein dieser Umstand ist um so unerheblicher, als diese weitere Verhandlung ausweislich des Berufungsurteils eine durchaus nebensächliche, auf dem Vortrage des Berichterstatters fußende, den Sach- und Streitstand nicht umfassende und also für sich betrachtet unzulängliche war; demgemäß nimmt denn auch in dem Berufungstatbestande, der übrigens auch die Anträge der Berufungsbeklagten nicht enthält, die Darstellung des Vortrags des Berichterstatters zwanzig Seiten, und die Darstellung der Vorträge der Parteien zwei Seiten ein. Das Berufungsurteil ist demgemäß auf Grund einer Verhandlung erlassen worden, in der die Vorschriften über die mündliche Parteiverhandlung verletzt worden sind. Die Tatsache, daß die Prozeßbevollmächtigten der Parteien ihr Einverständnis mit diesem Verfahren erklärt haben, ist völlig gleichgültig,

vgl. Urteil des erkennenden Senats vom 21. Juni 1901, Rep. III. 170/01, in Sachen B. wider E.: Jurist. Wochenschr. 1901 S. 615 Ziff. 1,

da Vorschriften verletzt sind, auf deren Befolgung eine Partei wirksam nicht verzichten kann. Eine andere Beurteilung würde allerdings eintreten müssen, wenn der Satz richtig wäre, daß der gesamte in den Akten erster Instanz ruhende Prozeßstoff dem Berufungsgerichte als offenkundig auch dann, wenn er mündlich durch die Parteien nicht vorgetragen worden ist, gelten müsse, daß der Vortrag der

Parteien, weil das Gericht das ihm Offenkundige nicht ignorieren dürfe, nur Informationszweck habe, und daß das Berufungsgericht daher auch Behauptungen, die mündlich nicht wiederholt worden sind, berücksichtigen müsse. Diese Ansicht ist aber von dem erkennenden Senate bereits,

Entsch. des R.G.'s in Civilſ. Bd. 4 Nr. 102,

als unrichtig bezeichnet worden. Es ist hierbei ausgesprochen worden, der auch für die Berufungsinstanz geltende Grundsatz der Mündlichkeit bestehe darin, daß der Rechtsstreit unmittelbar vor den zu seiner Entscheidung berufenen Richtern verhandelt werde, und daß das erkennende Gericht nur das, was bei der Verhandlung mündlich vorgetragen werde, zu berücksichtigen habe, und es folge aus diesem Grundsatz, daß in der Berufungsinstanz die Berücksichtigung des tatsächlichen Vorbringens der Parteien in erster Instanz durch Wiederholung desselben in der mündlichen Berufungsverhandlung bedingt sei, und daß die schriftliche Feststellung des Parteivorbringens in erster Instanz die mündliche Verhandlung vor dem Berufungsgerichte nicht ersetzen könne. Hieraus ergibt sich aber, daß, da letztere, wie oben ausgeführt, durch die Parteien zu erfolgen hat, auch ein mündlicher Vortrag des Berichterstatters in der mündlichen Verhandlung vor dem Berufungsgerichte nicht an Stelle des Vortrags der Parteien treten kann." ...

(Folgt die Ausführung, daß eine Abänderung des Urteils erster Instanz über den Berufungsantrag der Klägerin hinaus erfolgt sei.)

---

4. Wie hat auf die Berufung des in erster Instanz „zur Zeit" abgewiesenen Klägers, sofern eine Urteilsabänderung zu dessen Nachteil vom Beklagten nicht beantragt ist, das Berufungsgericht zu erkennen, wenn es ein durch Eid des Beklagten bedingtes Urteil, welches als Folge der Eidesleistung die endgültige Klagabweisung, als Folge der Eidesverweigerung die klagantraggemäße Verurteilung des Beklagten ausspricht, für das richtige hält?

III. Civilsenat. Urt. v. 13. Februar 1903 i. S. Nationalaktienbrauerei (Kl.) w. Sch. (Bekl.). Rep. III. 360/02.

I. Landgericht Hildesheim.
II. Oberlandesgericht Celle.

Aus den Gründen:

... „Begründet ... ist der Angriff der Revision, soweit der Anspruch auf den nach Abzug der 116,20 *M* verbleibenden Betrag von 5769,89 *M* in Frage steht. Der Beklagte hat in erster Instanz den Einwand erhoben, daß diese Forderung vereinbarungsgemäß dadurch zur Tilgung gebracht worden, daß er sein aus Grundbesitz, Geschäftsinventar und ausstehenden Forderungen bestehendes Aktivvermögen der Klägerin zu Eigentum übertragen habe, und das Landgericht hat auf Grund der Annahme, daß bei Übertragung der Vermögensstücke mindestens deren Verwertung durch die Klägerin von den Parteien in Aussicht genommen worden sei, daß mithin weder die tatsächlich angegebenen Werte von 9000 *M* für den Grundbesitz und 4000 *M* für Inventar hätten maßgebend sein sollen, noch der Klägerin vor der Verwertung bezüglich ihrer Forderung ein Klagerecht zustehen könne, die Klage abgewiesen. Auf die von der Klägerin eingelegte Berufung hat der Beklagte in der Berufungsinstanz seine Einrede durch die Behauptung ergänzt, es sei vereinbart, daß Klägerin gegen Abtretung jener Aktiven auf alle ihre Ansprüche gegen ihn verzichten, auch seine sämtlichen Schulden bezahlen solle, und weiter daneben, daß dieselbe diese Aktiven verwerten und, wenn sich wider Erwarten ein Überschuß über ihre Forderungen an ihn ergeben würde, diesen ihm herausgeben solle. Das Berufungsgericht hat in Abänderung der erstinstanzlichen Entscheidung dem Beklagten den Eid über die von ihm behauptete Vereinbarung in ihrem ersten Teil auferlegt und als Folge der Eidesleistung die endgültige Klagabweisung, als Folge der Eidesverweigerung dessen Verurteilung zur Zahlung der 5769,89 *M* nebst Zinsen ausgesprochen.

Mit Recht rügt die Revision, daß durch diese Entscheidung der § 536 C.P.O. verletzt ist.

Die prozessuale Lage der Berufungsklägerin ist durch das angefochtene Urteil ungünstiger gestaltet, als sie nach dem erstinstanzlichen Urteile sich stellt. Die abweichende Ausführung des Berufungsgerichts, daß das Erkenntnis für die Berufungsklägerin deshalb günstiger sei, weil der Beklagte schwören müsse, ist nicht zu billigen. Zunächst kann nicht in Frage gestellt werden, daß das erstinstanzliche

Urteil, wenn schon die Urteilsformel einfach auf Klagabweisung lautet, nur eine Abweisung angebrachtermaßen, zur Zeit ausspricht; die Begründung läßt in dieser Hinsicht dem Zweifel keinen Raum. Andererseits ist mit der Möglichkeit, daß Beklagter den zur Überzeugung des Gerichts von der Wahrheit seiner Behauptung ihm auferlegten Eid nicht leistet, bei der Frage nach Verschlechterung der klägerischen Rechtslage nicht zu rechnen. Maßgebend ist, daß das erstinstanzliche Urteil für den Fall, daß die Verwertung der Vermögensstücke erfolgt, und der erzielte Erlös sich nicht höher beziffert, als der Betrag, den die Klägerin als Entgelt für dieselben dem Beklagten schon jetzt gutgeschrieben hat, neuangestellter Klage auf Zahlung der 5769,89 M nicht entgegensteht, während aus dem angefochtenen Urteil, welches dem Beklagten die Entscheidung in die Hand gibt, im Fall des Unterliegens der Klägerin die Einrede der rechtskräftig entschiedenen Sache dem Beklagten zwecks Abwehr wiederholter Klage erwächst. Die Abänderung des angefochtenen Urteils zu ungunsten des Berufungsklägers hat nach § 536 C.P.O. ausnahmslos zur Voraussetzung, daß der Gegner mit entsprechendem Antrage der Berufung sich angeschlossen hat. Fehlt es an dieser Voraussetzung, so ist das Berufungsgericht nicht in der Lage, das von ihm für richtig erachtete, dem Berufungskläger jedoch ungünstigere Urteil an die Stelle des erstinstanzlichen Urteils zu setzen. Wie in solchem Fall zu verfahren ist, wird sich, je nachdem das für richtig gehaltene Urteil ausnahmslos oder nur bei Eidesleistung des Berufungsbeklagten ungünstiger, bei Eidesweigerung dagegen günstiger für den Berufungskläger im Erfolg ist, verschieden gestalten müssen. Während im ersten Fall von der Aufhebung des Urteils abzusehen und die Berufung als unbegründet zurückzuweisen ist, wird es im zweiten Fall gerechtfertigt erscheinen, das Urteil abzuändern, dabei indes der Eidesleistung nur eine der Tragweite des erstinstanzlichen Urteils entsprechende Wirkung beizulegen, also als Folge der Eidesleistung auch nur die zeitweilige Abweisung der Klage auszusprechen, wenn auf solche das angefochtene Urteil sich beschränkt hat.

Der Beklagte hat sich der Berufung der Klägerin lediglich mit dem Antrag, die Klage eventuell zur Zeit abzuweisen, angeschlossen. Unverständlich, wie nach Lage der Sache dieser Antrag an sich ist, kann er der angefochtenen Entscheidung, wie sich von selbst ergibt, nicht zur Stütze dienen. Dieselbe ist daher aufzuheben und die Sache zur anderweiten Verhandlung und Entscheidung in die Vorinstanz zurückzuverweisen."

---

5. Zur Auslegung des § 735 Abs. 2 H.G.B. und des § 254 Abs. 1 B.G.B.

I. Civilsenat. Urt. v. 14. Februar 1903 i. S. 1. der Schleppschiffahrtsgesellschaft „U." (Kl.) w. B. & L. (Bekl.), 2. der vereinigten Bugsier- und Frachtgesellschaft in H. (Kl.) w. B. G. & Co. als Bürgen von B. & L. (Bekl.). Rep. I. 328. 333/02.

I. Landgericht Hamburg.
II. Oberlandesgericht daselbst.

Am 14. Januar 1901 kam auf dem Wege von Memel nach Leer der der Klägerin zu 1 gehörende Seeleichter „U. 12" im Schlepptau des der Klägerin zu 2 gehörenden Dampfers „Bl." in die Kieler Föhrde. Dichten Nebels wegen wurde geankert. Vom Leichter ließ man den Anker fallen, und der Dampfer legte sich vorn an Steuerbord und vertaute sich hier am Leichter. Kurz nach 3 Uhr Morgens des 15. Januar wurde der Leichter an seiner Backbordseite von dem einkommenden, der Beklagten zu 1 gehörenden Dampfer „E." angerannt und erheblich beschädigt. Auch der Schleppdampfer und der Dampfer „E." erlitten Beschädigungen. Die Klägerinnen forderten Schadensersatz, und gegen sie waren Widerklagen erhoben wegen des dem Dampfer „E." zugefügten Schadens.

Das Oberlandesgericht stellte fest, daß auf dem Dampfer „E." nicht mit der erforderlichen Aufmerksamkeit Ausguck gehalten worden sei; andererseits war unstreitig die Vorschrift des Art. 11 der Kaiserlichen Verordnung vom 9. Mai 1897 dadurch nicht befolgt worden, daß man auf dem über 45 Meter langen Leichter nur ein Ankerlicht angebracht hatte.

Das Berufungsgericht führte den Zusammenstoß auf beide Verfehlungen zurück, rechnete die zweite sowohl dem Führer des Schleppdampfers wie dem Führer des Leichters zu und erwog, daß zwischen den beiden Verfehlungen eine Gradverschiedenheit des Verschuldens nicht anzunehmen sei. Demgemäß erklärte es jeden der geltend gemachten Schadensersatzansprüche nur zur Hälfte für begründet.

Die Revisionen der Klägerinnen sind zurückgewiesen worden.

Aus den Gründen:

... „Unbegründet ist ... auch die Revisionsrüge der Klägerin zu 1, das Berufungsgericht habe die Vorschrift des § 735 Abs. 2 H.G.B. verletzt, indem es bei der Verteilung der Haftung lediglich den Grad des beiderseitigen Verschuldens in Betracht gezogen habe, während es doch darauf ankomme, in welchem Maße der Zusammenstoß von dem einen oder anderen Teile verursacht worden sei. — Die im § 735 Abs. 2 H.G.B. getroffene Bestimmung ist nachgebildet der Vorschrift des § 254 Abs. 1 B.G.B., die den Fall betrifft, wenn bei der Entstehung eines Schadens ein Verschulden des Beschädigten mitgewirkt hat. Während nach § 222 des ersten Entwurfs des Bürgerlichen Gesetzbuchs, aus dem diese Vorschrift hervorgegangen ist, und der nur den Fall regelte, wenn bei der Entstehung des von einem anderen verschuldeten Schadens eine Fahrlässigkeit der Beschädigten mitgewirkt hat, das richterliche Ermessen nach den Umständen des Falles über den Umfang der Schadensersatzpflicht entscheiden und das Gericht dabei insbesondere würdigen sollte, ob und inwiefern das Verschulden des Schädigers oder die Fahrlässigkeit des Beschädigten überwogen habe, so ist jetzt bestimmt, daß die Verpflichtung zum Ersatz des Schadens sowie der Umfang des zu leistenden Ersatzes von den Umständen, insbesondere davon abhängen soll, inwieweit der Schaden vorwiegend von dem einen oder anderen Teil verursacht worden ist. Die abweichende Fassung erklärt sich zum Teil aus der Erweiterung, die das Anwendungsgebiet des § 254 Abs. 1 B.G.B. gegenüber demjenigen des § 222 des ersten Entwurfs erfahren hat. Die Absicht der Gesetz gewordenen Bestimmung geht indes allgemein dahin, daß der vorzugsweise maßgebende Umstand das Kausalverhältnis sein soll.

Vgl. Protokolle der Kommission für die zweite Lesung des Entwurfs des Bürgerlichen Gesetzbuchs, bearbeitet von Achilles 2c. Bd. 1 S. 300.

Die gleiche Absicht liegt daher auch der Bestimmung des § 735 Abs. 2 H.G.B. zu grunde. Bei der Anwendung dieser Bestimmung wird aber regelmäßig die Frage nach dem Maße der beiderseitigen

Verursachung des Schadens mit der Frage nach der Schwere des beiderseitigen Verschuldens zusammenfallen. Ein Schadensfall kann so liegen, daß durch die Schuld des Beschädigten der Schaden vergrößert worden ist, und sich ein mehr oder weniger bestimmter Teil des Schadens auf dessen Schuld zurückführen läßt. Um einen solchen Sachverhalt handelt es sich hier nicht, und deshalb hat das Berufungsgericht das Gesetz nicht unrichtig angewendet, indem es sich bei der Bemessung der gegenseitigen Schadensersatzpflicht von der Erwägung hat leiten lassen, daß eine Gradverschiedenheit des beiderseitigen Verschuldens nicht anzunehmen sei."

---

6. Wer ist der Beklagte, wenn die Klage gegen eine kaufmännische Firma gerichtet ist, ohne daß deren Inhaber bezeichnet sind?

I. Civilsenat. Urt. v. 14. Februar 1903 i. S. E. & Cie. (Bekl.) w. Ver. Pap.-Fabr. (Kl.). Rep. I. 332/02.

I. Landgericht I Berlin.
II. Kammergericht daselbst.

Die Klägerin zog am 1. Februar 1900 einen Wechsel über 1000 *M*, zahlbar am 1. März 1900, auf „Herren E. & Cie." in Berlin. Der Wechsel wurde von der bezogenen Firma akzeptiert, bei Verfall mangels Zahlung protestiert und im November 1900 von der Klägerin gegen E. & Cie. eingeklagt. Diese widersprachen der Klage, wurden aber durch Vorbehaltsurteil vom 4. Dezember 1900 zur Zahlung von 1000 *M* nebst Zinsen und Wechselunkosten verurteilt. E. & Cie. zahlten, leiteten demnächst aber das Nachverfahren ein mit dem Antrage, das Wechselurteil aufzuheben, die Klage abzuweisen und die Klägerin zur Rückzahlung von 1094,50 *M* nebst Zinsen zu verurteilen.

Gleichzeitig erhoben E. & Cie. eine Widerklage mit dem Antrage, die Klägerin zur Zahlung von 24329,41 *M* nebst Zinsen, sowie zur Erteilung gewisser Auszüge aus ihren Geschäftsbüchern zu verurteilen.

Die Klägerin beantragte Aufrechterhaltung des Wechselurteils und Abweisung der Widerklage.

Der Anwalt der Beklagten trug vor, daß „E. & Cie." ursprünglich die Firma einer offenen Handelsgesellschaft gewesen sei, bestehend aus den Kaufleuten H. E., K. H. und L. B. Später aber seien K. H. und L. B. aus der Firma ausgeschieden, und diese sei von H. E. allein fortgeführt worden. Namens dieses H. stelle er mit dem Ersuchen um entsprechende Änderung der Prozeßüberschrift nunmehr seine Anträge.

Die Klägerin erklärte mit Rücksicht auf diese Angaben die Widerklage für unzulässig.

Das Landgericht trat dem bei und erließ, ohne das Rubrum zu ändern, ein Urteil, dessen Formel folgendermaßen lautete:

„Die von H. E. erhobene Widerklage wird als unzulässig kostenpflichtig zurückgewiesen."

Die Beklagte legte Berufung ein und beantragte in erster Linie die Widerklage für zulässig zu erklären und die Sache in die Vorinstanz zurückzuverweisen, in zweiter Linie aber den Widerklaganspruch dem Grunde nach für gerechtfertigt zu erklären und im übrigen die Sache zur Verhandlung und Entscheidung über die Höhe in die Vorinstanz zurückzuverweisen.

Die Klägerin trug auf Zurückweisung der Berufung an, erklärte sich aber damit einverstanden, wenn die Widerklage für zulässig erklärt werde.

Das Berufungsgericht hielt gleichwohl die Widerklage für unzulässig und wies die Berufung der Beklagten zurück.

Auf die Revision der Beklagten hat das Reichsgericht das Berufungsurteil aufgehoben und die Sache zurückverwiesen.

Gründe:

„Nach § 17 Abs. 2 H.G.B. kann ein Kaufmann unter seiner Firma klagen und verklagt werden. Ebenso kann nach § 124 eine offene Handelsgesellschaft und nach § 161 Abs. 2 eine Kommanditgesellschaft unter ihrer Firma klagen und verklagt werden. Mit Rücksicht auf die Zulässigkeit der Übertragung der Firma mit dem Geschäfte (§ 23) und der Fortführung der Firma auch bei Änderungen ihrer Inhaber (§ 24) ergibt sich sonach, daß, wenn eine Klage einfach gegen eine Firma gerichtet wird, — was das Gesetz gerade durch die Vorschrift des § 17 Abs. 2 zulassen wollte, Denkschrift S. 31. 32 —, zunächst verborgen bleibt, wer eigentlich der Beklagte ist, ob ein Einzelkaufmann, eine offene Handelsgesellschaft oder eine Kommanditgesellschaft. Selbstverständlich aber ist die Klage gegen die Person oder die Personen gerichtet, die unter dieser Firma ihre Geschäfte betreiben und die Unterschrift abgeben (§ 17 Abs. 1). Das Gericht weiß bloß nicht, wer das ist, und auch der Kläger ist nicht genötigt, sich darum zu bekümmern.

Im vorliegenden Falle ist unstreitig geworden, daß die verklagte Firma E. & Cie. ursprünglich eine offene Handelsgesellschaft bezeichnete, die aus den Gesellschaftern H. E., K. H. und L. B. bestand und im Juli 1899 ins Handelsregister eingetragen worden ist. Das Kammergericht hat aber auf Grund der ihm vorgelegten Akten festgestellt, daß K. H. am 31. Oktober 1899 und tags darauf auch L. B. aus der Firma ausgeschieden ist, wodurch die Gesellschaft aufgelöst wurde. Und es ist weiter festgestellt, daß diese Tatsachen dem Inhaber der klägerischen Firma bald nachher bekannt geworden sind, so daß es rechtlich unerheblich ist, wenn ihre Eintragung zum Handelsregister nicht erfolgt sein sollte (§ 15). Endlich ist festgestellt, daß zur Zeit der Klagerhebung (November 1900) H. E. der alleinige Inhaber der Firma E. & Cie. war. Wie der Zusammenhang ergibt, muß dies dahin verstanden werden, daß H. E. nach Auflösung der offenen Handelsgesellschaft die Firma für seine Person allein weiter benutzt, daß er unter dieser Firma vom November 1899 an als Kaufmann seine Geschäfte betrieben und — wie der Wechsel vom 1. Februar 1900 zeigt — die Unterschrift abgegeben hat. Ob die Fortführung der alten Firma gegenüber den früheren Gesellschaftern berechtigt oder nicht berechtigt war, kann nicht in Betracht kommen.

Hiernach kann es keinem Zweifel unterliegen, daß die Klage als gegen H. E. erhoben angesehen werden muß, d. h. gegen diejenige Person, die zur Zeit des Prozeßbeginns (November 1900) unter der in der Klageschrift genannten Firma ihre Geschäfte betrieb.

Gleichwohl ist das Kammergericht zu dem Ergebnis gelangt, daß die Klage nicht gegen H. E., sondern gegen die ehemalige, aus H. E., K. H. und L. B. bestehende offene Handelsgesellschaft, also „gegen eine nicht existierende Person" gerichtet gewesen sei. Dies soll „aus den gesamten Erklärungen der Klägerin" hervorgehen, insbesondere daraus, daß ihr Bestreiten der Legitimation H. E.'s zur Erhebung der Widerklage darauf beruhe, daß dieser nicht verklagt sei.

Diese Begründung ist rechtlich nicht haltbar. Welche sonstigen „Erklärungen der Klägerin" außer der besonders angeführten für ihre Absicht, die nicht mehr bestehende offene Handelsgesellschaft zu verklagen, sprechen sollen, ist nicht klar. Aus dem Tatbestande der Instanzurteile hat das Reichsgericht solche Erklärungen nicht entnehmen können. Richtig ist, daß die Klägerin ihren Antrag auf Zurückweisung der Widerklage anfangs damit begründet hat, H. E. sei nicht der Beklagte. Worauf das näher gestützt worden ist, ergibt sich nicht. Vielleicht ist die Klägerin dabei von dem weitverbreiteten Irrtum ausgegangen, die Firma als solche sei ein Rechtssubjekt, das man verklagen könne. Jedenfalls ist die Ansicht unrichtig. Wer der Beklagte ist, stellt das Gericht fest. Die Ansicht der Gegenpartei kann weder den Beklagten zum Nichtbeklagten, noch den Nichtbeklagten zum Beklagten machen. Zumal, wenn die Prozeßlage so ist, wie hier, wo die beklagte Partei, nachdem die Klägerin ein Vorbehaltsurteil nach § 599 C.P.O. erstritten und dafür Befriedigung erlangt hat, auf Aufhebung dieses Urteils und Rückzahlung des Beigetriebenen anträgt.

Es kommt aber hinzu, daß die Klägerin in der Berufungsinstanz ausdrücklich erklärt hat, sie sei damit einverstanden, wenn die Widerklage für zulässig erklärt werde. Das Berufungsgericht will darin freilich nur eine für das Gericht nicht maßgebende Rechtsansicht erblicken. Da die Erklärung indes abgegeben wurde, unmittelbar nachdem das Berufungsgericht aus den von ihm herangezogenen Akten die vorhin hervorgehobenen Tatsachen ermittelt hatte, ergibt sich jedenfalls soviel, daß die Klägerin von ihrer anfangs ausgesprochenen Meinung, H. E. sei nicht der Beklagte, später zurückgetreten ist. Gerade auf jene Meinung und Absicht der Klägerin aber gründet das Berufungsgericht seine Entscheidung. Irrig ist es auch, wenn das Kammergericht in diesem Zusammenhange den Gesichtspunkt verwertet, daß die Klägerin bei ihrem Antrage auf Zurückweisung der Berufung stehen geblieben sei. Dies würde selbst dann nichts beweisen, wenn dieser Antrag mit ihrer späteren Erklärung über die Zulässigkeit der Widerklage hinfällig geworden wäre. Denn daß Parteien unbegründete Anträge stellen, kommt in jedem Prozesse vor. Der Antrag wurde aber nicht hinfällig, weil er auf das Materielle der mit der

Widerklage verfolgten Ansprüche zielte und zielen mußte, da keiner der in § 538 C.P.O. erwähnten Fälle, wo das Berufungsgericht zu einer Zurückverweisung der Sache an das Gericht der ersten Instanz befugt ist, vorlag.

Hiernach ergibt sich, daß es auf Gesetzesverletzung beruht, wenn das Berufungsgericht H. E. mit der von ihm erhobenen Widerklage deswegen nicht gehört hat, weil er nicht der Beklagte sei." . . .

---

7. Sind im Gebiete der preußischen Rheinprovinz auch unter der Herrschaft des Bürgerlichen Gesetzbuchs der Staat und die juristischen Personen des öffentlichen Rechts auf Grund des Art. 1384 Code civil für den von ihren Beamten in Ausübung der diesen anvertrauten öffentlichen Gewalt zugefügten Schaden haftbar?

VI. Civilsenat. Urt. v. 16. Februar 1903 i. S. Stadtgem. D. (Bekl.) w. T. Ehel. (Kl.). Rep. VI. 372/02.

I. Landgericht Düsseldorf.
II. Oberlandesgericht Köln.

Der Sohn der Kläger, der Dreher H. T., erhielt in der Nacht vom 22. auf den 23. Juli 1900 bei seiner Festnahme durch den damaligen Polizeisergeanten der Stadt D., A. G., eine Stichverletzung in die Brust, die am Morgen des 24. Juli 1900 seinen Tod herbeiführte. A. G. wurde durch Urteil des Schwurgerichts zu D. am 30. November 1900 wegen widerrechtlicher Festnahme, vorsätzlicher Körperverletzung in Ausübung des Amtes und fahrlässiger Tötung des H. T. zu einer Gesamtgefängnisstrafe von einem Jahre verurteilt.

Die Kläger forderten sodann von A. G. und der Stadt D. Ersatz der aus Anlaß des Todes ihres Sohnes ihnen erwachsenen Auslagen in Höhe von 548 ℳ und als Entschädigung für die ihnen von ihrem Sohne gewährte Unterstützung eine jährliche Rente von 500 ℳ.

Durch Urteil des Landgerichts wurde die Klage in der Richtung gegen die Stadtgemeinde D. abgewiesen, dagegen die Verpflichtung des A. G. zum Schadensersatz dem Grunde nach festgestellt. Vom

Oberlandesgericht wurde die Berufung des Beklagten A. G. zurückgewiesen, dagegen auf Berufung der Kläger unter Abänderung des landgerichtlichen Urteils auch die Stadtgemeinde D. verurteilt, den den Klägern durch den Tod ihres Sohnes H. T. entstandenen Schaden zu ersetzen. Die Revision der verklagten Stadtgemeinde ist zurückgewiesen worden. Über die Haftung der Stadtgemeinde heißt es, abgesehen von prozessualen Erörterungen, in den

Gründen:

„Das Berufungsgericht stellt auf Grund der Ergebnisse des gegen den Beklagten G. durchgeführten Strafverfahrens fest, daß er dem H. T. die tödliche Stichverletzung, sei es vorsätzlich, sei es fahrlässig, beigebracht habe. Es erachtet das Tun des G. für widerrechtlich, sei es daß er, nachdem er H. T. mit aller Gewalt zu Boden geworfen, unter Überschreitung der vorgeschriebenen Grenzen des Waffengebrauchs von der Waffe Gebrauch gemacht habe, sei es daß er nur mit der Waffe gedroht und T. in unvorsichtiger Handhabung der Waffe verletzt habe. Es hält demgemäß den Klaganspruch gegen G. gemäß den Bestimmungen des § 823 B.G.B. dem Grunde nach für gerechtfertigt.

Die Haftung der Stadtgemeinde D. begründet aber das Berufungsgericht darauf, daß G. als Polizeisergeant der Stadt D. fest angestellt und besoldet gewesen, bei seinem Einschreiten gegen H. T. sich in Ausübung der ihm übertragenen polizeilichen Funktionen befunden habe, und die Stadtgemeinde auf Grund der ihr gesetzlich übertragenen Polizeigewalt gemäß den Bestimmungen des durch Art. 89 preuß. Ausf.-Ges. zum B.G.B. aufrecht erhaltenen Art. 1384 Code civil als commettant ihres préposé G. für den von ihm in Ausübung der ihm anvertrauten öffentlichen Gewalt zugefügten Schaden hafte.

Die Revision macht geltend, mit Unrecht nehme das Oberlandesgericht an, daß die Stadtgemeinde als commettant im Sinne des Art. 1384 Code civil erscheine. Die Polizeigewalt sei ein Ausfluß der Staatshoheit; die Gemeinde sei nach den §§ 1 und 2 des Gesetzes vom 11. März 1850 lediglich Delegierte des Staates. In Frankreich sei stets angenommen worden, daß die Gemeinde auf Grund des Art. 1384 nicht verhaftet sei, sofern der Maire „comme magistrat de police“ gehandelt habe....

Die Revision konnte nicht für begründet erachtet werden....

Gemäß Art. 77 Einf.-Ges. zum B.G.B. bleiben die landesgesetzlichen Vorschriften über die Haftung des Staates, der Gemeinden und anderer Kommunalverbände für den von ihren Beamten in Ausübung der diesen anvertrauten öffentlichen Gewalt zugefügten Schaden unberührt. Soweit aber nach den Vorschriften des Einführungsgesetzes die bisherigen Gesetze unberührt bleiben, können sie nach dem Inkrafttreten des Bürgerlichen Gesetzbuchs durch Landesgesetz gemäß Art. 3 Einf.-Ges. geändert werden. Für die Frage der Haftung des Staates und der juristischen Personen des öffentlichen Rechts für den von ihren Beamten in Ausübung der öffentlichen Gewalt verübten Schaden ist sonach das Landesrecht, also das vor dem Inkrafttreten des Bürgerlichen Gesetzbuchs in Geltung gestandene oder das nach diesem Zeitpunkte abgeänderte maßgebend.

In Frankreich, wie in den deutschen Gebieten des französischen Rechts wurde diese Frage stets unter dem Gesichtspunkte der Anwendbarkeit des Art. 1384 Code civil behandelt. Die Erklärung der Anwendbarkeit des Art. 1384 auf in Ausübung der öffentlichen Gewalt verübte Handlungen ist somit nur der Ausdruck des insbesondere von Dreyer für das Gebiet des französischen Rechts vertretenen Grundsatzes der allgemeinen primären Staatshaftung.

Vgl. Dreyer, Verpflichtung des Staats aus den Handlungen seiner Beamten, in der Zeitschrift für französisches Recht Bd. 3 S. 383; Piloty, Die Haftung des Staats für rechtswidrige Handlungen und Unterlassungen der Beamten bei Ausübung staatlicher Hoheitsrechte, in den Annalen des Deutschen Reichs 1888 S. 257.

Während nun für andere deutsche Gebiete französischen Rechts, das Großherzogtum Baden, die bayerische Rheinpfalz gemeinsam mit den Landesteilen rechts des Rheins, das Großherzogtum Hessen, Elsaß-Lothringen, durch die Landesgesetzgebung die Haftungsfrage durch besondere Bestimmungen der Ausführungsgesetze im Sinne einer primären oder subsidiären Haftung des Staats und der juristischen Personen des öffentlichen Rechts, teilweise unter Vorbehalt der Vorentscheidung des Verwaltungsgerichtshofs über die Verletzung der Amtspflicht, geregelt worden ist,

vgl. bad. Ausf.-Ges. vom 17. Juni 1899 Art. 5; bayer. Ausf.-Ges. vom 9. Juni 1899 Artt. 60. 61. 165, I; elsaß-lothr. Ausf.-Ges. vom 17. April 1899 Art. 40; Großherzogl. hess. Ausf.-Ges. vom 17. Juli 1899 Artt. 77—80, beschränkt sich das preußische Ausführungsgesetz zum Bürgerlichen Gesetzbuche vom 20. September 1899 hinsichtlich der **Rheinprovinz** darauf, daß es in Art. 89 Ziff. 2 unter die Ausnahmen von der Aufhebung des rheinischen Bürgerlichen Gesetzbuchs den Art. 1384 einstellt, „soweit er auf die Haftung des Staates, der Gemeinden und anderer Kommunalverbände für den von ihren Beamten in Ausübung der diesen anvertrauten öffentlichen Gewalt zugefügten Schaden Anwendung findet". Durch die Aufnahme des Art. 1384 unter die Ausnahmen des Art. 89 Ziff. 2 preuß. Ausf.-Ges. allein sollte allerdings die fernere Anwendbarkeit des Art. 1384 auf Akte der öffentlichen Gewalt, also, wie dies ausgedrückt wurde, die öffentlichrechtliche Natur dieses Artikels des Code civil, noch nicht entschieden sein. Während die Aufnahme des Artikels unter die Ausnahmen mit dem Hinweise darauf beantragt wurde, daß die Rechtsprechung den Art. 1384 zu einer Bestimmung des öffentlichen Rechts gestempelt habe, wurde von der Regierung Einsprache mit der Begründung erhoben, daß der Artikel rein privatrechtliche Natur habe und deshalb als durch die Vorschriften des Bürgerlichen Gesetzbuchs ersetzt zu gelten habe. Schließlich erfolgte aber doch die Annahme in der vorliegenden Fassung in der Absicht, durch die Worte, „soweit er Anwendung findet", darauf hinzuweisen, daß die Frage der öffentlichrechtlichen Natur des Artikels eine offene sei und bleibe.

Vgl. Materialien des preußischen Ausführungsgesetzes zum Bürgerlichen Gesetzbuche, Ausg. **Heymann**, S. 472. 473; **Holder**, Preußisches Ausführungsgesetz zum Bürgerlichen Gesetzbuche S. 374 Anm.; **Crusen-Müller**, Preußisches Ausführungsgesetz zum Bürgerlichen Gesetzbuche S. 471; **Förtsch**, in der Deutschen Juristen-Zeitung 1900 S. 22; **Scherer**, Einführungsgesetz zum Bürgerlichen Gesetzbuche S. 100; **Planck**, Bürgerliches Gesetzbuch Bd. 6 S. 163.

Hiernach ist anzunehmen, daß nach der Intention des Gesetzes die bisherige Anwendung des Art. 1384 hinsichtlich der Schadenszufügung auf dem Gebiete des öffentlichen Rechts in der Rheinprovinz aufrecht erhalten bleiben solle, wenn sie sich nicht als rechtsirrtümlich erweise.

In Frankreich wird allerdings, entgegen der konstanten Rechtsprechung des Kassationshofes, vom Staatsrat und dem Konfliktsgerichtshof die Anwendbarkeit des Art. 1384 Code civil auf den Staat als Geschäftsherrn bestritten,

vgl. Laurent, Principes de droit civil; Piloty, a. a. O. S. 246. 247 Note 2; Huc, Commentaire théorique et pratique du code civil Bd. 8 S. 598,

wie Huc a. a. O. ausführt, hauptsächlich wegen der Frage der Zuständigkeit und um der ordentlichen Gerichtsbarkeit die Aburteilung der gegen die Regierung aus verantwortlichen Handlungen gerichteten Klagen zu entziehen.

Die Rechtsprechung auf den deutschen Gebieten französischen Rechts hat jedoch, soviel ermittelt werden konnte, die Frage der Haftung des Staates für die Handlung eines Beamten immer als eine Civilrechtsfrage angesehen. Damit war aber auch die Anwendbarkeit des Art. 1384 Code civil gegeben.

Der II. Civilsenat des Reichsgerichts hat denn auch dem Art. 1384 Code civil eine sich auf Akte der öffentlichen Gewalt erstreckende Tragweite in konstanter Rechtsprechung zuerkannt, wie in der Entscheidung i. S. preuß. Fiskus w. M. vom 13. März 1898, Rep. II. 393/97, besonders hervorgehoben ist; „nach französischer Doktrin und Rechtsprechung, welche auch vom Reichsgerichte in früheren Entscheidungen als richtig anerkannt worden sei, finde Art. 1384 B.G.B. auch dem Staate gegenüber bezüglich der schädigenden Handlungen seiner Beamten und Angestellten Anwendung; es mache dabei keinen Unterschied, ob dieselben in Ausübung eines dem Staate zustehenden Staatshoheitsrechtes handelten, oder ob sie den Staat nur als Inhaber von Privatrechten verträten“.

Vgl. auch Entscheidungen des II. Civilsenats des Reichsgerichts vom 10. Juli 1881 i. S. S. H. w. Landesverwaltung von Elsaß-Lothringen, in den Entsch. des R.G.'s in Civils. Bd. 5 S. 48; vom 8. Dezember 1882, Jurist. Zeitschr. f. Elsaß-Lothringen Bd. 12 S. 80; vom 28. Mai 1886, Zeitschr. f. französ. Civilrecht Bd. 17 S. 291; vom 7. September 1888, Archiv für das Civil- und Kriminalrecht der Preußischen Rheinprovinz; vom 17. November 1896, Entsch. des R.G.'s in Civils. Bd. 38 S. 371; vom 20. April 1900 i. S. Civilgemeinde E. w. Sch., Rep. II. 24/00; vom 20. Juni 1902 i. S. Reichsmilitärfiskus w. R., Rep. II. 106/02.

Der erkennende Senat hat keinen Anlaß gefunden, der in dieser Rechtsprechung zum Ausdrucke gebrachten Anschauung von der Tragweite des Art. 1384 Code civil entgegenzutreten.

Darüber aber, wer der commettant eines preußischen städtischen Polizeisergeanten ist, entscheidet nicht das französische Recht, sondern das sein Anstellungsverhältnis regelnde Gesetz, hier also das allgemeine preußische Polizeigesetz und die rheinische Städteordnung. Der II. Civilsenat des Reichsgerichts hat nun aber wiederholt, und insbesondere auch für das Gebiet der Rheinprovinz auf Grund der §§ 53 und 57 der Städte-Ordnung für die Rheinprovinz und des Gesetzes über die Polizeiverwaltung vom 11. März 1850, ausgesprochen, daß die Handhabung der Ortspolizei als ein auf gesetzlicher Delegation beruhendes Attribut der Gemeindeverwaltung, und sonach als commettant des mit einer polizeilichen Funktion betrauten, von der Gemeinde angestellten und bezahlten Beamten nicht der Staat, sondern die Gemeinde erscheine.

Vgl. Entscheidungen des II. Civilsenats des Reichsgerichts vom 28. Mai 1886, Zeitschrift für französisches Recht Bd. 17 S. 294; vom 7. Februar 1888, Archiv für das Civil- und Kriminalrecht der Preußischen Rheinprovinz Bd. 79 Abt. III S. 28.

Diese Auffassung steht auch im Einklang mit Entscheidungen des IV. Civilsenats vom 18. Mai 1896 (Entsch. des R.G.'s in Civils. Bd. 37 S. 312) und vom 9. März 1896 (ebenda S. 241). In ersterer erklärt jener Senat den vom Polizeipräsidenten in Berlin angestellten Nachtwachbeamten als Staatsbeamten, in letzterer die von einem Magistrat angestellten Nachtwachmänner als Gemeindebeamte. Der erkennende Senat teilt diese Auffassung.

Hiernach erscheint die Haftbarkeit der verklagten Gemeinde als begründet." . . .

---

8. 1. Sind die von einer Aktiengesellschaft ausgegebenen sog. Gewinnanteilscheine, in denen dem Gläubiger ein jährlicher Höchstbetrag und ferner zur Tilgung der Rechte aus dem Schein nach Maßgabe einer Verlosung ein bestimmter Betrag aus dem Reingewinn versprochen wird, nur als Schuldverschreibungen oder außerdem noch als Rentenverschreibungen zu verstempeln?

2. Von wann ab hat der Fiskus zurückzuzahlende Stempelbeträge zu verzinsen?

Tarifnummer 2a zum Reichsstempelgesetz in der Fassung der Bekanntmachung vom 14. Juni 1900.
B.G.B. §§ 818. 819. 291.

VII. Civilsenat. Urt. v. 17. Februar 1903 i. S. preuß. Steuerfiskus (Bekl.) w. Straßenbahn H. (Kl.). Rep. VII. 429/02.

I. Landgericht Hannover.
II. Oberlandesgericht Celle.

Die Klägerin hatte auf Grund des Beschlusses der Generalversammlung vom 14. November 1901 gegen Zuzahlung von 250 ℳ auf jede Aktie sog. Gewinnanteilscheine ausgegeben, die auf Namen lauteten und durch Indossament übertragbar waren, aber kein Aktienrecht gewährten. Die Scheine hatten folgende Fassung:

„Herr ... oder Order erhält aus dem Reingewinn unserer Gesellschaft:

1. vom 1. Januar 1902 ab jährlich bis 12 ℳ 50 ₰;
2. aus dem Reingewinn ... zur Tilgung der Rechte aus diesem Gewinnanteilschein 250 ℳ. Der Inhalt des Beschlusses (vom 14. November 1901) ist nachfolgend abgedruckt. Die Forderung aus diesem Gewinnanteilschein ist durch Indossament begebbar."

Ein Teil des Reingewinns sollte zur Tilgung von Anteilscheinen nach Maßgabe einer Verlosung verwendet werden. Den Gewinnanteilscheinen waren Dividendenscheine zur Erhebung des Jahresbetrages bis zu 12,50 ℳ beigefügt. Die Steuerbehörde erblickte in den Scheinen sowohl Rentenverschreibungen wie Schuldverschreibungen im Sinne des Tarifs Nr. 2a zum Reichsstempelgesetz in der Fassung der Bekanntmachung vom 14. Juni 1900 (R.G.Bl. S. 275) und erforderte deshalb von der Klägerin einen Stempel von a. 6 v. T. von 312,50 ℳ (dem 25fachen Betrage von 12,50 ℳ), b. 6 v. T. von 250 ℳ in den vorgeschriebenen Abrundungen mit 2,40 bezw. 1,80 ℳ für jeden Schein, insgesamt für 22569 Scheine 94789,80 ℳ. Der Betrag wurde am 14. Januar 1902 bezahlt. Die Klägerin hielt sich nur für verpflichtet, die Gewinnanteilscheine als Schuldverschreibungen mit je 1,80 ℳ zu verstempeln, und forderte den nach ihrer Ansicht zuviel erhobenen Betrag mit 54165,60 ℳ nebst 4 v. H. Zinsen seit dem 14. Januar 1902 im Rechtswege zurück. Der Beklagte widersprach dem Verlangen der Klägerin, wurde jedoch von den Vorinstanzen klagegemäß verurteilt. Auch die Revision ist in der Hauptsache zurückgewiesen aus folgenden

Gründen:

„Das Berufungsgericht kennzeichnet die von der Klägerin ausgegebenen Gewinnanteilscheine als Schuldverschreibungen über verzinsliche Darlehne. Diese Annahme beruht auf einer Auslegung der Urkunden, die zu rechtlichen Bedenken keinen Anlaß gibt. Aus ihrem Wortlaut entnimmt der Berufungsrichter, daß in ihnen die Forderung auf Rückzahlung eines Betrages von 250 ℳ verbrieft sei, und aus dem im Texte der Urkunden erwähnten Beschlusse der Generalversammlung, daß es sich um Darlehne handelt, um Summen, die der Klägerin mit der Verpflichtung zur Rückgabe überlassen sind. Aktien stehen, wie der Beklagte selbst nicht in Zweifel zieht, nicht in Frage; den Inhabern der Anteilscheine gebührt keinerlei Einfluß auf die Leitung der Aktiengesellschaft, sie sind als solche nicht in der Generalversammlung stimmberechtigt. Daß die Haftung auf den Reingewinn der Gesellschaft, also sachlich, beschränkt ist, und daß das Kündigungsrecht der Gläubiger insofern ausgeschlossen wird, als über die Rückzahlung aus dem Reingewinn, als dem Gegenstande der Haftung, eine Verlosung entscheidet, ist rechtlich nicht von Bedeutung und steht dem Begriffe des Darlehns nicht entgegen. Der Berufungsrichter führt weiter aus, daß der ferner verbriefte Betrag von 12,50 ℳ den von dem Darlehn von 250 ℳ geschuldeten Zins darstelle. Auch dies ist nicht zu beanstanden. Wenn es in dem auf den Urkunden abgedruckten Beschlusse der Generalversammlung heißt, daß auf jeden Gewinnanteilschein aus dem Reingewinn vom 1. Januar 1902 ab vorweg ohne Verpflichtung zur Nachzahlung jährlich bis 12,50 ℳ vergütet werden, so erscheint die Annahme gerechtfertigt, daß diese Vergütung das Entgelt für die Kreditgewährung, wie sie in den auf 250 ℳ lautenden Anteilscheinen beurkundet ist, bildet, mithin den Zins für das gegebene Darlehn. Daß der Zins nicht in einer unabänderlichen Quote des Kapitals, sondern nur zu einem Höchstsatze, der nicht überschritten werden darf, und der sich auf 5 v. H. beläuft, versprochen ist, ändert nichts an seiner Natur als einer von der

Hauptschuld abhängigen Nebenleistung. Ebensowenig fällt ins Gewicht, daß er, weil er vom Reingewinn und nach dessen jeweiliger Höhe gewährt wird, als Dividende bezeichnet ist. Das wesentliche ist, daß aus den Urkunden nicht zwei selbständige Forderungen erwachsen, die eine auf eine jährliche Höchstleistung von 12,50 ℳ, die andere auf eine einmalige Leistung von 250 ℳ (beide beschränkt und bedingt durch das Vorhandensein eines Reingewinns), sondern daß aus ihnen ein Betrag von 250 ℳ geschuldet wird, bis zu dessen Tilgung jährlich höchstens 5 v. H. zu entrichten sind. Bei dieser Auslegung der Urkunden erweist sich die Aufstellung des Beklagten, daß die Gewinnanteilscheine zwei selbständige Geschäfte, eine Rentenverschreibung und eine Schuldverschreibung, beurkunden sollen, als rechtlich unmöglich. Im Begriffe der Rente liegt es, daß sie ohne das Kapital geschuldet wird, wennschon vielleicht unter gewissen Umständen der Gläubiger statt der Rente deren Kapitalwert, die Ablösungssumme fordern kann. Hier wird eine Summe neben einem Kapital und als Entgelt für dessen Hingabe geschuldet. Danach steht lediglich eine verzinsliche Schuldverschreibung in Frage, die nach Maßgabe der Tarifnummer 2a zum Reichsstempelgesetz mit 6 v. T. des Nennwerts, d. i. mit 1,80 ℳ, zu verstempeln ist. Die Anwendung der Anmerkung zu Tarifnummer 2 (Abs. 2) ist hiernach ausgeschlossen, da eben der Gewinnanteilschein sich als Schuldverschreibung darstellt.

Vgl. das einen ähnlichen Fall betreffende Urteil des VI. Civilsenats vom 27. Oktober 1892 in den Entsch. des R.G.'s in Civils. Bd. 30 S. 16 flg.

Ist demgemäß die Revision in der Hauptsache unbegründet, so erscheint sie doch im Zinsenpunkte teilweise gerechtfertigt. Der Klägerin sind Zinsen vom Tage der Zahlung zugesprochen. Es erhellt jedoch nicht, daß der Beklagte bei Empfang des Geldes den Mangel des rechtlichen Grundes gekannt oder daß er ihn später erfahren habe. Zinsen können daher nach dem maßgebenden neuen Rechte nur seit der Klagezustellung gefordert werden (§§ 818. 819. 291 B.G.B.; Heinitz, Kommentar zum Stempelgesetz 2. Aufl. S. 204)." ...

9. Darf der Schuldner auf die aus einem Vertrage ihm obliegende Leistung verurteilt werden, wenn er behauptet und unter Beweis stellt, daß die Leistung inzwischen unmöglich geworden sei, dies jedoch nicht anerkannt wird, und es bereits feststeht, daß die Unmöglichkeit, wenn solche vorliegen sollte, von dem Schuldner zu vertreten sein würde?

B.G.B. §§ 275. 282. 283.

I. Civilsenat. Urt. v. 18. Februar 1903 i. S. K. & Co. (Bekl.) w. Kl. (Kl.). Rep. I. 344/02.

I. Landgericht Hamburg.
II. Oberlandesgericht daselbst.

Im April 1900 sandte die Firma Gebr. D. in Merseburg a. S. zweimal je 18 Rollen Rotationsdruckpapier an die beklagte Firma, und zwar mit Frachtbriefen vom 7. und 10. April 1900, die beide mit dem Vermerk versehen waren „Zur Verfügung des Herrn H. Kl. dort Kl. Bäckerstr. 26" bezw. „Hamburg" (Adresse des Klägers). Die Beklagte nahm die beiden Sendungen in Empfang, lieferte dieselben jedoch nicht an den Kläger ab, sondern sandte sie, ohne den letzteren auch nur in Kenntnis zu setzen, an die Firma W. D. Edw. in London. Der Kläger erhob demnächst Klage und beantragte Verurteilung der Beklagten, ihm zweimal 18 Rollen Rotationsdruckpapier zu liefern. Behufs Begründung legte er eine Urkunde vor, durch die ihm von der Firma Gebr. D. alle dieser gegen die Beklagte aus dem der letzteren von ihr in Ansehung der erwähnten Sendungen erteilten Auftrag zustehenden Rechte und Ansprüche abgetreten waren, meinte jedoch, daß ihm auf Grund des zwischen der Beklagten und der Firma Gebr. D. zustande gekommenen Vertrages auch ein selbständiges Recht auf Lieferung des Papiers zustehe.

In erster Instanz wurde der Klage stattgegeben und die Beklagte „verurteilt dem Kläger zweimal 18 Rollen Rotationsdruckpapier auszuliefern". Die Beklagte legte Berufung ein und machte nunmehr unter Vorlegung eines Schreibens der Firma W. D. Edw. vom 28. Februar 1902, sowie unter Benennung des Inhabers dieser Firma als Zeugen geltend, daß das in Rede stehende Papier längst bedruckt und verbraucht sei. Der Kläger bestritt letzteres mit Nichtwissen, erachtete es aber auch für unerheblich und erklärte auf gerichtsseitiges Befragen, daß er zunächst nur Erfüllung des zwischen Gebr. D. und der Beklagten geschlossenen Vertrages, nicht Schadensersatz wegen Nichterfüllung dieses Vertrages fordern wolle. Im Einverständnis der Parteien wurde danach die Verhandlung auf den jener Erklärung entsprechenden Anspruch beschränkt. Alsdann erkannte das Berufungsgericht und wies die Berufung als unbegründet zurück, vervollständigte aber das angefochtene Urteil dahin, daß hinter dem Worte „Kläger" die Worte „die von Gebr. D. im April 1900 der Beklagten übersandten" einzuschalten seien, um jeden Zweifel daran auszuschließen, daß es sich um die Herausgabe gerade dieser Rollen, nicht um Herausgabe einer nur der Gattung nach bestimmten Ware handle. Die Revision der Beklagten wurde zurückgewiesen aus folgenden

Gründen:

„Die Revision beanstandet das angefochtene Urteil zunächst deshalb, weil mit Unrecht und unter unrichtiger Würdigung des Sachverhalts eine Haftung der Beklagten angenommen worden sei. Die Firma Gebr. D. habe das in Rede stehende Druckpapier durch Beklagte nach London befördern lassen wollen, und Beklagte habe richtig gehandelt, wenn sie die Versendung dorthin sofort nach Ankunft des Papiers bewerkstelligt habe, da ihr bekannt gewesen sei, daß die Versendung besonderer Beschleunigung bedürfe, und sie durch Unterlassung einer Anzeige und Rückfrage bei dem Kläger nur unnötige Weiterungen vermieden habe. Die Übersendung des Druckpapiers von der Firma Gebr. D. an Beklagte habe mithin die Bedeutung eines Speditionsauftrags gehabt, und dieser sei von der Beklagten ordnungsmäßig erfüllt worden. Abgesehen davon würde jeder Anspruch an letztere nach den Bestimmungen in §§ 407. 414 H.G.B. verjährt sein, da die jetzt verlangte Ablieferung im April 1900 hätte erfolgen müssen, die Klage aber erst am 21. Oktober 1901 erhoben worden sei.

Mit diesem Versuch einer Rechtfertigung darf die Revision jedoch nicht gehört werden. Der Inhaber der beklagten Firma ist in erster Instanz persönlich vernommen worden und hat hierbei auf Grund von ihm überreichter Korrespondenz dargelegt, daß er nur im Auftrag von Edw. so, wie geschehen, gehandelt habe, und daß letzterer ihm gegenüber für die Folgen aufzukommen haben werde. Im Einklang mit dieser, in dem Tatbestand des landgerichtlichen Urteils enthaltenen

Angabe wird in den Gründen des jetzt angefochtenen Urteils gesagt, die Firma Gebr. D. habe das Papier nicht durch Beklagte besorgen lassen wollen, und Beklagte habe die Versendung nicht für Gebr. D. bewirkt, sondern die ihr von dieser Firma übersandte Ware als Spediteurin von Edw. nach London auf den Weg gebracht; von Gebr. D. habe Beklagte nur den Auftrag gehabt, das Papier an Kläger, der der Destinatär der Sendung gewesen sei, oder auf dessen Verfügung auszuliefern. Dies ist eine tatsächliche Feststellung, die der Nachprüfung in der Revisionsinstanz nicht unterliegt. Auf Grund derselben aber hat das Berufungsgericht zutreffend angenommen, daß durch die Zusendung des Papiers an Beklagte und die Annahme desselben nicht ein Speditionsvertrag, sondern ein nach § 362 H.G.B. und § 662 B.G.B. zu beurteilender Vertrag zustande gekommen und eine Verjährung aus § 414 Abs. 1 H.G.B., deren Eintritt überdies durch Abs. 4 ebendaselbst ausgeschlossen sein würde, nicht in Betracht zu ziehen ist.

Sodann wird von der Revision geltend gemacht, daß eine Verurteilung der Beklagten so, wie geschehen, unstatthaft gewesen sei, weil dieselbe behauptet und unter Beweis gestellt habe, daß das in Rede stehende Papier längst verbraucht sei und hierauf zunächst habe eingegangen werden müssen. Denn wenn die Behauptung der Beklagten bewiesen werde, so würde die dem angeblichen Vertrage entsprechende Leistung unmöglich geworden sein, dann aber Beklagte nicht gleichwohl doch zu der Leistung selbst verurteilt werden können, sondern Kläger darauf angewiesen sein, Schadensersatz zu fordern. Die Revision legt hierauf besonders Gewicht und hebt hervor, daß die ausgesprochene Verurteilung auch unbillig sei, da Kläger irgend welchen Schaden nicht werde nachweisen können.

Ob letzteres der Fall sei, ist bisher nicht erörtert worden; es liegen in dieser Beziehung nur die Behauptungen des Klägers vor, die aus dem Tatbestand der Instanzurteile ersichtlich sind. Danach hat die Firma Axel Hinr. Eft. in Kopenhagen das in Rede stehende Druckpapier an W. D. Edw. in London liefern sollen und bedungen, daß die Ware in Hamburg an den Agenten des letzteren, Marwin M., zu übergeben sei, jedoch nicht anders, als gegen Aushändigung eines von Edw. über den Kaufpreis, 4597,70 M, zu gebenden Akzepts. Um dies zu sichern, wurde das Papier von dem Agenten der Firma

Axel Hinr. Est., nämlich dem Kläger, bei Gebr. D. mit der Bedingung „Lieferung an meine Adresse" bestellt. Gebr. D. kamen dieser Bedingung nach; die Ware gelangte jedoch an Beklagte, und letztere ließ sie, ohne den Kläger zu benachrichtigen, an Edw. weitergehen. Dieser ließ nunmehr sein Akzept nicht herausgeben, weigerte sich auch, den Preis zu bezahlen, sondern erklärte, daß er gegen Schadensersatzansprüche aufrechnen werde. Die Auslieferung des Papiers von der Beklagten an Edw. hat mithin, nach Behauptung des Klägers, zur Folge gehabt, daß die Kopenhagener Firma, wenn sie den Preis erhalten will, gegen Edw. Klage erheben muß, während sie sonst dessen Klage auf Schadensersatz abwarten könnte. Kläger behauptet, daß die Firma Axel Hinr. Est., seine Auftraggeberin, ihn deshalb mit dem Wert des Papiers belaste.

Zugestanden oder für erwiesen erachtet sind diese tatsächlichen Behauptungen nicht. Es kommt jedoch gegenwärtig nicht auf dieselben an, sondern es steht lediglich zur Frage, ob Kläger bei dem von ihm bisher allein erhobenen Anspruch auf Lieferung des Papiers selbst beharren, und ob demgemäß erkannt werden durfte, obwohl von der Beklagten unter Beweis gestellt worden ist, daß das Papier schon verdruckt sei. Dies ist mit dem Berufungsgericht zu bejahen. Sollte die Behauptung der Beklagten der Wahrheit entsprechen, so würde freilich (vgl. § 950 B.G.B.) das Papier verarbeitet und die verlangte Leistung unmöglich geworden sein, da es sich nicht um die Lieferung einer nur der Gattung nach bestimmten Ware, sondern um die Auslieferung gerade derjenigen Rollen handelt, die der Beklagten von der Firma Gebr. D. zugegangen sind. Allein diese Unmöglichkeit wäre von der Beklagten selbst nach Entstehung ihrer Verpflichtung durch eine vertragswidrige Handlung herbeigeführt, und deshalb dürfte sie sich hierauf nicht berufen. Es ist allerdings streitig, ob in dem Fall, daß nach Entstehung des Schuldverhältnisses die Leistung infolge eines von dem Schuldner zu vertretenden Umstandes unmöglich wird, seine Verbindlichkeit sich in eine solche auf Schadensersatz umwandelt, oder ob seine Verpflichtung auf den ursprünglichen Leistungsgegenstand gerichtet bleibt und der Schadensersatz nur das Surrogat der Erfüllung bildet. Das hier maßgebende Bürgerliche Gesetzbuch hat es, ebenso wie der erste Entwurf (vgl. dessen Motive Bd. 2 S. 50) abgelehnt, diese Frage ausdrücklich zu beantworten. Das Bürgerliche Gesetzbuch unterscheidet zwischen Unmöglichkeit und Unvermögen, stellt in § 275 Abs. 2 beides gleich und bestimmt in § 280 Abs. 1, daß der Schuldner, falls eins oder das andere nachträglich infolge eines von ihm, dem Schuldner, zu vertretenden Umstandes eintritt, zum Schadensersatz verpflichtet sei, während es für den Fall des gegenseitigen Vertrages dem Gläubiger noch die anderen in § 325 bezeichneten Rechte gewährt. Hierin ist jedoch nur ein materieller Rechtssatz ausgesprochen, über dessen Geltendmachung aber noch nichts bestimmt. Aus allgemeinen Grundsätzen und der in § 249 ausgesprochenen Regel würde folgen, daß der Gläubiger, um Schadensersatz fordern zu dürfen, beweisen müßte, daß der Schuldner nicht leisten könne, und daß derselbe hierfür aufzukommen habe; um jedoch dem Gläubiger die Verfolgung seines Rechts zu erleichtern, ist in § 282 die Beweislast dem Schuldner auferlegt worden. Der in Anspruch genommene Schuldner muß mithin den Beweis, und zwar in beiden Beziehungen führen; gelingt ihm dies nicht, so wird er verurteilt, und nunmehr hat der Gläubiger, um zur Forderung auf Schadensersatz zugelassen zu werden, keinen weiteren Beweis zu führen, sondern kann dem Schuldner eine angemessene Frist zur Leistung setzen und nach fruchtlosem Ablauf der Frist den Schaden, so weit er zu dessen Nachweis imstande ist, ersetzt verlangen (§ 283). Diese Bestimmung ist, ebenso wie im ersten Entwurf (§ 243, Motive Bd. 2 S. 53—55), mit vollem Vorbedacht getroffen worden, um dem Gläubiger bei der Unzulänglichkeit der in § 893 (früher 778) C.P.O. gegebenen Vorschrift zu seinem Recht zu verhelfen, und gilt (wie in den Motiven zum ersten Entwurf Bd. 2 S. 54 hervorgehoben wird) bei allen Schuldverhältnissen, ohne Rücksicht auf den Grund derselben. Hieraus folgt, daß (wie dort ebenfalls hervorgehoben wird) auch bei vorliegender, jedoch noch nicht festgestellter Unmöglichkeit auf die Leistung selbst geklagt werden kann, und daß eine entsprechende Verurteilung zu erfolgen hat. Es ergibt sich dies aus der allseitig anerkannten Erwägung, daß bei dem nachträglichen Eintritt einer von dem Schuldner zu verantwortenden Unmöglichkeit der Leistung das ursprüngliche Schuldverhältnis unverändert bestehen bleibt, sowie aus den oben erwähnten Bestimmungen. Ferner ist keineswegs anzuerkennen, daß die Verurteilung zu einer nach Angabe des Schuldners unmöglichen Leistung widersinnig oder zwecklos sei. Die Vollstreckung eines Urteils, das nicht vollzogen werden kann, verbietet sich freilich von selbst, und ebenso ist es richtig, daß ein Urteil auf eine Leistung, deren Unmöglichkeit bereits feststeht, nicht zu erlassen ist. Ganz anders liegt dagegen die Sache, wenn die Unmöglichkeit zwar behauptet, aber noch nicht erwiesen ist. In einem solchen Falle hat der Schuldner keineswegs stets zu verlangen, zum Beweise derselben zugelassen zu werden. Selbstverständlich hat er Anspruch hierauf, wenn er auch darlegen kann, daß er die Unmöglichkeit nicht zu vertreten hat und deshalb nach § 275 B.G.B. von der Verpflichtung zur Leistung befreit ist; steht jedoch schon fest, daß der Schuldner die Unmöglichkeit, wenn solche vorliegen sollte, zu vertreten, vielleicht gar selbst herbeigeführt hat, so darf er sich hierauf nicht berufen, um den Gläubiger zu zwingen, seinen Schaden nachzuweisen, ohne den in § 283 B.G.B. ihm eröffneten Weg einzuschlagen. Dieser Weg aber bietet dem Gläubiger einen besonderen Vorteil; denn sobald er die Verurteilung des Schuldners zu der ursprünglichen Leistung erlangt und die in § 283 vorgesehene Frist gesetzt hat, kann er nach fruchtlosem Ablauf derselben als Schadensersatz, ohne einer weiteren Darlegung zu bedürfen, den Geldbetrag fordern, der dem Wert der ausgebliebenen Leistung entspricht, und der etwaige Nachweis, daß der Gläubiger keinen oder doch nur geringeren Schaden gehabt habe, ist nunmehr Sache des Schuldners. Mit Recht ist deshalb im vorliegenden Falle das Berufungsgericht auf den Beweisantrag dafür, daß das in Rede stehende Papier schon verbraucht worden sei, nicht eingegangen, sondern hat die Beklagte zur Leistung verurteilt und ausgesprochen, es müsse sich demnächst finden, ob Kläger die Herausgabe werde erwirken können oder Schadensersatz fordern müsse."

---

10. Zur Auslegung des § 135 Abs. 3 des Gewerbeunfallversicherungsgesetzes in der Fassung der Bekanntmachung vom 5. Juli 1900 mit Rücksicht auf § 148 C.P.O.

VI. Civilsenat. Urt. v. 19. Februar 1903 i. S. Allgem. Elektrizitätsgesellschaft (Bekl.) w. St. (Kl.). Rep. VI. 345/02.

I. Landgericht I Berlin.
II. Kammergericht daselbst.

Aus den Gründen:

„Die Beklagte hat in der Vorinstanz geltend gemacht, daß, wenn der Kläger überhaupt infolge der Arbeit bei ihr erkrankt sei, es sich nur um einen Betriebsunfall, nicht um eine Betriebskrankheit handeln könne. Sie sei daher nach dem Gewerbeunfallversicherungsgesetze dem Kläger nicht schadensersatzpflichtig, und die Beschreitung des Rechtsweges überhaupt ausgeschlossen. Im Anschluß hieran hat sie die Aussetzung der Verhandlung bis zur rechtskräftigen Entscheidung der versicherungsamtlichen Instanzen beantragt. Das Berufungsgericht hat auf diesen Antrag einen besonderen Beschluß nicht erlassen, dagegen im angefochtenen Urteil folgendes ausgeführt. Dem Aussetzungsantrag sei nicht zu entsprechen gewesen, ganz abgesehen davon, daß dieses Verlangen mit dem durch die Berufungseinlegung verfolgten Zweck der Beseitigung der einstweiligen Verfügung in unmittelbaren Widerspruch trete, da eben bei Aussetzung des Verfahrens die einstweilige Verfügung während der Aussetzung in Kraft bleibe und befolgt werden müsse. Denn nach der Darstellung, die der Kläger über die Entstehung seiner Krankheit und ihrer Verursachung gegeben habe, sei nicht glaubhaft, daß ein Betriebsunfall vorliege. Es handele sich nicht um eine plötzlich und unvorhergesehen und unvorhersehbar eingetretene Schädigung des Klägers durch einen einzelnen im Betriebe vorgekommenen Vorfall, sondern um die allmähliche Entstehung und das allmähliche Zutagetreten einer auf die Tätigkeit des Klägers in der Fabrik der Beklagten zurückzuführenden Beeinträchtigung seiner körperlichen Gesundheit, eine recht eigentliche Betriebskrankheit. Dies sei nach den vorgetragenen eidesstattlichen Versicherungen so glaubhaft, daß eine abweichende Auffassung der Sachlage durch die berufsgenossenschaftlichen Instanzen für kaum möglich zu erachten sei, und daß es sich daher nicht empfehle, von der Aussetzungsbefugnis des § 148 C.P.O. Gebrauch zu machen, umsoweniger, als nicht behauptet werde, daß ein Verfahren bei der Berufsgenossenschaft bereits anhängig sei.

Die Revision rügt, daß dem Aussetzungsantrag der Beklagten ohne ausdrückliche Prüfung der Zulässigkeit des Rechtsweges nicht stattgegeben worden sei. Ob die Beklagte in Erwartung eines definitiven Obsieges es auf die Gefahr ankommen lasse, während der Dauer der Aussetzung weiter zahlen zu müssen, sei lediglich ihre Sache und stehe dem Antrag nicht entgegen. Im übrigen sei § 135 Abs. 3 des Gewerbeunfallversicherungsgesetzes eine prozessuale Vorschrift, die auch auf schwebende Verfahren und Ansprüche aus vor dem 1. Oktober 1900 stattgehabten Unfällen Anwendung finde. Nach dieser Vorschrift sei das Berufungsgericht verpflichtet gewesen, die Verhandlung bis zur rechtskräftigen Entscheidung der berufsgenossenschaftlichen Instanzen auszusetzen. Solange eine solche Entscheidung nicht ergangen sei, sei der Rechtsweg unzulässig. Das Berufungsgericht habe aber auch eine positive Feststellung dahin, daß ein Betriebsunfall nicht vorliege, nicht getroffen; eine solche würde überhaupt nur von jenen Instanzen haben getroffen werden können.

Diese Ausführungen sind durchaus unbegründet. Zunächst mag darauf hingewiesen werden, daß das Berufungsgericht eine Aussetzung nicht deswegen für unzulässig hält, weil sie dem eigenen Interesse der Beklagten widersprochen haben würde. Es kann andererseits aber auch dahingestellt bleiben, ob es mit dem Zwecke einer einstweiligen Verfügung — der Vereitelung oder wesentlichen Erschwerung der Verwirklichung des Rechts einer Partei vorzubeugen oder sonstige wesentliche Nachteile oder drohende Gewalt zu verhindern (§§ 935. 940 C.P.O.) — vereinbar sein würde, die Verhandlung und Entscheidung über die Rechtmäßigkeit der einstweiligen Verfügung, mithin über die Herstellung eines provisorischen Rechtszustandes, wiederum in der Schwebe zu lassen, bis in einem anderen Verfahren eine Entscheidung ergangen ist. Es kann auch unerörtert bleiben, ob die Beklagte als Revisionsgrund geltend machen könnte, daß das Berufungsgericht zu Unrecht die Verhandlung nicht ausgesetzt haben sollte, wie endlich auch die Ansicht der Revision einer Prüfung nicht bedarf, daß die Bestimmung in Abs. 3 des § 135 des Gewerbeunfallversicherungsgesetzes nicht materieller Natur, sondern eine prozessuale Vorschrift sei, die sofort in jedem schwebenden Verfahren auch über Ansprüche aus Unfällen, die sich vor dem 1. Oktober 1900 ereignet haben, Anwendung leide. Denn die Tragweite, die die Revision dieser Vorschrift beilegt ist völlig unbegründet. Es wird darin nur bestimmt. daß für das über einen Anspruch der in Abs. 1 bezeichneten Art erkennende Gericht die Entscheidung bindend ist, welche in dem durch das Gewerbeunfallversicherungsgesetz geordneten Verfahren über die Frage ergeht, ob ein Unfall vorliegt, für den aus der Unfallversicherung

Entschädigung zu leisten ist, und in welchem Umfang Entschädigung zu gewähren ist; es wird also vorausgesetzt, daß eine Entscheidung in jenem Verfahren bereits ergangen ist; an diese soll das ordentliche Gericht gebunden sein. Liegt eine solche Entscheidung nicht vor, so hat — wie auch die Motive hervorheben — über die Frage, ob ein entschädigungspflichtiger Unfall vorliegt, das ordentliche Gericht zu entscheiden. Von einer Unzulässigkeit des Rechtsweges kann in dieser Beziehung nicht entfernt die Rede sein; nur wird das Gericht die Klage abzuweisen haben, wenn es einen Betriebsunfall — nicht eine Betriebskrankheit — annimmt, und die Voraussetzungen des Abs. 1 nicht gegeben sind. Ebensowenig verpflichtet die Vorschrift im Abs. 3 den Richter, die Verhandlung auszusetzen, bis die berufsgenossenschaftlichen Instanzen darüber entschieden haben, ob ein Betriebsunfall vorliegt, oder nicht. Auch die Motive führen nur aus, das ordentliche Gericht sei zu einer solchen Aussetzung nach § 148 C.P.O. „in der Lage", und es werde von dieser Befugnis Gebrauch machen, wenn in einem anhängigen Rechtsstreit ein begründeter Zweifel über die in Rede stehende Frage hervortrete. Das Gericht wird auch, um der Gefahr einer verschiedenartigen Beurteilung vorzubeugen, bei einem derartigen Zweifel, und wenn ein Verfahren nach dem Gewerbeunfallversicherungsgesetz anhängig ist oder alsbald anhängig gemacht werden soll, jedenfalls im ordentlichen Rechtsstreit von der ihm zustehenden Befugnis in der Regel Gebrauch zu machen haben. Wenn aber, wie im vorliegenden Fall, dem Gericht nach Feststellung des Sachverhalts bezüglich jener Frage überhaupt keine Zweifel beigehen, so kann von einer Aussetzung überhaupt nicht, und besonders dann nicht die Rede sein, wenn das im Gewerbeunfallversicherungsgesetz geordnete Verfahren noch nicht eingeleitet ist.

Das Berufungsgericht hat nun, wie die Revision ohne jeden Grund bestreitet, als glaubhaft gemacht angesehen, daß nicht ein Betriebsunfall, sondern „eine recht eigentliche Betriebskrankheit" vorliegt, und es hat sich dabei von Erwägungen leiten lassen, die sowohl der ständigen Rechtsprechung des Reichsgerichts,

vgl. Entsch. desselben in Civils. Bd. 44 S. 254; Urt. des erkennenden Senats vom 7. Oktober 1901, Rep. VI. 201/01,

und des Reichsversicherungsamts,

vgl. die in dem vorerwähnten ersten Urteil angezogenen Entscheidungen,

als auch der in der Literatur herrschenden Meinung,

vgl. die Kommentare zum Gewerbeunfallversicherungsgesetz von v. Woedtke-Caspar, 5. Aufl. zu § 1 Bem. 10; von Gräf-Keidel, 3. Aufl. zu § 1 S. 94 flg.; von Öfele zu § 1 Note 27 S. 59, von Brandis und Weyer zu § 1 Bem. 11 S. 39,

entsprechen." ...

---

11. 1. Ist, wenn in einem Rechtsstreite in der Hauptsache keine Entscheidung ergangen ist, die Pflicht zur Kostentragung regelmäßig nur danach zu bestimmen, welche Partei in der Hauptsache unterlegen wäre, nicht aber danach, welche Partei ein Verschulden in Bezug auf die Veranlassung zur Klagerhebung trifft?

2. Steht einem Kläger, dem, weil er noch vor der Zustellung der Klage befriedigt worden ist, die Kosten des Rechtsstreites durch rechtskräftiges Urteil auferlegt sind, bei einer auf das Verschulden des Beklagten in Bezug auf die Veranlassung zur Erhebung der Klage gestützten neuen Klage auf Ersatz der Kosten des früheren Rechtsstreites auf Grund jener Verurteilung in die Kosten die Einrede der rechtskräftig entschiedenen Sache entgegen?

C.P.O. §§ 91. 93.

III. Civilsenat. Beschl. v. 20. Februar 1903 i. S. R. (Kl.) w. Gr. D. (Bekl.). Beschw.-Rep. III. 2/03.

I. Landgericht Guben.
II. Kammergericht Berlin.

Der Kläger trat am 1. Oktober 1901 auf Grund einer mit der Beklagten abgeschlossenen Dienstvertrags auf deren Gute Kl. D. als Wirtschaftsinspektor in den Dienst. Er hatte dem Vertrage gemäß eine Sicherheit von 5000 ℳ bei der preußischen Seehandlungssozietät auf den Namen der Beklagten niedergelegt. Am 15. November desselben Jahres wurde das Dienstverhältnis auf Grund eines neuen

Abkommens aufgehoben. Der Kläger forderte nach seinem Abgange von der Beklagten die Rückgabe der bestellten Sicherheit. Die Beklagte wollte sich jedoch hierzu nicht eher verstehen, als bis die Wirtschaftsführung des Klägers von dem Bureau des Bundes der Landwirte, dem sie die Geschäftsbücher, Beläge und Briefschaften übersandt hatte, geprüft wäre und auch nur, soweit sich dabei keine Ansprüche für sie ergäben. Nachdem der Kläger wiederholt abschlägig beschieden worden war, reichte sein Anwalt am 27. Dezember 1901 eine auf Verurteilung der Beklagten zur Einwilligung in die Rückgabe der Sicherheit von 5000 *M* gerichtete Klage bei dem Landgerichte ein. Diese wurde am 3. Januar 1902 der Beklagten zugestellt. Inzwischen war dem an seinen jetzigen Wohnort H. in Pommern übergesiedelten Kläger der Betrag der Sicherheit nach Abzug von 10,20 *M* am 1. Januar 1902 durch die Post ausgezahlt worden. In einem Nachtrage zur Klageschrift vom 9. Januar 1902 ermäßigte dann der Kläger seinen Antrag dahin, die Beklagte zu verurteilen, an ihn 10,20 *M* zu zahlen und die Kosten des Rechtsstreites zu tragen. Dieser Antrag wurde dann auch in der mündlichen Verhandlung vom 12. Juli 1902 von seinem Anwalte verlesen. Nach erfolgter Beweisaufnahme ließ der Kläger den Anspruch auf die Restforderung von 10,20 *M* fallen und stellte nur noch den Antrag dahin, „die Beklagte kostenpflichtig und durch vorläufig vollstreckbares Urteil zu verurteilen, die Kosten des Rechtsstreits zu tragen." Die Beklagte beantragte, die Klage abzuweisen und dem Kläger die Kosten des Verfahrens aufzuerlegen.

Das Landgericht verurteilte darauf die Beklagte, die Kosten des Rechtsstreits zu tragen.

Es nahm an, daß die Beklagte durch ihr Verhalten zur Erhebung der Klage Veranlassung gegeben habe, und daß sie deshalb, da sie selbst den mit der Klage geltend gemachten Anspruch an sich für gerechtfertigt erachtet und ihm bis auf einen geringfügigen Betrag genügt habe, die Kosten des Rechtsstreits nach § 91 der Civilprozeßordnung tragen müsse. Bei der Geringfügigkeit des fallen gelassenen Betrages, und da weder die Beweisaufnahme besondere Kosten verursacht habe, noch die bei alleiniger Verhandlung über die Kosten eintretende Wertstufe verändert sei, so sei von der Befugnis, die der § 92 Absatz 2 dem Gerichte gewähre, Gebrauch gemacht worden.

Auf die hiergegen von der Beklagten eingelegte sofortige Beschwerde verurteilte das Kammergericht durch den jetzt angefochtenen Beschluß unter Abänderung des landgerichtlichen Urteils den Kläger, die Kosten des Rechtsstreits mit Einschluß des Beschwerdeverfahrens zu tragen.

Die hiergegen vom Kläger eingelegte weitere sofortige Beschwerde ist zurückgewiesen aus folgenden

Gründen:

„Mit Recht hat das Kammergericht zunächst, soweit das Verfahren den Anspruch auf Zahlung von 10,20 *M* betraf, der allein Gegenstand der mündlichen Verhandlung geworden war, die Verpflichtung des Klägers zur Tragung der durch die Einklagung dieses Betrages erwachsenen Kosten auf die Vorschrift des § 271 Abs. 3 C.P.O. gestützt, weil in der Erklärung, diesen Anspruch fallen zu lassen, eine insoweit ausgesprochene Zurücknahme der Klage zu finden, und die Anwendung des § 92 Abs. 2 C.P.O. schon deshalb ausgeschlossen sei, weil, solange der Anspruch auf die 10,20 *M* verfolgt worden, dieser allein auch für den Wert des Streitgegenstandes maßgebend gewesen sei.

Aber auch darin ist dem Kammergerichte beizutreten, daß ein prozeßrechtlicher Anspruch des Klägers auf Tragung der Kosten desjenigen Teils des Rechtsstreits, der den 10,20 *M* übersteigenden Betrag des ursprünglichen Klaganspruchs von 5000 *M* betraf, durch die Beklagte nicht anzuerkennen ist. Eine prozessuale Vorschrift, nach der dieser Partei insoweit die Kosten des Rechtsstreits aufzuerlegen wären, besteht nicht. Die Civilprozeßordnung hat, wie auch die Begründung zu den §§ 85—97 ihres Entwurfs,

vgl. Hahn, Materialien zur Civilprozeßordnung Bd. 1 S. 97,

ausdrücklich bestätigt, zur Grundlage ihrer Bestimmungen über die Pflicht zur Kostentragung, wie sie der 5. Titel des 2. Abschnitts im 1. Buche regelt, lediglich den prozessualen Satz genommen, daß das Unterliegen in der Hauptsache als Rechtsfolge die Pflicht zur Tragung der Kosten des Rechtsstreits nach sich zieht. Der Grundsatz findet auch Anwendung, wenn der Rechtsstreit sich in der Hauptsache ohne Erlaß eines Urteils erledigt, wenn er nur überhaupt durch Zustellung der Klage rechtshängig geworden ist. Es kommt dann für die Anwendung der Vorschriften der Civilprozeßordnung nur darauf an, ob der Klaganspruch, objektiv betrachtet, zur Zeit der

Erhebung, also der Zustellung der Klage begründet war oder nicht. Wenn jenes der Fall war, so treffen den Beklagten, wenn dieses, den Kläger die Kosten. Der Umstand, daß einer Partei ein Verschulden in Bezug auf die Erhebung des Rechtsstreits zur Last fällt, hat nur ausnahmsweise, und zwar hauptsächlich in § 93 C.P.O. in Ansehung des Klägers zu gunsten des Beklagten, der durch sein Verhalten zur Erhebung der Klage keine Veranlassung gegeben und den Anspruch sofort anerkannt hat, Berücksichtigung gefunden. Aber eben wegen ihrer Natur als Ausnahmevorschrift leidet dieser Satz keine entsprechende Anwendung, etwa dahin, daß den Beklagten, wenn er durch sein Verhalten zur Erhebung der Klage Veranlassung gegeben hat, auch dann die Kosten des Rechtsstreits treffen, wenn er noch vor wirklicher Erhebung der Klage, ohne daß dem Kläger die rechtzeitige Verhinderung der in Auftrag gegebenen Klagezustellung möglich gewesen wäre, diesen klaglos stellt.

Vgl. Landsberg bei Gruchot, Beiträge Bd. 36 S. 246.

Diesen Grundsätzen entsprechend, mußte im vorliegenden Falle, solange für die Entscheidung über die Kosten lediglich der Ausgang der Hauptsache maßgebend blieb, der Kläger zur Tragung der Kosten verurteilt werden, und zwar, wenn er die Klage nicht zurückgenommen hätte, auf Grund des § 91 C.P.O., weil seinem Anspruche in dem entscheidenden Zeitpunkte, dem der Zustellung der Klage, der Einwand der Befriedigung des Klägers entgegengestanden hätte; nachdem er aber die Klage zurückgenommen, gemäß § 271 Abs. 3 C.P.O.

Im weiteren aber ist dem Kammergerichte auch darin beizupflichten, daß der Kläger die Erstattung derjenigen Kosten, die durch die Erhebung der Klage, soweit sie an sich gerechtfertigt war, ihm erwuchsen, und die ihm nach den schlechterdings zwingenden prozessualen Bestimmungen aufzuerlegen waren, nur aus dem Gesichtspunkte des Schadensersatzes wegen Verschuldens von der Beklagten fordern könnte, weil diese durch ihr Verhalten zur Einreichung der Klage Veranlassung gegeben, und er, Kläger, deren Zustellung nicht mehr habe verhindern können. An sich kann ein solcher Schadensersatzanspruch nur mit einer selbständigen Klage verfolgt werden, weil er auf einem besonderen, dem bürgerlichen Rechte angehörigen Grunde, der Ersatzpflicht wegen Verschuldens, insbesondere wegen Verzuges, beruht, und weil er den Eintritt des Schadens, die Zahlung der Kosten des ursprünglichen Rechtsstreits oder wenigstens die Belastung des Klägers mit der Kostenpflicht, zur Voraussetzung hat. Jedenfalls würde der klageweisen Geltendmachung eines solchen Anspruchs nicht etwa die Einrede der rechtskräftig entschiedenen Sache mit Rücksicht auf die in dem früheren Rechtsstreite erfolgte rechtskräftige Verurteilung des Klägers in die Kosten entgegenstehen, weil in dem neuen Verfahren die Erstattung der Kosten oder die Übernahme der Kostenpflicht aus einem neuen, selbständigen Grunde verlangt und somit nicht dieselbe Rechtsfrage, nicht „eadem causa petendi“ vorliegen würde.

Ob nun und etwa mit welchen Maßgaben es an sich zulässig wäre, eine solche Klage äußerlich an den wegen der Hauptsache erhobenen Rechtsstreit anzuschließen und etwa, nachdem jene sich erledigt hat, in demselben Verfahren den Klagantrag nur noch auf die Verurteilung des beklagten Teiles zur Tragung der Kosten des Rechtsstreits zu richten und ihn durch Anführung derjenigen tatsächlichen Umstände, die das Verschulden des Beklagten in Bezug auf die Veranlassung der Klagerhebung darzutun geeignet sind, zu begründen, kann dahingestellt bleiben; ebenso die Frage, ob bejahendenfalls nicht das Urteil auf die so geänderte Klage, weil nunmehr der Anspruch auf die Erstattung oder die Übernahme der Kosten die Hauptsache des ferneren Rechtsstreits geworden wäre, nur mit der Berufung und nicht mit der sofortigen Beschwerde gemäß § 99 Abs. 3 C.P.O. angefochten werden könnte. Jedenfalls hat das Kammergericht angenommen, daß der Kläger sein Verlangen, der Klägerin die Kosten des Rechtsstreits aufzuerlegen, auf den Klagegrund des Verschuldens der Beklagten tatsächlich nicht gestützt habe. Dem entgegenzutreten, liegt für den entscheidenden Senat auch bei Berücksichtigung der Ausführungen der weiteren Beschwerde keine Veranlassung vor, da der im Tatbestande des landgerichtlichen Urteils in Bezug genommene Schriftsatz vom 30. Mai 1902, auf den jene in dieser Hinsicht verweist, nicht mit genügender Deutlichkeit die behauptete Änderung des Klagegrundes erkennen läßt, während der erst im Beschwerdeverfahren eingereichte Schriftsatz vom 26. November 1902, auf den sich jene ferner bezieht, für die Frage der im ersten Rechtszuge erfolgten anderweitigen Begründung der Klage selbstverständlich nicht in Betracht kommen kann.“

12. Kann derjenige, dessen Namen ein anderer sich hat als Warenzeichen eintragen lassen, auf Grund des § 12 B.G.B. die Löschung des Zeichens verlangen?

II. Civilsenat. Urt. v. 20. Februar 1903 i. S. Dr. S. (Kl.) w. G. (Bekl.). Rep. II. 359/02.

I. Landgericht I Berlin, Kammer für Handelssachen.
II. Kammergericht daselbst.

In der Zeichenrolle des Patentamtes wurde am 5. Januar 1897 für den Beklagten, Inhaber einer Apotheke in Berlin, das Wort „Sylvester" als Warenzeichen für antiseptische Mundwasser, Haarwasser und Waschwasser eingetragen. Der Beklagte stellte diese Wasser nach einem Rezepte her, welches sein Vorbesitzer von dem Kläger für Anfertigung von Mundwasser erhalten hatte. Der Kläger, welcher den Namen „Sylvester" führte und als Zahnarzt in Berlin tätig war, forderte im Sommer 1901 den Beklagten vergeblich zur Löschung dieses Zeichens auf; ein von ihm auf Eintragung eines Warenzeichens für Mundwasser, worin das Wort Sylvester enthalten war, beim Patentamt gestellter Antrag wurde auf Widerspruch des Beklagten zurückgewiesen. Er erhob daher Klage mit dem, soweit er hier interessiert, dahin gerichteten Antrage, den Beklagten zu verurteilen, in die Löschung des auf seinen Namen in der Zeichenrolle eingetragenen Warenzeichens einzuwilligen. Zur Begründung dieses Antrages berief er sich u. a. auf § 12 B.G.B. Der Beklagte beantragte die Abweisung der Klage. Er behauptete, „Sylvester" bedeute den Namen eines Kalenderheiligen, des letzten Tages im Jahre und sei eine Phantasiebezeichnung, § 12 B.G.B. sei nicht anwendbar, weil aus dem Warenzeichen nicht hervorgehe, daß damit der Name des Klägers gemeint sei, und er, Beklagter, die Bezeichnung „nach Vorschrift des Dr. Sylvester" nicht unbefugt benutze.

Der Klagantrag wurde in erster Instanz aus hier nicht interessierenden Gründen zugesprochen, in der Berufungsinstanz aber wurde die Klage abgewiesen. Auf die Revision des Klägers wurde unter entsprechender Aufhebung der letzteren Entscheidung die Berufung zurückgewiesen.

Aus den Gründen:

... „Wenn auch zunächst in den Gründen des Berufungsurteils gesagt ist, daß dahingestellt bleiben könne, ob man bei dem Warenzeichen „Sylvester" an den Namen des Klägers erinnert werden solle und müsse, oder ob nicht vielmehr sich dem Leser dieses Zeichens die weitere Bedeutung dieses Wortes als die des Kalenderheiligen Sylvester und damit die des letzten Tages im Jahre aufdränge, und an einer anderen Stelle mit Bezug auf das Zeichen von einer Phantasiebezeichnung gesprochen ist, so ergibt doch die Ausführung: „Man könne auf Grund der Aussage des Zeugen Sch., wonach der Beklagte schon lange vor Eintragung des Warenzeichens „Sylvester" Mundwasser, welches nach Vorschrift des Dr. Sylvester hergestellt gewesen, als Sylvestersches Mundwasser verkauft habe, annehmen, der Beklagte habe für seine kosmetischen Mittel gerade mit Rücksicht auf dieses von ihm schon lange vertriebene Sylvestersche Mundwasser, also mit Rücksicht auf den Namen des Klägers, das Warenzeichen „Sylvester" gewählt," daß das Kammergericht als bewiesen festgestellt hat und davon ausgegangen ist, daß der Beklagte das Wort „Sylvester" nicht als ein Phantasiewort oder als Namen des Kalenderheiligen Sylvester, sondern als den Namen des Klägers sich als Warenzeichen hat eintragen lassen. Damit hat der Beklagte den Namen des Klägers gebraucht und gebraucht er ihn noch. Daß er hierzu befugt ist, kann nicht anerkannt werden. Zwar ist rechtlich nicht zu beanstanden, was das Berufungsgericht ausgeführt hat, daß der Beklagte, der unbestritten berechtigt ist, nach dem seinem Rechtsvorgänger vom Kläger gegebenen Rezepte das Mundwasser herzustellen, befugt sein müsse, dieses Wasser als dasjenige zu bezeichnen, was es in Wahrheit sei, nämlich als Sylvestersches Wasser. Allein aus dieser Befugnis, die Eigenschaft des Wassers anzugeben, folgt nicht, daß er den Namen des Klägers sich als Warenzeichen durfte eintragen lassen und diese Eintragung beibehalten darf. Die Eintragung eines Warenzeichens in die Zeichenrolle erzeugt ein Recht, das gegen jeden Dritten, der sich einer Störung schuldig macht, geltend gemacht werden kann; davon macht, abgesehen von der in § 13 des Warenzeichengesetzes vorgesehenen Beschränkung, ein als Warenzeichen eingetragener Name keine Ausnahme; eine solche Eintragung des Namens enthält die Ausübung des dem Träger des Namens ausschließlich zustehenden Gebrauchsrechts. Wenn nun auch diese Ausübung übertragbar ist, so bedarf es doch jedenfalls hierzu eines ausdrücklich oder stillschweigend erklärten Übertragungswillens. Ein solcher ist aber weder vom Berufungsrichter festgestellt, noch auch von dem Beklagten behauptet. Letzterer hat in dieser Beziehung nur aufgestellt, er habe seit 15 Jahren mit ausdrücklicher Genehmigung des Klägers das Mundwasser als nach „Vorschrift des Dr. Sylvester bereitet" in den Handel gebracht und auf den Etiketten die Aufschrift „Sylvester" geführt. Daß er behauptet hat, der Kläger habe in die Eintragung seines Namens als Warenzeichens eingewilligt, ergibt weder der Tatbestand des Berufungsurteils noch der darin bezogene Tatbestand der landgerichtlichen Entscheidung.... Sonach liegt in der streitigen Zeicheneintragung ein unbefugter Gebrauch des klägerischen Namens seitens des Beklagten, und daß hierdurch das Interesse des Klägers verletzt wird, ergibt sich daraus, daß die Eintragung des Beklagten ein Hindernis bildet für die vom Kläger für sich selbst erstrebte Eintragung seines Namens als Warenzeichen. Die Voraussetzungen des § 12 B.G.B. sind daher vorhanden und mit Unrecht vom Berufungsrichter verneint; der Kläger kann von dem Beklagten Beseitigung der Beeinträchtigung, also dessen Verurteilung zur Einwilligung in die Löschung seines Warenzeichens „Sylvester" verlangen. Wie das Reichsgericht bereits in mehrfachen Entscheidungen,

vgl. Entsch. des R.G.'s in Civils. Bd. 48 S. 235,

ausgesprochen hat, sieht das Warenzeichengesetz in seinen §§ 8 und 9 nur die zeichenrechtlichen Löschungsgründe vor und schließt als Spezialgesetz für das Zeichenrecht nicht aus, daß auch aus sonstigen privatrechtlichen Gründen gegenüber dem eingetragenen Zeicheninhaber die Löschung des Zeichens verlangt werden kann. Damit erledigt sich das vom Beklagten in dieser Richtung erhobene rechtliche Bedenken."...

---

13. Wird der Eigentumserwerb, wenn eine im Güterstande des gesetzlichen Güterrechts lebende Frau durch Vertrag ohne Einwilligung des Mannes über das Eigentum an beweglichen, zum eingebrachten Gute gehörenden Sachen verfügt (§ 1396 Abs. 1 B.G.B), auch gegenüber Dritten erst durch die Genehmigung des Mannes wirksam, oder hat der Erwerber gegen Dritte schon vor der Genehmigung des Mannes die Eigentumsklagen nach §§ 985. 1004 B.G.B.?

II. Civilsenat. Urt. v. 20. Februar 1903 i. S. B. (Kl.) w. A. (Bekl.).
Rep. II. 362/02.

I. Landgericht I Berlin.
II. Kammergericht daselbst.

Frau Bo. verkaufte am 16. März 1901 in Berlin ohne Einwilligung ihres in Hamburg wohnenden Mannes an den Kläger eine größere Anzahl Fahrnisse; die verkauften Fahrnisse wurden nach einem Gedinge des Kaufvertrages der Frau Bo. leihweise bis Oktober 1901 überlassen und blieben danach in deren Wohnung zurück. Der Beklagte, der mehrere vollstreckbare Titel gegen die Frau Bo. hatte, ließ bei derselben in den Monaten Juli und August 1901 jene Fahrnisse mehrmals pfänden. Der Kläger machte mit der nach § 771 C.P.O. erhobenen Klage geltend, daß die gepfändeten Fahrnisse sein Eigentum und deshalb von den Pfändungen freizugeben seien. Der Beklagte beantragte Klagabweisung und führte zur Begründung dieses Antrages unter anderem aus, der Eigentumsübertragungsvertrag vom 16. März 1901 sei, selbst wenn der Standpunkt des Klägers richtig wäre, daß für das Güterrecht der Eheleute Bo. der Güterstand des gesetzlichen Güterrechts nach dem Bürgerlichen Gesetzbuch maßgebend sei und die verkauften Fahrnisse zum eingebrachten Gute der Frau Bo. gehörten, wegen mangelnder Einwilligung des Mannes unwirksam. Diese Unwirksamkeit läge übrigens auch dann vor, wenn für das Güterrecht der Eheleute Bo. der Güterstand der allgemeinen Gütergemeinschaft nach dem Bürgerlichen Gesetzbuche maßgebend sei. Die Vorderrichter traten diesen rechtlichen Ausführungen bei und erachteten deshalb die Klage für unbegründet. Die Revision des Klägers wurde zurückgewiesen.

Aus den Gründen:

... „Der Revisionskläger hat Verletzung des § 1396 B.G.B. gerügt; er hat diese Gesetzesbestimmung dahin ausgelegt: Verträge einer Ehefrau, durch die sie über eingebrachtes Gut ohne Einwilligung des Mannes verfüge, seien nicht schlechthin unwirksam, vielmehr hänge ihre Wirksamkeit von der Genehmigung des Mannes ab. Daß der Mann die Genehmigung verweigert habe, sei von keiner Seite behauptet; wohl aber könne der Vertrag durch noch einzuholende Genehmigung des Mannes von vornherein wirksam werden. Hieraus ergebe sich, daß die Frage der Wirksamkeit oder Unwirksamkeit des Vertrages eine Angelegenheit sei, die zunächst nur die beiden Ehegatten berühre, während sich ein Dritter darauf nicht berufen könne, daß die auf dem abstrakten Einigungsgeschäfte der Vertragschließenden beruhende Eigentumsübertragung auch ihm gegenüber unwirksam sei.

Diesen Ausführungen konnte nicht beigetreten werden. Der leitende Gedanke des Gesetzes in den Vorschriften der §§ 1395—1398 B.G.B., welche die rechtliche Stellung der Ehefrau in Ansehung der Verfügungen über eingebrachtes Gut regeln, geht dahin: die Frau ist an sich weder in ihrer Eigenschaft als Ehefrau unmittelbar infolge der Ehe, noch mittelbar infolge des Güterrechts in ihrer Geschäftsfähigkeit beschränkt. Dagegen tritt zur Sicherung des Rechtes des Mannes am eingebrachten Gute und zur Verhütung einer einseitigen unmittelbaren Veränderung des eingebrachten Gutes durch Rechtshandlungen der Frau eine Beschränkung der Verfügungsfähigkeit der Frau in Ansehung des eingebrachten Gutes ein. Dabei schließt sich das Bürgerliche Gesetzbuch in Ansehung der rechtlichen Konstruktion dieses Verhältnisses nicht an den § 135 B.G.B. an, der die Verletzung eines zu gunsten einer bestimmten Person getroffenen Veräußerungsverbotes regelt. Das Bürgerliche Gesetzbuch behandelt vielmehr, wie sich aus den Motiven Bd. 4 S. 222 flg. — insbesondere S. 225 — ergibt, die Verfügung einer Frau über eingebrachtes Gut — auch gegenüber Dritten — ähnlich einer Verfügung über eine fremde Sache und macht danach unter Anlehnung an die für die Rechtswirksamkeit der Rechtsgeschäfte eines Minderjährigen gegebenen Vorschriften — §§ 108—112 B.G.B. — die Wirksamkeit der Rechtsgeschäfte der Frau, durch welche sie unter Lebenden über das eingebrachte Gut verfügt, nicht nur gegenüber dem Manne, sondern auch zu gunsten eines jeden, auch der Frau selbst von der Einwilligung des Mannes abhängig. Wenn deshalb § 1396 Abs. 1 bestimmt, daß bei Verfügungen der Frau über eingebrachtes Gut durch Vertrag ohne Einwilligung des Mannes die Wirksamkeit des Vertrages von der Genehmigung des Mannes abhänge, so ergibt sich hieraus nach dem dargelegten Standpunkte des Gesetzes, daß durch einen solchen Vertrag über Eigentum vor jener Genehmigung das Eigentum auch gegenüber Dritten noch nicht wirksam erworben ist, und deshalb dem Erwerber eine aus seinem Eigentum abgeleitete Klage auf Herausgabe — § 985 B.G.B. — noch nicht zusteht. Darauf allein kommt es aber nach der hier gegebenen Sachlage an; denn die Klage ist nur auf das angeblich durch den Vertrag vom 16. März 1901 erworbene Eigentum begründet und verfolgt danach in der Form einer Widerspruchsklage nach § 771 C.P.O. aus dem Eigentum einen Anspruch auf Herausgabe nach § 985 B.G.B. oder auf Beseitigung einer Beeinträchtigung nach § 1004 B.G.B.

Im Sinne der hier vertretenen Auslegung des § 1396 sind die Ausführungen der Literatur zu dieser Gesetzesbestimmung in der überwiegenden Mehrzahl zu verstehen; nur vereinzelt — z. B. von Opet, Familienrecht zu § 1404 S. 178 — wird die Ansicht aufgestellt, daß die Befugnis zur Geltendmachung jener Verfügungsbeschränkung nur der Mann, nicht die Frau oder ein Dritter habe. Die dargelegte Auffassung über die Tragweite des § 1396 entspricht übrigens auch der herrschenden Ansicht über den Umfang der Unwirksamkeit von Verfügungen der Frau über eingebrachtes Gut nach § 320 A.L.R. II. 1, der auf ähnlichen Erwägungen beruht.

Allerdings liegt bei einer solchen Verfügung der Frau durch Vertrag bereits eine dingliche Einigung vor; aber diese Einigung vermag, wenn auch die Sache dem Erwerber übergeben ist — § 929 B.G.B. — oder deren Übergabe durch eine Vereinbarung nach § 930 B.G.B. erfolgt ist, infolge jener Beschränkung der Frau in ihrer Verfügungsfähigkeit, wonach sie, obgleich Eigentümerin, doch nicht die in den §§ 929. 930 verlangte Verfügungsmacht des Eigentümers hat, während des Schwebezustandes vor der Genehmigung des Mannes nicht das Eigentum zu übertragen; sie begründet nur eine Aussicht auf den Eigentumserwerb, die aber durch den hier allein erhobenen Anspruch aus dem Eigentume nicht geschützt ist. Ob und welche andere Rechtsschutzbehelfe dem Erwerber gegen Dritte je nach Lage des einzelnen Falles zustehen könnten, steht hier nicht zur Entscheidung. . . .

Im weiteren verneint das Berufungsgericht einen dinglich wirksamen Eigentumserwerb auch für den Fall, daß für das Güterrecht der Eheleute Bo. zur Zeit des Vertrages vom 16. März 1901 der Güterstand der allgemeinen Gütergemeinschaft nach Bürgerlichem Gesetzbuch maßgebend war. Diesen Ausführungen ist beizutreten. Nach dem Rechte des Bürgerlichen Gesetzbuchs ist bei diesem Güterstande das Gesamtgut mit dinglicher Wirkung den Verfügungen der Frau entzogen. Deshalb wird in dem Falle des

§ 930 B.G.B., um den es sich hier allein handelt, durch einen Vertrag mit der Frau vor der Genehmigung des Mannes Eigentum nicht erworben." ...

---

14. Wie ist die Zuständigkeit für die Klage auf den Ausspruch der Zulässigkeit der Zwangsvollstreckung aus einem Schiedsspruche zu bestimmen, wenn und soweit dieser auf eine Widerklage ergangen ist?
C.P.O. §§ 1055. 1046. 33.

VII. Civilsenat. Urt. v. 20. Februar 1903 i. S. K. (Bekl.) w. T. & R. (Kl.). Rep. VII. 435/02.

I. Landgericht Hamburg.
II. Oberlandesgericht daselbst.

Aus den Gründen:

„Zwischen der in Hamburg domizilierten klägerischen Firma als Verkäuferin und dem in Wien ansässigen Beklagten als Käufer ist ein Geschäft über die Lieferung von Schweinefleisch abgeschlossen und dabei bestimmt, daß etwaige aus diesem Verhältnisse entspringende Differenzen durch das Schiedsgericht der Hamburger Handelskammer zu entscheiden seien. An dieses Schiedsgericht wandte sich der Beklagte, der einen Anspruch aus dem erwähnten Geschäft gegen die Klägerin zu haben glaubte, und erhob wegen der angeblich geschuldeten Summe Klage. Die Klägerin bat um Abweisung derselben und machte in dem schiedsgerichtlichen Verfahren aus dem gleichen Geschäft widerklagend einen Anspruch geltend. Der ergangene Schiedsspruch wies die Klage gänzlich, die Widerklage zum Teil ab, sprach wegen der letzteren im übrigen Verurteilung aus und verteilte die Kosten. Eine sodann von der Klägerin bei dem Gerichte in Wien mit dem Antrage auf Vollstreckbarkeitserklärung des Schiedsspruchs erhobene Klage ist rechtskräftig zurückgewiesen. Gegenüber der nunmehr bei dem Landgerichte in Hamburg von der Klägerin angestellten gegenwärtigen Klage, mit der beantragt ist, durch Vollstreckungsurteil die Zulässigkeit der Zwangsvollstreckung aus dem Schiedsspruch auszusprechen, hat der Beklagte die Einrede der Unzuständigkeit des Gerichts vorgeschützt. Dieser ist vom Landgerichte stattgegeben, das Berufungsgericht hat aber dieselbe zurückgewiesen.

Der hiergegen eingelegten Revision muß der Erfolg versagt werden. Nach den §§ 1045. 1046 C.P.O. kommt es wegen der streitigen Frage darauf an, welches Gericht für den Anspruch selbst zuständig gewesen sein würde. Es kann danach, soweit eine Vollstreckbarkeitserklärung wegen der Entscheidung in Frage steht, welche über den in dem schiedsgerichtlichen Verfahren von dem Beklagten gegen die in Hamburg wohnhafte Klägerin erhobenen Anspruch ergangen ist, die Zuständigkeit des angegangenen Landgerichts daselbst nicht zweifelhaft sein. Die in jenem Verfahren von der gegenwärtigen Klägerin widerklagend geltend gemachte Forderung und den jener nach dem Schiedsspruch zustehenden Kostenanspruch anlangend, kommt in Betracht, daß die Kompetenzfrage, worauf auch die Vorinstanz in erster Linie ihre Entscheidung gestützt hat, nach der konkreten Sachlage zu beurteilen ist. Es will die angezogene Gesetzesbestimmung, wie auch Gaupp-Stein, Civilprozeßordnung, 4. Aufl. Bem. II. 2 zu § 1045, annimmt,

vgl. ferner das Urteil des Reichsgerichts in den Entsch. des R.G.'s in Civils. Bd. 30 S. 354,

eine hypothetische Zuständigkeit bestimmen, so daß vorliegend zu prüfen ist, ob, wenn in Ermangelung des Schiedsvertrages der Beklagte seinen Anspruch bei dem Landgerichte in Hamburg geltend gemacht hätte, die Klägerin bei demselben Gerichte ihre in Rede stehende Forderung hätte erheben können. Dies liegt im Hinblick auf den den Gerichtsstand der Widerklage bestimmenden § 33 C.P.O. mit Rücksicht auf die Konnexität der Forderung der Klägerin mit dem Anspruche des Beklagten unbedingt vor. Danach trifft die Zuständigkeit des angegangenen Gerichts bezüglich der die Vollstreckbarkeitserklärung des Schiedsspruchs bezielenden Klage im vollen Umfange zu." . . .

---

15. Kann daraus, daß die Minderungsklage auf Teillöschung einer Kaufgelderhypothek erhoben worden ist, die Einrede der Rechtshängigkeit gegenüber der Klage des Hypothekengläubigers auf Zahlung desselben Teils der Hypothek hergeleitet werden?

C.P.O. § 263 Abs. 2 Ziff. 1.

V. Civilsenat. Urt. v. 21. Februar 1903 i. S. B. (Bekl.) w. v. S. (Kl.). Rep. V. 452/02.

I. Landgericht Ostrowo.
II. Oberlandesgericht Posen.

Die Klägerin, für die auf dem Rittergute des Beklagten eine aus dem Verkaufe des Guts an den letzteren herrührende Kaufgeldforderung von 160000 ℳ hypothekarisch eingetragen stand, klagte einen Teilbetrag dieser Hypothek von 30000 ℳ im Urkundenprozeß ein. Der Beklagte erhob unter Berufung darauf, daß er in einem anderen, zwischen den Parteien in umgekehrter Parteirolle anhängigen Prozeß auf Minderung des durch die Hypothek gesicherten Kaufpreises um den gleichen Betrag und Löschung eines entsprechenden Teils der Hypothek geklagt habe, die Einrede der Rechtshängigkeit. Die Einrede wurde in beiden Vorinstanzen verworfen. Auch die Revision des Beklagten blieb ohne Erfolg aus folgenden

Gründen:

„Die Revision glaubt die übereinstimmende Rechtsauffassung der Vorinstanzen hauptsächlich mit dem Hinweis darauf bekämpfen zu können, daß eine in dem anderen Prozeß zu gunsten des Beklagten ergehende rechtskräftige Entscheidung für den gegenwärtigen Prozeß die Einrede der Rechtskraft begründen würde, und daß der Umfang der letzteren Einrede sich mit dem Umfang der Einrede der Rechtshängigkeit decke. Letzteres ist indessen nicht richtig. Wie das Reichsgericht bereits in dem Urteil vom 24. Februar 1902 (Entsch. des R.G.'s in Civils. Bd. 50 S. 419) ausgesprochen hat, besteht eine solche Gleichheit des Umfangs beider Einreden nicht, sondern kann die Einrede der Rechtskraft gegeben sein, obwohl es an einer Identität der Streitsache im Sinne des § 263 Abs. 2 Ziff. 1 C.P.O. fehlt. Entscheidend dafür, ob die letztere Vorschrift Anwendung findet, ist lediglich die Beschaffenheit der in beiden Prozessen erhobenen Ansprüche. Fehlt es in diesem Punkte an der Identität, so entfällt die Einrede der Rechtshängigkeit, gleichviel welche Wirkung das in in dem anderen Prozeß ergehende Urteil auf den ersten Prozeß ausübt. Wie danach z. B. die Einrede versagt, wenn in dem einen Prozeß eine Leistungsklage, in dem anderen Prozeß eine Feststellungsklage erhoben ist, vgl. Entsch. des R.G.'s in Civils. Bd. 21 S. 392, Bd. 40 S. 362, so muß dasselbe auch bei Verschiedenheit der Leistungsansprüche gelten. Auf diesem Standpunkte stehen ebenfalls bereits frühere reichsgerichtliche Urteile.

Vgl. außer dem angeführten Urteil vom 24. Februar 1902 noch die Urteile vom 28. März 1890, Entsch. des R.G.'s in Civils. Bd. 26 S. 367, und vom 2. Februar 1894, in Gruchot's Beiträgen Bd. 38 S. 1214.

Hiervon abzugehen liegt keine Veranlassung vor. Die Revision ist nun freilich der Meinung, daß auch dem Erfordernis der Anspruchsidentität im vorliegenden Falle genügt sei. Sie weist darauf hin, daß der Klagantrag in dem anderen Prozeß nicht etwa auf Löschung eines beliebigen Teils der Kaufgeldhypothek gehe, sondern gerade den besonderen, durch seinen Fälligkeitstermin gekennzeichneten Teilbetrag von 30000 ℳ zum Gegenstande habe, dessen Zahlung im gegenwärtigen Prozesse verlangt werde. Die Ansicht der Revision läuft also darauf hinaus, daß Identität der Ansprüche nicht bloß bei Geltendmachung desselben Anspruchs durch dieselbe Partei, sondern allemal auch dann gegeben sei, wenn eine Partei einen Anspruch, der das kontradiktorische Gegenteil des von der anderen Partei geltend gemachten Anspruchs darstellt, erhebt. Dieser Auffassung ist indessen das Reichsgericht ebenfalls schon entgegengetreten, und zwar in einem Falle, in dem es sich in dem einen Prozeß um Bezahlung einer Wechselschuld, in dem anderen Prozeß um Herausgabe des Wechsels wegen Nichtbestehens der Wechselschuld handelte (vgl. das oben erwähnte Urteil vom 24. Februar 1902). Daß der gegenwärtige Fall — Bezahlung einer Teilhypothek einerseits und Bewilligung der Löschung dieser Teilhypothek andererseits — hiervon begrifflich nicht verschieden ist, bedarf keiner näheren Ausführung. Demgemäß hat auch das Urteil vom 2. Februar 1894 in einem dem gegenwärtigen fast gleichliegenden Falle, wo der Hypothekengläubiger nach früherem Landesprivatrecht auf Herausgabe des Pfandgrundstücks zum Zweck der Zwangsvollstreckung, der Schuldner negatorisch auf Löschung der Hypothek geklagt hatte, Identität der beiderseitigen Ansprüche verneint. Daß die Festhaltung dieses Gesichtspunktes etwa zu Härten und zur Beeinträchtigung materieller Parteiinteressen führt, kann nicht zugegeben werden und trifft namentlich dann nicht zu, wenn, wie vorliegend, der eine Prozeß als Urkundenprozeß angestellt ist. Letzterer soll dem Gläubiger dazu verhelfen, seine urkundlich nachgewiesene Forderung in einem beschleunigten Verfahren vor Erledigung der Sache im ordentlichen Rechtsgange zur Vollstreckung zu bringen. Dieser Zweck würde aber, wie bereits in dem reichsgerichtlichen Urteil vom 3. Juli 1888 (Entsch. des R.G.'s in Civils. Bd. 21 S. 393. 394) hervorgehoben ist, vereitelt werden, wenn es im Belieben des Schuldners stünde, der erwarteten Klage des Gläubigers mit der Erhebung einer das Nichtbestehen der Forderung behauptenden Feststellungs- oder Leistungsklage zuvorzukommen und mittels der auf diese Weise gewonnenen Rechtshängigkeitseinrede den Urkundenprozeß lahm zu legen. Umgekehrt erleidet der Schuldner durch die Zurückweisung der Rechtshängigkeitseinrede keinen Nachteil. Denn es bleibt ihm unbenommen, seine Einwendungen gegen das Bestehen der klägerischen Forderung auch gegenüber der im Urkundenprozeß erhobenen Klage vorzubringen und eine Entscheidung über sie schlimmstenfalls in dem gemäß §§ 599. 600 C.P.O. stattfindenden Nachverfahren herbeizuführen." . . .

---

16. Bewirkt zu gunsten der Anlieger eines aufgestauten Flußbeckens die Alluvion einen Eigentumserwerb?

L. 12 pr. Dig. de A. R. D. 41, 1.

VI. Civilsenat. Urt. v. 23. Februar 1903 i. S. L. Wwe. u. Erben (Bekl.) w. hamb. Finanzdeputation (Kl.). Rep. VI. 348/02.

I. Landgericht Hamburg.
II. Oberlandesgericht daselbst.

Der Klage des hamburgischen Staates auf Räumung eines an der sog Außenalster entlang belegenen Bodenstreifens hatten die verklagten Eigentümer des anstoßenden Grundstückes unter anderem die Einwendung ihres eigenen Eigentums entgegengesetzt und sich dabei unter anderem auf Erwerb durch Alluvion berufen. Hierüber heißt es in den

Gründen:

. . . „Die Beklagten haben als Eigentumserwerbsgrund die Alluvion geltend gemacht, indem der jetzt streitige Streifen Landes allmählich an das unbestritten ihnen gehörende Grundstück von der Alster angeschwemmt worden sei. Nach l. 12 pr. Dig. de A. R. D. 41, 1 findet nun aber Eigentumserwerb durch Alluvion am Ufer stehender Gewässer, wie Landseen und Teiche, nicht statt. Das Berufungsgericht hat auf Grund der Notorietät festgestellt, daß derjenige Teil der Alster, der hier in Frage kommt, nämlich die sog. Außenalster, kein frei fließender Fluß, sondern Teil eines aufgestauten Flußbeckens ist. Ein solches Becken muß nun, wenn auch eine ganz geringe Strömung darin bestehen mag, einem stehenden Gewässer rechtlich gleichgeachtet werden. Die Berufung der Beklagten auf Erwerb durch Alluvion versagt daher." ...

---

17. Inwiefern besteht eine privatrechtliche Verantwortlichkeit einer Gemeinde wegen Beschädigungen, welche durch mangelhafte Beschaffenheit oder Instandhaltung eines dem öffentlichen Verkehr dienenden Ortsweges herbeigeführt sind?

B.G.B. § 823.

VI. Civilsenat. Urt. v. 23. Februar 1903 i. S. Sch. (Kl.) w. Stadtgemeinde W. (Bekl.). Rep. VI. 349/02.

I. Landgericht Güstrow.
II. Oberlandesgericht Rostock.

Der Kläger war nach seiner Angabe am 19. Februar 1901 abends auf einer dem öffentlichen Verkehr dienenden steinernen Treppe, welche in der Stadt W. zwei Ortsstraßen verband, zu Fall gekommen und hatte sich dabei Verletzungen zugezogen. Er machte für den Unfall die Stadtgemeinde verantwortlich mit der Behauptung, daß diese als Eigentümerin der Treppe bei der damals herrschenden Schneeglätte für Säubern und Bestreuen derselben hätte sorgen müssen, zumal da die Treppe in einem sehr verfallenen Zustand und nicht beleuchtet gewesen sei, und daß die Beklagte durch Unterlassung der hierfür erforderlichen Vorkehrungen die Verletzung des Klägers verschuldet habe. Das Landgericht erklärte den Klaganspruch dem Grunde nach für berechtigt. Das Berufungsgericht dagegen wies die Klage ab. Auf die Revision des Klägers ist das Berufungsurteil aufgehoben, und die Sache in die Vorinstanz zurückverwiesen worden.

Aus den Gründen:

... „Das Berufungsgericht verneint eine Verantwortlichkeit der Beklagten für den Unfall des Klägers. Da dieser selbst den Unfall auf die auf der Treppe durch Unterlassen von Fegen und Streuen entstandene Glätte zurückführe, so bedürfe es keiner Erörterung, ob die Treppe wegen mangelhafter baulicher Anlage oder Instandhaltung gefährlich zu passieren gewesen, und ob hierfür die Beklagte verantwortlich gewesen sei; denn jene angebliche Beschaffenheit det Treppe an sich habe den Unfall nicht hervorgerufen. Die Beklagte sei aber auch nicht wegen Unterlassung des Fegens und Bestreuens der Treppe zum Schadensersatz heranzuziehen. Hinsichtlich einer öffentlichrechtlichen Verpflichtung der städtischen Organe, für die Sicherheit des Verkehrs auf den ihnen unterstellten Wegen zu sorgen, verweist das Berufungsgericht, gleich dem ersten Richter, auf § 49 Abss. 1. 2 der mecklenburg-schwerinschen Ausführungsverordnung zum B.G.B. Was aber die Frage einer privatrechtlichen Verpflichtung anlangt, so ist das Berufungsgericht, entgegen der Annahme des ersten Richters, der Ansicht, daß für die Beklagte aus dem etwa bestehenden Eigentum die fragliche Verpflichtung sich nicht ergebe. Daß der Eigentümer eines Grundstücks, der den öffentlichen Verkehr über dasselbe dulde, verpflichtet sei, eine derartige Vorkehr, wie der erste Richter annehme, zu treffen, daß insbesondere eine Stadt, in deren Eigentum ein dem öffentlichen Verkehr überlassener Weg stehe, verpflichtet sei, den durch Witterungsverhältnisse etwa hervorgerufenen Gefahren zu begegnen, lasse sich aus reichsrechtlichen Bestimmungen über das Eigentum nicht begründen. Ebensowenig bestehe ein darauf bezügliches, für die verklagte Stadt gültiges landesrechtliches Spezialgesetz. Die hier allein in Betracht kommende Straßenpolizeiordnung für die Stadt W. wende sich in den betreffenden Vorschriften nur an die mit ihren Grundstücken an die Straßen und Vordämme grenzenden Eigentümer, aber nicht an die Eigentümer der Straßen und Vordämme selbst. Demnach habe die Beklagte nicht schuldhaft rechtswidrig gehandelt und nicht gegen ein Schutzgesetz (§ 823 Abs. 2 B.G.B.) verstoßen....

Die angefochtene Entscheidung beruht zwar zu einem Teil auf der Anwendung nicht revisiblen Landesrechts. Dahin gehört die Auslegung der Straßenpolizeiordnung der Stadt W. Wenn es, wie das Berufungsgericht feststellt, an einer landesgesetzlichen speziellen Vorschrift, gegen die von der Beklagten verstoßen worden wäre, fehlt, so entfällt die Anwendbarkeit des § 823 Abs. 2 B.G.B., da auch eine als Schutzgesetz im Sinne dieses Paragraphen zu betrachtende reichsgesetzliche Bestimmung hier nicht in Frage steht. Was sodann die Anwendung des § 823 Abs. 1 B.G.B. betrifft, so würde nach der gleichfalls unanfechtbaren Annahme der Vorinstanzen eine Haftung der Beklagten im vorliegenden Falle ausgeschlossen sein, wenn und soweit es sich um eine von Beamten der Stadt in Ausübung der ihnen anvertrauten öffentlichen Gewalt begangene Schadenszufügung handelte. Dieses Rechtsgebiet ist nach Art. 77 Einf.-Ges. zum B.G.B. unberührt und der Landesgesetzgebung überlassen geblieben.

Allein die gegenwärtige Klage stützt sich nicht auf eine Verantwortlichkeit der Gemeinde für Akte der Amtsausübung ihrer Beamten, sondern auf eine (direkte) Haftung der verklagten Stadtgemeinde aus einem sie als juristische Person verpflichtenden privatrechtlichen Schuldgrund, nämlich auf die Verletzung einer Verpflichtung, welche nach der Behauptung des Klägers und nach Ansicht des ersten Richters dem Eigentümer eines dem öffentlichen Verkehr dienenden Weges obliegt. Unstreitig dient die Treppe, auf welcher sich der Unfall ereignet haben soll, dem öffentlichen Verkehr; sie wäre, wenn sie als Durchgang oder Verbindungsweg zwischen zwei Ortsstraßen dem gemeinen Gebrauch des Publikums frei gegeben ist, ein städtischer öffentlicher Weg, im Sinne des früheren gemeinen Rechts eine res publica. Wie es sich mit dem Eigentumsrecht an der Treppe verhält, ist von dem Berufungsgericht bisher nicht entschieden. Diese Frage, welche einerseits nach den tatsächlichen Verhältnissen, andererseits nach Rechtsnormen zu beurteilen wäre, welche zum Teil (mangels einer Regelung im deutschen Bürgerlichen Gesetzbuch) im Gebiete der Landesgesetze gelegen sind, braucht auch hier nicht näher erörtert zu werden. Es genügt die zweifellos bestehende rechtliche Möglichkeit eines Eigentumsrechtes der verklagten Gemeinde, und zwar eines solchen, das nicht als ein nur publizistisches, sondern als wirkliches privatrechtliches Eigentum der Stadtgemeinde, obwohl vermöge der Zweckbestimmung des öffentliches Gebrauches einem gewissen Sonderrecht unterliegend, sich darstellen würde.

Vgl. Dernburg, Pandekten, Bd. 1 7. Aufl. § 71 S. 163. 164, § 72 S. 165; Windscheid-Kipp, Pandektenrecht 8 Aufl. Bd. 1 § 146 Nr. 4, Anm. 16 und 17, S. 633. 638; Dernburg, Das bürgerliche Recht Bd. 3 § 7 S. 27.

Das Berufungsgericht hat nun darin zwar Recht, daß aus reichsrechtlichen Bestimmungen über das Eigentum nicht (unmittelbar) die Verpflichtung, für den verkehrssicheren Zustand eines dem öffentlichen Verkehr überlassenen Weges zu sorgen, sich entnehmen läßt; dasselbe verkennt jedoch die Bedeutung des § 823 Abs. 1 B.G.B., wenn es die Lösung der streitigen Frage lediglich in den gesetzlichen Bestimmungen über das Eigentum sucht. Diese sind hierbei nicht allein entscheidend. Das Eigentum hat für die Frage der Haftung nach § 823 B.G.B. die Bedeutung, daß es eine Verfügungsmacht über eine Sache gewährt, vermöge deren der Inhaber mit dem Rechtskreise anderer in Berührung kommt, und deren Ausübung ihm die Pflicht zur Rücksichtnahme auf die Interessen der anderen auferlegen kann. Der Schwerpunkt liegt hierbei nicht in dem Eigentumsrecht als solchem; eine gleiche Pflicht zur Anwendung von Sorgfalt besteht möglicherweise auch für den aus einem anderen Recht als dem Eigentum Verfügungsberechtigten. Die Frage ist, ob der Betreffende vermöge seiner tatsächlichen und rechtlichen Beziehung zu der Sache bei der Verfügung über diese Sache, bezw. bei der Handhabung oder dem Gebrauch derselben im Rechtsverkehr irgend welche Sorgfalt gegenüber Dritten anzuwenden habe. Wenn er diesfalls die im Verkehr erforderliche Sorgfalt außer acht läßt, so handelt er fahrlässig (§ 276 Abs. 1 Satz 2 B.G.B.), und wenn dadurch ein Mensch am Körper verletzt wird, so wird jener für diese (mangels eines in besonderen Verhältnissen begründeten Rechtes hierzu) widerrechtliche Verletzung nach § 823 Abs. 1 B.G.B. schadensersatzpflichtig.

Es ist nun schon unter dem bisherigen Rechtszustand, jedenfalls für das Gebiet des gemeinen Rechts, eine Verantwortlichkeit des Eigentümers für die verkehrssichere Beschaffenheit seiner dem öffentlichen Verkehr von ihm gewidmeten Sache und insofern auch eine privatrechtliche Haftbarkeit der juristischen Personen des öffentlichen Rechts, des Staates, der Gemeinden, wegen eines die Sicherheit gefährdenden Zustandes der öffentlichen Wege, Plätze, Häfen angenommen worden. Eine solche Haftung wurde von der früheren Rechtsprechung selbst aus den römischrechtlichen Bestimmungen abgeleitet oder doch mit denselben in Einklang gebracht, indem man den Satz aufstellte: wer immer, sei es Staat, Gemeinde oder Privater, sich dem Publikum gegenüber zu einer Leistung, welche dessen Wohlfahrt fördern solle, verbunden und eine entsprechende Einrichtung — wie durch den Bau einer Straße — getroffen habe, der sei fortan nicht mehr pflichtenlos; zwar trete er durch Erfüllung der im öffentlichen Recht gebotenen Verpflichtung nicht in ein Vertragsverhältnis zu dem Publikum; wohl aber stelle sein fehlerhaftes Handeln oder Unterlassen, die Übertretung jener Pflicht eine injuria im Sinne des Aquilischen Gesetzes dar.

Vgl. Urteil des Oberappellationsgerichts Lübeck vom 18. Februar 1871 bei Seuffert, Archiv Bd. 25 Nr. 128.

Hierbei tritt also nicht sowohl der Gesichtspunkt des Eigentums in den Vordergrund, als vielmehr derjenige einer mit der getroffenen Zweckbestimmung der Sache übernommenen Verantwortlichkeit; und es wurde angenommen, daß die Verletzung einer, obschon im öffentlichen Rechte wurzelnden, Unterhaltungspflicht doch auch eine privatrechtliche Haftung begründen könne.

Vgl. noch Seuffert, Archiv Bd. 49 Nr. 76, Bd. 50 Nr. 87; Sächsisches Archiv Bd. 1 S. 607.

Das Reichsgericht hat in zahlreichen Fällen eine Haftbarkeit nicht bloß des privaten Eigentümers, sondern auch des Staates oder der Korporation dann als begründet anerkannt, wenn sie in einem Gebäude oder auf einem sonstigen Raume einen „Verkehr für andere eröffnet" hatten. So ist diesfalls eine Pflicht zur Beleuchtung des Hauses oder Raumes, zur baulichen Instandhaltung, zum Bestreuen von Plätzen und Zugängen bei Glatteis in dem Sinne angenommen worden, daß durch Unterlassung der nötigen Fürsorge eine (privatrechtliche) Haftung für den entstandenen Schaden begründet wird, und namentlich ist des öfteren eine Schadensersatzpflicht des Eigentümers oder Unterhaltungspflichtigen wegen Vernachlässigung der Sorge für die Verkehrssicherheit öffentlicher Straßen und Wege ausgesprochen.

Vgl. z. B. Bolze, Praxis des Reichsgerichts Bd. 4 S. 338; Entsch. des R.G.'s in Civils. Bd. 33 S. 225 flg., Bd. 38 S. 220, Bd. 48

S. 297; Seuffert, Archiv Bd. 49 Nr. 76; Jurist. Wochenschr. von 1901 S. 585 Nr. 29, 1902 S. 377 Nr. 60, S. 149 Nr. 93. 94; Jurist. Wochenschr. von 1903 Beil. 1 Nr. 20 S. 9. (Wegen Haftung des Fiskus in Ansehung der öffentlichen Straßen nach preußischem Recht vgl. Entsch. des R.G.'s in Civils. Bd. 44 S. 173 flg. mit Bd. 40 S. 296.)

Bei einzelnen dieser Fälle handelte es sich um Verletzung eines bestimmten Polizeigesetzes, so des § 367 Nr. 12. 14 St.G.B. oder einer örtlichen Polizeivorschrift. Aber auch da, wo ein spezielles Schutzgesetz nicht besteht, kann sich nach Umständen aus der durch die Rechtsordnung gebotenen Rücksichtnahme auf die Interessen der Gesamtheit, auf die allgemeine Wohlfahrt oder den öffentlichen Verkehr eine Verpflichtung ergeben, der die Bedeutung einer gesetzlichen Zwangspflicht zukommt.

Vgl. Linckelmann im Archiv für Bürgerliches Recht Bd. 13 S. 79 flg.

Eine Änderung dieser bisherigen Rechtsauffassung ist durch die Normen des deutschen Bürgerlichen Gesetzbuchs nicht bedingt, keinesfalls aber in der Richtung, daß danach der Rechtsschutz auf dem fraglichen Gebiet enger einzugrenzen wäre. Im Gegenteil läßt sich aus den Bestimmungen des Bürgerlichen Gesetzbuchs, welche den Besitzer eines Grundstücks für eine von diesem ausgehende Beschädigung haftbar machen — insbesondere § 836 —, der allgemeine Grundsatz entnehmen, daß, entgegen dem prinzipiellen Standpunkte des römischen Rechts, jetzt ein jeder auch für Beschädigung durch seine Sachen insoweit aufkommen solle, als er dieselbe bei billiger Rücksichtnahme auf die Interessen des anderen hätte verhüten müssen,

vgl. Urteil des erkennenden Senats vom 30. Oktober 1902 i. S. Br. w. preuß. Domänenfiskus, Rep. VI. 208/02,[1]

in welcher Entscheidung weiter ausgeführt ist, daß auf Grund des § 823 B.G.B. eine außerkontraktliche Schadensersatzpflicht auch für rechtswidrige Unterlassungen eintrete.

Es mag zu weit gehen, wenn der Eigentümer eines Grundstücks, wie es vorliegend der erste Richter formuliert hat, schon da, wo er „den öffentlichen Verkehr über sein Grundstück duldet", für ver-

[1] Abgedruckt in Bd. 52 dieser Sammlung unter Nr. 98. D. R.

pflichtet erklärt würde, Vorkehrungen treffen, daß das Passieren nicht zu einem gefährlichen werde. Aber immerhin darf gesagt werden, daß derjenige, welcher sein Grundstück zum öffentlichen Verkehr bestimmt und einrichtet, verpflichtet ist, das in einer Weise zu tun, wie es den Anforderungen der Verkehrssicherheit entspricht, daß ihm auch weiterhin eine Fürsorgepflicht in dieser Richtung obliegt, und daß also, wer einen Weg dem Publikum zum freien Gemeingebrauch gestellt hat und hierzu unterhält, für den Schaden aufzukommen hat, der durch mangelhafte Instandhaltung oder Nichtbeseitigung von Verkehrshindernissen verursacht wird. Eine privatrechtliche Verantwortlichkeit wird dadurch, daß dem Grundstücksbesitzer die Unterhaltung des Weges als öffentlichrechtliche Pflicht obliegt, nicht ausgeschlossen. Wird in Vernachlässigung dieser Obliegenheit zugleich diejenige Sorgfalt verabsäumt, welche im Rechtsverkehr nach dem bürgerlichen Gesetze zu beobachten ist, so gehört die daraus erwachsende Haftung dem Gebiete des Privatrechts an, und auf diesem Gebiet können auch die Korporationen des öffentlichen Rechts keine gesonderte Rechtsstellung beanspruchen. Es ist nicht einzusehen, daß eine Gemeinde von der Haftung, die eine Privatperson als Grundstücksbesitzer treffen würde, um deswillen befreit sein sollte, weil das Grundstück ein öffentlicher Weg oder Platz, und der Gemeinde verwaltungsrechtlich die Unterhaltung zugewiesen ist.

Allerdings kann weiterhin die grundsätzlich bestehende Fürsorgepflicht nach Art und Maß der anzuwendenden Sorgfalt fraglich werden. Eine allgemeine Regel hierüber, so hinsichtlich der Verpflichtung, öffentliche Wege und Plätze zu beleuchten, bei Glatteis oder Schneeglätte zu bestreuen rc, läßt sich nicht aufstellen; vielmehr bestimmt sich dies beim Mangel einer bestehenden Spezialvorschrift nach den Verhältnissen des Einzelfalles und nach dem Maßstabe der im Verkehr erforderlichen Sorgfalt. Dabei kann es auf die Art und den Umfang des an dem betreffenden Ort bestimmungsgemäß stattfindenden Verkehrs, auf die sonstigen örtlichen Verhältnisse, auf die Tunlichkeit und Wirksamkeit von Sicherungsmaßregeln ankommen.

Vgl. die Urteile des erkennenden Senats vom 18. Januar 1900, Rep. VI. 346/99, vom 25. November 1901, Rep. VI. 275/01, vom 4. Januar 1902, Rep. VI. 364/01, in der Jurist. Wochenschr. von 1900 S. 164 Nr. 38, 1902 S. 149 Nr. 93, 94.

Wie es sich in dieser Beziehung im vorliegenden Falle verhält, ist von dem Berufungsgericht tatsächlich noch nicht erörtert. Der Kläger macht aber geltend, daß eine Vorkehrung, wie Bestreuen oder Beseitigen des Eises bezw. Schnees auf der Treppe, ebenso zweckmäßig als notwendig gewesen wäre. Daß eine solche Maßnahme nach der Straßenpolizeiordnung den Anwohnern der Treppe obgelegen habe, ist vom Berufungsrichter nicht festgestellt.

Das Berufungsgericht hat sodann mit Unrecht der angeblichen Mangelhaftigkeit der baulichen Anlage und Instandhaltung der Treppe jede Bedeutung für die Ursächlichkeit abgesprochen." (Wird näher ausgeführt.) . . .

---

18. Nähere Bestimmung der Fälle, in welchen eine Beschwerde nach § 355 Abs. 2 C.P.O. unzulässig ist.

VI. Civilsenat. Beschl. v. 23. Februar 1903 i. S. Fr. (Kl.) w. R. (Bekl.). Beschw.-Rep. VI. 48/03.

I. Landgericht Plauen.
II. Oberlandesgericht Dresden.

Gründe:

„Das Landgericht zu Plauen hatte durch Beweisbeschluß vom 17. Februar 1902 dem Kläger einen Eid zur Widerlegung des Grundes einer vom Beklagten vorgeschützten Einrede auferlegt und zugleich Termin zur Eidesleistung angesetzt; später, am 7. Juli 1902, beschloß es auf Antrag des Klägers, diesem den Eid durch das Amtsgericht zu Trier als ersuchten Richter abnehmen zu lassen, da der Kläger seinen Wohnsitz nach Trier verlegt habe und sich mithin in großer Entfernung vom Sitze des Prozeßgerichtes aufhalte. Diesen Beschluß beantragte sodann der Beklagte wieder dahin abzuändern, daß der Eid doch vom Prozeßgericht abgenommen werden solle, indem er sich darauf berief, daß die Parteien im Termine vom 10. Februar 1902, obwohl damals schon der Kläger in Trier gewohnt habe, ausdrücklich vereinbart hätten, daß der Eid vor dem Prozeßgerichte geleistet werden solle. Das Landgericht wies jedoch durch Beschluß vom

12. Juli 1902 diesen Antrag zurück. Die hiergegen vom Beklagten erhobene Beschwerde ist ... vom Oberlandesgericht ... „als unzulässig" verworfen worden. Diese Entscheidung ist zunächst gestützt auf § 355 Abs. 2 C.P.O.; insofern aber der Beklagte sich auf die angebliche Vereinbarung vom 10. Februar 1902 berufen hatte, ist in den Gründen die Frage offen gelassen, ob die Beschwerde auch in dieser Beziehung unzulässig sei, und insoweit ihre Zurückweisung damit begründet, daß es an jeder Glaubhaftmachung der behaupteten Vereinbarung fehle.

Die hiergegen eingelegte weitere Beschwerde erscheint nach der allgemeinen Bestimmung des § 567 Abs. 1 C.P.O. als zulässig; denn die vorige Beschwerde enthielt ein „das Verfahren betreffendes Gesuch", welches zurückgewiesen worden ist, und der nach § 568 Abs. 2 daselbst erforderliche neue selbständige Beschwerdegrund liegt nach feststehender Rechtsprechung des Reichsgerichts darin, daß die vorige Beschwerde als unzulässig verworfen worden ist.

Die Beschwerde ist aber nicht begründet. Nach § 355 Abs. 2 C.P.O. findet keine Anfechtung des Beschlusses, wodurch „die eine oder die andere Art" der Beweisaufnahme angeordnet ist, statt. Daß unter diese Bestimmung auch die die Eidesabnahme betreffenden Fälle des § 479 Abs. 1 C.P.O. fallen, kann nicht bezweifelt werden und ist auch vom Reichsgericht immer als selbstverständlich angenommen worden. Wenn aber wohl einmal in Frage gestellt worden ist, ob mit den Worten „die eine oder die andere Art" nur die Beweisaufnahme durch den beauftragten und diejenige durch den ersuchten Richter bezeichnet, oder auch diejenige vor dem Prozeßgerichte mitumfaßt sein soll, so kommt es hier auf diese Frage, die übrigens vom Reichsgericht laut der Entsch. dess. in Civils. Bd. 11 S. 377 flg. und seitdem oft im letzteren Sinne entschieden worden ist, nicht einmal an, weil hier gerade die Beweisaufnahme durch einen ersuchten Richter verfügt ist.

Nun ist hier allerdings in der vorigen Instanz formell nicht der Beschluß selbst angefochten, durch den diese Verfügung getroffen worden war (der vom 7. Juli 1902), sondern ein Beschluß, durch den ein Antrag auf Abänderung des ersteren abgewiesen ist (der vom 12. Juli 1902), und man könnte daher vielleicht meinen, die Beschwerde sei hier nach der allgemeinen Bestimmung in § 567 Abs. 1

C.P.O. zulässig. Dies ist jedoch zu verneinen; denn wenn man nicht auch einen Beschluß der letzteren Art unmittelbar im Sinne des § 355 Abs. 2 daselbst als einen Beschluß gelten lassen will, durch den die in ihm aufrecht erhaltene Art der Beweisaufnahme „angeordnet" ist, so müßte man dann doch jedenfalls anerkennen, daß in der Stellung des Antrages auf Abänderung des durch Beschwerde nicht anfechtbaren Beschlusses in Verbindung mit der Erhebung der Beschwerde gegen den diese Abänderung ablehnenden Beschluß eine Umgehung des in § 355 Abs. 2 enthaltenen Verbotes der Anfechtung liege, und eben deshalb diese Beschwerde doch unzulässig sei. Auch hat das Reichsgericht schon wiederholt auf solche Beschwerden ohne weiteres den § 355 Abs. 2 angewandt.

Vgl. Entsch. des R.G.'s in Civils. Bd. 11 S. 377 flg., Seuffert, Archiv Bd. 48 Nr. 71, und die Beschlüsse in den Beschwerdesachen I. 58/93 und II. 8/01, gedruckt in der Jurist. Wochenschr. v. 1893 S. 347 Nr. 19 und v. 1901 S. 121 Nr. 8.

Freilich hat nun das Oberlandesgericht im angefochtenen Beschlusse eigentlich selbst gar nicht angenommen, daß im vorliegenden Falle der § 355 Abs. 2 C.P.O. völlig durchgreife, diese Frage vielmehr in den Gründen unentschieden gelassen und, insofern die Beschwerde auf die angebliche zur Kenntnis des Landgerichts gekommene Vereinbarung der Parteien gestützt sei, für alle Fälle zur Verwerfung der Beschwerde den Grund für ausreichend erklärt, daß diese Vereinbarung nicht einmal glaubhaft gemacht sei. Insoweit würde also die in der Entscheidung selbst ausgesprochene Annahme der Unzulässigkeit der Beschwerde eigentlich gar nicht als gerechtfertigt erscheinen. Indessen war die Entscheidung selbst trotzdem aufrecht zu halten, weil in § 355 Abs. 2 C.P.O. ganz unterschiedslos jede Anfechtung des die Art der Beweisaufnahme betreffenden Beschlusses für ausgeschlossen erklärt wird, ohne daß für eine Unterscheidung zwischen den Fällen, wo nur nach Erwägungen der Zweckmäßigkeit richterliches Ermessen zu walten hätte, und den Fällen, wo gerade das in Frage stehen würde, ob Raum für die Anwendung solchen Ermessens gewesen sei, der geringste Anhalt im Gesetze gegeben wäre. Allerdings ist dies früher als zweifelhaft behandelt, und daher für Fälle der letzteren Art die Frage wegen der Anwendbarkeit des § 355 Abs. 2 C.P.O. offen gelassen worden vom Reichsgericht laut der Entsch. dess. in Civils. Bd. 11 S. 381, der Jurist. Wochenschr. v. 1889 S. 206 Nr. 11 und Seuffert, Archiv Bd. 48 Nr. 71; aber schon in der Beschwerdesache II. 8/01 hat der II. Civilsenat diese Unterscheidung verworfen (vgl. Jurist. Wochenschr. v. 1901 S. 121 Nr. 8), und dem schließt sich der jetzt erkennende Senat an.

Demnach war die erhobene Beschwerde zurückzuweisen." ...

---

19. Ist bei Aufstellung der Jahresrechnung bezüglich der Gerichtskosten (§§ 94. 89 G.K.G.) der Widerkläger zu einem Anteil als Schuldner zu behandeln?

II. Civilsenat. Beschl. v. 24. Februar 1903 i. S. W. (Kl. u. Widerbekl.) w. Sch. (Bekl. u. Widerkl.). Beschw.-Rep. II. 11/03.

I. Landgericht Elberfeld.
II. Oberlandesgericht Köln.

Die obige Frage ist verneint worden.

Aus den Gründen:

„In dem gegenwärtigen Rechtsstreite sind Klage und Widerklage erhoben worden.... Zur Klage erging unterm 2. Mai 1902 Teilurteil des Landgerichts, durch welches die Entscheidung über die Kosten vorbehalten wurde. Nach dem Ablaufe eines Jahres nach dem Beginne des Rechtsstreites wurde gemäß § 94 G.K.G. am 10. Juli 1902 eine Kostenberechnung aufgestellt. Auf Grund dieser Aufstellung wurden von der Beklagten, Widerklägerin am 25. Juli 1902 384,35 ℳ eingefordert, nämlich von den entstandenen Verhandlungs- und Beweisgebühren je die Hälfte und 14,35 ℳ Zeugengebühren, Schreibgebühren und Portoauslagen. Auf Erinnerung der Beklagten vom 28. Juli wurde durch Beschluß des Landgerichts zu Elberfeld vom 25. August 1902 die Kostenrechnung vom 10. Juli insoweit aufgehoben, als die Ansätze für Gebühren und Auslagen 12,15 ℳ übersteigen, und im übrigen die Erinnerung zurückgewiesen. Auf die von dem Oberstaatsanwalt zu Köln für die preußische Staatskasse gegen den Beschluß eingelegte Beschwerde vom 9. September 1902 hat das Oberlandesgericht zu Köln, IV. Civilsenat, durch

Beschluß vom 6. November 1902 . . . die Erinnerung der Beklagten, Widerklägerin gegen die Kostenberechnung vom 10./25. Juli 1902, sowie die Beschwerde des Oberstaatsanwaltes gegen den Beschluß des Landgerichts vom 25. August 1902 insoweit zurückgewiesen, als die Kostenberechnung den Betrag von 289,35 M übersteigt. Das Oberlandesgericht nimmt an, daß die Beklagte hinsichtlich ihrer Widerklage Schuldnerin der Gebühren, und zwar im Verhältnisse des Wertes der Widerklage zum Werte der Klage, sowie der mit 14,35 M angesetzten Auslagen sei, und berechnet die Hälfte der Verhandlungs-, Beweis- und Entscheidungsgebühren mit zusammen 275 M und die Auslagen mit 14,35 M als Schuld der Beklagten, Widerklägerin. Letztere hat gegen den Beschluß . . . Beschwerde eingelegt. . . .

Soweit die Beschwerde die Herabminderung der Kostenschuld der Beklagten bis auf den im Beschluß des Landgerichts vom 25. August 1902 berechneten Betrag von 12,15 M zum Ziele hat, liegt eine weitere Beschwerde vor, die als solche, weil die Beschwerdesumme den Betrag von 100 M übersteigt (§ 567 Abs. 2 C.P.O.) und widersprechende Entscheidungen ergangen sind (§ 568 Abs. 2 a. a. O.), zulässig und auch begründet erscheint.

Der durch die weitere Beschwerde angefochtene Beschluß umfaßt die gegen die Beschwerdeführerin angesetzten Gebühren und Auslagen. Beide Arten von Prozeßkosten werden in der Regel erst mit der Beendigung des Verfahrens oder der Instanz (§ 93 G.K.G.), mit dem Ablaufe je eines Jahres seit dem Beginne der Instanz jedoch schon vor der Beendigung derselben (§ 94 a. a. O.) fällig und in dem ersteren Falle von demjenigen, welchem durch gerichtliche Entscheidung die Kosten des Verfahrens auferlegt sind, oder welcher sie freiwillig übernommen hat (§ 86 a. a. O.), anderenfalls gemäß § 89 G.K.G. von demjenigen, welcher „das Verfahren der Instanz beantragt hat“, geschuldet. Das Oberlandesgericht wendet hier mit Recht den § 89 an, irrt aber in der Auslegung desselben. Es begründet seine Annahme, daß auch der Widerkläger als derjenige anzusehen sei, welcher das Verfahren der Instanz beantragt habe und deshalb einen Teil der Gerichtskosten schulde, hauptsächlich mit der Erwägung, daß die gegenteilige Annahme des Landgerichts zu unbilligen Härten gegen den Kläger führen würde. Dieser Grund kann aber, abgesehen davon, daß demselben bereits im Gesetz durch die Bestimmung des § 94 Ziff. 1 G.K.G., wonach die einjährigen Fristen auf Antrag vom Gerichte verlängert werden können, Rechnung getragen ist, hier nicht ausschlaggebend sein, da überwiegende Gründe gegen die Auffassung, für welche sich das Oberlandesgericht entschieden hat, sprechen. Der Wortlaut des § 89 weist schon darauf hin, daß unter demjenigen, welcher das Verfahren der Instanz beantragt hat, der gemeint ist, welcher durch seinen Antrag die Instanz zuerst beschritten und dadurch die Tätigkeit des Gerichts veranlaßt hat, und deutet in keiner Weise an, daß die Partei gemeint sei, welche ein Verfahren beantragt hat, daß also der Widerkläger hinsichtlich der Widerklage Schuldner von Gerichtskosten gegenüber der Staatskasse sei. Ein möglicher Zweifel wird durch die Begründung des Entwurfes zum Gerichtskostengesetz beseitigt. Die Bezeichnung „Instanz" ist nach der Begründung des Gesetzentwurfes (S. 55) im Gerichtskostengesetz nicht in dem weiteren Sinne, nach welchem darunter ein nach beliebigen Gesichtspunkten abgegrenzter Abschnitt des Verfahrens verstanden wird, sondern in dem beschränkteren Sinne gebraucht, nach welchem eine neue Instanz beginnt, wenn ein Gericht höherer Ordnung mit dem Rechtsstreite befaßt wird. Durch den Antrag des Widerklägers wird hiernach eine Instanz nicht eröffnet, sondern ein Verfahren innerhalb der Instanz veranlaßt, welches nicht mit dem Verfahren der Instanz gleichbedeutend ist. Kostenpflichtig sollte nach der Begründung des Gesetzentwurfes im allgemeinen grundsätzlich der Antragsteller sein, und insofern würden, da innerhalb der Instanz beide Parteien in der Rolle des Antragstellers erscheinen können, sowohl der Kläger als auch der Beklagte Schuldner der Staatskasse für Gerichtskosten sein können. Wegen der großen Schwierigkeiten, die richtigen Kostenanteile der Parteien zu ermitteln, und wegen anderer Unzuträglichkeiten wird aber in der allgemeinen Begründung des Entwurfes zu dem Abschnitt über Kostenvorschuß und Kostenzahlung (S. 97 flg.) eine Heranziehung des Beklagten als betreibenden Teiles zu den Gebühren als untunlich bezeichnet. Ferner ist nach der besonderen Begründung des dem § 94 Ziff. 1 G.K.G. entsprechenden § 86 Ziff. 1 des Entwurfs (S. 105) die dem Gerichte erteilte Ermächtigung zur Verlängerung der einjährigen Frist zu dem Zwecke erfolgt, um Unbilligkeiten und Härten abzuwenden, welche aus der Erhebung sämtlicher Gebühren von dem „Kläger der Instanz" sich ergeben können. Sollen hiernach die Gerichtskosten einer Instanz im Falle des § 94 G.K.G. nur von einer Partei der Staatskasse geschuldet werden, und ist diese Partei der Kläger der Instanz, so kann unter demjenigen, „welcher das Verfahren der Instanz beantragt hat", nur der verstanden sein, der die Klage erhoben oder als Erster ein Rechtsmittel eingelegt hat, nicht aber der Widerkläger im Sinne des § 89 G.K.G. Der Möglichkeit, auch den Widerkläger zu einem Anteil als Schuldner derselben zu behandeln, steht auch der Umstand entgegen, daß das Gerichtskostengesetz keine Bestimmung darüber enthält, in welchem Verhältnis im Falle einer Widerklage der Kläger und der Widerkläger an der Kostenschuld beteiligt sind. Eine solche Bestimmung wäre erforderlich gewesen, da nach dem Gebührensystem des Gerichtskostengesetzes für das in der Regel einheitliche Verfahren der Klage und der Widerklage die Verhandlungs-, Beweis- und Entscheidungsgebühren einheitlich in Ansatz gebracht werden. Das Fehlen der notwendigen Bestimmung bestätigt die Annahme, daß nach dem Gerichtskostengesetz die in den betreffenden Bestimmungen nicht besonders hervorgehobene Widerklage nicht ein solches Verfahren der Instanz bildet, aus welchem nach § 89 a. a. O. für den Widerkläger eine Kostenschuld erwächst. Im § 89 ist von der Kostenpflicht desjenigen, der das Verfahren der Instanz beantragt hat, nur hinsichtlich der Auslagen, und zwar dahin eine Ausnahme gemacht worden, daß Auslagen, für welche der Gegner in Gemäßheit des § 84 Vorschuß zu leisten verpflichtet war, vom Gegner zu erheben seien. Über Vorschuß ist in § 94 Ziff. 2 auch für Fälle einer Widerklage oder wechselseitig eingelegter Rechtsmittel eine Bestimmung getroffen worden, wonach jede Partei, wenn sie das von ihr beantragte Verfahren zurücknimmt, die getrennte Berechnung der Gebühren und Auslagen für dasselbe und die Zurückzahlung des von ihr gezahlten nicht verbrauchten Vorschusses fordern kann. Diese und die Bestimmung des § 81 Abss. 1 u. 2, nach welcher auch für den Widerkläger und im Falle wechselseitig eingelegter Rechtsmittel für jede Partei die Verpflichtung zur Zahlung eines Gebührenvorschusses besteht, können für die Frage, wer nach § 89 Schuldner der Gebühren und Auslagen ist, als besondere Vorschriften und auch deshalb nicht in Betracht kommen, weil Kostenvorschuß und Kostenzahlung zwar in einem und demselben Abschnitt, aber selbständig und unabhängig voneinander geregelt sind und deshalb selbständig, jedes für sich, beurteilt werden müssen. Aus diesen Gründen gelangt der beschließende Senat in Übereinstimmung mit dem Beschlusse des III. Civilsenats des Reichsgerichts vom 23. September 1902 (Rep. III. 153/02)[1] zu der Entscheidung, daß der Widerkläger bei der Aufstellung der Jahresrechnung nicht als Schuldner von Gebühren für die Widerklage zu behandeln ist (§§ 94 Ziff. 1. 89 G.K.G.)." ...

20. Muß die Mängelanzeige nach § 377 Abs. 1 H.G.B. außer der Angabe der Mängel der Ware auch zum Ausdruck bringen, daß wegen der angeblichen Mängel die Ware nicht genehmigt werde?

II. Civilsenat. Urt. v. 24. Februar 1903 i. S. P. & H. (Bekl.) w. S. & Co. (Kl.). Rep. II. 365/02.

I. Landgericht Hamburg.
II. Oberlandesgericht daselbst.

Gegenüber der Klage auf Zahlung des Kaufpreises für eine Warenlieferung machte die Beklagte einen Anspruch auf Rückerstattung des für eine frühere Warenlieferung der Klägerin von ihr bezahlten Kaufpreises zur Aufrechnung geltend, indem sie behauptete, daß die früher — Ende Oktober 1900 — ihr gelieferte Ware mit Mängeln behaftet gewesen, und über das Vorhandensein der Mängel in ihrem Schreiben an die Klägerin vom 12. November 1900 rechtzeitig und ausreichend von ihr Anzeige erstattet worden sei. Die Klägerin bestritt dies. Die vorderen Gerichte erachteten die Gegenforderung für unbegründet und verurteilten die Beklagte nach dem Klagantrage. Das Berufungsgericht nahm bezüglich der Gegenforderung insbesondere an, daß das Schreiben der Beklagten vom 12. November 1900 nur die Mitteilung einer Mängelrüge ihres, der Beklagten, Abnehmers, aber nicht eine eigene Mängelrüge der Beklagten enthalte, und daß übrigens die Mängelrüge als solche inhaltlich nicht genüge. Das

[1] S. Entsch. des R.G.'s in Civils. Bd. 52 S. 197 flg. D. E.

Berufungsurteil wurde vom Reichsgericht aufgehoben, und zwar, was die letztere Annahme des Berufungsgerichts anbetrifft, aus den folgenden

Gründen:

... „Die Annahme des Berufungsgerichts, daß die Mitteilung der Beklagten an die Klägerin nicht auch zugleich eine genügende Mängelanzeige der Beklagten enthalte, weil die Beklagte nicht, wie erforderlich gewesen wäre, in dem Schreiben zu erkennen gegeben habe, daß sie das Vorhandensein von Mängeln behaupte, und daß sie aus diesem Grunde die Ware nicht genehmige, beruht auf einer zu engen Auffassung des Begriffes der Mängelanzeige im Sinne des § 377 H.G.B. Gemäß § 377 Abs. 1 ist lediglich eine Anzeige des Käufers über das Vorhandensein entdeckter Mängel erforderlich. Der Käufer muß demnach das Vorhandensein der Mängel behaupten; er braucht aber weder auszusprechen, noch sonst zu erkennen zu geben, daß er die Ware wegen der Mängel nicht genehmige. Aus der Vorschrift des Abs. 2 des § 377, nach welcher beim Unterlassen der Mängelanzeige die Ware als genehmigt gilt, ergibt sich für den umgekehrten Fall der Anzeigeerstattung von selbst als Folge, daß die Ware als nicht genehmigt zu gelten hat, wenn nicht etwa aus dem Inhalte der Anzeige oder aus sonstigen Umständen zu entnehmen ist, daß der Käufer trotz der von ihm angezeigten Mängel die Ware genehmige, oder daß er von den ihm aus dem Vorhandensein der Mängel erwachsenen Rechten keinen Gebrauch machen wolle. Ein solcher Ausnahmefall ist nach dem Inhalte des Schreibens vom 12. November 1900 nicht gegeben und von dem Berufungsgericht nicht festgestellt worden." ...

---

21. Sind bewegliche Sachen, welche der Eigentümer im mittelbaren Besitze hatte, diesem im Sinne des § 935 B.G.B. abhanden gekommen, wenn sie der unmittelbare Besitzer verpfändet und weggegeben hat?

II. Civilsenat. Urt. v. 24. Februar 1903 i. S. Firma D. L. W. (Kl.) w. Norddeutsche Kreditanstalt (Bekl.). Rep. II. 470/02.

I. Landgericht Danzig.
II. Oberlandesgericht Marienwerder.

Der Kaufmann P. in D. verpfändete im Jahre 1900 der Reichsbankstelle zu Memel 162819 kieferne Schwellen und 10500 eichene Schwellen, welche auf seinem Holzfelde in Memel lagerten. Im April 1901 verpfändete er diese Hölzer weiter an die beklagte Norddeutsche Kreditanstalt und machte hiervon der Reichsbankstelle zu Memel Mitteilung. Nach Eröffnung des Konkurses über das Vermögen des P. ließ die genannte Reichsbankstelle die 10500 eichenen und 120326 Stück von den verpfändeten kiefernen Schwellen zur Befriedigung ihrer Forderungen an P. verkaufen, wodurch sie volle Deckung ihrer Forderungen erzielte. Die restlichen 41493 kiefernen Schwellen lieferte sie der Beklagten aus, welche dieselben zur Befriedigung ihrer Forderungen an P. verkaufen ließ, durch den Erlös jedoch keine vollständige Deckung erhielt.

Die klagende Firma D. L. W. zu Memel behauptete, daß sich unter den von der Beklagten verkauften kiefernen Schwellen eine Anzahl befunden habe, welche die Klägerin von dem Kaufmann E. G. gekauft und dem P. zur Aufbewahrung überlassen habe, daß der letztere bei der Verpfändung der Hölzer an die Reichsbank die daran befindlichen mit dem Namen der Klägerin versehenen Tafeln habe abnehmen und seine eigenen Tafeln habe anbringen lassen, die dann durch Tafeln der Reichsbank ersetzt worden seien, und daß in dieser Handlungsweise des P. eine Unterschlagung, also ein „Abhandenkommen" der Schwellen im Sinne der §§ 1207. 935 B.G.B. liege. Aus diesem Grunde habe weder die Reichsbank noch die Beklagte ein gültiges Pfandrecht an den der Klägerin gehörigen Hölzern erworben. Die Klägerin beantragte daher, die Beklagte zu verurteilen, gegen Abtretung der klägerischen Ansprüche an die P.'sche Konkursmasse die der Beklagten von der Firma P. verpfändeten 4985 Stück kieferne Schwellen herauszugeben oder deren Wert mit 14553,29 ℳ zu erstatten.

Die Klage wurde vom Landgericht abgewiesen, das Berufungsgericht bestätigte dieses Urteil, und die Revision wurde zurückgewiesen aus folgenden

Gründen:

„Wenn 4985 Stücke von den kiefernen Schwellen, welche der Kaufmann P. im April 1901 der beklagten Kreditanstalt verpfändete,

Eigentum der klägerischen Firma waren, welche diese Schwellen von E. G. gekauft und dem P. zur Aufbewahrung übergeben haben will, so konnte die Beklagte gleichwohl Pfandrecht an den Schwellen, welche dem Verpfänder nicht gehörten, erwerben, weil sie bei dem Erwerbe in gutem Glauben war. Dies ergibt sich aus den §§ 1207. 932 B.G.B. Daß sowohl die Reichsbankstelle in Memel als die Beklagte bei der Erwerbung des Pfandrechts von P. sich in gutem Glauben bezüglich seiner Berechtigung befanden, hat das Berufungsgericht festgestellt. Da die Verpfändung neben der Einigung darüber, daß dem Gläubiger das Pfandrecht zustehen soll, nach § 1205 B.G.B. auch Übergabe der Sache durch den Eigentümer an den Gläubiger voraussetzt, wurde von dem Vertreter der Revision der in den Gründen des angefochtenen Urteils sich findende Satz beanstandet: „Ob die Beklagte auch zur Zeit der Besitzübernahme durch Aushändigung der Schwellen seitens der Reichsbank das Eigentum der Klägerin an denselben nicht gekannt hat, darauf kommt es nicht an." Diese Rüge ist jedoch nicht begründet, da die Beklagte schon vor dieser Aushändigung das Pfandrecht erworben hatte. Nach § 1207 B.G.B. finden, wenn die Sache dem Verpfänder nicht gehört, auf die Verpfändung die für den Erwerb des Eigentums geltenden Vorschriften der §§ 932. 934. 935 B.G.B. entsprechende Anwendung. Die Reichsbankstelle wurde bei der Verpfändung in den unmittelbaren Besitz der Schwellen gesetzt, und P. übertrug nun bei der Nachverpfändung an die Beklagte gemäß § 934 B.G.B. als Ersatz für die Übergabe seinen mittelbaren Besitz durch Abtretung seines Herausgabeanspruchs gegen die Reichsbankstelle auf die Beklagte (§§ 868. 870 B.G.B.), wovon er die Reichsbankstelle in Kenntnis setzte. Wie die Klägerin nach Inhalt des Tatbestandes zugab, hatten zur Zeit der Verpfändung und der Übergabe der streitigen Schwellen an die Reichsbank und zur Zeit der Nachverpfändung derselben an die Beklagte durch Aushändigung der Abtretungserklärung des P. vom 18. April 1901 an die Beklagte, sowie endlich zur Zeit der Mitteilung der Nachtragsverpfändung an die Reichsbank weder diese noch die Beklagte von dem beanspruchten Eigentum der Klägerin an den Schwellen Kenntnis gehabt. Nachdem alsdann die Reichsbank ihre Forderungen an P. durch Verkauf eines Teils der ihr verpfändeten Schwellen befriedigt hatte, lieferte sie, angeblich im August 1901, die übrigen kiefernen Schwellen der Beklagten aus. Auf diese Auslieferung bezieht sich der von der Revision beanstandete Satz; allein nachdem die Beklagte einmal Pfandrecht und Pfandbesitz erworben hatte, war die Umwandlung ihres mittelbaren Besitzes in unmittelbaren Besitz kein Vorgang, bei welchem die Beklagte hinsichtlich der Berechtigung des Verpfänders noch in gutem Glauben sein mußte.

Da nach § 1207 B.G.B. auf die Verpfändung auch die für den Erwerb des Eigentums geltende Vorschrift des § 935 B.G.B. entsprechende Anwendung findet, so würde die Beklagte trotz ihrer Gutgläubigkeit Pfandrecht nicht erworben haben, wenn die verpfändeten Schwellen dem Eigentümer gestohlen worden, verloren gegangen oder sonst abhanden gekommen waren. Das Gleiche gilt, wenn der Eigentümer mittelbarer Besitzer war, und die Sache dem unmittelbaren Besitzer abhanden kommt. Der letztere Fall liegt nicht vor; denn die Klägerin war zwar mittelbare Besitzerin der dem P. zur Verwahrung auf seinem Holzfelde in Memel übergebenen Schwellen, aber diese sind nicht dem letzteren abhanden gekommen, worunter ein unfreiwilliger Besitzverlust zu verstehen ist, sondern wurden von ihm freiwillig verpfändet. Die Klägerin machte jedoch geltend, daß durch diese rechtswidrige, gegen ihren Willen vorgenommene Verpfändung die Schwellen als ihr selbst abhanden gekommen zu betrachten seien, somit der gute Glaube der Beklagten dem Herausgabeanspruch nicht entgegenstehe. Von dem Berufungsgericht wurde dies nicht als richtig anerkannt, weil die Klägerin die Schwellen dem P. zur Verwahrung übergeben, diesem also den unmittelbaren Besitz selbst verschafft habe. Gegen diese Rechtsansicht wendet sich vornehmlich die Revision, indem ausgeführt wird, daß durch die Unterschlagung der Sache seitens des unmittelbaren Besitzers die Sache als dem mittelbaren Besitzer abhanden gekommen gelten müsse, und daher auch der gutgläubige Erwerber Eigentum oder Pfandrecht daran nicht erwerben könne. Zur Unterstützung wurde auf den Kommentar von Kuhlenbeck verwiesen, woselbst in Bemerkung 2 zu § 935 B.G.B. die Ansicht Gierkes, Biermanns, Staudingers für nicht begründet erklärt wird, daß die rei vindicatio ausgeschlossen sei, wenn der unmittelbare Besitzer die Sache unterschlagen, weggegeben, weggeworfen oder sonst durch eigenes Handeln dem mittelbaren Besitzer entzogen habe; denn dem „Eigentümer" sei die Sache auch in diesem Falle unfreiwillig abhanden gekommen. Diese Ansicht kann nicht gebilligt werden, vielmehr ist derjenigen des Berufungsgerichts beizutreten.

Dem mittelbaren Besitzer ist die Sache nicht dadurch abhanden gekommen, daß der unmittelbare Besitzer, welchen jener selbst hierzu in die Lage versetzt hat, tatsächlich gegenüber Dritten darüber verfügt. In diesem Falle ist der gutgläubige Erwerber des Eigentums oder Pfandrechts geschützt. Schon der erste Entwurf eines Bürgerlichen Gesetzbuchs folgte für den Regelfall, daß dem Inhaber die Inhabung vom Eigentümer überlassen ist, dem Prinzipe „Hand muß Hand wahren" und ließ daher den Eigentümer gegenüber einem gutgläubigen Erwerber die Gefahr einer unrechtmäßigen Verfügung des Inhabers tragen (Motive zu § 879 des ersten Entwurfs). Das Bürgerliche Gesetzbuch hat diesen Grundsatz gleichfalls aufgenommen, im Anschluß an den dem mittelbaren Besitzer (§ 868 B.G.B.) gegenüber Dritten gewährten Besitzschutz aber dahin beschränkt, daß der gutgläubige Erwerber dem mittelbaren Besitzer gegenüber auch dann nicht geschützt ist, wenn die Sache dem unmittelbaren Besitzer abhanden gekommen ist. Dagegen bleibt es bei dem Schutze, wenn der unmittelbare Besitzer selbst über die Sache eine unberechtigte Verfügung traf. Wie die „Denkschrift" zu § 919 der Reichstagsvorlage bemerkt, sei es nur dann, wenn durch den Willen des Eigentümers selbst ein anderer in die Lage versetzt worden ist, Dritten gegenüber tatsächlich über die Sache zu verfügen, an sich gerechtfertigt, den Eigentümer im Verhältnisse zu dem gutgläubigen Erwerber die Gefahr einer solchen Verfügung tragen zu lassen.

Hiermit übereinstimmend Planck, B.G.B. Bd. 3 zu § 935 Bem. 2 S. 189; Biermann, Sachenrecht 2. Aufl. zu § 935 Bem. 2 S. 144; Staub, zu § 366 H.G.B. Anm. 45 S. 1180. 1181.

Hatte hiernach die Beklagte für ihre Forderungen an P. Pfandrecht an den Schwellen der Klägerin erworben — und daß die Verpfändung im übrigen richtig vor sich ging, ist nicht bestritten —, so kann von einem Schadensersatzanspruche, bestehend in der Erstattung des vollen Wertes der verkauften Schwellen, keine Rede sein, wenn auch die in § 1234 B.G.B. vorgeschriebene Androhung des Verkaufs gegenüber der Klägerin versäumt worden wäre. Da sich die Klägerin auf die Erhebung des Anspruchs auf den vollen Wert beschränken will, konnte die Frage, ob nach § 1243 B.G.B. die Beklagte schadensersatzpflichtig wäre, auf sich beruhen.

Faßt man die Klage als eine auf § 985 B.G.B. gestützte, gegen den Besitzer zu richtende Vindikation auf, so stand ihr von vornherein entgegen, daß nach dem Inhalt der Klage selbst die Schwellen, deren Herausgabe verlangt wird, von der Beklagten vor Anstellung der Klage auf Grund des ihr von P. bestellten Pfandrechts veräußert worden sind. Dasselbe gilt, wenn man die Klage dem § 1007 B.G.B. unterstellt. Die Abweisung der Klage beruht hiernach nicht auf Verletzung von Rechtsnormen, und daher mußte die Revision ... als unbegründet zurückgewiesen werden."

22. Zur Auslegung der Worte „durch ein Tier" im § 833 B.G.B. Einwirkung eines äußeren Ereignisses auf den Körper oder die Sinne des Tieres.

VI. Civilsenat. Urt. v. 26. Februar 1903 i. S. M. (Bekl.) w. Sp. Wwe. u. Gen. (Kl.). Rep. VI. 352/02.

I. Landgericht Stendal.
II. Oberlandesgericht Naumburg a. S.

Der Beklagte fuhr im Juni 1901 mit seinem Einspänner nach Fl. Unterwegs nahm er Sp., den Ehemann bezw. Vater der Kläger, auf dessen Bitten auf. Nachdem sie eine Strecke gefahren waren, überholte sie der betrunkene Knecht K. mit seinem Fuhrwerk im schnellsten Tempo; als dieser mit dem Gefährte des Beklagten in gleicher Höhe war, fiel von seinem Wagen ein Koffer herab, der unbefestigt darauf gestanden hatte. Das Pferd des Beklagten ging darauf durch und schleuderte, nachdem es eine kurze Zeit auf der Landstraße dahingerast war, das Gefährt an einen Baum. Infolgedessen stürzten die Insassen heraus, wobei Sp. einen Schädelbruch erlitt, dem er noch an demselben Tage erlag. Die Kläger forderten gemäß § 844 B.G.B. Schadensersatz. Die vorderen Instanzen erklärten den Anspruch dem Grunde nach für gerechtfertigt. Die Revision ist zurückgewiesen worden.

Aus den Gründen:

... „Die Vorschrift in § 833 B.G.B. verlangt zu ihrer Anwendung nur, daß durch ein Tier ein Schade angerichtet worden ist; ob dies der Fall ist, ist an der Hand der über den Kausalzusammenhang geltenden Grundsätze zu prüfen. Wie bereits vom erkennenden Senat,

vgl. Entsch. des R.G.'s in Civils. Bd. 50 S. 180 flg. 219 flg.,

dargelegt worden, kann von einer Schadenzufügung durch das Tier dann nicht die Rede sein, wenn die schädigende Einwirkung eines lediglich als Werkzeug in der Hand des Menschen sich bewegenden Tieres in Frage steht; eine Haftung des Tierhalters kann vielmehr nur dann angenommen werden, wenn es sich um ein selbständiges, willkürliches Tun des Tieres, um einen Ausfluß seiner tierischen Natur handelte. Nun darf zwar an und für sich davon ausgegangen werden, daß, wenn ein Pferd durchgeht, mithin der Leitung sich entzieht und in diesem Zustande Schaden anrichtet, ein selbständiges, willkürliches Tun des Pferdes vorliegt. Allein der Beklagte hat sich darauf berufen, daß jener Zustand, nämlich das Durchgehen des Pferdes, durch ein äußeres Ereignis hervorgerufen worden sei, und daß dieses als die eigentliche Ursache des eingetretenen Schadens zu gelten habe. Diesem Einwand wird das Berufungsgericht nicht gerecht, wenn es sich auf die Ausführung beschränkt, das Pferd habe nicht als Werkzeug des K. gehandelt; dieser habe zwar durch seine Unvernunft das schädigende Verhalten des Tieres bewirkt; das Pferd sei aber dabei nicht dem Willen des K., sondern seinem eigenen Willen gefolgt. Es würde zu weit gehen und den Grundsätzen über den Kausalzusammenhang widersprechen, wenn man in jedem schädigenden Tun eines nicht unter menschlicher Leitung befindlichen Tieres, gleichviel wodurch dieses Tun veranlaßt oder verursacht worden ist, die eigentliche Ursache des entstandenen Schadens, die causa efficiens, erblicken wollte. Wie, rein äußerlich betrachtet, auch der Schade, den ein in der Hand des Menschen sich bewegendes Tier anrichtet, durch das Tier verursacht worden ist, in Wahrheit aber die eigentliche den Schaden bewirkende Ursache nicht in einem willkürlichen Tun des Tieres, sondern in der Handlung des Tierleiters liegt, ebensowenig kann von einem selbständigen, willkürlichen Tun des Tieres dann die Rede sein, wenn ein äußeres Ereignis auf den Körper oder die Sinne des Tieres mit einer Gewalt eingewirkt hat, der Tiere der in Frage kommenden Art nach physiologischen Gesetzen nicht widerstehen können, und wenn es im Zustande eines solchen Zwanges Schaden anrichtet. In einem solchen Falle ist die Haftung des Tierhalters ausgeschlossen; denn der Schade ist nicht durch das Tier, sondern durch das mit unwiderstehlicher Gewalt über das Tier hereingebrochene äußere Ereignis verursacht worden. Eine andere Beurteilung hat aber dann einzutreten, wenn das Tier in den Zustand, in dem es Schaden anrichtet, durch ein äußeres Ereignis versetzt worden ist, das nach physiologischen Gesetzen einen solchen Zustand bei Tieren der fraglichen Art in der Regel nicht hervorzurufen pflegt, wenn mithin ein Verhalten des Tieres vorliegt, für welches in den Umständen des Falls keine zwingende Veranlassung gegeben ist, so daß es auf ein willkürliches Verhalten des Tieres zurückzuführen ist. Dann ist die eigentliche den Schaden bewirkende Ursache nicht in jenem äußeren Ereignis, sondern in dem Tiere selbst, in seiner tierischen Natur zu erblicken. Die Anwendung dieser Grundsätze, die auch für das gemeine Recht,

vgl. das Urteil des erkennenden Senats in den Entsch. des R.G.'s in Civils. Bd. 48 S. 259 flg.,

wie für Art. 1385 Code civil,

vgl. Zachariä-Crome, Handbuch des französischen Civilrechts 8. Aufl. Bd. 2 § 418,

Geltung haben, auf den vorliegenden Fall ergibt nun, daß der Tod des Sp. in einem selbständigen, willkürlichen Tun des Pferdes des Beklagten seine eigentliche Ursache hat, durch dieses Tun herbeigeführt worden ist." (Wird näher ausgeführt.) . . .

---

23. Bedarf der Auftrag zur Erstehung eines Grundstücks gerichtlicher oder notarieller Beurkundung, wenn ihm die Bestimmung beigefügt ist, daß der Beauftragte das zu erstehende Grundstück dem Auftraggeber aufzulassen habe?

B.G.B. §§ 313. 667.

V. Civilsenat. Urt. v. 28. Februar 1903 i. S. Z. (Bekl.) w. W. (Kl.). Rep. V. 426/02.

I. Landgericht Thorn.
II. Oberlandesgericht Marienwerder.

Als Beschwerdegericht bewilligte das Landgericht ... dem Kläger eine einstweilige Verfügung, dahingehend, daß im Grundbuche des Grundstücks des Beklagten, Z. Bl. 42, der Anspruch des Klägers gegen den Beklagten auf Auflassung nach Maßgabe des von dem ersteren dem letzteren vor der Zwangsversteigerung gegebenen Auftrags zum Erwerbe des Grundstücks für ihn vorzumerken sei. Die Eintragung der Vormerkung im Grundbuch erfolgte. Dem Kläger war aufgegeben, den Beklagten zur Verhandlung über die Rechtmäßigkeit der einstweiligen Verfügung vor das Gericht der Hauptsache zu laden. Diese Ladung erfolgte, und trotz Widerspruchs des Beklagten erklärte die Feriencivilkammer des Landgerichts die einstweilige Verfügung für rechtmäßig und legte dem Beklagten die Kosten des Verfahrens auf. Die Berufung des Beklagten und ebenso seine Revision wurde zurückgewiesen.

Aus den Gründen:

„Mit Unrecht rügt die Revision zunächst das Fehlen genügender Feststellungen über die als glaubhaft erachteten Behauptungen des Klägers. Im Tatbestand des landgerichtlichen Urteils sind diese Behauptungen, wie folgt, angeführt:

„Die Parteien hätten vereinbart, Z. solle das Grundstück für W. auf seinen eigenen Namen (in dem Zwangsversteigerungsverfahren gegen letzteren) erstehen, sich den Zuschlag erteilen lassen und sodann das Grundstück dem W. auflassen. Z. solle die ihm durch das Meistgebot erwachsenden Auslagen zur Hälfte im Herbst 1902, zur anderen Hälfte nach einem Jahre erstattet erhalten.

Z. habe bei den Verhandlungen betont, daß er keinen Verdienst wolle, daß ihm vielmehr Einräumung einer Sommerwohnung im Grundstück genüge, die er aber sogar bezahlen wolle."

(Es wird nun näher ausgeführt, daß die Glaubhaftigkeit dieser Vereinbarung genügend feststehe.)

... „Der zweite Revisionsangriff des Beklagten geht dahin, daß die in Rede stehende Abmachung der Formvorschrift des § 313 B.G.B. unterlag, da sie auf Übertragung von Grundeigentum gerichtet war. Dies nehme auch das Reichsgericht ganz allgemein laut seines in den

Entsch. desselben in Civils. Bd. 50 S. 166 abgedruckten Urteils an. Ob dem Kläger etwaige Schadensansprüche wegen doloser Handlungsweise des Beklagten zustünden, sei hier nicht zu prüfen. Ein Fall des § 167 Abs. 2 B.G.B. liege, wie das Berufungsgericht ausführe, nicht vor, da es sich hier nicht um einen Vollmachtsauftrag handle. Ein Auftrag (einseitiges Geschäft) sei nicht gegeben, vielmehr bei zugesicherter Gegenleistung ein Dienstvertrag.

Auch mit diesen Ausführungen vermag der Beklagte nicht durchzudringen.

Unerheblich ist zunächst die Frage, welches Rechtsgeschäft die vom Kläger behaupteten, von dem Vorderrichter als glaubhaft gemacht erklärten Abmachungen bilden, ob Vollmachtserteilung, Auftrag oder Dienstvertrag. Abgesehen von der rechtlichen Verwandtschaft dieser Geschäfte, wie sie sich z. B. aus der Bezugnahme des Gesetzes in § 675 ergibt, ist für keine der drei Geschäftsarten an sich die Notwendigkeit der Schriftform vorgeschrieben. Diese kann nur dann in Frage kommen, wenn, wie es hier der Fall sein soll, ein nicht der Schrift bedürftiges Geschäft in solche Verbindung mit einem auf Übertragung von Grundeigentum gerichteten Versprechen gebracht ist, daß die zwingende Formvorschrift des § 313 B.G.B. durchgreifen muß. Daß dies aber in gegenwärtiger Sache der Fall sei, verneint der Vorderrichter im wesentlichen mit folgender Begründung:

„Man kann in solcher Abrede nicht die Absicht einer wirklichen Grundeigentumsübertragung sehen; vielmehr war die verabredete Auflassung im Grunde nur die Konsequenz des erteilten Auftrags, der im ganzen dahin ging: Kaufe mir mein in Subhastation befindliches Grundstück. Nur Dritten gegenüber sollte der Anschein zunächst obwalten, daß der Beklagte durch Zuschlag das Eigentum des Grundstücks erworben habe; unter den Parteien war ein Eigentumswechsel gar nicht beabsichtigt; materiell sollte von vornherein der Kläger Eigentümer des Gründstücks sein bezw. werden. Die Sachlage wäre nicht anders gewesen, wenn Parteien bloß verabredet hätten, Beklagter solle das Grundstück für Kläger erwerben, und wenn Beklagter es sich dann ohne weiteres auf seinen Namen hätte zuschlagen lassen; in diesem Falle konnte kein Zweifel sein, daß Beklagter nach § 667 als Bevollmächtigter des Klägers das Grundstück hätte herausgeben, d. h. übereignen müssen."

Durch diese in tatsächlicher Hinsicht einwandsfreie, übrigens auch naheliegende vorläufige Auslegung des Übereinkommens, wodurch als das Wesentliche darin der Auftrag des Klägers, für ihn das Grundstück zu erstehen, erachtet, und die Verpflichtung zur Auflassung als etwas Selbstverständliches und Überflüssiges angesehen wird, erscheint die angefochtene Entscheidung als genügend und ohne Rechtsirrtum begründet.

Zunächst können obige Ausführungen des Berufungsrichters nicht in der vom Revisionskläger als möglich angedeuteten, aber als tatbestandswidrig bekämpften Weise aufgefaßt werden, daß damit ein Scheingeschäft der Beteiligten dargelegt werden sollte. Das von ihrem Willen im wesentlichen unabhängige Zwangsversteigerungsverfahren und die nicht ganz von ihrem Willen abhängige Erteilung des Zuschlags an den Beklagten können die Vertragsteile unmöglich nur zum Schein gewollt haben. Sie haben vielmehr nach der Annahme des Vorderrichters mit dem Zwangsversteigerungsverfahren als einer gewissen und unabänderlichen Tatsache gerechnet und deshalb den Erwerb des Grundstücks durch den Beklagten wirklich und ernstlich gewollt, wenn er auch dabei stillschweigend als Klägers Vertreter handeln sollte. Nur diese nicht ungewöhnliche und vom Gesetz nicht verbotene Vereinbarung stillschweigender Stellvertretung hat der Berufungsrichter im Auge gehabt, wenn er davon spricht, daß nur nach außen der Beklagte als Erwerber des Grundstücks auftreten sollte.

Der Kern der angeführten Entscheidung ist somit darin zu finden, daß die Erteilung des Auftrags an den Beklagten, das Grundstück für den Kläger zu erstehen, und die Annahme dieses Auftrags durch den Beklagten als glaubhaft festgestellt wird.

Ist aber ein Auftrag zur Geschäftsbesorgung gegeben und angenommen, so wird dadurch der Beauftragte von selbst und nach dem Gesetz — § 667 B.G.B. — verpflichtet, das, was er aus der Geschäftsbesorgung erlangt, an den Auftraggeber herauszugeben. Es ist dabei gleichgültig, ob der Beauftragte das Geschäft, das ihm aufgetragen ist, im eigenen Namen oder sogleich auf den Namen des Geschäftsherrn abschließen sollte und abgeschlossen hat. Wenn nun in dem bestrittenen mündlichen Übereinkommen nebenbei auch ausdrücklich von der Verpflichtung des Beauftragten, das zu erwerbende

Grundstück an den Kläger aufzulassen, gesprochen wurde, so kann dies mit dem Vorderrichter nur als überflüssiger, die gesetzliche Folge des Auftragsverhältnisses erwähnender und bestätigender, aber keineswegs als ein einen selbständigen Verpflichtungsgrund enthaltender Beisatz erachtet werden. Nicht auf Grund dieses Beisatzes verlangt der Kläger die Auflassung und jetzt die Sicherungsvormerkung dafür im Grundbuch, sondern auf Grund des von ihm erteilten und vom Beklagten angenommenen Auftrags. Der Auftrag aber unterliegt der Formvorschrift des § 313 B.G.B. nicht, auch nicht, wenn er auf den Erwerb von Grundeigentum gerichtet ist (vgl. §§ 313. 167 Abs. 2. 662—679 B.G.B.).

Er wird auch wegen des erwähnten überflüssigen und selbstverständlichen Beisatzes, der als Vertragsbestandteil überhaupt nicht zu erachten ist, nicht formbedürftig. Auch macht es hierbei keinen Unterschied, daß das bestrittene Geschäft etwa als entgeltliches, als Dienstvertrag, aufgefaßt werden muß. Denn nach § 675 B.G.B. findet auf Dienstverträge, die Geschäftsbesorgungen zum Gegenstande haben, ebenfalls der ausschlaggebende § 667 B.G.B. Anwendung.

Mit Unrecht bezieht sich der Revisionskläger auf das unter den reichsgerichtlichen Entscheidungen Bd. 50 S. 166 abgedruckte Urteil des erkennenden Senats. Damals handelte es sich um eine vom Grundeigentümer erteilte Parzellierungsvollmacht, die sich aber als zweiseitiger Vertrag mit Festsetzung von Leistungen und Gegenleistung und insbesondere mit der Verpflichtung des Vollmachtgebers zur Veräußerung von Grundstücken unter Festsetzung einer Vertragsstrafe darstellte, und die deshalb als dem Formzwang des § 313 B.G.B. unterliegend erklärt wurde. Der dort zu beurteilende Sachverhalt war somit vom jetzt vorliegenden durchaus abweichend. Aber auch allgemeine Sätze zu seinen Gunsten kann der jetzige Revisionskläger aus jenem Urteile deshalb nicht ableiten, weil nach ihm eben die Verpflichtung zur notariellen Verschreibung von Grundeigentum unter Androhung einer erheblichen Strafe als wesentlicher Bestandteil des Vertrags angesehen und deshalb und unter Anwendung des § 139 B.G.B. wegen Formmangels das ganze Geschäft für nichtig erklärt worden ist. In vorliegender Sache dagegen ist die formfreie Auftragserteilung als das allein Wesentliche, die Verpflichtung zur Abtretung des Grundstücks als überflüssiger und selbstverständlicher Beisatz festgestellt. Dieser kann überhaupt nicht als Vertragsbestandteil gelten, und selbst wenn er Vertragsbestandteil wäre, könnte er wegen seiner Unerheblichkeit keinesfalls die Anwendung des angezogenen § 139 B.G.B. rechtfertigen." ...

---

24. Welche Wirkung hat der Weiterverkauf einer wegen Mängel zur Verfügung gestellten Ware durch den Käufer, insbesondere dann, wenn der Weiterverkauf dem Verkäufer verschwiegen wurde?

II. Civilsenat. Urt. v. 3. März 1903 i. S. L. (Bekl.) w. H. (Kl.). Rep. II. 375/02.

I. Landgericht Gotha.
II. Oberlandesgericht Jena.

Die Klägerin verkaufte an den Beklagten Därme, die von Mai bis einschließlich Dezember 1900 monatlich in näher bestimmten Mengen zu liefern waren. Die Lieferungen für Mai und Juni wurden von dem Beklagten wegen rechtzeitig gerügten angeblichen Fehlens zugesagter Eigenschaften der Klägerin zur Verfügung gestellt, und demgemäß auch deren Zahlung verweigert. Die Klägerin ihrerseits machte wegen Nichtzahlung jener beiden Lieferungen trotz mehrfacher Mahnungen des Beklagten die weiteren Monatslieferungen — Juli bis Dezember — nicht.

Mit der im Februar 1901 erhobenen Klage wurde die Zahlung der Mai- und Junilieferung verlangt. Der Beklagte beantragte deren Abweisung und erhob Widerklage auf Zahlung weiterer 570,54 ℳ, indem er geltend machte: im Oktober 1900 habe er zwar die der Klägerin zur Verfügung gestellten Warensendungen trotz ihrer Mangelhaftigkeit wegen eingetretenen geschäftlichen Bedarfs weiter veräußert; er mache wegen der Mai- und Junilieferung Ansprüche gegen die Klägerin nicht mehr geltend. Indessen sei die Klägerin aus ihrem Verzuge mit den späteren Lieferungen zum Schadensersatze verpflichtet. Von seiten der Klägerin wurde entgegnet, sie sei mit ihren späteren Lieferungen nicht in Leistungsverzug gekommen, da ihr wegen Nichtzahlung der Mai- und Junilieferung die Einrede des nicht erfüllten

Vertrags zugestanden habe, der Beklagte habe durch Veräußerung der von ihm zur Verfügung gestellten Ware dieselbe genehmigt und damit die Unrechtmäßigkeit seiner Bemängelung der gelieferten Ware bekannt.

Die beiden Vorderrichter erkannten nach den Anträgen der Klägerin; sie nahmen an, die gelieferte Ware habe als von vornherein vertragsmäßig geliefert zu gelten; der Beklagte, der hiernach mit Unrecht die Zahlung der Kaufpreise verweigert habe, könne wegen der Einrede des nicht erfüllten Vertrages, die der Klägerin von vornherein zugestanden habe, einen Leistungsverzug der Klägerin mit ihren späteren Monatslieferungen nicht geltend machen. Die Revision des Beklagten wurde zurückgewiesen aus den folgenden

Gründen:

„Das Berufungsgericht geht mit rechtlich einwandsfreier Begründung davon aus, daß beim Gattungskaufe der Käufer, welcher behauptet, die gelieferte Ware sei wegen Fehlens zugesagter Eigenschaften vertragswidrig, nachdem er sich die Mängelrüge durch die in § 377 H.G.B. geforderte Anzeige gesichert hat, die Ware als Nichterfüllung zurückweisen und in diesem Sinne unter Verweigerung der Annahme „zur Disposition stellen" kann. In dem vorliegenden Falle hat der Beklagte über die von ihm in dieser Weise zur Disposition gestellte Ware später durch Weiterverkauf selbst verfügt, und er hat diese Verfügung dem Verkäufer nicht nur nicht bekannt gegeben, sondern in der Korrespondenz in dem Maße verschwiegen, daß er erst in dem Rechtsstreite über Zahlung des Kaufpreises davon dem Verkäufer Kenntnis gab. Auf der Grundlage des bis zum 1. Januar 1900 geltenden Rechts war in der Rechtsprechung des Reichsgerichts anerkannt,

vgl. Entsch. des R.G.'s in Civils. Bd. 17 S. 67, Bd. 43 S. 37,

daß, wenn der Käufer sich durch einen im eigenen Namen vorgenommenen Weiterverkauf der Ware in Widerspruch mit einer solchen Dispositionsstellung setzt, *regelmäßig* eine jeden Anspruch wegen Mängel der Ware ausschließende Genehmigung derselben anzunehmen sei. Durch diese Rechtsprechung war übrigens, wie in den Entsch. des R.G.'s in Civils. Bd. 43 S. 37 näher ausgeführt ist, selbst für den Fall einer stattgehabten Dispositionsstellung nicht der *Rechtssatz* aufgestellt, daß die nachherige Weiterveräußerung *immer* als Genehmigung der Ware und Verzicht auf deren Bemängelung zu gelten habe, und auch aus den dabei in Betracht gezogenen Vorschriften des Art. 348 H.G.B. a. F., die, soweit sie hier in Betracht kommen, mit den Bestimmungen in § 379 H.G.B. n. F. übereinstimmen, nicht etwa der Ausspruch eines Veräußerungsverbotes abgeleitet: dieselbe beruhte vielmehr auf der allerdings in Anlehnung an die Vorschriften des Art. 348 a. a. O. gewonnenen Auffassung, daß nach Treu und Glauben im Verkehr der Käufer, der sich selbst durch einen Weiterverkauf mit der Dispositionsstellung in Widerspruch setzt, sich so behandeln lassen müsse, als habe er auf das Recht, die Empfangnahme der Ware abzulehnen, verzichtet und die Ware als eine von vornherein vertragsmäßig beschaffene übernommen. An dieser Beurteilung eines solchen Verhaltens des Käufers muß auch bei Anwendung des Rechtes des Bürgerlichen Gesetzbuchs und des Handelsgesetzbuchs neuer Fassung jedenfalls in einem Fall der Art festgehalten werden, um den es sich hier allein handelt, wenn der Käufer die in einem solchen Weiterverkauf zu findende Änderung seines Standpunktes in Bezug auf die Annahme der Ware dem Verkäufer verschweigt. Denn Treu und Glaube mit Bezug auf die Verkehrssitte erfordern die Auslegung eines solchen Verhaltens des Käufers, daß er dadurch die Ware als von vornherein vertragsmäßig beschaffen übernommen und deshalb als vertragsgemäße Erfüllung ohne Vorbehalt von Ansprüchen wegen Fehler angenommen habe. Für die rechtlichen Verhältnisse zwischen dem Käufer und dem Verkäufer hat danach die Ware als von vornherein vertragsmäßig geliefert zu gelten, und es kann der Käufer aus deren Lieferung, auch in betreff der Zeit bis zu dem Weiterverkaufe, keinen Anspruch und keinen Einwand für sich geltend machen, der nur auf der Grundlage gerechtfertigt wäre, daß die Ware nicht vertragsmäßig geliefert wurde.

Auf der Grundlage der dargelegten rechtlichen Auffassung, die im Endergebnisse mit den Ausführungen des Berufungsgerichts in dem zweiten Teile seiner Urteilsbegründung übereinstimmt, ist die angefochtene Entscheidung in dem Gesetze wohlbegründet, und es stehen ihr auch die von dem Revisionskläger aus § 465 B.G.B. und aus der Unzulässigkeit einer angeblichen Rückwirkung entnommenen rechtlichen Bedenken nicht entgegen." . . .

25. Gilt auch eine Hypothek des bisherigen preußischen Rechts, welche auf Grund einer wegen Irrtums und Täuschung angefochtenen Eintragungsbewilligung eingetragen ist, als ein bestehendes Pfandrecht im Sinne des Art. 192 Einf.-Ges. zum B.G.B.?

V. Civilsenat. Urt. v. 4. März 1903 i. S. T. (Kl.) w. T. (Bekl.). Rep. V. 378/02.

I. Landgericht Prenzlau.
II. Kammergericht Berlin.

A. T. hatte in der Urkunde vom 28. April 1882 erklärt, daß er seinem Bruder, dem Beklagten, aus dem Nachlasse seines verstorbenen Vaters F. T. 10500 ℳ verschulde und sich verpflichte, diese Schuld vom 1. April 1882 ab mit 5 Prozent jährlich zu verzinsen und nach sechsmonatiger Kündigung zu zahlen, auch ihre Eintragung auf sein Grundstück Bd. 1 Nr. 10 des Grundbuchs von Alt-K. bewillige und beantrage. Auf Grund dieser Urkunde war für den Beklagten in Abteilung III unter Nr. 51 eine Hypothek von 10500 ℳ als „Erbteil aus dem Nachlasse des F. T." eingetragen worden. Kläger behauptete als Cessionar des A. T., von letzterem sei die Hypothek auf falsche Vorspiegelungen des Beklagten und aus Irrtum bestellt. A. T. habe dies im Mai 1901 erfahren und durch Schreiben vom 7. Mai 1901 die Hypothekenbestellung wegen Irrtums, der durch arglistige Täuschung verursacht sei, dem Beklagten gegenüber angefochten. Er erhob Klage mit dem Antrage, den Beklagten zu verurteilen, anzuerkennen, daß ihm an der streitigen Hypothek von 10500 ℳ in Höhe von 1600 ℳ Rechte nicht zustehen. Der erste Richter erkannte nach diesem Antrage. Die Berufung des Beklagten wurde zurückgewiesen. Auf die Revision des Beklagten ist die Klage abgewiesen worden aus folgenden

Gründen:

... „Seine Berechtigung zur Klage leitet Kläger aus der Cessionsurkunde des A. T. vom 31. August 1901 her. Darin wird dargelegt, daß die streitige Hypothek nicht rechtsbeständig sei, weil A. T. die Schulderklärung infolge von Täuschung abgegeben habe, und daher die Hypothekenbestellung zu Unrecht erfolgt sei; daß sich deshalb die Hypothek am 1. Januar 1900 in eine Eigentümergrundschuld des

A. T. verwandelt habe, und Beklagter seine Zustimmung zur Berichtigung des Grundbuchs erteilen müsse.

... Es braucht nicht erörtert zu werden, ob Kläger mit seiner Klage einen dinglichen Berichtigungsanspruch (§ 894 B.G.B.) geltend gemacht und verfolgt, oder ob er damit nur den Anspruch auf Feststellung des Nichtbestehens eines Rechtsverhältnisses (§ 256 C.P.O.) erhoben hat; ebensowenig, ob die gegen die Aktivlegitimation des Klägers gerichteten Angriffe begründet sind. Werden diese Fragen auch zu gunsten des Klägers entschieden, so muß doch die Klage abgewiesen werden. Denn nach den eigenen Angaben des Klägers bestand am 1. Januar 1900 keine Hypothek, die dem A. T. nach Art. 192 Einf.-Ges. zum B.G.B. und den dazu ergangenen Entscheidungen des Reichsgerichts (Entsch. des R.G.'s in Civils. Bd. 48 S. 48, Bd. 51 S. 398; Rassow u. Küntzel, Beiträge Bd. 47 S. 112) als Eigentümergrundschuld zufallen konnte. A. T. hat nämlich durch Schreiben vom 7. Mai 1901 gegenüber dem Beklagten nicht nur die Schuldurkunde vom 28. April 1882, sondern ausdrücklich auch die darin enthaltene Verpfändungserklärung und Eintragungsbewilligung wegen Irrtums und Betrugs angefochten und hieran im Verlaufe des Rechtsstreits festgehalten. Von dieser Voraussetzung aus, welche als richtig zu unterstellen ist, bestand nicht nur für die Hypothek keine Forderung, sondern die Hypothek selbst war unwirksam, da die Eintragungsbewilligung, auf Grund deren sie eingetragen ist, wegen Irrtums und Betrugs ungültig war. Nach dem bisherigen preußischen Rechte, welches für die Begründung der streitigen Hypothek maßgebend ist, entstand trotz der erfolgten Eintragung ein Hypothekenrecht nicht, wenn die Eintragung überhaupt nicht auf einer Bewilligung des Eigentümers beruhte, oder wenn, was dem gleichsteht, die ihr zu grunde liegende Bewilligung ungültig war. Dies hat das Reichsgericht nicht nur für den Fall einer formellen Ungültigkeit der Eintragungsbewilligung (Entsch. des R.G.'s in Civils. Bd. 23 S. 271), sondern auch für den Fall einer materiell (inhaltlich) ungültigen Bewilligung (Entsch. des R.G.'s a. a. O. Bd. 52 S. 111) ausgesprochen. Mit einer auf Grund einer ungültigen Bewilligung eingetragenen Hypothek wurde das Pfandgrundstück überhaupt nicht belastet. Belastete aber am 1. Januar 1900 die streitige Hypothek das Grundstück des A. T. nicht, so war sie kein bestehendes Pfandrecht im Sinne des Art. 192 Einf.-Ges. zum

B.G.B., und sie gilt deshalb nicht als eine Eigentümergrundschuld des Bürgerlichen Gesetzbuchs. Sie ist von A. T. nicht gemäß §§ 1163 1177 erworben, dieser konnte sie daher auch nicht mit Wirkung an den Kläger abtreten. Die Abtretung war ebenso gegenstandslos wie die Hypothek. Die Hypothek eignete sich nur zur Löschung. Daß durch die Anfechtung nicht nur die Eintragungsbewilligung, sondern auch das Schuldbekenntnis betroffen wird, ändert an der Beurteilung nichts. Denn besteht infolge der Unwirksamkeit der Eintragungsbewilligung die Hypothek selbst nicht, so kann diese unmöglich wegen Nichtbestehens der Forderung vom Eigentümer erworben werden." ...

---

26. Wie kann der Vollstreckungsgläubiger eines Miteigentümers die fehlende Eintragung der Bruchteile, zu denen die Miteigentümer berechtigt sind, im Grundbuch herbeiführen?

G.B.O. §§ 14. 48.
B.G.B. §§ 894. 895.

V. Civilsenat. Urt. v. 4. März 1903 i. S. J. u. W. (Bekl.) w. Aktien-Ges. L. M. (Kl.). Rep. V. 434/02.

I. Landgericht Frankfurt a. M.
II. Oberlandesgericht daselbst.

Für die Klägerin war auf dem „ideellen Anteil" des Mitbeklagten zu 1 an dem im Grundbuch von Fr. Bezirk XII Bd. 15 Bl. 575 verzeichneten Grundstück eine Hypothek von 6659,55 ℳ „wegen nach Erkenntnis bezw. Kostenfestsetzungsbeschlüssen schuldiger" Beträge eingetragen. Ihr Zwangsversteigerungsantrag gegen den Beklagten zu 1 wurde aber vom Amtsgericht deshalb abgewiesen, weil die Größe seines Anteils aus dem Grundbuch nicht ersichtlich sei. Unbestritten waren die beiden Beklagten je zur Hälfte Grundstückseigentümer. Der erste Richter gab der auf § 14 G.B.O., § 894 B.G.B. gestützten gegen die beiden Beklagten gerichteten Grundbuchberichtigungsklage durch Verurteilung der Beklagten zur Beantragung der Eintragung ihrer halben Eigentumsanteile statt; die Berufung der Beklagten wurde zurückgewiesen. Auch die Revision der Beklagten ist zurückgewiesen worden aus folgenden

Gründen:

... „Den Erwägungen des Berufungsrichters muß im wesentlichen beigetreten werden, insbesondere zunächst darin, daß § 14 G.B.O. im gegebenen Falle nicht anwendbar ist. Diese Gesetzesstelle erweitert zum Zwecke der Erleichterung der Zwangsvollstreckung zwar den Kreis der zum Antrag auf Eintragungen im Grundbuche Berechtigten gegenüber der im Abs. 2 des § 13 daselbst aufgestellten Regel; er ermächtigt aber den Grundbuchrichter keineswegs, neue Einschreibungen im Grundbuche ohne Einwilligung der davon Betroffenen dann vorzunehmen, wenn ihm die dazu notwendigen unzweifelhaft beweisenden urkundlichen Belege fehlen. Mag auch im gegebenen Falle, worüber jedoch die Vorderurteile nichts Bestimmtes ergeben, nach dem zu Frankfurt a. M. früher gültig gewesenen Rechte in Übereinstimmung mit dem jetzt geltenden § 742 B.G.B. die gesetzliche Vermutung bestanden haben, daß die Teilhaber an einer Gemeinschaft, insbesondere die Miteigentümer eines Grundstücks, im Zweifel als zu gleichen Teilen berechtigt erachtet werden müssen, so konnte doch diese gesetzliche Vermutung bei gleichwohl gegebener Möglichkeit verschiedener Größe der Einzelanteile den vorerwähnten urkundlichen Nachweis oder bei dessen Fehlen die Einwilligung der Teilhaber nicht ersetzen. Es kommt hierbei insbesondere in Betracht, daß § 48 G.B.O. die Angabe der Anteile in Bruchteilen oder des für die Gemeinschaft maßgebenden Rechtsverhältnisses im Grundbuche unbedingt fordert. Dieser Vorschrift entspricht der derzeitige Eintrag im Grundbuche über das Grundstück der Beklagten nicht, er ist insofern und im Sinne des § 894 B.G.B. „nicht richtig", und zwar sowohl hinsichtlich des Eigentümereintrags in Abteilung I als der Zwangshypothek der Klägerin in Abteilung III. Keineswegs erfordert der angezogene § 894 einen schroffen Widerspruch zwischen dem Inhalt des Grundbuchs und der wirklichen Rechtslage; vielmehr muß als Voraussetzung seiner Anwendbarkeit nach seinem eigenen Wortlaute ein „Nichtineinklangstehen" von Grundbuch und Wirklichkeit genügen. Ein solches aber liegt hier vor, da der ausdrücklichen Vorschrift des § 48 G.B.O. zuwider das Miteigentum der Beklagten zu gleichen Anteilen, das in Wirklichkeit zugestandenermaßen besteht, nicht eingeschrieben und daher aus dem

Grundbuche auch nicht genau ersichtlich ist, was für die Hypothek der Klägerin haftet.

Die Klägerin, deren Rechte, wie gezeigt, im Grundbuche nicht richtig eingetragen sind, muß also nach § 894 für berechtigt zur Berichtigungsklage erachtet werden, und zwar unzweifelhaft zunächst gegen ihren dinglichen Schuldner, den Beklagten zu 1.

Aber durch die von ihr begehrte Berichtigung wird zugleich das Recht des Beklagten zu 2 insofern betroffen, als sich eine Einschreibung der Hypothek auf J.'s ideellem halben Anteil und der Eintrag seines halben Eigentumsanteils nicht denken läßt, ohne daß gleichzeitig betreffs seines Miteigentümers, des Beklagten zu 2, die Eintragung dessen halben Anteils erfolgt. Es kann deshalb schon der § 894 B.G.B. unmittelbar gegen den Beklagten zu 2 Anwendung finden; wollte man dies aber auch bezweifeln, so gibt doch jedenfalls § 895 daselbst der Klägerin ein unmittelbares Klagerecht gegen den Mitbeklagten W. Denn die Eintragung ihrer Hypothek wird erst dann eine vollkommene und richtige, wenn zuerst in Abteilung I das Anteilsverhältnis der beiden Miteigentümer richtig eingetragen ist. Folglich muß der Beklagte zu 2 zu dieser notwendigen vorgängigen Richtigstellung der I. Abteilung mitwirken und sein Eigentum nach Bruchteilen, und zwar zum halben Anteil, eintragen lassen.

Damit erledigt sich auch der Revisionsangriff, daß Klägerin gegen W. höchstens mittelbar, nämlich dann klageberechtigt wäre, wenn sie zuerst J.'s Berichtigungsanspruch gerichtlich gemäß §§ 725. 751 B.G.B. hätte pfänden und sich überweisen lassen. Dessen bedurfte es nicht, weil ihr die §§ 894. 895, wie oben ausgeführt, ein unmittelbares Klagerecht auch gegen den Beklagten zu 2 geben.

Hinfällig ist auch der weitere, . . . nicht mehr besonders hervorgehobene Revisionsangriff, daß die Klägerin kein Recht habe, das Grundbuch zu dem Zwecke berichtigen zu lassen, damit sich ihre Hypothek verbessert und aus einer . . . nichtigen eine gültige wird.

Daß die in Rede stehende Hypothek der Klägerin von Anfang an ungültig gewesen oder später ungültig geworden sei, ist in den Vorinstanzen weder von den Streitsteilen behauptet, noch von den Gerichten angenommen worden. Es fehlen auch alle tatsächlichen und rechtlichen Unterlagen für eine solche Annahme." . . .

27. Müssen bei der Eintragung von Hypotheken über amortisierbare Darlehen die in Gestalt von Zuschlägen zu den Zinsen zum Zwecke allmählicher Tilgung des Kapitals zu entrichtenden Beträge auf Antrag in das Grundbuch eingetragen werden?

V. Civilsenat. Beschl. v. 4. März 1903 in der Grundbuchsache S. Beschw.-Rep. V. 37/03.

I. Amtsgericht Karlsruhe.
II. Landgericht daselbst.

Die Frage ist verneint worden aus folgenden

Gründen:

„Die Eheleute W. haben am 26. November 1902 mit der Rheinischen Hypothekenbank in Mannheim einen Darlehnsvertrag geschlossen, durch welchen sie sich verpflichteten, für ein von dieser empfangenes Darlehn von 6000 ℳ, verzinslich zu 4 Prozent und gegen eine 5 prozentige Annuität in 41 Jahren amortisierbar, mit ihren drei Grundstücken Hypothek zu bestellen. Sie bewilligten und beantragten die Eintragung des Kapitals nebst Zinsen und folgenden Zusatzes:

„Das Kapital wird vom 1. Juni 1903 an, einschließlich Zinsen und Tilgungsquote, durch eine 5 prozentige Annuität in 41 Jahren durch 82 halbjährliche je auf den 1. Juni und 1. Dezember, erstmals am 1. Dezember 1903 zu leistende Zahlungen getilgt. Hiervon betragen die 81 ersten Zahlungen je 150 ℳ, die letzte, also 82. Zahlung, jedoch nur 41,39 ℳ."

Das Grundbuchamt hat Kapital und Zinssatz eingetragen, im übrigen unter Ablehnung der Eintragung des beantragten Zusatzes auf die Eintragungsbewilligung Bezug genommen. Die Beschwerde der Rheinischen Hypothekenbank ist vom Landgericht in Karlsruhe zurückgewiesen. Die Bank hat weitere Beschwerde eingelegt, und das Oberlandesgericht in Karlsruhe möchte der Beschwerde abhelfen, sieht sich aber daran gehindert durch je einen Beschluß des Kammergerichts (Entsch. zusammengestellt im Reichsjustizamte Bd. 3 S. 137) und des Obersten Landesgerichts für Bayern (Das Recht 1902 S. 508) und hat daher gemäß § 79 Abs. 2 G.B.O. die weitere Beschwerde dem Reichsgerichte vorgelegt. Die Beschwerde erweist sich als unbegründet.

In den Entsch. des R.G.'s in Civils. Bd. 50 S. 152 ist des

näheren dargelegt, daß nach dem Standpunkte des Bürgerlichen Gesetzbuchs, welcher sich insbesondere aus dem § 874 ergibt, von der Eintragung in das Grundbuch fern gehalten werden soll, was durch die Bezugnahme auf die Eintragungsbewilligung als eingetragen gelten kann, und daß es nicht in dem Belieben der Beteiligten liegt, das Grundbuch mit Eintragungen, deren Umfang über das Maß des Notwendigen hinausgeht, zu überfüllen. Den Inhalt des Vermerks über die Eintragung einer Hypothek bestimmt § 1115 B.G.B. Es müssen angegeben werden der Zinssatz, wenn andere Nebenleistungen zu entrichten sind, ihr Geldbetrag; im übrigen kann zur Bezeichnung der Forderung auf die Eintragungsbewilligung Bezug genommen werden. Es herrscht Streit darüber, ob die in Gestalt von Zuschlägen zu den Zinsen zum Zwecke allmählicher Tilgung des Kapitals zu entrichtenden Beträge zu den Nebenleistungen im Sinne des § 1115 gehören. Das Kammergericht hat zunächst (vgl. Mugdan-Falkmann, Rechtsprechung Bd. 4 S. 70) die Streitfrage im bejahenden, dann aber durch den oben angeführten Beschluß im verneinenden Sinne entschieden. Im letzteren Sinne hat sich auch das Bayerische Oberste Landesgericht (a. a. O.) ausgesprochen. Die Gründe, welche diese beiden Gerichte geleitet haben, gehen im wesentlichen dahin:

Die Nebenleistung stehe im begrifflichen Gegensatze zur Hauptleistung, also bei einer Hypothek zum Kapitale. Nur solche Leistungen, welche neben und außer dem Kapitale zu entrichten seien, könnten zu den Nebenleistungen im Sinne des § 1115 B.G.B. gerechnet werden, so z. B. Zinsen, Vertragsstrafen für unpünktliche Entrichtung der Zinsen ꝛc. Die Amortisationsbeiträge seien, auch wenn sie in Gestalt von Zuschlägen zu den Zinsen zu entrichten seien, nicht Erweiterungen der Hauptschuld, sondern Abzahlungen auf diese. Das Grundstück hafte für das eingetragene Hypothekenkapital, also jedenfalls auch für den Betrag der Tilgungsraten. Freilich seien im § 197 B.G.B. die Tilgungszuschläge in Ansehung der Verjährung den Zinsen gleichgestellt, aber dies sei hinsichtlich aller regelmäßig wiederkehrenden Leistungen geschehen, ohne Rücksicht darauf, ob sie den Charakter von Haupt- oder Nebenleistungen haben. Auch in § 10 Nr. 4 des Zwangsvollstreckungsgesetzes würden diese Zuschläge hinsichtlich der Rangordnung den Ansprüchen auf wiederkehrende Leistungen gleichgestellt, und in § 12 Nr. 2 heiße es „die Ansprüche auf wiederkehrende Leistungen und andere Nebenleistungen", so daß die Meinung entstehen könne, es seien alle wiederkehrenden Leistungen Nebenleistungen, aber es handle sich in § 12 Nr. 2 nur um eine Ungenauigkeit im Ausdrucke; denn es gebe unzweifelhaft wiederkehrende Leistungen, welche nicht Nebenleistungen seien, z. B. Leistungen aus einer Reallast und Renten aus einer Rentenschuld. Man habe nur beabsichtigt, in den §§ 10 Nr. 4 und 12 Nr. 2 den wiederkehrenden Leistungen, welche großenteils Nebenleistungen seien, die Nebenleistungen gleichzustellen, welche nicht in wiederkehrenden Leistungen bestehen.

Das Kammergericht hat noch einen besonderen Grund aus dem Reichshypothekenbankgesetz vom 13. Juli 1899 (R.G.Bl. S. 375) entnommen. Nach § 1178 Abs. 1 Satz 1 B.G.B. erlischt nämlich die Hypothek für Rückstände von Zinsen und anderen Nebenleistungen, wenn sie sich mit dem Eigentum in einer Person vereinigt. Wären die Tilgungszuschläge zu den Zinsen als Nebenleistungen aufzufassen, so würden sie nicht Gegenstand einer Eigentümergrundschuld sein können. Nun bestimmt aber § 21 Abs. 2 des Hypothekenbankgesetzes, daß die Bank sich von der Verpflichtung, in Ansehung des amortisierten Betrages die ihr behufs Berichtigung des Grundbuchs, der Löschung der Hypothek oder der Herstellung eines Teilhypothekenbriefs nach den Vorschriften des bürgerlichen Rechts obliegenden Handlungen vorzunehmen, im voraus nicht befreien dürfe. Aus dieser Bestimmung und den Vorarbeiten wird gefolgert, daß das Gesetz von der Zulässigkeit der Eigentümergrundschuld an den getilgten Hypothekenteilen ausgeht.

Das Oberlandesgericht in Karlsruhe hat seine abweichende Rechtsansicht dahin begründet:

„Aus den §§ 197. 902. 1107. 1115. 1191 Abs. 2. 1200 B.G.B., aus den §§ 10 Nr. 4 und 8. 12 Nr. 2 des Zwangsvollstreckungsgesetzes und den Motiven zu § 1115 B.G.B. ergebe sich, daß die Annuitäten „andere Nebenleistungen" im Sinne des § 1115 seien. Dies sei auch die Auffassung der Beteiligten und des Verkehrs. Diese Auffassung rechtfertige sich dadurch, daß der Darlehnsempfänger beim Annuitätendarlehen den Leistungsbetrag (gemeint ist wohl das Kapital) nicht bis zur einmaligen, erst in geraumer Zeit erfolgenden Abzahlung (gemeint ist wohl Rückzahlung) für sich nutze, sondern durch frühere Teilzahlungen dem Geldinstitute diese Nutzung zuwende, so daß dieses bei seiner Geschäftsgebarung aus demselben Betrage doppelt Zinsen und noch dazu einen Kapitalbetrag erhalte. Es liege nicht lediglich Kapitalabzahlung vor, sondern Kapital und Zinsen würden getilgt. Der § 21 Abs. 2 des Hypothekenbankgesetzes treffe nicht zu."

Das Reichsgericht schließt sich der vom Kammergericht (neuerlich) und vom Obersten Bayerischen Landesgericht vertretenen Rechtsauffassung an.[1]

Das Bürgerliche Gesetzbuch enthält keine Bestimmung des Begriffs der Nebenleistungen. Es muß daher in jedem einzelnen Falle untersucht werden, was die gerade in Betracht kommende Bestimmung, die sich über Nebenleistungen verhält, darunter versteht. Freilich werden dabei anderweite Bestimmungen über Nebenleistungen für die Frage, ob eine konkrete Leistung als solche anzusehen ist, nicht unberücksichtigt bleiben dürfen. Im vorliegenden Falle handelt es sich um eine Hypothek und daher um Auslegung des § 1115 B.G.B. Dieser enthält eine Beschränkung des im § 874 B.G.B. ausgesprochenen allgemeinen Grundsatzes, daß zur näheren Bezeichnung des Inhalts des Rechts bei der Eintragung auf die Eintragungsbewilligung Bezug genommen werden kann. Bei der Eintragung einer Hypothek müssen der Geldbetrag der Forderung, der Zinssatz und der Geldbetrag anderer Nebenleistungen im Grundbuch angegeben werden. Es ist ohne weiteres klar, daß hier die anderen Nebenleistungen ebenso, wie die Zinsen, in Gegensatz zu dem Kapitale (der Hauptleistung) gestellt werden. Nicht minder klar ist der Zweck der Vorschrift. Der Umfang der Belastung soll sich aus dem Grundbuche selbst ergeben. Zinsen, Vertragsstrafen, Provisionen u. dgl. erhöhen den Betrag der Forderung (vgl. Motive zum I. Entwurf eines Bürgerlichen Gesetzbuchs Bd. 3 S. 642); daher müssen sie eingetragen werden. Bestimmungen über die Zahlungsbedingungen berühren den Umfang der

---

[1] In der Literatur wird diese Ansicht vertreten von Planck, Bd. 3 S. 459; Turnau-Förster, 2. Aufl. Bd. 1 S. 786; Predari, Grundbuchrecht S. 252; Männer, Das Recht des Grundstücks S. 297; Kretzschmar, Grundbuchrecht S. 327; Dronke, in der D. Jur.-Ztg. 1902 S. 243. Gegner dieser Ansicht sind Oberneck, Grundbuchrecht S. 492; Fuchs, Grundbuchrecht Bd. 1 S. 397 Anm. 6, S. 572 Anm. 8 und Biermann, Sachenrecht 2. Aufl. S. 305 Anm. 5. D. E.

Forderung nicht, sondern bestimmen nur ihren Inhalt. Bestimmungen über die Tilgung eines Darlehns durch Zuschläge zu den Zinsen sind aber Rückzahlungsbedingungen. Die Zuschläge sind nicht neben dem Kapitale, sondern als Kapitalteile zu dessen allmählicher Tilgung zu entrichten. Diesen Erwägungen gegenüber würden etwaige abweichende Verkehrsanschauungen nicht in Betracht kommen können; am allerwenigsten trifft aber zu, was das Oberlandesgericht in Karlsruhe zur Rechtfertigung solcher Anschauungen anführt. Es ist nicht richtig, daß das Geldinstitut aus demselben Betrage Zinsen und noch dazu einen Kapitalbetrag erhält. Freilich sind die Zinsen während des ganzen Laufes der Amortisationsperiode von dem ganzen ursprünglichen Kapitalbetrage zu entrichten; aber der Vorteil kommt nicht dem Geldinstitute zu gute, vielmehr werden die auf den bereits amortisierten Kapitalteil entfallenden Zinsen von dem Institute ebenso wie der Zuschlag zur allmählichen Tilgung des Restkapitals, also im Interesse des Eigentümers verwendet. Daß durch Abzahlungen auf das Kapital mit diesem auch der Zinsbetrag sich mindert, ist eine richtige Auffassung, die aber mit der Frage nach dem Charakter der Tilgungszuschläge nicht das mindeste zu tun hat. Zu bezweifeln ist endlich nicht, daß der § 21 Abs. 2 des Hypothekenbankgesetzes vom Kammergericht für die von ihm vertretene Ansicht mit Recht herangezogen worden ist.

Ebensowenig, wie aus dem § 1115 B.G.B. selbst, läßt sich aus den Vorarbeiten zum Bürgerlichen Gesetzbuch die Ansicht des Oberlandesgerichts in Karlsruhe herleiten. In den angerufenen Stellen der Motive (Bd. 3 S. 643—645) findet sich weder das Wort „Nebenleistung", noch ist daselbst der Tilgungszuschläge gedacht. An einer anderen Stelle (das. S. 650) wird aber direkt gesagt, daß Jahreszahlungen regelmäßig entweder auf das Kapital oder auf die Zinsen geleistet würden, und daher für sie die Hypothek ohne weiteres hafte, sowie daß, wenn Jahreszahlungen eine besondere Forderung zum Gegenstande haben sollten, eine besondere Hypothek dafür bestellt werden könne. Auch in der zweiten Kommission ist bei Beratung des § 1115 der Tilgungszuschläge keine Erwähnung geschehen, während als Nebenleistungen, auf welche die Hypothek sich erstrecken solle, bezeichnet wurden Zinsen für rückständig gebliebene von der Anstalt vorgeschossene Hypothekenzinsen und Vertragsstrafen für unpünktliche

Zinszahlung, also Leistungen, welche über den Betrag des Kapitals hinausgehen.

Was endlich die vom Oberlandesgericht in Karlsruhe angerufenen anderweiten gesetzlichen Bestimmungen anlangt, so sind die Tilgungszuschläge nur in dem § 197 B.G.B. und in dem § 10 Nr. 4 und 8 des Zwangsvollstreckungsgesetzes erwähnt. In beiden Stellen werden sie aber als eine Art der regelmäßig wiederkehrenden Leistungen behandelt, und es werden für die ganze Kategorie der letzteren Bestimmungen getroffen, ohne daß unterschieden wird, ob diese Leistungen sich (wie z. B. Reallastleistungen) als Haupt- oder (wie Zinsen) als Nebenleistungen darstellen. Aus diesen Stellen läßt sich also für die Nebenleistungseigenschaft der Zuschläge nichts herleiten. Das Gleiche gilt für § 902 Abs. 1 Satz 2 B.G.B., welcher eine Bestimmung für alle Arten von wiederkehrenden Leistungen trifft. Der § 12 Nr. 2 des Zwangsversteigerungsgesetzes ist in den Beschlüssen, welche zur Vorlegung dieser Beschwerde an das Reichsgericht Anlaß gegeben haben, richtig gedeutet. Man würde am Buchstaben haften, wenn man lediglich aus den Worten „wiederkehrende Leistungen und andere Nebenleistungen" auf einen Gesetzeswillen schließen wollte, der sonst keinen Ausdruck gefunden hat. Der § 1191 Abs. 2 B.G.B. handelt von Zinsen und anderen Nebenleistungen, welche bei der Grundschuld aus dem Grundstücke zu entrichten sind, ist also für die Entscheidung der vorliegenden Streitfrage nicht verwertbar. Etwas mehr Berechtigung hat anscheinend die Berufung auf die §§ 1107 und 1200 Abs. 1 B.G.B., nach welchen die für die Zinsen einer Hypothekenforderung geltenden Vorschriften auf die einzelnen Leistungen einer Reallast oder Rentenschuld entsprechende Anwendung finden, also auf Leistungen, welche unzweifelhaft nicht Nebenleistungen sind. Aber damit ist nicht gesagt, daß alle Bestimmungen über Hypothekenzinsen auf diese Leistungen Anwendung finden sollen. Zutreffend hat das Kammergericht bereits ausgesprochen, daß der § 1115 B.G.B. auf die einzelnen Reallastleistungen nicht anwendbar ist (Mugdan-Falkmann, Rechtsprechung Bd. 3 S. 360), weil die Ausnahmebestimmung in § 1115 Abs. 1 Halbsatz 1 lediglich für die Eintragung der Hypothek gilt, während die Eintragung der Reallast sich nach § 874 B.G.B. und nach § 50 G.B.O. richtet. Für die Eintragung der Rentenschuld sind aber im § 1199 B.G.B. besondere Bestimmungen getroffen.

Es wird die wiederkehrende Leistung (Geldsumme) und die Ablösungssumme eingetragen, so daß also auch hier die Anwendung jener Bestimmung des § 1115 nicht in Frage kommt. Wenn aber auch für einzelne bestimmte Arten wiederkehrender Leistungen, welche sich nicht als Nebenleistungen darstellen, selbst hinsichtlich der Eintragung dieselben Bestimmungen, wie für die Eintragung von Zinsen aufgestellt wären, so würde daraus nicht folgen, daß diese Bestimmungen für alle anderen Arten wiederkehrender Leistungen gelten sollen, vielmehr würde eher die Folgerung gerechtfertigt sein, daß, weil die Bestimmungen nur für einzelne Arten getroffen worden sind, sie auf die anderen Arten keine Anwendung finden sollen. Für die Tilgungszuschläge fehlt es an einer dem § 1107 entsprechenden Bestimmung, und wenn sie hinsichtlich der Verjährung und der Rangordnung bei der Zwangsversteigerung den Zinsen gleichgestellt sind, so folgt daraus nicht, daß sie ihnen auch in allen anderen Beziehungen gleichgestellt sein sollen.

Hiernach war die weitere Beschwerde als unbegründet zurückzuweisen. Die Eintragung der Tilgungszuschläge ist nach dem Gesetze nicht nötig, und daher kann sie gemäß dem im Eingange dieser Begründung aufgestellten Grundsatz im Wege der Beschwerde nicht erzwungen werden." . . .

---

28. Ist bei der Lebensversicherung und der Unfallversicherung auf den Todesfall der von dem Versicherungsnehmer mit dem Versicherer über das Bestehen des Versicherungsvertrages geführte Rechtsstreit im Falle des Todes des Versicherungsnehmers von dem Dritten, zu dessen Gunsten der Versicherungsvertrag geschlossen ist, oder von den Erben des Versicherungsnehmers fortzusetzen? Begriff des Rechtsnachfolgers im Sinne des § 239 C.P.O.

VII. Civilsenat. Urt. v. 6. März 1903 i. S. Lebensversicherungsgesellschaft N. (Bekl.) w. W. (Kl.). Rep. VII. 483/02.

I. Landgericht Colmar.
II. Oberlandesgericht daselbst.

Der Gutspächter W., der bei der Beklagten sein Leben zu Gunsten seiner Ehefrau versichert hatte, hatte eine fällige Prämie nicht berichtigt, und es hatte daher die Beklagte die Versicherung für erloschen erklärt. W. erhob darauf Klage gegen sie mit dem Antrage, festzustellen, daß der Versicherungsvertrag noch zu Recht bestehe. Begründet war die Klage mit der Ausführung, daß den Kläger ein Verschulden wegen der Nichtzahlung der Prämie nicht treffe, da die Beklagte unterlassen habe, dem Schwager des Klägers, der seit langen Jahren mit Wissen und Willen der Beklagten die Prämie für den Kläger bezahle, vor der Fälligkeit der letzten Prämie die bisher stets erfolgte Erinnerung hieran zu übersenden, die um so notwendiger sei, als erst aus diesem Erinnerungsschreiben sich ergebe, wie groß die dem Kläger zukommende Dividende sei, und welcher Betrag daher noch nach deren Abzug zu entrichten sei. Die Beklagte widersprach der Klage. Der erstinstanzliche Richter gab indes der Klage statt. Nach Erlaß des erstinstanzlichen Urteils starb der Kläger. In der von der Beklagten beschrittenen Berufungsinstanz erklärte die Witwe des Klägers nicht als dessen Erbin, sondern als diejenige, zu deren Gunsten die Versicherung geschlossen sei, den Rechtsstreit fortsetzen zu wollen, und änderte gleichzeitig die Feststellungsklage in eine Leistungsklage auf Zahlung der Versicherungssumme um, nur eventuell die Feststellungsklage aufrecht erhaltend. Trotz des Widerspruchs der Beklagten gegen den Eintritt der Witwe als Singular-Rechtsnachfolgerin in den Rechtsstreit erklärte das Berufungsgericht diesen Eintritt für zulässig und verurteilte die Beklagte, unter gewissen Abzügen, zur Zahlung der Versicherungssumme an die Witwe. Auf die Revision der Beklagten ist das Berufungsurteil aufgehoben, und die Sache zur anderweiten Verhandlung und Entscheidung in die Berufungsinstanz zurückverwiesen.

Aus den Gründen:

... „Der verstorbene Versicherungsnehmer war nicht nur in erster Instanz durch einen Prozeßbevollmächtigten vertreten, sondern er hatte auch bereits für die zweite Instanz einen solchen bestellt, als er starb. Eine Unterbrechung des Verfahrens trat daher durch seinen Tod nicht ein (§ 246 C.P.O.); auch ist eine Aussetzung des Verfahrens von keiner Seite beantragt worden. Allein wenn eine andere Persönlichkeit in den Prozeß eintreten und ihn fortsetzen wollte, so konnte dies nur unter der Voraussetzung geschehen, daß sie als Rechtsnachfolgerin des Verstorbenen im Sinne des § 239 C.P.O. anzusehen ist. Nun steht allerdings außer Zweifel, daß unter der „Rechtsnachfolge" im Sinne dieser Bestimmung nicht nur die Universalnachfolge, sondern jedenfalls in gewissen Fällen auch die Singularnachfolge zu begreifen ist. Indessen ist andererseits wiederum gewiß, daß, mag bei solcher Singularnachfolge durch diese auch eine Modifikation des Rechts in der Hand des neuen Inhabers gegenüber der Gestaltung des Rechts in der Hand des bisher Berechtigten herbeigeführt werden, doch stets das eine Erfordernis unerläßlich erscheint, daß es im wesentlichen ein und dasselbe Recht sein muß, welches früher der Verstorbene inne hatte und in dem bisherigen Rechtsstreit geltend machte, und welches nunmehr derjenige, der den Rechtsstreit fortsetzen will, als das seinige beansprucht. Denn anderenfalls kann begrifflich von einer Nachfolge in ein Recht des Verstorbenen nicht die Rede sein. Die Frage ist daher hier dahin zu stellen: folgt bei der Lebens- oder der Unfallversicherung auf den Todesfall der Dritte, zu dessen Gunsten die Versicherung geschlossen ist, beim Eintritt des Todes des Versicherungsnehmers diesem in dessen Recht nach, erlangt er dessen Recht? Diese Frage ist zu verneinen. Das Recht, welches der Versicherungsnehmer besaß, und das Recht, welches der Dritte, zu dessen Gunsten die Versicherung geht, durch den Tod des Versicherungsnehmers endgültig erhält, sind verschiedene Rechte; sie sind überhaupt nicht, und daher auch nicht modifiziert, identische Rechte. Der Versicherungsnehmer hatte, abgesehen von dem Fall einer Vertragsänderung oder von besonderen Vertragsbestimmungen, bei solcher Versicherung kein anderes Recht, als das, von der Versicherungsgesellschaft zu verlangen, daß sie nach seinem Tode an den Dritten die Versicherungssumme zahle; er selbst hatte bei solcher Versicherung kein Bezugsrecht. Der Dritte hat dagegen das Recht, zu verlangen, daß an ihn gezahlt werde. Dieses Recht findet allerdings seine Quelle und seinen Ursprung in dem Rechte des Versicherungsnehmers und in dem von diesem mit der Versicherungsgesellschaft geschlossenen Vertrage; allein dadurch verliert es nicht den Charakter eines von dem Rechte des Versicherungsnehmers verschiedenen selbständigen Rechts. So wenig wie bei einem unter Lebenden zu erfüllenden Vertrage zu gunsten Dritter davon gesprochen werden kann, daß der Dritte in Ansehung seines Rechts

Rechtsnachfolger des Versprechensempfängers sei, ebensowenig kann dies bei einem für den Todesfall geschlossenen Vertrage zu gunsten Dritter zutreffen. Die Rechtslage ist auch nicht etwa so gestaltet, daß das Recht des Versicherungsnehmers mit dessen Tode unterginge, und daher eine Rechtsnachfolge überhaupt ausgeschlossen erscheinen könnte; vielmehr bleibt das Recht, welches der Versicherungsnehmer hatte, bestehen und geht auf seine Erben über, nur daß es insofern durch seinen Tod beeinflußt wird, als es in gewissem Sinne eine Erweiterung erfährt, indem seine Erben nicht mehr auf die Feststellungsklage beschränkt sind, sondern an deren Stelle zur Leistungsklage, d. h. zur Klage, daß die Versicherungsgesellschaft an den Dritten leiste, greifen dürfen. Es sind also allein die Erben des Versicherungsnehmers diejenigen, die als Nachfolger in dessen Recht den Prozeß fortsetzen können und müssen. Namentlich dieser letzte Punkt ist für die in Betracht kommenden Verhältnisse kennzeichnend. Wäre der Dritte berechtigt, den Prozeß fortzusetzen bezw. aufzunehmen, so müßte er umgekehrt hierzu auch für verpflichtet erachtet werden; eine solche Verbindlichkeit würde aber der Rechtsstellung, die der Dritte dem ohne seine Mitwirkung geschlossenen Versicherungsvertrage gegenüber einnimmt, nicht entsprechen. Aus dem Vorstehenden ergibt sich als weitere die Sachlage beleuchtende Tatsache, daß, wenn der Dritte, zu dessen Gunsten die Versicherung genommen ist, nach dem Tode des Versicherungsnehmers die Leistungsklage gegen die Gesellschaft anstellte, diese nicht mit Rücksicht auf den schwebenden Prozeß den Einwand der Rechtshängigkeit erheben könnte. Von Seiten der Revisionsbeklagten ist versucht worden, ihren Eintritt in den Rechtsstreit in der Weise zu rechtfertigen, daß ausgeführt ist, ihr verstorbener Ehemann habe den Prozeß in ihrem Interesse und zugleich in ihrer Vertretung angestrengt. Daß der Prozeß in ihrem Interesse geführt worden ist, ist zuzugestehen; dagegen kann, ganz abgesehen von der Frage der rechtlichen Möglichkeit einer solchen Mitklägerschaft, nicht anerkannt werden, daß der verstorbene Ehemann tatsächlich die Klage nicht nur für sich, sondern zugleich als ihr Vertreter, also als Vertreter der zukünftig Berechtigten angestellt habe. Dafür gebricht es an jeglichem Anhalt. Das Berufungsurteil und das Verfahren, soweit darin mit der Revisionsbeklagten verhandelt ist, mußte aus diesen Gründen aufgehoben, und die Sache an die

Vorinstanz zurückverwiesen werden, damit nunmehr das Verfahren von den wirklichen Rechtsnachfolgern des verstorbenen Klägers bezw. gegen sie fortgesetzt werde."

---

29. Kann bei gegenseitigen Verträgen auch wegen positiver Vertragsverletzungen des einen Teils, welche die Erreichung des Vertragszweckes gefährden, der andere Teil unter entsprechender Anwendung des § 326 B.G.B. vom Vertrage zurücktreten?

II. Civilsenat. Urt. v. 6. März 1903 i. S. S. & Co. (Kl.) w. Aktiengesellschaft für Bahnen und Tiefbau (Bekl.). Rep. II. 388/02.

I. Landgericht I Berlin.
II. Kammergericht daselbst.

Die Klägerin hatte nach einem Vertrage vom $\frac{\text{27. August}}{\text{11. September}}$ 1900 der Beklagten den Kies zu dem Tunnelbau einer Untergrundbahn zu liefern. Sie war mit Brief vom 3. Oktober 1901 wegen angeblichen Zahlungsverzugs der Beklagten und mit Erklärung vom 14. November 1901 wegen angeblicher positiver Vertragsverletzungen derselben vom Vertrage zurückgetreten und hatte mit der Klage begehrt, nach § 256 C.P.O. richterlich festzustellen, daß der Rücktritt vom 3. Oktober oder derjenige vom 14. November 1901 berechtigt sei. Der erste Richter erkannte nach dem Klagantrage; er erachtete den Rücktritt vom 3. Oktober 1901 als gerechtfertigt. Das Berufungsgericht hob auf und wies die Klage ab; es nahm an, daß weder der Rücktritt vom 3. Oktober noch derjenige vom 14. November gerechtfertigt war. Auf die Revision der Klägerin wurde das Berufungsurteil aufgehoben, und die Sache an das Berufungsgericht zurückverwiesen.

Aus den Gründen:

... „Nach dem Vortrag der Klägerin erhält sie nur dasjenige Quantum Kies als geliefert bezahlt, das nach dem in § 4 des Vertrages bestimmten Verhältnisse durch Ausmessung des fertiggestellten Betonmauerwerkes nachgewiesen wird. Dieses Vorbringen, das bezüglich des auf die Baustelle gelieferten Kieses übrigens durch die §§ 4 bis 6 bestätigt ist und nach den Schlußbestimmungen der §§ 5 und 6 auch für den auf die Stapelplätze gelieferten Kies nicht als schlechthin unrichtig bezeichnet werden könnte, wurde nach dem Tatbestande der Instanzurteile von der Beklagten an sich nicht bestritten. Die Klägerin hat in den Instanzen weiter geltend gemacht, eine Abrechnung auf Grund obiger Berechnungsart habe zur selbstverständlichen und notwendigen Voraussetzung, daß der von der Klägerin gelieferte Kies ausschließlich zu dem Betonmauerwerke des Tunnelbaus verwendet werde, es sei aber von ihr gelieferter Kies ungeachtet der wiederholten Verwahrungen des Bevollmächtigten der Klägerin, R., zu den verschiedenartigsten Arbeiten anderer Art verwendet worden, der Klägerin könne nicht zugemutet werden, der Beklagten weiter Ware zu liefern, nachdem die Beklagte durch schuldhafte positive Rechtsverletzungsakte die vertragsmäßig vorgesehene Festsetzung des Preises andauernd unmöglich gemacht habe, aus diesem Grunde sei der durch Schriftsatz vom 14. November 1901 ausgesprochene Rücktritt vom Vertrage gerechtfertigt.

Das Berufungsgericht beschränkt sich bei Zurückweisung dieser Rechtfertigung des Rücktritts auf die Ausführungen, Klägerin könne aus dem gerügten Verhalten der Beklagten nur einen Anspruch auf Ersatz des ihr dadurch entstandenen Schadens, aber kein Recht zum Rücktritt vom Vertrage ableiten. Diese Urteilsgründe, die sich jedes weiteren Eingehens auf Einzelheiten nach der tatsächlichen und rechtlichen Seite enthalten, lassen vermuten, daß nach Annahme des Berufungsgerichts zwar in jenem gerügten Verhalten der Beklagten positive, zur Begründung eines Anspruchs auf Schadensersatz geeignete Vertragsverletzungen zu finden seien, daß jedoch, da dadurch der Beklagten die ihr obliegende Leistung nicht unmöglich wurde, und die Beklagte dadurch auch nicht mit der ihr obliegenden Leistung in Verzug kam, die Voraussetzungen der §§ 325 und 326 B.G.B. nicht vorliegen, und daß es im übrigen an einer Bestimmung im Bürgerlichen Gesetzbuch fehle, welche der Klägerin wegen solcher positiver Vertragsverletzungen die Befugnis gebe, vom Vertrage zurückzutreten. Diese letztere Annahme des Berufungsgerichts ist jedenfalls dann nicht frei von Rechtsirrtum, wenn in Anwendung der Grundsätze über Gesetzesanalogie bei gegenseitigen Verträgen aus solchen positiven Vertragsverletzungen des einen Teiles dem anderen Teile überhaupt nach Analogie des § 326 B.G.B. ein Recht auf Rücktritt vom Vertrage gewährt werden kann. Der erkennende Senat bejaht diese Rechtsfrage, allerdings mit der aus der Vorschrift des § 326 sich unmittelbar ergebenden Einschränkung, daß diese rechtliche Folge nur an solche positive Vertragsverletzungen geknüpft werden kann, durch welche die Erreichung des Vertragszweckes gefährdet wird.

Das Bürgerliche Gesetzbuch gibt in den §§ 325 und 326 positive Vorschriften für die Fälle, wenn bei gegenseitigen Verträgen der eine Teil mit der ihm obliegenden Leistung im Verzuge ist oder die ihm obliegende Leistung schuldhaft unmöglich macht, und gewährt in diesen Fällen dem anderen Teile nicht bloß ein Recht auf Schadensersatz wegen Nichterfüllung oder verzögerter Erfüllung der geschuldeten Leistung, sondern nach seiner Wahl auch ein Recht auf Schadensersatz wegen Nichterfüllung des ganzen Vertrags oder auf Rücktritt vom Vertrage. Danach knüpft es an das dort vorausgesetzte schuldhafte Verhalten rechtliche Folgen, welche über die durch das Verschulden begründete Schadensersatzpflicht hinausgehen, indem dem anderen Teile nach seiner Wahl das Recht eingeräumt wird, unter Ablehnung der Annahme künftiger Leistung vom Vertrage zurückzutreten und dadurch dem Erfolge nach den Vertrag ex tunc aufzulösen, oder Schadensersatz wegen Nichterfüllung des ganzen Vertrags zu fordern, dadurch also dem Erfolge nach den Vertrag ex nunc aufzulösen und einen Anspruch auf Ersatz des dadurch entstandenen Schadens zu begründen (vgl. Entsch. des R.G.'s in Civils. Bd. 50 S. 262 flg.).

Eine dritte Art schuldhaften Verhaltens eines Vertragsteiles kann in positiven Vertragsverletzungen desselben liegen, die nicht zugleich die dem Verletzenden obliegende Leistung unmöglich machen. Das Bürgerliche Gesetzbuch enthält für diese dritte Art eines in dem Rahmen des gegenseitigen Vertrags vorgenommenen schuldhaften Verhaltens keine den §§ 325 und 326 entsprechende positive Bestimmung. Das Empfinden, daß auch in diesen Fällen dem anderen Teile die in den §§ 325 und 326 gewährten Rechte zustehen sollten, hatte schon vor der Abhandlung von Staub, „Über die positiven Vertragsverletzungen und deren Rechtsfolgen", durch welche diese Frage noch mehr in den Vordergrund der literarischen Erörterungen getreten ist, zu dem Versuche geführt, jede rechtlich besondere Bedeutung dieser Art schuldhaften Verhaltens zu verneinen, und mit der rechtlichen Ausführung, daß jede positive Vertragsverletzung die dem Verletzenden obliegende Leistung unmöglich mache, die unmittelbare Anwendung des § 325 auf alle Fälle solcher positiven Rechtsverletzungsakte eines Vertragsteiles zu rechtfertigen. Es mag zugegeben werden, daß eine positive Vertragsverletzung in dem einzelnen Falle die dem Verletzenden obliegende Leistung unmöglich machen kann; indessen besteht in den meisten Fällen eine solche positive Verletzung in der Verletzung einer Unterlassungspflicht. Der erkennende Senat vermag aber für das Recht des Bürgerlichen Gesetzbuchs der übrigens auch für die Beweislast (§ 282 B.G.B.) bedeutungsvollen Auffassung nicht beizutreten, daß die Erfüllung solcher aus dem Wesen der obligatorischen Verbindlichkeit folgenden Unterlassungspflichten stets ein Teil der dem Verletzenden obliegenden Leistung im Sinne des § 325 sei. Von anderer Seite,

vgl. Dernburg, Über das Rücktrittsrecht des Käufers wegen positiver Vertragsverletzung, Deutsche Juristenztg. 1903 S. 1 flg. — hier S. 4/5,

wurde darauf hingewiesen, das Bürgerliche Gesetzbuch gewähre, wenn auch in beschränkterem Umfange, dadurch Abhülfe, daß unter Umständen die Beseitigung des durch die positive Vertragsverletzung verursachten Schadens in dem Rücktritt vom Vertrage bestehen könne. Allerdings müßte man sich mit diesem Aushülfsmittel begnügen, und könnte von einer analogen Anwendung des § 326 auf die hier unterstellten Fälle dann keine Rede sein, wenn die Vorschriften des Bürgerlichen Gesetzbuchs ergäben, daß dasselbe aus positiven Rechtsverletzungsakten eines Vertragsteiles, soweit dieselben nicht die ihm obliegende Leistung im Sinne des § 325 unmöglich machen, nur einen Anspruch auf Schadensersatz zu gewähren beabsichtigte, oder, was zu dem gleichen Ergebnisse führen würde, wenn das Bürgerliche Gesetzbuch nur in den Fällen der §§ 325 und 326 die dort dem anderen Teile gewährten Befugnisse als singuläre Rechtsbehelfe einzuräumen beabsichtigte. Allein nach beiden Beziehungen zwingt weder der Wortlaut des Gesetzes, noch dessen Entstehungsgeschichte zu einer einschränkenden Auffassung. Die Bestimmungen des § 326 können zunächst nicht damit allein gerechtfertigt werden, daß jeder Schuldnerverzug eine von dem säumigen Teile zu vertretende zeitweise Unmöglichkeit der Erfüllung begründe, wenn sich auch in den Vorarbeiten zum Bürgerlichen Gesetzbuch unter dem Einflusse der von Mommsen vertretenen Ansichten Anklänge an diese Auffassung finden. Der § 326 beruht vielmehr auf der gesetzgeberischen Erwägung, daß das schuldhafte Unterlassen der Vertragserfüllung bei gegenseitigen Verträgen dem anderen Teile die dort ausgesprochenen, über den bloßen Schadensersatz wegen der Verzögerung hinausgehenden Rechte gewähre. Es liegt sonach dieser Vorschrift in Anlehnung an die funktionelle Abhängigkeit von Leistung und Gegenleistung bei gegenseitigen Verträgen der gesetzgeberische Gedanke zu grunde, daß dieses schuldhafte Unterlassen des einen Teiles wegen der darin liegenden Gefährdung des Vertragszweckes den anderen Teil berechtige, im Interesse der Verkehrssicherheit eine alsbald klare Rechtslage dadurch zu schaffen, daß er unter Ablehnung der Annahme künftiger Leistung vom Vertrage zurücktrete oder Schadensersatz wegen Nichterfüllung des ganzen Vertrages verlange. Die gleichen Gesichtspunkte treffen aber auch zu, wenn durch schuldhafte positive Rechtsverletzungsakte des einen Teiles die Erreichung des Vertragszweckes gefährdet wird. Das Gesetz zwingt jedoch nicht zu der Annahme, daß jene Rechtsfolgen nur an das schuldhafte Unterlassen der Vertragserfüllung geknüpft sein sollten, und danach § 326 nur eine singuläre Bestimmung für den Fall des Verzuges gäbe; im Gegenteil liegt die Auffassung weit näher, in § 326 den Ausspruch eines allgemeinen Rechtsgrundsatzes für schuldhafte Nichterfüllung gegenseitiger Verträge in der besonderen Anwendung auf den Verzug zu finden und das Unterlassen einer allgemeineren Fassung jenes Rechtsgrundsatzes damit zu erklären, es sei eine solche allgemeinere Fassung lediglich um deswillen nicht als notwendig erachtet worden, weil den Vorarbeiten bei Regelung dieser Materie, wiederum unter dem Einflusse der Abhandlungen von Mommsen in dessen Beiträgen zum Obligationenrecht, die Ansicht zu grunde lag, der, wie oben dargelegt ist, in dieser Allgemeinheit nicht beigetreten werden kann, daß alle positiven Rechtsverletzungsakte eines Vertragsteiles in den Rahmen der Unmöglichkeit der ihm obliegenden Leistung gebracht werden können. Hiernach ist es zuzulassen, auf dem Wege der Analogie bei gegenseitigen Verträgen auch aus positiven Vertragsverletzungen des einen Teiles dem anderen Teile die in § 326 ausgesprochenen Rechte dann zu gewähren, wenn durch jene Vertragsverletzungen die Erreichung des Vertragszweckes gefährdet wird. Wie sich im Einzelfalle diese analoge Anwendung des § 326 gestaltet, die hauptsächlich bei auf längere Dauer berechneten Verträgen, bei Lieferungsgeschäften und Verträgen ähnlicher Art in Betracht kommen wird, insbesondere ob eine dem ersten Satze des § 326 Abs. 1 entsprechende Fristbestimmung und Androhung erforderlich ist oder unterbleiben kann, was von den vorliegend durch den Richter der Tatfrage überhaupt noch nicht geprüften Umständen des Einzelfalls abhängt, bedarf hier noch nicht der Entscheidung, sowenig wie die von Dernburg in der erwähnten Abhandlung erörterte Frage, ob beim Gattungskauf wegen Fehlerhaftigkeit einer oder mehrerer Lieferungen jene analoge Anwendung überhaupt zugelassen werden könnte. Denn in dem vorliegenden Falle, der wohl nicht die Annahme gestattete, daß nach dem Vertrage die Verwendung des Kieses zu dem Betonmauerwerke des Tunnels ein Teil der positiven Vertragsleistung der Beklagten war, und danach dessen Verwendung zu anderen Arbeiten eine Unmöglichkeit der Erfüllung dieser positiven Vertragsleistung nach § 325 B.G.B. zu begründen geeignet wäre, würden die der Beklagten zur Last gelegten positiven Vertragsverletzungen in der Verwendung des Kieses zu anderen Arbeiten wohl um deswillen gefunden werden können, weil dadurch der Klägerin das im Vertrag vorgesehene Mittel zur Feststellung ihres Preisanspruchs entzogen wurde, und in diesem Umfange eine Unterlassungspflicht der Beklagten bestand, sofern sie nicht dem Bevollmächtigten der Klägerin von jener beabsichtigten anderen Verwendung rechtzeitige Mitteilung machte. Wenn aber einmal eine analoge Anwendung des § 326 in dem oben bezeichneten Umfange zugelassen wird, so ist die Möglichkeit nicht ausgeschlossen, daß eine Sachlage, wie die von der Klägerin behauptete, dazu ausreichen und danach ein Recht zum Rücktritt vom Vertrage gewähren kann. Diese in den Instanzen überhaupt nicht geprüfte Möglichkeit reicht zur Rechtfertigung einer Aufhebung des Urteils zu." ...

---

30. Gehört ein Grundstück, an welchem nach dem Grundbuch Miteigentum zu bestimmten Anteilen besteht, schon deshalb zum Gesellschaftsvermögen, weil es die Miteigentümer für die Gesellschaft erworben hatten?

B.G.B. §§ 713. 718 Abs.

V. Civilsenat. Urt. v. 7. März 1903 i. S. K. u. Gen. (Kl.) w. G. (Bekl.). Rep. V. 441/02.

I. Landgericht Liegnitz.
II. Oberlandesgericht Breslau.

Die Kläger waren im September 1901 als Eigentümer je zur Hälfte des Grundstücks K. Nr. 31 im Grundbuche eingetragen worden. Demnächst wurde auf Antrag des Beklagten auf dem Miteigentumsanteile des Klägers zu 1 wegen einer gegen diesen aus dem Urteile vom 10. März 1902 vollstreckbaren Forderung von 1550 ℳ nebst Zinsen eine Sicherungshypothek für den Beklagten im Wege der Zwangsvollstreckung eingetragen. Diese Eintragung hielten die Kläger für unstatthaft. Sie behaupteten, das Grundstück gehöre ihnen zur gesamten Hand, und nicht nach bestimmten Anteilen. Denn zwischen ihnen bestehe ein Gesellschaftsvertrag, eingegangen zu dem Zwecke, mittels gegenseitiger Leistungen das Besitztum K. Nr. 31 zu erwerben und in einzelnen Parzellen auf gemeinschaftliche Rechnung weiter zu verkaufen. Dieses Unternehmen sei auch durchgeführt worden; die Grundstücke seien bis auf das Gehöft und etwas weniges Land dismembriert und die Trennstücke am 22. August 1902 den Abnehmern aufgelassen. Der Beklagte müsse, da für ihn die Sicherungshypothek im Wege der Zwangsvollstreckung eingetragen worden sei, dieses materielle, aus der Gesellschaft folgende Rechtsverhältnis gegen sich gelten lassen; übrigens sei es ihm auch aus einer Mitteilung, die ihm der Kläger zu 2 im Jahre 1900 gemacht habe, bekannt gewesen. Er müsse daher die Löschung der Sicherungshypothek sowohl auf K. Nr. 31 wie auf den abgeschriebenen Trennstücken auf seine Kosten bewilligen und die durch die Übertragung auf letztere entstandenen Kosten tragen. Hierauf war die Klage gerichtet. Der Beklagte bestritt das Bestehen des Gesellschaftsverhältnisses und seine Kenntnis von einem solchen.

Die Klage wurde in beiden Vorinstanzen abgewiesen. Auch die Revision der Kläger wurde zurückgewiesen, und zwar aus folgenden

Gründen:

„Die Revision ist nicht begründet. Sie verweist auf § 892 B.G.B. und ein zu ihm ergangenes Urteil des erkennenden Senats vom 17. September 1902 (A. wider S. u. Gen., Rep. V. 175/02), in welchem ausgesprochen ist, daß durch diese Gesetzesvorschrift nur der rechtsgeschäftliche Erwerb, nicht aber der sich im Wege der Zwangsvollstreckung vollziehende, durch den öffentlichen Glauben des

Grundbuchs geschützt werde, sowie auf das in den Entsch. des R.G.'s in Civils. Bd. 50 S. 154 veröffentlichte Urteil des I. Civilsenats vom 25. Januar 1902, welches nach ihrer Meinung einen dem vorliegenden Fall gleichliegenden im Sinne der Revisionsanträge entscheidet.

Was zunächst — um diesen Punkt vorweg zu nehmen — letzteres anlangt, so ist von der Revision übersehen, daß es sich in dem Urteil des I. Civilsenats um eine für das Rechtsverhältnis der Gesellschafter untereinander zu treffende Entscheidung handelte, daß ferner damals ein Tatbestand zu beurteilen war, der sich in den Jahren 1894 und 1896, also vor dem Inkrafttreten des Bürgerlichen Gesetzbuchs, vollzogen hatte, und endlich, daß damals die Parteien auch nicht als Miteigentümer zu bestimmten Anteilen im Grundbuch eingetragen waren. Es liegen also zwischen jenem und dem hier zur Entscheidung stehenden Falle so erhebliche Verschiedenheiten, daß die Bezugnahme auf das erwähnte Urteil völlig versagt.

Richtig dagegen ist, daß nur der rechtsgeschäftliche Erwerb durch den öffentlichen Glauben des Grundbuchs nach Maßgabe des § 892 B.G.B. geschützt wird, und daß daher der Beklagte, wenn das Grundbuch die wirkliche Rechtslage nicht oder nicht richtig wiedergeben sollte, sich darauf, daß er sich auf das Grundbuch verlassen habe, nicht berufen könnte, weil er die ihm zuständige Sicherungshypothek im Wege der Zwangsvollstreckung erworben hat. Es kommt daher auch weder auf die Mitteilungen an, die der Kläger im Jahre 1900 dem Beklagten gemacht haben will, noch darauf, ob aus ihnen zu entnehmen war, daß das Grundstück Gesellschaftsvermögen sei. Der Berufungsrichter hat dies auch nicht verkannt; er hat vielmehr zutreffend die Frage daraufhin gestellt, ob denn trotz der Eintragung im Grundbuche, welches die beiden Kläger als Miteigentümer je zur Hälfte bezeichnet, das Grundstück Gesellschaftsvermögen geworden sei, und diese Frage hat er mit Recht verneint. Als gemeinschaftliches Vermögen der Gesellschafter (Gesellschaftsvermögen) bezeichnet der § 718 Abs. 1 B.G.B. die Beiträge der Gesellschafter und die durch die Geschäftsführung für die Gesellschaft erworbenen Gegenstände. Die Revision faßt dies dahin auf, daß es genüge, wenn die Gesellschafter bei ihrer Geschäftsführung für die Gesellschaft zu erwerben beabsichtigen, und daß, wenn sie in dieser Absicht — wenngleich im eigenen Namen handelnd — einen Gegenstand erworben haben, dieser ohne weiteres in das Gesellschaftsvermögen falle. Dies ist der Rechtsirrtum der Revision. Nach § 713 B.G.B. bestimmen sich die Rechte und Verpflichtungen der geschäftsführenden Gesellschafter nach den für den Auftrag geltenden Vorschriften der §§ 664 bis 670, soweit sich nicht aus dem Gesellschaftsverhältnis ein anderes ergibt. Für anwendbar erklärt ist also auch die Vorschrift in § 667 B.G.B., nach welcher der Beauftragte verpflichtet ist, dem Auftraggeber alles, was er zur Ausführung des Auftrags erhält, und was er aus der Geschäftsbesorgung erlangt, herauszugeben. Hält man diese Vorschriften zusammen, so ergibt sich, daß der Gesellschafter, welcher im eigenen Namen, aber für die Gesellschaft erworben hat, wie der Beauftragte verpflichtet sein soll, das Erworbene der Gesellschaft herauszugeben. Er ist seinen Mitgesellschaftern gegenüber obligatorisch verpflichtet, den für die Gesellschaft erworbenen Gegenstand zum Gesellschaftsvermögen zu machen; solange dies aber noch nicht geschehen ist, ist er Eigentümer, weil er im eigenen Namen gehandelt hat. Es ist dies nur einer der vielfachen Fälle der sogenannten „indirekten Stellvertretung", d. h. des Handelns für einen anderen, wenn der Handelnde zwar für den anderen das Geschäft abschließen und für ihn erwerben will, dies aber nicht zum Ausdruck bringt, sondern das Geschäft im eigenen Namen abschließt. Ihnen allen ist gemeinsam,

vgl. Planck, Bem. 3 in den Vorbemerkungen zu „Vertretung, Vollmacht", §§ 164flg. B.G.B.,

daß der Handelnde zunächst selbst erwirbt, daß er aber zugleich obligatorisch verpflichtet wird, dem Geschäftsherrn, d. h. demjenigen, für welchen er das Geschäft schließen und erwerben wollte, den erworbenen Gegenstand zum Eigentum zu übertragen.

Vgl. hierzu ferner Planck, Bem. 1b zu § 718 B.G.B.; Turnau-Förster, Liegenschaftsrecht Bem. 4 zu § 925 2. Aufl. S. 364, und Protok. Bd. 2 S. 364.

Für den vorliegenden Fall ergibt sich hieraus, daß, wenn die Behauptungen der Kläger richtig sind, jeder von ihnen von dem anderen zwar verlangen kann, daß er das Miteigentum an dem Grundstück zu gunsten der zwischen ihnen bestehenden Gesellschaft aufgebe und es auf letztere übertrage, daß aber, solange dies noch nicht geschehen ist, an dem Grundstück die Miteigentumsanteile der Kläger bestehen bleiben, und das Grundstück noch nicht in das Rechtsverhältnis der Gemeinschaftlichkeit zur gesamten Hand eingetreten ist. Ist dies der Fall, so unterliegt auch der Miteigentumsanteil eines jeden der beiden Kläger dem Zugriffe seiner persönlichen Gläubiger (§ 864 Abs. 2. § 866 Abs. 1. § 867 Abs. 1 C.P.O.), und daraus folgt von selbst die Hinfälligkeit des in der Klage erhobenen Anspruchs." ...

---

31. 1. Kann gegenüber einer Klage auf Auflassung der Beklagte die Feststellung verlangen, daß im Falle des Vollzugs der Auflassung bestimmte, neben dem formgerechten Veräußerungsvertrage getroffene mündliche Vereinbarungen wirksam werden?

2. Ist durch die Vorschriften des Art. 15 preuß. Ausf.-Ges. zum B.G.B. der Widerruf einer in der Grundstücksüberlassung liegenden Schenkung durch den Altenteilsberechtigten wegen groben Undanks des Grundstückserwerbers ausgeschlossen?

3. Können auch Zuwendungen, die nicht reine Schenkung sind, den Charakter einer Ausstattung haben?

B.G.B. §§ 318. 530. 1624.

V. Civilsenat. Urt. v. 7. März 1903 i. S. S. Ehel. (Bekl.) w. N. (Kl.). Rep. V. 450/02.

I. Landgericht Gleiwitz.
II. Oberlandesgericht Breslau.

Mittels notariellen Vertrags vom 3. November 1900 verkauften die Beklagten dem Kläger, ihrem Sohne und Stiefsohne, um ihm bei seiner bevorstehenden Verheiratung zur Begründung einer eigenen Wirtschaft behülflich zu sein, ihr Grundstück G. Nr. 31 für 4200 ℳ und Gewährung eines Altenteils. Auf Erfüllung dieses Vertrags belangt, wandten sie ein: 1. Der Überlassungsvertrag enthalte, da das Grundstück mehr als 15000 ℳ wert sei, mindestens in Höhe von 7500 ℳ eine Schenkung; diese werde von ihnen wegen groben Undanks, dessen sich der Kläger ihnen gegenüber schuldig gemacht habe, widerrufen. 2. Der Kläger habe sich in Bezug auf das Altenteil noch zu weiteren, im notariellen Vertrage nicht aufgeführten Leistungen, über die eine Vereinbarung vorbehalten und später zustande gekommen sei, verpflichtet, sowie ferner versprochen, von dem Grundstück einen Morgen Acker unentgeltlich an eine Tochter der Beklagten abzutreten. Diese Vereinbarungen seien als rechtsgültig anzusehen, da ihr etwaiger Formmangel durch den Vollzug der Auflassung im Wege der Urteilsvollstreckung, der insoweit einer freiwilligen Auflassung gleichstehe, geheilt werde. Demgemäß beantragten die Beklagten eventuell, ihre Verurteilung zur Auflassung nur unter Ausschluß der erwähnten Ackerparzelle und nur Zug um Zug gegen weitere, im Antrage einzeln aufgeführte Altenteilsleistungen auszusprechen. Der erste Richter erkannte im wesentlichen nach dem Klagantrage. Der zweite Richter wies die Berufung der Beklagten zurück. Auf die Revision der letzteren ist das Berufungsurteil aufgehoben worden aus folgenden

Gründen:

„Die Behauptung der Beklagten, daß die durch die notarielle Urkunde vom 3. November 1900 beurkundete Willenseinigung der Parteien damals noch nicht in Bezug auf alle Vertragspunkte bestanden habe, erachtet der Berufungsrichter durch die Beweisaufnahme für widerlegt, die fernere Behauptung, daß nachträglich noch weitere Vertragsabreden mündlich getroffen worden seien, für rechtlich unerheblich, weil die Vorschrift des § 313 Satzes 2 B.G.B. über die heilende Kraft der Auflassung sich nur auf freiwillig verlautbarte Auflassungen beziehe. Von der Revision wird dieser letztere Entscheidungsgrund als rechtsirrtümlich bekämpft. Sie beruft sich auf das Urteil des erkennenden Senats vom 16. Februar 1889 bei Gruchot, Beitr. Bd. 33 S. 484, teilweise auch abgedruckt in der Jurist. Wochenschr. Jahrg. 1889 S. 121 Nr. 50, wo rücksichtlich der Heilung des Formmangels die durch rechtskräftiges Urteil ersetzte Auflassungserklärung der freiwilligen Auflassung gleichgestellt wird, und sucht im Anschluß hieran auszuführen, es müsse gegenüber einem Klagantrage, der auf Verurteilung zur Auflassung gerichtet sei, der davon betroffenen Partei gestattet werden, schon in diesem Prozeß zur Feststellung zu bringen, daß, falls eine verurteilende Entscheidung ergehen und durch Eintragung des obsiegenden Gegners als Eigentümers im Grundbuch vollstreckt werden sollte, damit zugleich bestimmte mündliche Abreden, aus denen Ansprüche oder Einreden hergeleitet werden,

Wirksamkeit erlangen. Dem kann indes nicht beigetreten werden. Ob der in dem angeführten Urteil ausgesprochene Rechtsgrundsatz auch noch für das jetzige Recht als richtig anzuerkennen ist, oder ob nicht vielmehr seiner Geltung gegenwärtig der Umstand entgegensteht, daß § 313 B.G.B., anders als § 10 des vormaligen preußischen Eigentumserwerbsgesetzes nicht schon der Auflassung für sich allein, sondern nur der Auflassung in Verbindung mit der Eintragung heilende Wirkung beilegt, bedarf im vorliegenden Falle keiner Entscheidung. Denn jedenfalls kann die Frage, ob eine anfänglich ungültige Vertragsabrede sich nachträglich in eine gültige verwandelt hat, erst dann Gegenstand richterlicher Prüfung werden, wenn das diese Umwandlung bewirkende rechtliche Ereignis wirklich eingetreten ist. Die Möglichkeit einer bedingten Feststellung der Gültigkeit, wie die Revision sie für zulässig hält, würde voraussetzen, daß die Parteien an die mündliche Abrede gebunden sind und nur Rechte daraus solange nicht herleiten dürfen, als die Auflassung noch nicht vollzogen ist. Hiervon kann keine Rede sein. Vielmehr bringt die Nichtigkeit der formlosen Abrede es mit sich, daß jede Partei von ihr jederzeit einseitig wieder abgehen kann, und ist dies geschehen, bevor die Auflassung stattgefunden hat, so versagt die Heilkraft der letzteren; die Abrede bleibt nichtig.

Vgl. das Urteil des erkennenden Senats vom 7. Juni 1902, Entsch. des R.G.'s in Civils. Bd. 52 S. 4. 5.

Eine Entscheidung, die schon im voraus Existenz und Inhalt einer möglicherweise künftig wirksam werdenden mündlichen Vertragsbestimmung feststellen wollte, würde hiernach völlig in der Luft schweben. Sie wäre nutzlos, weil doch immer noch hinterher im Bestreitungsfalle besonders festgestellt werden müßte, daß beide Parteien an der getroffenen Vereinbarung auch noch zur Zeit des Vollzugs der Auflassung festgehalten haben.

Begründet dagegen ist die Revision insoweit, als sie sich gegen denjenigen Teil des Berufungsurteils richtet, der den Einwand der Schenkung und der Zulässigkeit ihres Widerrufs betrifft. Auch diesen Einwand verwirft der Berufungsrichter aus Rechtsgründen. Er führt aus: Art. 15 preuß. Ausf.-Ges. zum B.G.B., unter dessen Vorschriften der Vertrag falle, habe das durch Art. 96 Einf.-Ges. zum B.G.B. der Landesgesetzgebung vorbehaltene Rechtsgebiet in umfassender Weise geregelt, namentlich gerade den vorliegenden Fall, in dem wegen Verhaltens des einen oder des anderen Teils die Möglichkeit eines weiteren Zusammenlebens in Frage gestellt werde, berücksichtigt. Neben der Vorsorge, die hierdurch für die Lebensbedürfnisse des Auszüglers, unter Bestehenlassen des Vertrags, vorgesehen sei, könne von einem Rechte des Auszüglers, aus den in den §§ 8. 9 des angeführten Art. 15 erwähnten Gründen den Vertrag anzufechten oder von ihm zurückzutreten, nicht die Rede sein; die Anwendung abweichender Vorschriften des Bürgerlichen Gesetzbuchs sei insoweit ausgeschlossen. Diese Ausführungen verletzen den angeführten Art. 15 durch unrichtige Anwendung, sowie § 1624 B.G.B. durch Nichtanwendung. Die ersterwähnte Gesetzesvorschrift ist, wie sich aus Art. 96 Einf.-Ges. zum B.G.B., auf dem sie beruht, ergibt, nur dazu bestimmt, den Inhalt des vertragsmäßigen Schuldverhältnisses, soweit darüber nicht abweichende Vereinbarungen getroffen sind, näher zu regeln. Allerdings beschränkt sich diese Regelung nicht auf den Altenteilsvertrag als solchen, sondern ergreift in gewissem Umfange, s. § 7 das., auch das Grundstücksüberlassungsgeschäft, in dessen Veranlassung der Altenteilsvertrag geschlossen worden ist. Immer aber ist auf Grund des Art. 96 Einf.-Ges. nur dispositives Recht des Bürgerlichen Gesetzbuchs einer Abänderung durch die Landesgesetzgebung zugänglich. Daß hierzu die Vorschrift des § 530 B.G.B. über den Widerruf einer Schenkung wegen Undanks nicht gehört, ergibt klar die weitere Bestimmung in § 533, wonach ein im voraus erklärter Verzicht auf das Widerrufsrecht ungültig ist. Das preußische Ausführungsgesetz durfte hiernach den Fall, daß die dem Anteilsvertrag zu grunde liegende Grundstücksüberlassung eine Schenkung enthält, und letztere wegen Undanks widerrufen wird, gar nicht in den Bereich seiner Regelung ziehen. Ausweislich des klaren Wortlauts des Gesetzestextes ist dies auch nicht geschehen. Daß im vorliegenden Falle die Grundstücksüberlassung keinesfalls eine reine Schenkung ist, sondern nach den eigenen Angaben der Beklagten sich höchstens nur als ein aus entgeltlicher Veräußerung und Schenkung gemischtes Rechtsgeschäft darstellt, steht weder der Beachtlichkeit der Schenkungseinrede noch auch andererseits der Anwendung des vom ersten Richter mit Recht berücksichtigten § 1624 B.G.B. entgegen. In ersterer Hinsicht kommt in Betracht, daß der gemischte Charakter des Geschäfts nur insofern von Einfluß auf die Beurteilung des Rechtsverhältnisses ist, als infolge davon die Herausgabepflicht des Beschenkten eintretendenfalls sich in gewisser Weise modifiziert.

Vgl. Entsch. des R.G.'s in Civils. Bd. 29 S. 265.

Der § 1624 B.G.B. aber läßt nach seiner allgemeinen Fassung keinen Zweifel darüber, daß es bei der Frage, ob das Zugewendete als Ausstattung anzusehen ist, auf die Form der Zuwendung nicht ankommt, letztere mithin auch in der Weise erfolgen kann, daß, wie im vorliegenden Falle, die zu Ausstattungszwecken gemachte Schenkung mit einem entgeltlichen Veräußerungsgeschäft verbunden wird." ...

---

32. Bedarf es stets einer ausdrücklichen Erklärung in der Abtretungsurkunde, daß der Anspruch auf Herausgabe des Hypothekenbriefs mitabgetreten wird?
B.G.B. § 931.

V. Civilsenat. Urt. v. 7. März 1903 i. S. K. (Kl.) w. Handelsgesellsch. Kn. & T. (Bekl.). Rep. V. 35/03.

I. Landgericht Liegnitz.
II. Oberlandesgericht Breslau.

Aus den den Sachverhalt ergebenden

Gründen:

„Richtig ist, daß nicht ohne weiteres mit der Abtretung der Forderung auch der Anspruch auf Herausgabe des Hypothekenbriefs (§ 931 B.G.B.) als abgetreten zu gelten hat, daß dies vielmehr als rechtsgeschäftliche Absicht der an der Cession Beteiligten erkennbar und zum Ausdruck gebracht sein muß. Es ist daher abwegig, wenn die Revision auszuführen sucht, es verstehe sich von selbst, daß der Anspruch auf Herausgabe des Hypothekenbriefs mit abgetreten worden sei, weil sonst das ganze Cessionsgeschäft keine Wirkung habe. Aber der Berufungsrichter begnügt sich damit, daß er feststellt, die Cessionsurkunde enthalte keine ausdrückliche Erklärung über die Abtretung des Herausgabeanspruchs, und der Cedent selbst habe zeugeneidlich bekundet, daß er nicht ausdrücklich diesen Anspruch mitabgetreten habe. Beides ist richtig, reicht aber nicht aus, um die Ablehnung der Vernehmung des Notars, der das Gegenteil bekunden soll, zu begründen." (Dies wird weiter ausgeführt.)

„Hiernach ist schon die prozessuale Rüge der Revision begründet. Sie beschwert sich aber mit Recht auch darüber, daß der Berufungsrichter eine Auslegung der Cessionsurkunde überhaupt nicht ins Auge gefaßt, sondern nur geprüft habe, ob eine ausdrückliche Erklärung über die Abtretung des Herausgabeanspruchs vorliege. Begründet ist diese Beschwerde freilich nur, wenn die Urkunde für eine Auslegung irgend welchen Anhalt bietet. Dies ist aber der Fall; denn am Schluß der Urkunde erklärt der Cedent (wie der Tatbestand des ersten Urteils ergibt) ausdrücklich: „Ich bewillige und beantrage die Eintragung dieser Abtretung im Grundbuche, sowie die Zustellung des Hypothekenbriefs an den Cessionar." Daß dies keine Abtretungserklärung ist, versteht sich von selbst; aber andererseits geht aus ihr doch hervor, daß der Cedent den Hypothekenbrief nicht zurückhaben, auch ihn dem Cessionar nicht vorenthalten wollte. Es ist also wenigstens möglich, die Cession in dem Sinne zu verstehen, daß sie den Anspruch auf Herausgabe des Hypothekenbriefs mitumfaßt habe, und beachtet man dies, so wird auch die Erwägung des Berufungsrichters, es sei nicht aufgeklärt, wie eine etwa in Gegenwart des Notars erfolgte mündliche Cession zur Kenntnis des Klägers gelangt sein soll, hinfällig. Denn hat eine solche mündliche Erklärung irgendwie in der Cessionsurkunde selbst Ausdruck gefunden, so wurde sie mit der Zustellung der Urkunde an den Kläger auch diesem übermittelt.

Hiernach bedarf es einer Ergänzung der Beweisaufnahme und einer den § 133 B.G.B. beachtenden Auslegung der Cession." . . .

---

33. Hat der in einem Schutzgebiet etatsmäßig angestellt gewesene Landesbeamte, der, weil er tropendienstunfähig geworden war, auf Aufforderung des Auswärtigen Amts in den Dienst seines Heimatsstaates wieder eingetreten ist, Anspruch auf Fortzahlung des mit dem Amt im Schutzgebiet verbundenen Diensteinkommens, soweit dieses durch das mit der Dienststelle im Heimatsstaat verbundene Gehalt nicht gedeckt ist?

Verordn. vom 9. August 1896 und Verordn. vom 23. Mai 1901.

III. Civilsenat. Urt. v. 10. März 1903 i. S. W. (Kl.) w. Landesfiskus zu Togo (Bekl.). Rep. III. 399/02.

I. Landgericht I Berlin.
II. Kammergericht daselbst.

Die Frage ist verneint aus nachstehenden, den Sachverhalt ergebenden

Gründen:

„Der Kläger, welcher im Jahre 1896 als etatsmäßiger Lehrer an der Regierungsschule im Togogebiet angestellt worden, dann aber, der an ihn infolge eingetretener Tropendienstunfähigkeit ergangenen Aufforderung des Auswärtigen Amts nachkommend, im Mai 1901 in den Dienst seines Heimatsstaats, des Königreichs Württemberg, durch Übernahme der ihm angebotenen Schulstelle in U. zurückgetreten ist, beansprucht mit der erhobenen Klage Fortzahlung des mit dem Lehramt im Togogebiet verbundenen Diensteinkommens, soweit dasselbe durch das mit der Schulstelle in U. verbundene Gehalt nicht gedeckt wird. Das Berufungsgericht hat die Klage als unbegründet zurückgewiesen; der wider das Berufungsurteil eingelegten Revision ist der Erfolg zu versagen.

Mit der Beendigung des Staatsdienstverhältnisses hört, soweit dieselbe nicht durch Versetzung des Beamten in den Ruhestand erfolgt, die dem Staate obliegende Verpflichtung zur Gewährung des mit dem verliehenen Amt verbundenen Diensteinkommens in ihrem vollen Umfang ohne weiteres auf. Die Verpflichtung hat das Dienstverhältnis zur Grundlage; fällt diese durch Auflösung des Dienstverhältnisses fort, so ist die Erlöschung der Verpflichtung Selbstfolge. Die Auflösung des Dienstverhältnisses, in das Kläger durch seine Bestallung als Landesbeamter des Schutzgebietes eingetreten war, ist tatsächlich durch seinen im Einverständnis mit dem Auswärtigen Amt erfolgten Rücktritt in den Dienst seines Heimatsstaats, der, wie außer Frage steht, als dauernder und endgültiger beiderseits gewollt ist, herbeigeführt, die Verpflichtung des Beklagten zur Fortgewährung des Gehalts folgeweise dadurch aufgehoben. Daran ändert der Umstand nichts, daß der Rücktritt nicht nur im Einverständnis mit dem Auswärtigen Amt, sondern auf dessen Aufforderung erfolgt ist, und daß Kläger vor und nach dem Wiedereintritt sein vermeintliches Recht auf Versetzung in den Ruhestand bezw. auf Fortgewährung der Gehaltsdifferenz ausdrücklich sich vorbehalten hat. Insonderheit findet der Einwand des Klägers, daß er durch Führung des Schulamts in Württemberg eine ihm von der im Kolonialdienst vorgesetzten Dienststelle angewiesene Tätigkeit ausübe, seine Widerlegung in der im Art. 6 Abs. 3 getroffenen Bestimmung der zur Zeit der Anstellung des Klägers als etatsmäßigen Lehrers geltenden Verordnung vom 9. August 1896. Durch dieselbe ist der dem Schutzgebiet vorgesetzten Behörde die Möglichkeit verschafft, anstatt durch Versetzung in den Ruhestand das Dienstverhältnis mit dem tropendienstunfähig gewordenen Beamten dadurch zum Erlöschen zu bringen, daß sie dessen Wiederaufnahme in den Dienst des Heimatsstaats unter Wahrung seines früheren Ranges und Dienstalters — jedoch ohne Rücksicht auf die Höhe des Diensteinkommens, wie nach dem Wortlaut der Bestimmung füglich nicht zu bezweifeln ist, — herbeiführt. Daß dies der Inhalt der Bestimmung ist, wird umsoweniger zu verkennen sein, wenn ins Auge gefaßt wird, daß sie die Vermeidung der Belastung des Kolonialetats mit Pensionen für Beamte, die zum Dienst in heimischen Verhältnissen nach wie vor befähigt sind, bezweckt, und daß dieser Zweck im wesentlichen vereitelt wird, wenn mit dem Rücktritt in den Heimatsdienst die Lösung des durch die Anstellung im Schutzgebiet begründeten Dienstverhältnisses und folgeweise das Ende der Zahlungspflicht sich nicht verbindet. Dem steht auch nicht entgegen, daß die tropendienstunfähig gewordenen Beamten, falls es sich nicht um den Rücktritt in das frühere Dienstverhältnis handelt, nach vorerwähnter Bestimmung zur Annahme einer Stelle im Reichs-, Staats- oder Kommunaldienst nur dann verpflichtet sind, wenn deren Diensteinkommen das im Schutzgebiet zuständige persönliche pensionsberechtigende Gehalt erreicht oder übersteigt. Für die verschiedene Regelung der Verpflichtung zur Annahme einer Dienststelle, je nachdem es sich dabei um den Rücktritt in das frühere Dienstverhältnis oder in ein anderes handelt, fehlt es, wie weiterer Ausführung nicht bedarf, nicht an zureichenden Gründen. Ebenso belanglos für die Auslegung des Art. 6 Abs. 3 benannter Verordnung ist der Umstand, daß in der ihrer Abänderung und Ergänzung dienenden Verordnung vom 23. Mai 1901 außer des Verlustes der Pensions- und Reliktenansprüche auch des Verlustes des Gehalts im Weigerungsfalle Erwähnung geschieht. Denn diese Abweichung erklärt sich, wie das Berufungsgericht zutreffend darlegt, dadurch, daß in letzterwähnter Verordnung auch der Fall, wenn ein Beamter nur vorübergehend nicht zum Tropendienst fähig ist, geregelt wird.

Der von der Revision schließlich gemachte Versuch, den vom Kläger erhobenen Anspruch als Pensionsanspruch zur Anerkennung zu bringen, erledigt sich durch den Hinweis, daß Kläger nicht durch Versetzung in den Ruhestand aus dem Dienstverhältnis ausgeschieden ist." ...

---

34. Zur Frage, ob und wie bei der auf Grund des Ertragswertes erfolgenden Wertsfeststellung eines zu enteignenden Gebäudes auf die künftige Notwendigkeit eines Neubaues Rücksicht zu nehmen ist.

VII. Civilsenat. Urt. v. 10. März 1903 i. S. Stadtgemeinde H. (Bekl.) w. H. (Kl.). Rep. VII. 461/02.

I. Landgericht Hannover.
II. Oberlandesgericht Celle.

Aus den Gründen:

„Die Revision der beklagten Stadtgemeinde erscheint insoweit unbegründet, als mit ihr geltend gemacht wird, daß für die Feststellung des vollen Wertes eines zu enteignenden Hauses die alleinige Berücksichtigung des Ertragswertes zu keinem zutreffenden Ergebnis führen könne, daß vielmehr diejenige Art der Berechnung als die ausschließlich richtige anzusehen sei, nach der das Mittel zwischen Ertragswert einerseits und Realwert des Grundstücks sowie baulichem Wert der Gebäude andererseits als die dem Eigentümer gebührende Entschädigung erachtet werde. Ob die letztgedachte Art der Berechnung überhaupt als eine zutreffende gelten kann, mag dahingestellt bleiben; keinesfalls kann anerkannt werden, daß sie die allein richtige sei, und daß die andere Art der Wertsfeststellung, bei der allein der Ertragswert zu grunde gelegt wird, gegen das Gesetz verstoße. Im letzteren Falle muß nur erfordert werden, daß alles, was bei dieser Art der Berechnung Berücksichtigung erheischt, auch Berücksichtigung finde. Dazu gehört, — und in diesem Punkte ist den Revisionsausführungen der Beklagten beizustimmen, — daß nicht der augenblickliche, zeitige, sondern der nachhaltige, dauernde Reinertrag die Unterlage der Berechnung bilde. Ein Gebäude unterliegt im Laufe der Zeit der allmählichen Abnutzung, deren Wirkungen auch durch fortgesetzte Reparaturen nicht aufgehoben, sondern nur verlangsamt werden. Das Erfordernis der Einstellung des nachhaltigen Reinertrages bedeutet daher bei einem Gebäude, daß der die Erhaltung eines solchen Reinertrages verbürgende Faktor eines zukünftigen Neubaues schon gegenwärtig mit ins Auge gefaßt werde. Ob er besonders und wie er alsdann zu berücksichtigen ist, läßt sich nicht schlechthin gleichförmig für alle Fälle bestimmen. Man wird allerdings davon ausgehen dürfen, daß in der Regel eine besondere Quote für den zukünftigen Neubau in die Ertragsberechnung einzustellen sei; allein diese Regel erleidet jedenfalls Ausnahmen; beispielsweise könnte es bei einem gegenwärtigen Neubau mit Rücksicht auf seine Beschaffenheit, Zweckbestimmung rc gerechtfertigt erscheinen, einen besonderen Faktor für einen zukünftigen Neubau in seine Ertragsberechnung nicht aufzunehmen, während bei einem anderen Neubau dies vielleicht nicht als richtig erscheinen würde. Bei Gebäuden, die nicht als Neubauten anzusehen sind, wird es auf ihre Beschaffenheit, die Art ihrer Benutzung (zu Gewerben, Wohnzwecken rc) und andere Umstände für die Frage ankommen, in welchem Umfange der Gesichtspunkt des zukünftigen Neubaues Beachtung fordert. Denkbar wäre es auch, daß das Erfordernis der Einstellung einer besonderen Neubauquote durch gewisse Umstände ganz beseitigt würde. Alles dies sind, wie schon bemerkt, Fragen, die nach Lage des einzelnen Falles und der tatsächlichen Verhältnisse zu beantworten sind. Rechtlich ist nur das eine Erfordernis aufzustellen, daß die Sachverständigen bezw. der Richter den Gesichtspunkt, ob und wie bei der Berechnung des nachhaltigen Reinertrags die Notwendigkeit eines zukünftigen Neubaues in Berücksichtigung zu ziehen sei, besonders zu prüfen und danach das Gutachten bezw. die Entscheidung abzugeben haben, sowie daß klar erhelle, ob dies geschehen ist. An letzterem fehlt es in gegenwärtiger Sache. Das Haus des Klägers ist 15 Jahre alt; die Sachverständigen haben, weil die bauliche Instandhaltung des Hauses zu wünschen übrig gelassen habe, einen gegenwärtigen Aufwand von 1200 ℳ für erforderlich erklärt, damit die gesunkenen Mieterträge sich wieder erhöhen. Ob damit und mit der Festsetzung des Kapitalisierungszinsfußes auf 5½ Prozent die Frage eines Neubaues überhaupt bezw. in ausreichender Weise Berücksichtigung gefunden hat, ist nicht ersichtlich. Die Berufungsentscheidung mußte aus diesem Grunde aufgehoben, und die Sache zu erneuter Verhandlung und Entscheidung in die Berufungsinstanz zurückverwiesen werden." ...

---

35. Darf bei einer Unfallversicherung, nach deren Bedingungen die Versicherungsgesellschaft im Falle des Todes des Versicherten Obduktion der Leiche zu verlangen berechtigt ist, die Exhumierung von den Rechtsnachfolgern des Versicherten dann abgelehnt werden, wenn die Gesellschaft von dem Todesfall rechtzeitig benachrichtigt war, die Erklärung, daß sie Obduktion verlange, aber schuldhaft verzögert und vor deren Eintreffen die Beerdigung stattgefunden hat? Kann ein Verschulden darin gefunden werden, daß die Gesellschaft in ihrem Geschäftsbetriebe Einrichtungen zu treffen unterlassen hat, durch welche eine baldige Erledigung der nach Schluß der Bureaustunden eingehenden Eilsachen ermöglicht wird?

VII. Civilsenat. Urt. v. 10. März 1903 i. S. Witwe S. (Kl.) w. Versicherungsges. N. (Bekl.). Rep. VII. 463/02.

I. Landgericht I München.
II. Oberlandesgericht daselbst.

Der bei der verklagten Gesellschaft gegen Unfall versicherte Kaufmann S. stürzte am 30. August 1900 von einem Wagen und verstarb am folgenden Tage. Dessen Witwe und Erbin klagte gegen die Gesellschaft auf Feststellung der Verpflichtung derselben zur Auszahlung der Versicherungssumme. In der Revisionsinstanz ist der Klage stattgegeben.

Aus den Gründen:

... „Nach der zweitinstanzlichen Verhandlung steht nur in Frage, ob sich der Einwand der Beklagten als begründet darstellt, wonach die Klägerin nach § 11 Abs. 3 der Bedingungen ihres Anspruches verlustig gegangen ist, weil von ihr die Obduktion der Leiche, welche die Beklagte verlangt hat, verweigert worden. Jene Vorschrift lautet: „Im Falle des Todes des Versicherten sind die Hinterbliebenen desselben bei Verlust aller Ansprüche an die Gesellschaft verbunden, in die von letzterer etwa notwendig erachtete Obduktion des Getöteten zu willigen.“ Bezüglich dieses Punktes liegt tatsächlich folgendes vor. Am Todestage, dem 31. August 1900, ist der in Nürnberg wohnhafte Generalagent der Beklagten mittels eingeschriebenen Briefes von dem Ableben in Kenntnis gesetzt. Er benachrichtigte am 1. September 1900 die in Berlin ansässige Direktion der Beklagten telegraphisch hiervon. Das Telegramm kam nach Bureauschluß an und blieb am 2. September 1900, einem Sonntage, an welchem die Bureaux der Gesellschaft geschlossen waren, unerledigt. An diesem Tage schon fand die Beerdigung statt. Erst am folgenden Tage kam eine Depesche der Beklagten an, welche lautete: „Mit Beerdigung warten, Beamter kommt morgen.“ Der letztere, welcher am 4. September 1900 anlangte, verhandelte mit den Hinterbliebenen. Diese, der mosaischen Konfession angehörig, fragten bezüglich der Gewährung des Verlangens, daß die Leiche, welche auf dem israelitischen Kirchhofe beigesetzt worden, exhumiert und obduziert werde, bei dem betreffenden Rabbiner an. Am 6. September 1900 erhielt der Beamte der Gesellschaft ein Schreiben der Klägerin, worin diese erklärte: „Ich selbst hätte mich einer Obduktion nicht widersetzt, muß mich jedoch, wie Ihnen bereits mündlich bemerkt, der Entscheidung des Rabbinats fügen.“ Diese Entschließung war dahin gegangen, daß eine Exhumierung und Obduktion unter keinen Umständen gestattet werden dürfe. Hierauf lehnte die Beklagte mittels Briefes vom 12. September 1900 auf Grund des angeführten § 11 der Bedingungen jede Entschädigungsleistung ab.

Die Vorinstanz hat ausgeführt: Den Umstand, daß die Beerdigung schon erfolgt gewesen, als die Beklagte die Obduktion der Leiche verlangte, habe diese selbst zu vertreten, weil es von ihr unterlassen worden, in der längeren Zwischenzeit, während welcher sie ihre Geschäftsräume geschlossen gehalten, eine Person zu bestellen, welche die Korrespondenz entgegenzunehmen und besonders dringliche Maßnahmen zu treffen gehabt habe. Entscheidend sei jedoch, daß die Klägerin, der als gläubiger Israelitin wohl bewußt gewesen, daß nach jüdischem Religionsgesetz die Exhumierung verboten sei, und der Rabbiner sie nicht genehmigen könne, sich hinter die Entscheidung des letzteren versteckt und so ihrer vertragsmäßigen Verpflichtung, in die für notwendig erachtete Obduktion zu willigen, nicht genügt habe, wonach sich eine Entscheidung erübrige, ob die Bewilligung ausdrücklich verweigert worden. Allerdings sei abzusehen, daß auch die Einwilligungserklärung nicht zur Exhumierung geführt haben würde, da die erforderliche Erlaubnis der staatlichen Behörde nach der von dem zuständigen Rabbiner abgegebenen Erklärung nicht zu erwarten gewesen. Hierauf brauche jedoch nicht näher eingegangen zu werden. Es müsse zur Klagabweisung führen, daß die Klägerin die ihr bei Verlust des Anspruchs gegen die Beklagte obliegende, fragliche Verpflichtung nicht erfüllt habe.

Die gegen diese Entscheidung gerichtete Revision muß Erfolg haben.

Zutreffend ist das Berufungsgericht davon ausgegangen, daß, wenn, wie hier nach § 11 der Bedingungen der Fall, seitens der Gesellschaft die Zustimmung des Rechtsnachfolgers des Versicherten zu der von der Gesellschaft für notwendig erachteten Obduktion der Leiche verlangt werden kann, dieses Recht an sich nicht durch die inzwischen erfolgte Beerdigung verloren geht (vgl. Entsch. des Reichsgerichts vom 15. November 1898, Rep. III 192/98). Es muß aber dafür gehalten werden, daß bei solcher Sachlage jedenfalls dann, wenn die nunmehr erfolgte Exhumierung der Leiche mit den religiösen oder Pietätsgefühlen der Hinterbliebenen in Widerspruch tritt, die Gestattung der Obduktion ohne Nachteil abgelehnt werden kann, falls seitens der Gesellschaft die Kundgebung, daß mit der Sektion vorgegangen werden solle, in unentschuldbarer Weise verzögert ist. Daß dies vorliege, hat das angefochtene Urteil angenommen. Die bezüglichen Darlegungen lassen einen Rechtsirrtum nicht erkennen. Namentlich erscheint es nicht als zu weit gehend, wenn an eine Versicherungsgesellschaft der vorliegenden Art, welche nicht selten, wie der gegenwärtige Fall ergibt, schleunige Anordnungen zu treffen hat, das Verlangen gestellt wird, Vorsorge zu treffen, daß Eingänge, welche am Sonnabend nach Schluß der Bureaustunden eintreffen, nicht bis zum Montag-Morgen auf ihre Erledigung zu warten haben. Unerheblich ist auch der Hinweis der Revisionsbeklagten darauf, daß seitens der Klägerin selbst die Verzögerung veranlaßt worden, da sie entgegen der Bestimmung im § 10 der Bedingungen die Todesnachricht nicht an die Direktion, sondern an den Generalagenten habe gelangen lassen. Denn dieses Vorgehen der Klägerin stand der rechtzeitigen Inhibierung der Beerdigung durch die Direktion, wie die obige Sachdarstellung ergibt, nicht im Wege. Von der Gesellschaft wäre solche erreicht, falls sie sich, was schuldhafterweise unterlassen, in den Stand gesetzt hätte, sofort, nachdem sie durch die Depesche des Generalagenten die Todesnachricht erhalten, zu handeln." ...

---

36. Ist die Entscheidung über den Einwand des zur Aufnahme des Verfahrens und zur Verhandlung der Hauptsache geladenen Konkursverwalters, daß ein Prozeß für den Gemeinschuldner überhaupt nicht anhängig geworden sei, ein beschwerdefähiges Zwischenurteil?

C.P.O. § 240.
K.O. § 10.

VII. Civilsenat. Beschl. v. 10. März 1903 i. S. Prometheus (Kl.) w. G. (Bekl.). Beschw.-Rep. VII. 30/03.

I. Landgericht I Berlin.
II. Kammergericht daselbst.

Die Frage ist verneint aus folgenden, den Sachverhalt ergebenden Gründen:

„Der Freiherr zu P. und der Rechtsanwalt v. G. hatten als angebliche Liquidatoren der Versicherungsgesellschaft auf Gegenseitigkeit Prometheus für diese gegen den Beklagten Klage auf Zahlung von 117,90 ℳ nebst Zinsen beim Amtsgericht I zu Berlin erhoben. Dieses erkannte unter dem 31. Oktober 1901 nach dem Klagantrage. Der Beklagte legte gegen das Urteil die Berufung ein; der Schriftsatz ist dem von den angeblichen Liquidatoren bestellten Prozeßbevollmächtigten zugestellt. Demnächst ist über das Vermögen der Gesellschaft Prometheus der Konkurs eröffnet, und der Kaufmann P. D. zum Verwalter ernannt. Ihn lud der Beklagte zur Aufnahme des Verfahrens und zur Verhandlung in der Hauptsache. Der Konkursverwalter machte geltend, daß die Gesellschaft sich nicht in Liquidation befunden habe, und daß daher die Personen, die sich als Liquidatoren ausgegeben hätten, zu ihrer Vertretung nicht befugt gewesen seien. Er beantragte mit der Erklärung, daß die Prozeßführung nicht genehmigt werde, die Ladung für unzulässig und das Urteil unter Belastung des Beklagten mit den Kosten des Zwischenstreits für vorläufig vollstreckbar zu erklären. Das Landgericht wies diesen Antrag, dem der Beklagte in der mündlichen Verhandlung widersprochen hatte, durch die als Zwischenurteil bezeichnete Entscheidung vom 19. Dezember 1902 zurück. Der Verwalter legte gegen die Entscheidung die sofortige Beschwerde ein, die indessen durch den angefochtenen Beschluß als unzulässig zurückgewiesen worden ist. Der weiteren Beschwerde konnte keine Folge gegeben werden.

Das Kammergericht erachtet die landgerichtliche Entscheidung für ein der Beschwerde nicht zugängliches Zwischenurteil, also für ein Zwischenurteil im Sinne des § 303 C.P.O., und darin mußte ihm beigetreten werden. Der § 303 C.P.O. bezeichnet als Gegenstand eines Zwischenurteils ein einzelnes selbständiges Angriffs- oder Verteidigungsmittel oder einen Zwischenstreit. Daß es sich im vorliegenden Falle nicht um den Streit über den Anspruch selbst, über welchen vom Amtsgericht erkannt worden ist, und daher nicht um ein selbständiges Angriffs- oder Verteidigungsmittel in diesem Sinne handelt, ist klar. Der Konkursverwalter macht dem Verlangen des Beklagten und Berufungsklägers gegenüber, daß jener sich gemäß § 10 K.O. darüber erkläre, ob er den Prozeß aufnehme oder die Aufnahme ablehne, geltend, daß der Prozeß für den Gemeinschuldner überhaupt nicht anhängig geworden sei. Die Parteieigenschaft des Kridars ist naturgemäß Bedingung für die Aufnahme des Verfahrens durch den Verwalter; es muß ein Prozeß des Gemeinschuldners schweben, damit der Verwalter in die Lage kommen kann, sich wegen der Aufnahme zu äußern. Mithin wird durch die Behauptung des Verwalters, daß es an einem solchen Prozesse fehle, eine für das Aufnahmerecht präjudizielle Vorfrage streitig, die aber immerhin dem die Aufnahme und die Fortsetzung des Prozesses betreffenden Prozeßstoff angehört und nicht derart selbständig behandelt werden kann, daß sie unter allen Umständen einen Zwischenstreit mit einem Dritten, wie die Beschwerde will, darstellt, auch wenn der Aufnahmestreit selbst ein Zwischenstreit unter den Parteien ist. Nun besteht darüber kein Bedenken, daß Streitigkeiten über die Aufnahme des Verfahrens durch die Rechtsnachfolger im Falle der Unterbrechung durch den Tod einer Partei echte Zwischenstreite unter den Parteien sind, die durch Zwischenurteil erledigt werden können, also auch insoweit, als die Rechtsnachfolge selbst streitig ist, und daher die behauptete Parteieigenschaft erst festgestellt werden soll (§ 239 C.P.O.).

Vgl. Gaupp-Stein, Bem. I. 2 zu § 303 C.P.O.; Förster-Engelmann, Bem. 2 zu § 239 C.P.O.; Entsch. des R.G.'s in Civils. Bd. 34 S. 381.

Der § 240 C.P.O. verweist für den Fall der Unterbrechung des Verfahrens durch die Eröffnung des Konkurses über das Vermögen einer Partei wegen der Aufnahme auf die Bestimmungen der Konkursordnung. Dort wird im § 10 der Verwalter für berechtigt erklärt, Rechtsstreitigkeiten über das zur Konkursmasse gehörige Vermögen, welche zur Zeit der Eröffnung des Verfahrens für den Gemeinschuldner anhängig sind, in der Lage, in der sie sich befinden, aufzunehmen, und es soll ferner, wenn die Aufnahme verzögert wird, der § 239 C.P.O. entsprechend anwendbar sein. Daraus ergibt sich, daß auch der Aufnahmestreit mit dem Konkursverwalter als Zwischenstreit unter den Parteien zu behandeln ist, trotzdem es sich, wenn man der auch vom beschließenden Senate gebilligten Amtstheorie bei Beurteilung der Rechtsstellung des Konkursverwalters folgt (vgl. Entsch. des R.G.'s in Civils. Bd. 47 S. 372 flg.), um die Frage dreht, ob der Verwalter Partei werden will oder nicht.

Vgl. Entsch. des R.G.'s in Civils. Bd. 27 S. 358, Bd. 34 S. 382, Bd. 11 S. 312 flg.

Übrigens sind in der Civilprozeßordnung die Fälle der Zwischenstreitigkeiten mit Dritten, die durch ein mittels sofortiger Beschwerde angreifbares Zwischenurteil zu entscheiden sind, bestimmt bezeichnet, so daß eine entsprechende Anwendung der Vorschriften mangels positiven Anhalts im Gesetz ausgeschlossen erscheint (§§ 71. 135. 387. 402). Ist danach das die Aufnahme des Prozesses durch den Konkursverwalter betreffende Verfahren ein Parteizwischenstreit, so gehört ihm auch die Vorfrage der Parteieigenschaft des Gemeinschuldners an, und wenn sie vom Gerichte, wie hier, durch ein besonderes Urteil erledigt wird, so ist dies keinesfalls ein beschwerdefähiges Zwischenurteil, vielmehr eine Entscheidung, welche die eigentliche Entscheidung im Aufnahmestreit vorbereiten und ermöglichen soll und als solche der selbständigen Bedeutung entbehrt. Sie ist angreifbar nur mit dem Endurteil und also überhaupt unanfechtbar, wenn dieses der Anfechtung entzogen ist." ...

---

37. Kann nach den Vorschriften des früheren preußischen Allgemeinen Landrechts wie auch des jetzigen Bürgerlichen Gesetzbuchs ein Handlungsgehülfe das Zuwiderhandeln gegen ein Konkurrenzverbot, welches nach Beendigung seines Dienstverhältnisses in Kraft getreten war, damit rechtfertigen, daß der Prinzipal der ihm nach dem Dienstvertrage obliegenden Verpflichtung zur Rechnungslegung und Provisionszahlung nicht nachgekommen sei?

A.L.R. I. 5 §§ 232. 271.
B.G.B. § 320 Abs. 1.

III. Civilsenat. Urt. v. 13. März 1903 i. S. G. (Kl.) w. S. (Bekl.).
Rep. III. 428/02.

I. Landgericht Halberstadt.
II. Oberlandesgericht Naumburg a. S.

Vorstehende Frage ist vom Reichsgericht verneint worden aus folgenden

Gründen:

„Es handelt sich in jetziger Instanz lediglich um die Gegenforderungen von 10000 ℳ, welche der Beklagte der Provisionsforderung des Klägers von 3296,88 ℳ aus dem Grunde entgegengesetzt hat, weil der Kläger am 21. Januar 1896, also innerhalb zweier Jahre nach seiner am 1. Juli 1895 erfolgten Entlassung aus dem Dienste des Beklagten, bei der badischen Papierwarenfabrik, einer Konkurrentin des Beklagten, als Reisender eingetreten sei, hierdurch das in dem Vertrage vom 9. November 1893 enthaltene Konkurrenzverbot verletzt und die für solchen Fall festgesetzte Konventionalstrafe von 10000 ℳ verwirkt habe. Vom ersten Richter ist diese Gegenforderung für begründet erachtet, und daraufhin die Klage abgewiesen, vom Berufungsgericht aber der Kläger zum Eintritt bei der Konkurrenzfirma für berechtigt erklärt worden, weil der Beklagte den ihm aus dem Vertragsverhältnis obliegenden Verpflichtungen nicht allenthalben nachgekommen sei. Derselbe sei nämlich nach Ziff. 2 des Vertrages vom 9. November 1893 verpflichtet gewesen, dem Kläger über die Posten, welche aus den von ihm abgeschlossenen Geschäften eingegangen seien und über die ihm davon zukommenden Provisionsbeträge vierteljährlich Rechnung zu legen; er habe aber dem Kläger nach dessen Ausscheiden aus seiner Stellung (1. Juli 1895) nur am 2. Juli 1895 über die Eingänge vom 1. April bis zum 30. Juni 1895 und sodann am 13. April 1896 über die Eingänge (vom 1. Januar) bis zum 1. April 1896 eine Abrechnung zugestellt und habe feststehendermaßen die am 1. Oktober fällige Abrechnung und Provisionszahlung nicht bewirkt, bezüglich der am 1. Januar 1896 fällig gewesenen aber mindestens den Nachweis nicht erbracht, daß solche rechtzeitig bewirkt worden sei. Infolge seiner eigenen Vertragsverletzung habe sonach der Beklagte vom Kläger nicht mehr fordern können, daß derselbe seine Tätigkeit einem Konkurrenzgeschäfte nicht widme.

Gegen diese Ausführung wendet sich die Revision.

. . . Besonderen Nachdruck hat diese darauf gelegt, daß der in § 271 A.L.R. I. 5 ausgesprochene, von der Vorinstanz angewendete Grundsatz, wonach eine Vertragspartei die ihr obliegende Leistung bis zur Erfüllung der Gegenleistung zurückhalten könne, wohl bei einer positiven Vertragsleistung, nicht aber bei einer Verpflichtung zu einem Unterlassen, nämlich zum Nichteintritt in ein Konkurrenzgeschäft, wie sie hier dem Kläger obgelegen habe, Platz greife, und daß der Kläger, indem er diese Verpflichtung durch den Eintritt in ein Konkurrenzgeschäft verletzte, nicht seine Leistung retiniert, sondern schuldhaft unmöglich gemacht habe und von dem Vertrage abgegangen sei, wozu ihn auch ein Verzug der anderen Partei in der Erfüllung ihrer Vertragsleistung nicht berechtigt habe. Es ist der Revision zuzugeben, daß der Kläger durch seinen Eintritt in das Konkurrenzgeschäft über die Zurückhaltung der eigenen Leistung hinausging; allein immerhin konnte, wenn man einmal den von der Revision angenommenen Grundsatz des angeführten § 271 hier für anwendbar hält, der Beklagte diese Vertragsverletzung erst dann geltend machen, wenn er seinerseits die Vertragserfüllung nachzuweisen vermochte, und das ist eben nach der Feststellung des Berufungsgerichts nicht geschehen.

Erweisen sich sonach die Angriffe der Revision nicht als stichhaltig, so erscheint doch die Erwägung des Berufungsgerichts aus dem anderweiten Grunde als unhaltbar, weil der Rechtssatz des angeführten § 271, von dem es dabei ausgeht, im vorliegenden Falle überhaupt keine Anwendung finden kann. Allerdings ist in § 271 sowie in § 232 A.L.R. I. 5, in wesentlicher Übereinstimmung mit dem gemeinen Recht und auch mit dem § 320 Abs. 1 Satz 1 B.G.B. der Grundsatz ausgesprochen: Erfüllung kann nur fordern, wer seinerseits erfüllt hat oder erst später zu erfüllen braucht; sonst kann nur Erfüllung Zug um Zug gefordert, die eigene Leistung also bis zur Ausführung der Gegenleistung zurückgehalten werden. Dieser Satz bezieht sich jedoch nur auf die Leistungen, welche sich bei einem gegenseitigen Vertrage, wie dem vorliegenden Dienstvertrage, einander gegenüber stehen. Hätte also im vorliegenden Falle der Kläger auf Grund des Dienstvertrages nach seiner Entlassung noch eine Partie dem Beklagten gehörige Muster oder Waren bei Meidung einer Konventionalstrafe an den Beklagten herauszugeben gehabt, so hätte er diese Herausgabe so lange verweigern und deshalb auch die Anforderung der Konventionalstrafe zurückweisen können, bis der Beklagte seine Pflicht zur Rechnungslegung und Provisionszahlung vollständig erfüllt hatte. Die hier in Frage stehende Verbindlichkeit zum Nichteintritt in ein Konkurrenzgeschäft enthält aber keine solche Vertragspflicht, welche der Pflicht zur Rechnungslegung und Provisionszahlung unmittelbar gegenüber steht; sie stellt sich vielmehr als eine selbständige, auf einem Nebenvertrage beruhende einseitige Verpflichtung des Klägers dar, welche erst nach seinem Austritte aus dem Vertragsverhältnis in Kraft treten sollte und schon nach ihrer rechtlichen Beschaffenheit eine Erfüllung Zug um Zug mit einer Leistung des Beklagten aus dem Dienstvertrag, wie der Rechnungslegung nicht zuließ. Wenn daher auch die Verpflichtung zu dieser letzteren Leistung noch über den Austritt des Klägers aus dem Geschäfte des Beklagten hinaus fortdauert, so bestanden doch diese Verpflichtung einerseits und diejenige des Klägers zum Nichteintritt in ein Konkurrenzgeschäft andererseits unabhängig nebeneinander, wie ja auch das Berufungsgericht indirekt dadurch anerkannt hat, daß es ungeachtet der Nichterfüllung der dem Kläger obliegenden Verpflichtung zum Nichteintritt in ein Konkurrenzgeschäft doch den Beklagten zur Zahlung der Provision aus dem Vertrage für verpflichtet gehalten und verurteilt hat. Der Rückstand der Rechnungslegung und Provisionszahlung gab hiernach an und für sich und beim Mangel anderweiter Umstände (z. B. arglistigen Verhaltens des Beklagten) dem Kläger noch nicht das Recht, in ein Konkurrenzgeschäft einzutreten; vielmehr war mit diesem Eintritt die Vertragsstrafe an und für sich verwirkt." ...

---

38. Sind bei Beantwortung der Frage, ob der Inhalt eines Warenzeichens den tatsächlichen Verhältnissen nicht entspricht, auch außerhalb des Zeichens liegende Umstände, unter denen es verwendet wird, zu berücksichtigen?

II. Civilsenat. Urt. v. 13. März 1903 i. S. D. Reformbettenfabrik M. St. & S. (Kl.) w. R. J. Patentmöbelfabrik (Bekl.). Rep. II. 379/02.

I. Landgericht I Berlin.
II. Kammergericht daselbst.

Für die Beklagte waren die Worte „Schlafe patent" als Warenzeichen für Schlafmöbel in der Zeichenrolle des Patentamtes eingetragen. Sie firmierte als R. J.'s Patentmöbelfabrik und zeigte in Zeitungsannoncen unter Anführung des Warenzeichens ihre Patent-Möbel, -Betten und -Matratzen an. Noch zur Zeit der Anmeldung ihres Warenzeichens hatte sie ein Patent auf sogenannte Verwandlungsmöbel besessen, das inzwischen erloschen war. Die Klägerin erachtete das Warenzeichen als trügerisch, indem es so aufgefaßt werden könne, namentlich in Verbindung mit der Firma der Beklagten und dem Inhalte ihrer Ankündigungen, als habe sie ein Patent für die Möbel, was nicht der Fall sei. Diesen Sinn habe die Beklagte bei der Anmeldung im Auge gehabt, und so habe auch das Patentamt das Zeichen verstanden, denn wenn die Worte: Schlafe patent, bedeuten sollten: Schlafe vorzüglich oder fein, wie die Beklagte behaupte, so hätten sie als Angabe über die Bestimmung der Ware nach § 4 Ziff. 1 des Warenzeichengesetzes nicht eingetragen werden dürfen.

Die aus § 9 Ziff. 3 des Warenzeichengesetzes erhobene Klage auf Löschung des Zeichens wurde vom Landgericht gemäß dem Antrage der Beklagten abgewiesen, und die Berufung zurückgewiesen. Auch die Revision blieb ohne Erfolg.

Aus den Gründen:

„Die Klage ist auf Löschung des für Schlafmöbel eingetragenen Warenzeichens „Schlafe patent" auf Grund des § 9 Ziff. 3 des Warenzeichengesetzes gerichtet. Mit Recht ist das Kammergericht in seiner Entscheidung davon ausgegangen, daß es hierbei nicht darauf ankommt, ob nicht überhaupt die Eintragung vom Patentamt zu versagen gewesen wäre, weil das Zeichen als eine Angabe über die Beschaffenheit oder die Bestimmung der Ware angesehen werden könnte, und ob das Patentamt die Eintragung deshalb bewilligt hat, weil es angenommen habe, daß die Beklagte ein Patent für Schlafmöbel habe, und dies in dem Zeichen zum Ausdrucke gebracht werden sollte, sondern daß die Frage, ob die Voraussetzungen des § 9 Ziff. 3 des bezogenen Gesetzes vorliegen, nach der Zeit der Klaganstellung zu beantworten ist. In dieser Beziehung ist auch das Berufungsurteil von der Klägerin (Revisionsklägerin) nicht beanstandet. Ihr Revisionsangriff ist nur gegen die Ausführung des Berufungsrichters gerichtet, daß, wenn die Bezeichnung einer nicht patentierten Matratze als Patent-Matratze oder als Schlafe-patent-Matratze einen Irrtum hinsichtlich des Bestehens eines Patentschutzes hervorrufen könnte, doch eine Täuschungsgefahr im Sinne des erwähnten Gesetzes nicht vorhanden sei, weil lediglich ein außerhalb der Bedeutung des angefochtenen Wortzeichens liegender Umstand diesen Irrtum erregen, das Warenzeichen allein aber zu dieser Täuschung in keinem ursächlichen Zusammenhang stehen würde. Wenn nun auch dementgegen der Klägerin darin beizutreten ist, daß bei der Entscheidung der Frage, ob ein eingetragenes Zeichen die Gefahr einer Täuschung zu begründen vermag, auch die außerhalb des Zeichens selbst liegenden Umstände, unter denen es im Verkehr in die Erscheinung tritt und gebraucht wird, in Betracht zu ziehen sind, da die Anschauung des bei dem Absatze der Ware beteiligten Verkehrskreises maßgebend ist (§ 20 des Warenzeichengesetzes, Entscheidungen des erkennenden Senats Rep. II. 193/98 und 274/00), so ist doch hierdurch die Revision noch nicht gerechtfertigt; denn zur Anwendung des bezogenen § 9 Ziff. 3 wird noch weiter erfordert, daß der Inhalt des Warenzeichens den tatsächlichen Verhältnissen nicht entspricht. Nun besteht aber der Inhalt des streitigen Zeichens nur aus den Worten „Schlafe patent", und das Kammergericht hat festgestellt, daß dieses nach dem gegenwärtigen Sprachgebrauche so viel bedeutet, als „Schlafe vorzüglich", „Schlafe elegant", und nur dieses bedeuten kann, und daß in diesem Sinne das Zeichen unwahr ist, ist von der Klägerin nicht behauptet. Da es sich um die Löschung eines Warenzeichens handelt, das Zeichen aber seinem objektiven Inhalte nach durch die Eintragung festgelegt ist, kann bei der Beurteilung der Wahrheit seines Inhalts das Zeichen nur so, wie es an und für sich besteht, benutzt und verstanden wird, in Betracht kommen; nicht aber ist angängig, auch in dieser Beziehung außerhalb des Zeichens liegende Umstände, mit welchen zusammen es verwendet wird, zu berücksichtigen, wenn auch dieselben für die Beurteilung der Täuschungsgefahr in Betracht kommen und vielleicht andere Ansprüche, z. B. aus dem Gesetze zur Bekämpfung des unlauteren Wettbewerbs, rechtfertigen können. Die angegriffene Entscheidung wird daher schon dadurch getragen, daß das Kammergericht ohne Rechtsverletzung verneint hat, daß der Inhalt des Zeichens den tatsächlichen Verhältnissen nicht entspreche." ...

39. Kann der Aktionär, welcher durch wissentlich falsche Angaben des Vorstandes über die Verhältnisse der Aktiengesellschaft veranlaßt worden ist, bei einer Erhöhung des Aktienkapitals Bezugsrechte auszuüben, den ihm hierdurch erwachsenen Vermögensschaden von der Gesellschaft ersetzt verlangen?

I. Civilsenat. Urt. v. 14. März 1903 i. S. G. (Kl.) w. Pr. H. A.-B. (Bekl.). Rep. I. 371/02.

I. Landgericht I Berlin.
II. Kammergericht daselbst.

Die Beklagte hatte im Jahre 1900 ihr Grundkapital durch Ausgabe von 4166 neuen Aktien zu 1200 ℳ erhöht und den Besitzern der alten Aktien ein Bezugsrecht zum Vorzugspreise eingeräumt, und der Kläger hatte zwei neue Aktien bezogen und hierauf 2209 ℳ bezahlt. Er behauptete hierzu durch Betrug seitens der Beklagten bestimmt worden zu sein. Denn dieselbe habe in den Jahren 1897 bis 1899 wider besseres Wissen und in der Absicht, die Aktionäre sowie das Publikum zu täuschen, falsche Bilanzen aufgestellt, in denen fingierte Aktiva aufgenommen, und bestehende Passiva ausgelassen gewesen seien. Kläger beantragte, die Beklagte zur Zahlung von 2209 ℳ nebst Zinsen zu verurteilen. Er machte seinen Anspruch sowohl als Anfechtungsklage nach § 123 B.G.B. als auch als Schadensersatzklage auf Grund der §§ 31. 823 B.G.B. geltend. Das Landgericht erachtete die Anfechtung für unzulässig, hielt dagegen den zweiten Klagegrund für gerechtfertigt und erkannte hiernach, daß der Anspruch des Klägers auf Ersatz des ihm aus der Ausübung seines Bezugsrechts erwachsenen Schadens dem Grunde nach gerechtfertigt sei. Auf die Berufung des Beklagten wies das Kammergericht die Klage ab.

Die vom Kläger eingelegte Revision ist zurückgewiesen aus folgenden

Gründen:

„Gegen die auf eine konstante Rechtsprechung des Reichsoberhandelsgerichts und des Reichsgerichts gestützte Auffassung des Berufungsgerichts, daß die Zeichnungserklärung mit Rücksicht auf ihren rechtspolizeilichen Charakter der Anfechtung wegen Irrtums oder Betrugs entzogen ist,

vgl. Entsch. des R.O.H.G.'s Bd. 5 S. 415, Bd. 20 S. 270; des R.G.'s in Civils. Bd. 2 S. 132, Bd. 9 S. 36, Bd. 19 S. 126,

und die weitere Annahme, daß bei Gleichheit des Grundes dieselbe Erwägung auch für die Zeichnungserklärung bei Kapitalserhöhungen gilt,

vgl. Entscheidung des erkennenden Senats vom 4. Juni 1902, Rep. I. 135/02, auszugsweise mitgeteilt in der Deutschen Juristen-Zeitung 1902 Beil. Nr. 17/18 S. 435,

ist in der mündlichen Verhandlung kein Revisionsangriff gerichtet worden. Dagegen ficht die Revision jenen Teil der Erwägungen des Berufungsgerichts an, durch welche der auf §§ 31. 823 B.G.B. gestützte Schadensersatzanspruch als unbegründet zurückgewiesen wird. Sie führt aus, durch die Zeichnung sei Kläger allerdings nur Gesellschafter der Beklagten, nicht auch ihr Gläubiger geworden. Gläubiger sei er aber deshalb, weil die Gesellschaftsorgane ihn betrogen hätten, und die Gesellschaft für den ihm hierdurch erwachsenen Schaden hafte. Das Bestehen selbständiger, auf besonderem Rechtsgrunde beruhender Ansprüche des Aktionärs gegen die Aktiengesellschaft werde durch § 213 H.G.B. nicht ausgeschlossen. Auch sei die Auffassung abzulehnen, daß mit dem Schadensersatzanspruch lediglich dasselbe Resultat verfolgt werde, wie mit der Anfechtung der Zeichnungserklärung. Sei einmal durch die Eintragung der unanfechtbaren Zeichnungserklärungen die Grundlage der Gesellschaft hergestellt, so stehe nichts im Wege, daß der Zeichner, ebenso wie jeder andere Gläubiger, seine Rechte gegen die Gesellschaft verfolge. Er verlange damit nicht Rückzahlung der auf Grund seiner Zeichnung gemachten Einlagen, sondern ohne Rücksicht auf die fortdauernde Verpflichtung aus der Zeichnungserklärung Ersatz des ihm durch den Betrug der Vorstandsmitglieder zugefügten Vermögensschadens. Wenn das Berufungsgericht den Aktionär auf den Weg verweise, zunächst durch entsprechenden Mehrheitsbeschluß die Auflösung der Gesellschaft oder eine Herabsetzung des Grundkapitals herbeizuführen, und wenn auf diesem Wege festgestellt sei, daß sämtliche Gläubiger befriedigt seien, alsdann die Rückgewähr seiner Einlage aus dem Gesellschaftvermögen zu verlangen, so sei damit eben verkannt, daß Kläger nicht nur Gesellschafter, sondern auch Gläubiger sei.

Diese Ausführungen gehen fehl. Das Berufungsgericht verkennt keineswegs, daß ein Gesellschafter (Aktionär) zugleich Gläubiger der Gesellschaft sein könne. Es hält es aber durch die Bestimmungen des Handelsgesetzbuchs für ausgeschlossen, daß der Aktionär *durch die Zeichnung* zugleich Gläubigerrechte gegen die Gesellschaft erwerben könne. Habe er sich durch widerrechtliche Handlungen des Vorstandes verleiten lassen, *Gesellschafter zu werden*, und habe er dadurch vermögensrechtliche Nachteile erlitten, so brauche ihm dafür die Gesellschaft nicht aufzukommen. Sonst würde man nach Ansicht des Berufungsgerichts dazu gelangen, dem Gesellschafter in einer vom Gesetz nicht gewollten Weise einen Anteil am Gesellschaftsvermögen zuzusprechen, das er insoweit, als er mit seiner Schadensersatzforderung durchdringe, den Gläubigern entziehe.

Die Auffassung des Berufungsgerichts muß als im wesentlichen zutreffend erachtet werden. Allerdings hat dieselbe auch von seiten des Vertreters der Revisionsbeklagten selbst Anfechtung erfahren. Derselbe hat auszuführen versucht, daß die Entscheidung des Berufungsgerichts nicht sowohl aus dem Gesellschaftsverhältnis, als vielmehr aus der besonderen Natur des Zeichnungsgeschäfts und aus der Erwägung gerechtfertigt werde, daß § 31 B.G.B. auf kontraktliche Verfehlungen überhaupt keine Anwendung finde. Die Gesellschaft müsse verschont bleiben mit allen Ansprüchen, die aus dem Zeichnungsgeschäft hergeleitet werden könnten, nachdem durch die Eintragung im Handelsregister die Zeichnungsgeschäfte zur Grundlage der Existenz der Gesellschaft gemacht worden seien. Die Auffassung des Vertreters der Revisionsbeklagten ist jedoch eine zu enge. Denn zweifellos müssen die Erwägungen, welche dazu führen, dem durch die Mitglieder des Vorstandes getäuschten Zeichner einen Schadensersatzanspruch gegen die Aktiengesellschaft zu versagen, auch dann Platz greifen, wenn jemand durch das schuldhafte Verhalten der Vorstandsmitglieder veranlaßt worden ist, Aktien der Gesellschaft zu kaufen und dadurch Mitgliedschaftsrechte zu erwerben.

Vgl. Sievers, Aktionär und Gläubiger im Konkurse der Aktiengesellschaft, Deutsche Juristen-Zeitung 1903 S. 88.

Die Entscheidung der vorliegenden Frage muß vielmehr dem Wesen der Aktiengesellschaft und ihrer hierdurch bedingten gesetzgeberischen Ausgestaltung entnommen werden. Aus dieser ergibt sich zunächst die Bedeutung des Zeichnungsgeschäftes; es ergibt sich aus ihr aber weiter, daß, auch abgesehen von diesem, dem Aktionär als solchem, solange die Gesellschaft besteht, aus seiner Eigenschaft als Gesellschafter weitere Ansprüche, als die im Handelsgesetzbuch selbst normierten, nicht zustehen können. Die Aktiengesellschaft ist eine reine Kapitalgesellschaft. Eine persönliche Haftung der Teilnehmer findet nicht statt. An Stelle jeder persönlichen Garantie der Aktionäre tritt die Garantie des in der Aktiengesellschaft konzentrierten Kapitals und ihres Vermögens. Die nur unter besonderen Umständen begründete persönliche Verantwortlichkeit der bei der Gründung beteiligten Personen oder der Gesellschaftsorgane kommt für das Wesen der Gesellschaft als reiner Kapitalsgesellschaft nicht in Betracht. Das Handelsgesetzbuch greift dabei mit seinen Schutzvorschriften in doppelter Richtung ein. Es trifft zunächst Vorsorge dafür, daß das die Grundlage der Gesellschaft bildende Kapital tatsächlich vorhanden ist. Diesem Zwecke dienen die Vorschriften über die Gründung der Gesellschaft (§§ 188 flg.), über die Revision des Gründungshergangs (§§ 192 flg.), über den Inhalt des Gesellschaftsvertrags (§§ 182 flg.), über die dem Registerrichter zu erbringenden Nachweise und die Aufgabe des letzteren (vgl. §§ 195 flg.). Das Gesetz sorgt aber weiter dafür, daß das in der Aktiengesellschaft konzentrierte Kapital nicht zum Vorteile einzelner seinem Zwecke nachträglich entfremdet wird. Diesem Gesichtspunkt entsprechen die Vorschriften der §§ 207 flg. 217. 221. 261 flg. 288 flg., ihm entspricht insbesondere der für die vorliegende Entscheidung ausschlaggebende Grundsatz des § 213, wonach die Gesellschafter ihre Einlagen nicht zurückfordern können und — solange die Gesellschaft besteht — nur Anspruch haben auf den Reingewinn, soweit dieser nicht nach dem Gesetze oder dem Gesellschaftsvertrage von der Verteilung ausgeschlossen ist. Dieser Begrenzung seiner Ansprüche aus dem Gesellschaftsverhältnisse ist jeder Aktionär kraft seiner Beteiligung an der Gesellschaft ipso jure unterworfen. Die sowohl zum Schutze des mit der Aktiengesellschaft kontrahierenden Publikums als im Interesse der Gesamtheit der Aktionäre getroffenen Vorschriften können auch nicht dadurch außer Wirksamkeit gesetzt werden, daß im Einzelfalle ein Aktionär durch schuldhaftes Verhalten der Gesellschaftsorgane zu seiner Beteiligung veranlaßt worden ist. Vielmehr wird durch die handelsrechtlichen Vorschriften die Anwendung der allgemeinen Grundsätze des Bürgerlichen Gesetzbuchs (vgl. §§ 31. 823) ausgeschlossen (vgl. Art. 2 Abs. 1 Einf.-Ges. zum H.G.B. vom 10. Mai 1897). Hieraus ergibt sich, daß der einzelne Aktionär den Schaden, welcher ihm gerade durch seine Beteiligung an der Gesellschaft erwächst, niemals von der Gesellschaft selbst ersetzt verlangen kann. Es ist ausgeschlossen, daß er durch seine Beteiligung an der Gesellschaft zugleich Gläubigerrechte gegen dieselbe erlangt, welche mit den gesetzlichen Bestimmungen über die Rechte der Aktionäre im Widerspruch ständen. Es bleibt dem durch das Verhalten der Gesellschaftsorgane getäuschten Aktionär nur übrig, die Rechte, welche ihm in Angelegenheiten der Gesellschaft zustehen, nach Maßgabe der §§ 250. 254 flg. 266 flg. 268 flg. 271 flg. H.G.B. zu verfolgen, oder die Mitglieder der Gesellschaftsorgane persönlich wegen des ihm zugefügten Schadens in Anspruch zu nehmen, falls ein besonderer Rechtsanspruch hierfür besteht; vgl. auch Staub in Holdheims Monatsschrift für Handelsrecht Bd. 10 S. 135." . . .

40. Kann jemand, der bei Anlegung des Grundbuchs unter Glaubhaftmachung 44jährigen Eigenbesitzes seine Eintragung als Eigentümer gemäß Art. 20 der preußischen Verordnung vom 13. November 1899 beantragt hat, gegen einen anderen, der dieser Eintragung unter der Behauptung, daß er selbst Eigenbesitzer sei, durch eine an das Grundbuchamt gerichtete Eingabe widersprochen hat, auf Anerkennung seines Eigenbesitzes klagen? Wie ist die Klage zu begründen?

V. Civilsenat. Urt. v. 14. März 1903 i. S. Stadtgemeinde Essen (Bekl.) w. W. (Kl.). Rep. V. 460/02.

I. Landgericht Essen.
II. Oberlandesgericht Hamm.

Die Klägerin war Eigentümerin zweier an einer städtischen Straße gelegenen bebauten Grundstücke. Streitig war, ob sie sich im Eigenbesitz eines vor den Häusern liegenden 1,44 Meter breiten Landstreifens befand, welcher als Bürgersteig benutzt wurde, früher aber unstreitig zu jenen Grundstücken gehört hatte. Bei Gelegenheit der Anlegung des Grundbuches stellte sie bei dem Grundbuchamte den Antrag, sie als Eigentümerin der beiden Grundstücke einzutragen, indem sie unter Überreichung der eidesstattlichen Versicherungen zweier Zeugen behauptete, daß sie und ihre Besitzvorgänger die Grundstücke schon vor dem Inkrafttreten des Bürgerlichen Gesetzbuchs seit 44 Jahren im Eigenbesitze gehabt hätten (Königl. Verordnung vom 13. November 1899 Art. 20 Nr. 2a). Das Grundbuchamt lehnte den Antrag ab, weil der Oberbürgermeister von Essen in einer Eingabe behauptet hatte, daß sich die Beklagte im Eigenbesitze des bezeichneten Landstreifens befinde. Die Klägerin verlangte nun von der Beklagten Anerkennung, daß Klägerin und ihre Vorbesitzer sich schon vor dem 1. Januar 1900 mindestens 44 Jahre im Eigenbesitze der streitigen Parzellen befunden hätten.

Die Beklagte verlangte Abweisung der Klage mit der Behauptung, daß das Streitstück seit 1852 im Straßenlande liege und vom Publikum als Bürgersteig benutzt werde.

Der erste Richter wies die Klage ab; der Berufungsrichter erkannte dagegen nach dem Klagantrage. Die Revision der Beklagten ist zurückgewiesen worden aus folgenden

Gründen:

... „Der Berufungsrichter hält 44jährigen Eigenbesitz der Klägerin und ihrer Besitzvorgänger für erwiesen, weil 1. die Streitflächen unbestritten zu den dahinter gelegenen Hausgrundstücken der Klägerin gehört hätten, 2. weil ferner die Streitflächen dieselben Katasterparzellennummern, wie jene Hausgrundstücke, geführt hätten und im Kataster auf den Namen der Klägerin bezw. ihrer Vorbesitzer eingetragen seien, 3. weil ferner nach dem Zeugnisse des A. die Vortreppen der Hausgrundstücke bis in den Anfang des Jahres 1900 hinein die ganze Tiefe der Streitflächen eingenommen, und die dazwischen gelegenen Flächen bis vor kurzem losen Boden gebildet hätten, auf welchem das Publikum nicht habe verkehren können, 4. weil endlich ein Aufgeben des so erwiesenen Eigenbesitzes in dem Eingehen der Kugelakazien und dem etwaigen Verkehre des Publikums auf Teilen der Streitflächen nicht gefunden werden könne. Die Beklagte habe übrigens weder behauptet, daß sie selbst den Eigenbesitz erlangt habe, noch auch, daß die Streitflächen als öffentlicher Weg in Anspruch genommen würden.

Die Revision rügt Verletzung der §§ 854. 872 B.G.B., des Art. 20 Nr. 2a Königl. Verordn. vom 13. November 1899 und der §§ 1. 7. 50. 111flg. A.L.R. I. 7, jedoch mit Unrecht.

Es handelt sich um Grundstücke, die, obwohl im Geltungsbereiche der G.B.O. vom 5. Mai 1872 belegen, Grundbuchblätter bisher nicht erhalten haben. Als Eigentümer eines solchen Grundstücks ist bei der nachträglichen Anlegung des Grundbuchblattes gemäß Art. 20 der Verordnung vom 13. November 1899 unter anderem einzutragen, wer das Grundstück im Eigenbesitze hat und durch Zeugen glaubhaft macht, daß er allein oder unter Hinzurechnung der Besitzzeit seines Rechtsvorgängers das Grundstück schon vor dem Inkrafttreten des Bürgerlichen Gesetzbuchs seit 44 Jahren im Eigenbesitze gehabt hat. Die Klägerin hat dem Grundbuchamte die eidesstattlichen Versicherungen von zwei Zeugen über solchen 44jährigen Besitz vorgelegt, aber ihre Eintragung als Eigentümerin nicht erlangt, weil die Beklagte in einer Eingabe an das Grundbuchamt behauptet hatte, daß sie selbst Eigenbesitzerin sei. Diesen der erforderlichen Glaubhaftmachung entgegenstehenden Protest zu beseitigen, ist Zweck der Klage. Die Beklagte behauptet jetzt nicht mehr, daß sie Eigenbesitzerin sei, bestreitet aber den früheren und gegenwärtigen Eigenbesitz der Klägerin. Die Revision vermißt in dem Berufungsurteile die Feststellung der Besitzergreifung und hält deshalb den § 854 B.G.B. und den § 50 A.L.R. I. 7 für verletzt. Die Bestimmungen des Bürgerlichen Gesetzbuchs über den Besitz finden auf die vor dem 1. Januar 1900 erfolgte Begründung von Besitzverhältnissen keine Anwendung (Einf.G. zum B.G.B. Art. 180). Nach dem hiernach maßgebenden § 50 A.L.R. I. 7 ist die Besitzergreifung die äußere Handlung, durch welche eine körperliche Sache in die Gewalt des Besitzers gelangt. Der Berufungsrichter stellt fest, daß die Streitflächen, die unstreitig zu den stets im Besitze der Klägerin und ihrer Besitzvorgänger gewesenen Hauptgrundstücken gehört haben, im Jahre 1852 von einem Vorbesitzer der Klägerin ihrer ganzen Tiefe nach mit Vortreppen bebaut, und daß die übrigen Teile der Streitflächen mit Bäumen und Sträuchern bepflanzt worden sind. Daß dadurch die Gewalt über die Streitflächen seitens jenes Vorbesitzers erlangt worden ist, kann keinem begründeten Zweifel unterliegen. Die Revision meint aber ferner, daß der Berufungsrichter den Begriff des vollständigen Besitzes im Sinne der §§ 1. 7. 111flg. A.L.R. I. 7 und des Eigenbesitzes im Sinne des § 872 B.G.B. verkannt habe; allein auch dies kann nicht für richtig erachtet werden. Vollständiger oder Eigen-Besitzer ist, wer eine Sache als sein eigen, als ihm gehörig besitzt, wer sie also mit dem Willen, ihr Eigentümer zu sein, besitzt. Ob dieser Wille vorhanden, ist in jedem einzelnen Falle nach den tatsächlichen Umständen zu beurteilen. Dieser Beurteilung hat sich der Berufungsrichter unterzogen, und wenn er sich auf Grund der Tatsachen, daß die Streitflächen zu den Hauptgrundstücken der Klägerin gehört haben, auch im Kataster auf die Namen der Klägerin und ihrer Besitzvorgänger eingetragen sind, in Verbindung mit dem Bebauen und Bepflanzen für die Annahme des Eigenbesitzwillens entschieden hat, so ist darin irgend eine Rechtsnormverletzung nicht zu finden.

Sodann meint die Revision, daß, wenn auch schon die Ergreifung, so doch keinesfalls die Fortsetzung des Eigenbesitzes bis zum 1. Januar 1900 erwiesen sei. Auch hier versagt jedoch der Angriff. Der Berufungsrichter geht offensichtlich von der Vorschrift des § 113 A.L.R. I. 7 aus, nach der die Vermutung für die Fortdauer des Besitzes spricht. Nun ist es zwar richtig, daß diese gesetzliche Vermutung die nach

Art. 20 Nr. 2a der Verordnung vom 13. November 1899 erforderliche Glaubhaftmachung nicht ersetzen kann; aber darum handelt es sich hier auch nicht. Die Glaubhaftmachung durch Zeugen ist beim Grundbuchamt erfolgt; hier soll nur der Widerspruch der Beklagten beseitigt werden, und zu diesem Zwecke kann die gesetzliche Vermutung angerufen werden. Abgesehen hiervon gelangt der Berufungsrichter zu der Überzeugung von der Fortsetzung des Besitzes auf Grund des Fortbestehens der Vortreppen bis in das Jahr 1900 hinein. Wenn daraus hergeleitet wird, daß der Eigenbesitz hinsichtlich der ganzen Streitflächen ausgeübt worden sei, so handelt es sich um eine Erwägung tatsächlicher Natur, gegen die mit der Revision mit Erfolg nicht vorgegangen werden kann. Überdies brauchen Besitzhandlungen, wie das Reichsgericht schon oft angenommen hat, sich nicht auf das ganze Objekt zu beziehen. Wenn die Revision noch auf die §§ 78 bis 81 A.L.R. I. 8, nach denen den Straßenanliegern gewisse Nutzungsrechte an dem Straßenkörper zustehen, Bezug nimmt und auszuführen versucht, es liege die Annahme nahe, daß das Bebauen und Bepflanzen in Ausübung dieses Nutzungsrechts erfolgt sei, so übersieht sie, daß der Berufungsrichter für festgestellt erachtet hat, daß die Streitflächen mindestens bis zu der im Jahre 1900 erfolgten Anlegung des Trottoirs nicht zum Straßenkörper, sondern zu den Hausgrundstücken der Klägerin gehört haben.

Endlich meint die Revision, daß der Art. 20 Nr. 2 der Verordnung vom 13. November 1899 deshalb verletzt sei, weil die Klägerin ihren gegenwärtigen Eigenbesitz nicht nachgewiesen habe. Allein es handelt sich im vorliegenden Rechtsstreite nicht darum, was die Klägerin dem Grundbuchamte nachzuweisen hat, um ihre Eintragung als Eigentümerin zu erlangen, sondern lediglich darum, den Widerstand der Beklagten zu brechen. Dieser Widerstand würde aber nur berechtigt sein, wenn die Beklagte behaupten könnte, daß sie selbst oder irgend ein anderer im Eigenbesitze der Streitflächen sei, und es demnach an einem Interesse an der mit der Klage begehrten Feststellung fehle. Eine solche Behauptung hat sie nicht aufgestellt."

41. Wie hat nach Aufhebung eines gegenseitigen Vertrags wegen arglistiger Täuschung die Ausgleichung der beiderseitigen Ansprüche zu geschehen? Kommen dabei Aufrechnungs- und Zurückbehaltungsgrundsätze zur Anwendung?

B.G.B. §§ 123. 142. 823. 249. 812. 393. 273.

V. Civilsenat. Urt. v. 14. März 1903 i. S. Sch. (Bekl.) w. v. Z. (Kl.). Rep. V. 458/02.

I. Landgericht Breslau.
II. Oberlandesgericht daselbst.

Durch gerichtlichen Vertrag vom 2. Oktober 1900 hatte der Beklagte das ihm gehörige Rittergut Sch. nebst Grundstück Nr. 37 R. für 300000 ℳ an den Kläger verkauft. Die Auflassung erfolgte am 5. Oktober 1900. Am 9. April 1901 erklärte der Kläger dem Beklagten brieflich die Anfechtung des Vertrags wegen Irrtums und Betrugs. Er erhob sodann Klage auf Entgegennahme der Rückauflassung, Rückzahlung der angezahlten 50240 ℳ samt 4 Prozent Zinsen seit dem 5. Oktober 1900, Vergütung der besonders zu ermittelnden Unkosten und Löschung des eingetragenen Kaufgeldrestes zu 48000 ℳ.

Der erste Richter erkannte auf Abweisung der Klage. In seiner Berufung wiederholte der Kläger seinen Klagantrag, den er aber dahin ausdehnte, daß der Beklagte auch verurteilt werden solle, ihn von der Verpflichtung aus der Übernahme der auf den Kaufgegenständen hypothekarisch eingetragenen 201760 ℳ nebst Zinsen zu befreien. In zweiter Reihe stellte er den Antrag, daß des Beklagten Verurteilung wenigstens Zug um Zug gegen Rückgabe der Grundstücke mit Hypothekbelastung und Amortisationsfonds nach dem Stande vom 5. Oktober 1900 erfolge. Der Richter verurteilte durch Teilurteil den Beklagten nach dem erweiterten ersten Klagantrag, jedoch mit Weglassung der Zinsen aus den rückzuzahlenden 50240 ℳ und der vom Kläger verlangten Rückerstattung seiner Unkosten, worüber er weitere Verhandlung und Berücksichtigung der vom Beklagten geltend gemachten Gegenansprüche vorbehielt.

Auf Revision des Beklagten ist dies Teilurteil aufgehoben, und die Sache an das Berufungsgericht zurückverwiesen worden.

Aus den Gründen:

... „Das Oberlandesgericht erklärt den Kaufvertrag unter Annahme rechtzeitig erfolgter Anfechtung wegen arglistiger Täuschung gemäß §§ 123. 124. 142 B.G.B. für nichtig.

Für den Fall, daß es zu einem solchen Ausspruch kommen sollte, hatte der Beklagte, um damit eine Bestätigung des Vertrags durch den Kläger (nach § 144 B.G.B.) darzutun, oder doch seine Aufrechnungs- und Zurückbehaltungsrechte geltend zu machen, vorgetragen, daß Kläger während seiner Besitzzeit Sicherungshypotheken zu 1500 ℳ, 5000 ℳ und 4655,52 ℳ im Grundbuch habe eintragen lassen, ferner den Amortisationsfonds für ein Darlehen von mehr als 10000 ℳ verpfändet, mehr als notwendig Vieh veräußert, Faschinen aus dem Wald wegverkauft und Inventarpfändungen erlitten habe. Beklagter ist der Meinung, daß der Kläger ihm Zug um Zug alle Leistungen, die er erhalten, und die aus dem Grundstück gezogenen Nutzungen zurückgewähren müsse. Insbesondere müsse er das Gut und den Amortisationsfonds von den durch ihn verursachten Belastungen befreien, die ihm überlassene Ernte im Werte von mindestens 27000 ℳ, das beim Verkauf vorhandene Heu im Werte von 5950 ℳ, das Gesamtinventar einschließlich des Grummets und zweiten Schnitts Kleeheu zum Anschlag von 56405 ℳ zurückerstatten, ferner die aus dem Gute seit dem 1. Oktober 1900 gezogenen Nutzungen, die auf mindestens 10000 ℳ jährlichen Reinertrags zu veranschlagen seien, und ebenso eine Entschädigung für das Bewohnen des Schlosses mit jährlich mindestens 2000 ℳ herauszahlen.

Demgegenüber verneint das Berufungsgericht eine Bestätigung des Vertrags durch den Kläger; es erachtet Aufrechnung nach § 393 B.G.B. und Zurückbehaltung nach § 273 daselbst für ausgeschlossen und erläßt, wie angegeben, Teilurteil mit der Schlußbegründung:

„Es empfahl sich daher, zunächst über die erwähnten, sofort liquiden Ansprüche des Klägers einer- und die von ihm selbst beantragte Rückgewährung des Grundstücks andererseits sofort durch Teilurteil nach § 301 C.P.O. Entscheidung zu treffen, während die Entscheidung über die übrigen Ansprüche des Klägers, die damit verbundenen Gegenforderungen des Beklagten und über die Kosten des Rechtsstreits dem demnächst zu erlassenden Schlußurteil vorzubehalten waren."

Die Revision gegen die vorbeschriebene Entscheidung hat sich als begründet erwiesen. Es wurden von ihr folgende Angriffe erhoben:

1. . . . .

2. . . . .

3. Da § 529 C.P.O. nicht entgegengestanden habe, hätten die Aufrechnungs- und Zurückbehaltungsansprüche des Beklagten berücksichtigt werden müssen. Die §§ 393. 273 B.G.B. und § 301 C.P.O. seien vom Vorderrichter verletzt worden.

Bei Prüfung der Angriffe zu 1 und 2 ergeben sich allerdings erhebliche Bedenken darüber, ob im angefochtenen Urteil einwandsfrei und genügend nach § 286 C.P.O. die arglistige Täuschung des Klägers durch den Beklagten und namentlich die dadurch bewirkte Bestimmung des Klägers zum Abschluß des Vertrags festgestellt ist. . . . Es kann aber die Frage deshalb auf sich beruhen, weil jedenfalls der Angriff zu 3 durchdringen und zur Aufhebung des Berufungsurteils führen muß.

Will und kann man auch zunächst im allgemeinen die Zulässigkeit der Erlassung eines Teilurteils nicht verneinen, obschon nur die Entscheidungen über einen Zinsanspruch und über die „in separato zu ermittelnden Unkosten" des Klägers unterblieben ist, so fällt doch ein in den Gründen des angefochtenen Urteils hervortretender Widerspruch sofort in die Augen. Auf der einen Seite versagt der Vorderrichter dem Beklagten für seine Gegenansprüche jedes Aufrechnungs- und Zurückbehaltungsrecht; auf der anderen behält er aber, anstatt sofort vollständig zu gunsten des Klägers zu erkennen, die Entscheidung darüber einem künftigen Schlußurteile vor. Es kann mit Grund bezweifelt werden, ob an diesen, nicht im Urteilssatze ausgesprochenen, Vorbehalt der Berufungsrichter nach §§ 303. 318 C.P.O. gebunden ist, ob er nicht nachträglich davon abgehen und auch in Ansehung der Zinsen und Unkosten folgerichtig nach seiner Rechtsanschauung ohne Rücksicht auf des Beklagten Gegenansprüche zu gunsten des Klägers entscheiden könnte. Wenn man aber auch zugeben wollte, daß weder dieser an sich dem Beklagten vorteilhafte Vorbehalt, noch auch dessen Nichtaufnahme in den Urteilssatz den Beklagten beschwert, so könnte dies doch nur dann geschehen, wenn die Hinausschiebung der Entscheidung über die Gegenansprüche überhaupt zulässig wäre. Dies ist aber nicht der Fall, vielmehr hat der Vorderrichter die §§ 393. 273. 812 flg.

823 B.G.B., § 301 C.P.O. dadurch verletzt, daß er die Einwendungen des Beklagten nur als Aufrechnungs- und Zurückbehaltungs-Einreden gewürdigt und von diesem Gesichtspunkt aus sie zurückgewiesen hat.

Unzweifelhaft hat die Klage einen doppelten gesetzlichen Grund. Sie stellt sich ebenso als Klage aus unerlaubter Handlung nach § 823 B.G.B., wie als Bereicherungsklage nach §§ 812 flg. daselbst dar. Der Anspruch aus § 823 geht auf Ersatz des aus der widerrechtlichen Handlung entstehenden Schadens, d. i. — gemäß § 249 B.G.B. — auf Wiederherstellung des Zustandes, der bestehen würde, wenn der zum Ersatz verpflichtende Umstand nicht eingetreten wäre. Aus dieser gesetzlichen Begriffsbestimmung des Schadens ergibt sich von selbst und es ist auch in der Rechtswissenschaft anerkannt, daß er nicht einseitig nur nach Höhe der aus dem Vermögen des Beschädigten in das des Schädigers übergegangenen Vermögensteile, sondern nur unter Ausgleichung aller beiderseitigen aus derselben Wurzel entsprungenen Vermögens-Ab- und -Zugänge festgesetzt werden kann. Zum Teil erkennt sogar der Kläger selbst diesen Grundsatz an, indem er gegen Zuerkennung seiner Klagansprüche die in sein Eigentum übergegangenen Liegenschaften zurückgeben will. Er kann aber überhaupt nicht einzelne Ansprüche und Gegenansprüche zum Zwecke ihrer vorläufigen Erledigung herausgreifen, muß sich vielmehr die Wiederherstellung des ganzen früheren Zustandes und somit eine schon nach dem Gesetz und ohne Zuhilfenahme der Aufrechnungsgrundsätze nach §§ 387 flg. B.G.B. eintretende Abgleichung der beiderseitigen Vorteile und Nachteile aus dem Kaufvertrag (compensatio lucri et damni) gefallen lassen.

Vgl. Motive zum Bürgerlichen Gesetzbuch Bd. 2 S. 18. 19. 608, und für früheres Recht: Entsch. des R.G.'s in Civils. Bd. 40 S. 172; Urt. des Reichsgerichts, Rep. VI. 433/00, vom 25. Februar 1901 (Jurist. Wochenschr. S. 229 Nr. 10).

Ist aber eine derartige Abgleichung trotz des Umstandes, daß auf der einen Seite eine vom Gesetzgeber mit manchen besonderen Nachteilen belegte unerlaubte Handlung vorliegt, nach §§ 823. 249 B.G.B. geboten, so muß ähnliches noch mehr in Ansehung der, durch unerlaubte Handlung an sich nicht bedingten, Bereicherungsklage gelten. Allerdings verordnet der hierfür grundlegende § 812 B.G.B. nur einfach, daß, wer durch die Leistung eines anderen oder in sonstiger

Weise auf dessen Kosten etwas ohne rechtlichen Grund erlangt, ihm zur Herausgabe verpflichtet ist. Hiernach könnte es scheinen, daß der Herausgabeanspruch unabhängig von etwaigen Gegenansprüchen besteht, daß letztere selbständig geltend gemacht und dann nach den Grundsätzen über Aufrechnung und Zurückbehaltung beurteilt werden müßten. Aber dies ist nicht der Sinn des Gesetzes. Wie sich schon aus der Überschrift des Titels: „ungerechtfertigte Bereicherung" ergibt, und wie insbesondere auch aus § 818 Abs. 3 gefolgert werden muß, wonach die Verpflichtung zur Herausgabe oder zum Ersatz bei nicht mehr gegebener Bereicherung ausgeschlossen ist, kann und muß unter dem nach § 812 herauszugebenden „etwas" nicht etwa ein beliebiger einzelner aus dem Vermögen des Einen in das des Anderen hinübergeflossener Wert, sondern nur die Gesamtheit des Hinübergelangten unter gleichzeitiger Berücksichtigung der dafür gegebenen Werte und der auf dem Empfangenen ruhenden Lasten verstanden werden.

So hat denn das Reichsgericht in einem nach gemeinem Recht beurteilten Falle in den Entsch. des R.G.'s in Civils. Bd. 44 S. 136 (144) unter anderem ausgeführt:

„Andererseits findet die Verpflichtung (zur Herausgabe) ihre Begrenzung aber wieder in der Bereicherung, und wenn die grundlose Leistung gleichzeitig einen Nachteil mit sich gebracht hat, so bleibt nur insoweit, als dieser Nachteil überwogen wird, eine wahre Bereicherung zurück."

Es ist kein Grund ersichtlich, von diesem Rechtssatze nach dem Bürgerlichen Gesetzbuche abzuweichen; vielmehr ergibt sich aus dem Gesamtinhalt des Titels 24 Buchs 2 dieses Gesetzes der gleiche Wille des Gesetzgebers.

Vgl. Motive zum Bürgerlichen Gesetzbuch Bd. 2 S. 837.

Nun hat der Beklagte, wie oben angegeben, verschiedene derartige aus dem als nichtig angefochtenen Kaufvertrag ihm erwachsene Nachteile, dem Kläger daraus zugekommene Vorteile gegenüber der Klage in bestimmter Weise geltend gemacht. Diese seine Behauptungen sind zum Teil von selbst glaubhaft, zum Teil unter Beweis gestellt, sie sind geeignet, eine Minderung der äußerlich durch die Anzahlung der 50240 ℳ, durch die Hypothekübernahme ꝛc bewirkten Vermögensmehrung auf des Beklagten Seite zu begründen; sie müssen auch zum Zwecke der Herstellung des früheren Zustandes gemäß § 249 B.G.B.

von selbst in Rechnung gezogen werden und können nicht — auch nicht vorläufig —, wie der Berufungsrichter will, außer Berücksichtigung bleiben.

Besonders deutlich ergibt sich dies in Ansehung des erwähnten mit der Klage zurückgeforderten Bargeldbetrags, der sich durch gegenüberstehende, vom Kläger gezogene Bargeldwerte von selbst mindern kann, aber auch hinsichtlich des — ohnedies nebensächlichen und unerheblichen — Antrags auf Löschung der 48000 ℳ und des Verlangens der Befreiung von der Hypothekübernahme muß das Nämliche gelten. Auch diese Ansprüche können nicht losgelöst vom Gesamtrechtsverhältnisse für sich betrachtet und abgeurteilt werden, sondern sie bilden nur unselbständige Glieder bei Feststellung des wiederherzustellenden früheren Zustandes und der dem Beklagten grundlos zugeflossenen Bereicherung.

Nach dem Ausgeführten hat der Beklagte, indem er seine Gegenansprüche geltend machte, in Wirklichkeit nicht Aufrechnungs- und Zurückbehaltungs-Einreden vorgebracht, wenn er dies auch selbst sagte, sondern er hat damit den Klaganspruch, den er in erster Reihe schon seinem Grunde nach bekämpfte, in zweiter Reihe auch nach seiner Höhe bestritten. Es können daher die Grundsätze über Aufrechnung und Zurückbehaltung, namentlich die §§ 393. 273 B.G.B. überhaupt nicht Anwendung finden. Sie mögen dann voll zur Geltung kommen, wenn der Schadens- und Bereicherungsklage damit nicht zusammenhängende Ansprüche entgegengesetzt werden; dort, wo die beiderseitigen Vorteile und Nachteile auf derselben Grundlage beruhen, haben sie keinen Raum.

Der Vorderrichter hat somit die §§ 812. 823. 393. 273 B.G.B., ferner aber auch den § 301 C.P.O. dadurch verletzt, daß er, obschon noch kein Teil des Klaganspruchs zur Endentscheidung reif war, Teilurteil erließ.

Vgl. Entsch. des R.G.'s in Civils. Bd. 16 S. 423; Urt. des Reichsgerichts, Rep. II. 368/01, vom 11. Februar 1902 (Jurist. Wochenschr. 1902 S. 183/11).

... Was den vor dem Revisionsgericht vom Kläger gestellten Hilfsantrag auf Vorabentscheidung dem Grunde nach und auf Nichtigkeitserklärung des Kaufvertrags anlangt, so mag dahingestellt bleiben, ob ein derartiger Ausspruch des Revisionsgerichts nach §§ 304. 565

Ziff. 1 C.P.O., welche letztere Stelle ihrem Wortlaut zufolge nur Endentscheidungen gegebenenfalls gestattet, überhaupt zulässig ist.[1] In keinem Falle, auch dann nicht, wenn er die tatsächlichen Feststellungen arglistiger Täuschung bestimmt für einwandsfrei erklärt hätte, würde sich der erkennende Senat veranlaßt sehen, in der beantragten Weise der künftigen weiteren Entscheidung des Vorderrichters vorzugreifen."

---

42. Unterliegt die nach dem Inkrafttreten des Bürgerlichen Gesetzbuchs erfolgte Beurkundung eines Stiftungsgeschäfts (§ 81 B.G.B.) dem Schenkungsstempel der Tarifstelle 56 des preußischen Stempelsteuergesetzes vom 31. Juli 1895?

VII. Civilsenat. Urt. v. 17. März 1903 i. S. H. u. A. H.-Stiftung (Kl.) w. preuß. Fiskus (Bekl.). Rep. VII. 471/02.

I. Landgericht I Berlin.
II. Kammergericht daselbst.

Die Frau H. in B. erklärte in der privatschriftlichen Urkunde vom 4. Juli 1900, daß sie eine Stiftung unter dem Namen „H. und A. H.-Stiftung" errichte und ihr Wertpapiere, Hypotheken und Guthaben im Staatsschuldbuche, zusammen im Nennbetrage von drei Millionen Mark, zuwende. Als Zweck der Stiftung gab sie an, daß dieselbe in B. wohnhaften Personen beiderlei Geschlechts und beliebigen Alters, die nicht der öffentlichen Armenpflege anheimgefallen seien, aber auch nicht über ein jährliches Einkommen von mehr als 3600 ℳ verfügten, zu ihrem Unterhalte und besseren Fortkommen jährliche Renten gewähren solle. Die staatliche Genehmigung wurde der Stiftung erteilt. Der verklagte Fiskus erforderte für die Stiftungsurkunde auf Grund der Tarifstelle 56 des preußischen Stempelsteuertarifs vom 31. Juli 1895 einen Stempel von 4 v. H. des Wertes des gestifteten Vermögens mit 115734 ℳ. Die klagende Stiftung entrichtete diesen Betrag, verlangte aber die Rückerstattung mit dem Antrage, den Beklagten zur Zahlung der Betrages nebst 4 v. H. Ver-

---

[1] Vgl. hierzu Bd. 50 dieser Sammlung S. 224. D. R.

zugszinsen an sie zu verurteilen. Das Landgericht wies die Klage ab, und die Berufung blieb erfolglos. Die Revision der Klägerin wurde zurückgewiesen aus folgenden

Gründen:

„Nach der Tarifstelle 56 Abs. 1 des preußischen Stempeltarifs vom 31. Juli 1895 unterliegen dem Schenkungsstempel „Schenkungen unter Lebenden, ... insofern sie schriftlich beurkundet sind". Der zweite Absatz der Tarifstelle bestimmt:

„Als Beurkundungen von Schenkungen sind alle Schriftstücke über solche Geschäfte anzusehen, bei welchen die Absicht auf Bereicherung des einen Teils gerichtet war, auch wenn das Geschäft in der Form eines lästigen Vertrags abgeschlossen ist".

Die vorliegende Urkunde vom 4. Juli 1900 ist ein Schriftstück über ein Geschäft, nämlich das Stiftungsgeschäft. Der Berufungsrichter hat auf Grund tatsächlicher Erwägungen ohne Rechtsirrtum festgestellt, daß die Absicht der Stifterin bei dem Stiftungsgeschäft auf Bereicherung der Stiftung gerichtet war. Diese Feststellung, die der Nachprüfung der Revisionsgerichts entzogen, auch von keiner Seite angefochten ist, trägt für sich allein die ergangene Entscheidung des Berufungsrichters. Die dagegen erhobenen Angriffe der Revision versagen.

Sie begründet ihre Rüge, daß der Berufungsrichter die Tarifstelle 56 zu Unrecht angewendet habe, zunächst dahin: Die Schenkung im Sinne des hier maßgebenden Bürgerlichen Gesetzbuchs sei ein Vertrag; deshalb könne seit dem Inkrafttreten dieses Gesetzes nur für die Beurkundung z w e i s e i t i g e r Rechtsgeschäfte der Schenkungsstempel erhoben werden; das Stiftungsgeschäft stelle eine e i n s e i t i g e Willenserklärung dar, sei also dem Schenkungsstempel nicht unterworfen. Wäre diese Ausführung der Revision schlüssig, so würde auch für die v o r dem 1. Januar 1900 beurkundeten Stiftungen eine Stempelpflichtigkeit nicht begründet sein; denn auch nach den Vorschriften des damals geltenden bürgerlichen Rechts hatte die Schenkung die Natur eines Vertrages.

Vgl. § 1058 A.L.R. I. 11; Art. 1105 Code civil; Urteil des Reichsgerichts vom 9. Mai 1890, Entsch. des R.G.'s in Civils. Bd. 26 S. 15.

Die Revision verkennt aber, daß die Frage, ob ein Schriftstück als Beurkundung einer Schenkung stempelpflichtig ist, in erster Linie nach den Vorschriften des Stempelsteuergesetzes zu entscheiden, und daß das bürgerliche Recht erst dann heranzuziehen ist, wenn solche Vorschriften nicht vorhanden sind, und das Stempelsteuergesetz ausdrücklich oder stillschweigend auf das bürgerliche Recht verweist. Der oben angeführte Abs. 2 der Tarifstelle 56 stellt aber für das Stempelrecht eine eigene, selbständige, vom bürgerlichen Recht abweichende Begriffsbestimmung der Schenkungsurkunde auf, die vom Wechsel des bürgerlichen Rechts unberührt bleibt. Diese Begriffsbestimmung beschränkt die Stempelpflichtigkeit nicht auf die Beurkundung zweiseitiger Geschäfte, trifft vielmehr jedes, auch das als einseitige Willenserklärung erscheinende Geschäft, bei dem die Absicht auf Bereicherung einer Person gerichtet ist. Wenn der Abs. 2 die Absicht der Bereicherung „des einen Teils“ erfordert, so folgt hieraus nur, daß die Fassung der Vorschrift den Umstand berücksichtigt, daß eine Bereicherung begrifflich das Vorhandensein zweier Personen, des Bereichernden und des Bereicherten, voraussetzt, nicht aber, daß auch der letztere bei der Beurkundung einer Schenkung als Vertragsteil mitwirken muß, wenn sie nach der Tarifstelle 56 stempelpflichtig sein soll. Zur Begründung der Stempelpflicht genügt vielmehr schon die einseitige Willenserklärung des Schenkenden, zu deren im Sinne des bürgerlichen Rechts wirksamer Annahme eine stillschweigende, nicht beurkundete Willenserklärung des anderen Teils ausreicht.

Vgl. das Urteil des jetzt erkennenden Senats vom 28. Dezember 1900, Entsch. des R.G.'s in Civils. Bd. 47 S. 330. 338, und das Urteil des IV. Civilsenats vom 6. Februar 1890, Bd. 25 S. 322 flg.

Eine einseitige, auf Bereicherung des anderen Teiles gerichtete Willenserklärung stellt auch die Stiftung, da sie gemäß § 82 B.G.B. nach erfolgter Genehmigung den Stifter verpflichtet, das in dem Stiftungsgeschäft zugesicherte Vermögen auf die Stiftung zu übertragen, jedenfalls dann dar, wenn, wie hier, eine Verpflichtung zur Errichtung der Stiftung nicht bestand.

Der Abs. 1 der Tarifstelle 56 erkennt ausdrücklich die Möglichkeit an, daß Stiftungen als Schenkungen stempelpflichtig sind, indem er anordnet, daß der Schenkungsstempel sich nach den Vorschriften der §§ 6—25 sowie des § 27 Abs. 1 des Gesetzes, betreffend die Erbschaftssteuer, vom $\frac{\text{30. Mai 1873}}{\text{19. Mai 1891}}$ und des ihm anliegenden Tarifs bestimmt; denn der § 7 daselbst bezieht sich lediglich auf die

Versteuerung von Stiftungen. Die Bezugnahme der Tarifstelle 56 auf diesen § 7 würde ihre Anwendbarkeit auf Stiftungen unter Lebenden auch dartun, wenn die Annahme der Revision zutreffend wäre, daß der § 7 nur hinsichtlich der Höhe der Stempelabgabe in Bezug genommen sei. Die Annahme trifft aber nicht zu; denn der § 7 bestimmt, daß Vermögen, das zur Begründung einer angeordneten Stiftung gewidmet ist, hinsichtlich der Versteuerung ebenso zu behandeln ist, als ob es der schon begründeten Stiftung angefallen wäre.

Der Anspruch auf Rückzahlung des Stempels war hiernach ungerechtfertigt."

---

43. Gelten die Formvorschriften des § 1154 B.G.B. auch für die Eingehung der Verpflichtung zur Abtretung einer Hypothekenforderung?

V. Civilsenat. Urt. v. 18. März 1903 i. S. H. (Bekl.) w. M. (Kl.). Rep. V. 525/02.

I. Landgericht Köln.
II. Oberlandesgericht daselbst.

Gegenüber der aus einem mündlichen Abkommen über Abtretung einer Hypothekenforderung erhobenen Klage auf notarielle Beurkundung der Abtretung wandte der Beklagte unter anderem in der Berufungsinstanz ein, das Abkommen sei wegen Formmangels nach § 154 Abs. 2 B.G.B. ungültig, da schriftlicher Vertragsschluß vereinbart sei. Der Einwand wurde verworfen und die bezügliche Entscheidung in der Revisionsinstanz aufrechterhalten aus folgenden

Gründen:

„Der Berufungsrichter erachtet den auf den Formmangel gestützten Einwand des Beklagten deshalb für hinfällig, weil gemäß § 1154 Abs. 2 B.G.B. die schriftliche Form der Abtretungserklärung durch die Grundbucheintragung ersetzt werde, und im vorliegenden Falle von den Parteien eine solche Eintragung ausdrücklich vereinbart worden sei. Dieser Entscheidungsgrund verkennt völlig den Sinn der angezogenen Gesetzesstelle. Danach wird für die Abtretung der gleiche Grundsatz zur Anwendung gebracht, den § 313 Satz 2 B.G.B. für Verträge über Grundstücksveräußerungen aufstellt. Der Mangel der Form soll nicht mehr gerügt werden dürfen, wenn auf Grund des formlosen Geschäfts die darin vereinbarte Rechtsänderung in das Grundbuch eingetragen worden ist. Nur eine wirklich vollzogene Eintragung hat heilende Kraft. Die bloße Verabredung, daß die Eintragung stattfinden solle, ist im Falle des § 1154 B.G.B. für den Formzwang ebenso bedeutungslos, wie bei der Veräußerung eines Grundstücks die etwaige ausdrücklich getroffene Abrede, daß der Käufer berechtigt sein solle, Auflassung zu verlangen. Der erwähnte Verstoß kann indes zur Aufhebung des Urteils nicht führen, da die Nichtanwendung des § 1154 B.G.B. auf den vorliegenden Fall sich aus einem anderen Grunde als richtig darstellt. Der angeführte Paragraph handelt nur von der Abtretung als Rechtsveränderungsakt, d. h. von demjenigen Rechtsgeschäft, durch welches das Gläubigerrecht des bisherigen Gläubigers auf den neuen Gläubiger übergeht (§ 398 B.G.B.). Dagegen bezieht er sich nicht auf das pactum de cedendo, d. h. auf Verträge, durch die sich der Gläubiger verpflichtet, seine Forderung einem anderen durch einen Rechtsakt, mit dessen Vornahme sich erst der Übergang der Forderung auf den anderen vollzieht, abzutreten. Trotz eines solchen Vertrages bleibt der Gläubiger, solange er den Vollzugsakt nicht vorgenommen hat, der Inhaber (nach früherem landrechtlichen Sprachgebrauch der Eigentümer) der Forderung. Er kann sie anderweit an einen Dritten wirksam abtreten oder verpfänden; sie kann von seinen Gläubigern gepfändet werden; und wenn er in Konkurs verfällt, steht nicht etwa dem anderen auf Grund des Vertrages das Recht zu, die Aussonderung der Forderung aus der Konkursmasse zu verlangen, sondern kann der andere seine Ansprüche aus dem Vertrage nur als Konkursgläubiger geltend machen. Der gleichen Beschränkung unterliegt die Stellung des anderen gegenüber dem Erben des Gläubigers. Zu einer Erfüllung des Vertrages durch Vollziehung der Abtretung ist der Erbe nur verpflichtet, wenn er unbeschränkt haftet; anderenfalls muß sich der andere, falls der Erbe die Vornahme des Vollzugsaktes verweigert, mit der Liquidierung seines Erfüllungsinteresses, für das der Erbe alsdann mit den Kräften des Nachlasses haftet, begnügen. Der aus alledem sich ergebende begriffliche Unterschied zwischen dem Vertrage über Abtretung und der Abtretung selbst tritt nun freilich praktisch dann nicht hervor, wenn beide Verträge den gleichen Formvorschriften unterliegen, wie z. B. früher nach Allgemeinem Landrechte die Abtretung einer Forderung im Betrage von mehr als 150 ℳ, oder wenn für beide Verträge Formlosigkeit gilt, wie z. B. nach gegenwärtigem Recht für nicht hypothekarisch gesicherte Forderungen (§ 398 B.G.B.). Dagegen kam er schon nach Allgemeinem Landrecht zur Geltung bei der Abtretung einer verbrieften Forderung, deren Gegenstand den Betrag von 150 ℳ nicht überstieg,

vgl. Skonietzki in Gruchots Beiträgen Bd. 29 S. 58 Anm. 4 und das dort angeführte Erkenntnis des vormaligen Appellationsgerichts in Köslin,

und dasselbe gilt nach heutigem Recht für die Buchhypothek, da das Bürgerliche Gesetzbuch Vorschriften, nach denen die Eingehung der Verpflichtung zur Abtretung einer solchen Hypothek an besondere Formen geknüpft wäre, nicht enthält. Schon dieser Umstand macht es in höchstem Maße wahrscheinlich, daß der Gesetzgeber auch das eine Briefhypothek betreffende obligatorische Rechtsgeschäft in gleicher Weise hat behandeln wollen, und daß demgemäß § 1154 Abs. 1 B.G.B. sich nicht auf derartige Rechtsgeschäfte, sondern nur auf denjenigen Rechtsakt, durch den das Gläubigerrecht von dem bisherigen Gläubiger auf einen anderen übergehen soll, bezieht. Es kommt aber noch hinzu, daß die erwähnte Vorschrift außer der Schriftform auch noch die Übergabe des Hypothekenbriefs als Formerfordernis für eine gültige Abtretung aufstellt. Dadurch ist der Charakter der Vorschrift als einer nur den Vollzug der Abtretung, nicht das pactum de cedendo betreffenden auf das unzweideutigste klargestellt. Satz 2 steht dieser Annahme nicht entgegen. Sein Sinn geht vielmehr nur dahin, daß der neue Gläubiger, weil er ohne die Beglaubigung der Unterschrift nicht zu Anträgen bei dem Grundbuchamt legitimiert ist, kraft seines erworbenen Gläubigerrechts zum Verlangen der Beglaubigung berechtigt ist.

Vgl. Turnau-Förster, Liegenschaftsrecht Bd. 1 2. Aufl. S. 724.

Ins Gewicht fällt endlich die für den verwandten Fall dinglicher Rechtsänderungen fest gewordene Praxis des Reichsgerichts, wonach aus dem formlosen obligatorischen Vertrag die Klage auf Erklärung der dinglichen Einigung stattfindet.

Vgl. Entsch. des R.G.'s in Civils. Bd. 48 S. 135, Bd. 50 S. 82. 83; ferner das Urteil vom 18. April 1902 in Gruchots Beiträgen Bd. 46 S. 901.

Hiernach ist die, übrigens auch von der Revision nicht beanstandete, Annahme des Berufungsrichters, daß das zwischen den Parteien über die Hypothekenabtretung getroffene Abkommen (an sich) als rechtsgültig zu behandeln sei, zutreffend." (Es wird dann weiter ausgeführt, daß der wegen Verletzung des § 154 Abs. 2 B.G.B. durch Nichtanwendung erhobene Revisionsangriff mit Rücksicht auf entgegenstehende tatsächliche Feststellungen des Berufungsrichters unbegründet sei.)

---

44. Ist nach dem Inkrafttreten des Bürgerlichen Gesetzbuches die gemeinrechtliche Wiedereinsetzung in den vorigen Stand noch zulässig, wenn deren Voraussetzungen im konkreten Falle unter der Herrschaft des bisherigen Rechts eingetreten waren?

VI. Civilsenat. Urt. v. 19. März 1903 i. S. Pf. (Kl.) w. Dr. W. u. W. Wwe. (Bekl.). Rep. VI. 414/02.

I. Landgericht Hamburg.
II. Oberlandesgericht daselbst.

Der Kläger, geboren am 5. Mai 1877, war im Jahre 1880 von den Eheleuten B. zu Hamburg, welche ohne leibliche Kinder blieben, adoptiert worden. Der Adoptivvater B. starb im Jahre 1893. Die Witwe B. setzte mit dem Kläger die Gütergemeinschaft fort und wurde zu dessen Vormünderin, unter Beiordnung zweier Vormundschaftsassistenten, bestellt. Sie gab nach dem Tode ihres Ehemannes weder für sich, noch als Vormünderin ihres Adoptivsohnes die im § 8 hamb. Ausf.-Ges. zur K.O. behufs Sicherung gegen eine persönliche Haftung für Nachlaßschulden zugelassene Erklärung vor dem Amtsgericht ab. Das von dem Adoptivvater des Klägers hinterlassene, zum Gesamtgute gehörige Grundstück kam im September 1901 zur Zwangsversteigerung, wobei die beiden Beklagten mit Hypothekenforderungen ausfielen. Dieselben wollten wegen des Ausfalles den Kläger persönlich haftbar machen. Der letztere erhob deshalb Klage dahin: unter Erteilung der Wiedereinsetzung in den vorigen Stand gegen die Versäumung der Inventarfrist festzustellen, daß der Kläger für die fraglichen Schulden seines Adoptivvaters gegenüber den Beklagten nicht weitergehend als mit der Rechtswohltat des Inventars hafte.

Die Klage wurde vom Landgericht abgewiesen, und die Berufung vom Oberlandesgericht zurückgewiesen. Auf die Revision des Klägers ist das Berufungsurteil aufgehoben, und die Sache in die Instanz zurückverwiesen.

Aus den Gründen:

... „Entgegen der Ansicht des ersten Richters hält das Berufungsgericht dafür, daß mit dem Eintritte der neuen Gesetzgebung die Anhängigmachung eines gemeinrechtlichen Restitutionsgesuches in Bezug auf vor dem 1. Januar 1900 gestaltete Rechtsverhältnisse nicht mehr als rechtlich möglich erachtet werden könne. Die Civilprozeßordnung habe für ihr Gebiet mit der Restitution, abgesehen von der Restitutionsklage nach §§ 580 flg., völlig aufgeräumt. Das Bürgerliche Gesetzbuch schweige über die materiellrechtliche Restitution gänzlich, und zwar absichtlich, weil man das gemeinrechtliche Institut der Restitution nach dem heutigen Stande der Rechtsentwickelung mit Recht für überflüssig erachtet habe. Die gemeinrechtliche Restitution habe nicht die Unterlage eines Schuldverhältnisses (Art. 170 Einf.-Ges. zum B.G.B.) gehabt; sie habe auch keinen eigentlichen Rechtsanspruch begründet; alles habe causa cognita ganz wesentlich von dem billigen Ermessen der römischen Magistrate abgehangen. Für eine derartige Stellung des Richters sei aber nach der neueren Gesetzgebung des Bürgerlichen Gesetzbuchs keinerlei Raum.

Die prozessuale Zulässigkeit der erhobenen Klage ... steht außer Zweifel.

Die Klage hat, soweit sie nur auf Erteilung der Wiedereinsetzung in den vorigen Stand gerichtet ist, nicht sowohl den Charakter einer Feststellungsklage, als vielmehr den eines — in Form der Klage gestellten — Restitutionsgesuches, nach gemeinrechtlicher Ausdrucksweise einer impetratio der Restitution. Der Klagantrag geht aber vorliegend darüber hinaus auf den Ausspruch einer Beschränkung der Schuldenhaftung nach Maßgabe der Rechtswohltat des Inventars, und insofern qualifiziert sich die Klage allerdings auch als Feststellungsklage im Sinne von § 256 C.P.O., wofür aber die gesetzlichen Voraussetzungen, namentlich das rechtliche Interesse an alsbaldiger gerichtlicher Feststellung, zweifellos gegeben sind. Eine in solcher Weise herbeigeführte Verbindung des „judicium rescindens" mit dem „judicium rescissorium", wogegen das Berufungsgericht bezüglich der Feststellungsklage Bedenken äußert, war auch nach gemeinem Recht durchaus zulässig.

Vgl. Burchardi, Die Lehre von der Wiedereinsetzung in den vorigen Stand §§ 23. 24 S. 421 flg.; v. Savigny, System Bd. 7 S. 237; Windscheid, Pandektenrecht, Bd. 1 § 120 und Anm. 9.

Die Annahme der Vorinstanzen, daß der Kläger ohne Gewährung der Wiedereinsetzung in den vorigen Stand für die Hypothekenforderungen der Beklagten, jedenfalls zur Hälfte, persönlich haften würde, beruht im wesentlichen auf der Anwendung nicht revisiblen hamburgischen Rechts....

Zur Entscheidung steht also die Frage der Zulässigkeit einer Wiedereinsetzung in den vorigen Stand nach dem Inkrafttreten des deutschen Bürgerlichen Gesetzbuchs, welche Frage in dem angefochtenen Urteil nach Ansicht der Revision zu Unrecht verneint ist. Der Rechtsauffassung des Berufungsgerichts konnte hierin nicht beigetreten werden.

Das Bürgerliche Gesetzbuch hat das Institut der Wiedereinsetzung in den vorigen Stand nicht aufgenommen. Im Gesetze selbst wird es nicht erwähnt. Die Motive zum ersten Entwurf (Bd. 1 S. 393 flg.) erkennen zwar den Grundgedanken des Instituts, Härten des positiven Rechtes auszugleichen, an, erwägen indes, daß in der modernen Rechtsentwickelung mit der Wiedereinsetzung ungünstige Erfahrungen gemacht worden seien, und verweisen auf die neueren Gesetzgebungen, welche die Wiedereinsetzung teils völlig beseitigt, teils nur beschränkt zugelassen haben. Als unbedenklich, ja geboten erscheine die Beseitigung der Restitution Minderjähriger gegen Rechtsgeschäfte; aber auch die Zulassung einer Wiedereinsetzung gegen Versäumnisse bei Verjährung, Ersitzung und den gesetzlichen Ausschlußfristen erscheine weder notwendig noch angemessen. Nur in einem Falle, für Versäumung der Inventarfrist, wollte man aus besonderen Gründen bei Behinderung des Erben durch höhere Gewalt einen der Wiedereinsetzung ähnlichen

Rechtsbehelf gewähren, in dem jetzigen § 1996 B.G.B., welcher (in Abs. 1 Satz 2) über die allgemeinere Vorschrift in § 203 B.G.B. hinausgeht. Ob man diesen Ausnahmefall sachlich als eine Wiedereinsetzung in den vorigen Stand bezeichnen kann,

vgl. Planck, Bürgerliches Gesetzbuch Bd. 5 zu § 1996 Bem. 1 S. 123; Crome, System des Deutschen bürgerlichen Rechts Bd. 1 § 112 Ziff. 2 S. 500 und Anm. 11,

mag hier auf sich beruhen. Daraus aber, daß das Bürgerliche Gesetzbuch das Rechtsinstitut der in integrum restitutio als solches beseitigt hat, folgt noch nicht die Unzulässigkeit der Wiedereinsetzung gegenüber einem unter der Herrschaft des alten Rechts eingetretenen Tatbestand, wenn die Restitution nach dem bisherigen Recht begründet wäre. Für die Ausschließung reichen die vom Berufungsrichter angeführten, zudem teilweise rechtsbedenklichen Gründe nicht aus.

Dem vorigen Richter wäre beizustimmen, wenn die gemeinrechtliche in integrum restitutio gar nicht als Rechtsakt, als Verwirklichung eines rechtlichen Anspruchs durch richterliche Entscheidung, sondern lediglich als Gnadenakt zu betrachten wäre. Diese Auffassung wäre jedoch selbst vom Standpunkte des römischen Rechts aus nicht zutreffend. Richtig ist nur, daß die in integrum restitutio, eingeführt zu dem Zweck, in besonderen Fällen die Anforderungen der Billigkeit gegenüber dem strengen Recht zur Geltung zu bringen, ursprünglich in die Hand des römischen Magistrats in der Weise gelegt war, daß dieser, der Prätor, praefectus urbi 2c, unmittelbar die Restitution causa cognita gewährte. Man mag insofern, mit Rücksicht auf das unmittelbare, arbiträre Einschreiten des Magistrats, von einem magistratischen „Machtspruch" reden, obwohl schon die Entscheidung des Prätors hierbei nicht lediglich Ausfluß seines imperium, sondern auch der ihm zustehenden jurisdictio war. Aber diese Besonderheiten der römischen Rechtsverfassung haben ebenso, wie das als extraordinaria cognitio bezeichnete Verfahren für uns nur noch rechtsgeschichtliche Bedeutung.

Vgl. Bethmann-Hollweg, Civilprozeß Bd. 2 § 121 S. 740; Brinz, Pandekten Bd. 1 § 122 (2. Aufl.) S. 437 flg. mit § 115 S. 406 flg.; Baron, Pandekten 4. Aufl. § 102 S. 183 flg.

Indes schon im römischen Recht war es, nachdem zumal die Voraussetzungen der in integrum restitutio gesetzlich bestimmter begrenzt worden sind, keineswegs in das subjektive Belieben des Magistrats gestellt, die Restitution zu gewähren oder zu versagen; vielmehr mußte er dieselbe erteilen, wenn jene gesetzlichen Bedingungen gegeben waren; allerdings immer nach Prüfung der konkreten Verhältnisse, und besonders in den Fällen der sogenannten generalis clausula unter Einräumung einer freieren Beurteilung der Sachlage. So sprechen auch die römischen Quellen (z. B. l. 34 § 1 Dig. de min. 4, 4) von einem Recht des Verletzten, Restitution zu verlangen. Nachdem in der weiteren Entwickelung die Wiedereinsetzung in den vorigen Stand als eigentliches Rechtsinstitut ausgestaltet, in Deutschland rezipiert, und hier die Kognition in die Hand der ordentlichen Gerichte gelegt worden ist, konnte vollends von einem „Machtspruch" oder einem „Gnadenakt" nicht mehr die Rede sein. Die von Burchardi, a. a. O. § 1 S. 3 flg. S. 38 flg., vertretene Auffassung der in integrum restitutio als einer Gnadensache ist denn von den Lehrern des gemeinen Rechts, wenn auch einzelne eine gewisse Ähnlichkeit mit der Begnadigung zugeben wollen, allgemein verworfen worden.

Vgl. v. Schröter in Lindes Zeitschrift für Civilrecht und Prozeß Bd. 6 (2. Folge) S. 170 flg.; v. Savigny, System Bd. 7 S. 116 flg. S. 118; v. Wächter, Pandekten Bd. 1 § 112 S. 575; Windscheid-Kipp, Pandektenrecht Bd. 1 § 114 S. 507 Anm. 4; v. Vangerow, Pandekten Bd. 1 § 175 S. 296; Dernburg, Pandekten Bd. 1 § 139 S. 322 flg. (7. Aufl.) Anm. 4; Regelsberger, Pandekten Bd. 1 § 200 S. 712; Spaltenstein, Die Wiedereinsetzung in den vorigen Stand § 3 S. 10 flg.

Wenn wohl auch jetzt noch die Wiedereinsetzung in den vorigen Stand als ein „außerordentliches" Rechtsmittel bezeichnet wird, so bedeutet das nur soviel, daß dieselbe die Beseitigung einer nach formellem Recht eingetretenen Verletzung durch besondere richterliche Hülfe bezweckt, ein früherer Rechtszustand durch Richterspruch hergestellt wird. Aber dieser Richterspruch ist ein Akt der ordentlichen Jurisdiktion, und die Anrufung desselben ein Rechtsbehelf, der in die Reihe der sonstigen Rechtsschutzmittel getreten ist, bezw. durch dieselben im ordentlichen Verfahren verwirklicht wird, auch auf dem Wege des instanzmäßigen Rechtszuges durchgesetzt werden kann. Auch handelt es sich nicht bloß um einen Rechtsschutzanspruch dem Gerichte gegenüber, einen solchen von prozessualer oder publizistischer Natur — auf diesem

Gebiet liegt nur die Form der Verwirklichung des Anspruchs —, vielmehr um ein die Grundlage bildendes materielles Rechtsverhältnis. Es liegt in Beziehung auf die Restitution ein Privatrechtsverhältnis vor, in welchem einerseits der durch eine Handlung oder Versäumnis Verletzte — so der minderjährige Erbe —, andererseits der zu ihm in rechtliche Beziehung gekommene Dritte — so der Nachlaßgläubiger — sich gegenüber stehen. Gegen den letzteren steht dem ersteren ein Recht, ein „Anspruch“ auf Wiedereinsetzung zu, der auch auf die Gesamtnachfolger und sogar auf Sondernachfolger des Berechtigten übergeht (l. 18 § 5. l. 24 pr. Dig. 4, 4). Allerdings läßt sich das Rechtsverhältnis nicht als ein besonderes obligatorisches Schuldverhältnis auffassen oder überhaupt einer bestimmten Kategorie in der rechtsüblichen Einteilung der subjektiven Privatrechte ausschließlich zuweisen. Das Recht auf Wiedereinsetzung kann ebensowohl mit einem anderen als einem obligatorischen, so insbesondere auch, wie hier, mit einem erbrechtlichen Verhältnisse verknüpft sein. Keinesfalls würde deshalb das Argument des Berufungsgerichts durchgreifen, daß die gemeinrechtliche Restitution nicht die Unterlage eines Schuldverhältnisses gehabt habe, für das der Art. 170 Einf.-Ges. zum B.G.B. in Betracht kommen könnte.

Es fragt sich also, ob die Wirkung eines unter der Herrschaft des früheren Gesetzes eingetretenen Rechtszustandes, welcher nach jenem Recht die Wiedereinsetzung in den vorigen Stand begründete, von dem inzwischen in Kraft getretenen deutschen Bürgerlichen Gesetzbuch aufgehoben, oder vielmehr unberührt gelassen sei. Weder das Gesetzbuch selbst noch das Einführungsgesetz enthält allgemeine Bestimmungen über die zeitliche Wirksamkeit der Rechtsnormen. Namentlich wurde auch der Gesichtspunkt der „wohlerworbenen Rechte“ als zur Formulierung eines allgemeinen Prinzips nicht geeignet angesehen (Motive Bd. 1 S. 19 flg. S. 22). Es ist also, soweit das Einführungsgesetz nicht spezielle Bestimmungen enthält, Sache der Auslegung und Rechtsanwendung, die prinzipiellen Gesichtspunkte aus dem Inhalte des Gesetzes und den allgemeinen Grundsätzen, wie sie auch in den Motiven a. a. O. anerkannt wurden, zu gewinnen. Soviel wird sich als leitender Grundsatz aufstellen lassen: ein vor dem 1. Januar 1900 dem ganzen Tatbestand nach begründetes Rechtsverhältnis wird, wenn nicht besondere Gründe für die gegenteilige Annahme vorliegen, sowohl hinsichtlich seiner Voraussetzungen als seines Inhalts und seiner rechtlichen Wirkungen nach dem bisherigen Rechte beurteilt; im Zweifel ist bei solchen Rechtsverhältnissen eine Rückwirkung des Gesetzes auszuschließen.

Vgl. Planck, Bürgerliches Gesetzbuch Bd. 6 Vorbemerkungen zu Abschn. 4 des Einführungsgesetzes Bem. 1 S. 247; Niedner, Einführungsgesetz, Vorbemerkungen S. 287 flg.; Wagner (Staudinger, Kommentar Bd. 6) S. 194 flg.; Cosack, Lehrbuch des Deutschen bürgerlichen Rechts Bd. 1 § 13 S. 48; Habicht, Die Einwirkung des Bürgerlichen Gesetzbuchs rc § 2 Ziff. IV S. 7 flg.

Auf bloße Möglichkeiten oder Erwartungen, welche unter dem früheren Recht bestanden, bezieht sich jener Grundsatz nicht; aber um solche handelt es sich nach dem Gesagten bei der Wiedereinsetzung in den vorigen Stand nicht. Sodann können sich Ausnahmen von dem Prinzip der Nichtrückwirkung, abgesehen von positiven Bestimmungen des Gesetzes, aus der Natur eines Rechtssatzes oder Instituts, aus sozialen oder ethischen Gründen, welche auf eine vom Gesetzgeber gewollte Rückwirkung schließen lassen, ergeben. Jedoch wäre es nicht gerechtfertigt, schon aus dem Motiv oder Zweck der Einführung oder der Aufhebung eines Rechtssatzes eine beabsichtigte Ausschließlichkeit des neuen Gesetzes zu folgern; selbst die zwingende Natur einer Vorschrift läßt diesen Schluß nicht ohne weiteres zu.

Vgl. Entsch. des R.G.'s in Civils. Bd. 42 S. 97 flg.

Für die Wiedereinsetzung in den vorigen Stand folgt daraus, daß der Gesetzgeber dieses Institut als ein mit der modernen Rechtsanschauung nicht verträgliches und überflüssiges angesehen hat, keineswegs schon dessen Absicht auf Beseitigung der Einrichtung mit rückwirkender Kraft. Von einem sittlichen Grunde, die Restitution in dieser Weise völlig auszuschließen, kann wohl keine Rede sein, und daß der Gesetzgeber die Wiedereinsetzung als etwas, das gegen jede vernünftige Rechtsordnung verstieße, angesehen habe, ist umsoweniger anzunehmen, als derselbe nach dem oben Gesagten sogar einen Rest der fraglichen Einrichtung — gerade für die Versäumung der Inventarfrist — stehen ließ. Das Recht auf Wiedereinsetzung steht sodann in engem Zusammenhange mit juristischen Tatbeständen und Rechtsverhältnissen, welche, wenn sie unter der Herrschaft des alten

Rechts begründet wurden, zweifellos nach diesem früheren Recht zu beurteilen sind; so mit der Ungültigkeit oder Anfechtbarkeit früher vorgenommener Rechtsgeschäfte wegen beschränkter Geschäftsfähigkeit, wegen Willensmängel. Namentlich aber kommen hier die erbrechtlichen Verhältnisse in Betracht. Für diese bleiben nach Art. 213 Einf.-Ges., wenn der Erblasser vor dem Inkrafttreten des Bürgerlichen Gesetzbuches gestorben ist, die bisherigen Gesetze maßgebend. Dahin gehören die Wirkungen des Erbschaftserwerbs, die Haftung des Erben für die Nachlaßschulden, die Transmission. Gerade auf diesem Gebiete kam bisher der in integrum restitutio eine wesentliche Bedeutung zu, insbesondere zum Schutze bevormundeter Personen gegen Handlungen oder Unterlassungen ihrer Vertreter. Auch an die sogenannte transmissio ex capite in integrum restitutionis (vgl. Arndts, Pandekten § 516) ist zu denken. Wenn ein den Minderjährigen benachteiligender Erbschaftserwerb vor dem 1. Januar 1900 erfolgt ist, so unterliegt dieser Erwerb nach seinen Voraussetzungen und Wirkungen der Beurteilung nach bisherigem Gesetz, und es müssen, um eine dadurch eingetretene Verletzung rückgängig zu machen, auch die Rechtsbehelfe dieses Gesetzes, wie Wiedereinsetzung in den vorigen Stand, gegeben sein (vgl. Habicht, a. a. O. § 66, 3. Aufl. S. 704 flg.). Dieselben hier dem Verletzten zu versagen, wäre auch gewiß unbillig. So ist es möglich, daß das bisherige Gesetz für eine Sicherung Bevormundeter gegen unbedingte Erbenhaftung, gegen Versäumung der Inventarfrist nicht in der Weise, wie jetzt im deutschen Bürgerlichen Gesetzbuch §§ 1999. 1994 geschieht, Sorge getroffen hatte; es wäre ungerecht, dem Minderjährigen, dessen erbrechtliche Stellung im übrigen nach altem Recht beurteilt wird, den ihm von diesem Recht bisher gebotenen Ausgleich jenes Nachteils zu versagen, obwohl ihm die Vorteile des neuen Rechtes nicht zu gute gekommen sind.

Hiernach ist die von Habicht, a. a. O. § 14 (3. Aufl. S. 134), und im vorliegenden Falle vom ersten Richter vertretene Ansicht über die Zulässigkeit der Wiedereinsetzung in den vorigen Stand, wenn das konkrete Recht hierauf bereits vor Inkrafttreten des Bürgerlichen Gesetzbuchs begründet war, als dem Gesetze entsprechend zu billigen. Diese Auffassung deckt sich mit derjenigen, welche auch schon in der gemeinrechtlichen Lehre von den zeitlichen Grenzen der Gesetze in Ansehung der in integrum restitutio vorwiegend vertreten war.

Vgl. Windscheid, Pandektenrecht Bd. 1 § 32 Anm. 6; v. Wächter, Pandekten Bd. 1 § 32 Beil. I. Ziff. VI S. 161; Affolter, Geschichte des intertemporalen Privatrechts § 80 S. 638 Anm. 3." ...

---

45. 1. Begriff der „Dienstbeschädigung" nach § 59 des Militärpensionsgesetzes vom 27. Juni 1871.

2. Wieweit reicht die in Art. 20 des Gesetzes, betr. einige Abänderungen und Ergänzungen der Militärpensionsgesetze vom 27. Juni 1871 und vom 4. April 1874 rc, vom 22. Mai 1893 aufgestellte Beschränkung der wegen einer Dienstbeschädigung gegen die Militär- oder die Marineverwaltung zu erhebenden Ansprüche?

VI. Civilsenat. Urt. v. 19. März 1903 i. S. Reichsmilitärfiskus (Bekl.) w. M. Ehel. (Kl.). Rep. VI. 337/02.

I. Landgericht Zabern.
II. Oberlandesgericht Colmar.

Am 9. Juni 1901 wurde der Sohn der Kläger, der Musketier W. M. in S., als er auf einem Dienstrade zum Ulanenregiment Nr. 15 zu einer Brieftaubenübung fuhr, von einer umstürzenden Telegraphenstange getroffen und getötet. Die Unterhaltung der auf Verfügung der 30. Kavalleriebrigade angelegten Leitung lag den beiden in S. garnisonierenden Ulanenregimentern ob. Die umgefallene Stange war auf Grund und Boden der Stadt S. errichtet und mittels eines Drahtes in eine dem Fabrikanten A. gehörige Mauer befestigt worden. Nach dem Unfall stellte sich heraus, daß an die Stelle der ursprünglichen Befestigung eine viel schwächere getreten, und die Stange selbst morsch und faul geworden war.

Auf ein von den Klägern an das preußische Kriegsministerium gerichtetes Gesuch um eine angemessene Entschädigung für die ihnen entgehende Unterstützung des Sohnes wurde ihnen durch Verfügung vom 5. Dezember 1901 eröffnet, daß sie nach Lage der gesetzlichen Bestimmungen ein Anrecht auf eine derartige Zuwendung nicht haben, ihnen dagegen aus Billigkeitsrücksichten eine einmalige Unterstützung von 200 ℳ bewilligt werde. Die Kläger schlugen diese Unterstützung aus und erhoben nun Klage gegen den Reichsmilitärfiskus mit dem Antrage auf Verurteilung desselben zur Zahlung lebenslänglicher Unterhaltsrenten an sie.

Vom Landgerichte wurde der Beklagte verurteilt, den Klägern den Schaden zu ersetzen, der denselben dadurch verursacht worden sei, daß ihr Sohn W. M. infolge des Umfallens einer Telegraphenstange seinen Tod gefunden habe, und die Berufung des Beklagten wurde vom Oberlandesgericht zurückgewiesen.

Auf die Revision der Beklagten ist aber das Berufungsurteil aufgehoben, und das landgerichtliche Urteil dahin abgeändert worden, daß die Klage unter Verurteilung der Kläger in die Kosten des Rechtsstreits abgewiesen wurde, aus folgenden

Gründen:

„Das Berufungsgericht erörtert zunächst, daß der Bescheid des preußischen Kriegsministeriums vom 5. Dezember 1901 keine den Richter bindende Entscheidung im Sinne des § 115 des Militärpensionsgesetzes enthalte, und daß, wenn eine solche vorläge, jeder Anspruch der Kläger ausgeschlossen wäre. Es führt weiter aus, daß eine Dienstbeschädigung im Sinne des § 59 des Militärpensionsgesetzes nicht vorliege, da die Verletzung des Getöteten in keinem ursächlichen Zusammenhange zu seinem Dienste stehe. Es nimmt ferner an, daß die Fahrlässigkeit, auf welche die Tötung des Sohnes der Kläger zurückzuführen sei, offenbar nicht in Ausübung öffentlicher Gewalt begangen worden sei, und erachtet die Haftung der Beklagten auf Grund der §§ 823, 844, 831 und 837 B.G.B. für begründet. Es unterliege nämlich keinem Zweifel, daß von einem Offizier oder Beamten, der im Sinne des § 831 B.G.B. angestellt gewesen sei, die im Verkehr erforderliche Sorgfalt bei Überwachung der Leitung unterlassen worden, und durch die mangelhafte Überwachung der Tod des Sohnes der Kläger verursacht, und dadurch der Klagegrund aus § 844 Abs. 2 B.G.B. gegeben sei. Unbestritten sei der Beklagte Eigenbesitzer der auf einem fremden Grundstück errichteten Telegraphenleitung, eines mit einem Grundstück verbundenen Werkes. Die Tötung sei durch Ablösung von Teilen der Telegraphenleitung erfolgt. Die Ablösung aber sei die Folge fehlerhafter Errichtung oder mangelhafter Unterhaltung der Telegraphenleitung. Die dem Beklagten nach § 837 B.G.B. hier, wie im Falle des § 831 B.G.B. zustehende Einrede, daß er die im Verkehr erforderliche Sorgfalt beobachtet habe, sei nicht vorgeschützt; übrigens sei diese Sorgfalt auch nicht beobachtet worden.

Die Revision macht geltend, der Begriff der Dienstbeschädigung werde von dem Berufungsgericht zu eng aufgefaßt. Nach dem Wortlaute des § 59 des Pensionsgesetzes vom 27. Juni 1871, „bei Ausübung des Militärdienstes", genüge ein bloß zeitliches und örtliches Zusammentreffen der Beschädigung mit dem Dienst. Nicht immer könne die Frage der Anerkennung des Tatbestandes einer Dienstbeschädigung davon abhängig gemacht werden, daß zwischen der Beschädigung und der dienstlichen Tätigkeit als solcher ein ursächlicher Zusammenhang bestehe. Die Telegraphenleitung, zu der die umstürzende Telegraphenstange gehört habe, sei behufs einer militärischen Übung angelegt und unterhalten worden. Es habe sich also dabei nicht um ein fiskalisches Interesse, sondern um die Ausübung des Militärhoheitsrechts gehandelt. Die Unterhaltung und Beaufsichtigung der Leitung sei demnach nicht eine privatrechtliche Angelegenheit des Reichsmilitärfiskus, sondern nur ein Ausfluß des Militärhoheitsrechts. Für die Haftung des Reichs für den von Reichsbeamten oder Personen des Soldatenstandes in Ausübung der öffentlichen Gewalt verübten Schaden fehle es aber an einer reichsgesetzlichen Grundlage.

Die Revision war als begründet zu erachten.

Die Telegraphenleitung, deren Schadhaftigkeit den Unfall verursacht hat, ist allerdings im militärischen Interesse angelegt. Die Unterhaltungspflicht an Gebäuden und mit einem Grundstück verbundenen Werken ist aber, soweit der allgemeine Verkehr und die Sicherheit desselben hiervon berührt werden, ein Erfordernis des allgemeinen bürgerlichen Verkehrs und hat mit der Militärhoheit nichts zu tun. Die dem Reichsmilitärfiskus zur Last gelegte Fahrlässigkeit fällt somit nicht in den Bereich der Ausübung der einem ihrer Beamten anvertrauten öffentlichen Gewalt. Die Haftungspflicht des Reichsmilitärfiskus würde sich sonach, vorausgesetzt daß nicht eine Dienstbeschädigung in Frage steht, lediglich nach den Bestimmungen des Bürgerlichen Gesetzbuchs bemessen.

Zunächst fragt es sich aber, ob eine Dienstbeschädigung vorliegt.

Mit Recht hat das Berufungsgericht aus Form und Inhalt des Bescheides des Kriegsministeriums vom 5. Dezember 1901 gefolgert, daß dieser Bescheid eine den Richter bindende Entscheidung im Sinne des § 115 des durch das Gesetz vom 8. Februar 1875 in Elsaß-Lothringen eingeführten Reichsmilitärpensionsgesetzes vom 27. Juni 1871 nicht enthalte. Der Beklagte behauptet dies auch nicht, macht aber geltend, daß der Unfall des Klägers als Dienstbeschädigung im Sinne des § 59 lit. b des Militärpensionsgesetzes anzusehen sei. Mit Unrecht wird dies vom Berufungsgericht verneint.

Der § 59 des Gesetzes vom 27. Juni 1871 erklärt unter lit. b für Dienstbeschädigung „sonstige bei Ausübung des aktiven Militärdienstes im Kriege oder Frieden erlittene äußere Beschädigung". In einem Erlasse des preußischen Kriegsministeriums vom 20. Januar 1875 wird bekannt gegeben, der Reichstag habe bei Beratung einer an ihn gerichteten Petition sich dahin entschieden, daß eine im aktiven Dienst erhaltene Beschädigung, insofern dieselbe während Ausübung einer dienstlichen Handlung ohne eigenes Verschulden erlitten worden, den Betreffenden berechtige, Versorgungsansprüche zu erheben. Der Bundesrat sei dieser Auffassung beigetreten. Dementsprechend sei künftighin in Änderung der bisherigen Auffassung des § 59 des Gesetzes vom 27. Juni 1871 zu verfahren, wonach Ansprüche auf Invalidenversorgung nur dann hätten erhoben werden können, wenn bei Ausübung des aktiven Militärdienstes ein Soldat durch den Dienst beschädigt worden sei.

Weder der Wortlaut, noch der Inhalt des § 59 sprechen gegen die Richtigkeit dieser Auffassung. Gerade der Umstand, daß unter lit. c unter die Dienstbeschädigungen auch epidemische und endemische Krankheiten, die an dem den Soldaten zum dienstlichen Aufenthalt angewiesenen Orte herrschen, eingestellt sind, läßt ersehen, daß das schädigende Ereignis nicht notwendig dem Bereich einer Dienstverrichtung angehören und aus einer solchen hervorgehen muß, es vielmehr genügt, daß es die Militärperson trifft, während sie in Ausübung des Dienstes begriffen ist. Der Sohn der Kläger befand sich aber auf einer Dienstfahrt, als ihn der Unfall traf.

Den Klägern steht aber weder nach dem Militärpensionsgesetze noch nach dem Unfall-Fürsorgegesetz ein Anspruch zu, nach ersterem nicht, weil dieses die Aszendenten verstorbener Pensionsberechtigter außer im Kriegsfall und bei Seedienst (§§ 94 und 96 des Gesetzes vom 27. Juni 1871) nicht berücksichtigt, nach letzterem nicht, da der Verstorbene nach der Feststellung des Berufungsgerichts einem reichsgesetzlich der Unfallversicherung unterliegenden Betriebe nicht angehört hat.

Die Frage, ob die aus den Vorschriften der Bürgerlichen Gesetzgebung abzuleitenden Ansprüche gegen den Militärfiskus durch die Bestimmungen des Militärpensionsgesetzes vom Jahre 1871 ausgeschlossen seien, ist zwar durch zwei Entscheidungen des Reichsgerichts vom 29. März und 8. Juli 1887 auf Grund des Code civil zu gunsten der Kläger gegen den Militärfiskus entschieden worden.

Vgl. Bolze, Praxis des Reichsgerichts Bd. 4 S. 307 Nr. 1026a.

Der Art. 20 des Gesetzes, betr. einige Abänderungen und Ergänzungen der Militärpensionsgesetze vom 27. Juni 1871 und vom 4. April 1874, sowie des Reichsbeamtengesetzes vom 31. März 1873 und des Gesetzes über den Reichs-Invalidenfonds vom 11. Mai 1877, vom 22. Mai 1893 bestimmt jedoch, daß Militärpersonen, welche eine Dienstbeschädigung erlitten haben, oder deren Hinterbliebene gegen die Militär- und die Marineverwaltung nur die auf den Pensionsgesetzen oder dem Gesetze, betr. die Fürsorge für Beamte und Personen des Soldatenstandes infolge von Betriebsunfällen, vom 15. März 1886 beruhenden Ansprüche haben. Die Begründung des Entwurfs beklagte unter Hinweis auf gerichtliche Entscheidungen als einen zu Unzuträglichkeiten schwerster Art führenden Mißstand, wenn die Versorgungsansprüche, die auf Grund einer Dienstbeschädigung von Angehörigen des Reichsheeres, bezw. der Marine gegen den Militär-, bezw. den Marinefiskus erhoben werden können, trotz der Gleichartigkeit der geleisteten Dienste nach den Regeln des bürgerlichen Rechts verschiedene sein könnten. Es sei vielmehr lediglich Sache der Gesetzgebung des Reichs, über das aus dessen Mitteln zu gewährende Maß der Versorgung Verfügung zu treffen. Andererseits erscheine es nicht billig, weitergehende in den bürgerlichen Gesetzen etwa begründete Ansprüche gegen den Fiskus überhaupt zu versagen. Es wurde deshalb vorgeschlagen, sie nur gegen den Militär- und Marinefiskus auszuschließen, womit sich die Zulässigkeit der Verfolgung gegen andere fiskalische Stationen von selbst ergebe.

Vgl. Stenographische Berichte über die Verhandlungen des Reichstags VIII. Legislaturperiode 2. Session 1892/93 2. Anlageband S. 674.

Schon der Entwurf hat in der Fassung des Artikels selbst diese

Befreiung des Militär- und Marinefiskus auf die Hinterbliebenen der Militärpersonen, die eine Dienstbeschädigung erlitten haben, ausgedehnt. Der Ausschluß aller anderen auf bürgerlichen Gesetzen beruhenden Ansprüche erscheint demgemäß, soweit sie gegen den Militär- und Marinefiskus gerichtet werden, gegenüber dem Art. 20 des Gesetzes vom 22. Mai 1893 als unzweifelhaft.

Diese für ein besonderes Rechtsverhältnis geltende Ausnahmevorschrift des Art. 20 des Gesetzes vom 22. Mai 1893 ist aber auch dem Bürgerlichen Gesetzbuche gegenüber in Kraft geblieben.

Vgl. Artt. 32. 4 Einf.-Ges. zum B.G.B.; Planck, Bürgerliches Gesetzbuch Bd. 6 S. 27 Bem. 1 zu Art. 4." ....

---

46. Findet wegen einer Forderung aus einem gegenseitigen Vertrage, wenn der Berechtigte die ihm nach dem Vertrage obliegende Verbindlichkeit noch nicht oder noch nicht vollständig erfüllt hat, Arrest statt?

C.P.O. § 916.

VII. Civilsenat. Urt. v. 20. März 1903 i. S. F. & S. (Bekl.) w. P. (Kl.). Rep. VII. 24/03.

I. Landgericht Flensburg.
II. Oberlandesgericht Kiel.

Die Beklagte hatte von der Bauverwaltung für Marineneubauten in M. die Ausführung von Marinebauten übertragen erhalten. Sie hatte die zu denselben gehörigen Terrazzoarbeiten wiederum dem Kläger übertragen.

Durch Arrestbefehl des Landgerichts wurde auf Antrag des Klägers wegen eines demselben zustehenden Anspruchs für ausgeführte Arbeiten in Höhe von 4607,86 *M* der dingliche Arrest gegen die Beklagte angeordnet. Sie bestritt das Vorhandensein eines Anspruches. Ferner machte sie geltend, die Forderung des Klägers sei noch nicht fällig, vielmehr trete die Fälligkeit für die eine Hälfte derselben erst nach Fertigstellung der Arbeiten, für die andere erst nach Abnahme des Baues durch die Marinebauverwaltung ein. Weiter wendete sie ein, die vom Kläger zu leistende Arbeit sei nicht völlig fertiggestellt, da die Terrazzoböden noch zu ölen und teilweise auch noch zu schleifen seien; obwohl Kläger hiernach zur Zeit noch nichts zu fordern habe, habe sie, außer einem Betrage von 1200 ℳ, noch 600 ℳ durch Hingabe eines Wechsels und die Hälfte der im ganzen etwa 5800 ℳ betragenden Forderung des Klägers durch Anweisung an die Marineverwaltung bezahlt. Kläger entgegnete, das Ölen und Schleifen der Böden sei nicht ausführbar, bevor die Handwerker (Maler) mit ihren Arbeiten entsprechend vorgeschritten seien. Im übrigen bestritt er die Angaben der Beklagten.

Durch Urteil der ersten Instanz wurde der Arrestbefehl mit der Maßgabe bestätigt, daß Kläger wegen der der Beklagten drohenden Nachteile Sicherheit zu leisten habe. Die Berufung der Beklagten blieb erfolglos. Auch die Revision ist zurückgewiesen aus folgenden

Gründen:

„Die Erwägungen des angefochtenen Urteils beginnen mit der Bemerkung, unbestritten habe der Kläger an die Beklagte Terrazzoarbeiten zum Preise von annähernd 5800 ℳ geliefert, worauf 1200 ℳ gezahlt seien, während die von der Beklagten behaupteten weiteren Zahlungen nicht genügend dargelegt seien. Demgemäß betrachtet der Berufungsrichter die Existenz einer Forderung des Klägers an die Beklagte in Höhe von annähernd 4600 ℳ als glaubhaft. Er bemerkt weiter, nach § 916 C.P.O. werde die Zulässigkeit des Arrestes dadurch nicht ausgeschlossen, daß der geltend gemachte Anspruch ein betagter sei. Gegen diese letztere Erwägung erhebt die Revision einen Angriff, indem sie folgendes ausführt:

Den in keiner Weise widerlegten Einwand der Beklagten, daß die Forderung wegen Nichtvollendung der Arbeiten noch nicht fällig sei, beseitige das Berufungsgericht mit dem Hinweis auf § 916 C.P.O., wonach Arrest auch wegen betagter Ansprüche zulässig sei. Ein Anspruch aus zweiseitigem Vertrage, dem die Einrede des nicht erfüllten Vertrages entgegenstehe, sei aber kein betagter. Betagt sei ein Anspruch im Sinne des Gesetzes nur, wenn seine Fälligkeit entweder kalendermäßig feststehe oder kalendermäßig berechnet werden könne. Dies sei hier nicht der Fall. Den Anspruch als einen bedingten aufrecht zu erhalten, sei gleichfalls nicht möglich, die Rechtskategorie der Bedingung lasse sich hier nicht verwenden. Außerdem sei ungewiß, ob das Berufungsgericht für einen bedingten Anspruch, dessen Fälligkeit unsicherer sei als die eines betagten, den Arrest bestätigt haben würde.

Erfolg konnte dieser Angriff nicht haben. Die von der Beklagten bekämpfte Bemerkung in den Urteilsgründen hat nicht die von ihr gemeinte Tendenz. Dieselbe soll nicht der Begründung der Annahme dienen, daß die Nichtvollendung der Arbeiten der Zulässigkeit des Arrests nicht entgegenstehe, sondern erklärt sich aus dem Einwande der Beklagten, daß nach dem Vertrage die erste Hälfte des Preises mit der Vollendung der Arbeit, die zweite mit der Abnahme des Werks durch die Marinebauverwaltung eintreten solle. Demgemäß ergibt sich als der Sinn des angeführten Satzes, daß, auch wenn die Einredebehauptung der Beklagten der Wahrheit entsprechen sollte, dies nach § 916 Abs. 2 C.P.O. den Arrest nicht hindern könne. Ein Rechtsirrtum liegt hier nicht vor.

Mit der Frage, ob die noch mangelnde Vollendung der Arbeit an sich den Arrest als unstatthaft erscheinen läßt, beschäftigt der Berufungsrichter sich nicht ausdrücklich, obwohl eine Einrede der Beklagten nach dieser Richtung hin vorlag; zur Aufhebung des Urteils aber nötigt dies bei Berücksichtigung der materiellen Rechtslage nicht. Eine aus einem zweiseitigen Vertrage hervorgegangene, rechtsbeständige, durch eine peremptorische Einrede nicht entkräftete Forderung verliert ihre Tauglichkeit zur Grundlage eines Arrests begrifflich nicht dadurch, daß ihr Inhaber die ihm aus dem Vertrage obliegende Leistung noch nicht oder noch nicht vollständig beschafft hat; denn einerseits gewähren die Worte des Gesetzes für eine solche Annahme keinen Anhalt, und andererseits kann ein begründeter und dringender Anlaß für die Sicherung einer Forderung im Arrestwege auch da, wo ihr Inhaber die von ihm geschuldete Leistung noch in seiner Verfügung hat, sehr wohl vorhanden sein. Ob besondere Umstände, z. B. wenn der Arrestkläger die ihm nach dem Vertrage obliegende Vorleistung weigert oder vertragswidrig Zug um Zug zu leisten nicht bereit ist, dem Arrestbeklagten eine Einrede gegen das Arrestbegehren zu schaffen vermögen, kann dahingestellt bleiben, weil im gegenwärtigen Falle solche besonderen Umstände nicht geltend gemacht sind. Nach den eigenen Angaben der Beklagten hatte Kläger den bei weitem größten Teil der Arbeit ausgeführt; nur einige geringfügige Leistungen, das Ölen und Schleifen eines Teiles der Terrazzoböden, fehlten noch.

Dies beruhte nicht etwa auf einer Säumnis des Klägers, sondern, wie Beklagte nicht bestreitet, darauf, daß die noch übrige Tätigkeit des Klägers von derjenigen der Handwerker abhängig, und diese noch nicht bis zu einem die Ausführung der Arbeit ermöglichenden Grade vorgeschritten war. Seine Bereitwilligkeit zur Vornahme der Arbeit hat Kläger erklärt. Der Einwendung der Beklagten würde außerdem die Vorschrift in § 320 Abs. 2 B.G.B. entgegenstehen, nach welcher, wenn von der einen Seite teilweise geliefert worden ist, die Gegenleistung insoweit nicht verweigert werden kann, als die Verweigerung nach den Umständen, insbesondere wegen verhältnismäßiger Geringfügigkeit des rückständigen Teiles, gegen Treu und Glauben verstoßen würde."

---

47. Inwieweit finden die Vorschriften über die Verpflichtung des Verkäufers zur Gewährleistung wegen Mängel der Sache auf einen Vergleich Anwendung?

B.G.B. §§ 779. 493.

VII. Civilsenat. Urt. v. 20. März 1903 i. S. M. (Bekl.) w. R. & K. (Kl.). Rep. VII. 479/02.

I. Landgericht Koblenz.
II. Oberlandesgericht Köln.

Die Klägerin lieferte der Beklagten im Sommer 1899 käuflich eine Spannrahm- und Trockenmaschine zum Preise von 14000 *M*. Die Beklagte erhob Ausstellungen an der Maschine und weigerte die endgültige Abnahme. In einem Briefe vom 29. April 1900 erklärte sie, daß sie bereit sei, die Maschine zu übernehmen, wenn die Klägerin die Blechtrommeln in haltbarem und starkem Stahlblech ersetze und ebenso für die zu schwach befundenen Räder starken Ersatz liefere, sowie neben der Vergütung für gehabte Auslagen eine angemessene Zinsen- und Abschreibungsquote gewähre. Nach mehrfachem Depeschenwechsel kam zwischen den Parteien ein Vergleich zustande. Die Klägerin telegraphierte am 1. Mai 1900, daß sie Übernahme der Maschine unter Nachlieferung der Stahltrommeln und Räder ihrerseits ohne Einzelabrechnung zu 11000 ℳ vorschlage; die Beklagte bot 10000 ℳ, womit Klägerin einverstanden war. In den Bestätigungsschreiben vom 2. Mai 1900 wurde festgestellt, daß $^2/_3$ des Preises sofort, $^1/_3$ nach Lieferung der Ersatzteile entrichtet werden sollten. Die Klägerin lieferte, nachdem ihr 6667 ℳ gezahlt worden waren, bis Ende Juli 1900 12 Räder und 5 Trommeln und erfüllte damit nach ihrer Meinung den Vergleich. Sie erhob auf Zahlung des Kaufpreisrestes von 3333 ℳ Klage. Die Beklagte begehrte Abweisung der Klage und erhob ihrerseits Widerklage auf Rücknahme der Maschine und Rückzahlung der bereits entrichteten Summe von 6667 ℳ, sowie auf Erstattung von 441,14 ℳ Auslagen und angemessene Entschädigung. Sie rügte, daß die Klägerin statt 20 Räder nur 12 und statt 8 Trommeln nur 5 geliefert habe, und daß die gelieferten Teile bis auf 2 Räder nicht aus Stahlguß bezw. Stahlblech hergestellt seien. Sie brauche deshalb die Maschine nicht zu behalten.

Das Landgericht verurteilte, indem es nach Anhörung eines Sachverständigen anerkannte, daß die Klägerin verpflichtet sei, der Beklagten die zur Beschaffung fehlender bezw. zum Ersatze mangelhafter 18 Räder und 5 Trommeln erforderliche Summe von 520,89 ℳ zu entrichten, die Beklagte zur Zahlung von 2812,11 ℳ nebst 5 v. H. Zinsen seit 1. August 1900; im übrigen wies es Klage und Widerklage ab. Das Oberlandesgericht wies die von der Beklagten erhobene Berufung zurück. Die Revision ist gleichfalls zurückgewiesen.

Aus den Gründen:

... „Die von den Parteien geltend gemachten Ansprüche werden auf den im Jahre 1900 zwischen ihnen geschlossenen Vergleich gestützt, und es kommt daher zunächst das neue Recht zur Anwendung (Art. 170 Einf.-Ges. zum B.G.B.). Die Vorinstanzen legen den Vergleich dahin aus, daß zur Beseitigung des Streites über die der Beklagten von der Klägerin gelieferte Maschine die erstere sich verpflichtet hat, die in ihrem Besitze befindliche Maschine fest zu übernehmen, wogegen die Klägerin einen Preisnachlaß von 4000 ℳ gewährte und sich ihrerseits zur Lieferung gewisser Maschinenteile, nämlich von 5 Stahlblechtrommeln und sämtlicher Räder, anheischig machte; der auf 10000 ℳ herabgesetzte Kaufpreis sollte zu zwei Dritteilen sofort, zu einem Drittel nach Lieferung der Ersatzteile bezahlt werden. Diese Auslegung des Vergleichs ist rechtlich nicht zu beanstanden; insbesondere sind es tatsächliche, rechtlich bedenkenfreie Erwägungen, aus denen der Berufungsrichter in Übereinstimmung mit dem ersten Richter dazu gelangt, die Verpflichtung der Klägerin auf fünf Trommeln — statt der von der Beklagten geforderten acht — zu beschränken. Dem so festgestellten Inhalte des Vergleichs gegenüber hat der Berufungsrichter mit Recht verneint, daß die mangelhafte Lieferung der Ersatzteile und deren teilweise Nichtlieferung, wie sie nach dem Gutachten des Sachverständigen der Klägerin zur Last fällt, der Beklagten die Befugnis gebe, die Maschine selbst zur Verfügung zu stellen und unter Ablehnung weiterer Zahlungen den bereits entrichteten Kaufpreis zurückzufordern und Schadensersatz wegen Nichterfüllung des ursprünglichen Kaufvertrages zu begehren. Der Vergleich ist ein Vertrag, durch den der Streit oder die Ungewißheit der Parteien über ein Rechtsverhältnis im Wege gegenseitigen Nachgebens beseitigt wird (§ 779 B.G.B.). Die rechtliche Natur des Vergleichs wird also durch den das Geschäft beherrschenden Zweck bestimmt, zu dessen Erreichung sich die Parteien der mannigfachsten rechtlichen Mittel bedienen können. Der Vergleich kann den Verzicht auf ein Recht oder die Begründung eines solchen, das Versprechen einer Sach- oder sonstigen Leistung in sich schließen; er kann namentlich auch auf die entgeltliche Veräußerung einer Sache gerichtet sein. Insoweit das letztere zutrifft, finden die Vorschriften über die Verpflichtung des Verkäufers zur Gewährleistung wegen Mängel der Sache Anwendung (§ 493 B.G.B.).

Vgl. Planck, Bemerk. 2 zu § 445 und Bemerk. zu § 493 B.G.B. Der Wandelungs- oder Minderungsanspruch (§ 462 B.G.B.) ist also auch bezüglich der vergleichsweise geleisteten Sachen gegeben. Aber er erstreckt sich nur auf den Vergleich als Veräußerungsgeschäft; in diesem Umfange kann der Vergleich rückgängig gemacht oder die Vergleichssumme gemindert werden; Gewähr ist zu leisten nur hinsichtlich der vergleichsweise gegebenen Sachen. Im vorliegenden Falle hat die Klägerin aus dem Vergleich, auf den es allein ankommt, nicht die beanstandete Maschine zu liefern, sondern die näher bezeichneten Ersatzteile (Trommeln und Räder). Darum kann die Gewährleistungspflicht sich nur auf Mängel dieser Teile, die natürlich auch darin bestehen können, daß sie für die Maschine nicht passen, nicht auch auf die Maschine selbst beziehen. Diese hat die Beklagte fest übernommen, sie ist endgültig deren Eigentümerin geworden. Mit der Lieferung der Ersatzteile steht es nicht anders, als wenn sich die Klägerin verpflichtet hätte, sie zu einer der Beklagten bereits gehörigen Maschine zu liefern. Wegen der Ersatzteile kann gewandelt oder gemindert werden; nicht aber begründen Mängel dieser Teile das Recht auf Rücknahme der Maschine. Was die Beklagte erstrebt, ist nicht Wandelung nach Maßgabe des Vergleichs, sondern Beseitigung des ganzen Vergleichs — womit der frühere Zustand, wie er vor dem Vergleich durch den im Jahre 1899 geschlossenen Kaufvertrag gegeben war, wiederhergestellt, und namentlich auch die Forderung auf den ursprünglichen Kaufpreis von 14000 *M* wieder aufleben würde. Es liegt auf der Hand, daß diese Folge nicht deshalb eintreten kann, weil die im Vergleich versprochene Leistung mangelhaft ist." ... (Es wird weiter ausgeführt, daß auch die teilweise Nichtlieferuug der versprochenen Ersatzteile das Recht auf Rückgängigmachung des Vergleichs nicht begründe.)

---

48. Welche Anforderungen sind an die Beglaubigung einer Firmenzeichnung zu stellen, die der Kaufmann bei Anmeldung seiner Firma zur Aufbewahrung bei Gericht einreichen soll?

H.G.B. §§ 12. 29.

Gesetz über d. Angelegenh. d. freiw. Gerichtsbarkeit § 183.

I. Civilsenat. Beschl. v. 23. März 1903 in der Handelsregistersache M. M. Postk. Beschw.-Rep. I. 19/03.

I. Amtsgericht Mannheim.
II. Landgericht daselbst.

Gründe:

„Der Kaufmann M. M. zu Posen betreibt in Mannheim ein Handelsgewerbe, wofür er die Firma „M. M., Postkartenverlag" angenommen und seinem in Mannheim wohnenden Sohne Prokura erteilt hat. Unterm 25. April 1902 wurde er vom Amtsgerichte zu Mannheim aufgefordert, die Firma bei Vermeidung einer Ordnungsstrafe von 20 ℳ zur Eintragung ins Handelsregister anzumelden und die vorgeschriebene Firmenbezeichnung einzureichen. Dem Amtsgerichte ging darauf folgendes Schriftstück zu:

„Ich der endesunterzeichnete Kaufmann M. M. zu Posen habe zu Mannheim in dem Hause ... ein Handelsgeschäft errichtet. Gegenstand dieses Handelsgewerbes ist der Verlag und der Verkauf von Ansichtspostkarten. Ich betreibe das Geschäft unter der Firma

M. M., Postkartenverlag.

Indem ich dieses zur Eintragung in das Handelsregister des Großherzoglichen Amtsgerichts zu Mannheim anmelde, zeichne ich meine Firma, wie nachstehend angegeben ist:

M. M., Postkartenverlag.

Gleichzeitig melde ich u. s. w. (folgt Anmeldung der Prokura).

Der Gegenstandswert dieser Erklärung beträgt 3000 ℳ.

Posen, den 16. Mai 1902.

M. M.

Auf Grund der vor mir erfolgten Fertigung beglaubige ich hierdurch nach Feststellung der Identität und Geschäftsfähigkeit die vorstehende eigenhändige Unterschrift des Kaufmanns M. zu Posen.

Posen, den 16. Mai 1902."

Folgt Unterschrift und Siegel des Notars F. in Posen.

Das Amtsgericht sandte dieses Schriftstück dem M. M. zurück mit dem Bemerken, daß auch die Firmenzeichnung notariell beglaubigt sein müsse, und wiederholte durch Beschluß vom 7. Juli die Aufforderung zur ordnungsmäßigen Anmeldung unter nochmaliger Androhung der Ordnungsstrafe von 20 ℳ. Da die gestellte Frist verstrich, ohne daß weiteres erfolgt wäre, erkannte das Amtsgericht unterm 29. Juli auf die angedrohte Strafe von 20 ℳ und wiederholte seine frühere Auflage unter Setzung einer neuen Frist und Androhung einer weiteren Ordnungsstrafe von 40 ℳ. Gegen diese Verfügung erhob M. rechtzeitig Einspruch, den er damit zu rechtfertigen versuchte, daß eine besondere notarielle Beglaubigung der Firmenzeichnung im Gesetze nicht vorgeschrieben sei und nicht gefordert werden könne. Das Amtsgericht erachtete den Einspruch jedoch nicht für begründet und hat ihn durch Beschluß vom 18. Dezember 1902 verworfen, die angedrohte Strafe von 40 ℳ festgesetzt und eine neue

Aufforderung im Sinne seines früheren Beschlusses unter Androhung einer weiteren Strafe von 50 ℳ erlassen.

Gegen diesen Beschluß legte M. rechtzeitig Beschwerde ein, die von der 2. Kammer für Handelssachen des Landgerichts zu Mannheim durch Entscheidung vom 26. Januar 1903 zurückgewiesen worden ist.

Hiergegen erfolgte rechtzeitig weitere Beschwerde mit dem Antrage, den amtsgerichtlichen Beschluß vom 18. Dezember und die früher festgesetzte Ordnungsstrafe von 20 ℳ aufzuheben und das Amtsgericht anzuweisen, die Eintragung der Firma auf Grund der vorliegenden Anmeldung und Firmenzeichnung zu bewirken.

Das Oberlandesgericht zu Karlsruhe erachtete die weitere Beschwerde nicht für begründet, sah sich aber mit Rücksicht auf eine Entscheidung des Kammergerichts zu Berlin vom 8. Dezember 1902, (abgedruckt in den im Reichs-Justizamte zusammengestellten Entscheidungen in Angelegenheiten der freiwilligen Gerichtsbarkeit und des Grundbuchrechts Bd. 3 S. 192) außer stande, nach dieser seiner Rechtsauffassung zu erkennen, und hat daher die weitere Beschwerde nach § 28 Abs. 2 des Gesetzes über die Angelegenheiten der freiwilligen Gerichtsbarkeit dem Reichsgerichte vorgelegt.

Die angezogene Entscheidung des Kammergerichts betrifft einen Fall, der mit dem hier vorliegenden im wesentlichen übereinstimmt. Auch damals lag eine Anmeldung vor, bei der die Firmenzeichnung in den Text der Urkunde aufgenommen war, und bei der sich der Beglaubigungsvermerk des Notars nur auf die unmittelbar vorhergehende Unterschrift des Anmeldenden bezog. Das Kammergericht hat dies indessen für ausreichend erachtet und die abweichende Auffassung der Vorinstanzen, die die Anmeldung beanstandet hatten, mißbilligt. Hiernach war der Konfliktsfall als gegeben anzusehen.

Was die Frage selbst anlangt, so hat sich das Reichsgericht der Rechtsauffassung angeschlossen, von der die badischen Gerichte im vorliegenden Falle ausgegangen sind, und die auch einem Beschlusse des Oberlandesgerichts Dresden vom 1. März 1901 (abgedruckt in den Annalen des Sächsischen Oberlandesgerichts zu Dresden Bd. 22 S. 157) zu grunde liegt.

Nach § 29 H.G.B. ist jeder Kaufmann verpflichtet, seine Firma und den Ort seiner Niederlassung bei dem Gerichte, in dessen Bezirke sich die Niederlassung befindet, zur Eintragung ins Handelsregister anzumelden, und er hat dabei „seine Firma zur Aufbewahrung bei dem Gerichte zu zeichnen". Ähnliche Vorschriften zur Zeichnung der Firma oder der Namensunterschrift behufs Aufbewahrung bei Gericht finden sich in § 53 für den Prokuristen, in § 108 für den vertretungsberechtigten Gesellschafter der offenen Handelsgesellschaft, in § 195 für die Mitglieder des Vorstandes der Aktiengesellschaft. Diese Vorschriften, die schon dem Allgemeinen Deutschen Handelsgesetzbuche bekannt waren, bezwecken, wie bei dessen Beratung hervorgehoben worden ist, den Beteiligten eine möglichst sichere Unterlage für die im Handelsverkehre häufig erforderliche Prüfung der Echtheit von Unterschriften zu gewähren.

In Zusammenhang damit steht die Vorschrift des § 12, der in Abs. 1 bestimmt:

„Die Anmeldungen zur Eintragung in das Handelsregister sowie die zur Aufbewahrung bei dem Gerichte bestimmten Zeichnungen von Unterschriften sind persönlich bei dem Gerichte zu bewirken oder in öffentlich beglaubigter Form einzureichen."

Das Gesetz eröffnet demnach für die Zeichnungen von Unterschriften einen zwiefachen Weg: die persönliche Bewirkung bei dem Gerichte und die Einreichung in öffentlich beglaubigter Form.

Was den hier allein in Betracht kommenden zweiten Weg anlangt, so könnte allerdings auf den ersten Blick die Annahme gerechtfertigt erscheinen, daß das Gesetz hiermit die in § 183 des Gesetzes über die Angelegenheiten der freiwilligen Gerichtsbarkeit geregelte „Beglaubigung einer Unterschrift" im Auge habe. Für richtig kann diese Annahme aber nicht gelten.

Die Bestimmung des § 183 steht in Verbindung mit § 129 B.G.B.:

„Ist durch Gesetz für eine Erklärung öffentliche Beglaubigung vorgeschrieben, so muß die Erklärung schriftlich abgefaßt und die Unterschrift des Erklärenden von der zuständigen Behörde oder einem zuständigen Beamten oder Notar beglaubigt werden."

Mit Rücksicht hierauf verfügt § 183 in Abs. 1:

„Die gerichtliche oder notarielle Beglaubigung einer Unterschrift darf nur erfolgen, wenn die Unterschrift in Gegenwart des Richters oder des Notars vollzogen oder anerkannt wird."

Es handelt sich demnach bei dieser gesetzlichen Vorschrift um Fälle, in denen eine Unterschrift abgegeben wird behufs Genehmigung einer schriftlich abgefaßten Erklärung von rechtsgeschäftlicher Bedeutung, also um Urkunden, deren Beweiskraft in § 416 C.P.O. geregelt ist. Bei der öffentlichen Beglaubigung einer derartigen Unterschrift begnügt sich das Gesetz damit, daß die Unterschrift von dem Erklärenden auch nur anerkannt wird, sieht also davon ab, ihre tatsächliche persönliche Vollziehung durch den Erklärenden durch ein behördliches Zeugnis sicher zu stellen.

Bei der Zeichnung der Unterschrift nach den angezogenen Bestimmungen des Handelsgesetzbuchs aber ist dies gerade der Umstand, auf den es ankommt. Hier dient die Zeichnung nicht zur rechtsgeschäftlichen Genehmigung einer „Erklärung", sondern sie wird um ihrer selbst willen abgegeben. Das Bild der Unterschrift, wie sie entsteht, wenn der Zeichnende sie persönlich bewirkt, soll zu dauernder Aufbewahrung geschaffen werden. Es ist die eigenhändige „Vornahme der Zeichnung" (vgl. die Fassung des § 14 B.G.B.), deren Beurkundung hier in Frage steht.

Wenn das Gesetz demnach für diesen Akt „die Einreichung in öffentlich beglaubigter Form" vorschreibt, so ergibt sich damit ohne weiteres, daß hierfür die in § 183 Fr.G.G. zugelassene Beglaubigung, die auch bei einer bloßen Anerkennung der Unterschrift gestattet ist, nicht unter allen Umständen ausreicht, daß vielmehr eine solche Beglaubigung gefordert werden muß, aus der sich die persönliche Vollziehung der Unterschrift durch den Zeichnenden ergibt.

Im vorliegenden Falle hat sich der Notar bei der Beglaubigung des Schriftstücks vom 16. Mai 1902 nun zwar nicht einer nach § 183 Fr.G.G. zulässigen Wendung bedient, die es unentschieden läßt, ob die Unterschrift in seiner Gegenwart vollzogen oder bloß anerkannt ist; er hat vielmehr ausdrücklich bezeugt, daß die Unterschrift eigenhändig vor ihm gefertigt worden sei. Aber dieses Zeugnis bezieht sich nur auf die letzte, die ganze Erklärung abschließende Unterschrift, bei deren Abgabe M. M. auch nur seinen bürgerlichen Namen, nicht aber die mit einem Zusatze (§ 18 Abs. 2 H.G.B.) versehene Firma gezeichnet hat. Für die im Texte der Urkunde enthaltene Firmenzeichnung aber fehlt es an jeder Beglaubigung, daß auch sie eigenhändig von M. M. gefertigt worden sei. Es liegt dafür nur sein eigenes Anerkenntnis vor, mit dem sich das Gesetz nicht begnügt.

Hiernach mußte die weitere Beschwerde als unbegründet zurückgewiesen werden."

---

49. Zur Feststellung des Begriffes der Ausstattung im Sinne des § 15 des Gesetzes vom 12. Mai 1894.

II. Civilsenat. Urt. v. 24. März 1903 i. S. B. & R. (Bekl.) w. G. & Co. (Kl.). Rep. II. 559/02.

I. Landgericht Mannheim.
II. Oberlandesgericht Karlsruhe.

Kaufmann D. hatte für ein angeblich von ihm erfundenes, aus Pappe gestanztes, am Rande gezacktes sog. Sternkärtchen (Peloton) unter dem 24. Januar 1888 einen Eintrag zum Musterschutzregister erwirkt, und zwar als Muster für plastische Erzeugnisse und auf eine Schutzfrist von 15 Jahren. Mit Vertrag vom 6./8. März 1889 trat D. seine Rechte aus diesem Eintrag, aber nur für Seide und Halbseide, an die Klägerin ab. Die letztere brachte seit 1889 von ihr fabrizierte Nähseide auf solche Sternkarten gewickelt, wie sie von ihr im Prozeß in einer Reihe von Exemplaren vorgelegt wurden, in den Verkehr. Die Beklagte, die ebenfalls Nähseide fabrizierte, brachte einige Zeit nachher ihre Seide ebenfalls auf sog. Sternkarten gewickelt in den Verkehr und tat dies auch noch zur Zeit und nach der Klagerhebung gegen sie. Gleiches geschah auch von anderen Konkurrenzfirmen der Klägerin. Gegen eine derselben, die Firma G., hatte die Klägerin im Jahre 1895, gestützt auf das Musterschutzgesetz vom 21. Januar 1876 und eventuell auf das Gesetz zum Schutz der Warenbezeichnungen vom 12. Mai 1894, Klage erhoben. Diese wurde abgewiesen, und die Berufung der Klägerin durch Urteil des Oberlandesgerichts zu Karlsruhe vom 21. Mai 1896 zurückgewiesen. Die gegen die Beklagte erhobene Klage war ebenfalls auf Verletzung des Musterschutzgesetzes, die hier nicht weiter in Betracht kommt, und auf Verletzung des § 15 des Gesetzes vom 12. Mai 1894 begründet. Das Landgericht erachtete eine Verletzung dieser letzteren Gesetzesbestimmung als vorliegend; es untersagte der Beklagten, „Seidenfaden mit der Ausstattung durch Aufwickeln auf Sternkarten nach den näher im Urteil bezeichneten Mustern zu versehen, in den Verkehr zu bringen oder feilzuhalten", und verurteilte die Beklagte dem Grunde nach zum Ersatze des der Klägerin bisher entstandenen Schadens. Das Oberlandesgericht wies die Berufung der Beklagten als unbegründet zurück. Auf deren Revision wurde das Berufungsurteil aufgehoben, und die Sache an das Berufungsgericht zurückverwiesen.

Aus den Gründen:

... „Das Berufungsgericht hat bei Zurückweisung der auf das Gesetz, betreffend das Urheberrecht an Mustern und Modellen, vom 11. Januar 1876 und auf den Eintrag im Musterregister vom 24. Januar 1888 gestützten Begründung des Klaganspruchs durch Billigung der Ausführungen des ersten Richters und der Gründe des Oberlandesgerichts Karlsruhe in dem Urteile vom 21. Mai 1896 zur Sache der Klägerin wider G. den Standpunkt eingenommen, daß die Sternkarte in Verbindung mit der darauf gewickelten Seide, weil die Umwickelung mit dieser lediglich praktischen Zwecken diene, ein Gebrauchsmuster, und kein Geschmacksmuster sei. Es hat jedoch angenommen, dem von der Klägerin für ihre Sternkarten beanspruchten Schutze aus § 15 des Gesetzes zum Schutz der Warenbezeichnungen stehe nicht entgegen, daß die Gestaltung, in welcher die Klägerin ihre Fabrikate angeboten hat, teilweise zugleich technischen Zwecken diene, und hat die von der Beklagten angerufene Entscheidung des I. Civilsenats des Reichsgerichts vom 20. November 1897,

Entsch. des R.G.'s in Civils. Bd. 40 S. 67,

mit der Erwägung ausgeräumt, daß es sich in jenem Falle um einen Bestandteil der Ware, hier aber um deren äußere Erscheinungsform handle. Diese Ausführungen sind nicht frei von Rechtsirrtum. In dem Begriffe der Ausstattung einer Ware im Sinne des § 15 des Gesetzes zum Schutz der Warenbezeichnungen liegt es in gleichem Maße wie in dem Begriffe des Warenzeichens im Sinne des § 1 jenes Gesetzes, daß sie für die Ware nur eine dieselbe von der gleichen Ware anderer unterscheidende Bedeutung habe. Hat die angebliche Ausstattung für die Ware zugleich eine technisch funktionelle Bedeutung, so greift in dem Umfange, als jene technisch funktionelle Bedeutung reicht, der Schutz aus § 15 a. a. O. nicht Platz. Denn niemand kann eine technische Verbesserung, eine den Gebrauch und die Benutzung der Ware erleichternde Einrichtung als Ausstattung geschützt verlangen. Dadurch würde er in Wirklichkeit ein Alleinrecht — ein Monopol — auf ein technisches Element erlangen, für das nur die zeitlich beschränkten Schutzrechte des Patentes oder Gebrauchsmusterschutzes gegeben sind. Die rechtliche Folge hieraus ist: der für Anwendung eines solchen technischen Elementes notwendige und den Zwecken der Ware entsprechende, in diesem Sinne angemessene Teil der Aufmachung der Ware steht nicht unter dem Schutze des § 15 a. a. O.; durch diese Gesetzesbestimmung ist in Fällen dieser Art geschützt nur die besondere, im Sinne der obigen Darlegungen nicht notwendige und angemessene Art der Aufmachung, deren besondere Kennzeichnung durch Farbe, Aufdruck rc und das dadurch geschaffene Gesamtbild. Diesen Standpunkt nimmt auch der I. Civilsenat des Reichsgerichts in der bezogenen Entscheidung,

Entsch. des R.G.'s in Civils. Bd. 40 S. 67,

ein, wenn er ausführt, es sei „ausgeschlossen, die Gestaltung einer Ware zu technischem Zwecke als Ausstattung zu schützen, wenn sie... als Ausstattung nicht gewollt werden kann, weil sie im gemeinen Gebrauche ist, und ihre Verwendung deshalb niemandem versagt werden kann". Denn ein technisches Element, für das keines der besonderen Schutzrechte — Patent oder Gebrauchsmusterschutz — besteht, ist im gemeinen Gebrauche, und dessen Verwendung kann deshalb niemandem versagt werden. Weiterhin steht einer einschränkenden Auslegung dieser Ausführungen des I. Civilsenats dahin, daß sie nur die Gestaltung einer Ware, nicht aber die Gestaltung ihrer Aufmachung zu technischem Zwecke umfassen, der unmittelbar anschließende Erwägungsgrund entgegen, daß ohne strenge Festhaltung dieses Grundsatzes unter dem Schilde der Ausstattung ein vom Gesetz nicht gewollter Schutz für Bestandteile und technische Gestaltungen würde erreicht werden können, die dem gemeinen Gebrauche anheimgefallen sind.

Nach dem Vorbringen der Beklagten enthält die in dem Aufwickeln von Nähseide auf sog. Sternkarten liegende Benutzung eines ausgezahnten oder ausgezackten Rades — eines Sternrades — zum

Aufwickeln von Seidenfaden und das Durchlochen dieses Rades, um es z. B. an Nähmaschinen aufsetzen zu können, technische Elemente, und das Berufungsgericht nimmt anscheinend gleichfalls diesen Standpunkt ein. Wäre dies aber richtig, so kann nach den obigen Rechtsausführungen der Ausstattungsschutz nicht angerufen werden gegen die Verwertung jener technischen Elemente für die gleiche Warenart durch andere; er erstreckt sich also nicht auf das Sternrad als solches oder auf das durchlochte Sternrad, auch nicht auf das Sternrad in den für Nähseide angemessenen Formen, sondern nur auf die besondere Gestaltung des Rades, auf die besondere — im Sinne der obigen Darlegungen nicht notwendige und angemessene — Art des Aufwickelns, auf die weitere besondere Kennzeichnung durch Farbe, Aufdruck 2c und den dadurch begründeten Gesamteindruck.

Das Berufungsgericht geht nach den obigen Darlegungen von einer anderen rechtlichen Auffassung aus; deshalb fehlt in seinen Urteilsgründen eine zureichende Erörterung darüber, was in den streitigen Aufmachungen dem technisch funktionellen Gebiete angehöre, und ob dasjenige, was im Sinne der obigen Darlegungen noch als mögliche Grundlage eines Ausstattungsschutzes verbleibt, die Ansprüche der Klägerin zu rechtfertigen geeignet wäre. Diese Mängel des Berufungsurteils führen zu dessen Aufhebung, aber auch zur Zurückverweisung der Sache an das Berufungsgericht, da die zuletzt erwähnten Fragen wenigstens zum Teil dem Gebiete der Tatsachenwürdigung angehören, und die Sache in dieser Beziehung noch weiterer tatsächlicher Erörterung bedarf." ...

50. Kann im Handelsverkehre ein Vertrag durch Stillschweigen auf ein vertragliches Anerbieten zustande kommen? Kann ein solches Zustandekommen eines Vertrags im Handelsverkehre selbst dann angenommen werden, wenn nicht feststeht, daß der Stillschweigende von dem ihm zugegangenen schriftlichen Vertragsanerbieten Kenntnis genommen hat?

H.G.B. § 346.

II. Civilsenat. Urt. v. 24. März 1903 i. S. P. (Bekl.) w. B. (Kl.). Rep. II. 403/02.

I. Landgericht Weimar.
II. Oberlandesgericht Jena.

Zwischen den Parteien wurde am 10. Februar 1900 ein Kaufvertrag abgeschlossen, nach welchem der Kläger sich verpflichtete, dem Beklagten 3000 Kilo Wollgarn zu liefern. Auf Grund dieses Abschlusses setzte der Kläger ein vom nämlichen Tag datiertes und an den Beklagten gerichtetes Schreiben folgenden Inhalts auf: „Hiermit bestätige ich Ihren Auftrag auf 3000 Kilo 2f. 48er aa Marke C. und S. à 5,80 ℳ, Spinner Kondition, Abnahme successive bis 3. Quartal 1900". Dieses Schreiben händigte der Kläger dem Beklagten ein, der es ohne Widerspruch entgegennahm.

Im Mai 1900 verlangte der Beklagte auf Grund des Abschlusses von dem Kläger, daß dieser ihm 1000 Kilo Garn in 2f. 64er Feinheit liefere. Der Kläger entsprach diesem Verlangen nicht, bot aber dem Beklagten 1000 Kilo Garn in 2f. 48er Feinheit an, deren Abnahme der Beklagte jedoch verweigerte.

Kläger erhob daher gegen den Beklagten Klage auf Zahlung von 5800 ℳ als des vereinbarten Kaufpreises für 1000 Kilo Garn 2f. 48er Feinheit.

Der Beklagte beantragte Abweisung der Klage, indem er ausführte: Das Schreiben des Klägers vom 10. Februar 1900, — das er zwar entgegengenommen, aber ungelesen in die Tasche gesteckt und das auch, weil es von ihm nicht mitunterzeichnet sei, keine rechtliche Bedeutung habe, — gebe den Inhalt des Vertrags insofern nicht vollständig wieder, als darin nicht zum Ausdruck gekommen sei, daß der Abschluß auf Basis 48er Feinheit erfolgt sei. Dieser bei dem Kaufabschlusse gebrauchte Ausdruck habe nach dem bestehenden Handelsgebrauche im vorliegenden Falle folgende Bedeutung: Dem Beklagten sei das Recht eingeräumt, die Lieferung des Garns nicht nur in 2f. 48er Feinheit, sondern auch in gröberen und feineren Nummern und zwar nach oben bis zu 2f. 64er Feinheit zu verlangen.

Der Kläger erwiderte, sein Schreiben vom 10. Februar 1900, das als Schlußnote aufzufassen sei, gebe die Vereinbarungen der Parteien richtig wieder.

Das Landgericht wies die Klage ab, indem es als erwiesen erachtete, daß der Vertrag so, wie der Beklagte behauptete, mündlich abgeschlossen worden sei.

Auf die Berufung des Klägers erkannte das Oberlandesgericht unter Abänderung des landgerichtlichen Urteils auf einen von dem Kläger zu leistenden Eid darüber, daß er den Beklagten nicht nachträglich von seiner vertraglichen Abnahmepflicht entbunden habe, und sprach für den Fall der Leistung dieses Eides die Verurteilung des Beklagten zur Zahlung der eingeklagten 5800 ℳ, für den Fall der Verweigerung des Eides aber die Abweisung der Klage aus. In den Gründen ist im wesentlichen ausgeführt: Ob bei der Kaufverhandlung vom 10. Februar 1900 mündlich vereinbart worden sei, daß dem Beklagten das Recht zustehen solle, die Lieferung des bestellten Garns auch in anderen Nummern als in der Nr. 48, und zwar nach oben bis zu 2 f. 64er Feinheit, zu verlangen, könne dahingestellt bleiben; denn auf diese Vereinbarung würde sich der Beklagte deshalb nicht berufen können, weil sie in das Bestätigungsschreiben des Klägers vom 10. Februar 1900 nicht mit aufgenommen worden sei. Das Schweigen des Beklagten auf dieses Schreiben müsse aber als Genehmigung des Inhalts desselben gelten, namentlich auch soweit dieser sich auf die Feinheit des zu liefernden Garns beziehe. Der Kläger habe aber mittels dieses Schreibens dem Beklagten kundgegeben, daß das Garn in 2 f. 48er Feinheit zu liefern sei, und daß er eine darüber hinausgehende vertragsmäßige Verpflichtung nicht übernehmen wolle. Im Falle seines Nichteinverständnisses hiermit hätte der Beklagte sich alsbald gegen diese Vertragsauslegung verwahren sollen. Dies habe er aber nicht getan. Der Anspruch des Klägers auf Bezahlung des vereinbarten Kaufpreises für diese vom Kläger dem Beklagten angebotene Garnqualität sei daher an sich gerechtfertigt.

Die vom Beklagten gegen dieses Urteil eingelegte Revision wurde zurückgewiesen aus folgenden

Gründen:

„Der Revisionskläger hat hauptsächlich gerügt, das Berufungsgericht habe den Inhalt und die Bedeutung des Briefs des Klägers vom 10. Februar 1900 verkannt, indem es denselben als „konstitutives Bestätigungsschreiben", d. h. als zur Präzisierung des Vertragskonsenses bestimmt, und nicht als ein bloßes Beweismittel für die Behauptungen des Klägers über den Inhalt des mündlich abgeschlossenen Vertrags aufgefaßt habe; denn die Parteien seien darüber einverstanden gewesen, daß der Vertrag mündlich abgeschlossen worden sei, und daß das fragliche Schreiben keine Abweichung von der mündlichen Vereinbarung enthalten solle. Diese Beschwerde erscheint als unbegründet. Das Berufungsgericht hat zwar auf Grund der beiderseitigen Behauptungen der Parteien ein Einverständnis derselben darüber angenommen, daß der fragliche Lieferungsvertrag zunächst mündlich abgeschlossen worden sei. Aber es hat dennoch dem Schreiben des Klägers vom 10. Februar 1900 insofern eine „konstitutive" Bedeutung beigelegt, als es festgestellt hat, daß der Kläger dasselbe in der unverkennbaren Absicht verfaßt und dem Beklagten eingehändigt habe, diesen wissen zu lassen, wie er, der Kläger, den Inhalt des mündlich abgeschlossenen Vertrags auffasse, und hierdurch den Beklagten zu einer Prüfung zu veranlassen, ob diese Auffassung mit der seinigen im Einklang stehe. Indem das Berufungsgericht hiernach angenommen hat, daß der Kläger mit diesem Schreiben bezweckt habe, den gesamten Inhalt des mündlich bereits geschlossenen Vertrags in der Weise endgültig näher festzustellen, daß ausschließlich der Inhalt dieses Schreibens für den Umfang der beiderseitigen Rechte und Pflichten aus dem Vertrage maßgebend sein solle, hat es dem Schreiben und den sich hierauf beziehenden Handlungen des Klägers eine andere Auslegung gegeben, als der Beklagte, der in diesen Handlungen des Klägers lediglich die Absicht finden will, sich ein Beweismittel für den Inhalt des mündlich abgeschlossenen Vertrags zu verschaffen. Die fragliche Revisionsbeschwerde verstößt daher insoweit gegen die erwähnte, von dem Berufungsgerichte bezüglich der selbständigen vertraglichen Bedeutung dieses Schreibens getroffene Feststellung, welche als eine rein tatsächliche in diesem Punkte der Nachprüfung des Revisionsgerichts entzogen ist. Im übrigen ist aber in den rechtlichen Folgerungen, welche das Berufungsgericht aus diesem Schreiben und dem sich auf dasselbe beziehenden beiderseitigen Verhalten hergeleitet hat, ein Rechtsirrtum nicht zu finden. Es handelt sich nämlich, — wenn man mit dem Berufungsgerichte von der Unterstellung ausgeht, daß nicht schon durch den mündlich geschlossenen Vertrag die Beschaffenheit des von dem Kläger zu liefernden Garns in derselben Weise bestimmt worden ist, wie dies durch das Schreiben des Klägers vom 10. Februar 1900 geschehen ist, — bei dem letzteren Schreiben und dem Schweigen des Beklagten hierauf um eine über die Beschaffenheit der zu liefernden Ware nachträglich getroffene stillschweigende

Vereinbarung, auf welche die allgemeinen Rechtsgrundsätze über das Zustandekommen von Verträgen Anwendung finden (§ 305 B.G.B.). Wenn nun auch die im gegebenen Falle allein in Betracht kommende Frage, ob im Handelsverkehre ein Vertrag auch durch Stillschweigen auf ein Vertragsanerbieten zustande kommen kann, weder im Handelsgesetzbuch noch im Bürgerlichen Gesetzbuch ausdrücklich geregelt ist, so ist hieraus doch nicht zu schließen, daß der Gesetzgeber dadurch die rechtliche Möglichkeit eines derartigen Zustandekommens eines Vertrags verneinen wollte, zumal da in den Protokollen der II. Kommission für das Bürgerliche Gesetzbuch (S. 8365) hervorgehoben ist, daß die Frage, was als stillschweigende Willenserklärung zu gelten habe, in dem Bürgerlichen Gesetzbuch nicht entschieden werden solle. Hiernach ist jedenfalls die Aufrechterhaltung des in dieser Hinsicht vor Einführung des Bürgerlichen Gesetzbuchs und des Handelsgesetzbuchs n. F. im Deutschen Reiche bestehenden Rechtszustandes nicht als der Absicht des Gesetzgebers widersprechend anzusehen. Unter der Herrschaft und auf Grund des Art. 279 H.G.B. a. F., mit welchem § 346 H.G.B. n. F. hinsichtlich der Beziehungen von Kaufleuten zueinander übereinstimmt, ist aber gerade auf dem handelsrechtlichen Gebiete von der Rechtsprechung vielfach das Schweigen des einen Teils auf eine Willenserklärung des anderen Teils, die im Falle des Nichteinverständnisses des Empfängers eine alsbaldige Antwort desselben erheischt haben würde, als Einverständnis mit dieser Willenserklärung aufgefaßt worden.

Vgl. z. B. Entsch. des R.O.H.G.'s Bd. 1 S. 81 flg., Bd. 3 S. 113, Bd. 4 S. 205, Bd. 15 S. 96, Bd. 16 S. 41, Bd. 22 S. 130 flg., Bd. 24 S. 196; Entsch. des R.G.'s in Civils. Bd. 30 S. 62 und weitere Urteile des R.G.'s vom 4. Mai 1894, 15. Dezember 1896, 18. Januar 1898 (Jurist. Wochenschr. 1894 S. 318 Nr. 22, 1897 S. 88 Nr. 34, 1898 S. 162 Nr. 29), vom 10. Februar 1898 (Sächsisches Archiv Bd. 8 S. 451).

Es darf daher im Hinblick auf diese frühere Rechtsentwickelung einerseits und auf die Vorschrift des § 346 H.G.B. n. F. andererseits, — wonach unter Kaufleuten in Ansehung der Bedeutung und Wirkung von Handlungen und Unterlassungen auf die im Handesverkehre geltenden Gewohnheiten und Gebräuche Rücksicht zu nehmen ist, — unbedenklich angenommen worden, daß auch nach dem neuen Rechte im Handelsverkehre das Stillschweigen eines Kaufmanns auf ein ihm von einem anderen Kaufmanne gemachtes vertragliches Anerbieten im Hinblick auf derartige Gewohnheiten oder Gebräuche unter Umständen als Zustimmung angesehen werden kann, wie dies der erkennende Senat bereits in seinen Urteilen vom 30. Mai 1902 Rep. II. 60/02, 21. Oktober 1902 Rep. II. 187/02 und 30. Januar 1903 Rep. II. 490/02 ausgesprochen hat. Im gegebenen Falle hat aber das Berufungsgericht in dem dem fraglichen Schreiben vorausgegangenen mündlichen Abschlusse eines Kaufvertrags über eine Ware, bezüglich deren die genaue schriftliche Bestimmung ihrer Beschaffenheit offenbar im Interesse der beiden Vertragschließenden lag, und in der von ihm angenommenen Möglichkeit einer verschiedenen Auffassung derselben über diese Beschaffenheit solche besondere Umstände festgestellt, auf Grund deren es unter Berücksichtigung der in dem Handelsverkehre geltenden Gewohnheiten und Gebräuche und der Grundsätze von Treu und Glauben (§ 157 B.G.B.) den Beklagten als zur alsbaldigen Beantwortung des klägerischen Schreibens vom 10. Februar 1900 im Falle seines Nichteinverständnisses mit dessen Inhalte verpflichtet, sein Stillschweigen hierauf als Zustimmung und somit den Inhalt dieses Schreibens als für die beiderseitigen Rechte und Pflichten maßgebend ansehen durfte.[1] Die Anwendung der obigen Grundsätze auf den vorliegenden Fall erscheint um so unbedenklicher, als aus der Begründung des angefochtenen Urteils die Annahme des Berufungsgerichts erhellt, daß der Kläger in dem Schreiben vom 10. Februar 1900 seine in Wirklichkeit vorhandene Auffassung von dem Inhalte des mündlich abgeschlossenen Vertrags habe darlegen wollen, hiermit aber jede Arglist des Klägers, namentlich eine Absicht desselben, durch sein Schreiben eine Änderung des mündlich abgeschlossenen Vertrags herbeizuführen, mittelbar verneint ist.

Ferner ist auch darin kein rechtlicher Verstoß zu finden, daß das Berufungsgericht eine auf Grund des klägerischen Schreibens vom 10. Februar 1900 zustande gekommene stillschweigende Vereinbarung über die Beschaffenheit des Kaufgegenstands angenommen hat, obgleich

---

[1] Vgl. auch die Urtt. des Reichsgerichts vom 15. April 1885, Rep. I. 481/84, bei Bolze, Bd. 1 Nr. 654, vom 15. Dezember 1896, Rep. III. 85/96, und vom 18. Januar 1898, Rep. III. 302/98, Jurist. Wochenschrift von 1897 S. 88 Nr. 84, und 1898 S. 162 Nr. 29. D. E.

es die Behauptung des Beklagten, daß er dieses Schreiben, ohne es zu lesen, in die Tasche gesteckt, somit damals von seinem Inhalt keine Kenntnis genommen habe, nicht verneint hat; denn durch den Grund, womit das Berufungsgericht diesen Einwand des Beklagten beseitigt hat, — daß er nämlich dieses sein Verhalten zu vertreten habe, da er nach dem Zweck des fraglichen Bestätigungsschreibens zu der Prüfung verpflichtet gewesen sei, ob dasselbe den Inhalt des Vertrags richtig und vollständig wiedergebe, — hat dasselbe zur Genüge ausgedrückt, daß ein solches der hervorgehobenen Verpflichtung des Beklagten widersprechendes Verhalten nach den im Handelsverkehr geltenden Gewohnheiten und Gebräuchen und überdies nach den Grundsätzen von Treu und Glauben nicht geeignet ist, die aus dem Stillschweigen des Beklagten sich ergebende Rechtsfolge auszuschließen. Allerdings hat das Berufungsgericht hiermit zugleich das Zustandekommen der fraglichen Vereinbarung auf Grund des Schreibens vom 10. Februar 1900 selbst für den Fall angenommen, daß der Beklagte wegen mangelnder Kenntnis von dem Inhalte dieses Schreibens nicht einen diesem Inhalte entsprechenden Vertragswillen gehabt haben sollte. Indessen ist auch die dieser Annahme zu grunde liegende Ansicht, daß unter Umständen ein derartiges vertragliches Verhalten eines Kaufmanns einem anderen Kaufmanne gegenüber mit Rücksicht auf die im Handelsverkehre geltenden Gewohnheiten und Gebräuche kraft der gesetzlichen Vorschrift des § 346 H.G.B. die Bedeutung und Wirkung einer zustimmenden Willenserklärung selbst dann haben kann, wenn in Wirklichkeit bei dem ersteren ein entsprechender Vertragswille nicht vorhanden ist, rechtlich nicht zu beanstanden; denn es würde den im Handelsverkehre geltenden Gewohnheiten und Gebräuchen und auch den Grundsätzen von Treu und Glauben widersprechen, wenn man die Berufung eines Kaufmanns auf ein derartiges mit diesen Gewohnheiten und Gebräuchen nicht im Einklang stehendes und überdies die letzteren Grundsätze verletzendes Verhalten als zur Vermeidung der Rechtsnachteile ausreichend ansehen wollte, welche das Stillschweigen auf ein im Falle des Nichteinverständnisses eine sofortige Antwort erheischendes Schreiben nach den Gewohnheiten und Gebräuchen des Handelsverkehrs an sich zur Folge hat.

Da hiernach das Berufungsgericht ohne rechtlichen Verstoß die auf Grund des Briefs vom 10. Februar 1900 zustande gekommene

Vereinbarung als für die Beschaffenheit des zu liefernden Garns maßgebend erachtet hat, konnte es auch ohne Gesetzesverletzung von der Feststellung des Sinns der diesen Punkt betreffenden ursprünglichen mündlichen Verabredung und somit auch von der Prüfung der hierfür in Betracht kommenden weiteren Tatsachen absehen." ...

---

51. 1. **Tragweite der im § 37 Abs. 2 H.G.B. getroffenen Bestimmung über den unbefugten Gebrauch einer Firma.**

2. **Sind wahrheitsgetreue Zusätze zu einer Namensfirma, welche den Sitz und die Art des Geschäfts näher bezeichnen, gemäß § 18 Abs. 2 H.G.B. unter allen Umständen gestattet?**

I. Civilsenat. Urt. v. 25. März 1903 i. S. O. E. W., Gesellschaft m. b. H. (Kl.) w. B. S. (Bekl.). Rep. I. 465/02.

I. Landgericht Dresden.
II. Oberlandesgericht daselbst.

Die Klägerin betrieb seit 1895 unter der Firma O. E. W., Gesellschaft m. b. H. in R. ein von O. E. W. erworbenes, im Jahre 1873 begründetes Fabrikgeschäft, in welchem neben anderen Erzeugnissen Feigenkaffee hergestellt und in den Handel gebracht wurde. Bis 1896 hatte sie in R. das einzige Geschäft dieser Art. Seit Oktober 1901 betrieb der Beklagte unter der im Register eingetragenen Firma „R.'er Feigenkaffeefabrik B. S." in R. die Herstellung von Feigenkaffee. Vorräte und Maschinen hatte er von einem im Jahre 1896 in R. gegründeten Feigenkaffeegeschäft erworben. Die Klägerin erhob im Jahre 1902 Klage mit dem Antrag, den Beklagten unter Strafandrohung zu verurteilen, daß er sich des Gebrauchs der Firma „R.'er Feigenkaffeefabrik B. S." zu enthalten und die Löschung dieser Firma oder doch wenigstens die Streichung der Worte „R.'er Feigenkaffeefabrik" herbeizuführen habe. Die Beklagte beantragte die Abweisung der Klage, da sie zur Führung der eingetragenen Firma befugt sei. Das Landgericht wies die Klage ab, und die von der Klägerin eingelegte Berufung wurde zurückgewiesen. Auch ihre Revision hatte keinen Erfolg aus nachstehenden

Gründen:

„Es kann dahingestellt bleiben, ob auf Grund des § 37 Abs. 2 H.G.B. nur derjenige zur Klagerhebung berechtigt ist, welcher sich darauf zu stützen vermag, daß ein ihm zustehendes bestimmtes Recht — Firmenrecht, Namensrecht, Patentrecht, Warenzeichenrecht oder ein Recht sonstiger Art — ihm die Befugnis gewähre, zu verlangen, daß der Beklagte den Gebrauch einer bestimmten Firma unterlasse, oder ob das Recht zur Klage gemäß § 37 Abs. 2 H.G.B. auch demjenigen zusteht, welcher sich nur allgemein darauf berufen kann, daß das Verhalten des Beklagten darauf abziele, in das Absatzgebiet des Klägers auf dem Wege der Irreleitung des Publikums einzugreifen und ihn in dem berechtigten Genuß wirtschaftlicher Güter zu stören. Denn unzweifelhaft gewährt § 37 Abs. 2 H.G.B. nur dagegen Schutz, daß ein anderer eine bestimmte Firma unbefugt gebraucht. Die Berufung auf § 37 Abs. 2 H.G.B. wird somit im vorliegenden Falle dann wirkungslos, wenn der Beklagte zur Führung der Firma „R.'er Feigenkaffeefabrik B. S.", die er tatsächlich in seinem geschäftlichen Verkehre gebraucht, nach den bestehenden Gesetzen befugt ist. Dies aber hat das Berufungsgericht ohne Rechtsirrtum bejaht. Daß an sich diese Firma von der Firma der Klägerin „D. E. W., Gesellschaft m. b. H." sich genügend unterscheidet, bestreitet die Klägerin selbst nicht. Sie bestreitet aber die Zulässigkeit des Beisatzes „R.'er Feigenkaffeefabrik" zum Namen B. S., weil dieser Zusatz nicht zur Unterscheidung des von dem Beklagten betriebenen Geschäfts von anderen diene, sondern gerade darauf berechnet sei, daß das jüngere Geschäft des Beklagten mit dem älteren, sich des besten Rufes erfreuenden Geschäfte der Klägerin verwechselt, und durch den erwähnten Beisatz beim Publikum die irrige Meinung hervorgerufen werde, daß die „R.'er Feigenkaffeefabrik B. S." mit der altbewährten Feigenkaffeefabrik der Klägerin identisch sei. Hiernach sei dieser Zusatz durch die Bestimmung des § 18 Abs. 2 H.G.B. verboten.

Nach den tatsächlichen Feststellungen des Berufungsgerichts ist indessen der Zusatz „R.'er Feigenkaffeefabrik", welchen der Beklagte neben seinem Namen in seine Firma aufnahm, mit Recht als zulässig erachtet worden. Wie die Denkschrift zu dem Entwurf des Handelsgesetzbuchs S. 37 hervorhebt, gaben Veranlassung zur Schaffung der neuen Bestimmung des § 18 Abs. 2 die allgemeinen Klagen darüber, daß die Firmenzusätze vielfach marktschreierische Anpreisungen und tatsächlich falsche, zur Täuschung des Publikums geeignete Angaben enthielten, denen entgegenzutreten zweckmäßig erschien, obwohl bereits durch das Gesetz über die Bekämpfung des unlauteren Wettbewerbes gewissen Mißbräuchen wirksam entgegengetreten werden konnte. In diesem Sinne fand man es für angezeigt, nicht allein, wie in dem Art. 16 Abs. 2 des Allgemeinen Deutschen Handelsgesetzbuchs, Zusätze zu verbieten, welche ein Gesellschaftsverhältnis andeuten, sondern das Verbot dahin zu erweitern, daß alle Zusätze verboten werden, die geeignet sind, eine Täuschung über die Art oder den Umfang des Geschäfts oder die Verhältnisse des Geschäftsinhabers herbeizuführen, während Zusätze, die zur Unterscheidung der Person oder des Geschäfts dienen, nach wie vor gestattet blieben. Es hat sich somit bei dieser Erweiterung des alten Art. 16 Abs. 2, gegen welche im Verlaufe der Beratungen über den Gesetzentwurf von keiner Seite eine Erinnerung erhoben worden ist, darum gehandelt, tatsächlich falsche, zur Täuschung des Publikums geeignete Angaben als Firmenzusätze auszuschließen, während von dem Verbote frei geblieben sind tatsächlich wahre Angaben, welche in der Form von Zusätzen zu der Namensfirma über die Art oder den Umfang des Geschäfts oder die Verhältnisse des Geschäftsinhabers gemacht werden oder sonst zur Unterscheidung der Person oder des Geschäfts dienen. Die Freiheit der Firmenzusätze, soweit sie hiernach gewährt ist, ist auch nicht davon abhängig gemacht, ob ein anderer Geschäftsinhaber sich an demselben Orte befindet, auf dessen Geschäft die freigestellten Angaben über die Art oder den Umfang des Geschäfts oder die Verhältnisse des Geschäftsinhabers gleichfalls zutreffen, mag er selbst von der auch ihm zu Gebote stehenden Freiheit, in diesen Beziehungen einen Zusatz zur Firma zu machen, Gebrauch gemacht haben oder nicht.

Es kann hiernach der Revision nicht zugegeben werden, daß ein unbefugter Gebrauch der Firma „R.'er Feigenkaffeefabrik B. S." nach dem geltenden Firmenrecht auch dann vorliegen könnte, wenn der Zusatz neben dem Namen des Geschäftsinhabers tatsächlich richtige Angaben enthält. Das aber ist der Fall. Denn soweit die Bezeichnung „Fabrik" in Frage steht, geht das Berufungsgericht ohne Rechtsirrtum davon aus, daß mit diesem Namen ein gewerbliches Unternehmen bezeichnet werden darf, das nach den Anschauungen des Verkehrs als Fabrik gilt und nach dem gewöhnlichen Sprachgebrauch als solche bezeichnet wird. Die tatsächlichen Feststellungen, welche das Berufungsgericht über den Umfang der gewerblichen Anlage des Beklagten und die Art ihres Betriebes getroffen hat, genügen, um den von der Vorinstanz gezogenen Schluß zu rechtfertigen, daß die Bezeichnung des Geschäfts als Feigenkaffeefabrik nicht wahrheitswidrig ist. Was aber die Bezeichnung der Fabrik nach dem örtlichen Sitz des Geschäfts als R.'er Feigenkaffeefabrik betrifft, so geht aus dem Inhalt des § 18 Abs. 2 hervor, daß eine derartige zusätzliche Bezeichnung eines Geschäfts für jedermann freigegeben ist, und der erkennende Senat hat bereits in dem Urteile vom 4. November 1893 in Sachen der Aktiengesellschaft Lauchhammer, vereinigte vormals Gräfl. E.'sche Werke wider die Lauchhammer Kohlenwerke B. & L. und Genossen[1] ausgeführt, daß die zusätzliche Aufnahme des örtlichen Sitzes eines Geschäfts in eine Firma für eine andere Firma, welche sich nach ihrem Gesamtnamen von der ersten genügend und dem Gesetze entsprechend unterscheidet, kein Hindernis sein kann, den gleichen örtlichen Sitz zusätzlich in ihre Firma aufzunehmen. Die entgegengesetzte Auffassung der Revision würde dahin führen, daß überall da, wo bisher ein Geschäft bestimmter Art nur in der Einzahl bestand, dem Gründer eines zweiten Geschäfts derselben Art verwehrt wäre, seine Firma durch seinen Namen mit dem Zusatz der Art des Geschäfts und seines örtlichen Sitzes zu bilden, obwohl § 18 Abs. 2 H.G.B. zu wahrheitsgetreuen Zusätzen dieser Art die Befugnis ausdrücklich gewährt. Das liefe auf ein Privilegium des zuerst errichteten Geschäfts jeder Art hinaus, welches dem Gesetze völlig fremd ist. Dem Beklagten war somit, wie das Berufungsgericht mit Recht angenommen hat, nach den Grundsätzen des Firmenrechts nicht verwehrt, seine Firma in der Weise zu bilden, daß er seinem Namen B. S. den Zusatz „R.'er Feigenkaffeefabrik" gab. Zur Führung dieser Firma ist er befugt.

Gegen die Ausführung des Berufungsgerichts, daß die §§ 1 und 8 des Gesetzes zur Bekämpfung des unlauteren Wettbewerbes nicht die Grundlage für den von der Klägerin erhobenen Anspruch bieten können, hat die Revision einen besonderen Angriff nicht gerichtet; die

[1] Die Entscheidung ist im Auszuge abgedruckt bei Bolze, Praxis Bd. 17 Nr. 123. D. R.

Anwendung dieser Bestimmungen scheitert daran, daß die Klägerin den Zusatz „R.'er Feigenkaffeefabrik" nicht geführt hat, und die Anwendung dieses Zusatzes durch die Beklagten keine unwahre Angabe tatsächlicher Art enthält und den Namen, die Firma und die besondere Bezeichnung des Erwerbsgeschäfts der Klägerin nicht benutzt." ...

---

52. Haben die Bedingungen, die bei der Genehmigung einer Kleinbahn dem Unternehmer zu gunsten der Telegraphenverwaltung auferlegt worden sind, insoweit, als sie nach Verhandlungen der Behörde mit den Beteiligten und im Einverständnisse mit diesen festgestellt worden sind, die rechtliche Bedeutung eines Vertrages?

Preuß. Gesetz über Kleinbahnen vom 28. Juli 1892 (G.S. S. 225) §§ 3. 8. 9.

VI. Civilsenat. Urt. v. 26. März 1903 i. S. Stadtgem. K. (Bekl.) w. Reichsfiskus (Kl.). Rep. VI. 517/02.

I. Landgericht Königsberg.
II. Oberlandesgericht daselbst.

Am 28. Juli 1894 wurde der Beklagten vom Regierungspräsidenten die Genehmigung zur Anlage und zum Betriebe einer elektrischen Straßenbahn erteilt. Vorher waren Ermittelungen darüber angestellt worden, ob die neue Anlage bereits bestehenden Anlagen, insbesondere dem Telegraphen- und Fernsprechnetze, nachteilig werden könne. Der Regierungspräsident hatte von der Oberpostdirektion eine Äußerung darüber eingezogen, welche Sicherungsmaßregeln sie für erforderlich halte; die aus diesem Anlaß abgegebene Erklärung war der Beklagten zur Berichterstattung mitgeteilt worden, und auf Grund dieser und weiterer Verhandlungen wurden in der Genehmigungsurkunde unter § 9 B „besondere Bedingungen im Interesse der Reichspost- und Telegraphenverwaltung" gestellt. Über Einzelheiten der Ausführung wurden dann vom August 1894 ab noch weitere direkte Verhandlungen zwischen den jetzigen Parteien geführt, die im Januar 1895 abschlossen. Der Betrieb der Straßenbahn begann auf einer Teilstrecke am 29. Mai 1895, auf der ganzen Linie am 20. Juni 1895. Am 8. Mai 1898 fiel ungeachtet der angebrachten Schutzvorrichtungen ein Draht der Fernsprechleitung auf die Arbeitsleitung der Straßenbahn, und die Fernsprechanlage wurde dadurch beschädigt. Die Telegraphenverwaltung brachte aus diesem Anlaß eine weitere Schutzvorrichtung, sog. Schmelzsicherungen, an und forderte klagend von der Beklagten die Erstattung der dafür aufgewendeten Kosten. In der Berufungsinstanz wurde die Beklagte zur Zahlung von 1650,72 ℳ nebst Zinsen verurteilt. Diese Entscheidung ist in der Revisionsinstanz nicht gebilligt worden.

Aus den Gründen:

„Der Kläger hatte seinen Anspruch, daß die Beklagte die Kosten trage, welche im Jahre 1898 von ihm für die Anbringung der Schmelzsicherungen aufgewendet worden sind, in der ersten Instanz auf einen doppelten Rechtsgrund gestützt: auf § 12 des Telegraphengesetzes vom 6. April 1892 (R.G.Bl. S. 467) und auf einen zwischen den Parteien abgeschlossenen Vertrag. In der Berufungsinstanz ist von ihm die Erklärung abgegeben, er wolle sich auf § 12 nicht mehr berufen, und auch in der Revisionsinstanz hat er seine anfängliche Rechtsausführung nicht wiederholt. Dadurch wird es entbehrlich, an dieser Stelle näher auf sie einzugehen.[1] ... In dem angefochtenen Urteil wird die Klage aus dem Vertrage für begründet angesehen.

Die Urteilsgründe bemerken hierüber, es sei ein Vertrag, der die Beklagte zu der jetzt von ihr beanspruchten Leistung verpflichte, zum Abschluß gelangt, einmal durch den vom Regierungspräsidenten vor der Erteilung der Genehmigung veranlaßten Austausch von Erklärungen, dann auch später durch die unter den Parteien direkt geführten Verhandlungen. Der vor dem 28. Juli 1894 stattgehabte Austausch von Erklärungen der Parteien habe zu einer vertragsmäßigen Einigung der Parteien geführt, die durch Vermittelung des Regierungspräsidenten zustande gekommen sei. Auf ihr beruhten die im § 9B der Genehmigungsurkunde enthaltenen, im Interesse des Klägers gestellten besonderen Bedingungen. Und die späteren, direkten Verhandlungen seien, soweit darin eine Übereinstimmung der Parteien zum Ausdrucke gekommen sei, ebenfalls als vertragsmäßige Vereinbarungen mit privatrechtlichem Inhalt anzusehen. Daran schließt das Berufungsgericht dann eine Erörterung über den Inhalt der ge-

---

[1] Vgl. hierzu Bd. 50 dieser Sammlung Nr. 19 S. 83. D. E.

troffenen Abmachungen und gelangt dabei zu dem Ergebnis, daß der Vertrag in dem vom Kläger beanspruchten Sinne auszulegen sei.

Diese Ausführung beruht auf einer rechtsirrtümlichen Grundlage. Das Berufungsgericht verkennt die rechtliche Bedeutung der Genehmigungsurkunde vom 28. Juli 1894 und die Stellung, die der Regierungspräsident bei ihrer Erteilung und den voraufgehenden Verhandlungen gegenüber den Parteien eingenommen hat. Er ist nicht der Vermittler gewesen, der auf eine gütliche Einigung der Beteiligten hinzuwirken hatte. Nach dem preußischen Gesetz über Kleinbahnen vom 28. Juli 1892 (G.S. S. 225) ist er vielmehr die nach § 3 zuständige Behörde gewesen, die auf Grund vorgängiger nach Maßgabe des Gesetzes (§§ 4. 8. 9) anzustellender Prüfung die Genehmigung für die Anlage und den Betrieb der Straßenbahn zu erteilen hatte. Er war nach § 8 verpflichtet, vor der Genehmigung die zuständige Telegraphenbehörde zu hören, ohne daß er jedoch an ihr Einverständnis gebunden war (vgl. § 8 Abs. 3), und hatte dann nach § 9 diejenigen Verpflichtungen zu bestimmen, die der Beklagten als dem Unternehmer aufzuerlegen waren. Die Äußerungen, die er vor der Erteilung der Genehmigung von den Parteien eingezogen hat, waren darum nicht privatrechtliche Angebote, die die eine der anderen durch die Vermittelung des Präsidenten machte, sondern sie waren gutachtliche Erklärungen über das, was die Sachlage fordere, lediglich bestimmt, für die Entscheidung der Behörde die notwendige tatsächliche Grundlage zu schaffen. Das Berufungsgericht irrt daher, wenn es den § 9B als die Beurkundung eines Vertrages auffaßt, nicht als eine von der Behörde auf Grund des Gesetzes dem Unternehmer gemachte Auflage. Darum kann auch der Zweifel unerörtert bleiben, ob die Aufnahme des Vertrages in die Genehmigungsurkunde den im Jahre 1894 bestehenden Vorschriften über die Form der Verträge hätte genügen können. Die Auslegung, die in dem angefochtenen Urteile dem § 9B gegeben wird, ist folgeweise nicht die Feststellung des von den Parteien erklärten Parteiwillens, und es kommt nicht auf die Frage an, inwieweit die Auslegung einer Vertragsurkunde der Nachprüfung in der Revisionsinstanz entzogen sein würde. Vielmehr handelt es sich um die Beantwortung der Frage, welche Tragweite eine von der Behörde abgegebene Entscheidung hat, und dabei ist das Revisionsgericht an die Auffassung des Berufungsgerichts nicht gebunden. Dieses findet in Nr. 6 des § 9B ausgesprochen, daß die Beklagte die Kosten auch zukünftiger Änderungen und Ergänzungen der Schutzvorrichtungen zu tragen habe. Allein die gebrauchten Ausdrücke lassen eine andere Auslegung zu. In dem Falle, mit dem sich das in den Entsch. des R.G.'s in Civils. Bd. 50 S. 83flg. abgedruckte Urteil des Senats befaßte, waren die Bedingungen wörtlich mit den hier vorliegenden übereinstimmend, und damals ist eingehend dargelegt, weshalb sie nach ihrem Wortlaute so verstanden werden müßten, daß eine weitergehende Verpflichtung des Unternehmers, als ihm nach § 12 des Telegraphengesetzes obliege, nicht habe begründet werden sollen. Diese Ausführungen treffen auch für den jetzt zur Entscheidung stehenden Fall zu. Es kann unerörtert bleiben, ob der Regierungspräsident durch das Kleinbahngesetz ermächtigt ist, in der Genehmigung dem Unternehmer zu gunsten der Telegraphenverwaltung weitere Auflagen zu machen, als das Gesetz bestimmt. Jedenfalls ist in der Genehmigungsurkunde vom 28. Juli 1894 ein dahin gehender Wille in keiner Weise angedeutet, und darum ist es geboten, die Bedingungen so auszulegen, daß sie mit den gesetzlichen Bestimmungen im Einklang sind. Der § 9B hat also der Beklagten keine weiteren Verpflichtungen auferlegt, als ihr nach § 12 des Telegraphengesetzes oblagen. . . .

Die Verhandlungen, die nach der Erteilung der Genehmigung geführt sind, bezweckten allerdings eine gütliche Einigung der Parteien über das, was die Genehmigung noch offen gelassen hatte. In § 9B 2 war gesagt, daß an den Stellen, wo die vorhandenen Telegraphen- und Fernsprechleitungen die blanke Leitung der Bahn oberirdisch kreuzten, über der letzteren stromlose Schutzdrähte gezogen, oder sonstige stromfreie Schutzvorrichtungen angebracht werden sollten, durch die eine Berührung der beiderseitigen stromführenden Drähte vermieden werde. Die technischen Einzelheiten der Schutzvorrichtungen waren also vom Regierungspräsidenten nicht festgestellt worden, und die im August 1894 beginnenden Verhandlungen zielten darauf ab, diese Einzelheiten festzustellen, und zwar durch Vertrag. Denn kam es zu einer Einigung nicht, so war die Telegraphenverwaltung nach § 13 des Telegraphengesetzes darauf angewiesen, ihre Ansprüche im Prozeßwege geltend zu machen, und die Beklagte hatte an der Vermeidung von Prozessen ein gleiches Interesse. Das Berufungsgericht hat darum mit Recht angenommen, daß, wenn die Beklagte bei diesen Verhandlungen die streitige Verpflichtung übernommen habe, sie vertraglich gebunden sei." (Die weiteren Ausführungen haben kein allgemeines Interesse.)

---

53. Hat der Beamte, welcher auf dem Wege von seiner Wohnung nach der Betriebsstätte den Gefahren des Betriebs erlag, einen Betriebsunfall im Dienst erlitten?

Preuß. Gesetz vom 18. Juni 1887, betr. die Fürsorge für Beamte infolge von Betriebsunfällen.

III. Civilsenat. Urt. v. 27. März 1903 i. S. preuß. Eisenbahnfiskus (Bekl.) w. L. u. Gen. (Kl.). Rep. III. 454/02.

I. Landgericht Halle a. S.
II. Oberlandesgericht Naumburg a. S.

Der bei der Haltestelle Nieder-G. als Weichensteller etatsmäßig angestellte Ehemann und Vater der Kläger wurde am 18. April 1901 morgens um $7^1/_2$ Uhr auf dem zwischen seiner im Dorf D. befindlichen Wohnung und der genannten Haltestelle belegenen Bahndamm, den er, um sich zum Dienst zu begeben, betreten hatte, von dem Personenzug Nr. 203 überfahren und getötet. Das Betreten des Dammes war polizeilich verboten.

Das Berufungsgericht erklärte in Abänderung des erstinstanzlichen klagabweisenden Urteils den nach Maßgabe des Fürsorgegesetzes vom 18. Juni 1887 von der Witwe und den minderjährigen Kindern des Verunglückten erhobenen Anspruch auf Rentenzahlung dem Grunde nach für berechtigt.

Auf die von seiten des Beklagten eingelegte Revision ist dies Urteil aufgehoben und die Berufung der Kläger zurückgewiesen aus folgenden

Gründen:

„Der Anspruch der Hinterbliebenen auf Zahlung der Renten nach Maßgabe des genannten Gesetzes hat zur Voraussetzung, daß der Beamte sich im Dienst befand, als er von dem durch den Betrieb herbeigeführten Unfall betroffen ward. Dem festgestellten Sachverhalt zufolge ist der Weichensteller L. den mit der Entfaltung des Betriebs, dem er kraft seiner Anstellung angehörte, verbundenen Gefahren erlegen. Zur Anerkennung des Eintritts erwähnter Voraussetzung in ihrem vollen Umfange bedarf es daher allerdings nicht weiter des Nachweises, daß derselbe bei Vornahme einer Betriebshandlung seinerseits von dem Unfall betroffen ist, sondern nur noch der Feststellung, daß er zur Zeit der Verunglückung sich im Dienst befunden hat. Diese Feststellung ist vom Berufungsgericht getroffen; allein derselben liegt eine Verkennung des Dienstbegriffs zu grunde. Mag es immerhin gerechtfertigt erscheinen, den Gang des Beamten von seiner Wohnung zur angewiesenen Dienststätte, der durch seine Dienstpflicht erfordert wird, im Sinne des Fürsorgegesetzes, dessen Zweck ausdehnender mehr als einschränkender Auslegung das Wort redet, in den Bereich des Dienstes zu ziehen und dabei den durch die Dienstpflicht erforderten Gang in Ansehung der Zeit und Örtlichkeit nicht ausschließlich nach dem Interesse des Betriebs zu bestimmen, so kann doch auch unter solchen Voraussetzungen der Hingang auf dem des Bahnbetriebes halber polizeilich verbotenen Wege als Erfüllung obliegender Dienstpflicht jedenfalls nur da angesehen werden, wo derselbe durch unverschuldeten Notstand geboten war. Die Ausführung des Berufungsgerichts, daß die Benutzung des verbotenen Weges nach § 5 des Fürsorgegesetzes dem Verunglückten nicht zur Last gelegt werden könne, erscheint verfehlt. Die Anwendung dieser Gesetzesvorschrift setzt einen im Dienst erlittenen Betriebsunfall voraus; die Frage, ob der Unfall Betriebsunfall ist, und ob der Beamte im Dienst war, berührt sie nicht. Tatsächlich hat L. durch das Betreten des Bahndammes bahnpolizeilichem Verbot zuwidergehandelt, und zur Annahme unverschuldeten Notstandes reichen die von den Klägern aufgestellten Tatbehauptungen nicht aus. Wenn auch der Fußpfad, der sich am Fuße des Bahndammes entlang zieht und anstatt des $^3/_4$ stündigen Weges über die Dörfer gleich anderen Arbeitern von L. zum Hin- und Fortgang zu und von der Arbeitsstätte benutzt worden ist, am Unfallstage infolge der Regengüsse aufgeweicht und unpassierbar gewesen ist, so kann von unverschuldetem Notstand doch nur dann die Rede sein, wenn solcher Zustand des Weges nicht vorauszusehen und außerdem die Benutzung des Umweges mit rechtzeitigem Eintreffen an der Betriebsstätte unvereinbar war, Voraussetzungen, deren Vorhandensein von den Klägern überall nicht behauptet ist."

54. Darf während eines im Inlande anhängigen Konkursverfahrens ein Konkursgläubiger sich für seine Forderung an den Gemeinschuldner durch Zwangsvollstreckung in einen im Auslande befindlichen Vermögensgegenstand des Gemeinschuldners Befriedigung verschaffen? Muß er das Beigetriebene an die Konkursmasse herausgeben?

I. Civilsenat. Urt. v. 28. März 1903 i. S. des Verw. im Konkurse der Mit- und Rückversicherungsges. K. (Kl.) w. die Hanseat. See- und Allgem. Versicherungsges. (Bekl.). Rep. I. 420/02.

I. Landgericht Hamburg.
II. Oberlandesgericht daselbst.

Nachdem über das Vermögen der Mit- und Rückversicherungsgesellschaft K. in Hamburg das Konkursverfahren eröffnet worden war, hatte sich, wie der Konkursverwalter in seiner Klage behauptete, die Beklagte für eine ihr an die Gemeinschuldnerin zustehende Forderung Befriedigung verschafft durch eine in Amsterdam bewirkte Zwangsvollstreckung in eine Forderung der Gemeinschuldnerin an ihren früheren dortigen Generalagenten M. Die auf Erstattung des Beigetriebenen an die Konkursmasse gerichtete Klage wurde vom Revisionsgericht für rechtlich unbegründet erachtet.

Aus den Gründen:

... „Allerdings ergibt sich aus den §§ 1, 50, 56 und 238 Abs. 1 K.O., daß, von dem in der letzterwähnten Vorschrift bezeichneten Fall abgesehen, nach deutschem Konkursrecht zur Sollmasse des Konkurses auch das im Auslande befindliche Vermögen des Gemeinschuldners gehört. Mehr in Bezug auf den Umfang der Konkursmasse schreibt die Konkursordnung nicht vor, und kann sie nicht vorschreiben. Nur die Frage, ob der Konkurs das gesamte Vermögen des Gemeinschuldners, wo immer es sich befinde, umfassen soll, richtet sich nach der Gesetzgebung des Landes, in welchem das Konkursverfahren eröffnet wird, wogegen die Frage, ob und inwieweit der Konkurs auch auf das außerhalb des Landes befindliche Vermögen des Gemeinschuldners erstreckt werden kann, davon abhängt, wie sich zu dieser Frage die Gesetzgebung des Staates verhält, in dessen Gebiet sich diese Vermögensteile befinden.

Vgl. Entsch. des R.G.'s in Civils. Bd. 6 S. 403. 404, Bd. 14 S. 409, Bd. 16 S. 337. 338.

Regelmäßig durchführbar sind Bestimmungen, wie die in den §§ 50. 56 K.O. getroffenen. Außerhalb der Gesetzgebungsmacht eines Staates jedoch liegt es, zu bestimmen, daß während der Dauer eines im eigenen Lande eröffneten Konkursverfahrens auch im Auslande in das dort befindliche Vermögen des Gemeinschuldners Arreste und Zwangsvollstreckungen nicht statthaft sein sollen; hierüber Bestimmung zu treffen, muß notwendig der Gesetzgebung des Auslandes überlassen werden. Die Vorschrift des § 14 K.O. — der vom Kläger mitangeführte § 15 kommt hier nicht in Betracht — läßt sich daher nur auf inländische Arreste und Zwangsvollstreckungen beziehen,

vgl. Jäger, Kommentar zur Konkursordnung, 2. Aufl. Bem. 35 zu § 14,

und dem entspricht es, daß der § 237 Abs. 1 K.O. gegenüber einem Schuldner, über dessen Vermögen im Auslande ein Konkursverfahren eröffnet worden ist, die Zwangsvollstreckung in dessen inländisches Vermögen gestattet. Auch in den Niederlanden wird ein im Auslande eröffnetes Konkursverfahren nicht berücksichtigt.

Vgl. Leske u. Loewenfeld, Die Rechtsverfolgung im internationalen Verkehr Bd. 3 Tl. I S. 424; Böhme, Zeitschr. für internat. Privat- und Strafrecht Bd. 7 S. 14flg.

Die Beklagte hat also durch das ihr zum Vorwurf gemachte Vorgehen in den Niederlanden nichts Gesetzwidriges begangen, und der in der Klage erhobene Anspruch würde deshalb, die Richtigkeit der ihm gegebenen tatsächlichen Begründung vorausgesetzt, bezüglich dessen, was die Beklagte gezahlt erhalten hat, nur dann berechtigt sein, wenn die Konkursordnung vorschriebe, daß ein Konkursgläubiger, der sich durch eine im Auslande bewirkte Zwangsvollstreckung ganz oder zum Teil den Betrag seiner Forderung verschaffe, zur Herausgabe des Beigetriebenen an die Konkursmasse verpflichtet sei. Eine solche Vorschrift enthält aber, im Gegensatz zum englischen Konkursrecht,

Kohler, Lehrbuch des Konkursrechts S. 612,

und zum Art. 203 der seit dem 1. September 1896 in den Niederlanden geltenden Konkursordnung,

vgl. Feltz, Geschiedenis van de wet op het faillissement etc. Bd. 2 S. 293; Böhme, Zeitschr. für intern. Privat- und Strafrecht a. a. O. S. 15,

die deutsche Konkursordnung nicht."

55. Findet die Vorschrift des § 177 Abs. 1 Fr.G.G., wonach das Protokoll vorgelesen und von den Beteiligten genehmigt werden muß, auch auf die nach § 176 Abs. 2 Fr.G.G. dem Protokoll als Anlage beigefügte Schrift Anwendung?

V. Civilsenat. Beschl. v. 28. März 1903 in der Grundbuchsache von A. Nr. 12. Beschw.-Rep. V. 69/03.

I. Grundbuchamt Taucha.
II. Landgericht Leipzig.

Die obige Frage ist vom Reichsgericht bejaht aus folgenden Gründen:

„Der Erblasser der Beschwerdeführer hat am 8. August 1902 als Eigentümer des Grundstücks A. Bl. 12 des Grundbuchs zwei Trennstücke davon unter Überreichung der über sie geschlossenen privatschriftlichen Kaufverträge den Erwerbern notariell zu gesondertem Protokolle aufgelassen. In den beiden Auflassungsprotokollen, in denen die Beteiligten zugleich ihre unter den Kaufverträgen befindlichen Unterschriften anerkannt haben, sind die aufgelassenen Trennstücke als solche nicht näher bezeichnet; vielmehr ist in dieser Hinsicht auf die Kaufverträge Bezug genommen. Vorgelesen sind demnächst nur die Protokolle, nicht auch die den letzteren als Anlagen beigefügten Kaufverträge. Nachdem das Grundbuchamt in Taucha aus anderweiten, hier nicht interessierenden Gründen die Eintragung des Eigentumsübergangs im Grundbuch abgelehnt hatte, hat das Landgericht in Leipzig die von den Erben des Veräußerers hiergegen eingelegte Beschwerde deshalb zurückgewiesen, weil das unterbliebene Vorlesen der Protokollanlagen gegen §§ 176 Abs. 2. 177 Abs. 1 des Reichsgesetzes über die Angelegenheiten der freiwilligen Gerichtsbarkeit vom 20. Mai 1898 verstoße, mithin die beiden Auflassungen nichtig seien. Der jetzt vorliegenden weiteren Beschwerde möchte das Oberlandesgericht in Dresden unter seiner Festhaltung an seiner von ihm bereits in einer früheren Entscheidung vom 23. Mai 1901 (Annalen des Sächs. O.L.G.'s Bd. 23 S. 37; Mugdan-Falkmann, Rechtsprechung d. O.L.G. Bd. 3 S. 72) vertretenen gegenteiligen Rechtsauffassung abhelfen. Es sieht sich jedoch hieran durch einen inzwischen ergangenen Beschluß des Kammergerichts in Berlin vom

17. Juni 1901 (Entsch. zusammengestellt im Reichsjustizamt Bd. 3 S. 312), dessen Ausführungen sich das Landgericht angeeignet hat, gehindert und hat daher gemäß § 79 Abs. 2 Gr.B.O. die weitere Beschwerde dem Reichsgericht vorgelegt. Die Beschwerde ist nicht begründet." (Es folgt zunächst eine Darlegung, daß die Meinung der Beschwerdeführer, auch bei Annahme eines Verstoßes gegen §§ 176. 177 Fr.G.G. müßten die Auflassungen als gültig angesehen werden, irrig sei; sodann wird fortgefahren:)

„Auch bezüglich der weiteren Frage, ob die Vorlesung der gemäß § 176 Abs. 2 Fr.G.G. einem Protokoll als Anlage beigefügten Schrift zur Gültigkeit des Protokolls erforderlich ist, war der Auffassung des Landgerichts beizupflichten. Zu gunsten der gegenteiligen Annahme könnte höchstens die Entstehungsgeschichte des angeführten Paragraphen ins Gewicht fallen. In dem Bundesratsentwurf fehlte der Abs. 2. Statt dessen war in der dem Entwurf beigegebenen Denkschrift zum ersten Absatz des § 176 bemerkt, die Erklärung der Beteiligten (Ziff. 3) könne auch in der Weise geschehen, daß sich der Beteiligte zu dem Inhalt einer von ihm überreichten oder ihm vorgelegten Urkunde bekenne. Erst die Kommission des Reichstags beschloß die Einfügung des jetzigen Abs. 2, ohne daß über die Gründe hierfür in dem schriftlichen Kommissionsbericht etwas gesagt ist. Aus diesem Schweigen in Verbindung mit dem Umstande, daß der Bericht im übrigen sehr sorgfältig gearbeitet ist, und daß auf die Notwendigkeit, den Satz der Denkschrift im Gesetze selbst zum Ausdruck zu bringen, von literarischer Seite bei Besprechung des Entwurfs hingewiesen worden war, glaubt das Oberlandesgericht in Dresden folgern zu können, die Reichstagskommission habe durch die Einschaltung des Abs. 2 nicht den Entwurf sachlich ändern, sondern nur der erwähnten Anregung der Kritik Folge geben wollen. Selbst wenn indessen eine solche Absicht auf seiten der Kommission bestanden haben sollte, ist ihr keine Bedeutung beizulegen, weil die eingeschobene Bestimmung inhaltlich über das, was die Denkschrift angeführt hatte, hinausgeht. Letztere sprach nur aus, daß das Sichbekennen zu dem Inhalt einer überreichten Schrift ebenfalls unter den Begriff der „Erklärung" im Sinne des § 176 Ziff. 3 falle. Dagegen sagt der jetzige Abs. 2 nichts von der Beurkundung der Erklärungen, die der Beteiligte bei Gelegenheit der Übergabe der Schrift abgibt, sondern er schreibt vor, wie die übergebene Schrift zu behandeln ist. Diese soll als Bestandteil des Protokolls gelten. Danach müssen auf die aus dem Protokoll und der Anlage gebildete einheitliche Urkunde die im § 177 gegebenen weiteren wesentlichen Formvorschriften Anwendung finden. Sie muß vorgelesen und von den Beteiligten genehmigt werden. Diese vom Kammergericht in seinem oben erwähnten Beschluß aus dem Wortlaut des Gesetzes gezogene Folgerung ist ebenso unabweisbar, wie andererseits die weitere Ausführung dieses Gerichts zutreffend erscheint, daß es einer besonderen Unterzeichnung der Anlage durch die Beteiligten nicht bedürfe, da, wenn im Protokolle die erfolgte Vorlesung und Genehmigung der Anlage erwähnt sei, die Unterzeichnung des Protokolls vermöge der vom Gesetz fingierten Einheitlichkeit von Protokoll und Anlage zugleich auch die letzteren decke.

Wenn demgegenüber das Oberlandesgericht in Dresden geltend macht, die Vorlesung der Anlage sei zwecklos und arte zu einer leeren Form aus, falls die Beteiligten den Inhalt bereits kennen oder wegen des Umfangs oder des schwerverständlichen Inhalts des Schriftstücks der Vorlesung des letzteren nicht zu folgen vermögen, so können solche allenfalls legislatorisch beachtliche Gesichtspunkte gegenüber dem den Vorlesungszwang uneingeschränkt aussprechenden Gesetzeswort nicht in Betracht kommen. Dasselbe gilt von dem Hinweis auf die Fälle, in denen privatschriftliche Verträge gerichtlich oder notariell anerkannt werden. Selbst wenn die Ansicht des Oberlandesgerichts, daß hier nur die zu Protokoll abgegebene Anerkennungserklärung, nicht auch der dem Protokoll als Anlage beigefügte anerkannte Vertrag vorgelesen zu werden brauche, richtig wäre, würde daraus für den ganz anders gearteten Fall, daß der Vertrag vor dem Richter oder Notar überhaupt erst geschlossen wird, nichts folgen. Vielmehr müßte auch vom Standpunkte jener Auffassung aus angenommen werden, daß die Anlage dem Vorlesungszwange unterliegt, soweit die für das Zustandekommen des Vertrages wesentlichen Willenserklärungen der Beteiligten nicht in dem Protokoll, sondern in der Anlage enthalten sind. Endlich lassen sich für die Entscheidung der gegenwärtigen Streitfrage auch nicht die Vorschriften der §§ 2241. 2242 B.G.B. über Testamentserrichtung mittels Übergabe einer offenen Schrift verwerten. Allerdings findet sich in der Denkschrift zum Fr.G.G. S. 89 die Bemerkung, daß der § 177 (§ 173 Entw.), der die Vorlesung, Genehmigung und Unterzeichnung betreffe, im wesentlichen die auf die Testamentserrichtung bezüglichen Vorschriften des § 2242 B.G.B. wiederhole, und wird durch letzteren Paragraphen in Verbindung mit dem unmittelbar vorhergehenden unzweideutig ausgesprochen, daß die als Testament übergebene Schrift nicht mit vorzulesen ist. Dies ist indessen belanglos, weil die Fassung der §§ 176. 177 Fr.G.G. in dem hier erheblichen Punkte von derjenigen der §§ 2241. 2242 B.G.G. abweicht, letztere namentlich den für die Auslegung ausschlaggebenden Satz, daß die Anlage einen Bestandteil des Protokolls bildet, nicht enthält." . . .

---

56. Fällt unter den Begriff des Staates im Sinne des Art. 77 Einf.-Ges. zum B.G.B. auch das Deutsche Reich? Haftet mithin in den unter diesem Artikel begriffenen Fällen auch der Reichsfiskus noch immer nach Maßgabe von Landesgesetzen?

VI. Civilsenat. Urt. v. 30. März 1903 i. S. Reichsmilitärfiskus (Bekl.) w. H. (Kl.). Rep. VI. 376/02.

I. Landgericht Karlsruhe.
II. Oberlandesgericht daselbst.

Am 28. Juni 1900 wurde während einer vom 3. Bataillon des Infanterieregiments Nr. 25 in Baden am rechten Ufer des Rheins abgehaltenen Gefechtsschießübung der Kläger von einem von diesem Truppenteil abgefeuerten Infanteriegewehrgeschoß in den Rücken getroffen, als er auf dem Rhein in einem Nachen zwischen zwei Schiffsbrücken mit Tiefmessungen beschäftigt war. Das Geschoß zerschmetterte dem Kläger auf der linken Seite unterhalb des Brustkorbes eine Rippe, blieb unterhalb der linken Brustwarze stecken und wurde von einem Militärarzt ausgeschnitten. Die Heilungskosten, sowie das Krankengeld wurden von der Ortskrankenkasse Weißenburg bezahlt und dieser von der Militärverwaltung ersetzt. Dem Kläger wurden überdies von der Militärverwaltung 300 ℳ bezahlt.

Ob der Kläger noch auf badischem, oder auf elsässischem Gebiete getroffen worden sei, wurde nicht ermittelt.

Gegen den Rhein zu war das Gefechtsfeld nur dadurch gekennzeichnet, daß je ein Posten an den erwähnten Brücken stand. Die Militärbehörde hatte nur die badische Civilbehörde von der Übung benachrichtigt; eine Bekanntmachung der Übung war demnach nur auf der badischen Seite, nicht auf der elsässischen erfolgt.

Der Kläger erhob nun Klage gegen den Reichsmilitärfiskus auf eine einmalige Entschädigung von 3000 ℳ, sowie auf eine im voraus zu entrichtende Rente von 170 ℳ vierteljährlich für die Dauer seiner Arbeitsunfähigkeit. Vom Landgericht wurde der Kläger mit der erhobenen Klage abgewiesen. Auf seine Berufung wurde jedoch der Klaganspruch dem Grunde nach dahin für berechtigt erklärt, daß Beklagter den Kläger für die demselben am 28. Juni 1900 zugefügte Schußverletzung zu entschädigen habe, und die Sache zur anderweitigen Verhandlung und Entscheidung an das Landgericht zurückverwiesen.

Die Revision des Beklagten ist zurückgewiesen worden aus folgenden

Gründen:

„Das Berufungsgericht führt zunächst aus, daß das in Rastatt garnisonierende Regiment Nr. 25 gemäß der badischen Militärkonvention vom 25. November 1870 einen Bestandteil der preußischen Armee, und zwar des XIV. Armeekorps bilde, und daß der Reichsmilitärfiskus hier durch die Intendantur des XIV. Armeekorps vertreten werde. Es stellt ferner fest, daß eine Anerkennung der Ersatzpflicht von seiten des Beklagten nicht erfolgt sei. Es erachtet das Abhalten einer Gefechtsübung als eine Ausübung öffentlicher Amtsgewalt, und den Kläger, da der Tatbestand der Begehung sich möglicherweise auch auf das elsässische Gebiet erstreckt hat, zur Wahl zwischen den zwei möglichen Rechten berechtigt.

Auf Grund des Art. 77 Einf.-Ges. zum B.G.B. hält sodann das Berufungsgericht den Reichsmilitärfiskus in dem vorliegenden Falle für den Bestimmungen des Art. 5 des badischen Ausführungsgesetzes zum Bürgerlichen Gesetzbuche vom 17. Juni 1899 unterworfen und findet die Voraussetzungen desselben sowohl hinsichtlich der Stellung des verantwortlichen Beamten, als auch hinsichtlich des Charakters der Amtshandlung gegeben. Hiernach erachtet es den Reichsmilitärfiskus in der gleichen Weise für haftbar, wie der Beamte gemäß § 839 B.G.B. selbst haften würde. Eine Fahrlässigkeit der zuständigen Kommandostellen findet das Berufungsgericht in der Unterlassung der erforderlichen Vorsichtsmaßregeln, insbesondere darin, daß der Rhein in der Mitteilung der Militärbehörde an die Civilbehörde nicht als gefährdet bezeichnet wurde, und das Gefechtsfeld gegen den Rhein zu weder abgesperrt, noch mit Warnungszeichen versehen war. Gemäß der mutmaßlichen Höhe der Entschädigung hält es endlich eine Vorabentscheidung über den Grund des Anspruchs für zulässig und gerechtfertigt.

Die Revision bestreitet die Anwendbarkeit der Bestimmungen der Landesgesetze über die Haftung des Staates für Handlungen und Unterlassungen der Staatsbeamten auf die Haftung des Reichs für Handlungen und Unterlassungen der Reichsbeamten und Offiziere. Der § 19 des Reichsbeamtengesetzes bestimme nur, daß auf die Rechtsverhältnisse der Reichsbeamten, über die nicht durch Reichsgesetze Bestimmung getroffen sei, diejenigen gesetzlichen Vorschriften Anwendung fänden, die an ihren Wohnorten für die Staatsbeamten gälten. Die Frage, ob der Reichsfiskus für Verstöße der Reichsbeamten hafte, berühre lediglich das Rechtsverhältnis zwischen dem Reichsfiskus und dem durch Verstöße der Reichsbeamten geschädigten Dritten, niemals aber die Rechtsverhältnisse der Reichsbeamten. Für Fälle, wo es sich um die Folgen angeblicher Versehen von Personen des Soldatenstandes in Ausübung ihrer öffentlichrechtlichen Dienstfunktionen handle, könne aber der § 19 des Reichsbeamtengesetzes überhaupt nicht in Frage kommen, da nach § 157 des Reichsbeamtengesetzes auf Personen des Soldatenstandes nur die §§ 134 bis 148 dieses Gesetzes Anwendung fänden. Aus den Landesgesetzen könne die Haftung des Reichs nicht begründet werden. Eine solche Unterstellung des Reichs unter die Landesgesetzgebung sei auch durch Art. 77 Einf.-Ges. zum B.G.B. nicht beabsichtigt worden. Der Umstand, daß alle Versuche, wenigstens eine Haftung des Reichs für solche Versehen des Reichsbeamten durchzusetzen, gescheitert seien, beweise klar, daß der Gesetzgeber diese Frage zur Zeit nicht habe regeln wollen. Der Wortlaut des Art. 77, der nur von einer Haftung des Staates für seine Beamten spreche, könne nicht gegen den Willen des Gesetzgebers auf die Haftung des Reichs für die Handlungen der Reichsbeamten und der Personen des Soldatenstandes ausgedehnt werden. Die Annahme, daß unter dem Begriff „Staat“

im Art. 77 Einf. Ges. auch das „Reich" mitinbegriffen sei, sei durch nichts begründet und umsoweniger anzuerkennen, als der Reichsfiskus nicht in Abhängigkeit von der Landesgesetzgebung wegen derselben Frage in den verschiedenen Bundesstaaten verschieden behandelt werden könne.

Die Revision konnte nicht als begründet erachtet werden.

Die Existenz eines Reichsfiskus als eines von der privatrechtlichen Persönlichkeit der Bundesstaaten verschiedenen Subjekts von Vermögensrechten ist auch in der Gesetzgebung positiv anerkannt.

Vgl. Laband, Staatsrecht des Deutschen Reichs 4. Aufl. Bd. 4 S. 332.

So hat das Bürgerliche Gesetzbuch der Selbständigkeit dieses Rechtssubjekts auch in besonderen Bestimmungen Rechnung getragen, indem es dem Reichsfiskus unter bestimmten Voraussetzungen ein Recht auf den Versteigerungserlös des Fundes und Erbrecht einräumt (§§ 981 Abs. 2. 1936 Abs. 2). Je nach der Sonderung der Fonds und der Ressortverwaltung ergibt sich auch für den Reichsfiskus die Gliederung in stationes fisci.

Daß seit dem Jahre 1873, wesentlich infolge des Reichsgesetzes vom 25. Mai 1873 über die Rechtsverhältnisse der zum dienstlichen Gebrauche einer Reichsverwaltung bestimmten Gegenstände, in den Bundesstaaten mit Ausnahme Bayerns der Militärfiskus nicht als Landesfiskus, sondern als Reichsmilitärfiskus zu erachten ist, wird in der Literatur überwiegend angenommen und ist auch vom Reichsgericht in eingehender Begründung anerkannt.

Vgl. Laband, a. a. O. S. 339—341; Seydel, Das Deutsche Reich als Privatrechtssubjekt, in der Zeitschrift für deutsche Gesetzgebung ꝛc von Behrend und Dahn Bd. 7 S. 236; Seydel, Bayerisches Staatsrecht 2. Aufl. Bd. 2 S. 714; Entsch. des R.G.'s in Civils. Bd. 20 S. 148, Bd. 24 S. 37.

Da gemäß Art. 2 der Militärkonvention zwischen Baden und Preußen vom 25. November 1870 das badische Kontingent in das XIV. Armeekorps der preußischen Armee eingereiht, und an die Stelle des preußischen Militärfiskus der Reichsmilitärfiskus getreten ist, so erscheint der letztere als der richtige Beklagte.

Daß die Vertretung des Reichsmilitärfiskus den Kontingentsverwaltungen der einzelnen Bundesstaaten zukommt, ist anerkannten

Rechtens und vom Reichsgericht in mehrfachen Entscheidungen ausgesprochen.

Vgl. Laband, a. a. O. Bd. 4 S. 342; Entsch. des R.G.'s in Civils. Bd. 20 S. 148, Bd. 24 S. 37, Bd. 42 S. 66, Bd. 43 S. 12.

Daß diese Vertretung in der preußischen Verwaltung, abgesehen von besonderen Anordnungen, in der Regel der Intendantur obliegt, ist gleichfalls in mehrfachen Entscheidungen des Reichsgerichts ausgeführt.

Vgl. Entsch. des R.G.'s in Civils. Bd. 24 S. 37, Bd. 42 S. 66, Bd. 43 S. 12; vgl. auch Laband, a. a. O. S. 342.

Tritt der Reichsfiskus an die Stelle des Landesfiskus, so finden die Rechtsgrundsätze, welche für den Landesfiskus gelten, auch auf den Reichsfiskus Anwendung. Dadurch, daß also der Reichsfiskus keinen einheitlichen Gerichtsstand hat, der letztere vielmehr nach den Geschäftskreisen der zur Prozeßvertretung berufenen Behörden sich bestimmt, steht er auch unter keinem einheitlichen Rechte, sondern ist in jedem Rechtsgebiete den Rechtsregeln unterworfen, welche die dort geltende Gesetzgebung hinsichtlich des einheimischen Fiskus aufstellt. Über diese Konsequenz herrscht allgemeine Übereinstimmung, wenn auch die Begründung nicht die gleiche ist.

Vgl. Laband, a. a. O. S. 342. 343 und Anm. 1; Seydel, in Behrends und Dahns Zeitschrift Bd. 7 S. 236; Förster-Eccius, Preußisches Privatrecht 7. Aufl. Bd. 4 S. 696 Anm. 23; Reincke, in Rassows und Küntzels Beiträgen zur Erläuterung des deutschen Rechts Bd. 23 S. 481. 495. 496.

Richtig bemerkt Eccius a. a. O. für die Zeit vor dem 1. Januar 1900 zu dieser scheinbar anstößigen Konsequenz, daß der aus dem Mangel eines einheitlichen Gerichtsstandes sich ergebende Mangel eines einheitlichen Rechts ebenso bei dem preußischen Staatsfiskus zutreffe, der im Gebiete des rheinischen, des gemeinen und des preußischen Rechts eine verschiedene Stellung einnehme. Es trifft dies überhaupt bei allen Staaten zu, die, wie auch Bayern, verschiedene stationes fisci mit dem Sitze der Vertretung an Orten verschiedenen Rechts haben. Demgemäß ist auch in deutschen Gebieten französischen Rechts gegen den Reichsmilitärfiskus der Art. 1384 Code civil in der durch die Rechtsprechung diesem Artikel zuerkannten Tragweite, nämlich der Erstreckung der Haftung des Staates auf von seinen Beamten in Ausübung der ihnen anvertrauten öffentlichen Gewalt zugefügten Schaden, angewendet worden.

Vgl. die Entscheidung des Reichsgerichts, II. Civilsenats, vom 20. Juni 1902 i. S. Reichsmilitärfiskus w. B., Rep. II. 106/02; auch Entscheidung des VI. Civilsenats vom 16. Februar 1903 i. S. Stadtgem. D. w. T. Ehel., Rep. VI. 372/02.[1]

Das Bürgerliche Gesetzbuch hat nun allerdings die Frage der Haftung des Staates und der juristischen Personen des öffentlichen Rechts für von ihren Beamten in Ausübung der ihnen anvertrauten öffentlichen Gewalt zugefügten Schaden nicht geregelt. Schon die Motive zum ersten Entwurf des Bürgerlichen Gesetzbuchs lehnen die Regelung dieser Frage ab und überlassen die Beantwortung den Landesgesetzen.

Vgl. Motive Bd. 1 S. 103; Mugdan, Materialien Bd. 1 S. 409.

Gemäß Art. 46 des Entwurfs des Einführungsgesetzes zum Bürgerlichen Gesetzbuche „bleiben unberührt die Vorschriften der Landesgesetze über die Haftung des Staates, der Gemeinden und anderer Kommunalverbände (Provinzial-, Kreis- und Amtsverbände) für den von ihren Beamten zugefügten Schaden, unbeschadet der Vorschriften der §§ 46. 63 B.G.B., d. h. der dem Privatrechte angehörigen Ersatzpflicht."

Vgl. Entwurf zum Einführungsgesetz zum Bürgerlichen Gesetzbuch Art. 46 und Begründung hierzu; Mugdan, Materialien zum Bürgerlichen Gesetzbuche S. XX und 39.

Ein in der zweiten Kommission gestellter Antrag auf Aufnahme einer die Haftpflicht für den durch Ausübung der öffentlichen Gewalt zugefügten Schaden bejahenden Vorschrift wurde abgelehnt.

Vgl. Mugdan, Materialien Bd. 1 S. 672.

Alle weiteren, noch bei der zweiten Beratung im Plenum des Reichstags lebhaft vertretenen Versuche, eine reichsgesetzliche Regelung dieser Frage im allgemeinen oder mindestens hinsichtlich der Reichsverwaltung zu erzielen, blieben erfolglos.

Vgl. den Kommissionsbericht bei Mugdan, a. a. O. Bd. 2 S. 1307; Beratung: Mugdan, a. a. O. S. 1385 flg.

---

[1] S. oben Nr. 7 S. 19. D. R.

Durch die Bestimmung des Art. 77 Einf.-Ges. zum B.G.B.: „Unberührt bleiben die landesgesetzlichen Vorschriften über die Haftung des Staates, der Gemeinden und anderer Kommunalverbände (Provinzial-, Kreis-, Amtsverbände) für den von ihren Beamten in Ausübung der diesen anvertrauten öffentlichen Gewalt zugefügten Schaden", ist somit zunächst der bisherige Rechtszustand aufrecht erhalten. Der Art. 3 Einf.-Ges. räumt nun der Landesgesetzgebung die Befugnis zur Änderung landesgesetzlicher Vorschriften ein, soweit nach den Vorschriften dieses Gesetzes die bisherigen Landesgesetze unberührt bleiben. Die Landesgesetzgebung hat sich allerdings in dem Rahmen der bisherigen Landesgesetzgebung zu halten, ist aber für die Neuordnung der gemäß Art. 3 ihr überlassenen Materien innerhalb dieses Rahmens unbeschränkt. Das Gebiet der Neuordnung ist somit in keiner Weise gegenüber dem Gebiete des aufrechterhaltenen Rechts begrenzt.

Ganz abgesehen von der theoretischen Frage des Staatenbundes oder des Bundesstaats, ist das Reich zweifellos ein Staat im Sinne einer besonderen, von den Bundesstaaten verschiedenen vermögensrechtlichen Persönlichkeit. Schon die Entwürfe des Bürgerlichen Gesetzbuchs haben zwar in der Regelung der Haftung des Staates für seine Vertreter, soweit sie in privatrechtlicher Vertretungsmacht handeln, die römische Bezeichnung „Fiskus" für den Staat als Vermögenssubjekt gebraucht, während in den Entwürfen, Motiven und Verhandlungen, wie in den Gesetzen selbst der Ausdruck „Staat" gebraucht ist, soweit die Frage der Haftung für Handlungen auf dem Gebiete der öffentlichen Gewalt zur Sprache kommt. Den Gegensatz bildet aber nirgends eine Verschiedenheit des Begriffes „Staat", sondern lediglich die Art und das Gebiet der Handlung des Beamten, nämlich ob sie sich auf dem Gebiete des Privatrechts, oder dem des öffentlichen Rechtes bewegte. Weder der Wortlaut des Art. 77 Einf.-Ges. zum B.G.B., noch dessen Entstehungsgeschichte gibt einen Anhalt dafür, daß entgegen dem bisherigen Rechtszustande der Reichsfiskus dem Landesrechte entzogen werden sollte. Demgemäß treten die auf Grund der Artt. 77 und 3 Einf.-Ges. zum B.G.B. erlassenen landesgesetzlichen Vorschriften in vollem Umfange an die Stelle des bisherigen Landesrechts.

Daß die Abhaltung einer Gefechtsschießübung einen Akt der Ausübung der öffentlichen Gewalt darstellt, bedarf keiner Erörterung.

Auch in der Rechtsprechung des Reichsgerichts ist die Anschauung durchgedrungen, daß, wenn der Tatbestand eines einheitlichen Deliktes sich auf mehr als einen Ort erstreckt, die unerlaubte Handlung nicht bloß an dem Orte, an dem sie als Rechtsverletzung zur Wirkung kommt, sondern an jedem Orte als begangen gilt, an dem eine der den Tatbestand bildenden Voraussetzungen hervorgetreten ist. Da der Schuß auf badischem Gebiete abgefeuert wurde, nach der Feststellung des Berufungsgerichts aber möglicherweise erst auf elsässischem Gebiete eingeschlagen hat, der Erfolg des vom Reichsmilitärfiskus zu vertretenden Versehens seiner Beamten hiernach möglicherweise erst auf diesem Gebiete eingetreten ist, so wurde die den Schadensersatz begründende Handlung von dem in dem einen, wie dem anderen Gebiete geltenden Rechte beherrscht.

Vgl. Entsch. des R.G.'s in Civils. Bd. 23 S. 305, Bd. 27 S. 418.

Sind beide Rechte maßgebend, so ergibt sich die weitere Folge, daß, wenn das eine Recht an die Begründung des geltend gemachten Anspruchs strengere, das andere geringere Anforderungen stellt, der Anspruch so, wie er erhoben ist, also nur auf das letztere Recht gegründet werden konnte, der Anspruch auf Grund des letzteren erhoben werden kann.

Vgl. Entscheidung des Reichsgerichts, VI. Civilsenats, vom 22. Dezember 1902 i. S. Westholstein. Bank w. Berliner Bank, Rep. VI. 280/02.

Mit Recht hat daher das Berufungsgericht angenommen, daß der Kläger das günstigere badische Recht für sich in Anspruch nehmen kann.

Ob die Voraussetzungen des Art. 5 des badischen Gesetzes, die Ausführung des Bürgerlichen Gesetzbuchs betreffend, vom 17. Juni 1899 gegeben sind, entzieht sich der Nachprüfung der Revisionsinstanz, da nicht revisibles Recht in Frage steht. In dieses Gebiet fällt auch die Ausführung des Berufungsgerichts über das Verhältnis der im Art. 5 des badischen Ausführungsgesetzes festgesetzten Haftung des Staates für fahrlässige Handlungen der Beamten zu der Vorschrift des § 839 B.G.B.

Die Begründung des fahrlässigen Verhaltens der durch ihre dienstliche Stellung berufenen, innerhalb ihres Wirkungskreises selbständigen Vertreter des Beklagten beruht auf der Anwendung der allgemeinen Grundsätze des Bürgerlichen Gesetzbuchs über verantwortliches Handeln. Gegenüber den tatsächlichen Feststellungen, nach denen bei der eigentümlichen Art der Schießübung der gegen den Rhein liegende Wald keine genügende Deckung gegen Fehlschüsse bot, lassen die Ausführungen des Berufungsgerichts in dieser Beziehung einen Rechtsirrtum nicht erkennen." . . .

---

57. Findet der § 36 Nr. 6 C.P.O. auch im Vollstreckungsverfahren Anwendung?

VII. Civilsenat. Beschl. v. 31. März 1903 in dem W.'schen Verteilungsverfahren. Beschw.-Rep. VII. 35/03.

I. Oberlandesgericht Breslau.

Aus den Gründen:

. . . „Wenn zur Vornahme einer Zwangsvollstreckung die Mitwirkung des Gerichts nötig ist, und verschiedene Gerichte, von denen eines zuständig ist, sich rechtskräftig für unzuständig erklärt haben, so muß die rechtliche Möglichkeit gegeben sein, die Bestimmung des zuständigen Gerichts durch eine höhere Instanz herbeizuführen; der Mangel solcher Möglichkeit würde einer mit der Rechtsordnung unverträglichen Rechtsverweigerung gleichkommen. Da ein anderer Weg, als der in § 36 C.P.O. bezeichnete, gesetzlich nicht vorgesehen ist, so erübrigt nur die Anwendung dieser Bestimmung in Nr. 6 daselbst. Es bedarf hierzu nicht einmal der Heranziehung der Analogie; die Bestimmung ist unmittelbar anwendbar. Das Vollstreckungsverfahren mit Einschluß des Verteilungsverfahrens gehört zweifellos nicht in das Gebiet der freiwilligen, sondern in das der streitigen Gerichtsbarkeit; es handelt sich hierbei um die Verfolgung privatrechtlicher Ansprüche der einen Person gegen die andere mittels eines Verfahrens, das durch die Civilprozeßordnung ausdrücklich geregelt ist, und das in einer gerichtlichen Entscheidung (dem Pfändungsbeschlusse, dem Verteilungsplane, dem Arrestbefehl 2c) gipfelt. In diesem weiteren Sinne ist der Ausdruck „Rechtsstreit" im § 36 Nr. 6 C.P.O. zu verstehen (vgl. Entsch. des R.G.'s in Civils. Bd. 39 S. 426)." . . .

---

58. Ist der Gerichtsstand des § 22 C.P.O. auch im Falle einer Rechtsnachfolge auf der Aktiv- oder Passivseite gegeben?

III. Civilsenat. Urt. v. 31. März 1903 i. S. T. (Bekl.) w. U. (Kl.). Rep. III. 459/02.

I. Landgericht Braunschweig.
II. Oberlandesgericht daselbst.

Nach der Behauptung des Klägers verschuldete der Erblasser der Beklagten als Mitglied der Kalibohrgesellschaft Hoffmannshall dieser an ausgeschriebenen Zubußen die Summe von 4505 ℳ und Zinsen. Die Gesellschaft hatte diese Forderung dem Kläger zur selbständigen Einziehung und Einklagung abgetreten, und dieser klagte dieselbe gegen die in Essen wohnenden Beklagten auf Grund des § 22 C.P.O. bei dem Landgericht in Braunschweig, wo die genannte Kalibohrgesellschaft ihren Sitz hatte, ein. Die Beklagten schützten unter anderem auch die prozeßhindernde Einrede der Unzuständigkeit des Gerichts vor, weil weder die Gesellschaft selbst noch ein Mitglied derselben als solches klage, und auch die Beklagten bezw. ihr Erblasser nicht, bezw. nicht mehr Mitglied der Gesellschaft seien, und daher aus diesem doppelten Grunde der § 22 C.P.O. nicht Platz greife. Beide Vorinstanzen verwarfen die Einrede, und die dagegen eingelegte Revision ist vom Reichsgericht zurückgewiesen worden aus folgenden

Gründen:

„Was zunächst die bestrittene Zuständigkeit des angegangenen Gerichts anlangt, so kann darüber, daß die in Frage stehende Kalibohrgesellschaft, da sie als solche nach § 50 Abs. 2 C.P.O. verklagt werden kann, gemäß § 17 C.P.O. ihren allgemeinen Gerichtsstand am Sitz ihrer Verwaltung hat, und daß daher der besondere Gerichtsstand des § 22 C.P.O. auch auf sie Anwendung findet, kein Zweifel bestehen, und haben auch die Beklagten nur geltend gemacht, daß dieser Gerichtsstand vorliegend deshalb nicht Platz greifen könne, weil er nur für die Gesellschaften selbst und ihre Mitglieder, nicht aber für die Rechtsnachfolger sowohl auf der Aktiv-, wie auf der Passivseite gegeben sei. Dieser Auffassung kann aber nicht beigetreten werden, weil, wie von den Vorinstanzen mit Recht ausgeführt ist, der Gerichtsstand des § 22 nicht mit Rücksicht auf die Personen der Beteiligten, sondern mit Rücksicht auf die Natur der in Frage stehenden Ansprüche eingeführt ist. Die Motive bezeichnen den Grund des Gerichtsstandes des § 22 als einen „sachlichen"; das kann nur heißen, daß es sich um einen Gerichtsstand der durch das Gesellschaftsverhältnis begründeten, am Sitze des Vereins lokalisierten Obligation handelt, deren richtige Beurteilung dort am sichersten und leichtesten möglich ist. Dann ist aber auch, eben wenn es der Gerichtsstand der Obligation ist, gleichgültig, ob die Obligation durch einen Rechtsnachfolger geltend gemacht wird. Das Reichsgericht hat auch bereits wiederholt (vgl. Jurist. Wochenschr. 1893 S. 535 Nr. 3) angenommen, daß der Gerichtsstand des § 22 bei Klagen gegen Mitglieder auch noch dann gegeben ist, wenn sie bereits ausgeschieden, also nicht mehr Mitglieder sind, und konsequent muß dann auch, wie die Literatur ziemlich allgemein schließt,

vgl. Gaupp-Stein, Civilprozeßordnung § 22 Bem. III; Wach, Handbuch Bd. 1 § 38 Bem. 61; Vierhaus in Busch Zeitschr. Bd. 5 S. 63,

der Gerichtsstand als auch gegen die Erben des Mitgliedes gegeben, angesehen werden. Ist aber auf der Passivseite für den Gerichtsstand des § 22 der Eintritt einer anderen Person, die Rechtsnachfolge, gleichgültig, dann wird dies auch für die Aktivseite, für den Fall der Rechtsnachfolge in die Rechte aus dem Gesellschaftsverhältnisse anzunehmen sein, umsomehr, als für den Gerichtsstand die Rücksicht auf die Person des Klägers allgemein nicht maßgebend ist. Mit Recht führt der Berufungsrichter aus, daß in allen Fällen, wo für die Kennzeichnung des Gerichtsstandes die Person des Klägers genannt ist (§§ 22. 31. 34), damit nur kurz die Ansprüche haben bezeichnet werden sollen. Wenn die Revision noch geltend macht, daß die Sache für die Aktivseite doch anders liege, als für die Passivseite, da durch die Cession einer Forderung der Gesellschaft jedes Verhältnis derselben zur Gesellschaft gelöst sei, so trifft diese Ausführung nicht die Sache, da auch durch die Cession die Natur der Gesellschaftsforderung nicht berührt wird, und auch alle Einreden aus dem Gesellschaftsverhältnisse ihr entgegengesetzt werden können." ...

59. Unter welchen Voraussetzungen ist eine Bankfirma als Hinterlegungsstelle im Konkursverfahren anzusehen und für die Einhaltung der Vorschrift in § 137 K.O. haftbar, wonach Quittungen des Verwalters über den Empfang von Geldern von der Hinterlegungsstelle in der Regel zu ihrer Gültigkeit der Mitzeichnung eines Mitgliedes des Gläubigerausschusses bedürfen?

K.O. §§ 132. 137.

III. Civilsenat. Urt. v. 31. März 1903 i. S. W.'scher Konk. (Kl.) w. H. & F. (Bekl.). Rep. III. 440/02.

I. Landgericht Eisenach.
II. Oberlandesgericht Jena.

Obige Frage ist in den Gründen des Reichsgerichtsurteils, aus welchen sich zugleich der Sachverhalt ergibt, in folgender Weise beantwortet worden.

Gründe:

„Nachdem am 11. April 1900 über das Vermögen des Elektrizitätswerksbesitzers W. in St. der Konkurs eröffnet und der Kaufmann M. in J. zum Konkursverwalter bestellt, auch am 18. April 1900 ein aus drei Mitgliedern bestehender, später um zwei weitere Mitglieder verstärkter Gläubigerausschuß erwählt worden war, hat der Konkursverwalter M. seit dem 4. Mai 1900 für die Konkursmasse eine Reihe von Geldeinzahlungen bei der Beklagten auf ein Kontobuch derselben gemacht. Dieses Buch enthält die Überschrift:

„Kontobuch
für die Max W.'sche Konkursmasse, St., bei H. & F., Bankgeschäft in J."

und außerdem folgenden Vordruck:

„Die eingezahlten Beträge werden vom ersten Tage nach der Einzahlung ab mit gegenseitiger ... Kündigung zu ... Prozent p. a. verzinst. Die Rückzahlung erfolgt an den Vorzeiger des Kontobuchs unter Abschreibung des Betrages in demselben. Die Firma H. & F. ist berechtigt, aber nicht verpflichtet, die Legitimation des Vorzeigers zu prüfen."

Die Einzahlungen wurden anfänglich mit 4 Prozent und später mit $3^1/_2$ Prozent verzinst, von den eingezahlten Beträgen aber zu verschiedenen Zeiten sowohl von dem Konkursverwalter M., als auch von dessen Nachfolger, dem Kaufmann H. in J., welcher seit dem 27. Februar 1901 an des ersteren Stelle getreten war, eine Reihe von Posten wieder abgehoben, und zwar stets ohne Mitwirkung eines Mitgliedes des Gläubigerausschusses. In dieser Weise erhob der Konkursverwalter H. namentlich am 25. Juli 1901 einen Betrag von 1762,95 ℳ, verwendete aber denselben nicht für die Konkursmasse, sondern eignete sich ihn rechtswidrig zu und entwich damit nach Amerika.

Da in anderer Weise Ersatz nicht zu erlangen war, so nahm der spätere Konkursverwalter Sch. unter der Behauptung, daß sowohl vom Konkursgericht als von der am 11. Mai 1900 abgehaltenen Gläubigerversammlung die Anlegung der für die Konkursmasse eingehenden Gelder bei der Firma H. & F. als Hinterlegungsstelle angeordnet worden sei, diese Firma auf Ersatz der von ihr an H. ausgezahlten Summe von 1762,95 ℳ in Anspruch, weil diese Auszahlung gegen die Vorschrift des § 137 K.O. — wonach, wenn ein Gläubigerausschuß bestellt ist, und die Gläubigerversammlung nicht ein anderes beschließt, Quittungen des Verwalters über den Empfang von Geldern von der Hinterlegungsstelle zu ihrer Gültigkeit der Mitzeichnung eines Mitgliedes des Gläubigerausschusses bedürfen — an den Konkursverwalter H. allein und lediglich gegen dessen Quittung bewirkt worden sei.

Diese Klage ist sowohl in erster, als in zweiter Instanz abgewiesen worden.

Das Berufungsgericht macht die Haftpflicht der Beklagten davon abhängig, ob die Einzahlungen des Verwalters auf das Kontobuch der Beklagten H i n t e r l e g u n g e n, wie der Kläger behauptet, oder D a r l e h n e, wie die Beklagte angibt, gewesen sind.

Ein ausdrücklicher Hinterlegungsvertrag sei weder nach dem Kontobuch, aus welchem sich nur ein sog. Bankdepositengeschäft, also ein Darlehn, ergebe, anzunehmen, noch von dem früheren Konkursverwalter M. als Zeugen bekundet worden.

Auch ein stillschweigender Hinterlegungsvertrag sei nicht dargetan. Gegen einen solchen spreche sowohl die Höhe der von der Beklagten nach dem Kontobuche gewährten Zinsen, als auch der Umstand, daß Rückzahlungen an den Überbringer des Buchs, ohne Prüfung seiner

Legitimation, erfolgen durften. Und wenn auch dieser Umstand keine zwingende Schlußfolgerung gegen einen stillschweigenden Vertragsabschluß begründe, so habe doch andererseits auch der Kläger nichts für einen solchen anzuführen vermocht. Anders würde die Sache liegen, wenn der Beklagten ihre Wahl zur Hinterlegungsstelle bekannt gewesen wäre, sei es infolge Mitteilung des angeblichen Beschlusses des Konkursgerichts oder der Gläubigerversammlung, sei es infolge ihrer ständigen Benutzung als Hinterlegungsstelle in den bei dem Amtsgericht J. anhängigen Konkursen. Letzterer Umstand aber sei nach den Angaben der darüber vernommenen Zeugen nicht als erwiesen anzusehen. Ebenso sei aus den Konkursakten ein Beschluß des Konkursgerichts, daß bei der Beklagten zu hinterlegen sei, nicht ersichtlich, und wenn ein solcher ergangen sei, so sei derselbe doch nach der Aussage des M. der Beklagten nicht mitgeteilt worden, und Mitteilungen von dritter Seite, wie sie der Kläger unter Eidesantrag behaupte, habe die Beklagte nicht zu beachten gebraucht.

Die Revision macht hiergegen in erster Linie geltend, daß das Berufungsgericht rechtsirrtümlich, unter Verletzung der §§ 129, 132, 137 K.O. entscheidendes Gewicht darauf gelegt habe, ob ein Hinterlegungsvertrag mit der Beklagten zustande gekommen; denn wenn einmal eine Hinterlegungsstelle durch Beschluß der Gläubigerschaft bestimmt worden sei, so könnten bei derselben Gelder nicht nur hinterlegt, sondern auch verzinslich angelegt werden. Im vorliegenden Falle müsse es für die Haftpflicht der Beklagten genügen, daß in der Gläubigerversammlung vom 11. Mai 1900 ein Beschluß des angegebenen Inhalts gefaßt, daß bei der Beklagten die Anlegung von Geldern für die Konkursmasse bewirkt, und daß ein Gläubigerausschuß bestellt worden sei; die Beklagte könne sich nicht darauf berufen, daß ihr die Bestellung des Gläubigerausschusses nicht mitgeteilt worden oder nicht bekannt geworden sei.

Dieser Revisionsangriff konnte keinen Erfolg haben.

Allerdings ist der Revision zuzugeben, daß, wenn die Beklagte Hinterlegungsstelle war, die zur Konkursmasse gehörigen Gelder bei ihr nicht nur hinterlegt, sondern auch verzinslich angelegt werden konnten,

vgl. § 132 Abs. 1 K.O. und die Kommissionsprotokolle zu diesem Paragraphen (früher § 120, S. 88), und daß sich die Beklagte, bei einer etwaigen Auszahlung solcher angelegten Gelder an den Konkursverwalter allein, zur Abwendung ihrer Haftpflicht gegenüber der zwingenden Vorschrift des § 137 K.O. nicht auf die abweichende Bestimmung im Vordruck des Kontobuchs, wonach sie an dessen Vorzeiger ohne Prüfung seiner Legitimation zu zahlen befugt war, berufen konnte.

Immerhin aber ist zur Anwendung des § 137 erforderlich, daß die Beklagte Hinterlegungsstelle war, d. h. daß sie durch Beschluß des Konkursgerichts oder der Gläubigerschaft als Hinterlegungsstelle bestimmt und von einem solchen Beschlusse in Kenntnis gesetzt war. Es ergibt sich dies einerseits aus der Vorschrift in § 132 Abs. 1 K.O., wonach die Gläubigerschaft über die Stelle beschließt, bei welcher Gelder hinterlegt oder angelegt werden sollen,

vgl. auch Sarwey, Konkursordnung § 137 Bem. 2, 1 Abs. 2 S. 377,

sowie weiter daraus, daß nach allgemeinen Grundsätzen ein solcher Beschluß, um der Beklagten gegenüber wirksam zu sein, dieser mitgeteilt werden mußte. Jedenfalls mußte die Beklagte, wenn aus ihrer Eigenschaft als Hinterlegungsstelle eine so ausnahmsweise und besondere Verbindlichkeit und Haftpflicht, wie die in § 137 angeordnete, abgeleitet werden sollte, von dieser ihrer Eigenschaft in Kenntnis gesetzt sein. Diese Voraussetzung für die Anwendung des mehrerwähnten § 137 ist aber im vorliegenden Falle nach den tatsächlichen Feststellungen der Vorinstanzen nicht dargetan. Das Berufungsgericht hat, wie erwähnt, nicht für erwiesen erachtet, daß die Beklagte in den beim Amtsgericht J. anhängig gewesenen Konkursen regelmäßig als Hinterlegungsstelle bestellt und damit einfürallemal von dieser ihrer Eigenschaft in Kenntnis gesetzt worden sei, ebensowenig auch, daß das Konkursgericht im W.'schen Konkurse einen aktenmäßigen Beschluß auf Hinterlegung der zur Masse gehörigen Gelder bei der Beklagten gefaßt, oder daß der Konkursverwalter von einem auch nur mündlich ausgesprochenen Beschlusse dieser Art der Beklagten Mitteilung gemacht habe. Und was ferner den nach Angabe des Klägers in der Gläubigerversammlung vom 11. Mai 1900 gefaßten Beschluß gleichen Inhalts anlangt — welcher Beschluß übrigens zur Zeit noch nicht einmal feststeht —, so ist nach den erstinstanzlichen Entscheidungsgründen vom Kläger eingeräumt worden, daß der Beklagten keinerlei Mitteilung von dem Beschlusse jener Gläubigerversammlung gemacht worden ist. Gegenüber diesen Feststellungen kann die vom Kläger in der Berufungsinstanz vorgebrachte und zum Eid verstellte allgemeine Behauptung, daß die Beklagte durch Dritte von ihrer Wahl zur Hinterlegungsstelle Kenntnis erhalten habe, nicht in Betracht kommen.

War hiernach die Bestellung der Beklagten als Hinterlegungsstelle im W.'schen Konkurse nicht ordnungsmäßig erfolgt oder wenigstens der Beklagten nicht ordnungsmäßig mitgeteilt, so konnte eine Haftpflicht derselben nicht begründet werden, wenn sie in geschäftsüblicher Weise den Betrag von 1762,95 *M* an den Konkursverwalter H., als Vorzeiger des Kontobuchs, ausgezahlt hatte.

Zu einem gleichen Ergebnis würde man auch dann gelangen, wenn man mit v. Völdernborff, Konkursordnung 2. Aufl. Bd. 2 S. 348 — allerdings abweichend von der Meinung anderer Kommentaren der Konkursordnung, wie namentlich Sarwey, 4. Aufl. Bem. 2, 3 zu § 137 — annehmen will, daß das Konkursgericht, um die Anwendung des § 137 zu begründen, von amtswegen der Hinterlegungsstelle von der Bestellung und Zusammensetzung des Gläubigerausschusses Kenntnis zu geben habe. Denn daß dies im vorliegenden Falle geschehen sei, hat der Kläger ebenfalls nicht darzutun vermocht." ...

---

60. Kann in dem Falle, daß ein Kaufmann, welcher sich zur Lieferung gattungsmäßig bestimmter Ware verpflichtet, auch den Kaufpreis empfangen hatte, die Lieferung nicht bewirkt, und statt seiner ein Dritter dieselbe dem Käufer anbietet, ein den letzteren zur Zahlung an den Dritten verpflichtendes Rechtsgeschäft zwischen den beiden dann zustande kommen, wenn das Angebot unter der Bedingung, daß der Käufer zur Zahlung an den Dritten bereit sei, erfolgte, der Dritte für den gegenteiligen Fall den Käufer aufforderte, die Ware zu seiner Verfügung zu halten, der Käufer aber sie für sich verwendete?

VII. Civilsenat. Urt. v. 31. März 1903 i. S. H. (Kl.) w. F. (Bekl.).
Rep. VII. 495/02.

I. Landgericht Beuthen i. S.
II. Oberlandesgericht Breslau.

Der Kaufmann B. hatte sich durch Kaufvertrag zur Lieferung einer Quantität Mais an die Beklagte verpflichtet. Nachdem ein Teil der Ware geliefert war, gingen im Juli 1898 bei einem Vertreter der Beklagten, G., zwei Waggons Mais ein; in dem Frachtbriefe aber war B. als Absender nicht genannt. Um dieselbe Zeit erhielt die Beklagte vom Kläger ein als Vinkulationsbrief sich bezeichnendes Schreiben, durch welches der Kläger unter Beifügung von Duplikaten der Begleitpapiere und mit Hinweis auf das zwischen B. und der Beklagten geschlossene Kaufgeschäft die zwei Waggons der Beklagten unter der Bedingung, daß sie den Preis an ihn entrichte, anbot und sie für den Fall, daß ihr dies nicht konveniere, aufforderte, die Ware zu seiner Verfügung zu halten. Beklagte verwendete dieselbe für sich. Kläger verlangte von ihr den Preis. Er behauptete Cession der Kaufgeldforderung des B. und machte insbesondere geltend, durch den Vinkulationsbrief und die Verwendung der Ware von seiten der Beklagten sei ein diese zur Zahlung an ihn unmittelbar verpflichtendes Rechtsgeschäft geschlossen. Beklagte wendete ein, sie habe vor Empfang einer Mitteilung von einer Cession den Kaufpreis schon an B. vollständig bezahlt. Daß zwischen ihr und dem Kläger ein Rechtsgeschäft zum Abschlusse gelangt sei, bestritt sie. In den Vorinstanzen wurde die Klage abgewiesen. Auf die Revision des Klägers ist das Berufungsurteil aufgehoben aus folgenden

Gründen:

„Der Berufungsrichter hat Feststellungen darüber, ob die behauptete Cession der Kaufgeldforderung des B. stattgefunden hat, nicht getroffen. Er betrachtet als erwiesen, daß B. am 18. Juli 1898 für seine sämtlichen Maislieferungen von März bis Juli 1898, einschließlich der hier in Frage kommenden, durch Zahlung befriedigt sei, und nimmt an, daß Kläger dies, da die Cession der Beklagten erst am 23. Juli 1898 mitgeteilt sei, gegen sich gelten lassen müßte, die Cession ihm also nicht nützen könne. Auf eine Gesetzesverletzung sind diese Annahmen nicht zurückzuführen, auch hat die Revision eine solche darzulegen nicht versucht.

Einen Angriff richtet die Revision gegen die Erwägungen, welche die Behauptung des Klägers betreffen, daß die Beklagte durch Nichtbeantwortung des Vinkulationsbriefes vom 21. Juli 1898 und trotzdem erfolgte Verwendung der ihr übersendeten und unter besonderen Bedingungen angestellten Ware in ein Vertragsverhältnis mit ihm getreten sei, welches sie zu der in dem Schreiben verlangten Zahlung nötige. Der Angriff muß als gerechtfertigt erscheinen.

Zur weiteren Begründung seines Standpunktes hatte Kläger geltend gemacht, er habe der Beklagten in dem Schreiben ein Angebot gemacht, welches anzunehmen sie nicht verpflichtet gewesen sei; sie habe es aber angenommen, nämlich eben durch die Verfügung über die Ware, und müsse nunmehr auch die mit dem Angebote verbundenen Bedingungen erfüllen; dies folge aus der Lehre von Angebot und Annahme und müsse umsomehr gelten, als die Beklagte ihn, den Kläger, als Absender der Ware gekannt habe. Kläger stützt sich außerdem auf die Handelssitte, wie sie von der Handelskammer in Breslau bekundet sei, und wie sie insbesondere auch dahin gehe, daß der Empfänger eines Vinkulationsbriefs für den Fall, daß der Brief später als die Ware eingehe, dann von der Verpflichtung getroffen werde, wenn die Ware ihm von einem anderen als seinem Verkäufer übersandt worden sei, und er dies aus dem Frachtbriefe oder den sonstigen Begleitpapieren habe ersehen müssen. Die Gutachten der Handelskammer gehen in ihrem Zusammenhalt vornehmlich dahin:

Im Getreidehandel Schlesiens mit den österreichisch-ungarischen und russischen Grenzgebieten bestehe die Handelssitte, daß der Empfänger eines sogenanten Vinkulationsbriefes, dessen Anforderungen das hier fragliche Schreiben des Klägers entspreche, nur unter der Voraussetzung berechtigt sei, über das bei ihm eintreffende vinkulierte Gut zu verfügen, wenn er bereit sei, den in dem Vinkulationsbriefe gestellten Bedingungen, namentlich hinsichtlich der Zahlung eines Kaufpreises, nachzukommen, und daß er demgemäß verpflichtet sei, diese Bedingungen zu erfüllen, sobald er über das Gut durch Annahme und Verwendung verfügt habe. Sei es nicht die Absicht des Empfängers, sich den Bedingungen des Vinkulationsbriefs zu fügen, so müsse er dem Vinkulanten bezw. dem Absender der Ware unverzüglich von seinem Entschlusse Kenntnis geben und ihm unter Abstandnahme von eigener Verwendung des Gutes das letztere zur Verfügung stellen. Ob der Vinkulationsbrief vor oder nach dem Eintreffen der Ware bei dem Empfänger ankomme, mache dann keinen Unterschied, wenn der letztere nur aus dem Frachtbriefe oder den sonstigen Begleitpapieren der Ware habe ersehen können und müssen, daß der Absender bezw. Verlader der Ware eine andere Person als deren ursprünglicher Verkäufer war.

Der Berufungsrichter erwägt, aus den Äußerungen der Handelskammer in Breslau ergebe sich die Geltung einer so weit gehenden Handelssitte, wie Kläger sie behaupte, nicht, vielmehr dürfe angenommen werden, daß die bekundete Sitte eine doppelte Voraussetzung habe, nämlich einmal die, daß der Verkäufer dem sogenannten Vinkulanten die Kaufpreisforderung oder einen Teil derselben abgetreten habe, und sodann, daß zur Zeit des Einganges der Ware oder des Vinkulationsbriefes — ohne Unterscheidung je nach der Priorität des Eintreffens von Brief oder Ware — eine Forderung des Verkäufers noch bestehe. Weiter erklärt der Berufungsrichter eine nochmalige Befragung der Handelskammer für nicht geboten, indem er bemerkt, das Bestehen einer an die genannten Voraussetzungen nicht gebundenen Handelssitte würde auch dann nicht anerkannt werden können, wenn die Handelskammer es bekunde. Er weist zunächst auf die schwierige Lage hin, in welcher der Empfänger einer vinkulierten Sendung sich selbst dann befinde, wenn er den Kaufpreis noch nicht entrichtet habe, und führt weiter folgendes aus.

Mit Entschiedenheit müsse aber eine derartige Handelssitte für die Fälle verneint werden, in denen der Schuldner von einer etwa erfolgten Abtretung der Kaufpreisforderung deshalb nicht berührt werde, weil er nach den Landesgesetzen durch Zahlung oder sonstige Tilgung gegenüber seinem Gläubiger befreit war, ehe ihm die Abtretung mitgeteilt wurde. In diesem Falle bestehe für ihn aus dem Vertrage nur noch ein Anspruch, keine Pflicht. Werde ihm nun die gekaufte Ware übersandt, so sei kein Rechtsgrund ersichtlich, der einem Dritten, selbst wenn er die Ware übersende, gestatten sollte, die Abnahme der Ware mit Bedingungen zu belasten, sich also als Berechtigten einer Vertragspartei aufzudrängen, die überhaupt keine Verpflichtungen mehr zu erfüllen habe. Es sei nicht denkbar, daß sich im Verkehr eine derartige Gepflogenheit bilde.

Diese Ansicht kann nicht gebilligt werden. Sie ist aus einer unzutreffenden Auffassung von der Stellung des Offerenten, welcher die Erfüllung der Verbindlichkeit eines anderen unter gewissen Bedingungen anbietet, zu dem Empfänger der Offerte und von der Stellung des letzteren gegenüber einer solchen Offerte hervorgegangen. Es ist zunächst zu prüfen, ob nicht, ganz abgesehen von irgend welchen Handelssitten, schon nach allgemeinen Rechtsgrundsätzen die hier in Frage kommenden rechtsgeschäftlichen Vorgänge den Abschluß eines Vertrags, kraft dessen die Beklagte zur Zahlung der geforderten Summe an den Kläger verpflichtet wurde, als gegeben erscheinen lassen.

B. schuldete der Beklagten aus einem Lieferungsvertrage eine Quantität Mais, für welche er den Kaufpreis schon erhalten hatte. Es handelte sich um eine Gattungsschuld. Daß B. Anstalten zur Erfüllung derselben getroffen hatte, indem er seinerseits mit einem ausländischen Produzenten oder Lieferanten ein Anschaffungsgeschäft abschloß, ist unbestritten, ebenso, daß infolgehiervon die Einlagerung von zwei Waggons Mais im Lagerhause zu N. stattgefunden hat. Beklagter behauptet jedoch nicht, daß B. die beiden Waggons bezahlt hätte. Auf wessen Namen die Einlagerung stattgefunden hat, wissen die darüber vernommenen Zeugen nicht mit Bestimmtheit, bekunden aber, daß Kläger den Kaufpreis für die Waggons gedeckt hat, und daß sie auf seine Anweisung versendet sind. Festgestellt hat der Berufungsrichter, daß in dem einen Frachtbriefe der Kläger, in dem anderen das Lagerhaus in N. als Absender genannt ist.

Bei Eingang der beiden Waggons entnahm also der Vertreter der Beklagten, G., den Frachtbriefen, daß B. nicht der Absender war. Ebenso erkannte dies die Beklagte, als ihr von G. eine entsprechende Mitteilung gemacht wurde. Einen Zusammenhang der Sendung mit dem zwischen ihr und B. bestehenden Vertragsverhältnisse konnte nun zwar die Beklagte im Hinblick auf die Art und die Quantität der Ware mit Sicherheit vermuten; aber von welcher rechtlichen Natur dieser Zusammenhang war, stand zunächst völlig dahin. Jedenfalls hatte Beklagte keinen Grund zu der Annahme, daß der Absender etwa einfach als Bevollmächtigter des B. dessen Schuld zu tilgen beabsichtigte, wie dies ja auch objektiv nicht der Fall war. Die Aufklärung erfolgte durch den sogenannten Vinkulationsbrief vom 21. Juli 1898.

In diesem Briefe brachte Kläger zu deutlichem Ausdruck, daß er es war, der über die Ware zu verfügen hatte. Von dieser Grundlage aus machte er der Beklagten eine Offerte; er bot ihr die Ware mit Hinweis auf B., aber unter dem Beding ihrer Bereitwilligkeit an, ihm dieselbe zu bezahlen. Die Offerte war also auf die Erfüllung der Verbindlichkeit eines Dritten aus den Mitteln des Offerenten gegen eine diesem zu gewährende Leistung gerichtet. Zugleich forderte Kläger die Beklagte für den Fall der Nichtannahme seines Angebots auf, die — nur vorläufig in ihren Gewahrsam gebrachte — Ware zu seiner Verfügung zu halten.

Die Beklagte sah sich vor die Wahl gestellt, die Offerte anzunehmen, indem sie die Ware für sich verwendete, oder aber sie abzulehnen und die weitere Verfügung dem Kläger als dem Verfügungsberechtigten zu überlassen. Wählte sie das letztere, so blieben ihr ihre vertraglichen Ansprüche gegen B. als ihren Verkäufer. Ob diese von materiellem Werte für sie waren, kann hier nicht von Belang sein.

Eine Befugnis der Beklagten, die zwei Waggons Mais auch gegen den Willen des Klägers, d. h. mit Nichtbeachtung der von diesem gestellten Bedingungen, sich anzueignen, bestand nicht. Sie hatte kein Recht an den beiden vom Kläger ihr zugesendeten Quantitäten Mais, sondern ihr standen nur rein persönliche Ansprüche gegen ihren Verkäufer auf generisch bestimmte Leistungen desselben zu, er seinerseits aber leistete nicht. Die Zusendung charakterisierte sich als Leistung eines anderen. Sollte Kläger eine ihm gegen B. obliegende Verbindlichkeit verletzt haben, so berührt das nur die Beziehungen der beiden zueinander. Man kann das Vorgehen des Klägers auch im Rechtssinne nicht als ein Eindringen in fremde Vertragsverhältnisse charakterisieren. Auch ist es nicht als etwas im geschäftlichen Verkehr ganz Ungewöhnliches zu betrachten, daß er die Erfüllung der Verbindlichkeit eines anderen anbot, aber dieselbe, weil er sie mit seinen Mitteln ermöglichte, von Bedingungen abhängig machte. Und wollte man selbst ein „Eindringen" als vorliegend annehmen, so würde das am Ergebnisse nichts ändern; denn eine Befugnis der Beklagten, sich die beiden Waggons zuzueignen, konnte daraus nicht entstehen. Wollte Beklagte das Vorgehen des Klägers zurückweisen, so blieb ihr nur der Weg, der ihr unter allen Umständen freistand, sein Angebot abzulehnen, dann aber auch sich der Verfügung über die von ihm übersendete Ware zu enthalten. Dabei ist es ohne Belang, ob B. dem Kläger seine Kaufpreisforderung cediert hatte, und ob diese noch zu Recht bestand oder bereits getilgt war; denn soviel das jetzt noch interessierende Klagefundament betrifft, leitet Kläger seine Ansprüche nicht aus denen des B. her, sondern stützt er sich auf die ihm zustehende Verfügung über die Ware und unmittelbar auf das im Anschluß hieran durch sein briefliches Angebot an die Beklagte mit dieser angebahnte und von ihr durch Annahme der Ware eingegangene Vertragsverhältnis.

Noch könnte die Frage entstehen, ob das Verfahren der Beklagten nicht sowohl als Annahme einer Offerte, als vielmehr als eine widerrechtliche, zum Schadensersatz verpflichtende Handlungsweise aufzufassen sei; allein dem steht entgegen, daß nach Inhalt der Offerte die Annahme derselben durch Verfügung über die Ware erfolgen sollte, und daß die Beklagte, wenn sie demgemäß die Ware für sich verwendete, sich nicht verhehlen konnte, daß der Kläger hierin und in ihrem Schweigen eine Annahme seines Angebots erblicken und zu erblicken auch berechtigt sein würde. Da schon hiernach die vertragliche Verbindlichkeit der Beklagten zur Zahlung der geforderten Summe sich als begründet erweist, so bedarf es nicht der Prüfung, ob die von der Handelskammer zu Breslau bekundete Handelssitte etwa in verwandten Fällen zu einem dem Vinkulanten noch günstigeren Ergebnisse führt, als die allgemeinen Grundsätze über den Abschluß von Verträgen, und unter welchen Voraussetzungen dieselbe für Empfänger von Vinkulationsbriefen maßgebend ist." . . .

---

61. 1. Darf, wenn das Untergericht Klagänderung verneint hat, der Oberrichter wegen der Frage der Verjährungsunterbrechung dennoch nachprüfen, ob die Grundlagen für die zweite Klage schon in der Klageschrift enthalten waren?

2. Kann die Höhe der Brandversicherung als Eigenschaft eines Grundstücks gelten?

3. Ist eine nach der Willenseinigung über den Kauf eines Grundstücks, aber vor notarieller Beurkundung des Kaufvertrages erfolgte Beredung über eine Eigenschaft des Grundstücks immer bedeutungslos?

4. Kann auf seiten des Wandelungsklägers Möglichkeit der Rückgewähr des Kaufgegenstandes dann angenommen werden, wenn dieser im Wege der Zwangsversteigerung an den Wandelungsbeklagten selbst zurückgelangt ist?

C.P.O. § 270.

B.G.B. §§ 459 Abs. 2. 467. 346 flg. 351. 353.

V. Civilsenat. Urt. v. 1. April 1903 i. S. Sch. (Bekl.) w. L. (Kl.). Rep. V. 484/02.

I. Landgericht Liegnitz.
II. Oberlandesgericht Breslau.

Die Klägerin hatte vom Beklagten durch notariellen Vertrag vom 22. Oktober 1900 die Mühle Bl. 134 H. für 4500 *M* gekauft und deren Auflassung erlangt, jedoch das Grundstück später durch Zwangsversteigerung, wobei es der Beklagte erstand, wieder verloren. Sie erklärte zuerst brieflich am 22. Februar 1901 und sodann durch Klage ihren Rücktritt vom Vertrag aus folgenden Gründen:

1. der Beklagte habe versichert, daß die Mühle mit 3000 *M* statt in Wirklichkeit mit 2100 *M* gegen Feuersgefahr versichert sei,

2. ..., 3. ... 4. ...

Dies sei unwahr gewesen, und der Beklagte habe es in Kenntnis der Unwahrheit vorgespiegelt, um die Klägerin zum Kaufe zu verleiten.

Der Klagantrag ging I. auf Aufhebung des Kaufvertrags, II. auf Rückzahlung der angezahlten Beträge zu 100 *M* und 1400 *M* und von 62,20 *M* Vertragskosten ꝛc je mit 4 Prozent Zinsen, III. auf Zahlung von 200 *M* Kosten des Umzugs nach H. nebst 4 Prozent Zinsen seit dem 1. Februar 1901.

Der erste Richter entsprach dem Antrag des Beklagten auf Klagabweisung, indem er arglistige Täuschung verneinte.

Von der Klägerin wurde Berufung eingelegt. Dabei wiederholte sie obige Betrugsbehauptungen 1. 3. 4., machte diese aber zugleich auch vom Gesichtspunkt des Irrtums (§ 119 B.G.B.) und der Gewährleistungspflicht (§§ 462. 463. 434. 440 B.G.B.) aus geltend. Weiter stützte sie sich wegen vertragswidrig früher Kündigung einer Hypothek und wegen unsittlichen Wettbewerbs des Beklagten auf § 826 B.G.B. Obschon der Beklagte die Zurückweisung der Berufung beantragte und sich jeder Klagänderung widersetzte, wurde durch Urteil des Oberlandesgerichts das erste Urteil aufgehoben, und der Klaganspruch dem Grunde nach als berechtigt erklärt. Das Berufungsgericht nahm ... zwar nicht eine arglistige Täuschung an, erklärte aber die Klägerin wegen Gewährleistungspflicht des Beklagten, betreffend die Brandversicherung, für rücktrittsberechtigt. Auf Revision des Beklagten ist das Berufungsurteil aufgehoben, und die Sache an das Berufungsgericht zurückverwiesen worden.

Aus den Gründen:

... „Auch die Entscheidung des Berufungsgerichts, daß in der Begründung der Klage mit Gewährleistungspflicht des Beklagten keine Klagänderung liege, will und kann der Beklagte an sich nicht beanstanden. Dagegen glaubt er, daß das Revisionsgericht gleichwohl, um zu bemessen, ob die kurze Verjährung der Gewährleistungsklage rechtzeitig durch Klagezustellung unterbrochen worden ist, nachprüfen könne und müsse, ob in der Tat schon in der Klageschrift die Grundlagen der bezeichneten Klage enthalten seien. Demgegenüber könnte es sich vor allem fragen, ob, wenn letzteres nicht der Fall sein sollte, nicht dennoch die erhobene Klage die Verjährung des Wandelungsanspruchs unterbrochen hat. Dagegen scheinen die Vorschriften in §§ 477 Abs. 3. 558 Abs. 3 B.G.B. ꝛc zu sprechen, wenn man sie als reine Ausnahmebestimmungen zu einer Regel des § 209 daselbst, diese letztere Gesetzesstelle also als dahingehend auffaßt, daß die Verjährung des besonderen Klaganspruchs auch nur durch Erhebung der entsprechenden besonderen Klage unterbrochen werden könne, daß diesen Zweck also eine Klage mit anderem Klagegrund nicht zu erfüllen vermöge. Hierfür haben sich auch einzelne Auslegungen zum Bürgerlichen Gesetzbuch ausgesprochen, wogegen man allerdings die Bestimmung des § 208 B.G.B., worin hinsichtlich der die Verjährung unterbrechenden Wirkung des Anerkenntnisses offenbar die Anerkennung eines bestimmten Schuldgrundes nicht vorausgesetzt wird, endlich besonders für den vorliegenden Fall den Umstand entgegensetzen kann, daß der Klagantrag der auf arglistige Täuschung gestützten Klage von der Klägerin unverändert und gleichlautend auch für die Gewährleistungsklage aufrecht erhalten worden ist, daß somit ein auch zu letzterer Klage passender Anspruch: das Begehren der Vertragsaufhebung und des Ersatzes des Gezahlten, jedenfalls schon in der Klageschrift selbst enthalten ist, beide Klagen im wesentlichen also den gleichen Zweck verfolgen. Es kann dies alles aber deshalb auf sich beruhen, weil die Entscheidung des Vorderrichters, daß Klagänderung nicht vorliege, und deren Unanfechtbarkeit einheitlich gelten müssen, und demnach die von der Revision verlangte Nachprüfung, ob jene Entscheidung in Wirklichkeit berechtigt war, ausgeschlossen ist. Das Gesetz, namentlich der § 270 C.P.O., gibt keinen Anhalt für eine derartige Unterscheidung, die zu mannigfachen Widersprüchen und

Mißständen führen müßte (vgl. §§ 263 flg. C.P.O.). Überdies aber lassen sich auch in tatsächlicher Hinsicht wesentliche Bedenken gegen die Annahme des Berufungsrichters, daß schon die Klageschrift alle Grundlagen der Gewährleistungsklage mitenthalte, nicht erheben.

Hiernach ist durch die vor Ablauf der in § 447 B.G.B. gesetzten einjährigen Frist zugestellte Klageschrift die Verjährung der Wandelungsklage rechtzeitig unterbrochen worden.

Der Beklagte rügt sodann Verletzung des § 459 B.G.B. mit folgenden Ausführungen:

„a) Die Erklärung des Verkäufers, ein Gebäude sei zu einer bestimmten Summe gegen Feuersgefahr versichert, ist keine Zusicherung einer Eigenschaft im Sinne des Gesetzes.

b) Ihr gebührt die rechtliche Bedeutung einer Vertretungsabrede dann nicht, wenn, wie hier festgestellt ist, die Willenseinigung der Vertragschließenden bereits vor der Erklärung erzielt war."

Auch diesem Angriffe kann Berechtigung nicht zuerkannt werden.

Zu a hat das Oberlandesgericht nachstehendes erwogen:

„Da der Versicherung von Gebäuden gegen Feuersgefahr eine Abschätzung durch Sachverständige vorherzugehen pflegt, so gewährt der Betrag der Feuerversicherungssumme einen erheblichen Anhalt dafür, daß das betreffende Gebäude einen ihr entsprechenden Wert habe, und die Zusicherung, ein Gebäude sei zu einer bestimmten Summe versichert, steht der Zusicherung gleich, das Gebäude habe laut Anerkennung von sachverständiger Seite den Wert in der angegebenen Höhe. Diese Zusicherung ist daher als Zusicherung einer Eigenschaft anzusehen, die der Verkäufer gemäß § 459 B.G.B. zu vertreten hat."

Weder in tatsächlicher Beziehung nach § 286 C.P.O., noch in rechtlicher nach § 459 B.G.B. gibt diese Darlegung zu Bedenken irgend welchen Anlaß.

Zu b hat der Berufungsrichter ausdrücklich für unerheblich erklärt, daß die Erkundigung nach der Brandversicherung angeblich erst erfolgt ist, nachdem die Parteien mündlich über den Kaufpreis einig waren. Er begründet dies damit, daß trotzdem jene Erkundigung für die Entschließung der Käuferin zum Abschluß des sie erst bindenden n o t a r i e l l e n Kaufvertrags von Wichtigkeit gewesen ist. Auch gegen diese Entscheidung lassen sich mit Grund Einwendungen nicht erheben.

Dagegen sind die tatsächlichen Feststellungen über die Gewährleistung in einer andern, von der Revision nicht berührten Richtung keineswegs bedenkenfrei.

Wie das Reichsgericht schon wiederholt entschieden hat, kann nicht jede bei Gelegenheit von Kaufsverhandlungen über den Kaufgegenstand abgegebene Erklärung, nicht jedes dictum des Verkäufers, ohne weiteres als Zusicherung nach § 459 B.G.B. betrachtet werden. Um eine solche annehmen zu können, ist vielmehr erforderlich, daß die Erklärung vom Käufer als vertragsmäßige verlangt, vom Verkäufer in vertragsmäßig bindender Weise abgegeben wurde. Es ist nicht unzweifelhaft, ob im angefochtenen Urteil ausreichende Feststellungen in dieser Beziehung, namentlich darüber enthalten sind, ob der Beklagte die bestrittene Erklärung über den Feuerversicherungsbetrag bewußt und gewollt als vertragsmäßige Zusicherung abgegeben hat.

Diese Zweifel können jedoch aus dem Grunde auf sich beruhen, weil die angefochtene Entscheidung, wie der Revisionskläger mit Recht geltend macht, wegen Verletzung der §§ 467. 346 flg. B.G.B. aufgehoben werden muß. Nach dem angezogenen § 467 finden auf die Wandelung wegen Gewährleistung die für das vertragsmäßige Rücktrittsrecht geltenden Vorschriften der §§ 346—348. 350—354. 356 entsprechende Anwendung. Nach § 346 mit § 348 haben sich im Rücktritts- oder Wandelungsfalle die Vertragsteile die empfangenen Leistungen Zug um Zug zurückzugeben. Der § 351 schließt den Rücktritt und daher auch die Wandelung aus, wenn der Berechtigte eine wesentliche Verschlechterung, den Untergang oder die anderweitige Unmöglichkeit der Herausgabe des empfangenen Gegenstands verschuldet hat, und in § 353 ist bestimmt, daß im Falle freiwilliger oder zwangsweiser Veräußerung des empfangenen Gegenstands der Rücktritt (die Wandelung) dann ausgeschlossen ist, wenn bei dem, der den Gegenstand durch diese Veräußerung erlangt hat, die Voraussetzungen der §§ 351 und 352 (also Verschlechterung, Unmöglichkeit der Rückgabe, Umarbeitung zc) eingetreten sind.

In Anerkennung dieser Grundsätze hatte die Klägerin in der Klageschrift die Rückgabe des von ihr erkauften Mühlengrundstücks angeboten und beantragt, daß Beklagter für verpflichtet erklärt werde, die Rückauflassung entgegenzunehmen und Zug um Zug gegen dieselbe die geforderten Barbeträge zu zahlen. Aber schon im ersten Rechtszuge hat sie, nachdem das Grundstück im Wege der Zwangsversteigerung dem Beklagten selbst als Ersteher zugeschlagen worden war, ihren Klagantrag durch Streichung des Verlangens der Entgegennahme der Rückauflassung und der Verurteilung Zug um Zug geändert und damit deutlich zu erkennen gegeben, daß sie das Grundstück nicht mehr zurückübertragen kann. Wenn nun auch die Veräußerung der Sache, sogar deren zwangsweise Veräußerung, wie insbesondere aus dem angezogenen § 353 hervorgeht, keineswegs immer die Unmöglichkeit der Rückgabe herbeiführt, so muß dies doch im vorliegenden besonderen Falle deshalb angenommen werden, weil der Gewährleistungsbeklagte selbst die Sache nun in Händen hat und weder gewillt noch verpflichtet ist, sie der Klägerin zu dem Zwecke, daß sie ihre Gewährleistungsklage besser durchführen könne, zurückzugeben. Zwar hat das zunächst anzuwendende Sondergesetz, der § 353, den hier vorliegenden Fall, daß der vom Kläger zurückzugebende Gegenstand durch Veräußerung in die Hände des Wandelungsbeklagten selbst gelangt ist, nicht besonders ins Auge gefaßt, und man könnte zweifeln, ob in diesem Fall nach § 353 eine Unmöglichkeit, daß der Dritte zurückgebe, vorliegt. Zu bejahen wäre diese Frage ohne weiteres, wenn die angezogene Gesetzesstelle eine unmittelbare Herausgabe seitens des Dritten an den Gewährleistungsbeklagten voraussetzte. Denn der Dritte und der Gewährleistungsbeklagte sind hier in einer Person vereinigt, und es ist rechtlich unmöglich, daß man an sich selbst eine Sache herausgibt.

Indes abgesehen hiervon ist anzunehmen, daß, wenn der Gesetzgeber auch den in Rede stehenden besonderen Fall durch § 353 hätte treffen wollen, er ihn jedenfalls in dem Sinne entschieden haben würde, daß darin eine vollständige Unmöglichkeit der Rückgabe für die Klägerin zu finden sei. Aus der allgemeinen Vorschrift des § 351 ist eben die Sondervorschrift des § 353 zu ergänzen, und nach ersterer kann es keinem Zweifel unterliegen, daß auch dann eine Unmöglichkeit, die erhaltene Sache herauszugeben, für den Gewährleistungskläger besteht, wenn die Sache in die Hände des Gewährleistungsbeklagten durch gesetzmäßige Zwangsversteigerung gelangt ist. Allerdings wäre es auch in diesem Falle denkbar, daß der Kläger allenfalls mit großen Opfern, die mindestens das von ihm mit der Klage Geforderte nebst Kosten aufwiegen würden, die Sache vom Beklagten zurückerwerben könnte, um sie ihm dann Zug um Zug gegen Leistung der Klagansprüche abermals auszuhändigen; aber die Möglichkeit einer derartigen widersinnigen Sachbehandlung muß vernünftigerweise und nach dem Sinne des Gesetzes der Unmöglichkeit ihrer Durchführung gleichgesetzt werden.

Steht somit schon jetzt fest, daß die Klägerin das Mühlengrundstück an den Beklagten unmöglich zurückgeben kann, so hängt es sowohl nach § 353 als nach §. 351 B.G.B. lediglich von ihrem Nichtverschulden oder Verschulden an der Zwangsversteigerung ab, ob sie zur Gewährleistungsklage überhaupt berechtigt ist, oder nicht.

Laut des Tatbestandes des angefochtenen Urteils hat der Beklagte ausdrücklich behauptet, daß die Schuld an der Subhastation nur die Klägerin trage. Wenn auch nicht ausdrücklicher Widerspruch gegen diese Behauptung erfolgt zu sein scheint, so sind doch in diesem Tatbestand Erklärungen der Klägerin aufgeführt, womit das Verschulden an der Zwangsversteigerung ausschließlich dem Beklagten zugeschoben zu werden scheint.

Wegen gänzlicher Übergehung vorerörterter Verschuldensfrage durch den Vorderrichter muß dessen Entscheidung aufgehoben und die Sache zu entsprechender Ergänzung an ihn zurückverwiesen werden. Würde sich bei erneuter Verhandlung die Hinfälligkeit der Gewährleistungsklage aus dem einen oder anderen Grunde ergeben, so kämen in zweiter Reihe immer noch die bisher vom Berufungsrichter nicht oder doch nicht vollständig abgeurteilten weiteren Klagegründe der arglistigen Täuschung, des Irrtums, der unerlaubten Handlung sowie die Fragen, ob dabei teilweise etwa Klagänderung vorliegt, und ob hierbei die Unmöglichkeit der Rückgabe der Mühle zu berücksichtigen ist, in Betracht....

Endlich wird auch die weiter vom Revisionsbeklagten aufgeworfene Frage zu prüfen sein, ob die in der Klage verlangten 200 ℳ Umzugskosten überhaupt, oder doch mit der Wandelungsklage gefordert werden können." ...

62. Ist, ehe das ganze Urteil rechtskräftig geworden ist, das Zeugnis der Rechtskraft für denjenigen Teil der mittels zulässigen Rechtsmittels angefochtenen Entscheidung zu erteilen, der durch die gestellten oder angekündigten Rechtsmittelanträge nicht berührt wird?

VI. Civilsenat. Beschl. v. 2. April 1903 i. S. K. (Bekl.) w. B. (Kl.). Rep. VI. 144/03.

Der Beklagte war in erster Instanz dem Kläger zur Zahlung einer Monatsrente von 40 ℳ verurteilt und legte Berufung dagegen ein, richtete aber seinen Berufungsantrag nur dahin, den Betrag der Rente auf 12,50 ℳ monatlich herabzusetzen. Die Berufung wurde zurückgewiesen. Der Beklagte legte sodann Revision ein, wobei er den Antrag ankündigte, das Berufungsurteil aufzuheben und nach seinem Berufungsantrage zu erkennen. Der Kläger beantragte beim Gerichtsschreiber des Reichsgerichts die Erteilung eines Zeugnisses über die Rechtskraft des Urteils erster Instanz in Höhe von 12,50 ℳ monatlich, wurde aber vom Gerichtsschreiber abschlägig beschieden. Das Gesuch des Klägers um Abänderung dieser Entscheidung ist vom Reichsgericht zurückgewiesen worden,

in Erwägung:

„daß für die Entscheidung der Frage, ob das Urteil erster Instanz insoweit, als es in der Berufungsinstanz nicht angefochten worden ist, die Rechtskraft erlangt hat, zwar der vom Gerichtsschreiber hervorgehobene Umstand, daß der zu einer Rentenzahlung verurteilte Beklagte und Berufungskläger sich ausdrücklich vorbehalten hat, bei geänderten Umständen auf weitere Herabsetzung oder Aufhebung der Rente anzutragen, ohne jede Bedeutung ist;

daß aber überhaupt, sobald das zulässige Rechtsmittel rechtzeitig eingelegt ist, dadurch der Eintritt der Rechtskraft allemal, wegen der Möglichkeit späterer Erweiterung der gestellten Anträge, sowie übrigens eventuell auch andererseits wegen der Möglichkeit späterer Anschließung des Gegners, für den ganzen Umfang des Urteils gehemmt wird;

vgl. Gaupp-Stein, Civilprozeßordnung (4. Aufl.) Bd. 2 Bem. I, 1 b zu § 705 S. 346; Petersen u. Anger, Civilprozeßordnung (4. Aufl.) Bd. 2 Bem. 3 zu § 705 S. 286 flg.; Beschluß des V. Civilsenats des Reichsgerichts bei Seuffert, Archiv Bd. 48 Nr. 225 unter II."

---

63. 1. Ist für die Einverleibung von bloßen Verbesserungen der Fideikommißsubstanz in das Familienfideikommiß der Fideikommißstempel zu entrichten?

Welcher Akt ist dabei der Gegenstand der Stempelsteuer?

2. Schuldverschreibungsstempel neben dem Fideikommißstempel bei gleichzeitiger Begründung einer Substanzschuld.

Stempelsteuertarif vom 7. März 1822 und Kabinettsorder vom 18. Juli 1845.

VII. Civilsenat. Urt. v. 7. April 1903 i. S. v. B. (Kl.) w. preuß. Fiskus (Bekl.). Rep. VII. 4/03.

I. Landgericht I Berlin.
II. Kammergericht daselbst.

Von dem Kläger, als dem Besitzer des v. B.schen Familienfideikommisses, und den beiden Fideikommißanwärtern U. v. B. und A. v. K. wurde am 16. Januar 1880 ein demnächst vom Kammergericht bestätigter Familienschluß gefaßt und beurkundet. Darin war unter III folgendes bestimmt:

„Nach § 4 der Stiftungsurkunde ist dem damaligen Regierungs-Referendarius F. v. W. als Abfindung für seine Ansprüche auf die dem Fideikommiß gewidmeten Güter vergleichsweise die Summe von 40000 Talern gewährt, und dieser Betrag als eine aus den Revenüen des Fideikommisses zu berichtigende Fideikommißschuld anerkannt.

Der jetzige Fideikommißbesitzer W. Freiherr v. B. hat die 40000 Taler dem Gläubiger bezahlt. Diese 40000 Taler, gleich 120000 *M*, werden mit Rücksicht darauf, daß der genannte Besitzer nachgewiesenermaßen inzwischen einen noch größeren Betrag zur dauernden Verbesserung der Fideikommißgüter verwendet hat, hierdurch zu einer wahren, auf der Substanz des Fideikommisses ruhenden Fideikommißschuld konstituiert zu gunsten des genannten jetzigen Besitzers, welchem sie als Allodium gehören, und es werden die ... Rittergüter S., St., Gl. und Zubehör zur Sicherheit für diese 120000 *M* nebst ... Zinsen ... verpfändet; auch wird die Eintragung im Grundbuch bewilligt."

Für diese Erklärung wurden hinsichtlich des Betrages von 120000 *M* $^1/_{12}$ vom Hundert mit 100 *M* als Schuldverschreibungsstempel und 3 vom Hundert als Fideikommißstempel erfordert und vom Kläger am 16. August 1901 bezahlt. Dieser verlangte die Zurückerstattung mit dem Klagantrage, den Beklagten zur Zahlung von 3700 *M* nebst 4 vom Hundert Zinsen seit dem 16. August 1901 an den Kläger zu verurteilen.

Entsprechend diesem Antrage verurteilte das Landgericht den Beklagten, der Abweisung der Klage beantragt hatte. Auf die Berufung des Beklagten änderte das Kammergericht das angefochtene Urteil und wies den Kläger mit der Klage ab. Die hiergegen eingelegte Revision ist zurückgewiesen aus folgenden

Gründen:

„Der Beklagte beansprucht für den im Tatbestande wiedergegebenen Teil des Familienschlusses sowohl den Fideikommißstempel als auch den Schuldverschreibungsstempel nach dem Gegenstandswerte von 120000 *M*. Der Berufungsrichter erachtet auf Grund des hier anzuwendenden Tarifs zum preußischen Stempelgesetze vom 7. März 1822 und der königlichen Kabinettsorder vom 18. Juli 1845 diesen Anspruch für gerechtfertigt. Die hiergegen gerichteten Angriffe der Revision sind unbegründet.

1. Sie rügt zunächst, daß der Berufungsrichter eine „Fideikommißstiftung" im Sinne des genannten Tarifs als durch den Familienschluß beurkundet ansehe, obgleich hier nicht zum Allodialvermögen gehörige Gegenstände in Familieneigentum verwandelt seien, vielmehr nur die Beschaffenheit der bereits zum Fideikommiß gehörigen Grundstücke und Gebäude durch Straßenpflasterungen, Reparaturen und Umbauten verbessert worden sei. Es ist auch zuzugeben, daß die Tarifstelle „Fideikommißstiftungen" des Tarifs vom 7. März 1822 und auch die Ziff. 2 der sie ergänzenden Kabinettsorder vom 18. Juli 1845 anordnen, der Stempel sei nach dem Werte der der Fideikommißstiftung gewidmeten Gegenstände zu berechnen,

und daß diese Vorschriften im Anschluß an die §§ 48 flg. A.L.R. II. 4 unter diesen Gegenständen nur Kapitalien und mit Ackerbau und Viehzucht verbundene Grundstücke verstehen, weil sie nur von der Neuerrichtung eines bis dahin nicht vorhandenen Fideikommisses handeln, und bei der Neuerrichtung nur Kapitalien und Grundstücke der bezeichneten Art zu Fideikommissen gewidmet werden dürfen. Die Stempelvorschrift der genannten Tarifstelle ist aber durch Rechtsprechung und Verwaltungsbrauch ständig auch auf den Fall der Erweiterung eines bestehenden Fideikommisses angewendet worden.

Vgl. Urt. des Obertribunals vom 24. Oktober 1878 bei Striethorst, Archiv Bd. 90 S. 258; Heinitz, Stempelsteuergesetz 2. Aufl. S. 356; Hummel und Specht, Stempelsteuergesetz S. 646—648.

Dabei kann es für die Versteuerung keinen Unterschied machen, ob die Erweiterung sich dadurch vollzieht, daß unbewegliche Sachen, z. B. ein Grundstück, oder daß bewegliche Sachen, z. B. eine wertvolle Stammherde, der Substanz des Fideikommisses hinzugefügt, oder ob, über die Erhaltung des Fideikommisses hinaus, Verbesserungen der vorhandenen Substanz vorgenommen werden, die den Wert des Fideikommisses erhöhen. Denn der gesetzgeberische Grund des Fideikommißstempels ist nicht der Umstand, daß durch das Fideikommiß bestimmte körperliche Gegenstände, sondern daß gewisse Vermögenswerte dem freien Verkehr entzogen werden, und daß infolge ihres hiernach unterbleibenden Umsatzes für den Staat ein Ausfall an Stempelgebühren eintritt. Das hat zur Folge, daß der Fideikommißstempel nicht erhoben wird, wenn zwar körperliche Gegenstände des Allodialvermögens der Substanz des Fideikommisses hinzugefügt, zugleich aber gleichwertige Gegenstände aus dem Fideikommiß ausgeschieden werden, so daß der Wert des dem freien Verkehr entzogenen Vermögens unverändert bleibt.

Vgl. Heinitz a. a. O.; Hummel und Specht a. a. O.

Umgekehrt liegt aber auch eine stempelpflichtige Erweiterung des Fideikommisses vor, wenn seine Substanz nicht vermehrt, aber in ihrer Beschaffenheit mit dem Erfolge der Werterhöhung verbessert wird, ohne daß diese Verbesserung eine Erfüllung der Pflicht darstellt, die Substanz zu erhalten. Auch in diesem Falle werden Vermögenswerte dauernd dem Verkehr entzogen, und damit ein Steuerausfall herbeigeführt; denn der durch die Verbesserung bewirkte Mehrwert erhöht nicht, was bei der Verbesserung freier Güter der Fall ist, den künftigen Umsatzstempel, weil ein Umsatz bei Fideikommissen nicht stattfindet.

Ein weiterer Angriff der Revision geht dahin: Als der Akt, durch den die Verbesserung Fideikommißvermögen geworden sei, müsse ihre Ausführung angesehen werden, nicht aber der Familienschluß, durch den dem Fideikommißbesitzer für die zu der Verbesserung gemachten Aufwendungen eine Vergütung gewährt worden sei. Auch dieser Angriff geht fehl. Ebenso wie bei der Neuerrichtung des Fideikommisses nicht die tatsächliche Widmung eines Kapitals oder eines Grundstücks für die Zwecke eines Fideikommisses die Stempelforderung des Staates zur Entstehung bringt, sondern erst die urkundliche Willenserklärung, durch die der Gegenstand zum Fideikommiß „bestimmt" wird, durch die sich also der Stifter rechtlich bindet, an diesem Gegenstande fortan nur beschränkte Eigentumsrechte auszuüben, so ist auch bei der Erweiterung eines neuen Fideikommisses nicht die tatsächliche Hinzufügung eines neuen Gegenstandes oder die tatsächliche Vornahme der Verbesserung der stempelpflichtige Akt, sondern die Willenserklärung, durch welche die Rechtsverhältnisse hinsichtlich der tatsächlich vorgenommenen Erweiterung dahin geordnet werden, daß deren Zugehörigkeit zum Fideikommiß nicht mehr durch beliebigen Widerruf aufgehoben werden kann. Eine solche Ordnung ist schon zur Feststellung des Rechtsgrundes der Erweiterung — ob sie entgeltlich oder unentgeltlich erfolgt — und zur Beseitigung des Wegnahmerechts erforderlich, das dem Verbessernden hier zwar nicht nach § 211 A.L.R. II. 4 und nach den dort in Bezug genommenen §§ 527 flg. I. 18 daselbst zusteht, — da diese nur die Auseinandersetzung des Fideikommißfolgers mit den Erben des letzten Besitzers betreffen, nicht aber die Rechte des verbessernden Besitzers selbst gegenüber der Familie —, wohl aber deshalb, weil er als nutzbarer Eigentümer die Rechte des Nießbrauchers hat, also auch das diesem nach § 130 I. 21 a. a. O. zustehende Wegnahmerecht. Daran, daß erst durch die rechtliche Einverleibung der Verbesserung in das Fideikommiß dessen endgültige Erweiterung sich vollzieht, kann auch der zufällige Umstand nichts ändern, daß etwa nach der Natur der Verbesserung diese nicht ohne Beschädigung der Substanz derart fortgenommen werden kann, daß der frühere Zustand wiederhergestellt wird. Ob letzteres für die hier in Betracht kommenden Straßenpflasterungen, Reparaturen und Umbauten überall zutrifft, ist übrigens nicht festgestellt.

Die durch die Verbesserungen des Fideikommisses bewirkte Erhöhung des Gesamtwertes der dem freien Verkehr entzogenen Gegenstände wird hinsichtlich der Stempelpflichtigkeit dieser Erhöhung nicht dadurch wieder beseitigt, daß etwa der Reinwert des ganzen Fideikommisses trotz der Verbesserungen deshalb derselbe geblieben ist, weil der Wert der Verbesserungen durch die Belastung des Fideikommisses mit der Substanzschuld von 40000 Talern wieder seine Ausgleichung gefunden hat. Denn trotz dieses Ausgleiches verbleibt es dabei, daß mehr Vermögenswerte als früher am freien Verkehr nicht teilnehmen können. Daß die Stempelsteuer bei Fideikommißstiftungen nur vom Gesamtwerte der ihnen gewidmeten Gegenstände „ohne Abzug der etwaigen Schulden" zu berechnen ist, bestimmt die Ziffer 1 der Kabinetsorder vom 18. Juli 1845 ausdrücklich. Unzutreffend ist auch die Behauptung des Klägers, im Familienschluß seien die Verbesserungen nur geschichtlich zur Motivierung der erhöhten Pfandsicherheit für die Hypothek von 40000 Talern erwähnt. Vielmehr ergibt der Zusammenhang des Familienschlusses und der Umstand, daß ein anderer Grund für die vom Kläger angenommene Bestellung der Hypothek als die Schaffung eines Gegenwertes für die Verbesserungen nicht erkennbar ist, daß der Kläger sich hat rechtlich verpflichten wollen, die dem Fideikommiß einverleibten Verbesserungen endgültig bei diesem zu belassen und auf weitere Ansprüche aus ungerechtfertigter Bereicherung des Fideikommisses zu verzichten.

2. Hinsichtlich des Schuldverschreibungsstempels geht die Ausführung des Berufungsrichters fehl, der Kläger habe die durch die Stiftungsurkunde für den Regierungsreferendar v. W. bestellte Revenüenhypothek nicht aus seinem Allodialvermögen, sondern aus dem Vermögen bezahlt, auf dem sie lastete; denn die Revenüen gehören zum Allodialvermögen des Klägers. Dieser Mangel der Begründung berührt aber nicht die Feststellung des Berufungsrichters, die durch den Familienschluß begründete Substanzschuld sei eine neue, die vorher noch nicht bestanden habe. Diese Substanzschuld hat mit der Revenüenschuld rechtlich nichts zu tun. Die Verpflichtung zur Zahlung

der letzteren lag rechtlich dem Kläger ob, da ihre Fälligkeit zu einer Zeit eingetreten war, als er das Fideikommiß in Nutzung hatte. Dadurch, daß er sie bezahlt hat, ist sie getilgt, und es ist daher kein Raum für den vom Kläger für sich angeführten § 46 A.L.R. I. 16, der den Fall der Bezahlung einer fremden Schuld durch einen Dritten behandelt. Da die Revenüenhypothek zur Zeit des Familienschlusses schon untergegangen war, muß es ohne rechtliche Wirkung für ihr Verhältnis zur Substanzhypothek bleiben, wenn der Familienschluß sich dahin ausdrückt, daß die Revenüenhypothek, „zu einer wahren, auf der Substanz des Fideikommisses ruhenden Fideikommißschuld konstituiert" wird. Hierin kann keine Umwandlung der Revenüenhypothek, sondern nur die Neuschaffung einer Substanzhypothek erblickt werden. Da auch im übrigen die Erfordernisse einer Schuldverschreibung gegeben sind, beansprucht der Beklagte mit Recht den durch die Tarifstelle „Schuldverschreibungen" des Stempelgesetzes vom 7. März 1822 bestimmten Stempel.

3. Der Forderung des Fideikommißstempels und des Schuldverschreibungsstempels steht auch nicht die Ziffer 1 der allgemeinen Vorschriften bei dem Gebrauche des Stempeltarifs vom 7. März 1822 deshalb entgegen, weil die Verbesserung des Fideikommisses und die Schuldverschreibung in derselben Urkunde erklärt sind. Beide Erklärungen haben dadurch nicht aufgehört, „verschiedene" Geschäfte zu sein, und sind nicht Bestandteile eines über ihnen stehenden, im Sinne des bürgerlichen Rechts einheitlichen Rechtsgeschäfts geworden. Der Familienschluß stellt nicht einen synallagmatischen Vertrag dahin dar, daß einerseits der Kläger sich zur Vornahme der Verbesserung des Fideikommisses verpflichtet, andererseits die Fideikommißanwärter als Gegenwert 40000 Taler aus der Substanz des Fideikommisses zu zahlen versprechen. Die beiden genannten Erklärungen stehen vielmehr als einseitige, rechtlich — wenn auch nicht wirtschaftlich — voneinander unabhängige Geschäfte nebeneinander. Die rechtliche Einverleibung der Verbesserungen selbst in das Fideikommiß, nicht die bloße (vertragsmäßige) Verpflichtung dazu, ist im Familienschluß beurkundet, und eine derartige Erweiterung eines Fideikommisses ist ebenso wie die ursprüngliche Errichtung eines solchen ein seinem Begriffe nach streng einseitiger Willensakt, der als solcher nicht Bestandteil eines Vertrages sein kann. Die Bestellung der Hypothek

ist rechtlich nicht die Gegenleistung für die Verbesserungen selbst, dient vielmehr offensichtlich zur Abgeltung der dem Kläger infolge der Verbesserungen zustehenden Ansprüche auf ihre Fortnahme oder Ersatz der ungerechtfertigten Bereicherung, die das Fideikommißvermögen aus dem Allodialvermögen des Klägers erfahren hat. Die Vereinbarung über diese Abgeltung ist im Familienschluß nicht beurkundet, und es kann deshalb dahingestellt bleiben, ob die Schuldverschreibung besonders zu verstempeln wäre, wenn die Beurkundung der Vereinbarung gleichzeitig erfolgt wäre."

---

64. Wird ein Mietrecht durch die bloße Vereinbarung, es im Grundbuch eintragen zu lassen, zu einem eintragsfähigen dinglichen Recht? Unterschied zwischen Mietrecht und Wohnungsrecht im Sinne des § 1093 B.G.B.

B.G.B. §§ 535 flg. 873. 1090—1093.

V. Civilsenat. Urt. v. 8. April 1903 i. S. O. (Bekl.) w. M. (Kl.). Rep. V. 496/02.

I. Landgericht Hirschberg.
II. Oberlandesgericht Breslau.

Durch notariellen Vertrag vom 27. Mai 1902 hatte die Beklagte an die klagende Ehefrau ihr Grundstück Nr. 19 L. für 16500 ℳ verkauft. Der § 3 des Vertrags lautete wörtlich:

„Der Verkäuferin wird für ihre Lebenszeit in dem verkauften Grundstücke das Recht eingeräumt, daselbst eine Wohnung von 2—3 Zimmern nebst Küche innezuhaben. Die Verkäuferin hat dafür an den jedesmaligen Grundstückseigentümer den durch besondere Vereinbarung festzusetzenden und den jedesmaligen zeitlichen Verhältnissen entsprechenden jährlichen Mietszins zu entrichten.

Die Käuferin bewilligt, daß das vorbezeichnete Wohnungsrecht im Grundbuch eingetragen wird.

Im Kosten- und Stempelinteresse wird der jährliche Mietzins auf 200 ℳ angegeben. Die Verkäuferin ist 63 Jahre alt."

Die Käuferin klagte auf Auflassung Zug um Zug gegen Baranzahlung von 3000 *M*. Von der Beklagten wurde der Vertrag, weil dessen § 3 auf ein im Grundbuch nicht eintragbares Mietrecht und somit auf eine unmögliche Leistung gehe, als nichtig bezeichnet und zugleich wegen ihres hierauf bezüglichen Irrtums angefochten. Sie beantragte nicht nur Abweisung der Klage, sondern auch widerklagend, die Klägerin zur Anerkennung der Nichtigkeit des Kaufvertrags zu verurteilen.

Der erste Richter gab aber der Klage statt und wies die Widerklage ab.

Vom Oberlandesgericht wurde die Berufung der Beklagten mit der Maßgabe zurückgewiesen, daß sie Zug um Zug gegen Zahlung von 4500 *M* das Grundstück aufzulassen, es auch zu übergeben habe.

Beide Vorderrichter nahmen an, daß in § 3 des Kaufvertrags ein eintragsfähiges Recht vereinbart sei.

Die Revision der Beklagten ist mit der Maßgabe zurückgewiesen worden, daß gegen Auflassung und Übergabe nicht nur Zahlung der 4500 *M*, sondern auch Eintragung des vereinbarten Wohnungsrechts zu erfolgen habe.

Aus den Gründen:

... „Den Ausführungen der Revisionsklägerin muß darin beigepflichtet werden, daß sich das Oberlandesgericht nicht mit gleicher Bestimmtheit wie der erste Richter über das Wesen des in § 3 des Kaufvertrags begründeten Rechts ausgesprochen hat. Denn während der letztere auf Grund seiner Tatsachenwürdigung und Urkundenauslegung darin die Vereinbarung einer beschränkten persönlichen Dienstbarkeit, eines Wohnungsrechts im Sinne des § 1093 B.G.B., sicher und unbedenklich gefunden hat, spricht das Berufungsgericht an einzelnen Stellen nur von „Gestaltung eines Mietrechts zu einem Wohnungsrechte", von der Frage der „Eintragsfähigkeit" des Rechts und der „Bedeutungslosigkeit seines juristischen Namens", überhaupt in Ausdrücken, die immerhin Zweifel darüber aufkommen lassen könnten, ob nicht der Vorderrichter die bloße Vereinbarung, daß ein Mietrecht im Grundbuch eingetragen werden solle, als genügende Grundlage für die Annahme eines eintragsfähigen, eines dinglichen Rechts erachtet. Eine solche Rechtsansicht müßte aber mit der Revisionsklägerin und dem von ihr angeführten Beschluß des

Kammergerichts (Rechtspr. der Oberlandesgerichte Bd. 4 S. 481), worin dem Fiskus die verabredete Eintragung eines zu gunsten einer Gendarmerieabteilung auf 10 Jahre abgeschlossenen reinen Mietvertrags verweigert worden ist, entschieden mißbilligt werden.

Denn das Bürgerliche Gesetzbuch kennt nur einen kleinen Kreis eintragsfähiger dinglicher Rechte, und in diesem Kreise kann das seinem Wesen nach persönliche Mietrecht nicht untergebracht werden, und zwar selbst dann nicht, wenn seine Eintragung im Grundbuch ausdrücklich vereinbart worden ist. Die abweichenden Bestimmungen des Allgemeinen Landrechts haben keine Aufnahme in das Bürgerliche Gesetzbuch gefunden. In diesem ist das Miet- und Pachtverhältnis ausschließlich im zweiten Buch über das „Recht der Schuldverhältnisse" aufgeführt; im dritten Buche über „Sachenrecht" ist es unter den eintragsfähigen Rechten nicht erwähnt. Zu den Rechten dieser Art gehört allerdings gemäß §§ 1090—1093. 873 B.G.B. das seiner tatsächlichen Wirkung nach der Miete ähnliche Wohnungsrecht; aber dieses ist nach seinem Wesen und seiner rechtlichen Wirkung vom Mietrechte so verschieden, daß eine Gleichstellung beider in Ansehung der Eintragsfähigkeit unzulässig ist. Während der Mietvertrag nach §§ 535 flg. nur persönliche Verpflichtungen zwischen den Vertragsteilen begründet, belastet das Wohnungsrecht als beschränkte persönliche Dienstbarkeit das ihm unterworfene Grundstück unmittelbar. Es wird nicht nach Miet-, sondern teils nach Nießbrauchsgrundsätzen, teils nach den für Grunddienstbarkeiten bestehenden Vorschriften beurteilt und ist in Ansehung seiner Dauer, der Pflicht, die Wohnung in Stand zu halten, seiner Wirkung bei der Zwangsversteigerung ꝛc ganz anders zu beurteilen, als das Mietverhältnis.

Hiernach ist es auch einleuchtend, daß die bloße äußerliche und oberflächliche Erklärung, daß ein Mietverhältnis im Grundbuche eingetragen werden soll, dessen rechtliches Wesen völlig unberührt läßt, ihm nicht ohne weiteres dingliche Eigenschaften verleihen und den Grundbuchrichter nicht veranlassen kann, die Eintragung zu bewirken. Diese ist vielmehr nur dann möglich, wenn ein wirkliches dingliches Wohnungsrecht vereinbart werden sollte und vereinbart worden ist.

Wäre somit das Berufungsurteil dahin aufzufassen, daß es das Wesen des von den Vertragsteilen gewollten Rechtsverhältnisses völlig auf sich beruhen lassen und entgegen dem in vorstehendem Ausgeführten die Eintragungsvereinbarung als das allein Ausschlaggebende erklären wollte, so könnte es nicht aufrecht erhalten werden. Aber so ist die angefochtene Entscheidung nicht zu verstehen. Vielmehr billigt und wiederholt sie, wie gleich aus dem Eingange und aus verschiedenen Redewendungen ihrer Entscheidungsgründe geschlossen werden muß, offenbar die Feststellung des ersten Richters, daß ein Wohnungsrecht als beschränkte persönliche Dienstbarkeit vereinbart worden ist, und nur in zweiter Reihe beschäftigt sie sich mit der Frage, ob nicht doch vielleicht auch die Vereinbarung der Eintragung eines bloßen Mietverhältnisses rechtswirksam ist. Diese vorsorglichen Untersuchungen sind aber jedenfalls unerheblich, und es muß bei der auch vom Berufungsgericht gebilligten einwandsfreien Urkundenauslegung des ersten Richters umsomehr bleiben, als für deren Richtigkeit schon der Wortlaut und Sinn der Urkunde selbst in überwiegender Weise spricht. Mit Recht hat daher auch der Vorderrichter der Benennung des Notars als Zeugen dafür, daß ausdrücklich Miete vereinbart worden sei, keine Folge gegeben. Denn wenn der Vertragswille in Wirklichkeit auf Begründung eines dinglichen Wohnungsrechtes ging, kommt es auf eine unrichtige Bezeichnung des Rechtsverhältnisses durch die Beteiligten nicht an. Steht hiernach aber unbedenklich fest, daß in § 3 des Kaufvertrags ein dingliches Wohnungsrecht gemäß §§ 1090 flg., 1093 B.G.B. begründet worden ist, so ist auch die weitere Beschwerde der Beklagten unbegründet, daß ihr ein von ihr nicht gewolltes Recht untergeschoben werden soll. Sie erhält vielmehr nur das auch ihrer eigenen Willenserklärung entsprechende Recht, und soweit dieses im einzelnen von den Vertragsteilen unbestimmt gelassen worden ist, müssen eben ergänzend die gesetzlichen Vorschriften über dingliche Wohnungsrechte, über genauere Festsetzung der Wohnungs r ä u m e und der Geldvergütung dafür, über Pflicht zur Instandhaltung der Wohnung, Wirkung bei Zwangsversteigerung 2c eintreten. Es ist den Vorderrichtern darin beizustimmen, daß im w e s e n t l i c h e n die Einigung der Vertragsteile betreffs des Wohnungsrechtes eine vollständige war, und daß weder die Festsetzung einer wiederkehrenden Geldvergütung, noch das Fehlen ziffermäßiger Bestimmung der letzteren und das Unbestimmtlassen der Wohnräume die Ungültigkeit der Verabredung zu begründen vermögen.

Nach dem allem sind die Einwendungen der Beklagten unrichtig.

daß der Vertrag auf eine unmögliche Leistung gehe, und daß sie das Gegenteil irrtümlich angenommen habe. Die beiden Vorentscheidungen sind daher in der Hauptsache gerechtfertigt; die Revision ist unbegründet. Schon der Vorderrichter hat in seinen Entscheidungsgründen es als selbstverständlich erklärt, daß die Klägerin bei Entgegennahme der Auflassung gleichzeitig die Eintragung des Wohnungsrechtes der Beklagten bewirken muß. In dieser Richtung war auch sein Urteilssatz zu ergänzen." ...

---

65. Kann der vertretungsberechtigte Gesellschafter einer offenen Handelsgesellschaft, der gegen die Bestimmung des Gesellschaftsvertrages ohne Genehmigung der übrigen Gesellschafter im Namen der Gesellschaft aus Mitteln der Gesellschaft ein Grundstück in der Zwangsversteigerung erstanden hat, gegen den Anspruch der Mitgesellschafter auf Rückzahlung des für den Erwerb aus der Gesellschaftskasse Entnommenen zur Gesellschaftskasse geltend machen, daß er zur Rückzahlung nur Zug um Zug gegen Auflassung des auf den Namen der Gesellschaft im Grundbuche eingetragenen Grundstücks verpflichtet sei?

B.G.B. §§ 273. 274.

I. Civilsenat. Urt. v. 8. April 1903 i. S. W. (Bekl.) w. W. u. Gen. (Kl.). Rep. I. 429/02.

I. Landgericht Hannover.
II. Oberlandesgericht Celle.

Der Beklagte war vertretungsberechtigter Gesellschafter der offenen Handelsgesellschaft M. & W. zu Hannover, durfte aber nach dem Gesellschaftsvertrage ohne schriftliche Genehmigung aller Gesellschafter Grundbesitz für die Gesellschaft nicht erwerben. Nachdem er 1901 ohne diese Genehmigung ein Werftgrundstück in Danzig in der Zwangsversteigerung namens der Gesellschaft erstanden und dafür 45000 ℳ aus der Gesellschaftskasse entnommen, auch bei der Kaufgelderbelegung eine eingetragene Hypothek übernommen hatte, klagten die Mitgesellschafter auf Rückzahlung der 45000 ℳ zur Gesellschaftskasse und Befreiung von der Hypothek.

Der erste Richter verurteilte den Beklagten nach der Klage. In der Berufungsinstanz machte der Beklagte u. a. geltend, daß er zur Rückzahlung und zur Befreiung von der Hypothek nur Zug um Zug gegen Auflassung des auf den Namen der Gesellschaft im Grundbuche eingetragenen Grundstücks verpflichtet sei. Dementsprechend erkannte der Berufungsrichter. Sein Urteil ist auf die Revision der Kläger aufgehoben, und das erste Urteil wiederhergestellt.

Aus den Gründen:

... „Streit besteht nur noch darüber, ob der Beklagte die Rückerstattung der aus der Gesellschaftskasse entnommenen Beträge und die Befreiung der Gesellschaft von der Verpflichtung aus der Übernahme der Hypothek nur Zug um Zug zu leisten habe gegen Auflassung des Grundstücks an ihn.

... Es versteht sich von selbst und wird auch von dem Vertreter der Revision der Kläger nicht in Zweifel gezogen, daß die Kläger nicht den für die Gesellschaft vom Beklagten gemachten Erwerb zurückweisen und Erstattung der Aufwendungen fordern und zu gleicher Zeit den Erwerb für die Gesellschaft in Anspruch nehmen können. Aber davon ist auch nicht die Rede. Die Kläger fordern in der Hauptsache mit der Klage aus dem Gesellschaftsvertrage zur Gesellschaftskasse zurück, was der Beklagte aus der Gesellschaftskasse ohne ihre Genehmigung und ohne Recht entnommen hat. Von einer Verpflichtung der Kläger zu einer Leistung Zug um Zug könnte, da die Anwendung der §§ 320. 322 Abs. 1 B.G.B. ohne weiteres ausgeschlossen ist, nur die Rede sein, wenn durch die Entnahme des Geldes aus der Gesellschaftskasse und dessen Verwendung für den Erwerb des Grundstücks ein Rechtsverhältnis im Sinne der §§ 273. 274 B.G.B. zwischen den Klägern und dem Beklagten entstanden wäre. Nach § 273 soll der Schuldner, der aus demselben rechtlichen Verhältnis, auf dem seine Verpflichtung beruht, gegen den Gläubiger einen fälligen Anspruch hat, die von ihm geschuldete Leistung verweigern dürfen, bis die ihm gebührende Leistung bewirkt wird, sofern nicht aus dem Schuldverhältnis sich ein anderes ergibt. Nach § 274 Abs. 1 hat dies die Wirkung, daß der Schuldner nur zur Leistung Zug um Zug zu verurteilen ist. Aber diese Vorschriften sind auf den vorliegenden Fall nicht anwendbar.

Durch die unberechtigte Entnahme und Verwendung der Beträge

wurde der Beklagte lediglich Schuldner der Gesellschaft und seiner Mitgesellschafter, der Kläger. Einen Anspruch aus dieser unberechtigten Handlung kann der Beklagte gegen die Kläger nicht erworben haben und hat er nicht erworben, weil die Kläger den Erwerb durch ihn mit den Mitteln der Gesellschaft als Erwerb für die Gesellschaft nicht gelten zu lassen brauchen und nicht gelten lassen wollen. In dem rechtlichen Verhältnis zwischen den Klägern und dem Beklagten ist der Erwerb materiell Erwerb des Beklagten, aus dem er Schuldner der Gesellschaft geworden ist, weil er Mittel der Gesellschaft dazu verwendet hat. Anders liegt der Fall, wo der Vertreter, Beauftragte oder Geschäftsführer ohne Auftrag mit eigenen Mitteln für einen anderen erworben hat, und der andere den Erwerb genehmigt oder zu genehmigen verpflichtet ist, Gläubiger des Anspruchs auf das Erworbene, zugleich aber Schuldner des für den Erwerb Aufgewendeten ist. Davon ist hier nicht die Rede. Der Beklagte hat aus der unberechtigten Ersteigerung des Grundstücks und dem unberechtigten Ankauf der Sachen einen Anspruch gegen die Gesellschaft oder die Kläger nicht erworben, ist vielmehr nur Schuldner der Gesellschaft und der Kläger geworden, nicht deren Gläubiger. Daran wird dadurch nichts geändert, daß die gekauften Sachen, wie anzunehmen, dem Beklagten für die Gesellschaft übergeben sind, noch weniger dadurch, daß der Beklagte ohne Recht die Eintragung des Grundstücks auf den Namen der Gesellschaft im Grundbuch ... herbeigeführt hat. Durch diese widerrechtlichen, willkürlichen, vertragswidrigen Maßnahmen allein kann eine Verpflichtung der Gesellschaft oder gar der Kläger nicht begründet werden, der Beklagte nicht Gläubiger der Kläger geworden sein. Nach der dargelegten rechtlichen Gestaltung der Sache entsteht eine Verpflichtung der Kläger, und werden die Kläger Schuldner des Beklagten erst dann, wenn der Beklagte zurückerstattet hat, was er unberechtigt aus der Gesellschaftskasse entnommen, und die Gesellschaft und die Kläger von der Verpflichtung aus der Hypothekübernahme befreit hat. Dann werden die Kläger allerdings verpflichtet sein, auf Kosten des Beklagten zum Grundbuch alle die Erklärungen abzugeben, die erforderlich sind, um die formelle Legitimation zu beseitigen, welche die Eintragung in das Grundbuch auf den Namen der Gesellschaft als Eigentümerin des Grundstücks und der Hypothek gewährt, und um zugleich den

Erwerb des Grundstücks, den die Gesellschaft für sich ablehnt, als Erwerb des Beklagten erscheinen zu lassen. Aber es fehlt an jedem Rechtsgrunde dafür, daß die Kläger diese Verpflichtung auch nur Zug um Zug gegen das, was der Beklagte zu leisten hat, zu erfüllen haben. Diese Verpflichtung entsteht vielmehr erst dann, wenn der Beklagte seine Verpflichtung erfüllt hat." ...

---

66. Rechtmäßigkeit einer Zustellung, welche bei Abwesenheit dessen, dem zugestellt werden soll, des Besitzers einer auch von ihm bewohnten fürstlichen Herrschaft, in dem auf dem Schloßhofe liegenden Verwaltungsgebäude an den Privatsekretär und Hofchef des Besitzers erfolgt?

C.P.O. § 181.

VII. Civilsenat. Urt. v. 14. April 1903 i. S. P. u. Gen. (Antragst.) w. Herz. E. G. z. Schl.-H. (Antragsgegner). Beschw.-Rep. VII. 49/03.

I. Landgericht Glogau.
II. Oberlandesgericht Breslau.

Gegenüber den Anträgen auf Vollstreckung einer einstweiligen Verfügung machte der Antragsgegner, der auf seiner Besitzung Pr. wohnt, geltend, daß die in seiner Abwesenheit erfolgte Ersatzzustellung den gesetzlichen Voraussetzungen nicht entspreche. Das Landgericht wies, nach Beweiserhebung über die Art und Weise der Zustellung und über die dienstliche Stellung des Hofrats v. B., dem das Schriftstück übergeben worden war, auf Grund jener Einwendung die Anträge zurück. Es wurde angenommen, daß es an einer Zustellung in der „Wohnung" mangele, da jene in dem Verwaltungsgebäude vorgenommen, dieses aber nicht bestimmt sei, dem Antragsgegner als Wohnung im eigentlichen Sinne zu dienen; auch habe die Zustellung nicht an den Hofrat v. B. geschehen dürfen, weil dieser, wenn er auch Privatsekretär und Hofchef des Herzogs sei, als eine „in der Familie dienende" Person nicht angesehen werden könne. Das Beschwerdegericht hob diese Entscheidung auf, indem von ihm in beiden Richtungen eine entgegengesetzte Stellung eingenommen wurde. Die weitere Beschwerde ist zurückgewiesen worden aus folgenden

Gründen:

... „Es muß der Vorinstanz zugestimmt werden, welche die in § 181 C.P.O. aufgestellten Erfordernisse einer Ersatzzustellung, die sich durch Zustellung in der Wohnung an eine in der Familie dienende Person vollzieht, als vorliegend erachtet hat. Nicht zu beanstanden ist zunächst die Annahme, daß zur Wohnung des Antragsgegners nicht nur dessen zum Wohnen im engeren Sinne bestimmtes Schloß, sondern auch das hier in Frage stehende, im Schloßhofe belegene Gebäude gehört, welches zur Erledigung der sich auf die ganze Besitzung beziehenden Verwaltungsangelegenheiten dient. Unbedenklich erscheint ferner die Ansicht des angefochtenen Beschlusses, daß die Stellung des Hofrats v. B. als Privatsekretärs und Hofchefs des Antragsgegners jenen als eine in der Familie des letzteren dienende Person erscheinen läßt, da derselbe durch die Führung der Oberaufsicht über das Küchen- und Schloßpersonal und über den Marstall Angelegenheiten der Herzoglichen Familie besorgte."

---

67. Sind die Vorschriften der §§ 2325—2329 B.G.B. nach Art. 213 Einf.-Ges. zum B.G.B. auch dann anwendbar, wenn der Tod des Erblassers nach dem Inkrafttreten des Bürgerlichen Gesetzbuchs eintrat, die Schenkung aber unter der Herrschaft des preußischen Allgemeinen Landrechts stattgefunden hatte?

IV. Civilsenat. Urt. v. 9. Februar 1903 i. S. M. (Bekl.) w. Z. (Kl.). Rep. IV. 328/02.

I. Landgericht Naumburg a. S.
II. Oberlandesgericht daselbst.

Aus den Gründen:

... „Die Klägerin ist die Tochter und alleinige Erbin der am 1. Juni 1901 verstorbenen Johanne Auguste G., welche am 16. März 1896 mit dem Beklagten einen Leibrentenvertrag geschlossen hatte, inhalts dessen ihrerseits ein Kapital von 9000 ℳ dem Beklagten übereignet und von diesem dagegen die Verpflichtung übernommen war, ihr jährlich bis zu ihrem Tode 450 ℳ zu zahlen.

Die Klägerin behauptet durch diesen Vertrag, da der reine Nachlaß ihrer Mutter nur 1794,45 ℳ betragen habe, in ihrem Pflichtteile verletzt zu sein. Im vorliegenden Prozesse werden deshalb von ihr 3602,77 ℳ nebst Zinsen gefordert. Diesen Anspruch hat sie in erster Linie auf die Vorschriften der §§ 637 flg. A.L.R. I. 11, eventuell aber, da jedenfalls eine Schenkung vorgelegen habe, auch auf die §§ 2325 flg. B.G.B. gestützt.

Der erste Richter wies die Klage ab, indem er ausführte, daß einerseits die Vorschriften der §§ 637 flg. A.L.R. I. 11, mit Rücksicht auf die Bestimmung des Art. 213 Einf.-Ges. zum B.G.B., unanwendbar seien, und daß andererseits die Klägerin wegen der Vorschrift des Art. 170 Einf.-Ges. sich auch nicht auf die §§ 2325 flg. B.G.B. berufen könne, nach § 1113 A.L.R. I. 11 aber die angebliche Schenkung bereits vor dem 1. Januar 1900 unanfechtbar geworden sein würde.

Der Berufungsrichter, welcher zu der Annahme gelangt ist, daß in dem Vertrage vom 16. März 1896 eine (dem Betrage nach noch nicht festgestellte) Schenkung, vermischt mit einem onerosen Geschäfte, enthalten gewesen sei, hat dagegen den streitigen Anspruch dem Grunde nach für gerechtfertigt erklärt. Im übrigen ist von ihm die Sache zur anderweiten Verhandlung und Entscheidung an das Gericht erster Instanz zurückverwiesen worden.

Der gegen diese Entscheidung nunmehr eingelegten Revision des Beklagten mußte der Erfolg versagt werden.

Der Art. 213 Einf.-Ges. zum B.G.B. bestimmt:

„Für die erbrechtlichen Verhältnisse bleiben, wenn der Erblasser vor dem Inkrafttreten des Bürgerlichen Gesetzbuchs gestorben ist, die bisherigen Gesetze maßgebend. . . ."

Da der Tod der Erblasserin der Klägerin erst später, nämlich im Jahre 1901 erfolgt ist, so müssen hiernach, sowie mit Rücksicht auf Art. 55 a. a. O., die erbrechtlichen Verhältnisse im vorliegenden Falle nicht nach dem früheren Rechte, sondern ausschließlich nach den Bestimmungen des Bürgerlichen Gesetzbuchs beurteilt werden.

Vgl. Entsch. des R.G.'s in Civils. Bd. 50 S. 186. 187.

Ebensowenig kann es einem Zweifel unterliegen, daß zu den erbrechtlichen Verhältnissen im Sinne des Art. 213 an sich auch die Verhältnisse der Pflichtteilsberechtigten gehören, da deren Rechte, obwohl sie dem Grunde nach in den schon vorher vorhanden gewesenen persönlichen Beziehungen wurzeln, doch als klagbare Ansprüche erst mit dem Tode des Erblassers zur Entstehung kommen (vgl. § 2317 B.G.B.).

Hieraus ergibt sich zunächst, daß die vorliegende Klage nicht durch den Hinweis auf die in den §§ 637—639 A.L.R. I. 11 enthaltene besondere Vorschrift des preußischen Rechts begründet werden kann, welche speziell für Leibrentenverträge ... getroffen war. ... Allerdings würde dem Beklagten aus dieser Bestimmung, falls das preußische Recht bis zum Tode der Rentenkäuferin G. in Kraft geblieben wäre, eine Verpflichtung zur Herausgabe eines Teiles des empfangenen Kapitals haben erwachsen können; so lange aber die Mutter der Klägerin sich noch am Leben befand, war zwischen den Parteien ein durch Vertrag oder Gesetz begründetes obligatorisches Verhältnis noch nicht vorhanden. Vom Berufungsrichter wird deshalb mit Recht ausgeführt, daß die Bestimmung des Art. 170 Einf.-Ges. zum B.G.B. im vorliegenden Falle nicht geeignet sei, die Anwendbarkeit der bereits vor dem Ableben der Leibrentenkäuferin außer Kraft getretenen §§ 637—639 A.L.R. I. 11 zu rechtfertigen.

Zweifelhafter erscheint die weitere, vom ersten Richter bejahte, vom Berufungsrichter aber verneinte Frage, ob der Beklagte, mit Rücksicht auf Art. 170 a. a. O., dem von der Klägerin eventuell aus § 2329 B.G.B. hergeleiteten Anspruche gegenüber sich darauf berufen kann, daß eine in dem Leibrentenvertrage etwa enthaltene Schenkung nach § 1113 A.L.R. I. 11 schon bei Lebzeiten der Erblasserin, und zwar mit dem Ablaufe eines Zeitraums von drei Jahren, also bereits vor dem Inkrafttreten des Bürgerlichen Gesetzbuchs, unangreifbar geworden sein würde. Diese Rechtsverteidigung des Beklagten erweist sich jedoch bei näherer Betrachtung als ebenso hinfällig, wie jene seitens der Klägerin (gleichfalls unter Berufung auf Art. 170 a. a. O.) versuchte prinzipale Klagebegründung. Die darauf bezüglichen Ausführungen des Beklagten möchten vielleicht als berechtigt erscheinen können, wenn der seitens des Pflichtteilsberechtigten dem Beschenkten gegenüber zu erhebende Anspruch nach den Bestimmungen des Bürgerlichen

Gesetzbuchs als eine aus der Person des Erblassers, bezw. aus dem ursprünglich (infolge des Schenkungsvertrags) zwischen dem Geschenkgeber und dem Beschenkten entstandenen Rechtsverhältnisse hergeleitete Revokationsklage oder als eine (der actio Pauliana nachgebildete) reine Anfechtungsklage aufzufassen wäre. Der Standpunkt des Bürgerlichen Gesetzbuchs ist jedoch ein anderer. Dasselbe hat in seinem das Erbrecht regelnden fünften Buche, und zwar unter den vom Pflichtteil handelnden Vorschriften, bezüglich der pflichtwidrigen Schenkungen im § 2325 folgenden Satz an die Spitze gestellt:

„Hat der Erblasser einem Dritten eine Schenkung gemacht, so kann der Pflichtteilsberechtigte als Ergänzung des Pflichtteils den Betrag verlangen, um den sich der Pflichtteil erhöht, wenn der verschenkte Gegenstand dem Nachlasse hinzugerechnet wird."

Danach wird dem Pflichtteilsberechtigten eine Ergänzungsklage gegeben, welche — abweichend von den meisten bis dahin in Deutschland geltend gewesenen Rechten —

vgl. Motive Bd. 5 S. 449. 454. 455. 456. 467, sowie Protokolle S. 7263 flg. und Denkschrift S. 288 —

— in erster Linie gegen den Erben zu richten ist. Nur wenn und soweit eine Verpflichtung des Erben zur Ergänzung des Pflichtteils nicht besteht, was insbesondere auch dann zutrifft, wenn der Pflichtteilsberechtigte (wie im vorliegenden Falle) selbst der alleinige Erbe ist, kann nach § 2329 a. a. O. der Pflichtteilsberechtigte von dem Beschenkten die Herausgabe des Geschenkes zum Zwecke der Befriedigung wegen des fehlenden Betrages, und zwar nach den Vorschriften über die Herausgabe einer ungerechtfertigten Bereicherung, fordern. Daß dieser Ergänzungsanspruch in den Fällen, in welchen derselbe lediglich einem Erben gegenüber geltend gemacht werden kann, den „erbrechtlichen Verhältnissen" im Sinne des Art. 213 Einf.-Ges. zum B.G.B. angehört, muß als völlig zweifellos bezeichnet werden. Aber auch in dem Falle, wenn der Ergänzungsanspruch gegen den nur subsidiär und nur in beschränkter Weise haftenden Geschenknehmer zu richten ist, kann nicht angenommen werden, daß der fragliche Anspruch aus dem Rahmen der „erbrechtlichen Verhältnisse" herausfalle. Der in beiden Fällen auf dem Pflichtteilsrecht beruhende und auf Ergänzung des Pflichtteils gerichtete Anspruch kann nicht, je nachdem er dem Erben oder dem Beschenkten gegenüber geltend zu machen ist, einen völlig verschiedenen Charakter haben; vielmehr muß seine rechtliche Natur insofern immer dieselbe bleiben, als es sich dabei um ein erbrechtliches Schuldverhältnis handelt, auf welches die Bestimmung des Art. 213 a. a. O. schlechthin anzuwenden ist.

Diese Auffassung entspricht auch der Entstehungsgeschichte des Art. 213 a. a. O., welcher nach dem ersten Entwurfe (Art. 129) folgende Fassung hatte erhalten sollen:

„Die erbrechtlichen Verhältnisse, mit Einschluß der erbrechtlichen Schuldverhältnisse, werden, wenn der Erblasser vor dem Inkrafttreten des Bürgerlichen Gesetzbuchs gestorben ist, nach den bisherigen Gesetzen, wenn der Erblasser später gestorben ist, nach den Vorschriften des Bürgerlichen Gesetzbuchs beurteilt. . . .“

In den Motiven (S. 307 unter Nr. 3) war dazu bemerkt:

„Besonders . . . sind erwähnt die erbrechtlichen, d. h. die auf erbrechtlichem Grunde beruhenden Schuldverhältnisse. Es soll damit klargestellt werden, daß nicht nur diejenigen Vorschriften gemeint sind, welche unmittelbar das Beerben, sondern auch diejenigen, welche die Stellung der Nachlaßgläubiger, das Verhältnis zwischen Vermächtnisnehmer und Unter- oder Nachvermächtnisnehmer, das Verhältnis der Pflichtteilsberechtigten zu den pflichtwidrig Beschenkten u. s. w. betreffen. . . .“

Die Worte „mit Einschluß der erbrechtlichen Schuldverhältnisse“ sind später zwar gestrichen worden, doch ergibt sich aus den Protokollen der II. Kommission S. 9108. 9109 in Verbindung mit S. 8288, daß dies nicht zum Zwecke einer Einschränkung, sondern nur aus redaktionellen Gründen geschehen ist.

Muß aber hiernach davon ausgegangen werden, daß die §§ 2325—2329 B.G.B. auch dann anzuwenden sind, wenn die betreffende Schenkung vor dem 1. Januar 1900 stattgefunden hatte, so erscheint der Ausspruch des Berufungsrichters, daß der streitige Anspruch dem Grunde nach gerechtfertigt sei, als unangreifbar.“ . . .

68. Kann die einer Gemeinde lediglich als solcher ohne Beziehung zu bestimmten herrschenden Grundstücken zustehende Dienstbarkeit an einem fremden Grundstücke als Grundgerechtigkeit im Sinne des preußischen Rechts angesehen werden?

VII. Civilsenat. Urt. v. 13. März 1903 i. S. Ehel. L. (Bekl.) w. Stadtgemeinde O. (Kl.). Rep. VII. 427/02.

I. Landgericht Ostrowo.
II. Oberlandesgericht Posen.

Das Reichsgericht hat diese Frage verneint.

Aus den Gründen:

... „Das berührt die Hauptfrage, nämlich die, ob der Stadt als solcher eine Grundgerechtigkeit zustehen kann. Der III. Civilsenat des Reichsgerichts hat dies für das gemeine Recht bejaht (Entsch. des R.G.'s in Civils. Bd. 14 S. 214, vgl. auch Entsch. a. a. O. Bd. 4 S. 131). Er hat dabei hauptsächlich deutschrechtlichen Anschauungen Rechnung getragen und ausgeführt, die moderne Rechtsentwicklung habe den römischrechtlichen Grundsatz, daß eine Grunddienstbarkeit nur zum Besten eines bestimmten Grundstücks bestehen könne, nicht festgehalten, sondern auch das Bestehen einer Grunddienstbarkeit zu gunsten eines ganzen territorialen und personellen Kreises zugelassen. Demgemäß hat der III. Civilsenat das Recht einer Gemeinde darauf, daß nicht nur ihre Angehörigen, sondern das gesamte Publikum die Anlagen eines fremden Grundstücks frei betreten dürften, als Grunddienstbarkeit anerkannt. Der erkennende Senat muß Anstand nehmen, diese Rechtsauffassung auf das preußische Recht, insbesondere dasjenige des Allgemeinen Landrechts, zu übertragen. Ohne Zweifel paßte Begriff und Wesen der römischrechtlichen Prädialservitut auf eine Reihe deutschrechtlicher Berechtigungen — man denke dabei an die Gemeinden oder sonstigen territorialen genossenschaftlichen Kreisen zustehenden Weide-, Hutungs- und Waldnutzungsrechte — gar nicht oder doch nur in geringem Maße, und es konnte daher die Anwendung der römischrechtlichen Grundsätze von der Prädialservitut auf solche Berechtigungen nur unter einer gewissen Änderung und Erweiterung dieser Grundsätze erfolgen. Es ist nun einzuräumen, daß sich Spuren der dem entsprechenden Anschauungen auch im Allgemeinen

Landrecht erhalten haben, besonders in denjenigen Bestimmungen des von den Grundgerechtigkeiten handelnden Titels (I. 22), die Berechtigungen der oben erwähnten Art zum Gegenstand haben (vgl. die §§ 92. 93. 211 I. 22). Allein das Allgemeine Landrecht hat den Weg dieser Entwicklung nicht weiter beschritten; in § 12 I. 22 hat es sich, abgesehen von einzelnen Punkten (causa perpetua, vicinitas), in der Begriffsumgrenzung der Grundgerechtigkeit eng an die römischrechtliche Prädialservitut angelehnt und jedenfalls an dem Erfordernis festgehalten, daß die Dienstbarkeit zu gunsten eines bestimmten Grundstücks bestehen müsse. Die oben erwähnten vereinzelten Spuren einer anderen deutschrechtlichen Auffassung lassen sich nicht zu einem allgemeinen, über die Begriffsbestimmung des § 12 a. a. O. hinausragenden Grundsatz zusammenfassen und verdichten. Die Titelüberschrift „Gerechtigkeiten der Grundstücke gegeneinander" kann dabei umsoweniger verwertet werden, als sich in diesem Titel auch Bestimmungen über zweifellos rein subjektiv-persönliche Berechtigungen finden, so z. B. im § 96. Nun ist es richtig, daß die Stadtgemeinde, wie jede Ortsgemeinde, nicht nur auf einer personellen, sondern auch auf einer räumlichen, dinglichen Grundlage ruht; sie faßt die auf einer umgrenzten Örtlichkeit nachbarlich wohnenden Personen zu einer öffentlich-rechtlichen Gemeinschaft zusammen; sie ist eine im Grund und Boden wurzelnde Gebietskörperschaft. Man kann sogar mit Recht sagen, sie habe eine räumlich bestimmte Unterlage, wenn man die Begrenzung ihres Gebietes ins Auge faßt. Allein so eng hiernach auch die Beziehung der Stadt- und Ortsgemeinden zum Grund und Boden ist, so ist sie andererseits doch wieder zu allgemeiner Art, als daß man im Sinne des Landrechts und überhaupt des preußischen Rechts anerkennen könnte, eine Dienstbarkeit, die der Stadt lediglich als solcher, in dieser ihrer allgemeinen Eigenschaft zustehe, gewönne allein durch jene Beziehung zum Grund und Boden den Charakter einer Grundgerechtigkeit; diese Beziehung reicht nicht aus, um das Erfordernis des „bestimmten" herrschenden Grundstücks herzustellen. Es braucht nun in gegenwärtiger Sache nicht Stellung zu der Frage genommen zu werden, ob das preußische Recht nicht wenigstens der Anschauung Spielraum lasse, daß die Stadt nicht nur für direkt ihr selbst gehörige Grundstücke, sondern auch mit Rücksicht auf bestimmte Grundstücke ihrer Angehörigen als Inhaberin einer Grundgerechtigkeit angesehen werden könne; denn ein tatsächlicher Anhalt dafür, das von der Stadt beanspruchte Recht in dieser Weise hier zu konstruieren, liegt nicht vor." . . .

---

69. Unter welchen Voraussetzungen kann nach dem vor dem Inkrafttreten des Bürgerlichen Gesetzbuchs in Geltung gewesenen preußischen Recht eine Eintragung in der ersten Abteilung des (Hypotheken-) Grundbuchs als eine dingliche Belastung des Grundstücks angesehen werden?

VII. Civilsenat. Urt. v. 13. März 1903 i. S. Ehel. L. (Bekl.) w. Stadtgemeinde O. (Kl.). Rep. VII. 427/02.

I. Landgericht Ostrowo.
II. Oberlandesgericht Posen.

Die Stadtgemeinde O. überließ durch notariellen Vertrag vom 11. November 1864 ein ihr gehöriges Grundstück der Schützengilde in O. zum Eigentum. „Als Äquivalent der gedachten Überlassung", wie es im Vertrage heißt, übernahm die Schützengilde die nachstehenden Verbindlichkeiten bezw. Bedingungen:

1. daß auf dem Grundstück binnen 3 Jahren ein Schützenhaus erbaut sein müsse;

2. daß die überlassene Fläche binnen derselben Zeit parkartig hergestellt sein, für immerwährende Zeiten als eine wohlgepflegte Parkanlage unterhalten, und ferner für alle Zeiten jedem anständig Gekleideten freier Zutritt in dieselbe gestattet sein müsse;

3. daß die Umwehrungen, Gräben und gemauerten Kanäle für immerwährende Zeiten in gutem Zustande erhalten werden müßten;

4. daß bei einem etwaigen Verkauf der Stadtgemeinde das Vorkaufsrecht zustehen solle.

Zur Sicherheit der zu 1 und 4 übernommenen Verpflichtungen und Bedingungen verpfändete die Schützengilde das erworbene Grundstück und beantragte im Vertrage Eintragung auf ihre Kosten.

Zu diesem Vertrage wurden unter dem 8. Juli und 25. September 1867 Nachtragsverhandlungen aufgenommen, nach deren letzter die Eintragung des Vorkaufsrechtes vorläufig ausgesetzt bleiben sollte.

Unter dem 12. Februar 1868 verfügte die Hypothekenbehörde, der die vorstehenden Verhandlungen zum Zweck der Besitztitelberichtigung und sonstigen Eintragung überreicht waren, daß auf dem Hypothekenfolium des oben bezeichneten Grundstücks folgendes eingetragen werde:

1. In Rubrika I in der Spalte „Name des Besitzers" „die Schützengilde in O.", und in der Spalte „Titulus possessionis" nachstehender Vermerk „... von der Stadtgemeinde O. durch den ... Vertrag vom 11. November 1864 und die Nachtragsverhandlungen vom 6. Juli und 25. September 1867 ohne Wertsbestimmung, jedoch gegen die Verpflichtung, binnen 3 Jahren auf dem Grundstück ein Schützenhaus zu bauen, binnen derselben Zeit die überlassene Fläche parkartig herzustellen und zu unterhalten, auch jedem anständig Gekleideten den freien Zutritt zu gestatten, die Umwehrungen und gemauerten Kanäle für immerwährende Zeiten in gutem Zustande zu erhalten, und gegen Vorbehalt des Vorkaufsrechts überlassen erhalten;

2. in Rubrika II unter Nr. 2 die Verpflichtung der Schützengilde, binnen 3 Jahren ein Schützenhaus zu erbauen.

Die Eintragungen erfolgten demgemäß, und in der Benachrichtigung an die Stadtgemeinde wurde bemerkt, daß die Eintragung des Vorkaufsrechts aus näher angegebenen Gründen nicht habe erfolgen können. Der Eintrag in Rubrika II wurde 1868 gelöscht.

Durch schriftlichen Vertrag vom 28. September 1879 verkaufte die Schützengilde das vorgedachte Schützenhaus-Grundstück an den bisherigen Pächter desselben, Carl L. Im § 3 des Vertrags hieß es: Außer ... übernimmt der Käufer „kein Intabulat in Abteilung II oder III; dagegen gehen die bei der Eintragung des Besitztitels für die Schützengilde in Abteilung I eingetragenen Verpflichtungen auf den Käufer über, und derselbe darf auch von dem Grundstück nichts abverkaufen." Die Auflassung an Carl L. und dessen Ehefrau und deren Eintragung erfolgte am 29. September bezw. 8. November 1879. Durch schriftlichen Vertrag vom 19. Juni 1893 veräußerten die L.'schen Eheleute das Grundstück an ihren Sohn, Ludwig L., den Beklagten. Von Verpflichtungen der Stadtgemeinde gegenüber wird in diesem Vertrage nichts erwähnt.

Die Stadtgemeinde, welche die unter 2 und 3 des Vertrags vom 11. November 1864 erwähnten Verpflichtungen der Schützengilde für Grunddienstbarkeiten erachtete, forderte im Jahre 1901 unter Bezugnahme auf den Art. 187 Einf.-Ges. zum B.G.B. den Eigentümer Ludwig L. und dessen als Eigentümerin mit eingetragene Ehefrau wiederholt, jedoch erfolglos auf, die Eintragung der Grunddienstbarkeit auf Kosten der Stadtgemeinde herbeizuführen. Sie erhob daher gegen die beiden Beklagten Klage mit dem Antrage, sie zu verurteilen, darein zu willigen, daß die bezeichneten Verbindlichkeiten (Unterhaltung des Parkes, Gestattung des freien Zutritts an jeden anständig Gekleideten, Erhaltung der Umwehrungen, Gräben und Kanäle in gutem Zustande) als Grunddienstbarkeiten für die Klägerin eingetragen würden. Die Beklagten beantragten Abweisung der Klage, und der erstinstanzliche Richter entsprach diesem Antrage.

In der Berufungsinstanz stellte die Klägerin einen eventuellen Klagantrag dahin, die Beklagten zu verurteilen, anzuerkennen, daß die in der ersten Abteilung eingetragene Verpflichtung des angegebenen Inhalts noch zu Recht bestehe. Der Berufungsrichter verurteilte die Beklagten nach dem eventuellen Klagantrage, im übrigen wies er die Berufung der Klägerin zurück. Er hielt die Eintragung in Abteilung I für eine wirksame dingliche Belastung des Grundstücks.

Das Reichsgericht, welches durch die von den Beklagten ergriffene Revision mit dieser Frage befaßt wurde, mißbilligte diese Ansicht aus folgenden

Gründen:

„Die Frage, ob die in Rede stehende Eintragung in Abteilung I des Grundbuchs als eine wirksame Belastung des den Beklagten gehörigen Grundstücks anzusehen ist, ist nicht nach heutigem Recht, sondern in erster Linie nach dem Allgemeinen Landrecht und der Hypothekenordnung vom 20. Dezember 1783, in zweiter nach den beiden Gesetzen vom 5. Mai 1872 zu entscheiden, da die Eintragung im Jahre 1868 erfolgt ist, und der beklagte Ehemann das Grundstück im Jahre 1896 erworben hat. Dem Recht vor und nach den Gesetzen vom 5. Mai 1872 mag es entsprechen, daß man eine Verwechselung der Abteilung II und III bei der Eintragung für bedeutungslos erachtet; denn beide Abteilungen waren nach den gesetzlichen Bestimmungen in der Hypothekenordnung von 1783 und der Grundbuchordnung von 1872 gleichmäßig zur Aufnahme der dinglichen Belastungen des Grundstücks bestimmt; jeder, der sich über diese Belastungen unterrichten wollte, mußte von dem Inhalt beider Abteilungen Einsicht nehmen, und dieser Inhalt war maßgeblich in Ansehung des öffentlichen Glaubens des Hypotheken- bezw. Grundbuchs. Erheblich anders lag die Sache bezüglich der Eintragungen in Abteilung (Rubrika) I; diese war, wie nach § 10 Gr.B.O., so auch nach §§ 41 flg. der Hypothekenordnung nur bestimmt 1. zur Bezeichnung des Eigentümers, 2. zur Auskunft über den Rechtsgrund, aus welchem der Besitzer zum Eigentum des Grundstücks gelangt war (§ 42 a. a. O.), 3. zur Auskunft über den Wert des Grundstücks und daher über den Erwerbspreis (§ 43 a. a. O.); Auskunft über Belastungen des Grundstücks war dort nicht zu suchen. Wenn man nun auch trotz dieser gesetzlichen Bestimmung der Abteilung I der Ansicht beipflichten wollte, daß eine aus irgend welchen Gründen in dieser Abteilung bewirkte Eintragung dennoch als eine wirksame dingliche Belastung des Grundstücks zu gelten habe, so kann dies doch nur unter der Einschränkung geschehen, daß aus der Eintragung erhelle, sie solle eine dingliche Belastung des Grundstücks darstellen; denn die Bedeutung der Eintragungen im Hypotheken- und Grundbuch ist nicht danach zu bemessen, wie jemand, der der einschlägigen Bestimmungen unkundig ist, sie auffaßt, sondern danach, wie sie an der Hand dieser Bestimmungen zu beurteilen ist. Da man nun, wenn man in Abteilung I eine Eintragung antrifft, die auf den ersten Blick in die Abteilung II oder III zu gehören scheint, in der Regel nur die Wahl hat zwischen den beiden Möglichkeiten, daß entweder ein grobes Versehen des Hypotheken- oder Grundbuchrichters vorliege, oder daß bei genauerer Betrachtung der Eintragung eine andere Bedeutung beiwohne als die, eine dingliche Belastung zum Ausdruck zu bringen, so ist eine solche Eintragung mit besonderer Sorgfalt zu prüfen, und nur wenn sich hierbei ergibt, daß sie nach Inhalt und Zweck wirklich eine dingliche Belastung sein soll, wird man ihr eine dementsprechende Wirksamkeit beilegen können. Im gegenwärtigen Falle kann bei Aufwendung einiger Aufmerksamkeit nicht der geringste Zweifel daran bestehen, daß die fragliche Eintragung eine dingliche Belastung weder enthalten soll noch enthält. Zunächst ist darauf hinzuweisen, daß die Beteiligten, also die Stadt und die Schützengilde, eine Eintragung der jetzt streitigen Belastungen nicht gewollt und beantragt haben; denn im Vertrage ist das Grundstück nur wegen der von der Schützengilde unter Nr. 1 und Nr. 4 übernommenen Verbindlichkeiten „verpfändet"; von der Eintragung jener unter Nr. 2 und Nr. 3 aufgeführten Belastungen ist weder im Vertrage noch in irgend einem Antrage die Rede. Schon aus dieser, Dritten allerdings nicht erkennbaren, Tatsache muß der ernsteste Zweifel daran erwachsen, ob der Hypothekenrichter trotzdem, also ohne Antrag, die Eintragung jener Verbindlichkeiten als dinglicher Lasten hat bewirken wollen. Dazu treten die schweren Bedenken, die sich unmittelbar aus dem Orte der Eintragung ergeben. Es ist rechtlich so überaus einfach und so über allen Zweifel erhaben, daß, wenn das Grundstück mit jenen Verbindlichkeiten im Hypothekenbuch belastet werden sollte, der Eintrag in Abteilung II zu vollziehen gewesen wäre, daß man vor einem schlechthin unerklärbaren Irrtum der Hypothekenbehörde stehen würde, wenn man annehmen wollte, sie habe dem Eintrag trotz dessen seine Stelle in Abteilung I absichtlich zugewiesen. Ein äußeres mechanisches Versehen aber, also ein zufälliges örtliches Verwechseln der Abteilungen bei Erlassung der Eintragungsverfügung ist nach Inhalt des Eintrages völlig ausgeschlossen. Dies alles führt zwingend zu der Vermutung, daß gemäß dem Zweck der Abteilung I die Eintragung eine ganz andere Bedeutung als die der Kundgebung einer dinglichen Belastung haben sollte. In Abteilung I sollte nach der Hypothekenordnung, wie schon oben erwähnt, der Erwerbspreis angegeben werden; nun war ein solcher im vorliegenden Falle zwar nicht vorhanden; denn die Stadt hatte das Grundstück der Schützengilde in Wirklichkeit umsonst überlassen; allein es konnte in gewissem Sinne als ein Entgelt oder eine Gegenleistung für die Überlassung des Grundstücks angesehen werden, wenn die Schützengilde die Verpflichtung übernahm, ein Schützenhaus darauf zu errichten, es im übrigen als Park einzurichten und zu unterhalten, und jedem anständig Gekleideten den freien Zutritt zu gestatten, die Umwehrungen, Gräben und Kanäle zu unterhalten, und der Stadt das Vorkaufsrecht zu gewähren. Schon hierdurch wird die Wahrscheinlichkeit begründet, daß die Aufführung jener Verbindlichkeiten in Abteilung I lediglich die Stelle der Angabe des Erwerbspreises vertreten sollte; zur positiven Gewißheit wird diese Wahrscheinlichkeit durch den Inhalt der Eintragung erhoben; denn es heißt hier ausdrücklich: „ohne Wertbestimmung, jedoch gegen die Verpflichtung, binnen 3 Jahren ein Schützenhaus zu erbauen" ꝛc. Der Umstand, daß die Gegenleistung nicht in der an sich zur Aufnahme der Wertsangabe bestimmten Spalte 3 („Wert des Immobilis"), sondern in Spalte 2 („Titulus possessionis") eingetragen worden ist, findet seine vollständige Aufklärnng dadurch, daß nach einer Bestimmung aus dem Jahre 1797,

vgl. Rabe, Sammlung Bd. 4 S. 271 und 277 X Nr. 6,

in dem Falle, wenn mehrere auf verschiedenen Folien eingetragene Grundstücke zusammen für einen Preis erworben wurden, der Preis nicht in Spalte 3, sondern in Spalte 2 vermerkt werden sollte, ein Fall, dessen Voraussetzungen hier vorlagen, da das der Gilde überlassene Grundstück aus zwei Stücken bestand, von denen das kleinere (1 Morgen 64 □Ruten) dem größeren (3 Morgen) zugeschrieben wurde. Die Gewißheit, daß der Eintragung die im vorstehenden gekennzeichnete Bedeutung beizumessen ist, wird durch die folgenden beiden Tatsachen noch weiter befestigt. Obgleich in der Eintragung in Abteilung I schon die Verpflichtung der Schützengilde zur Erbauung eines Schützenhauses aufgeführt ist, ist zu gleicher Zeit auf Grund derselben Eintragungsverfügung (12. Februar 1868) in Abteilung II dieselbe Verbindlichkeit noch einmal eingetragen worden. Das liefert den schlagenden und für jedermann augenfälligen Beweis, daß die Hypothekenbehörde mit der Aufführung der von der Schützengilde übernommenen Verbindlichkeiten in Abteilung I nur deren Gegenleistung angeben und nicht eine dingliche Belastung zum Ausdruck bringen wollte, letztere vielmehr, soweit deren Eintragung nach dem Antrage der Beteiligten erfolgen sollte, ordnungsmäßig in die dazu bestimmte Abteilung II eingetragen hat. Dasselbe ergibt sich aus der weiteren Tatsache, daß, obgleich in Abteilung I das Vorkaufsrecht mit aufgeführt ist, — die Worte lauten „gegen Vorbehalt des Vorkaufsrechtes", — die Hypothekenbehörde dennoch zugleich mit der Eintragungsverfügung anordnete, es solle der Stadt und der Schützengilde bei der Benachrichtigung von der erfolgten Eintragung mitgeteilt werden, die Eintragung des Vorkaufsrechtes habe — aus näher angegebenen Gründen — noch nicht erfolgen können. Die Hypothekenbehörde erklärte damit also unmittelbar der berechtigten Stadt gegenüber, daß die ihr dem Wortlaut nach mitgeteilte Eintragung des Vorkaufsrechtes in Abteilung I eine Eintragung des Vorkaufsrechtes als dinglicher Last nicht bedeute. Das Schlußergebnis der vorstehenden Erörterungen ist dahin zusammenzufassen: Die Aufführung der von der Schützengilde übernommenen Verbindlichkeiten in Abteilung I stellt sich nicht als die Eintragung einer dinglichen Belastung, sondern lediglich als die Angabe der Gegenleistung der Schützengilde dar, und diese Bedeutung ist nicht nur jedermann bei Anwendung einiger Aufmerksamkeit aus dem Ort der Eintragung, dem Inhalt derselben und der gleichzeitigen nochmaligen Eintragung der Bauverpflichtung in Abteilung II klar erkennbar, sondern es ist dies auch direkt der Berechtigten, nämlich der Stadt gegenüber, in einer Weise zum Ausdruck gelangt, daß sie einen Zweifel hierüber nicht hegen konnte. Sie hat denn solchen in der Tat auch nicht gehegt." (Wird näher ausgeführt.)... „Der Berufungsrichter stützt seine gegenteilige Auffassung der Rechtslage zum Teil darauf, daß Carl L., der Vorbesitzer der Beklagten und Vater des beklagten Ehemannes, beim Erwerbe des Grundstücks im Jahre 1879 nicht nur im § 3 des Kaufvertrages die bei der Berichtigung des Besitztitels für die Schützengilde in Abteilung I eingetragenen Verpflichtungen übernommen, sondern auch bei der Auflassung die Eintragung der sämtlichen vertraglich eingegangenen Verpflichtungen bewilligt habe. Daraus soll nach der Ansicht des Berufungsrichters folgen, Carl L. habe das damals als unstreitig rechtswirksam betrachtete Intabulat als *eingetragene* Verpflichtung *anerkannt*, und *daher* sei die Eintragung jedenfalls *seit dieser Zeit* materiell rechtswirksam geworden. Dieser Auffassung kann, ganz abgesehen davon, ob nicht ein Widerspruch darin liegt, wenn der *Eintragungs*antrag des Carl L. hier mit herangezogen wird, grundsätzlich nicht beigetreten werden. Da die vorhandene Eintragung eine dingliche Belastung des Grundstücks nicht enthielt, sondern einen anderen Charakter trug, so kann lediglich dadurch, daß außerhalb des Grundbuchs und ohne Hinzutritt eines entsprechenden Vermerks im Grundbuch der Käufer in einem mit seinem Verkäufer geschlossenen Vertrage die Meinung zum Ausdruck brachte, die Last sei mit ihrer Erwähnung in Abteilung I eingetragen worden, die Eintragung objektiv und daher mit Wirkung für den Singular-Rechtsnachfolger ihre bisherige Natur nicht verloren haben und nicht in eine rechtswirksame Eintragung der Last verwandelt worden sein. Nach dem Recht vor den Gesetzen vom 5. Mai 1872 war allerdings die Kenntnis des Erwerbers von dem jus ad rem des Berechtigten (§§ 4—6 I. 19, § 19 I. 4 A.L.R.) jenem schädlich, und da diese

Kenntnis auch durch einen Eintrag in Abteilung I vermittelt sein konnte, so hatte diese nach jenem Recht dem Erwerber gegenüber erhebliche Bedeutung, ein Gesichtspunkt, dessen Unterschied von der Frage, ob eine Eintragung in Abteilung I als solche eine dingliche Belastung des Grundstücks bewirkt habe, zwar in manchen das frühere Recht betreffenden Entscheidungen (so beispielsweise in den Entsch. des Obertrib. Bd. 20 S. 193. 196), jedoch nicht in allen ausreichend beachtet worden ist. Nach den Gesetzen vom 5. Mai 1872 aber scheidet dieser Gesichtspunkt bei den gegenwärtig allein in Frage stehenden Belastungen des Grundstücks gänzlich aus. Für den Singular-Rechtsnachfolger ist nach diesem Recht nur der objektive Bestand des Grundbuchs maßgeblich, nicht seine Kenntnis von dem Rechte eines Dritten, seine Berechtigung eintragen zu lassen. Da zur Zeit des Erwerbes der Beklagten (1896) nach jenem Bestande eine dinglich wirksame Eintragung der Rechte der Stadt nicht vorhanden war, so sind die erwähnten Erklärungen des Carl L. für sie rechtlich belanglos. Demgemäß mußte ihrem Antrage entsprechend die Entscheidung des Berufungsrichters, daß eine gegen sie wirksame Eintragung der Rechte der Stadt bestehe, aufgehoben worden."...

---

70. Verstößt es gegen die guten Sitten (§ 826 B.G.B.), wenn ein Arbeitgeber bei ihm beschäftigte Arbeiter entläßt, um dadurch auf die Beendigung des bei einem anderen Arbeitgeber ausgebrochenen Arbeiterausstandes hinzuwirken?

Gew.O. § 152.

VI. Civilsenat. Urt. v. 26. März 1903 i. S. R. u. Gen. (Kl.) w. Hamburg-Amerika-Linie u. Gen. (Bekl.). Rep. VI. 351/02.

I. Landgericht Hamburg.
II. Oberlandesgericht daselbst.

Im Mai und Juni 1900 wurde von mehreren Hamburger Sektionen des „Deutschen Metallarbeiter-Verbandes" beschlossen, Maßregeln zur Verbesserung der Lage ihrer Mitglieder zu ergreifen, insbesondere eine Lohnerhöhung und die Abkürzung der Arbeitszeit durchzusetzen. Die von ihnen insoweit aufgestellten Forderungen wurden einzelnen Arbeitgebern und dem „Verbande der Eisenindustrie Hamburgs", der insbesondere alle dortigen größeren Schiffswerften umfaßt, durch Cirkulare mitgeteilt, welche die Unterschrift „Die Lohnkommission" trugen. Der genannte Arbeitgeberverband lehnte aber ab, mit dieser Kommission in Verhandlung zu treten, wobei er darauf hinwies, daß die Cirkulare keine Namensunterschriften trügen und in anmaßendem Tone gehalten seien.

Darauf wendeten sich die Nieter der Reiherstieg-Werft in Hamburg, die eine Erhöhung des Stundenlohnes beanspruchten, am 2. Juli 1900 schriftlich an die Direktion der Werft mit dem Verlangen, im Laufe dieses Tages mit den Beauftragten der Nieter in Verhandlung zu treten, und legten, als das nicht geschah, am nächsten Tage die Arbeit nieder. Auf der genannten Werft wurde damals an einem der jetzigen Beklagten zu 1 gehörigen Schiffe gearbeitet; diese wollte, um die Vollendung des Schiffes zu ermöglichen, die erforderlichen Arbeiten durch bei ihr selbst beschäftigte Schmiede und Schlosser ausführen lassen; diese verweigerten dies aber als „Streikbrecherarbeit" und wurden deshalb entlassen. Ein darauf am 11. Juli unternommener Versuch, im Wege mündlicher Besprechung zwischen den Vertretern des Verbandes der Eisenindustrie Hamburgs einer- und den Vertretern der bei den Schiffswerften bestehenden Arbeiterausschüsse andererseits eine Einigung zu erzielen, blieb ohne Erfolg; insbesondere wurde die von den Arbeitgebern verlangte Beendigung des Nieterstreiks auf der Reiherstieg-Werft nicht erreicht. Infolgedessen schritten vom 14. Juli ab die zu dem genannten Verbande gehörigen Werften zu umfänglichen Arbeiterentlassungen und dehnten diese schließlich soweit aus, daß der Betrieb der Werften überhaupt zum Erliegen kam.

Zu den von diesen Maßregeln betroffenen Arbeitern gehörten auch die Kläger, die zum Teil bei der Beklagten zu 2, zum Teil bei der Beklagten zu 1 in Arbeit gestanden hatten. Sie forderten Ersatz des ihnen in der Zeit der Arbeitslosigkeit entgangenen Verdienstes in Höhe von zusammen 3202,40 ℳ von den Beklagten, indem sie angenommen wissen wollten, daß die von diesen verhängte Arbeitssperre eine gegen die guten Sitten verstoßende vorsätzliche Schadenszufügung im Sinne von § 826 B.G.B. darstelle. Es handle sich bei dem

Vorgehen der beiden Beklagten und der mit ihnen verbundenen Schiffswerften darum, daß den ausgesperrten Arbeitern planmäßig jede Möglichkeit habe entzogen werden sollen, an ihrem Wohnorte in ihrem Fach ihren Unterhalt zu gewinnen, und zwar allein zu dem Zweck, um durch die Not, in die sie und ihre Angehörigen dadurch gerieten, einen Druck auf die bei der Reiherstieg-Werft ausständig gewordenen Nieter auszuüben und sie zur Wiederaufnahme der Arbeit unter den früheren Arbeitsbedingungen zu nötigen. Der Streik dieser Nieter habe aber mit der allgemeinen Lohnbewegung, die zur fraglichen Zeit unter den Metallarbeitern Hamburgs begonnen gehabt, nicht im Zusammenhange gestanden; es habe sich dabei lediglich darum gehandelt, eine Erhöhung des Stundenlohnes der Nieter auf der Reiherstieg-Werft bis zu der Höhe zu erreichen, die der Lohn auf den übrigen Werften bereits gehabt habe. Der Metallarbeiter-Verband, dem die Kläger angehörten, hätte jenen Streik nicht nur nicht veranlaßt, sondern sogar den Nietern der Reiherstieg-Werft dringend empfohlen, ihre Forderung auf Lohnerhöhung zurückzustellen.

Die Beklagten widersprachen diesen Ausführungen. Der Streik auf der erwähnten Werft sei von dem Metallarbeiter-Verband veranlaßt worden; man habe, da unter den Arbeitern keine Neigung zu einem allgemeinen Streik bestanden habe, zunächst einen solchen bei einer einzelnen Werft ins Werk gesetzt und die dort ausständigen Arbeiter unterstützt. Nach dem Vorgehen des Verbandsvorstandes und den Auslassungen der sozialdemokratischen Presse Hamburgs habe aber für die Arbeitgeber nicht zweifelhaft sein können, daß die Arbeitseinstellung auch auf andere Werften werde erstreckt werden, um die angekündigten Forderungen zu erzwingen. Die in dem Verbande der Hamburger Eisenindustrie vereinigten Werften wären zu der Aussperrung ihrer Arbeiter, nachdem der Versuch gütlicher Beseitigung des Nieterstreiks mißlungen gewesen, nur geschritten, um den ihnen drohenden Ausständen zuvorzukommen. Sie hätten damit ein anerkanntes Kampfmittel gewählt, das geradeso erlaubt und berechtigt sei, wie der Arbeiterstreik.

Die Klage wurde in erster und zweiter Instanz abgewiesen; beide Instanzgerichte nahmen an, die von den beiden Beklagten angewendete Arbeiteraussperrung möge als eine harte Maßregel anzusehen sein, eine gegen die guten Sitten verstoßende, zum Schadensersatz verpflichtende Handlung aber sei darin nicht zu finden. Das Oberlandesgericht sah als festgestellt an, die Werftbesitzer seien bei ihrem Vorgehen gegen ihre Arbeiter davon ausgegangen, daß der Streik der Nieter auf der Reiherstieg-Werft nur das erste Glied einer Reihe von Maßnahmen sei, die von den Leitern der Arbeiterbewegung zur Erzwingung der von ihnen angekündigten Forderungen auf Änderung der allgemeinen Arbeitsbedingungen in Aussicht genommen worden seien; sie hätten, wenn nicht als gewiß, so doch mindestens als sehr wahrscheinlich angesehen, daß die Arbeiter, wenn die Nieter der Reiherstieg-Werft von dieser die Bewilligung der verlangten Lohnerhöhung erreicht hätten, versuchen würden, die von der „Lohnkommission" angekündigten Forderungen durch successive Einzelstreiks oder durch einen alle Werften gleichzeitig umfassenden Ausstand durchzusetzen. Übrigens würde der erhobene Schadensersatzanspruch auch dann nicht begründet sein, wenn die Beklagten bei ihren Arbeiterentlassungen lediglich den Zweck verfolgt hätten, die Nieter der Reiherstieg-Werft zur Wiederaufnahme der Arbeit unter den früheren Bedingungen zu veranlassen.

Die von den Klägern gegen das zweite Urteil eingelegte Revision blieb erfolglos. Das Reichsgericht erachtete die Angriffe der Revision gegen die Feststellung in betreff der Motive, von denen die Beklagten bei ihrem Vorgehen geleitet worden seien, für unbegründet, billigte aber auch die zuletzt erwähnte Auffassung des Berufungsgerichts und sprach sich in dieser Beziehung wie folgt aus.

Gründe:

... „Durch § 152 Gew.-O. sind die Verbote und Strafbestimmungen beseitigt worden, durch welche früher vielfach partikularrechtlich den Gewerbetreibenden oder den gewerblichen Gehilfen und Arbeitern untersagt war, sich zum Behufe der Erlangung günstiger Lohn- und Arbeitsbedingungen zu gemeinsamem Vorgehen zu vereinigen. Das Gesetz stellt hierbei die Arbeitnehmer und Arbeitgeber vollständig gleich und hebt als Maßnahmen, die fortan unverwehrt bleiben sollten, ausdrücklich für die Arbeitnehmer die gemeinsame Arbeitseinstellung, für die Arbeitgeber die Arbeiterentlassung hervor. Nach diesen gesetzlichen Vorschriften würde es ausgeschlossen erscheinen, die in Frage stehenden Arbeiterentlassungen allein deshalb als unrechtmäßig im Sinne von § 826 B.G.B. zu bezeichnen, weil die Beklagten dabei lediglich beabsichtigt hätten, der Reiherstieg-Werft in dem Streite mit ihren ausständigen Nietern zum Siege zu verhelfen. Das Gesetz beschränkt das Recht der Arbeitgeber einer- und der Arbeitnehmer andererseits, sich zu gemeinschaftlichem Vorgehen zu verbinden, nicht auf den Fall, wenn es sich um die Erreichung eines Erfolges handelt, der unmittelbar allen Verbündeten zum Vorteil gereicht; ein Ausfluß des anerkannten Rechts der Koalition ist es vielmehr auch, wenn Arbeitgeber oder Arbeitnehmer ohne unmittelbares eigenes Interesse in einen Kampf, der zwischen anderen Arbeitgebern und Arbeitnehmern entstanden ist, zur Unterstützung der einen oder anderen streitenden Partei eingreifen.

Tatsächlich wird auch, vor allem in den Kreisen der Arbeitnehmer, häufig in dieser Weise verfahren. Es gehören hierher außer den speziell so genannten Sympathiestreiks die überaus zahlreichen Fälle, in denen, wenn der Arbeitgeber infolge entstandener Differenzen einzelne Arbeiter aus dem Dienstverhältnisse entläßt, die übrigen Arbeiter die Wiederannahme der Entlassenen durch Arbeitseinstellung zu erzwingen unternehmen, und die nicht minder häufigen Fälle, wo bei einem auf einen einzelnen Arbeitgeber beschränkten Ausstand die Arbeiter auf anderen Werkstätten gegenüber ihrem an sich ganz unbeteiligten Arbeitgeber die Verrichtung sog. Streikbrecherarbeit verweigern, d. h. es ablehnen, für diesen Arbeiten auszuführen, die mittelbar die Chancen der streikenden Arbeiter, gegenüber ihrem Arbeitgeber obzusiegen, ungünstig beeinflussen könnten.

Die ganz überwiegende Mehrheit der Arbeitnehmer, und zweifellos auch die Kläger, sind weit davon entfernt, in solchen Fällen den Arbeitern, die andere bei ihrem Kampfe in der einen oder anderen Weise unterstützen, ein gegen die guten Sitten verstoßendes Verhalten beizumessen; im Gegenteil wird eine solche Unterstützung als löblich angesehen, und auch in den Kreisen unbeteiligter, billig und gerecht denkender Menschen werden, so wenig man die mit solcher Ausdehnung der Kämpfe zwischen Arbeitgebern und Arbeitnehmern, und zwar keineswegs bloß in wirtschaftlicher Beziehung, verbundenen Schäden verkennt, Maßnahmen der erwähnten Art nicht als ohne weiteres und an sich gegen die guten Sitten verstoßende Handlungen angesehen.

Das gleiche Recht, wie für die Arbeitnehmer, gilt aber auch für die Arbeitgeber; es würde direkt gegen die Tendenz des § 152 Gew.-O. verstoßen, wenn man das, was bei den Arbeitnehmern für rechtlich und sittlich erlaubt anzusehen ist, bei den Arbeitgebern als gegen die guten Sitten verstoßend erachten wollte. Ob bei einem Kampfe zwischen Arbeitgebern und Arbeitnehmern über Lohn- und Arbeitsbedingungen eine Sachgestaltung denkbar ist, die den Richter berechtigen würde, von den Arbeitgebern als Kampfmittel gebrauchte Arbeiterentlassungen oder die damit verfolgten Zwecke als unsittlich im Sinne von § 826 B.G.B. zu behandeln, kann dahingestellt bleiben; denn jedenfalls sind im gegebenen Falle Umstände, welche eine solche Beurteilung rechtfertigen könnten, in keiner Weise behauptet worden." ...

---

71. 1. Welcher Verjährung unterliegen Ersatzansprüche des Inhabers einer Fischereiberechtigung an einem öffentlichen Strome wegen einer durch eine Stromregulierung herbeigeführten Beeinträchtigung der Fischerei?

2. Nach welchen Grundsätzen sind solche Ansprüche, wenn die Berechtigung auf einem Privileg beruht, zu beurteilen?

3. Zulässigkeit der Berücksichtigung des von einer Partei vorgelegten schriftlichen Gutachtens?

Preuß. Deklaration vom 31. März 1838.
Einl. zum A.L.R. § 75.
A.L.R. II. 15 §§ 38. 72. 79.
C.P.O. §§ 404. 410. 286.

VII. Civilsenat. Urt. v. 3. April 1903 i. S. Fischerinnung i. P. (Kl.) w. preuß. Fiskus (Bekl.). Rep. VII. 499/02.

I. Landgericht Posen.
II. Oberlandesgericht daselbst.

Der Klägerin war vor Jahrhunderten durch Privilegien polnischer Könige das Recht verliehen worden, die Warthe und deren natürliche mit ihr im Zusammenhange stehende Austretungen von oberhalb Neustadt bis unterhalb Wronke zu befischen. Sie nahm dieses Recht als ein ausschließliches in Anspruch und behauptete, der Beklagte habe in das Recht dadurch schädigend eingegriffen, daß er im öffentlichen Interesse und namentlich im Interesse der Schiffahrt verschiedene Änderungen im Stromgebiet vorgenommen habe und noch vornehme, durch welche ihr Fischereirecht wesentlich beeinträchtigt werde. Insbesondere habe er, um die Fahrrinne der Warthe tiefer zu machen, zahlreiche Buhnen in den Fluß hineingebaut und zwischen diesen Schlickzäune errichtet, damit der Raum zwischen den Buhnen versande, das Flußbett sich verenge, die Uferkanten sich erhöhen, und das zusammengedrängte Wasser tiefer und schnellfließender werde. Die Vertiefung der Wasserstraße sei noch durch Ausbaggerungen wesentlich gefördert worden, und es könne die Warthe infolge dieser Maßnahmen schon jetzt von ganz umfangreichen Dampfern befahren werden, was früher nicht der Fall gewesen sei. Ferner habe der Beklagte vielfach an Stellen, wo die Warthe allzugroße Krümmungen machte, Durchstiche vorgenommen. Dadurch sei eine Geradelegung des Flußbettes herbeigeführt worden, gleichzeitig aber auch eine erhebliche Verkürzung des Wasserweges und damit eine entsprechende Verminderung der Wasserfläche. Das beim Ausschachten der Durchstiche gewonnene Bodenmaterial habe der Beklagte zur Ausfüllung des alten Warthebettes verwendet, und auf den jetzt scharfkantig aus dem Wasser hervorragenden Ufern und auf den zwischen den Buhnen entstandenen Ansandungen Weidenpflanzungen angelegt. Diese seien der Fischerei sehr schädlich, weil sie das Ausziehen und Entleeren der ausgeworfenen Netze nicht nur sehr erschwerten, sondern zum Teil ganz unmöglich machten. Insbesondere werde durch die getroffenen Veranstaltungen das Laichen der Fische fast vernichtet und die Befruchtung der Laiche gehindert, damit aber der Fischreichtum verringert. Vor Beseitigung der zahlreichen Altwässer und Lachen durch die Durchstiche und vor Anlage der Buhnen, als die Ufer seicht verliefen und für gute Fang- und Laichplätze Raum ließen, auch durch das Baggern die Laichplätze nicht zerstört waren, und noch große Baumstämme und Steine auf dem Grunde des Flußbettes den Fischen die besten Schlupfwinkel boten, sei der Fischreichtum ein großer und der Fischfang ein ergiebiger gewesen. Nachteilig für die Laichentwickelung und den Fischbestand sei auch der Dampferverkehr. Die Buhnen, Schlickzäune und Weidenanpflanzungen seien auf der ganzen Strecke von Neustadt bis Wronke auf beiden Seiten der Warthe vorhanden, Durchstiche bei einer Anzahl besonders genannter Orte in den Jahren 1886 bis 1896 ausgeführt, und Zuschüttungen des alten Flußbettes an gleichfalls genannten Orten in den Jahren 1891 bis 1896 bewirkt worden. Durch die Stromregulierung sei der für eine gedeihliche Fischentwickelung unerläßliche üppige Pflanzenwuchs auf den früher flachen Ufern und seichten Flußstellen total vernichtet; die geschaffene enge und tiefe Wasserrinne habe fast nur festen und steinigen Untergrund, und der geringe Pflanzenwuchs werde dort durch die Ausbaggerungen gänzlich zerstört. Den Schaden in seiner Gesamtheit berechnete die Klägerin auf 150000 ℳ. Sie hielt den Beklagten nach dem Gesetz zur Erstattung desselben für verpflichtet.

Der Beklagte bestritt die Ausschließlichkeit des Rechts der Klägerin. Die Vornahme der Stromregulierung gab er zu, bemerkte aber, durch dieselbe werde allerdings auch die Schiffahrt gefördert; doch sei dies nur ein Nebenerfolg; denn in erster Linie diene sie zu gefahrloser Abführung von Wasser und Eis, sowie zur Ausbildung und Erhaltung eines einheitlichen Flußbettes. Die näheren Angaben der Klägerin über die Arbeiten und namentlich über die angeblichen Folgen derselben für die Fischerei stellte er mit eingehenden Erklärungen in Abrede.

In erster Instanz wurde der Beklagte zur Zahlung von 120000 ℳ nebst Zinsen an die Klägerin verurteilt. In der zweiten Instanz erhob er auch den Einwand der Klageverjährung.

Durch Urteil des Berufungsgerichts wurde der Klaganspruch dem Grunde nach mit folgender Maßgabe für gerechtfertigt erklärt: 1) Das Privilegium der Kläger ist kein ausschließliches. 2) Als Ursachen der zur Entschädigung verpflichtenden Beeinträchtigung der Fischerei sind die Anlegung von Weidenpflanzungen, Anbringung von Schlickzäunen und Pfählen, sowie die Dampfschiffahrt nicht anzusehen.

Beide Parteien legten Revision ein. Die der Klägerin ist insoweit zurückgewiesen, als das angefochtene Urteil unter 1 und 2 der Formel die Maßgabe enthält, daß das Privilegium der Klägerin kein ausschließliches ist, und daß als Ursache der zur Entschädigung verpflichtenden Beeinträchtigung der Fischerei die Dampfschiffahrt nicht anzusehen ist; im übrigen ist das Urteil auf die Revision der Beklagten und der Klägerin aufgehoben, und die Sache an das Berufungsgericht zurückverwiesen.

Aus den Gründen:

„1. Revision des Beklagten.

... Eine spezielle Rüge erhebt der Beklagte gegen die den Verjährungseinwand betreffenden Erwägungen des angefochtenen Urteils. Diese gehen dahin, ein außervertraglicher Schadensersatzanspruch stehe hier nicht in Frage; vielmehr sei die Sachlage die gleiche, wie bei der Enteignung einer Sache; demgemäß sei der Verjährungsanspruch an die kurze Verjährung nicht gebunden, sondern die Nr. 1 der Deklaration vom 31. März 1838 greife Platz, welche bestimmt: „Sie" (die kurze Verjährung) „findet hiernach Anwendung auf Ansprüche wegen Beschädigungen, die bei Gelegenheit öffentlicher Anlagen sowie bei dem Bergbau zugefügt sind. Die Vergütung für das zu solchen Anlagen abzutretende Eigentums- und Nutzungsrecht ist hierunter nicht begriffen, sondern der ordentlichen Verjährung unterworfen." Dies bekämpft die Revision des Beklagten, indem sie die Ansicht vertritt, daß es sich lediglich um einen Anspruch wegen einer bei Gelegenheit öffentlicher Anlagen zugefügten Beschädigung handele, und dies in folgender Weise zu rechtfertigen sucht.

Die Stromregulierung sei nicht gegen das Fischereirecht der Klägerin gerichtet gewesen und habe nicht die völlige oder teilweise Abtretung desselben zu den hergestellten Anlagen bezweckt. Eine solche Abtretung habe gar nicht in Frage kommen können, weil den Behörden eine Beeinträchtigung des Fischereirechts der Klägerin durch die Regulierungsarbeiten und Anlagen nicht bekannt gewesen sei. Die Klägerin habe auch ihr Fischereirecht als solches behalten. Es habe sich nach Behauptung derselben nur nachträglich herausgestellt, daß der Fischreichtum und damit der Ertrag der Fischerei infolge der von Zeit zu Zeit notwendig gewordenen Anlagen und Arbeiten vermindert worden, die Klägerin also in Bezug auf die Ausnutzung ihres Rechts geschädigt sei.

Zustimmung können diese Ausführungen nicht finden. Hat die Fischerei eine Beeinträchtigung erlitten, so beruht dies auf den am Strome vorgenommenen Arbeiten in derjenigen Gestalt, in welcher diese geplant waren und dem Plane entsprechend ausgeführt sind. Daß infolge eines bei den Arbeiten begangenen Versehens oder überhaupt irgend eines durch zweckentsprechende Einrichtung derselben nicht gebotenen Verhaltens der obrigkeitlichen Organe der Nachteil hervorgerufen oder vergrößert wäre, ist weder von der einen noch von der anderen Seite geltend gemacht. Ob aber die Strombauverwaltung bei Anordnung der Maßnahmen oder bei ihrer Durchführung die nachteiligen Wirkungen für die Fischerei vorausgesehen oder doch für wahrscheinlich gehalten hat, muß als unerheblich erscheinen. Denn als das die Entschädigungspflicht begründende Moment stellt sich im Sinne der Klage, abgesehen einstweilen von den Weidenanpflanzungen, der Umstand dar, daß es sich um eine Stromregulierung handelt, welche auch ungeachtet des etwaigen Widerspruchs von Interessenten durchgesetzt werden sollte und kraft der rechtlichen Machtstellung des Staates durchgesetzt werden konnte. Auch seit der Vollendung der Anlagen stehen diese unter staatsrechtlichem Schutz, sie werden obrigkeitlich aufrecht erhalten, und ein im Rechtswege zu unternehmender Schritt eines Interessenten, ihre Wiederbeseitigung herbeizuführen, würde scheitern müssen. Gerade dafür, daß dem Privatrecht seine Geltendmachung im Interesse des öffentlichen Wohles versagt wird, ist ein Entschädigungsanspruch vorgesehen. Es liegt eine öffentlichrechtliche Einschränkung eines Rechts an einer Sache vor, welche der Entziehung dieses Rechts, wie auch der des Eigentums selbst, im Grundsatze gleich zu achten ist (§ 75 Einl. zum A.L.R.).

Die Revision des Beklagten behauptet weiter, daß der Anspruch in der von der Klägerin ihm gegebenen Gestalt der rechtlichen Begründung ermangele. Sie führt aus:

Das Fischereirecht an einem öffentlichen Flusse gehöre nach § 38 A.L.R. II. 15 zu den Regalien des Staates. Sei ein solches Recht einem Privaten verliehen, so bestimme sich der Umfang desselben nach der Natur und dem Zwecke des öffentlichen Flusses. Das Wesentliche des öffentlichen Flusses sei dessen Schiffbarkeit. Für die Sicherheit und Bequemlichkeit der Schiffahrt die nötigen Anstalten zu treffen, liege dem Staate ob. Daraus folge, daß der Fischereiberechtigte sich solche Anlagen gefallen lassen müsse, ohne für daraus entstehende Benachteiligungen der Fischerei Entschädigungen fordern zu können. Der § 75 Einl. zum A.L.R. finde darauf keine Anwendung. Würde der Staat diese Anstalten nicht treffen, so würde er sich nach § 12 a. a. O. für die infolge der Unterlassung eintretenden Schäden verantwortlich machen. Mit Unrecht habe daher das Berufungsgericht den Einwand, daß Beklagter die hier fraglichen Maßregeln lediglich zur Erhaltung der Schiffahrt getroffen habe, verworfen. Sie dienten nur dem Zwecke des öffentlichen Flusses, der Schiffbarkeit, ohne welche der Fluß aufhören würde, ein öffentlicher zu sein.

Ferner hat die Revision geltend gemacht, wenn man auch in Übereinstimmung mit dem Berufungsrichter eine Entschädigungspflicht für die Durchstiche anerkennen wollte, so würde diese doch nicht auf Nachteile ausgedehnt werden können, die durch andere, nach der Natur des Flusses im regelmäßigen Verlauf der Dinge zum Zweck der Schiffbarkeit notwendige oder dienliche, auch gebräuchliche Veranstaltungen verursacht werden.

Diese Angriffe sind zwar nicht im vollen Umfange, aber doch zum Teil begründet.

Für eine dahingehende Annahme, daß die Fischerei nicht zu denjenigen besonderen Rechten gehöre, von denen § 75 Einl. zum A.L.R. handelt, und deren erzwungene Aufopferung zu einem Entschädigungsverlangen berechtigt, würde jeder Anhalt zu vermissen sein; die Fischerei unterscheidet sich hier nicht von den übrigen Vermögensrechten, und es ist nicht ersichtlich, weshalb der Berechtigte sich jede, gleichviel auf welchen Rücksichten des öffentlichen Wohles beruhende Aufhebung oder Einschränkung des Rechts ohne Entschädigung gefallen lassen müßte. Das Gegenteil wird auch, wie bereits in Entscheidungen des Reichsgerichts hervorgehoben ist, durch verschiedene gesetzliche Einzelbestimmungen bestätigt. Kein Hindernis findet der Entschädigungsanspruch auch darin, daß die obrigkeitliche Maßregel sich überhaupt in irgend einer Art als Erfüllung einer Verbindlichkeit des Staates darstellt. Auch in einem solchen Falle kann die Maßregel als zum Wohle des gemeinen Wesens angeordnet erscheinen, so daß es für eine prinzipielle Ausnahme von der Pflicht der Entschädigung aus öffentlichen Mitteln an einer Grundlage fehlt. Eine andere Frage aber ist die, ob nicht als Regel vorausgesetzt werden muß, daß der Staat bei Erteilung eines Fischereiprivilegs sich der Hauptbestimmung des öffentlichen Stromes und seiner diese betreffenden Aufgaben bewußt bleibt, und daß das Privileg nur mit einer dementsprechenden Einschränkung zu verstehen ist. Dabei kommt das Verhältnis des Wertes der Fischerei zu dem der sonstigen Benutzung des Stromes in Betracht, insofern es zu der Anschauung führt, daß, wenn die Interessen der beiden sich nicht völlig vereinigen lassen, das der Fischerei zurücktreten muß. Im Hinblick auf die Stellung des Staatsoberhaupts zu den Untertanen, die grundsätzliche Einheitlichkeit und Widerspruchslosigkeit der Gesetzgebung, sowie auf die amtlichen Pflichten der staatlichen Verwaltungsorgane kann nun die Bejahung der Frage einem Bedenken nicht unterliegen; als Regel muß angesehen werden, daß der Staat, der ein Fischereiprivileg erteilt, es nur unbeschadet derjenigen seiner Rechte, welche die Grundlage für die Erfüllung seiner durch die öffentliche Bestimmung des Stromes gegebenen Pflichten bilden, gewähren will. Die Rechtslage ist eine andere als bei einem durch Verjährung erworbenen Fischereirecht, für dessen Inhalt der Satz: quantum possessum, tantum praescriptum, soweit das Recht mit dem Gemeingebrauch nicht unvereinbar ist, maßgebend bleibt. Bei dem Privileg entscheidet der Wille. Er ist für den einzelnen Fall zu ermitteln; den Ausgangspunkt aber hat die genannte Regel zu bilden, und die Untersuchung muß sich dahin richten, ob nicht in dem Einzelfall ein stärkeres Recht gewollt, oder ob nicht im Gegenteil der als Regel anzunehmende Wille auch der wirklich vorhandene ist. Im gegenwärtigen Fall läßt sich nur das letztere annehmen. Ohne Gesetzesverletzung betrachtet der Berufungsrichter als eine gesicherte Annahme, daß der König, der in Privatrechte nicht habe eingreifen wollen, noch viel weniger das allgemeine Staatswohl zu beeinträchtigen gewillt gewesen sei. In Betracht kommt noch, daß der König das Fischereirecht den zum S c h l o s s e g e h ö r i g e n, demselben pflichtigen Fischern gewährte. Ferner war das Privileg auf eine a u s - s c h l i e ß l i c h e Berechtigung, wie der Berufungsrichter nach dem unten noch zu Bemerkenden ohne Rechtsirrtum annimmt, nicht gerichtet. Sollte dem Privileg eine Vereinbarung zu grunde liegen, so stellte diese doch jedenfalls keinen eigentlich gegenseitigen Vertrag dar; denn den Fischern war die gewerbliche Fischerei auf eine sehr ausgedehnte Strecke des Flusses gewährt, und wenn sie dem Schlosse Fische zu liefern hatten, so konnte dies nicht als eine Gegenleistung, sondern nur als Inhalt einer Auflage erscheinen. Auch im Hinblick auf diese Umstände muß die Annahme, daß der Verleiher sich in der Ausführung notwendiger Strombauten hätte beschränken wollen, als fernliegend erscheinen. Zu einer anderen Beurteilung führt auch der Umstand nicht, daß die damalige Zeit auf Maßregeln, wie sie hier getroffen sind, weniger bedacht war, als die Gegenwart, daß die Bedürfnisse der Schiffahrt und die Art ihres Betriebes nicht die gleichen waren, und daß man die jetzt für Stromverbesserungen gebräuchlichen technischen Mittel zum Teil noch nicht kannte, sondern der Schwerpunkt fällt in die negative Seite des Verleihungswillens, wie sie dahin ging, sich keine über den Zweck der Verleihung hinausgehenden Einschränkungen aufzuerlegen. Aus dem Bemerkten folgt jedoch nicht, daß der Inhaber des Privilegs sich schlechthin jede von dem berechtigten Zwecke beherrschte Maßnahme ohne Entschädigung gefallen lassen müßte, sondern auch bei einem Privileg der vorliegenden Art bleibt, wie weiter unten zu berühren, Raum für die Möglichkeit, daß eine Anlage infolge ihrer besonderen Beschaffenheit und ihrer besonderen Tragweite für die Fischerei sich, ungeachtet der Einschränkung des Privilegs — weil außerhalb derselben liegend — als ein Eingriff in das Fischereirecht darstellt.

Mit der bisherigen Rechtsprechung des Reichsgerichts, speziell mit dem Urteile des V. Civilsenats vom 10. November 1886, Rep. V. 195/86, Gruchot, Beitr. Bd. 31 S. 882, steht die hier angenommene Bedeutung des Privilegs nicht in Widerspruch.

Die im gegenwärtigen Falle getroffenen Maßregeln hatten, wenn man den Angaben des Beklagten folgt, einen doppelten Zweck. In erster Linie sollten sie zu gefahrloser Abführung von Wasser und Eis, sowie zur Ausbildung und Erhaltung eines einheitlichen Flußbetts dienen. Dafür zu sorgen, insbesondere Vorkehrungen zu treffen, durch welche Brücken, Ufer rc vor Beschädigung durch Wasser und Eismassen geschützt wurden, lag gewiß im Bereich der staatlichen Aufgabe. Ob die bezeichneten Angaben des Beklagten tatsächlich begründet sind, stellt der Berufungsrichter nicht fest; für die Beurteilung genügt aber auch schon, soviel gegenwärtig ersichtlich, der zweite, vom Beklagten als Nebenerfolg hingestellte, von der Klägerin anerkannte Zweck, den Strom für die Schiffahrt tauglicher zu machen. Nach § 79 A.L.R. II. 15 ist der Staat gegen die ihm zukommende Nutzung der schiffbaren Ströme verpflichtet, für die zur Sicherheit und auch zur Bequemlichkeit der Schiffahrt nötigen Anstalten zu sorgen. Dazu waren die hier getroffenen Maßnahmen bestimmt. Als ein Eingriff in das Fischereirecht müssen aber trotzdem solche Veränderungen des Stromes betrachtet werden, durch welche entweder die Fischerei überhaupt ganz oder zum Teil aufgehoben oder eine der Bedeutung nach dem gleiche Folge herbeigeführt wird. Die gegenteilige Annahme würde mit dem Begriffe eines Rechts kaum noch vereinbar bleiben. Ein Entschädigungsanspruch kann deshalb begründet sein bei Durchstichen, aber auch schon bei Verlandungen, ferner bei Stromversetzungen, wenn die Richtung des Stromes örtlich gerade für die Fischerei von besonderer Bedeutung ist, sowie bei einer den Gebrauch besonders zugelassener Fischereigerätschaften ausschließenden Einengung des Stromes. Der Berufungsrichter geht aber erheblich weiter, er nimmt an, daß der Fischereiberechtigte eine durch künstliche Anlagen herbeigeführte wesentliche Änderung des Stromes nicht zu ertragen brauche, und daß er Entschädigung verlangen dürfe, wenn der Staat die Substanz des Gewässers in einer Weise ändere, daß dadurch das Privilegium eingeschränkt werde. Um eine Einschränkung des Privilegs handelt es sich überhaupt nicht. Ob aber eine Regulierung einen Eingriff in das Privileg enthält, ist eben die aus der Beschaffenheit dieses letzteren zu beantwortende Frage. Als Hauptpunkt in den Erwägungen des Berufungsrichters erscheint mithin, daß eine wesentliche Veränderung der Substanz des Gewässers eine Entschädigungsverbindlichkeit des Staates nach sich ziehe. Jeder öffentliche Strom nun, welcher einer Regulierung unterzogen ist, wird nach derselben in Bezug auf seine Richtung, Breite, Tiefe und die Gestalt der eigentlichen Fahrrinne ein erheblich anderes Bild gewähren als vorher, und in diesem Sinne ließe sich bei jeder eingreifenden Regulierung eine wesentliche Änderung der Substanz annehmen. Als Inhalt eines Privilegs der hier vorliegenden Art läßt sich aber gerade nicht betrachten, daß der dasselbe Erteilende sich die Vornahme einer eingreifenden Regulierung in anderer Weise als durch Ausübung des jus eminens der Staatsgewalt, also nur gegen Entschädigung des Privilegierten, hätte versagen wollen. Es bedarf eines Eingehens auf die einzelnen Maßnahmen.

Hier muß zuerst die Vertiefung des Flusses als solche ausscheiden. Sie hat der Fischereiberechtigte zu dulden, und nicht etwa bloß dann, wenn die bisherige unzureichende Tiefe auf Vernachlässigung des Flußbetts während bekannter Zeit, insbesondere unzureichende Entfernung der von dem Flusse aus seinem oberen Laufe mitgeführten und im Flußbett abgelagerten Sandmassen zurückzuführen ist. Auch für die Anwendung von Baggermaschinen zum Zweck der Austiefung, mag dadurch auch ein harter, für die Fischnahrung (Vegetation) wenig geeigneter Boden hergestellt sein, kann Entschädigung nicht begehrt werden. In beiden Richtungen stellen die Ansprüche der Klägerin sich also schon jetzt als unbegründet dar. Auch die Herstellung der Buhnen, sofern diese nicht etwa in ganz ungewöhnlich geringen Abständen voneinander angebracht sind, berechtigt zu einem Entschädigungsanspruche nicht. Ein solcher kann insbesondere aber auch darauf nicht gestützt werden, daß Steine und gar Baumstämme aus dem Flußbett entfernt sind, und gerade hieraus leitet der Berufungsrichter im Anschluß an das Gutachten des Freiherrn v. G. einen Entschädigungsanspruch her, weil dadurch günstige Vorbedingungen für Laichplätze beseitigt seien. Anders verhält es sich allerdings mit den Durchstichen; zwar nicht schon insofern, als dadurch eine Verkürzung des Flußlaufs im ganzen herbeigeführt ist, wohl aber als dadurch Teile des Gewässers, die für die Fischerei von Wert waren, ohne Ausgleich beseitigt sind. Von dieser letzteren Bedingung kann nicht abgesehen werden; sie liegt ebenso im Sinne des Privilegs, wie demnächst durch § 72 A.L.R. II. 15 bestimmt ist, daß bei Durchstichen die Fischereiberechtigten Entschädigung dann zu fordern haben, wenn der verlassene Kanal von ihnen nicht mehr befischt werden kann, und der neue ihnen nicht eine Fischerei von gleicher Art bezw. von gleichem Erfolge (Entsch. des R.G.'s in Civils. Bd. 46 S. 288. 289) gewährt. In dieser Beziehung bedarf es also weiterer Feststellungen. Dasselbe gilt hinsichtlich der Behauptung der Klägerin, daß die Buhnen Verlandungen zur Folge gehabt haben. Hier berechtigt der Umstand, daß die seitliche Ausdehnung des vom Wasser bedeckten Raumes eine Verminderung erlitten hat, nicht ohne weiteres zu einem Vergütungsanspruche, sondern nur unter der Voraussetzung, daß es sich, wie bei den Durchstichen, um eine ohne Ausgleich gebliebene Entziehung eines für die Fischerei wertvollen Flußteiles handelt.

Einen, von der Revision des Beklagten auch gerügten Verstoß, welcher für die oben nicht schon als unbegründet bezeichneten Ansprüche von Bedeutung bleibt, zeigt das Berufungsurteil in der Würdigung des R.'schen Gutachtens. Ob der Berufungsrichter die Äußerungen eines zweiten Sachverständigen überhaupt berücksichtigen wollte, stand nach § 404 C.P.O. zu seinem Ermessen; er ist aber tatsächlich auf das R.'sche Gutachten eingegangen, und nicht etwa nur in der Weise, daß er eine Übereinstimmung desselben mit dem v. G.'schen Gutachten konstatiert hätte, sondern er hat Widersprüche zwischen beiden angenommen, die Gutachten auf ihren Wert geprüft und dem des v. G. den Vorzug gegeben. Wenn nun auch nach § 286 C.P.O. der Richter über das Tatsächliche nach freier Überzeugung, unabhängig von Beweisregeln, zu entscheiden hat, so muß doch vorausgesetzt werden, daß bei einer der Prüfung zu grunde liegenden Beweisaufnahme nach den Vorschriften des Gesetzes verfahren ist; dies trifft aber für das N.'sche Gutachten nicht zu; denn es ist lediglich ein schriftliches, unbeeidigtes Gutachten des Sachverständigen entgegengenommen (§ 410 a. a. O.), und selbst eine Gelegenheit zur weiteren Aufklärung und Begründung desselben nicht gewährt.

2. Revision der Klägerin.

Diese Revision ist insofern unbegründet, als sie die Frage der Ausschließlichkeit des Fischereirechts zum Gegenstande hat. Der Berufungsrichter gelangt durch Auslegung der Privilegurkunden, unter Berücksichtigung des früher von dem Vorstande der Innung selbst vertretenen Standpunktes, wie er in Eingaben an die Behörden zum Ausdruck gekommen ist, zu der Annahme, daß der Verleiher des Privilegs sich das Recht, die Fischerei auch selbst auszuüben oder durch Pächter ausüben zu lassen, vorbehalten hat. Einen Rechtsirrtum zeigt dies nicht, die Revision hat auch einen solchen darzulegen nicht versucht.

Bedenken erregen aber die auf die Weidenanpflanzungen bezüglichen Erwägungen des Berufungsrichters. Sie lassen schon nicht genügend erkennen, welche äußere Sachlage der Berufungsrichter hat feststellen wollen; insbesondere erhellt nicht genügend, ob nach seiner Annahme die Weiden nur auf den Buhnen und den Flußufern oder ob sie auch an seichten, für die Fischerei aber wertvollen Teilen des Gewässers, wie Klägerin speziell behauptet, angepflanzt sind. Auch darüber spricht das Urteil sich nicht aus, ob die Anpflanzungen lediglich den Zwecken der Stromregulierung dienen sollen, oder sich zum Teil als Anlagen rein wirtschaftlichen Charakters darstellen. Erst wenn in diesen Punkten Klarheit geschaffen ist, wird eine genügende Grundlage für die rechtliche Beurteilung geschaffen sein. Bemerkt mag aber schon jetzt werden, daß, wenn der Zweck ein rein wirtschaftlicher war, § 75 Einl. zum A.L.R. ausscheidet, und für den Anspruch andere rechtliche Gesichtspunkte in Betracht kommen, auch auf die Verjährungseinrede von neuem einzugehen ist. Im übrigen bleiben die zur Revision des Beklagten entwickelten Erwägungen auch hier maßgebend.

Begründet sind ferner die Angriffe gegen die den Schlickzäunen und Pfählen gewordene Beurteilung. Der Berufungsrichter führt aus, der Beklagte möge die Absicht gehabt haben, die Einrichtungen als dauernde beizubehalten, er habe sein Vorhaben aber nicht ausgeführt, schmälere also das Nutzungsrecht der Klägerin nicht; einer Entfernung der unnötigen und schädlichen Reste würde der Beklagte sich vielleicht unterziehen müssen, doch habe die Klägerin ein solches Verlangen nicht gestellt. Hier ist nicht ausreichend beachtet, daß eine Anordnung, kraft deren den unter obrigkeitlicher Auktorität hergestellten Zäunen und Pfählen der obrigkeitliche Schutz entzogen wäre, nicht getroffen ist, und daß ihre Fortexistenz als ein nur privatrechtlich zu beurteilender Zustand nicht betrachtet werden kann. Klägerin fordert aber auch Ersatz für die durch die Anlage schon bis zu ihrer Vernachlässigung herbeigeführten Schäden. Der § 75 Einl. zum A.L.R. kommt also in Betracht, und es bedarf deshalb hier der gleichen Feststellungen und Sachprüfungen, wie hinsichtlich der übrigen noch zu erledigenden Punkte.

Zurückzuweisen ist wiederum die hinsichtlich der Dampfschiffahrt erhobene Rüge, wenn auch den sie betreffenden Erwägungen des Berufungsrichters nicht zuzustimmen ist. Diese gehen im wesentlichen dahin:

Habe die Stromregulierung nur zur Folge gehabt, daß der Fluß von vereinzelten Dampfern befahren werden könne, so sei, soweit es es sich um Privatdampfer handele, der Nutzen nicht der Allgemeinheit, sondern nur bestimmten Personen zu gute gekommen, so daß dem Staat eine Entschädigungspflicht nicht obliege. Was aber die fiskalischen Dampfer betreffe, so sei zu berücksichtigen, daß der Fiskus die Regierungsdampfer im Interesse der Strompolizei verkehren lasse, und daß die Überwachung des Stromes keineswegs nur der Allgemeinheit, sondern insbesondere auch der Fischerei selbst zu gute komme, welche dadurch vor Schäden aller Art geschützt werden solle oder doch tatsächlich geschützt werde.

Dies ist nicht zutreffend. Die Dampfschiffahrt kommt nicht bloß den sie gegenwärtig betreibenden Personen, sondern allen den Kreisen zu statten, die an einer besseren Ausgestaltung des Personen- und Warentransports auf dem Flusse ein Interesse haben. Und wenn die Fahrten der Regierungsdampfer auch für die Fischerei von Vorteil sind, so würde dies noch kein Grund sein, ihre Nützlichkeit vom Standpunkte des öffentlichen Wohles aus zu verneinen. Als unbegründet aber stellt der Revisionsangriff sich aus einem anderen, im Berufungsurteile nicht beachteten Grunde dar. Es kommt auf den zur Zeit tatsächlich geübten Dampfschiffahrtsbetrieb und seine Veranstalter überhaupt nicht an, sondern die Frage muß, wie auch die Revision selbst zutreffend bemerkt, dahin gestellt werden, ob die Ermöglichung der Dampfschiffahrt nach § 75 Einl. zum A.L.R. dem Inhaber der Fischereigerechtigkeit einen Entschädigungsanspruch gewährt. Aus der natürlichen und im Gesetze anerkannten Bestimmung der öffentlichen Ströme, der Schiffahrt zu dienen, muß nun geschlossen werden, daß eine Steigerung ihrer Tauglichkeit für diesen Zweck an und für sich gerechtfertigt ist, und daß der Fischereiberechtigte, wenn der frühere Zustand für ihn vorteilhafter war, deshalb Ersatz nicht verlangen kann. Es handelt sich hier nicht um die oben berührten einzelnen Anlagen, durch welche das Resultat erreicht ist, sondern gerade um dieses Resultat selbst, um die Austiefung des Strombettes als solche, unter Berücksichtigung ihres Zweckes und ganz abgesehen davon, auf welchem Wege sie erreicht ist. Dafür allein aber, daß der Strom, der früher von Dampfschiffen nicht befahren werden konnte, jetzt für diese geeignet ist, kann Klägerin eine Vergütung nicht verlangen." ...

---

72. Welche Bedeutung kann in einem Lizenzvertrage das Vertragsgeding haben, daß der Lizenznehmer in einem bestimmten geographischen Bezirke das alleinige Fabrikations- und Vertriebsrecht hat, aber nicht über den Bezirk hinaus verkaufen darf?

II. Civilsenat. Urt. v. 3. April 1903 i. S. H. (Bekl.) w. G. (Kl.). Rep. II. 415/02.

I. Landgericht Mannheim.
II. Oberlandesgericht Karlsruhe.

Die Firma N. & Cie. hatte eine Erfindung behufs Erteilung eines Patents bei dem Patentamte angemeldet und besaß für dieselbe, da das Patentamt die Bekanntmachung der Anmeldung beschlossen hatte, einstweilen den Patentschutz nach § 23 Abs. 1 Satz 2 des Patentgesetzes. Sie hatte der Beklagten das alleinige Fabrikations- und Vertriebsrecht für das Großherzogtum Hessen und die Bayerische Rheinpfalz übertragen; die Beklagte ihrerseits übertrug der Klägerin das alleinige Fabrikations- und Vertriebsrecht für das Großherzogtum Hessen; in beiden Verträgen verpflichtete sich der Erwerber, absichtlich nicht über seinen „Rayon" hinaus zu verkaufen. Die Klägerin entdeckte kurz nach Abschluß ihres Vertrages, daß eine andere Lizenznehmerin von N. & Cie., eine Firma L. & Cie., den Markt im Großherzogtum Hessen mit den Fabrikaten überschwemme. Ihre Bemühungen, daß die Beklagte sie gegen diese Eingriffe von L. & Cie. schütze, waren erfolglos; das Verbot, außerhalb des Großherzogtums zu verkaufen, wurde dagegen in Bezug auf die Klägerin aufrecht erhalten. Diese machte geltend, die Beklagte sei obligationenrechtlich verpflichtet, sie gegen derartige Eingriffe zu schützen, und verlangte, da die Beklagte diese Verpflichtung nicht erfüllt habe, und infolgedavon das ganze beabsichtigte Geschäft im Großherzogtum Hessen überhaupt nicht gemacht werden könne, was in den Instanzen auch angenommen wurde, auf Grund der zur Anwendung kommenden Bestimmungen des badischen Landrechts Auflösung des Vertrages, Rückersatz der Minimallizenzgebühr für das erste Geschäftsjahr und Schadensersatz. Der erste Richter erkannte nach dem Klagebegehren; die Revision der Beklagten gegen das ihre Berufung zurückweisende Urteil des Oberlandesgerichts wurde zurückgewiesen.

Aus den Gründen:

... „Die Revisionsklägerin hat zunächst geltend gemacht, das Berufungsgericht habe aus dem von ihm als Unterlizenzvertrag beurteilten Vertrage zwischen der Beklagten und der Klägerin rechtsirrtümlich eine Verpflichtung der Beklagten abgeleitet, die Klägerin gegen Eingriffe Dritter, insbesondere gegen Eingriffe anderer Lizenznehmer zu schützen; es habe ferner außer Betracht gelassen, daß die Beklagte ihrer Verpflichtung aus dem Vertrage nachgekommen sei, indem sie sich zur Abtretung der ihr gegen N. & Cie. etwa zustehenden Ansprüche bereit erklärte. Diese Rüge ist nicht gerechtfertigt.

Das Berufungsgericht führt aus, daß es sich in dem Vertrage zwischen der Klägerin und der Beklagten in gleichem Maße wie in dem Vertrage zwischen der Beklagten und N. & Cie. nicht um gewöhnliche Lizenz- und Unterlizenzverträge handelte, sondern um Verträge dieser Art mit der näheren Bestimmung, daß der Lizenznehmer und Unterlizenznehmer in dem vorbehaltenen Gebiete allein, also ausschließlich, das Fabrikations- und Vertriebsrecht haben sollte. Es verwertet weiter die Bestimmung in § 5 jener Verträge, wonach die Klägerin der Beklagten gegenüber, ebenso wie diese gegenüber N. & Cie., sich verpflichten mußte, absichtlich nicht über ihren „Rayon" hinaus zu verkaufen, dahin, es hätten danach die in dieser Weise gebundenen Lizenznehmer um so gewisser beanspruchen dürfen, daß den anderen Lizenznehmern die entsprechende Verpflichtung auch auferlegt, und von dem Lizenzgeber diesen gegenüber auf deren Erfüllung bestanden werde. Auf dieser Grundlage ist das Berufungsgericht zu der Annahme gelangt, es habe, wie N. & Cie. gegenüber der Beklagten, so auch die Beklagte gegenüber der Klägerin die Verpflichtung übernommen, dafür zu sorgen, daß das zugesicherte Recht des ausschließlichen Vertriebes in dem bestimmten Bezirke nicht durch anderweit erteilte oder vertragswidrig ausgenutzte Lizenzen beeinträchtigt werde, und es habe hiernach die Beklagte auch dafür einzustehen, daß N. & Cie. ihren Verpflichtungen nachkommen und ihre anderen Lizenznehmer von Eingriffen in den Bezirk der Klägerin abhalten. Diese Ausführungen lassen eine Verletzung des Gesetzes nicht erkennen. Das Berufungsgericht hat nicht verkannt, daß sich eine Haftung des von ihm angenommenen Inhaltes ohne weiteres aus einem Lizenzvertrage nicht ergebe; es konnte jedoch aus der Einräumung des Rechts zum ausschließlichen Vertriebe in einem bestimmten Bezirke im Zusammenhange mit den Gesichtspunkten, welche es für die Vertragsauslegung auch in Rücksicht auf die dem Lizenzgeber obliegenden Verpflichtungen aus der Beschränkung der Lizenznehmer in dem Vertriebe außerhalb des zugeteilten Bezirkes abgeleitet hatte, ohne Verstoß gegen das Gesetz die dargelegte obligationenrechtliche Verpflichtung des Lizenzgebers und Unterlizenzgebers ableiten. Danach war die Beklagte aus dem Vertrage verpflichtet, gegen absichtliche Eingriffe anderer Lizenznehmer in das der Klägerin zugesicherte Recht des ausschließlichen Vertriebs im Großherzogtum Hessen, wie solche von einer direkten Lizenznehmerin der Firma N. & Cie., nämlich der Firma L. & Cie., seit Beginn oder doch kurz nach Beginn der Geschäftstätigkeit der Klägerin in erheblichem Umfange stattfanden, die zum Schutze der Klägerin nötigen Maßnahmen selbst zu ergreifen und zu diesem Zwecke selbst ihre Rechte gegen N. & Cie., welche ein Vorgehen gegen L. & Cie. ablehnte, geltend zu machen; sie hat deshalb ihre Vertragspflichten nicht erfüllt, wenn sie sich lediglich bereit erklärte, der Klägerin die ihr etwa gegen N. & Cie. zustehenden Ansprüche abzutreten." ...

---

73. Begriff der Prozeßvollmacht im Sinne der Tarifstelle 73 des preußischen Stempelsteuergesetzes vom 31. Juli 1895. Haftbarkeit des Armenanwalts für den Vollmachtstempel.

VII. Civilsenat. Urt. v. 14. April 1903 i. S. K. (Kl.) w. preuß. Fiskus (Bekl.). Rep. VII. 11/03.

I. Landgericht Köln.
II. Oberlandesgericht daselbst.

Der Kläger war in den beim Amtsgerichte zu C. verhandelten Prozeßsachen M. wider H. und B. wider H. den damaligen Klägern als Armenanwalt zugeordnet. Ferner war er bei demselben Gericht in Sachen C. wider F. als Armenanwalt der Klägerin C. tätig gewesen; die Sache wurde aber wegen Unzuständigkeit des Amtsgerichts dem Landgerichte D. überwiesen und dort entschieden. Der Kläger vertrat darauf die Gläubigerin C., für welche eine Zwangshypothek auf dem Grundbesitze der Schuldner eingetragen war, im Zwangsversteigerungsverfahren beim Amtsgericht in C., und zwar im Verteilungstermine. In den beiden Prozeßsachen und in dem Versteigerungsverfahren überreichte er Vollmachten, in denen er unter anderem ermächtigt wurde, den Streitgegenstand sowie hinterlegte Gelder, Wertpapiere und Urkunden in Empfang zu nehmen. Wegen dieser nach Ansicht des Amtsgerichts über den Rahmen einer Prozeßvollmacht hinausgehenden Ermächtigung wurde vom Kläger der Stempel nach Tarifstelle 73 Abs. 1 zum preußischen Stempelgesetze vom 31. Juli 1895 mit 1,50 bezw. 1,50 bezw. 3 ℳ (unter Zugrundelegung eines Gegenstandes im Werte zwischen 1000 und 3000 bezw. 3000 und 6000 ℳ) als Gerichtsgebühr erfordert und nach erfolgloser Beschreitung des Beschwerdewegs, mit der ein Kostenaufwand von 7,30 ℳ verbunden war, eingezogen. Der Kläger forderte den Stempel mit diesen Nebenkosten, insgesamt 13,80 ℳ nebst 4 v. H. Zinsen seit der Klagezustellung zurück, wurde aber mit seinem Anspruche von den Vorinstanzen abgewiesen. Auch seine Revision ist zurückgewiesen worden aus folgenden

Gründen:

„Bei Prozeßvollmachten werden die in der Tarifstelle 73 Abs. 1 zum Stempelsteuergesetze vom 31. Juli 1895 festgesetzten Steuersätze für Vollmachten, Ermächtigungen und Aufträge zur Vornahme von Geschäften rechtlicher Natur für den Vollmachtgeber durch anderweite, niedrigere Steuersätze ersetzt, sofern der Wert des Gegenstandes der Vollmacht 3000 ℳ übersteigt. Diese in Abs. 4 zur Tarifstelle 73 enthaltene Sondervorschrift beruht auf einem Beschlusse der Kommission des Abgeordnetenhauses.

Vgl. Drucksachen 1895 Bd. 5 S. 89. 90 und 127 der Nr. 204.

Es ist nicht ersichtlich, daß der Begriff der Prozeßvollmacht stempelrechtlich abweichend von den sonstigen Normen hat bestimmt werden sollen. Nach § 81 C.P.O. ermächtigt die Prozeßvollmacht zu allen den Rechtsstreit betreffenden Prozeßhandlungen, und nach § 82 C.P.O. umfaßt die Vollmacht für den Hauptprozeß auch die Hauptintervention und das einen Arrest oder eine einstweilige Verfügung betreffende Verfahren. Zu den den Rechtsstreit betreffenden Prozeßhandlungen gehört die Empfangnahme des Streitgegenstandes an sich nicht; sie erledigt den Prozeß in der Hauptsache, ist aber kein dem Prozeßbetriebe selbst dienendes Geschäft rechtlicher Natur. Deshalb ist es auch eigentlich eine Erweiterung der Prozeßvollmacht über den Rahmen der Prozeßhandlungen hinaus, wenn der § 81 C.P.O. dem Prozeßbevollmächtigten als solchem gestattet, die vom Gegner geschuldeten Prozeßkosten in Empfang zu nehmen.

Vgl. Gaupp-Stein, Bem. II d zu § 81 C.P.O.

Eine Prozeßvollmacht, die ihrem Inhaber das Recht zur Erhebung des Streitgegenstandes selbst einräumt, ist insoweit eine gewöhnliche Vollmacht. Die Unterscheidung, welche die Revision zwischen Minimal- und Maximalinhalt der Prozeßvollmacht aufstellt, ist nicht haltbar. Eine Vollmacht, deren Träger nicht bloß zu Prozeßhandlungen innerhalb des Rechtsstreits nach Maßgabe der §§ 81. 82 C.P.O. und zur Empfangnahme der von dem Gegner zu erstattenden Prozeßkosten ermächtigt sein soll, hört für diese Mehrbefugnisse auf, Prozeßvollmacht zu sein. Es ist daher der ständigen Rechtsprechung des I. Civilsenats des Kammergerichts, welche in solchen Fällen unter Anwendung des § 10 Abs. 3 des Stempelgesetzes die erteilte Vollmacht als gewöhnliche Vollmacht nach Tarifstelle 73 Abs. 1 versteuert wissen will, lediglich beizupflichten.

Vgl. Beschl. vom 13. April 1898, Jahrb. für Entsch. des Kammergerichts Bd. 18 S. 198 flg. und Just.-Min.-Bl. von 1898 S. 250; Beschl. vom 3. Juli 1899, Jahrb. a. a. O. Bd. 19 S. 207 und Just.-Min.-Bl. von 1901 S. 47; vgl. auch Jahrb. a. a. O. Bd. 19 S. 202. 204, Bd. 23 S. B 29; die bei Heinitz, 2. Aufl. S. 635 zu Tarifstelle 73 angeführte Entscheidung des Reichsgerichts vom 2. März 1900 nimmt zu der Frage keine Stellung.

Daraus ergibt sich aber, daß die einstweilige Befreiung von der Stempelsteuer, welche als Folge der Bewilligung des Armenrechts für die Partei eintritt, sich auf die Vollmacht als gewöhnliche Vollmacht nicht erstreckt. Das Armenrecht deckt nur die Prozeßvollmacht, und auch nur insoweit ist der Anwalt für den Stempel nicht haftbar. Im übrigen haftet er gemäß § 13d des Stempelgesetzes, wie dies ebenfalls vom Kammergericht bereits angenommen ist.

Vgl. Jahrb. a. a. O. Bd. 16 S. 264, Bd. 19 S. 208. 209.

Inwiefern aus den die Vorschriften über das Armenrecht auf die Angelegenheiten der freiwilligen Gerichtsbarkeit ausdehnenden Bestimmungen des § 14 des Reichsgesetzes und des Art. 1 des preußischen Gesetzes über die freiwillige Gerichtsbarkeit die Befreiung von der Stempelpflicht folgen soll, ist nicht zu erkennen; das Armenrecht war für den Prozeß, nicht für die Beurkundung einer Vollmacht bewilligt.

Nach vorstehendem hat der Berufungsrichter mit Recht angenommen, daß die vom Kläger überreichten Vollmachten als gewöhnliche Vollmachten zu verstempeln seien, und daß der Kläger für den Stempel hafte. Insbesondere ist auch die Vollmacht für das Verfahren der Zwangsversteigerung jedenfalls im Punkte der Ermächtigung zum Empfange des Versteigerungserlöses keine Prozeßvollmacht. Über die Höhe des Stempels ist kein Streit." ...

---

74. Bedarf ein nach Auflösung einer offenen Handelsgesellschaft durch den Tod eines Gesellschafters zwischen dem überlebenden Gesellschafter und den Rechtsnachfolgern des verstorbenen über die Liquidation und Verteilung des Gesellschaftsvermögens eingegangener, die Entscheidung etwaiger Streitigkeiten durch die Liquidatoren als Schiedsrichter bestimmender Vertrag dann der vormundschaftsgerichtlichen Genehmigung, wenn die Rechtsnachfolger des verstorbenen Gesellschafters zum Teil minderjährig sind, und zu dem Gesellschaftsvermögen Grundstücke gehören?

B.G.B. §§ 1821. 1822. 1643. 1686.

VII. Civilsenat. Urt. v. 14. April 1903 i. S. Wwe. Br. u. Gen. (Kl.) w. B. (Bekl.). Rep. VII. 458/02.

I. Landgericht Mülhausen i. E.
II. Oberlandesgericht Colmar.

Der am 25. November 1900 zu M. verstorbene Kaufmann J. Br. und der Beklagte waren Teilhaber einer in M. bestehenden offenen Handelsgesellschaft. Nach den Bestimmungen des von den Rechtsvorgängern der Parteien am 1. März 1856 errichteten Gesellschaftsvertrages wurde die Gesellschaft durch den Tod von J. Br. aufgelöst. Beerbt wurde J. Br. von seiner Witwe und seinen Kindern Th., E. F. und R. M.; die Mutter war auch Teilhaberin der Gütergemeinschaft zur Hälfte.

Diese Erben des J. Br. beantragten nun im Wege der Klage, festzustellen, daß ihre Gesamtforderung an den Beklagten für den Anteil des verstorbenen J. Br. an der offenen Handelsgesellschaft sich auf eine bestimmte Summe belaufe, ferner den Beklagten zu verschiedenen Zahlungen zu verurteilen und die öffentliche Versteigerung eines der aufgelösten Gesellschaft gehörenden Hauses anzuordnen.

Der Beklagte beantragte, die erhobene Klage als unzulässig abzuweisen, indem er die Einrede, daß die Entscheidung des Streits durch Schiedsrichter zu erfolgen habe, erhob und auf Grund derselben jede Verhandlung zur Hauptsache verweigerte. Er machte geltend, am 17. Januar 1901 sei unter den Parteien, und zwar den Br.'schen Kindern, vertreten durch ihre Mutter, vereinbart, daß der Anteil des J. Br. an dem Vermögen der Gesellschaft im schiedsrichterlichen Verfahren festgesetzt werden solle. In dieser Hinsicht war unstreitig, daß der Beklagte einerseits und die Br.'schen Erben andererseits eine als Schiedsvertrag bezeichnete Vereinbarung getroffen hatten, als deren Zweck in ihren Eingangsworten angegeben war, die Liquidation der Handelsgesellschaft unter Ausschluß des Rechtsweges auf gütlichem Wege vollständig durchzuführen, und welche u. a. bestimmte, daß der Liquidations- und Verteilungsmodus von den ernannten Schiedsrichtern bestimmt werde, und daß alle etwaigen Streitigkeiten und Differenzen, die bis zur definitiven Erledigung zwischen den Interessenten entstehen könnten, von den Schiedsrichtern entschieden werden sollten.

Die Kläger behaupteten jedoch Rechtsunwirksamkeit des Schiedsvertrages, indem sie bemerkten, die Witwe Br. habe den Vertrag ohne Genehmigung des Vormundschaftsgerichts geschlossen, diese aber sei erforderlich gewesen, da der Schiedsvertrag sich auf die Grundstücke der Kinder und die Veräußerung eines diesen gehörigen Erwerbsgeschäfts erstrecke.

In erster und zweiter Instanz wurde die Klage abgewiesen. Die Revision ist zurückgewiesen.

Aus den Gründen:

... „Der Berufungsrichter erkennt an, daß ein Schiedsvertrag, wenn an dem Abschluß desselben Minderjährige, vertreten durch ihre Eltern, beteiligt sind, von der vormundschaftsgerichtlichen Genehmigung zwar an sich nicht abhängig ist, daß er ihrer aber dann bedarf, wenn in ihm ein Rechtsgeschäft enthalten ist, dessen Gültigkeit nach § 1821 B.G.B. Genehmigung des Vormundschaftsgerichts zur Voraussetzung hat. Er verneint aber das Vorhandensein eines solchen Falles, indem er in erster Linie folgendes ausführt.

Es handle sich hier um Liquidation einer offenen Handelsgesellschaft, um das Vermögen der Gesellschaft, das bis zur durchgeführten

Liquidation oder sonstigen Auseinandersetzung als selbständiges Vermögen bestehe bleibe, an welchem den Gesellschaftern kein Miteigentum zustehe; insbesondere seien die hier in Betracht kommenden Grundstücke Eigentum der Gesellschaft, und nicht Miteigentum der Parteien. Die Liquidatoren aber seien nicht bloß berechtigt, sondern nach § 149 H.G.B. auch verpflichtet, das Gesellschaftsvermögen in Geld umzusetzen, und die dazu erforderlichen Geschäfte von der Genehmigung des Vormundschaftsgerichts nicht abhängig.

Die Revision greift dies an, indem sie die Ansicht, daß das Vermögen einer Handelsgesellschaft nicht im Miteigentum der Gesellschafter stehe, als rechtsirrig bezeichnet. Ihren Ausführungen kann jedoch nicht zugestimmt werden.

Wenn die offene Handelsgesellschaft auch den Charakter einer juristischen Person nicht hat, so ist sie doch Inhaberin eines Vermögens, des Gesellschaftsvermögens, welches sich aus den Einlagen und Beiträgen der Mitglieder und den von der Gesellschaft unter ihrer Firma erworbenen Sachen und Rechten zusammensetzt. Träger der Rechte sind die Gesellschafter in ihrer Zusammenfassung im Gegensatz zu ihnen als einzelnen; es findet eine Abgrenzung der beiden Vermögenssphären gegeneinander statt. Hat aber die Gesellschaft als solche Vermögen in diesem Sinne, und ist sie Trägerin von Rechten, insbesondere auch von Eigentumsrechten, so entfällt damit der Anlaß, im Miteigentum der einzelnen Gesellschafter eine notwendige Grundlage für eine unmittelbar auf anderem Wege zu gewinnende rechtliche Eigenschaft der Sachen als Teile des Gesellschaftsvermögens zu suchen, da eben die Fähigkeit, Eigentum im wirklichen Sinne zu haben, der Gesellschaft beigemessen werden muß.

Vgl. Entsch. des R.G.'s in Civils. Bd. 25 S. 252. 256.

Allerdings ist die Annahme nicht geboten, daß eine Sache nur dann, wenn sie in das Eigentum der Gesellschaft übergegangen, zu deren Vermögen gehören könne, sondern dies läßt sich auch in der Weise erreichen, daß die Sache nur dem Werte nach dem Gesellschaftsvermögen einverleibt wird, was sich schon durch Schaffung obligatorischer Rechte und Verbindlichkeiten bewirken läßt. Angezeigt wird ein solches Verfahren dann sein, wenn nach Lage der Gesetzgebung der geeinte Wille der Gesellschafter den Übergang des Eigentums an die Gesellschaft noch nicht zur Folge hat, sondern dazu weiter die

Erfüllung von Formvorschriften, Eintragung in das Grundbuch u. dgl. erforderlich, zur Zeit aber nicht ausführbar ist. Liegen aber derartige Umstände nicht vor, so wird lediglich durch die rechtliche Natur der Gesellschaft ein Hindernis dagegen, daß sie Eigentum erlangt, nicht geschaffen. Auch durch die Auflösung der Gesellschaft ändert sich die Rechtslage an sich nicht; die Gesellschaft wird dadurch nicht vollständig aufgehoben, sondern besteht mit dem veränderten Zwecke fort, anstatt weiteren Betriebes des Handelsgewerbes nunmehr das Vermögen in Geld umzusetzen und auf diesem Wege der Verteilung unter die Gesellschafter entgegenzuführen. Bis dies erreicht ist, bleibt das Gesellschaftsvermögen erhalten. Gehört zu demselben ein Grundstück, so betrifft mithin ein Rechtsgeschäft, durch welches eine Verpflichtung zu einer Verfügung über dasselbe begründet werden soll, nicht ein einem etwaigen minderjährigen Rechtsnachfolger eines Gesellschafters zu einem Teile gehöriges Grundstück, sondern lediglich ein solches der Gesellschaft. Insbesondere fällt eine Vereinbarung über die Art der Liquidation, sofern sie das Grundstück berührt, doch nicht unter die §§ 1821. 1643. 1686 B.G.B., bedarf also nicht der vormundschaftsgerichtlichen Genehmigung, und ebensowenig ein Vertrag, durch welchen schiedsrichterliche Entscheidung der in Bezug auf die Liquidation etwa entstehenden Streitigkeiten vorgesehen wird. Erstreckt der Schiedsvertrag sich, wie im gegenwärtigen Falle, auch auf diejenigen Streitigkeiten, welche neben der Liquidation oder nach Durchführung derselben in Bezug auf die Verteilung des Vermögens unter die Gesellschafter zwischen diesen entstehen, so bedarf er gleichfalls keiner vormundschaftsgerichtlichen Genehmigung; denn auch die infolgedavon zu treffende Entscheidung berührt nicht unmittelbar ein im Miteigentum eines minderjährigen Rechtsnachfolgers eines Gesellschafters stehendes Grundstück, sondern das Grundstück blieb Gegenstand der bisherigen Rechtsverhältnisse, solange es nicht durch rechtsgeschäftlichen Akt aus dem Vermögen der in Liquidation befindlichen Gesellschaft ausgeschieden, bezw. die Auflösung der Gesellschaft eine endgültige geworden war. Die bis dahin entstehenden Streitigkeiten betrafen stets das Gesellschaftsvermögen als solches." . . .

75. Inwieweit ist der in allgemeiner Gütergemeinschaft lebende Ehemann in der Eingehung von Schuldverbindlichkeiten beschränkt? B.G.B. §§ 1444—1446.

VI. Civilsenat. Urt. v. 16. April 1903 i. S. G. (Kl.) w. K. (Bekl.). Rep. VI. 411/02.

I. Landgericht Bamberg.
II. Oberlandesgericht daselbst.

Der Mühlenbesitzer L. H. schuldete der Firma P. G. für eine seinem Vorbesitzer gelieferte Mühleneinrichtung ein hypothekarisch auf der Gr.'mühle eingetragenes Kapital von 6000 ℳ. Dasselbe wurde am 11. Februar 1901 zur Zahlung innerhalb eines Vierteljahres von der Gläubigerin gekündigt.

Laut einer als „Vergleichs-Vertrag" bezeichneten, von P. G., L. H. und J. K. unterzeichneten Urkunde vom 15. Juni 1901 verpflichteten sich „L. H. sowie sein Vetter J. K., das für die Firma P. G. im Hypothekenbuch auf der Gr.'mühle eingetragene Kapital, lautend auf 6000 ℳ, am 15. September 1901 mit 5500 ℳ zurückzubezahlen und dieses Kapital mit 5 Prozent von heute an zu verzinsen".

K. ließ der Firma G. brieflich mitteilen, daß er die von ihm unterzeichnete Erklärung wegen Irrtums anfechte. Die Firma G. erhob aber Klage gegen L. H. und J. K. mit dem Antrage auf solidarische Verurteilung beider zur Zahlung von 5500 ℳ am 15. September 1901 und Tragung der Kosten des Streites; vom 15. September 1901 an wurden 4 Prozent Zinsen gefordert.

Durch Anerkenntnisteilurteil des Landgerichts wurde L. H. schuldig erkannt, der Klägerin 5500 ℳ nebst Zinsen zu bezahlen, durch Endurteil desselben Gerichts dagegen die Klage in der Richtung gegen den Mitbeklagten J. K. als unbegründet abgewiesen.

Die Berufung der Klägerin wurde zurückgewiesen, auf Revision der Klägerin jedoch unter teilweiser Aufhebung des Berufungsurteils hinsichtlich des nicht gedeckten Restbetrags der klägerischen Forderung zu gunsten der Klägerin erkannt aus folgenden

Gründen:

„Das Landgericht hatte zwar die Einrede des Irrtums verworfen, in der von K. eingegangenen Solidarschuldverpflichtung aber eine Schenkung, sowie eine das Substrat der allgemeinen Gütergemeinschaft, das Gesamtgut, entziehende Verpflichtung erblickt und das Rechtsgeschäft wegen Mangels der Zustimmung der Ehefrau, die bis zum Inkrafttreten des Bürgerlichen Gesetzbuchs mit ihrem Ehemann in allgemeiner Gütergemeinschaft nach Bamberger Landrecht gelebt habe, für unwirksam erklärt.

Das Berufungsgericht weist gleichfalls die Einrede des Irrtums zurück, hält dagegen die von K. eingegangene Verpflichtung für keine Schenkung, stimmt aber dem Landgerichte darin bei, daß die Übernahme dieser Verpflichtung auf Grund der Beschränkung des in allgemeiner Gütergemeinschaft lebenden Ehemannes in der Verfügung über das Gesamtgut mangels der Zustimmung der Ehefrau ungültig sei.

Die Revision rügt die Verletzung der §§ 1444 und 1445 B.G.B., da weder eine Verfügung über das Gesamtgut im ganzen, noch eine solche über ein zum Gesamtgut gehöriges Grundstück, noch eine Verpflichtung zu einer derartigen Verfügung vorliege. Sie führt ferner aus, daß das Berufungsgericht mit Recht angenommen habe, die von K. eingegangene Verpflichtung enthalte keine Schenkung.

Die eingelegte Revision war als begründet zu erachten.

Das Berufungsgericht hat die Einrede des Irrtums aus tatsächlichen Gründen zurückgewiesen. Der Nachprüfung war somit nur die Frage zu unterziehen, ob die von dem Beklagten laut Urkunde vom 15. Juni 1901 eingegangene Verpflichtung der Zustimmung seiner Ehefrau bedurfte und mangels derselben ungültig erscheint.

Gemäß des Art. 200 Einf.-Ges. zum B.G.B. bleiben für den Güterstand einer zur Zeit des Inkrafttretens des Bürgerlichen Gesetzbuchs bestehenden Ehe die bisherigen Gesetze maßgebend. Kraft der durch den Art. 218 Einf.-Ges. den Landesgesetzgebungen eingeräumten Befugnis zur Änderung der aufrechterhaltenen Landesgesetze sind gemäß der Artt. 62 und 67 des bayerischen Gesetzes, Übergangsvorschriften zum Bürgerlichen Gesetzbuch betreffend, vom 9. Juni 1899, von hier nicht zutreffenden Ausnahmen abgesehen, an die Stelle der bisherigen Vorschriften des Bamberger Landrechts die Vorschriften des Bürgerlichen Gesetzbuchs über die allgemeine Gütergemeinschaft getreten.

Hiernach unterliegt, abgesehen von den Beschränkungen der §§ 1444—1446 B.G.B., das Gesamtgut der Verwaltung des Mannes, und haftet das Gesamtgut gemäß § 1459 B.G.B. den Gläubigern des

Mannes. Der Zustimmung der Frau bedürfen nur Rechtsgeschäfte über das Gesamtgut im ganzen (§ 1444), über zum Gesamtgut gehörige Grundstücke (§ 1445) und Schenkungen und Schenkungsversprechen (§ 1446).

Ob nun die vom Beklagten K. eingegangene Verpflichtung als selbstschuldnerische Bürgschaft, oder als Eintritt dieses Dritten in die Haftung als Gesamtschuldner neben dem ursprünglichen Schuldner zu erachten wäre, kann dahingestellt bleiben. Weder die Bürgschaftsleistung, noch der Eintritt des Mannes in das Schuldverhältnis würde an sich nach dem nunmehr anzuwendenden Rechte der Zustimmung der in allgemeiner Gütergemeinschaft lebenden Ehefrau bedürfen. Kann in der Sicherung einer Forderung durch den Eintritt eines Dritten in die Schuldverbindlichkeit eine Schenkung liegen, so kann sie durch die eine wie die andere Art der Verpflichtung begründet werden. Die Frage, ob in der Sicherheitsleistung durch einen Dritten eine Schenkung liegen kann, ist nicht unbestritten; sie wird aber nicht unbedingt zu verneinen sein, wenn die allgemeinen Voraussetzungen der Schenkung nach § 516 Abs. 1 B.G.B. gegeben sind.

Vgl. Planck, Bürgerliches Gesetzbuch Bd. 2 S. 284 Bem. 2; Cosack, Lehrbuch des Deutschen bürgerlichen Rechts, 4. Aufl. Bd. 1 S. 495 Anm. e.

Abgesehen von dem Mangel einer Einigung der Beteiligten über eine unentgeltliche Zuwendung, schließt im vorliegenden Fälle der Erlaß eines Teils der durch Hypothek gesicherten Forderung und deren Stundung, beim Eintritte des Beklagten K. in die Schuldverbindlichkeit, die Annahme einer Bereicherung des Berechtigten aus. Damit entfallen aber die wesentlichsten Voraussetzungen einer Schenkung.

Die von dem Beklagten K. eingegangene Verpflichtung enthält aber ferner weder eine Verfügung über das Gesamtgut im ganzen, uoch eine solche über ein zu dem Gesamtgut gehöriges Grundstück, noch die Eingehung einer Verpflichtung zu einer solchen Verfügung.

Die von dem Beklagten eingegangene Verpflichtung kann nun allerdings dazu führen, daß zur zwangsweisen Erfüllung das ganze Gesamtgut und insbesondere das zum Gesamtgut gehörige Grundstück herangezogen, und je nach Umständen sogar das ganze Gesamtgut aufgezehrt wird. Dies ist aber nur die Folge der unüberlegten Eingehung einer Verpflichtung, die die Kräfte des sich Verpflichtenden übersteigt. Den Gegenstand der Verpflichtung hat keines der in den

§§ 1444—1446 B.G.B. aufgeführten Rechtsgeschäfte gebildet. Ebensowenig liegt ein Rechtsgeschäft vor, das nach Inhalt und Zweck zur Umgehung einer der gesetzlichen Beschränkungen der Verfügungsgewalt des Mannes bestimmt gewesen wäre.

Von den Beschränkungen der §§ 1444—1446 B.G.B. abgesehen, kann aber der Ehemann das Gesamtgut beliebig durch Schuldverbindlichkeiten verhaften.

Vgl. Endemann, Lehrbuch des Bürgerlichen Rechts 3.—5. Aufl. Bd. 2 S. 774 Anm. 25.

Scherer (Familienrecht des bürgerlichen Gesetzbuchs, 4. Bd. des Bürgerlichen Gesetzbuchs, S. 158), auf dessen Ausführungen das Berufungsgericht Bezug nimmt, stellt zwar den Satz auf, große Darlehne könne der gütergemeinschaftliche Ehemann ohne Zustimmung der Frau nicht aufnehmen, und begründet ihn damit: die Befugnis des Ehemannes, Darlehne aufzunehmen, könne nicht zur Umgehung des § 1445 B.G.B. führen; denn die Aufnahme eines hohen Darlehns, das vernünftigerweise nicht aus den Einkünften des gütergemeinschaftlichen Vermögens zurückgewährt werden könne, müsse früher oder später zur Zwangsversteigerung der Grundstücke oder wenigstens zu einer Zwangsvollstreckungshypothek führen; es könne dem Ehemanne nicht gestattet sein, den § 1445 dadurch zu umgehen, daß er zwar nicht direkt verfüge, aber eine Handlung vornehme, welche zu einer Verfügung führen müsse. Aber die Eingehung eines unüberlegten, unter Umständen das Gesamtgut gefährdenden Rechtsgeschäfts ist an sich noch keine Umgehung des Gesetzes. Die Ansicht Scherers will Gefährdungen vorbeugen. Sie würde dazu führen, daß die Rechtsgültigkeit jeder von dem in allgemeiner Gütergemeinschaft lebenden Ehemanne ohne Zustimmung seiner Frau eingegangenen Verbindlichkeit von einer Prüfung des wirtschaftlichen Verhältnisses der Schuldverbindlichkeit zum Stande des Gesamtgutes bedingt wäre. Sie würde die dem Manne zugedachte freie rechtsgeschäftliche Bewegung hindern, ist im Gesetze nicht begründet und setzt vielmehr die Wirkung des Rechtsgeschäfts an die Stelle des Gegenstandes desselben.

Hiernach erscheint die von dem Beklagten K. eingegangene Verpflichtung rechtsgültig, und die Forderung der Klägerin gerechtfertigt. Sie war ihr daher in dem von ihr auf Grund der mittlerweile erhaltenen teilweisen Deckung ermäßigten Betrage zuzusprechen." ...

76. Kann der Käufer, an welchen während eines längeren Zeitraumes Waren zu liefern sind, seinen Rücktritt vom Vertrage aus § 325 B.G.B. rechtfertigen, wenn der Verkäufer der gegebenen Zusicherung des Alleinverkaufsrechts durch Lieferung von Waren gleicher Art in das dem Käufer vorbehaltene Absatzgebiet zuwidergehandelt hat?

II. Civilsenat. Urt. v. 17. April 1903 i. S. F., W. & Co. (Kl.) w. B. (Bekl.). Rep. II. 536/02.

I. Landgericht Braunschweig.
II. Oberlandesgericht daselbst.

Die Klägerin hatte nach zwei mit der Beklagten geschlossenen Verträgen in der Zeit vom 1. April 1900 bis dahin 1902 im ganzen 9000 Tonnen Steinkohlenbriketts des Brikettwerkes D. der Beklagten nach Braunschweig zu liefern und hatte für diese Stadt der Beklagten das Recht des Alleinverkaufs von solchen Briketts eingeräumt. Die Beklagte war am 1. Januar 1902 mit der Abnahme im Rückstand und verweigerte weitere Abnahme, weil die Klägerin vertragswidrig Briketts nach Braunschweig an andere Abnehmer verkauft, dadurch die weitere Vertragserfüllung unmöglich gemacht und die Beklagte zum Rücktritt berechtigt habe. Die Klage auf Abnahme weiterer Briketts wurde in den beiden Vorinstanzen abgewiesen, und die Revision der Klägerin hatte keinen Erfolg.

Aus den Gründen:

„Bei der Begründung der Revision der mit der Klage auf Vertragserfüllung abgewiesenen Klägerin wurde mit Recht davon ausgegangen, daß das Berufungsgericht der Beklagten ein gesetzliches, und zwar aus § 325 B.G.B. hergeleitetes Recht, von den mit der Klägerin am 12. Februar und am 9./10. Juli 1900 geschlossenen Verträgen zurückzutreten, zuerkannt und hierauf, nicht auf ein vertraglich eingeräumtes Rücktrittsrecht die Entscheidung gestützt habe.

Eine Verletzung des § 325 B.G.B. wurde aber von der Revisionsklägerin darin gefunden, daß, wenngleich nach den Ausführungen des Berufungsgerichts in dieser gesetzlichen Vorschrift unter Unmöglichkeit der Leistung eine Unmöglichkeit im Sinne des Vertrages zu verstehen sei, im vorliegenden Falle eine solche Unmöglichkeit angenommen worden sei. Denn es sei nicht einzusehen und auch vom Berufungsgerichte nicht festgestellt worden, daß und inwieweit die geringe

Vertragsverletzung der Klägerin auf die Absatzfähigkeit der Briketts durch die Beklagte gewirkt haben sollte. Offenbar könne diese nur insoweit gewirkt haben, als die Klägerin an diejenigen Firmen, an welche die Beklagte nicht verkauft habe, vertragsmäßig lieferte, und dann würde nur eine durch die Klägerin verschuldete teilweise Unmöglichkeit der Leistung vorliegen, welche nicht zum Rücktritt vom Vertrage, sondern nur zur Schadensersatzforderung berechtige. Diese Rüge konnte keinen Erfolg haben.

Zunächst ist darauf hinzuweisen, welche Bedeutung das Berufungsgericht dem in den beiden Lieferungsverträgen von der Klägerin der Beklagten zugesicherten Alleinverkaufsrecht für die Stadt Braunschweig nach der Vertragsabsicht der Kontrahenten, und welche Tragweite es den festgestellten Zuwiderhandlungen der Klägerin beigemessen hat. Das Alleinverkaufsrecht wird als ein wesentlicher Bestandteil des Lieferungskaufs erklärt, bestimmt, der Beklagten den von der Konkurrenz der Klägerin befreiten Absatz im genannten Bezirke zu sichern, mithin eine Verbindlichkeit der Klägerin zur Konkurrenzenthaltung begründend, welche in engster Verbindung mit der der Klägerin obliegenden Warenlieferung stehe und von dieser nicht zu trennen sei. Eine Außerachtlassung dieser Verpflichtung wird für geeignet erachtet, den Vertrieb der Briketts durch die Beklagte, damit aber deren ganze wirtschaftliche Existenz in erheblichem Maße zu beeinträchtigen und, was die speziell festgestellten Zuwiderhandlungen der Klägerin angeht, wird nicht nur erwogen, daß diese nach dem Zeitraume, über den sie sich erstreckten, bedeutend genug gewesen seien, den Zweck der Vereinbarung, der Beklagten ein bestimmtes Absatzgebiet zu sichern, zu vereiteln, sondern auch daß diese unerlaubte Konkurrenz in der Zeit, in welche sie fiel, für die Beklagte um so empfindlicher gewesen sei, als durch die von der Klägerin selbst hervorgehobene, inzwischen eingetretene schlechte Konjunktur die Nachfrage nachgelassen, und die Beklagte noch größere Quantitäten, mit deren Abnahme sie im Rückstande war, unterzubringen gehabt habe. Wenn nun auf Grund dieser tatsächlichen Würdigung des Berufungsgerichts in rechtlicher Beziehung angenommen wird, die der Klägerin zur Last fallende positive Verletzung einer wesentlichen Vertragspflicht sei im gegebenen Falle als mit der gänzlichen Nichteinhaltung des Vertrags gleichbedeutend zu erachten und begründe eine von der Klägerin zu vertretende Unmöglichkeit im Sinne des

§ 325 B.G.B., so kann diese Auffassung nicht für rechtsirrtümlich erachtet werden. Die unter Enthaltung eigener Lieferungen in das der Beklagten reservierte Absatzgebiet versprochene Vertragsleistung konnte durch die von der Klägerin ausgegangenen und nicht mehr ungeschehen zu machenden Zuwiderhandlungen als im Sinne des Vertrags unmöglich geworden betrachtet, und eine teilweise Unmöglichkeit hinsichtlich des berührten Interesses der gänzlichen gleichgestellt werden. In der Zulassung dieser Auffassung ist eine Abweichung von den dem Urteil des erkennenden Senats i. S. S. & Co. w. Aktiengesellschaft für Bahnen und Tiefbau vom 6. März 1903, Rep. II. 388/02[1], zu grunde liegenden rechtlichen Ausführungen, wonach keineswegs alle positiven Rechtsverletzungsakte eines Vertragsteiles in den Rahmen der Unmöglichkeit der ihm obliegenden Leistung gebracht werden können, nicht gelegen.

War aber die Beklagte zum Rücktritt vom Vertrage berechtigt, so kann sie zur weiteren Erfüllung auch nicht wegen des Umstandes angehalten werden, daß sie bereits vor dem 1. Januar 1902 und den darauf gefolgten Zuwiderhandlungen der Klägerin mit dem Bezuge von mehr als 200 Tonnen Briketts, auf welche Quantität als Teilbeträge sich die Klage beschränkt, im Rückstande war, selbst wenn sie sich im Verzuge befunden haben sollte. Die Rüge der Revision, das Berufungsgericht hätte aus der angeführten Sachlage folgern müssen, daß die Beklagte nur zur Aufhebung des Vertrags für die spätere Zeit berechtigt erscheine, da die Erfüllung der Verbindlichkeit der Klägerin vor dem 1. Januar 1902 durch deren angeblich vertragswidriges Verhalten nach diesem Zeitpunkte nicht unmöglich geworden sei, ist daher nicht für gerechtfertigt zu erachten. Die Lieferung rückständiger Briketts ist im Sinne des Vertrags in derselben Weise unmöglich geworden, wie diejenige von bei gleichmäßiger Verteilung auf die Zeit nach dem 1. Januar 1902 entfallenden Quantitäten, und auch die erstere treffende Unmöglichkeit ist eine von der Klägerin zu vertretende.

Endlich geht auch die Rüge fehl, welche eine Gesetzesverletzung in der Erwägung des Berufungsgerichts zu finden glaubt, daß das Verhalten der Klägerin, auch wenn es nur auf ein Versehen zurückzuführen sein sollte, als eine ihr zuzurechnende gröbliche Verletzung

---

[1] Abgedruckt in diesem Bande unter Nr. 29. D. E.

des Vertrages anzusehen sei. In objektiver Beziehung wäre die Beeinträchtigung des Absatzes der Beklagten in solchem Falle nicht vermindert, und nach § 276 B.G.B. hat der Schuldner auch Fahrlässigkeit zu vertreten."...

---

77. Unterliegt bei einem unter der Herrschaft des Bürgerlichen Gesetzbuchs eingetretenen Erbfall die Ausschlagung der Erbschaft der Anfechtung seitens der Gläubiger des ausschlagenden Erben?

Anfechtungsgesetz § 7.
B.G.B. §§ 1922. 1942. 1943.

VII. Civilsenat. Urt. v. 17. April 1903 i. S. G. (Kl.) w. M. P. (Bekl.). Rep. VII. 16/03.

I. Landgericht Metz.
II. Oberlandesgericht Colmar.

Am 24. Dezember 1901 verstarb zu M. der Kaufmann A. F. Nach dem Gesetz war die Ehefrau P., seine Schwester, seine alleinige Erbin. Schon am 24. Dezember 1901 erschien diese jedoch in Begleitung ihres Ehemannes vor dem Amtsgerichte zu M. und gab dort mit Ermächtigung desselben die Erklärung ab, sie schlage die ihr angefallene Erbschaft hiermit vorbehaltslos und bedingungslos aus. Sie fügte hinzu, der einzige Erbe sei nunmehr ihr Sohn M., welcher mündlich von der Ausschlagung in Kenntnis gesetzt sei. Der Kläger wollte die Ausschlagung anfechten. Er befand sich im Besitze eines vollstreckbaren Schuldtitels gegen die Ehefrau P., hatte auch seine Befriedigung im Wege der Zwangsvollstreckung zu erreichen versucht, aber vergeblich. In der Ausschlagung der Erbschaft erblickte er eine unentgeltliche Verfügung, welche, ebenso wie früher unter der Herrschaft des Code civil der Verzicht auf eine Erbschaft, der Anfechtung seitens der Gläubiger unterliege, da das Bürgerliche Gesetzbuch hinsichtlich des Anfalls der Erbschaft und der Ausschlagung derselben die gleichen Vorschriften enthalte, wie das vorhin genannte Gesetz. Der Antrag ging dahin, den Verzicht der Ehefrau P. auf den Nachlaß dem Kläger gegenüber für unwirksam und den Beklagten für verpflichtet zu erklären, die Zwangsvollstreckung in die aus dem Nachlaß herrührenden Mobilien und Immobiliarwerte zu gestatten. Der Beklagte beantragte Zurückweisung der Klage, indem er der Rechtsauffassung des Klägers entgegentrat.

Durch Urteil der ersten Instanz wurde nach dem Antrage des Beklagten erkannt. Die vom Kläger eingelegte Berufung blieb erfolglos. Auch die Revision ist zurückgewiesen.

Aus den Gründen:

... „In Übereinstimmung mit dem ersten Richter verneint der Berufungsrichter die Frage, ob, wenn ein Erbfall unter der Herrschaft des Bürgerlichen Gesetzbuchs eingetreten ist, die Ausschlagung der Erbschaft angefochten werden kann. Er führt zunächst folgendes aus.

Zwar vollziehe sich der Erwerb der Erbschaft auch jetzt — wie früher nach dem Code civil — mit dem Tode des Erblassers von selbst kraft Gesetzes; der Besitz gehe auf den Erben über, und gewisse Rechtshandlungen, welche durch oder gegen den Erben vorgenommen worden, blieben auch nach der Ausschlagung wirksam. Um aber das höchst persönliche Recht des Berufenen, nach freier Wahl Erbe zu sein oder nicht zu sein, voll zur Geltung zu bringen, gebe der § 1953 der Ausschlagung die Wirkung, daß der Anfall an den Ausschlagenden als nicht erfolgt gelte, daß die Erbschaft demjenigen anfalle, welcher berufen sein würde, wenn der Ausschlagende zur Zeit des Erbfalls nicht gelebt hätte, und der Anfall an den Nächstberufenen als mit dem Erbfall erfolgt gelte. Diese Wirkung der Ausschlagung beruhe ebenso wie die Bestimmung des Art. 785 Code civil auf Fiktionen, welche den Tatsachen widersprechen; sie seien aber weitergreifend als die Vorschriften des Code civil; denn nach diesen letzteren verzichte der Erbe auf das am Nachlaß erworbene Recht, er gebe einen Bestandteil seines Vermögens auf, er veräußere.

Der Berufungsrichter geht dann auf die Motive zum ersten Entwurf des Bürgerlichen Gesetzbuchs ein, erblickt in verschiedenen Ausführungen derselben eine Bestätigung für die von ihm vertretene Ansicht und legt weiter besonders Gewicht auf die Fassung des § 1953 B.G.B., sofern sie dahin führe, die Fiktion, der Erwerb kraft Gesetzes werde durch die Ausschlagung ausgetilgt, in der denkbar schärfsten und umfassendsten Tragweite aufzufassen.

Er betrachtet deshalb die Voraussetzung des § 7 des Anfechtungsgesetzes, daß aus dem Vermögen des Schuldners etwas veräußert, weggegeben oder aufgegeben sei, als nicht erfüllt, da die Ehefrau P. durch die Ausschlagung der ihr angefallenen Erbschaft ihr Vermögen nicht vermindert habe.

Den § 9 K.O. will der Berufungsrichter nicht heranziehen.

Die Revision versucht darzulegen, daß sowohl das preußische Allgemeine Landrecht als auch der Code civil über den Erbschaftserwerb, und zwar gerade in den vom Berufungsrichter besonders erheblich erachteten Punkten, ganz dieselben Vorschriften enthalten hätte, wie gegenwärtig das Bürgerliche Gesetzbuch, daß aber hinsichtlich der unter der Herrschaft jener eingetretenen Erbfälle die Ausschlagung der Erbschaft in ständiger Rechtsprechung als der Anfechtung unterliegend anerkannt sei. Letzteres ist zutreffend. In ersterer Richtung aber können die Ausführungen der Revision Zustimmung nicht finden.

Von Bedeutung ist zwar schon die Vorschrift in § 1922 Abs. 1 B.G.B., nach welcher mit dem Tode einer Person (Erbfall) deren Vermögen (Erbschaft) als Ganzes auf eine oder mehrere andere Personen (Erben) übergeht. Sie spricht nicht nur aus, daß eine Universalsukzession stattfindet, sondern auch, daß der Übergang des Vermögens ohne Vermittelung einer als juristische Person gedachten ruhenden Erbschaft oder einer verwandten Institution vom Erblasser als dem bisherigen Träger des Vermögens auf den Erben stattfindet. Seine Ausgestaltung hat dieser unvermittelte Übergang aber erst in dem ersten Titel des zweiten Abschnitts des fünften Buchs erhalten. Nach Inhalt der dort an die Spitze gestellten Vorschrift (§ 1942) geht die Erbschaft auf den berufenen Erben „unbeschadet" des Rechts über, sie auszuschlagen (Anfall der Erbschaft). Infolgehiervon erleidet der Vermögensübergang in seiner Wirkung eine Einschränkung; von vornherein und rechtsbegrifflich stellt die mit dem Erbfall eintretende Rechtslage des Erben sich als eine einstweilige, kraft des Rechts der Ausschlagung von dem Willen des Erben abhängige dar. Der § 1943 beginnt mit der Bestimmung, daß der Erbe die Erbschaft nicht mehr ausschlagen kann, wenn er sie angenommen hat, erkennt also trotz des Vermögensüberganges noch die Möglichkeit eines Annahmewillens an. Weiter bestimmt der genannte Paragraph, daß der Erbe auch dann nicht mehr ausschlagen kann, wenn die im § 1944 für die Ausschlagung vorgeschriebene Frist verstrichen ist, fügt aber hinzu, daß mit dem Ablauf der Frist die Erbschaft als angenommen gilt.

Danach kann allerdings der Erwerb der Erbschaft auch ohne den Willen des berufenen Erben lediglich infolge von Fristversäumnis ein endgültiger werden, was auch, wenn nicht doch eine hereditas jacens eingeführt werden sollte, dem Gesetzgeber als unumgänglich erscheinen mußte und im Hinblick auf die Seltenheit von Erbschaftsverzichten als unbedenklich erscheinen konnte; aber von Bedeutung ist, daß doch ausdrücklich die Annahme, wenn auch nur als gedachte, als das entscheidende, die Aufhebung des Ausschlagungsrechts bewirkende Moment hingestellt ist. Mit dieser „Annahme" wird der Erwerb bedingungslos. Auch in weiteren Vorschriften des Gesetzes sind Ausschlagung und Annahme nebeneinander gestellt, und zwar in umgekehrter Reihenfolge. Nach § 1946 kann der Erbe die Erbschaft annehmen oder ausschlagen, sobald der Erbfall eingetreten ist, und nach § 1947 können die Annahme und die Ausschlagung nicht unter einer Bedingung oder einer Zeitbestimmung erfolgen (vgl. weiter auch §§ 1954 flg.). Annahme und Ausschlagung stellen ungeachtet des in den §§ 1922. 1942 vorgesehenen Vermögensüberganges zwei gleichberechtigte Möglichkeiten dar. Daß aber der Gesetzgeber sich der vollen Bedeutung der Terminologie der §§ 1942 flg., welche auch durch die Beziehung der begrifflichen Bezeichnungen zueinander und ihre örtliche Verbindung klar zur Erscheinung gelangt, bewußt gewesen ist, und daß sie auf einem Systeme beruht, kann bei einem Gesetzeswerke wie dem Bürgerlichen Gesetzbuch nicht mit Grund bezweifelt werden. Es kommt hinzu, daß nach § 1953, wenn die Erbschaft ausgeschlagen wird, der Anfall an den Ausschlagenden als nicht erfolgt gilt, daß die Erbschaft demjenigen anfällt, welcher berufen sein würde, wenn der Ausschlagende zur Zeit des Erbfalls nicht gelebt hätte, und daß der Anfall an ersteren als mit dem Erbfall erfolgt gilt. Auch hierdurch kommt der bis zur Annahme nur vorläufige Charakter des Erbschaftserwerbs zum Ausdruck. Die Bestimmunng in § 1953 führt zugleich zurück auf § 1922, dessen Prinzip infolgedavon trotz des Ausschlagungsrechts seine volle Durchführbarkeit behält. Als System des Gesetzes erscheint, daß nach dem Tode des Erblassers zunächst nur ein vorläufiger Erwerb der Erbschaft stattfindet, und daß erst die wirkliche oder fingierte Annahme ihm endgültige Bedeutung verleiht.

Das Bürgerliche Gesetzbuch enthält nun in anderen Teilen verschiedene Vorschriften, die sich als Ausfluß des Systems kennzeichnen, und die umsomehr als solche hervortreten, als eben dasselbe Gesetzbuch sie aufstellt. Nach § 516 ist eine Zuwendung, durch welche jemand „aus seinem Vermögen" einen anderen bereichert, dann eine Schenkung, wenn beide Teile darüber einig sind, daß die Zuwendung unentgeltlich erfolgt. Im Anschluß daran bestimmt § 517, daß eine Schenkung nicht vorliegt, wenn jemand zum Vorteil eines anderen einen Vermögenserwerb unterläßt oder auf ein angefallenes, noch nicht endgültig erworbenes Recht verzichtet oder eine Erbschaft oder ein Vermächtnis ausschlägt. Durch diese letztere Vorschrift wird der Begriff der Bereicherung aus dem Vermögen nach seiner negativen Seite hin bestimmt, unter denselben soll die Ausschlagung einer Erbschaft **nicht** fallen. Vielleicht wäre die Vorschrift entbehrlich gewesen, da schon nach den erbrechtlichen Bestimmungen die Erbschaft vor der Annahme nicht zum Vermögen des Erben gehört; aber ihre Aufnahme mochte sich empfehlen, um auf diese Weise etwaigen Zweifeln zu begegnen. Für den Gedanken, daß, obwohl die Erbschaft auch vor der Annahme schon zum Vermögen des Erben gehöre, und der Verzicht auf sie also eine Veräußerung darstellen würde, der Verzicht ausnahmsweise doch nicht als Schenkung gelten solle, liegt kein Anhalt vor; es ist nicht ersichtlich, welche Ursache zum Erlaß einer so gearteten Bestimmung vorhanden gewesen sein könnte, während bei Berücksichtigung des Zusammenhangs der mehreren Bestimmungen des Bürgerlichen Gesetzbuchs miteinander die Vorschrift sich als Konsequenz der grundlegenden Bestimmungen in sehr natürlicher Weise erklärt. Ganz ähnlich verhält es sich mit den §§ 1406 Nr. 1 und 1453, nach denen die Frau im Falle der ehemännlichen Verwaltung und Nutznießung zur Annahme oder Ausschlagung einer Erbschaft der Zustimmung des Mannes nicht bedarf, und bei der allgemeinen Gütergemeinschaft zur Annahme oder Ausschlagung einer der Frau angefallenen Erbschaft nur die Frau berechtigt ist, ohne daß es der Zustimmung des Mannes bedürfte. Auch diese Vorschriften beruhen auf dem Gedanken, daß vor der Annahme ein endgültiger Erwerb noch nicht vorliegt.

Für den hier vertretenen Standpunkt spricht auch die Entstehungsgeschichte des Gesetzes. Wie sich aus den Motiven zum Entwurf klar ergibt, sollte das gemeinrechtliche System des Erbschaftserwerbes, nach welchem, sofern die Erben nicht Hauskinder sind, jede Art von Erwerb der Erbschaft nur durch Erbschaftsannahme bewirkt wird, wegen der mit demselben verbundenen, zum Teil äußeren Unzuträglichkeiten Aufnahme in das Gesetz nicht finden. Vermieden sollten namentlich werden die hereditas jacens, die Schwierigkeiten, die sich aus der Notwendigkeit der Feststellung der Erbschaftsantretung oder pro herede gestio in vielen Fällen ergeben, und die Transmissionen (Motive Bd. 5 S. 486). Das aber konnte nur geschehen durch Aufnahme des Systems des preußischen Landrechts und des französischen Rechts, nach welchem ein unmittelbarer Übergang des Vermögens auf den berufenen Erben erfolgt. Die Motive ergeben weiter, daß aber auch dem Willen des Erben in Bezug auf den Erwerb oder Nichterwerb der Erbschaft seine volle natürliche, wenigstens den Anschauungen der Gegenwart entsprechende Bedeutung gewahrt, und der Sache nach der Annahmewille für den endgültigen Erwerb der Erbschaft bedingend bleiben sollte. Beides miteinander zu vereinigen war das Gesetz bestrebt. Wenn nun auch einzelne Teile der Motive keine völlige Klarheit gewähren mögen, andere und namentlich solche, die zur Abwehr literarischer Angriffe gegen das System des Gesetzes bestimmt waren (Motive Bd. 5 S. 487), bei isolierter Würdigung Bedenken hervorrufen könnten, so sind doch andere um so unzweideutiger; namentlich gilt dies von den Ausführungen zu § 1308 des Entwurfs, Bd. 4 S. 243, wie sie im wesentlichen dahin gehen:

Vom Standpunkte des formellen Rechts aus stelle die Ausschlagung einer Erbschaft, wenn dieselbe, wie dies nach dem Entwurfe der Fall sei, kraft des Gesetzes erworben werde, sich allerdings als das Aufgeben eines bereits erworbenen Rechts und deshalb ... als ein unter den § 1300 fallendes Rechtsgeschäft dar. Sehe man jedoch auf das Wesen der Sache, so habe der Erwerb der Erbschaft kraft Gesetzes, so lange das Recht der Ausschlagung noch nicht weggefallen sei, nur eine formelle Bedeutung, indem die Ausschlagung bewirke, daß es so angesehen werde, wie wenn der Ausschlagende niemals Erbe geworden wäre. Materiell habe die Ausschlagung hier also dieselbe Bedeutung, wie nach denjenigen Rechten, nach welchen die Erbschaft durch Antretung erworben werde; d. h. materiell betrachtet charakterisiere sie sich nicht als das Aufgeben eines bereits erworbenen, sondern als die Nichtannahme eines angetragenen Rechts. Diese Auffassung, welche auch dem § 439 Abs. 3 zu grunde liege, müsse dahin führen, der Ehefrau das Recht der Ausschlagung als ein höchst persönliches Recht ohne Rücksicht auf die Einwilligung des Ehemannes beizulegen.

In gleicher Weise unzweideutig sind die Motive zu § 439 des Entwurfs, Bd. 2 S. 290. 291. Sie geben im wesentlichen die gleichen Ausführungen und bemerken namentlich, in der Ausschlagung einer Erbschaft, wie sie als Verzicht auf ein angefallenes, jedoch noch nicht erworbenes Recht gelte, erblicke der Entwurf jedenfalls materiell keine Veräußerung.

In den Verhandlungen des Reichstages ist Widerspruch nicht erfolgt.

Von den gleichzeitig mit dem Bürgerlichen Gesetzbuch in Kraft getretenen anderen Reichsgesetzen kommt namentlich die Civilprozeßordnung n. F. in ihrem § 778 in Betracht, dessen zweiter Absatz bestimmt, daß wegen eigener Verbindlichkeiten des Erben eine Zwangsvollstreckung in den Nachlaß vor der Annahme der Erbschaft nicht zulässig ist. Von besonderer Bedeutung aber ist der § 9 K.O., nach welchem die Annahme oder Ausschlagung einer vor der Eröffnung des Verfahrens dem Gemeinschuldner angefallenen Erbschaft ... nur dem Gemeinschuldner zusteht. Hierin liegt klar ausgesprochen, daß die Ausschlagung einer solchen Erbschaft durch den Gemeinschuldner den Konkursgläubigern gegenüber wirksam und unanfechtbar ist. Die Vorschrift stellt sich als Konsequenz der Bestimmungen des Bürgerlichen Gesetzbuchs dar; weil es sich bis zur Annahme der Erbschaft nicht schon um ein Recht am Erbvermögen, sondern materiell nur um ein Recht auf den Erwerb handelt, soll der Wille des Gemeinschuldners, nicht der des Konkursverwalters, entscheiden. Kein Bedenken entsteht hier wiederum dadurch, daß die Vorschrift vielleicht entbehrlich gewesen wäre. Auch hier sind die Motive in ihren den Zusammenhang des Gesetzes mit dem Bürgerlichen Gesetzbuch darlegenden Ausführungen völlig klar, indem sie insbesondere dahin gehen (S. 27): wenn nach § 1953 Abs. 1. § 2180 Abs. 3 des Entwurfs die Ausschlagung die Wirkung habe, daß der Anfall an den Ausschlagenden als nicht erfolgt gelte, so stelle sie sich der Sache nach nicht als ein Verzicht auf ein bereits erworbenes Recht, sondern als Nichtannahme eines angetragenen Rechts dar; dies entspreche auch dem Wesen des Erwerbes von Todes wegen, der nicht nur einen vermögensrechtlichen, sondern zugleich einen persönlichen Charakter habe. Wenn das Gesetz, betr. die Anfechtung von Rechtshandlungen eines Schuldners außerhalb des Konkursverfahrens, keine gleichartige Vorschrift enthält, so kann dieser vom Kläger betonte Umstand nicht auffallen, weil in dem Verfahren zum Zweck der Anfechtung auf Klage eines Gläubigers ein dem Konkursverwalter verwandtes Organ keine Stelle findet, und deshalb für eine auf Beseitigung etwaiger Zweifel gerichtete Vorschrift kein Raum war.

Erhellt hiernach genügend, aus welchen Absichten die Vorschriften des Bürgerlichen Gesetzbuchs hervorgegangen sind, so könnte überhaupt nur die Frage aufgeworfen werden, ob dem Gesetzgeber durch die von ihm gewählte Fassung ihre Verwirklichung auch vollständig gelungen, oder ob nicht der zum Ausdruck gelangte entscheidende Wille doch ein anderer ist; aber nach dem oben Bemerkten ist in dieser Hinsicht nicht nur kein Grund zu Zweifeln vorhanden, sondern im Gegenteil läßt die Fassung des Gesetzes schon durch sich selbst einen gleichinhaltlichen, das Gesetz erfüllenden Willen genügend erkennen.

Vergleicht man nun mit den Bestimmungen des Bürgerlichen Gesetzbuchs die des preußischen Allgemeinen Landrechts und die des Code civil, so ergibt sich eine Übereinstimmung nicht. Zwar finden sich in den genannten Gesetzgebungen die Ausdrücke „Übernahme", „Antretung einer Erbschaft", „Annahme", „Entsagung" (§§ 383. 413. 414 A.L.R. I. 9), bezw. „la renonciation à une succession", „la faculté d'accepter ou de répudier une succession" (Code civil Artt. 784. 789); aber für sich allein sind derartige Bezeichnungen überhaupt nicht ausschlaggebend, und eine durchgeführte, einem System entsprechende und demselben angepaßte Terminologie, eine mehrfache Wiederkehr des beherrschenden Gedankens in anderen Teilen des Gesetzbuchs sowie in anderen Gesetzen, wie ihn gegenwärtig das Reichsrecht aufweist, findet sich weder im preußischen noch im französischen Recht. Das letztere enthält außerdem in seinem Art. 788 eine auf dem entgegengesetzten Gedanken beruhende Vorschrift. Für beide Rechtssysteme konnte der Verzicht auf eine Erbschaft als die Aufgabe eines erworbenen Rechts am Nachlaß, mithin als eine Veräußerung erscheinen.

Die hier vertretene Auslegung des Bürgerlichen Gesetzbuchs wird auch in der Literatur, wenigstens dem Ergebnisse nach, überwiegend für die zutreffende erachtet.

Geht man von ihr aus, so kann die Ausschlagung einer Erbschaft, weil durch sie aus dem Vermögen des Schuldners nichts veräußert, weggegeben oder aufgegeben wird, von den Gläubigern nicht angefochten werden. Wollte man die nur einstweiligen Rechte des Schuldners, wie sie der durch den Übergang der Erbschaft unbeschadet des Ausschlagungsrechts geschaffenen Rechtslage entsprechen, mit Hinblick auf ihre formell gegebene Existenz als Teile seines Vermögens betrachten und behandeln, so würde die Ausschlagung zwar, wie sie den Nichterwerb des definitiven Rechts herbeiführt und herbeizuführen bestimmt ist, das Ende des einstweiligen, resolutiv durch den Willen des Schuldners bedingten herbeiführen; allein in dieses letztere war den Gläubigern ein Zugriff zu ihrer Befriedigung nie gegeben, und wenn das nur vorläufige formelle Recht infolge einer als Annahme nur gedachten Fristversäumnis sich zu einem endgültigen zu entwickeln tatsächlich vermochte, so ist dies nicht von rechtlicher Bedeutung, weil jene Art der Annahme aus vorwiegend äußeren Gründen eingeführt und den materiellen Standpunkt des Gesetzes zu ändern nicht bestimmt ist." ...

---

78. 1. Kann auch nach gemeinem Rechte eine deutschrechtliche gegliederte Personenvereinigung mit beweglichen Anteilen, die nicht eine juristische Person bildet, ein selbständiges Gesellschaftsvermögen besitzen?

2. Können nach dem Rechte des Bürgerlichen Gesetzbuchs schon die Forderungen auf Leistung von Beiträgen zum Gesellschaftsvermögen gehören?

C.P.O. §§ 50. 735.
B.G.B. §§ 54. 718.

III. Civilsenat. Urt. v. 17. April 1903 i. S. B. (Bekl.) w. H., jetzt dessen Erben (Kl.). Rep. III. 18/03.

I. Landgericht Hildesheim.
II. Oberlandesgericht Celle.

Im Jahre 1897 wurde in H. die Kalibohrgesellschaft W. gegründet, die sich die der Klageschrift in einem Abdrucke beigefügte Satzung gab. Nach deren §§ 10, 11 und 12 war jeder Anteilbesitzer verpflichtet, die von der Mitgliederversammlung beschlossenen, von dem Vorstande ausgeschriebenen Zubußen zum Betriebe des gemeinschaftlichen Unternehmens und zur Erfüllung von Verbindlichkeiten der Gesellschaft nach Verhältnis der Zahl seiner Anteile zu entrichten und bei nicht pünktlicher Zahlung mit 5 v. H. zu verzinsen. In der Mitgliederversammlung vom 10. Juni 1897 wurde die Leistung einer Zubuße von 100 ℳ auf den Anteil beschlossen. Der Vorstand schrieb daraufhin eine Zahlung von 15 ℳ auf den Anteil zum 15. Mai und eine weitere des gleichen Betrages zum 28. November 1900 aus. Der Beklagte erwarb am 5. Juni 1897 100 Anteile der Gesellschaft und wurde rechtzeitig zur Zahlung jener Zubußen aufgefordert.

Der Erblasser der jetzigen Kläger erwarb gegen die Gesellschaft eine vollstreckbare Forderung von 17 600 ℳ nebst 4 v. H. Zinsen seit dem 24. Mai 1901. Auf Grund des über diese Forderung lautenden Vollstreckungsbefehls vom 26. Juni 1901 wurde für ihn durch ordnungsmäßig zugestellten Beschluß des Amtsgerichts in H. der Anspruch der Gesellschaft gegen den Beklagten auf Leistung jener Zubußen gepfändet und ihm zur Einziehung überwiesen. Er beantragte die Verurteilung des Beklagten zur Zahlung von 1149,10 ℳ nebst Zinsen und von 1500 ℳ nebst Zinsen.

Der Beklagte bestritt, daß der Gesellschaft als solcher der geltend gemachte Anspruch zustehe, da sie keine juristische Person sei, und bat um Abweisung der Klage.

Das Landgericht erkannte diesem Antrage gemäß, weil die Kalibohrgesellschaft W. keine juristische Person bilde und deshalb als solche nicht Inhaberin von Rechten, am wenigsten gegenüber ihren Mitgliedern, sein könne.

Auf die Berufung des ursprünglichen Klägers, der im Laufe des zweiten Rechtszuges starb, wurde der Beklagte nach dem Klagantrage verurteilt.

Die hiergegen von ihm eingelegte Revision ist zurückgewiesen worden aus folgenden

Gründen:

„Die Rechtsbeständigkeit des klägerischen Anspruchs hängt davon ab, ob die Forderung auf Leistung der Zubuße als ein Bestandteil des Vermögens der Kalibohrgesellschaft W. anzusehen ist oder nicht; denn nur gegen diese als einen nicht rechtsfähigen Verein — da sie weder staatlich genehmigt ist noch aus anderen Gründen sich als juristische Person darstellt, andererseits aber satzungsgemäß vom Wechsel ihrer Mitglieder unabhängig, auch körperschaftlich gegliedert ist — hat der Kläger den Vollstreckungsbefehl vom 26. Juni 1901 erwirkt, und nur zur Zwangsvollstreckung in das Gesellschaftsvermögen eines nicht rechtsfähigen Vereins als solches genügt nach § 735 C.P.O. ein gegen den Verein ergangenes Urteil. Es kann nun dahingestellt bleiben, ob die Rechtsverhältnisse eines nicht rechtsfähigen Vereins, der schon vor dem Inkrafttreten des Bürgerlichen Gesetzbuchs begründet war, auch nach diesem Zeitpunkte noch nach dem früheren, hier dem gemeinen, Rechte, wie das Berufungsgericht angenommen hat, oder nach dem Rechte des Bürgerlichen Gesetzbuchs zu beurteilen sind, da die Anwendung beider Rechte auf den vorliegenden Fall zu demselben Ergebnisse führt.

Das frühere gemeine Recht hatte auf Grund der gewohnheitsrechtlichen Entwickelung den deutschrechtlichen gegliederten Personenvereinigungen mit beweglichen Anteilen, die nicht juristische Personen waren, Parteifähigkeit, wenigstens Dritten gegenüber, beigelegt und ihnen gestattet, unter einem Gesamtnamen, vertreten durch den Vorstand, aufzutreten.

Vgl. Entsch. des R.G.'s in Civils. Bd. 4 S. 156, Bd. 7 S. 164, Bd. 8 S. 121, Bd. 34 S. 169.

Diese Entwickelung mußte folgerichtig dazu führen, daß auch die Möglichkeit eines selbständigen, von dem Vermögen der einzelnen Mitglieder verschiedenen Gesellschaftsvermögens anerkannt wurde, wie denn auch in der Entscheidung des erkennenden Senats Bd. 8 S. 126 ausgeführt ist, daß solche Personenvereine nur, soweit die Möglichkeit des Wechsels ihrer Mitglieder und ihre körperschaftliche Gliederung, sowie ihre Satzungen nicht entgegenständen, nach den gemeinrechtlichen Bestimmungen über die Gesellschaft zu beurteilen seien. Jene beiden ersten Momente fordern aber gerade das Bestehen eines zunächst aus den geleisteten Beiträgen bestehenden Gesellschaftsvermögens, weil ohne ein solches die Zwecke des Vereins sich nicht erreichen, insbesondere die Aufgaben des Vorstandes sich nicht erfüllen lassen. Es kann sich deshalb nur fragen, ob zum Gesellschaftsvermögen auch schon die Ansprüche des Vereins auf die Mitgliederbeiträge, und nicht erst die wirklich geleisteten Beiträge zu rechnen sind. Nach den Satzungen des hier in Betracht kommenden Vereins kann es indessen, wie das Berufungsgericht aus den §§ 4. 10—12 feststellt, keinem Zweifel unterliegen, daß schon die Forderungen auf Entrichtung der Beiträge zu Bestandteilen des Gesellschaftsvermögens haben gemacht werden sollen. Damit widerlegt sich der erste Angriff der Revision, es handele sich bei dem Anspruche auf Zahlung einer Zubuße nicht um eine der Gesellschaft als solcher zustehende Forderung, sondern nur um einen von den Gesellschaftern mit der actio pro socio geltend zu machenden Anspruch.

Der Umstand aber, auf den die Revision sich weiter stützt, daß nach der bisherigen Rechtsprechung des erkennenden Senats — vgl. Urteil vom 13. November 1900 i. S. der Kalibohrgesellschaft „G. S." w. H. — die Gesellschaft selbst den Anspruch wenigstens nicht im Wege der Klage hätte verfolgen können, weil damit eine Klage nicht gegen einen Dritten, sondern gegen ein Gesellschaftsmitglied erhoben wäre, steht ebensowenig wie der § 50 C.P.O., wonach jetzt nicht rechtsfähigen Vereinen die aktive Parteifähigkeit versagt ist, der Statthaftigkeit des vom Kläger erhobenen Anspruchs entgegen. Denn es hindert nichts an der Auffassung, daß mit der Überweisung des zum Gesellschaftsvermögen gehörigen Anspruchs auf Leistung von Zubußen an einen Gläubiger des Vereins, der einen vollstreckbaren Titel gegen diesen erlangt hat, eben der sonst von allen Mitgliedern, mit Ausnahme des Schuldners der Zubußen, gemeinschaftlich einzuklagende Anspruch dem Gläubiger zur eigenen Einziehung überwiesen ist.

Aber auch wenn man annimmt, daß die Rechtsverhältnisse der nicht rechtsfähigen Vereine seit dem 1. Januar 1900 nach den Vorschriften des Bürgerlichen Gesetzbuchs zu beurteilen sind, liegt im Ergebnisse die Sache nicht anders. Nach § 54 B.G.B. finden auf solche Vereine die Vorschriften über die Gesellschaft Anwendung. Nun sieht der § 718 auch für die gewöhnliche, bürgerlichrechtliche Gesellschaft ausdrücklich das Bestehen eines selbständigen Gesellschaftsvermögens vor, indem er bestimmt, daß „die Beiträge der Gesellschaft und die durch die Geschäftsführung für die Gesellschaft erworbenen Gegenstände" „gemeinschaftliches Vermögen der Gesellschafter (Gesellschaftsvermögen)" werden, und daß hierzu auch gehöre, „was auf Grund eines zu dem Gesellschaftsvermögen gehörenden Rechtes oder als Ersatz für die Zerstörung, Beschädigung und Entziehung eines zu dem Gesellschaftsvermögen gehörenden Gegenstandes erworben" werde. Dies schließt indessen nicht aus, daß durch den Gesellschaftsvertrag oder durch spätere Vereinbarungen auch noch andere Gegenstände zu Bestandteilen des Gesellschaftsvermögens erklärt werden. Die gesetzliche Bestimmung des § 718 über das, was zum Gesellschaftsvermögen gehört, kann demnach durch Vertrag noch ergänzt werden; insbesondere kann der Gesellschaftsvertrag festsetzen, daß auch schon die Ansprüche auf die Mitgliederbeiträge zum Gesellschaftsvermögen gehören. Im vorliegenden Falle hat dies aber nach der nicht zu beanstandenden Auslegung des Berufungsgerichts die Satzung der Gesellschaft W. bestimmt." . . .

---

79. Was ist eine „künftige Entschädigungsforderung" im Sinne des § 559 B.G.B.?

III. Civilsenat. Urt. v. 17. April 1903 i. S. B. (Kl.) w. K. u. Gen. (Bekl.). Rep. III. 474/02.

I. Landgericht Braunschweig.
II. Oberlandesgericht daselbst.

Gründe:

„Der Kläger hatte bis zum 1. April 1903 Geschäftslokale in seinem Hause an die Ü.'sche Wollenweberei vermietet. Diese vermietete mit Genehmigung des Klägers im Jahre 1901 diese Geschäftslokale bis zum Ende der Mietzeit weiter an einen Kaufmann D. und cedierte die ihr hieraus entspringende Mietzinsforderung an den Kläger. Am 20. und 21. September 1901 wurden die von D. inzwischen eingebrachten Sachen von den Beklagten gepfändet, und wenige Tage darauf über das Vermögen des D. der Konkurs eröffnet, worauf der Konkursverwalter das Mietverhältnis zum 31. Dezember 1901 kündigte. Das Konkursverfahren wurde jedoch mangels vorhandener Masse bereits am 13. November 1901 wieder eingestellt. Nunmehr brachten die Beklagten den größten Teil der gepfändeten Sachen zur Versteigerung; auf Antrag des Klägers, der das Pfandrecht des Vermieters geltend machte, wurde aber die Hinterlegung des Erlöses angeordnet. Hinsichtlich seiner Mietzinsforderung bis zum 31. Dezember 1901 wurde das Pfandrecht des Klägers anerkannt, und ihm der betreffende Betrag gezahlt, auch ist rücksichtlich der auf diesen Betrag noch rückständigen Zinsen der Anspruch des Klägers im Laufe des Prozesses streitlos geworden. Der Kläger beansprucht aber auf Grund seines Pfandrechts auch vorzugsweise Befriedigung wegen seiner Entschädigungsforderung dafür, daß durch die Kündigung des Konkursverwalters der Mietvertrag vorzeitig zum 31. Dezember 1901 gekündigt ist, und er hat daher, da zur Zeit die Höhe des erwachsenen Schadens noch nicht feststehe, Feststellungsklage dahin erhoben, daß ihm auch wegen dieser seiner Entschädigungsforderung der Anspruch auf vorzugsweise Befriedigung aus dem hinterlegten Erlöse zustehe.

Das Berufungsgericht hat ihn mit dieser Klage abgewiesen, und die dagegen erhobene Revision kann keinen Erfolg haben.

Allerdings ist der von der Revision zunächst angegriffene Entscheidungsgrund des Berufungsgerichts, daß ein Schaden des Klägers schon deshalb nicht nachgewiesen sei, weil nicht feststehe, ob der Kläger nicht von der Ü.'schen Wollenweberei den Mietzins zu beanspruchen habe, nicht aufrecht zu erhalten, da der Kläger ja eben die Rechte der Ü.'schen Weberei kraft Cession geltend macht; aber zutreffend hat das Berufungsgericht den Anspruch des Klägers aus dem Grunde zurückgewiesen, weil es sich im vorliegenden Falle um eine „künftige" Entschädigungsforderung handelt, für welche nach § 559 B.G.B. das Pfandrecht des Vermieters nicht geltend gemacht werden kann. Denn einem „künftigen" Schaden steht begrifflich ein „gegenwärtiger" Schaden gegenüber, also ein Schaden, für den nicht bloß der Grund gegeben ist, sondern der tatsächlich bereits eingetreten ist, dessen Voraussetzungen also sämtlich bereits vorliegen müssen. Davon konnte aber vorliegend keine Rede sein, solange nicht feststand, ob die Wohnung nicht anderweit vermietet werden würde; es drohte wohl ein Schaden, er war aber noch nicht eingetreten. Daß nur ein bereits wirklich erwachsener Schaden durch das Pfandrecht gesichert sein soll, ergibt sich, wie das Berufungsgericht mit Recht ausführt, mit Sicherheit auch aus den Protokollen der zweiten Kommission (Bd. 2 S. 194 flg.), durch welche die Beschränkung des Pfandrechts in das Gesetz hineingebracht ist, indem danach das Pfandrecht nur für „fällige" Entschädigungsforderungen gegeben sein soll. Die Fälligkeit setzt aber voraus, daß der Schaden sofort liquidiert werden kann, wovon, wie der Kläger selbst annimmt, im vorliegenden Falle keine Rede sein kann. Wollte man für genügend erachten, daß nur der Grund zu einem Schaden bereits gegeben sei, dann wäre nicht abzusehen, was untet den „künftigen" Entschädigungsforderungen verstanden werden sollte. Auch hinsichtlich des Zeitpunktes, welcher für die Frage, ob der Schaden noch ein künftiger ist, entscheidend erscheint, ist den Ausführungen des Berufungsgerichts dahin beizutreten, daß die erste Geltendmachung des Pfandrechts maßgebend ist, und das Pfandrecht nicht dadurch ausgedehnt werden kann, daß die gerichtliche Entscheidung sich hinzieht. Mit Recht weist das Berufungsgericht darauf hin, daß hinsichtlich des Mietzinses in § 559 a. a. O. das Pfandrecht nur für das laufende und das folgende Mietjahr gegeben ist; und wie dies sich nicht auf ein drittes Jahr erstrecken kann, wenn der Prozeß so lange in die Länge gezogen wird, so kann auch nicht ein Pfandrecht dadurch erworben werden, daß der Prozeß so lange dauert, daß inzwischen aus dem künftigen ein gegenwärtiger Schaden geworden ist. Mit Recht hat das Berufungsgericht daher das in Anspruch genommene Pfandrecht für die aus der Kündigung des Konkursverwalters gefolgerte Entschädigungsforderung verneint."

---

80. Findet auf ein Vorbehaltsurteil, das im Wechselprozeß auf Grund eines von dem Kläger geleisteten Parteieides ergangen und rechtskräftig geworden ist, der § 707 C.P.O. Anwendung, wenn das Nachverfahren betrieben wird, und Beklagter glaubhaft macht, daß der Kläger sich durch die Leistung des Eides einer vorsätzlichen Verletzung der Eidespflicht schuldig gemacht habe?

I. Civilsenat. Beschl. v. 18. April 1903 i. S. W. (Kl.) w. F. (Bekl.). Beschw.-Rep. I. 30/03.

I. Landgericht Erfurt.
II. Oberlandesgericht Naumburg a. S.

Der Kläger befand sich im Besitz eines am 3. Juli 1902 fällig gewordenen Wechsels über 7000 *M*, der von ihm an eigene Order auf Beklagten gezogen, von diesem akzeptiert, seitens des Klägers an die Erfurter Bank indossiert worden und von der letzteren an Kläger zurückgelangt war. Mit der Angabe, daß der Wechsel dem Beklagten bei Verfall präsentiert worden sei, aber jetzt nur noch in Höhe von 5168,96 *M* nebst Zinsen vom 1. Januar 1903 geltend gemacht werde, erhob Kläger Klage im Wechselprozeß und beantragte, den Beklagten zur Zahlung von 5168,96 *M* nebst Zinsen zu verurteilen. Beklagter beantragte Abweisung der Klage und wandte ein, daß er von dem Kläger keine Valuta erhalten und sein Akzept lediglich aus Gefälligkeit gegeben habe. Seinen ferneren tatsächlichen Angaben entsprechend, wurde durch Beschluß des Prozeßgerichts dem Kläger ein demselben zugeschobener, von ihm angenommener Eid in folgender Fassung:

„es ist nicht wahr, daß vor oder bei Ausstellung desjenigen Wechsels, von welchem der Klagewechsel ein Prolongationswechsel ist, zwischen mir und dem Beklagten vereinbart ist, jener Wechsel solle lediglich als Depotwechsel bei der Erfurter Bank zur Sicherheit für die Hingabe von Baugeldern an Kläger dienen,

und es ist ferner nicht wahr, daß ich um Mitte April 1902, als Beklagter ein Grundstück an einen gewissen Arnold verkauft hatte, dem Beklagten erklärt habe, die noch laufenden Wechsel des Beklagten seien nunmehr hinfällig geworden",

auferlegt, und es ward dieser Eid vom Kläger geleistet. Alsdann wurde durch Urteil des Landgerichts vom 17. Januar 1903 der Beklagte nach dem Klagantrag schuldig erkannt, und das Urteil für vorläufig vollstreckbar erklärt; dem Beklagten wurde jedoch die Abwendung der Zwangsvollstreckung gegen Sicherheitsleistung nachgelassen, und die Ausführung seiner Rechte im ordentlichen Verfahren vorbehalten. Dies Urteil wurde rechtskräftig. Beklagter wurde jedoch zum Nachverfahren geladen. Während dieses schwebte, machte der Beklagte vorstellig, daß der dem Kläger auferlegte Eid von diesem wissentlich falsch geleistet worden sei. Beklagter überreichte zur Bescheinigung zwei eidesstattliche Versicherungen dritter Personen, machte geltend, daß die Voraussetzungen der Restitutionsklage vorhanden seien, und beantragte, die Zwangsvollstreckung aus dem Urteil vom 17. Januar 1903 einstweilen einzustellen. Er behauptete hierzu, daß die Zwangsvollstreckung bereits eingeleitet worden sei, und daß ihm aus ihrer Durchführung ein unersetzlicher Schaden entstehen werde. Das Prozeßgericht erachtete die tatsächlichen Angaben des Beklagten für glaubhaft und ordnete durch Beschluß vom 2. März 1903 an, daß „die Zwangsvollstreckung aus jenem Urteil bis zur Erlassung des Urteils im Nachverfahren des Wechselprozesses einstweilen einzustellen sei". Als rechtliche Begründung wurde angegeben, daß die Einstellung in Gemäßheit der §§ 767. 769 und eventuell auch der §§ 707. 719 C.P.O. (in sinngemäßer Anwendung auf das Nachverfahren) erfolge. Auf sofortige Beschwerde des Klägers wurde dagegen durch Beschluß des Oberlandesgerichts vom 25. März 1903 der Beschluß des Landgerichts aufgehoben, und der Antrag des Beklagten zurückgewiesen. Das Oberlandesgericht erachtete die Anwendung der §§ 767. 769 C.P.O. für unzutreffend und die Voraussetzungen der §§ 707. 719 ebendaselbst im vorliegenden Falle für nicht gegeben. Endlich fügte es hinzu, daß ein Rechtsbehelf nach §§ 712. 713 Abs. 1 C.P.O. im Hinblick auf § 714 daselbst jetzt nicht mehr geltend gemacht werden könne.

Die hiergegen von dem Beklagten verfolgte weitere Beschwerde führte dazu, daß dieser Beschluß aufgehoben, und die Beschwerde des Klägers gegen den Beschluß des Landgerichts als unzulässig verworfen wurde aus folgenden

Gründen:

„Unzutreffend ist es freilich, wenn die Beschwerde in erster Linie darzulegen sucht, daß die von dem Beklagten beantragte Einstellung der Zwangsvollstreckung auf Grund der §§ 767. 769 C.P.O. zu erfolgen habe. Die im § 767 bezeichnete Klage ist nur zugelassen, um wegen nachträglich eingetretener Veränderungen Einwendungen gegen den durch das Urteil festgestellten Anspruch selbst geltend zu machen.

Vgl. Entsch. des R.G.'s in Civils. Bd. 35 S. 395.

Um Einwendungen solcher Art handelt es sich jedoch im vorliegenden Falle nicht; es steht vielmehr die Rechtsgültigkeit des vom Kläger erlangten vollstreckbaren Titels in Frage, da Beklagter behauptet, daß Kläger das Urteil vom 17. Januar 1903 durch einen wissentlich falschen Eid erwirkt habe. Dies Urteil hat zwar den zwischen Parteien anhängig gewordenen Rechtsstreit insofern noch nicht erledigt, als derselbe, da dem Beklagten die Ausführung seiner Rechte vorbehalten worden, nach § 600 Abs. 1 C.P.O. im ordentlichen Verfahren anhängig geblieben ist. Aber es ist ein Urteil, das gemäß § 599 Abs. 3 in betreff der Rechtsmittel und der Zwangsvollstreckung als Endurteil anzusehen, und das jetzt, da es die formelle Rechtskraft erlangt hat, nicht ein nur vorläufig vollstreckbares Urteil geblieben, sondern ein endgültig vollstreckbares geworden ist.

Vgl. die Beschlüsse des erkennenden Senats in der Jurist. Wochenschr. 1886 S. 73, 1889 S. 231, 1893 S. 486.

Die Möglichkeit einer Abwendung der Zwangsvollstreckung, die dem Beklagten in dem Urteil vom 17. Januar 1903 noch freigelassen war, ist deshalb in Wegfall gekommen; ebenso versteht es sich von selbst, daß von einer Wiederherstellung dieses Vorbehalts oder von einer sonstigen Beschränkung der Zwangsvollstreckung auf Grund des § 714 nicht die Rede sein kann. Insoweit ist mithin dem Oberlandesgericht zuzustimmen.

Ferner hat der § 719 C.P.O. außer Betracht zu bleiben, da das Nachverfahren weder als Einspruch, noch als Rechtsmittel gelten kann.

Dagegen sind die Bestimmungen in § 707 C.P.O. auch in dem vorliegenden Falle für anwendbar zu erachten. Hätte der Kläger den ihm auferlegten Eid wissentlich falsch geleistet, so würden die Voraussetzungen vorhanden sein, unter denen die Wiederaufnahme eines durch rechtskräftiges Endurteil geschlossenen Verfahrens beantragt, nämlich die Restitutionsklage auf Grund des § 580 Ziff. 1 C.P.O. erhoben werden könnte; und doch würde es dem Beklagten in dem vorliegenden Falle verwehrt sein, diese Klage zu erheben. Denn nach § 582 C.P.O. ist die Restitutionsklage nur zulässig, wenn die Partei ohne ihr Verschulden außer stande war, den Restitutionsgrund in dem früheren Verfahren geltend zu machen, und dem Beklagten steht die Möglichkeit offen, die Folgen der Eidesleistung in dem gegenwärtig noch anhängigen Nachverfahren zu beseitigen. Nach § 463 C.P.O. wurde allerdings durch die Leistung des Eides voller Beweis der beschworenen Tatsache begründet, und zwar auch für das Nachverfahren;

nach Abs. 2 ebendaselbst steht jedoch dem Beklagten der Beweis des Gegenteils unter denselben Voraussetzungen frei, unter denen ein rechtskräftiges Urteil wegen Verletzung der Eidespflicht angefochten werden kann, nämlich nach § 581 Abs. 1 dann, wenn eine Verurteilung des Klägers erfolgt oder aus dem dort angegebenen Grunde unmöglich geworden sein sollte.

Vgl. Entsch. des R.G.'s in Civils. Bd. 14 S. 322.

Es liegt hiernach ein nicht bloß vorläufig, sondern endgültig vollstreckbarer Schuldtitel vor, der nach den Angaben des Beklagten aus Gründen angefochten werden könnte, die eine Wiederaufnahme des Verfahrens durch Restitutionsklage gestatten; die Anfechtung darf jedoch nicht durch die Restitutionsklage, sondern muß im Nachverfahren erfolgen. Letzterer Umstand kann indes nicht dazu führen, die Anwendbarkeit des § 707 C.P.O. auszuschließen, da dessen Voraussetzungen vorhanden sind, und die Anfechtung der Eidesleistung im Nachverfahren ebenso wie durch die Restitutionsklage zu erfolgen hat, auch an die nämlichen Beschränkungen (§ 581 C.P.O.) gebunden ist. Hingewiesen werden mag nur noch darauf, daß bei einer anderen Auslegung in Fällen der vorliegenden Art ein Schutz unter Umständen überhaupt nicht würde gewährt werden können, da die Möglichkeit der Anordnung eines Arrestes oder des Erlasses einer einstweiligen Verfügung an den Nachweis der im § 918 bezw. § 935 C.P.O. bezeichneten Gefährdung gebunden ist und solche fehlen, der Schutz aber gleichwohl dringend geboten sein kann.

Wird der § 707 C.P.O. für anwendbar erachtet, so ist auch dessen Abs. 2 maßgebend, wonach eine Anfechtung des Beschlusses nicht stattfindet. Diese Bestimmung schließt allerdings die Beschwerde nur dann aus, wenn das Gericht sachlich entschieden hat und so entscheiden durfte. Sie würde deshalb durch den angefochtenen Beschluß, falls derselbe zutreffend wäre, nicht verletzt worden sein und steht ferner nicht der jetzt erhobenen weiteren Beschwerde entgegen, da der Beschluß ausspricht, daß solche Entscheidung nicht hätte getroffen werden dürfen. Da jedoch das Landgericht von der im § 707 C.P.O. dem Gericht verliehenen Befugnis Gebrauch machen durfte, so unterlag sein Beschluß der Beschwerde nicht, und das Oberlandesgericht hätte dieselbe als unzulässig verwerfen müssen. Demgemäß ist ein entsprechender Beschluß an die Stelle des mit der weiteren Beschwerde angefochtenen zu setzen."

81. Kann ein bei der Zwangsversteigerung eines Grundstücks abgegebenes Meistgebot im Prozeßwege wegen Irrtums angefochten werden?

Reichsgesetz über die Zwangsversteigerung und die Zwangsverwaltung vom 20. Mai 1898 §§ 81 Abs. 1. 100 Abs. 1.

V. Civilsenat. Urt. v. 22. April 1903 i. S. Sch. (Kl.) w. P. u. Gen. (Bekl.). Rep. V. 136/03.

I. Landgericht Köslin.
II. Oberlandesgericht Stettin.

Die Klägerin, die bei der Zwangsversteigerung mehrerer Grundstücke ein Meistgebot von 9000 ℳ abgegeben hatte, focht dieses Gebot noch im Versteigerungstermine wegen Irrtums an, indem sie behauptete, sie habe nur 900 Taler bieten wollen. Nachdem zufolge einer von ihr erwirkten einstweiligen Verfügung des Prozeßgerichts die Zuschlagserteilung ausgesetzt worden war, klagte sie gegen mehrere am Zwangsversteigerungsverfahren Beteiligte, die die Ungültigkeit des Meistgebots bestritten, auf Anerkennung dieser Ungültigkeit. Der erste Richter legte ihr über den behaupteten Irrtum einen richterlichen Eid auf, der zweite Richter wies die Klage ab. Die Revision der Klägerin ist zurückgewiesen worden aus folgenden

Gründen:

... „Der Berufungsrichter geht davon aus, daß das Vollstreckungsgericht bei der ihm nach §§ 79. 81 des Zwangsversteigerungsgesetzes obliegenden Entscheidung über den Zuschlag zugleich auch zu prüfen und zu entscheiden habe, ob ein rechtswirksames Meistgebot vorliegt. Diese Entscheidung könne ebenso wie die über die Zuschlagserteilung überhaupt durch Beschwerde nach § 100 ebenda angefochten werden. Dagegen stehe es den Beteiligten nicht frei, nach ihrem Belieben Teile der durch Gesetz dem Vollstreckungsgericht zugewiesenen Tätigkeit aus dem Zwangsvollstreckungsverfahren auszuschalten und zum Gegenstand eines besonderen Rechtsstreits zu machen. Danach sei für eine Entscheidung des Prozeßgerichts, wie sie im vorliegenden Falle begehrt werde, kein Raum.

Diese Ausführungen sind zutreffend. Mit Unrecht beruft sich

zu ihrer Bekämpfung die Revision auf den allgemeinen Satz, wonach die Zulässigkeit des ordentlichen Rechtsweges den Regelfall bildet, und Ausnahmen davon nur insoweit gelten, als sie im Gesetz ausdrücklich bestimmt sind. Ein solcher Satz hat Anerkennung in der Rechtsprechung des Reichsgerichts für die Fälle gefunden, in denen es sich nach § 13 des Gerichtsverfassungsgesetzes um die Abgrenzung der Zuständigkeit der ordentlichen Gerichte gegenüber derjenigen der Verwaltungsbehörden und Verwaltungsgerichte handelt. Er kann aber nicht zur Entscheidung der Frage herangezogen werden, ob innerhalb der unzweifelhaft gegebenen gerichtlichen Zuständigkeit das obligatorische mündliche Verfahren oder das Beschlußverfahren stattzufinden hat. Hier greift vielmehr der Gesichtspunkt durch, daß, wenn das Gesetz die Erledigung von Anträgen oder Einwendungen im Beschlußverfahren vorschreibt, der Weg der ordentlichen Klage ausgeschlossen ist, es sei denn, daß, wie z. B. im Falle des § 768 C.P.O., das Gesetz ausdrücklich der Partei ein Wahlrecht gibt. Dieser Grundsatz gilt insbesondere für das Zwangsvollstreckungsverfahren. Das Reichsgericht hat ihn hier bereits wiederholt im Bereiche der Mobiliarzwangsvollstreckung zur Anwendung gebracht, wo z. B. bei Streitigkeiten über die Pfändbarkeit einer Forderung der Prozeßweg schlechthin für unzulässig erklärt worden ist, gleichviel ob der Einwand der Unzulässigkeit der Pfändung auf die Vorschriften der Civilprozeßordnung oder auf Vorschriften des materiellen Rechts gestützt wurde.

Vgl. die Urteile vom 3. Mai 1884 in Gruchots Beitr. Bd. 28 S. 1164; vom 27. Mai 1886, Entsch. des R.G.'s in Civils. Bd. 16 S. 347; vom 22. Oktober 1897, ebenda Bd. 40 S. 365.

Daß auch das Verfahren der Zwangsvollstreckung in Grundstücke, namentlich das Zwangsversteigerungsverfahren, von demselben Grundsatz beherrscht wird, kann einem Bedenken umsoweniger unterliegen, als, wie die Civilprozeßordnung durch § 869 klarstellt, ihre Vorschriften bei Anwendung des Zwangsversteigerungsgesetzes in gleicher Weise Platz greifen, wie wenn das Gesetz ein Bestandteil der Civilprozeßordnung selbst wäre.

Vgl. die Denkschrift zum Gesetz S. 38.

Danach ist wegen des im vorliegenden Falle zwischen den Parteien bestehenden Streitpunktes der Klageweg ohne weiteres ausgeschlossen, sofern feststeht, daß das erwähnte Gesetz Streitigkeiten dieser Art der Entscheidung des Vollstreckungsgerichts hat zuweisen wollen. Letzteres aber ist unzweifelhaft die Absicht des Gesetzgebers gewesen. Nach § 71 Abs. 1 des Gesetzes hat das Vollstreckungsgericht die Wirksamkeit eines abgegebenen Gebots von amtswegen zu prüfen und, wenn sich dessen Unwirksamkeit ergibt, es zurückzuweisen. Ist die Zurückweisung zu Unrecht unterblieben, und hat das Gebot nicht etwa durch Übergebot seine Erledigung gefunden, so muß das Versäumte bei der Entscheidung über den Zuschlag nachgeholt werden. Der Zuschlag ist nicht dem unwirksamen Höchstgebot, sondern dem nächst niedrigeren wirksamen Gebot zu erteilen. Dies hatte der im Jahre 1889 veröffentlichte erste Entwurf des Gesetzes in § 113 Abs. 2 Satz 1 und Abs. 3 zu besonderem Ausdruck gebracht. Die Bestimmungen wurden von der mit der zweiten Lesung des Entwurfs betrauten Kommission gestrichen, weil man sie teils als überflüssig, teils als unzureichend ansah. Man nahm an, es ergebe sich schon aus der Vorschrift des § 113 Abs. 1 Entw. (§ 81 Abs. 1 des Gesetzes) als Aufgabe des Richters, an der Hand der über das Bieten gegebenen Bestimmungen festzustellen, welche Gebote wirksam sind, welche von den an sich wirksamen Geboten infolge widerspruchsloser Zurückweisung erloschen sind, und welches von den hiernach als wirksam und nicht erloschen sich darstellenden Geboten das Meistgebot ist.

Vgl. Bemerkungen zu der vorläufigen Zusammenstellung der Beschlüsse der Kommission Bd. 2 S. 170. 171.

Daß die hierüber zu treffenden Entscheidungen einer Nachprüfung in der Beschwerdeinstanz unterliegen, ist durch die Fassung des § 100 Abs. 1 des Gesetzes, wonach die Beschwerde auch auf eine Verletzung des § 81 Abs. 1 gestützt werden kann, klargestellt. Ein Unterschied, aus welchem Grunde die Unwirksamkeit des Gebots behauptet wird, ob wegen Geschäftsunfähigkeit oder beschränkter Geschäftsfähigkeit des Bietenden oder wegen Willensmängel in der Person des letzteren infolge von Irrtum, Betrug oder Drohung, ist dabei nirgends gemacht. Die den ordentlichen Prozeßgang ausschließende Zuständigkeit des Vollstreckungsgerichts zur Prüfung und Entscheidung ist daher nach allen Richtungen hin eine uneingeschränkte.

Vgl. auch das Urteil des erkennenden Senats vom 15. Mai 1895, Entsch. des R.G.'s in Civils. Bd. 35 S. 396, das sich auf einen ähnlichen, nach dem früheren preußischen Zwangsvollstreckungsgesetz vom 13. Juli 1883 zu entscheidenden Fall bezog.

Der Hinweis der Revision darauf, daß die Feststellung bestrittener Tatsachen durch das Vollstreckungsgericht unter Umständen auf Schwierigkeiten stoßen könne, namentlich dann, wenn, wie im vorliegenden Fall, der erste Richter angenommen habe, der erbrachte Beweis unvollständig sei und der Ergänzung durch einen richterlichen Eid bedürfe, würde schon an sich gegenüber dem, was durch Auslegung als positiver Gesetzesinhalt festgestellt wird, belanglos sein. Das Bedenken entbehrt aber auch sachlich der Begründung, da das Beschlußverfahren ebenfalls Raum für die Anordnung und Ableistung von Eiden durch die Partei gewährt.

Vgl. die Beschlüsse des Reichsgerichts vom 28. Dezember 1901, Entsch. des R.G.'s in Civils. Bd. 50 S. 368, sowie der Oberlandesgerichte Dresden, Seufferts Archiv Bd. 46 S. 122, und Hamburg, ebenda Bd. 57 S. 82." ...

---

82. 1. Übereinstimmung des Grundes der Feststellungsklage nach § 134 Abs. 4 K.O. a. F. mit der Begründung der Anmeldung der Forderung zum Konkurse.

2. Welches örtliche Recht ist nach gemeinem Recht maßgebend für die Frage, ob der Bürge durch die Befriedigung des Gläubigers dessen Forderung gegen den Hauptschuldner erwirbt?

3. Bedeutung der von einem Dritten für Rechnung des Bürgen geleisteten Zahlung nach preußischem Landrecht.

VI. Civilsenat. Urt. v. 23. April 1903 i. S. v. Br. Ehefr. (Kl.) w. Cl. Konkursverw. (Bekl.). Rep. VI. 449/02.

I. Landgericht Hamburg.
II. Oberlandesgericht daselbst.

Aus den Gründen:

„Der jetzige Gemeinschuldner Chr. Cl. in Hamburg hatte für eine von ihm betriebene Konservenfabrik in T. im Jahre 1897 von der Firma J. & B. in H. Waren bezogen; für diese Warenschuld hatte sich der Ehemann der Klägerin verbürgt. Als die Gläubigerin gegen Schuldner und Bürgen ein vollstreckbares Urteil des Landgerichts zu Fl. vom 4. Januar 1898 erstritten hatte und auf Grund desselben zur Zwangsvollstreckung gegen den Ehemann der Klägerin schritt, übernahm die letztere in einer notariellen vollstreckbaren Urkunde vom 28. Januar 1898 für die „Verbindlichkeiten der beiden Schuldner", die damals 40617,63 ℳ nebst Zinsen ausmachten, die selbstschuldnerische Bürgschaft. Auf Grund dieser Bürgschaftsurkunde pfändete die Gläubigerin den Anteil der Klägerin, die damals mit ihrem Ehemanne in gütergemeinschaftlicher Ehe des rheinischen Rechts lebte, an einem ihr mit ihrem Bruder Joh. Bapt. L. zu Bonn gemeinschaftlich gehörigen, durch Erbgang erworbenen Ackergute in S. bei Bonn. Zur Abwendung der Zwangsvollstreckung zahlte der genannte Bruder der Klägerin für deren Rechnung an J. & B. den ganzen Restbetrag der Forderung und ließ sich in notarieller Urkunde vom 5. März 1898 hierfür von der Gläubigerin „in alle dem Gläubiger ... gegen die ... Schuldner Ehegatten v. Br. zusammen sowie gegen jeden einzelnen von ihnen zustehenden Rechte" subrogieren. Unter dem 7. Oktober 1899 erwirkte die Klägerin gegen den jetzigen Gemeinschuldner wegen des ihr „aus der Befriedigung der Handlung J. & B. in H. aus dem gegen den Schuldner und den Ehemann der Klägerin ergangenen Urteile des Landgerichts Fl. vom 4. Januar 1898 angeblich zustehenden Anspruchs auf 40617,63 ℳ" einen Arrestbefehl des Amtsgerichts I zu Berlin mit gleichzeitiger Pfändung der dem Schuldner gegen den Ehemann der Klägerin aus einem Urteile des Landgerichts Fl. angeblich zustehenden Forderung auf Zahlung von 80000 ℳ. Nachdem über das Vermögen des Chr. Cl. von dem Amtsgericht in Hamburg inzwischen der Konkurs eröffnet worden war, meldete die Klägerin unter dem 18. November 1899 ihre Forderung „aus dem dem Gemeinschulder am 11. Oktober cr. zugestellten Arrestbefehle ... vom 7. Oktober cr." zum Konkurse unter Inanspruchnahme eines „besonderen Vorzugsrechtes" an. ... Der Konkursverwalter hat im Prüfungstermine vom 27. Juni 1900 die Forderung wie das beanspruchte „Vorrecht" bestritten. Daraufhin hat die Klägerin „auf Grund des § 146 der Reichskonkursordnung" die gegenwärtige Klage erhoben mit dem Antrage: „daß unter Verwerfung des Widerspruchs des Verwalters F. die von der Klägerin zur Chr. Cl.'schen Konkursmasse angemeldete Forderung von 40617,68 ℳ mit dem beanspruchten Vorzugsrecht für festgestellt zu erachten ist."

Die Klage, die das geltend gemachte „Vorzugsrecht" als Recht „auf abgesonderte Befriedigung" aus der gepfändeten Forderung näher erläutert, ist auf die von der Klägerin für den Gemeinschuldner und ihren Ehemann in der Urkunde vom 28. Januar 1898 übernommene Bürgschaft gestützt; indem Klägerin durch die Zahlung ihres Bruders die Firma J. & B. befriedigt habe, sei sie an deren Stelle Gläubigerin des Gemeinschuldners geworden....

Das Landgericht hat die Klage abgewiesen, weil der ... Klagegrund mit der Begründung der Anmeldung sich nicht decke, die Klage mithin insoweit der Vorschrift des § 146 Abs. 4 K.O. nicht genüge.... Die Berufung der Klägerin ist durch das angefochtene Urteil zurückgewiesen worden. Das Berufungsgericht billigt die Begründung des Urteils der ersten Instanz nicht; es sieht als Rechtsgrund sowohl der Anmeldung der Konkursforderung wie der erhobenen Klage die Bürgschaft an, erachtet aber dennoch die Klage für unbegründet, weil der Gemeinschuldner nach dem maßgebenden Rechte seines Wohnsitzes aus der Befriedigung seines Gläubigers durch einen Bürgen diesem nur unter den Gesichtspunkten der freiwilligen Geschäftsführung und der Bereicherung verpflichtet werde. Erstere liege nicht vor, da die Klägerin bei Übernahme der Bürgschaft nur die drohende Zwangsvollstreckung gegen ihren Ehemann habe abwenden wollen, und die Absicht, auch nur daneben das Interesse Cl.'s gleichzeitig wahrzunehmen und seine Geschäfte zu führen, ihr fern gelegen habe. Eine Bereicherung des Gemeinschuldners sei nicht ersichtlich, auch gar nicht behauptet....

Die Klage zieht den § 146 K.O. n. F., richtiger: den § 134 K.O. a. F., an und macht für die angemeldete Forderung gleichzeitig, wie auch schon in der Anmeldungsschrift, ein Vorzugsrecht geltend. Es ist ersichtlich, daß es sich hierbei um ein Vorrecht für eine Konkursforderung im Sinne des § 54 K.O. a. F. gar nicht handeln kann; in Wirklichkeit ist, worüber auch die Klageschrift keinen Zweifel läßt, ein Absonderungsrecht nach § 41 Ziff. 9 K.O. a. F. in Frage, das die Klägerin auf die Arrestpfändung der Forderung des Gemeinschuldners gegen ihren Ehemann stützt. Daraus ergibt sich aber weiter, daß die Klage in erster Linie gar nicht die Feststellungsklage aus § 134 K.O. a. F. ist, diese vielmehr gemäß § 57 daselbst nur als erhoben gelten soll, insoweit die angemeldete Forderung aus dem Gegenstande der Absonderung nicht Befriedigung erlangen sollte.

Insofern aber die Klage als aus § 134 K.O. erhoben zu gelten hat, war dem Berufungsgericht darin beizutreten, daß der Vorschrift des § 134 Abs. 4 genügt ist. In dem Arrestbefehle vom 7./11. Oktober 1899 ist die Forderung der Klägerin aus der Befriedigung der Handlung J. & B. in H. wegen des ihr aus dem Urteile vom 4. Januar 1898 gegen den Gemeinschuldner und den Ehemann der Klägerin zustehenden Anspruchs von 40617,63 *M* hergeleitet. Da die Anmeldung der Forderung im Konkurse sich auf den Arrestbefehl bezieht, der einen selbständigen Rechtstitel nicht bedeutet und jedenfalls auch im Sinne der Anmeldung nicht bedeuten soll, ist hierdurch auf den im Arrestbefehle angegebenen Rechtsgrund der Forderung verwiesen. Die Klage ist nun ebenfalls darauf gestützt, daß die Klägerin durch die Befriedigung der Handlung J. & B. an die Stelle dieser Gläubigerin gegenüber dem Gemeinschulder getreten sei; der Rechtsgrund der Anmeldung und der Klage decken sich mithin. Daran ändert es auch nichts, daß der Anmeldung der Arrestbefehl nicht beigelegen hat; daraus kann zwar entnommen werden, daß die Anmeldung allein für sich unvollständig war; keinesfalls erhellt aber daraus, daß die Feststellungsklage auf einen anderen Grund gestützt ist, als den in der Anmeldung angegebenen.

Die Revision rügt zunächst, daß das Berufungsgericht in der sachlichen Beurteilung des Klaganspruchs die Grundsätze des internationalen Privatrechts verletzt habe. Die Entscheidung der Frage, ob die Klägerin durch Befriedigung des Gläubigers an dessen Stelle getreten sei, richte sich nicht nach dem örtlichen Rechte, unter dem die Verpflichtung des Hauptschuldners stehe, sondern nach dem für die Beurteilung der Verpflichtungen aus der Bürgschaft maßgebenden Rechte; dieses sei das Recht des Wohnsitzes des Bürgen, also der Klägerin. Hiernach komme das preußische Allgemeine Landrecht zur Anwendung; nach diesem aber sei die Klägerin in die Forderung von J. & B. gegen den Gemeinschuldner durch Befriedigung der genannten Gläubigerin eingetreten. Aber auch die nützliche Geschäftsführung der Klägerin für den Gemeinschuldner sei von dem Berufungsgerichte zu Unrecht verneint worden. Das Motiv, aus welchem die Klägerin die Bürgschaft übernommen, sei für die Entscheidung, ob eine nützliche Geschäftsführung vorliege, gleichgültig; die Absicht der Klägerin, ihren Ehemann vor der drohenden Zwangsvollstreckung zu schützen, stehe der Annahme einer gleichzeitigen Geschäftsführung für den Gemeinschuldner nicht entgegen.

Die Revisionsbeklagte weist gegenüber dem ersten Revisionsangriffe darauf hin, daß nicht die Klägerin, sondern deren Bruder in eigenem Namen die Gläubigerin befriedigt habe; da dieser aber nicht Bürge gewesen sei, habe er auch nicht in dieser Eigenschaft durch die Befriedigung der Gläubigerin deren Forderung erwerben können. Einen Satz, daß jeder, der eine fremde Schuld zahlt, dadurch die Rechte des Gläubigers erwerbe, wie ihn das preußische Recht aufstellt, kenne das rheinische Recht, in dessen Bezirke der Bruder der Klägerin gewohnt und gezahlt habe, und das daher für die von ihm erworbenen Rechte maßgebend sei, nicht. Joh. L. habe nun zwar in der notariellen Urkunde vom 5. März 1898 sich von der Gläubigerin in deren Rechte subrogieren lassen, aber nur gegen die Ehegatten v. Br., nicht auch gegen den Hauptschuldner Cl. Mehr Rechte, als er selbst erworben, habe aber der Bruder der Klägerin auf diese nicht übertragen können, wenn man eine solche Übertragung auch mit einer später erfolgten Auseinandersetzung wegen des Erbgutes zwischen den Geschwistern als erfolgt annehmen wolle.

Der Revisionsangriff, der sich auf die Verletzung der Grundsätze des internationalen Privatrechts durch das Berufungsgericht stützt, war für begründet zu erachten, und die Ausführungen der Revisionsbeklagten erscheinen zu seiner Widerlegung nicht geeignet.

Aus der akzessorischen Natur des Bürgschaftsvertrags folgt, daß der Inhalt und Umfang der Verpflichtung des Bürgen in Bezug auf die Leistung der Hauptschuld nach deren örtlichem Rechte sich richtet; für die Verpflichtungen des Bürgen aus dem Bürgschaftsvertrage selbst, für die Frage, unter welchen Voraussetzungen er dem Gläubiger für die Hauptschuld einzustehen hat, ist dagegen das eigene örtliche Recht der Bürgschaftsverpflichtung zu suchen. Das Recht der Hauptschuld ist maßgebend dafür, was der Bürge zu leisten hat, das Recht des Bürgschaftsvertrages dafür, ob er zu leisten hat.

Vgl. Entsch. des R.G.'s in Civils. Bd. 9 S. 185, Bd. 10 S. 282, Bd. 34 S. 15; Zeitschrift für internationales Privat- und Strafrecht Bd. 4 S. 575; Jurist. Wochenschr. 1896 S. 156 Nr. 52; Seuffert, Archiv Bd. 39 Nr. 1; Bolze, Praxis des Reichsgerichts Bd. 4 Nr. 20.

Insbesondere richtet sich nach dem Rechte des Bürgschaftsvertrages die Einrede der Vorausklagung und der Anspruch des Bürgen auf Cession der Hauptforderung.

Vgl. v. Bar, Internationales Privatrecht 2. Aufl. Bd. 2 S. 109 flg.

Was aber von dem Anspruche des Bürgen auf Abtretung der Hauptforderung (beneficium cedendarum actionum) gilt, muß ebenso gelten, wenn das Gesetz selbst mit der Zahlung des Bürgen die Wirkung des Überganges der getilgten Hauptforderung auf ihn verbindet, wie dies das preußische Allgemeine Landrecht in § 338 I. 14 und der Code civil in Art. 2029 bestimmen.

Für das örtliche Recht bei Vertragsleistungen ist nach der herrschenden und vom Reichsgericht in konstanter Rechtsprechung angenommenen Lehre, sofern nicht ein anderer Parteiwille erkennbar ist, der Erfüllungsort des Vertrages maßgebend, der bei gegenseitigen Leistungen für beide Vertragsteile auch ein verschiedener sein kann.

Vgl. Entsch. des R.G.'s in Civils. Bd. 4 S. 242, Bd. 6 S. 125, Bd. 9 S. 225, Bd. 12 S. 34, Bd. 20 S. 333, Bd. 44 S. 300, Bd. 46 S. 193.

Es kann nun nicht davon gesprochen werden, daß die Übertragung der Hauptforderung von seiten des Gläubigers auf den Bürgen, der ihn befriedigt hat, eine selbständige Gegenleistung des Gläubigers aus dem Bürgschaftsvertrage darstelle. Diese Annahme ist von vornherein ausgeschlossen, wo das Gesetz selbst an die Zahlung den Übergang knüpft; denn hier ist gar keine Leistung des Gläubigers erforderlich. Aber auch nach dem gemeinen Rechte, das dem Bürgen nur einen Anspruch auf die Übertragung gegen den Gläubiger gibt, ist die diesem entsprechende Verpflichtung des Gläubigers keine selbständige Gegenleistung desselben, für die ein anderes örtliches Recht möglich wäre, als für die Verpflichtung des Bürgen; vielmehr ist das beneficium cedendarum actionum des gemeinen Rechts, mag es unter Umständen auch noch nach der vorbehaltlos geleisteten Zahlung gefordert werden können,

vgl. Entsch. des R.G.'s in Civils. Bd. 18 S. 235,

lediglich eine Beschränkung der Verpflichtung des Bürgen, der nur zu zahlen braucht, wenn ihm gleichzeitig die Forderung abgetreten wird.

Vgl. Motive zum Entwurfe des Bürgerlichen Gesetzbuches Bd. 2 S. 673; Dernburg, Pandekten Bd. 2 § 80.

Es folgt daraus, daß nach dem Rechte des Ortes, wo der Bürge, im gegebenen Falle die Klägerin, den Bürgschaftsvertrag zu erfüllen hatte, zu entscheiden ist, nicht nur, ob sie einen Anspruch auf Cession der Hauptforderung gegen die Gläubigerin J. & B. hatte, sondern auch ob diese Forderung von selbst auf sie infolge der geleisteten Zahlung übergegangen ist.

Die Firma J. & B. war Kaufmann, der Bürgschaftsvertrag mithin auf ihrer Seite ein Handelsgeschäft (Art. 273 H.G.B. a. F.); das hat zur Folge (Art. 277 H.G.B.), daß auch auf die Leistungen des Bürgen, der Klägerin, die Bestimmungen des 4. Buches des Handelsgesetzbuches zur Anwendung kommen. Als Erfüllungsort für die Klägerin ergibt sich hiernach gemäß Art. 324 H.G.B. deren Wohnsitz Berlin, und nach dem hier geltenden Allgemeinen Landrecht erwarb die Klägerin durch die Befriedigung der Gläubigerin unmittelbar aus dem Gesetze (§ 338 I. 14) die Hauptforderung.

Nun hat allerdings die Klägerin die Firma J. & B. nicht selbst durch Zahlung befriedigt; es hat dies vielmehr ihr Bruder Joh. L. getan. Dieser aber hat die Zahlung, wie das Berufungsgericht auf Grund der Sachlage zutreffend feststellt, zwar in eigenem Namen, jedoch für Rechnung der Klägerin geleistet; d. h. Joh. L. wollte als Dritter die Bürgschaftsschuld der Klägerin gegen J. & B. tilgen; seine Zahlung sollte der Gläubigerin gegenüber als Zahlung der Klägerin gelten. Deshalb ist auch durch die Zahlung die Hauptforderung nicht auf ihn, der nicht Bürge war und in dieser Eigenschaft also die Forderung für sich nicht erwerben konnte, vielmehr durch die von ihm in Erfüllung der Bürgschaftsverpflichtung der Klägerin geleisteten Zahlung auf die Klägerin, für deren Rechnung die Zahlung erfolgte, übergegangen, gleich als wenn sie selbst die Zahlung geleistet hätte. Dieser Erwerb der Hauptforderung durch die Klägerin setzt auch nicht einmal voraus, daß sie die in der Zahlung enthaltene Geschäftsführung ihres Bruders genehmigte; denn sie konnte die Zahlung gar nicht hindern und wurde durch diese befreit, selbst wenn sie wider ihren Willen erfolgte (§ 43 A.L.R. I. 16).

Vgl. Entsch. des R.G.'s in Civils. Bd. 25 S. 235.

Daraus ergibt sich, daß sie auch ohne ihr Zutun die Hauptforderung der Gläubigerin J. & B. gegen den Gemeinschuldner erworben hat. Dieser Rechtslage entsprechend ist auch das Verhalten des Bruders der Klägerin gewesen; er wollte die Klägerin von ihrer Bürgschaftsschuld befreien und hat durch seine Zahlung ihr, nicht sich, die Hauptforderung gegen den Gemeinschuldner erworben; aber er wollte durch die Zahlung sich die Klägerin verpflichten und bei ihr sich wegen der für sie gemachten Aufwendungen wieder erholen; deshalb ließ er sich in die Bürgschaftsforderung der Gläubigerin gegen seine Schwester, nicht aber auch in die Hauptforderung subrogieren.

Hat sonach die Klägerin infolge der durch ihren Bruder für ihre Rechnung geleisteten Zahlung die Hauptforderung der Firma J. & B. gegen den jetzigen Gemeinschuldner erworben, so muß sich dieser, jetzt der Konkursverwalter, auch diesen Rechtsübergang mit den Wirkungen gefallen lassen, die das für den Übergang maßgebende Recht mit ihm verbindet. Nach diesem aber macht der Bürge, der in die Forderung des Gläubigers eingetreten ist, gegen den Hauptschuldner die Forderung selbst geltend, nicht etwa nur einen ihm sonst zustehenden Anspruch aus nützlicher Geschäftsführung für den Hauptschuldner oder aus einer Bereicherung desselben. Es bedarf deshalb keiner Erörterung, ob der Angriff der Revision gegen die Annahme des Berufungsgerichts, eine nützliche Geschäftsführung der Klägerin für den Gemeinschuldner liege nicht vor, gerechtfertigt ist, oder nicht. Dem Hauptschuldner stehen gegenüber der Klage des an die Stelle des Gläubigers getretenen Bürgen nur diejenigen Einreden zu, die er gegen den Gläubiger selbst hatte (§ 349 A.L.R. I. 14), oder die in einem besonderen Rechtsverhältnisse zu dem Bürgen begründet sind." ...

---

83. Ist die Urkunde über das Einbringen des Anspruchs auf Auflassung eines Grundstücks in eine Gesellschaft mit beschränkter Haftung in betreff der Stempelpflichtigkeit wie die Beurkundung des Einbringens des Grundstücks zu behandeln?

Preuß. Stempelsteuergesetz vom 31. Juli 1895 Tarifstellen 25 und 32 Abs. 5.

II. Civilsenat. Urt. v. 24. April 1903 i. S. S. (Kl.) w. preuß. Fiskus (Bekl.). Rep. II. 473/02.

I. Landgericht Köln.
II. Oberlandesgericht daselbst.

Die Frage wurde verneint aus folgenden

Gründen:

„Abweichend von der Auffassung des Landgerichts und des Kammergerichts als Beschwerdegerichts hat das Berufungsgericht den Vertrag vom 19. Dezember 1899 in dem Sinne ausgelegt, daß die beiden Gesellschafter S. sen. und jun. nicht Vermögensgegenstände, welche ihnen durch vorherige Auflösung der offenen Handelsgesellschaft R. S. Fr. Sohn zugefallen seien, sondern vielmehr das Vermögen dieser Gesellschaft, welche noch bis zur Errichtung der neuen Gesellschaft fortbestanden und erst damit zu bestehen aufgehört habe, als Stammeinlage in die Gesellschaft mit beschränkter Haftung eingebracht hätten. Diese Vertragsauslegung ist rechtlich einwandsfrei und, soweit sie tatsächlicher Natur ist, der Nachprüfung des Revisionsgerichts entzogen. Nicht zu beanstanden ist auch die weitere Annahme des Berufungsgerichts daß zu dem Vermögen der offenen Handelsgesellschaft mangels der gesetzlich erforderlichen Auflassung und Eintragung im Grundbuche nicht das Eigentum an den von S. sen. in die Gesellschaft eingebrachten Grundstücken, sondern vielmehr nur der Anspruch auf Auflassung dieser Grundstücke gehört habe. Auch darin ist dem Berufungsgerichte beizupflichten, daß gemäß den Motiven zu dem Stempelsteuergesetze vom 31. Juli 1895 (XVIII. Legislaturperiode 2. Session 1895 B Nr. 35 S. 6 und 7) die Besteuerung der in der Tarifstelle 32 Abs. 5 vorgesehenen Geschäfte, unter Loslösung von den Normen des bürgerlichen Rechts und unter Hervorkehrung des wirtschaftlichen Zweckes, der durch den Geschäftsabschluß erreicht werden soll, dem tatsächlichen Umsatze angepaßt worden ist, und daß hierfür die Absicht mitbestimmend war, zu verhüten, daß bei Grundstücksspekulationen der nämliche wirtschaftliche Erfolg, wie bei einem Weiterverkaufe des gekauften Grundstücks, unter Umgehung des hiermit verbundenen höheren Kaufstempels sich auch im Wege einer nur mit 1,50 ℳ stempelpflichtigen Cession der Rechte aus Grundstückskaufverträgen und des Rechts auf Auflassung erreichen lasse. Aus Gründen ähnlicher Art sind, wie dem Berufungsgerichte weiter zuzugeben ist, die auf Erwerb gerichteten Gesellschaftsverträge angemessenen Wertstempeln und „zum Teil“ den für Sachveräußerungen vorgeschriebenen

Wertstempeln unterworfen worden, obwohl, wie in den Motiven a. a. O. anerkannt ist, das Einbringen von nicht in Geld bestehendem Vermögen in eine Gesellschaft gegen Entgelt in der Regel die civilrechtlichen Merkmale eines Kaufs oder einer Hingabe an Zahlungsstatt nicht enthält, sondern vielmehr einen Teil des Gesellschaftsvertrages bildet und nur in wirtschaftlicher Beziehung wegen der dadurch sich vollziehenden Eigentumsübertragung gegen Entgelt dem Kaufe gleichgestellt werden kann. Es kann dahingestellt bleiben, ob die folgerichtige Durchführung der hervorgehobenen Absicht des Gesetzgebers dazu hätte führen müssen, auch bei Gesellschaftsverträgen die Beurkundung des Einbringens der Rechte der Erwerber aus Veräußerungsgeschäften in gleicher Weise, wie dies in Tarifstelle 32 Abs. 5 bei Kauf- und Tauschverträgen 2c geschehen ist, in betreff der Stempelpflichtigkeit wie Beurkundung der Veräußerung der Sachen und Rechte zu behandeln, sei es durch besondere Bestimmung, sei es durch eine Verweisung auf die Tarifstelle 32 Abs. 5. Denn jedenfalls ist, wie das Berufungsgericht nicht verkennt, im Gesetze eine solche Bestimmung nicht getroffen, und die den Motiven entnommenen wirtschaftlichen Erwägungen des Berufungsgerichts vermögen die fehlende gesetzliche Bestimmung nicht zu ersetzen. Vielmehr stehen der Anwendbarkeit der Tarifstelle 32 Abs. 5 auf Gesellschaftsverträge die erheblichsten rechtlichen Bedenken entgegen. Die Tarifstelle 25 regelt nämlich als lex specialis die Stempelpflichtigkeit der Gesellschaftsverträge auch mit Rücksicht auf die Verschiedenheit der Gegenstände des Einbringens selbständig und erschöpfend, indem sie verschiedene Steuersätze festsetzt, je nachdem das Einbringen

a) in unbeweglichen im Inlande belegenen Sachen oder diesen gleichgeachteten Rechten,
b) in unbeweglichen außerhalb Landes belegenen Sachen oder diesen gleichgeachteten Rechten,
c) in beweglichen Vermögensgegenständen, oder
d) in Forderungsrechten

besteht. Die Steuersätze für das Einbringen der unter a) und b) aufgeführten Sachen sind in Übereinstimmung mit der Tarifstelle 32 festgesetzt, und zwar für a) auf 1 Prozent des Entgelts, für b) auf einen Fixstempel von 1,50 ℳ. Der Steuersatz für c) ist auf $^1/_3$ des Entgelts festgesetzt, d. h. auf den nämlichen Betrag, den Tarifstelle 32 c für Kauf- und Tauschverträge über andere Gegenstände aller Art außer den unter a) und b) aufgeführten Sachen bestimmt. Dagegen bestimmt Tarifstelle 25 den Steuersatz für Forderungen abweichend von Tarifstelle 32 allgemein und unterschiedslos auf $^1/_{50}$ Prozent, während Tarifstelle 32 sich nur in Abs. 5 mit Beurkundung von Übertragungen der Rechte der Erwerber aus Veräußerungsgeschäften über unbewegliche Sachen und diesen gleichgestellte Rechte oder über bewegliche Sachen ꝛc befaßt und hierfür den gleichen Stempel wie für Veräußerungen von Sachen und Rechten erfordert. Zu den Forderungsrechten der Tarifstelle 25 gehört nun aber der rein obligatorische Anspruch auf Auflassung. Der obligatorische Vertrag kann seinem Begriffe nach nur ein Forderungsrecht auf Auflassung erzeugen, das auch in wirtschaftlicher Beziehung wegen des Mangels der rechtlichen Verfügungsgewalt über das Grundstück keineswegs vollständig dem Eigentum an dem Grundstücke gleichgestellt werden kann. Als bloßes Forderungsrecht unterliegt aber der Anspruch auf Auflassung dem Stempel von $^1/_{50}$ Prozent. Da die Tarifstelle 25 die Stempelpflichtigkeit der Gesellschaftsverträge erschöpfend regelt und keinerlei Hinweis auf Tarifstelle 32 enthält, so bleibt für die Anwendbarkeit dieser Bestimmung auf Gesellschaftsverträge kein Raum. Die Anwendbarkeit der Tarifstelle 32 Abs. 5 verbietet sich übrigens auch aus dem weiteren Grunde, weil diese als eine Ausnahmebestimmung von dem allgemeinen Grundsatze des Stempelsteuergesetzes, wonach die Stempelpflichtigkeit einer Urkunde sich nach der rechtlichen Natur des beurkundeten Geschäfts richtet, nicht ausdehnend ausgelegt werden darf, zumal sie nach ihrem klaren Wortlaute nur insoweit zur Anwendung kommen will, als nicht besondere Tarifstellen anwendbar sind. Zu den besonderen Tarifstellen gehört nun aber Tarifstelle 25, was klar daraus hervorgeht, daß die der jetzigen Tarifstelle 32 entsprechende Tarifstelle 34 des Entwurfs lautete: „Kauf- und Tauschverträge und andere lästige Veräußerungsgeschäfte einschließlich Zwangsversteigerungen, insoweit nicht die Tarifstellen Gesellschaftsverträge oder Leibrenten und Rentenverträge zur Anwendung kommen."

Der hier vertretenen Auffassung sind denn auch der Finanzminister (vgl. Erlaß vom 4. Juli 1899 III 8338) und Hummel u. Specht, Stempelsteuergesetz S. 678. 679 III e und S. 688 Anm. 36 III. Hiernach hat das Berufungsgericht rechtsirrtümlich die Tarifstelle 32

Abs. 5 angewandt, indem es die Beurkundung des Einbringens des Anspruchs auf Auflassung der Grundstücke in Bezug auf die Stempelpflichtigkeit wie die Beurkundung des Einbringens der Grundstücke selbst behandelt.

Nach der tatsächlichen, rechtlich einwandsfreien Feststellung des Berufungsgerichts ist das Entgelt für das in die Gesellschaft mit beschränkter Haftung eingebrachte Vermögen der offenen Handelsgesellschaft nicht nach der Gattung der eingebrachten Werte gesondert, sondern ungetrennt in einer Summe von 300000 *M* angegeben. Obwohl nun das Vermögen der offenen Handelsgesellschaft als Vermögensinbegriff eingebracht worden ist, so löst sich doch ein solches Einbringen für die Besteuerung nach der Tarifstelle 25 c in das Einbringen der einzelnen zu dieser Einheit gehörigen Vermögensgegenstände auf, je nachdem die einzelnen Stücke unbewegliche oder bewegliche Sachen oder Forderungen sind.

Vgl. Hummel u. Specht, a. a. O. S. 685 Anm. 35 und S. 687 Anm. c.

Da nach der Feststellung des Berufungsgerichts zu dem eingebrachten Vermögen der offenen Handelsgesellschaft keine Immobilien, sondern nur bewegliche Sachen und Forderungen gehört haben, so kommt bei dem Mangel einer Angabe der verschiedenen einzelnen Werte gemäß § 10 Abs. 1 a. a. O. der für das Einbringen von beweglichen Sachen bestimmte höhere Stempel von $^1/_3$ Prozent von 300000 *M* = 1000 *M* in Ansatz. Hierauf ist gemäß Tarifstelle 25 a der verwendete Errichtungsstempel von 300 *M* anzurechnen, so daß nur noch zu erheben waren 1000 *M* — 300 *M* = 700 *M*. Mithin hat die Klägerin 2000 *M* zuviel bezahlt. Sie ist berechtigt die Rückzahlung dieses Betrags zu verlangen, während ihre Klage für die Mehrforderung von 700 *M* der Begründung entbehrt. Von dem zurückzuzahlenden Betrage stehen der Klägerin, da der Justizfiskus bei Empfang der Zahlung unstreitig in gutem Glauben war, gemäß Artt. 1378 und 1153 Code civil und § 246 B.G.B. Zinsen zu 4 Prozent zu, jedoch erst seit dem Tage der Klagezustellung — 16. Oktober 1900 —." . . .

84. 1. Kann bei der Entscheidung über die Rechtmäßigkeit einer Zeugnisverweigerung ein von dem Zeugen selbst nicht geltend gemachter und auch aus seinen Erklärungen nicht von selbst sich ergebender tatsächlicher Gesichtspunkt berücksichtigt werden?

2. Ist ein Kaufmann berechtigt, mit Rücksicht auf seine allgemeine Geschäftslage oder auf den zwischen ihm und einer Prozeßpartei bestehenden geschäftlichen Wettbewerb das Zeugnis über die ihm vor längerer Zeit von seinem Verkäufer berechneten Einkaufspreise für Waren zu verweigern?

C.P.O. §§ 386 Abs. 1. 384 Ziff. 3.

II. Civilsenat. Beschl. v. 24. April 1903 i. S. G. Fabriken (Kl.) w. F. (Bekl.). Beschw.-Rep. II. 74/03.

I. Landgericht Mainz, Kammer für Handelssachen.
II. Oberlandesgericht Darmstadt.

Zwischen der Klägerin und dem den Spiritushandel betreibenden Beklagten war für die von der ersteren dem letzteren in der Zeit von April bis September 1901 gemachten Spirituslieferungen im voraus ein Preis von 23 *M* für das Hektoliter festgesetzt, dabei jedoch verabredet worden, daß ein eventuelles Steigen oder Fallen der Preise, welche die Centrale für Spiritusverwertung in B. jeweilig festsetze, der Klägerin bezw. dem Beklagten zu gute kommen solle. Auf Grund dieser Vereinbarung zog der Beklagte der Klägerin an den von ihr auf Grund des Satzes von 23 *M* berechneten Kaufpreisen dieser Lieferungen einen Teilbetrag wegen angeblich erfolgter Herabsetzung der Verkaufspreise der genannten Centrale in der fraglichen Zeit ab. Der daraufhin erhobenen Klage auf Zahlung des abgezogenen Betrags gegenüber erbot der Beklagte Beweis durch Vernehmung dreier in benachbarten Städten wohnender Spiritushändler als Zeugen darüber, daß der tatsächliche bezw. der Nettoverkaufspreis der Spirituscentrale in dortiger Gegend in der Zeit von April bis September 1901 niedriger, als Klägerin behauptet hatte, gewesen sei. Auf Grund des diesem Beweiserbieten entsprechenden Beweisbeschlusses wurden die benannten Zeugen am 1. März 1902 vernommen. Hierbei verweigerten diese auf die Fragen, welche Preise sie als Abnehmer der Spirituscentrale an diese in der Zeit von April bis September 1901 zu zahlen gehabt, bezw. ob sich die Preise der Centrale in dieser Zeit geändert hätten, ihr Zeugnis mit der Begründung, daß sie ihre Einkaufspreise der Konkurrenz nicht mitteilten. Diese Zeugnisverweigerung wurde von dem Reichsgericht für unberechtigt erklärt aus folgenden

Gründen:

... „Es ist ... weiter zu prüfen, ob die Zeugnisverweigerung ... materiell gerechtfertigt war. In dieser Hinsicht kommen zunächst die Gründe in Betracht, aus welchen das Oberlandesgericht diese Zeugnisverweigerung als eine berechtigte angesehen hat. Der wesentliche Sinn der betreffenden Ausführungen desselben ist der: In der von jedem dieser Zeugen verlangten Aussage über die ihm in der Zeit von April bis September 1901 von der Spirituscentrale berechneten Spirituspreise würde die Offenbarung eines Gewerbegeheimnisses des Zeugen deshalb liegen,

1. weil alsdann auf Grund der bekundeten Einkaufspreise in Verbindung mit anderen, bereits bekannten oder leicht festzustellenden Tatsachen „die allgemeine Geschäftslage des Zeugen von der Konkurrenz bloßgelegt werden könnte",
2. weil ferner der Wettbewerb des Zeugen mit dem Beklagten insofern gefährdet würde, als
   a) der Beklagte auf dem gemeinschaftlichen Absatzgebiete mit demselben oder einem niedrigeren Angebote von Spiritus auftreten könnte wie der Zeuge,
   b) der Beklagte auch in Zukunft in der gleichen Weise, wie er es durch den streitigen, mit der Klägerin abgeschlossenen Vertrag getan habe, also unter Festsetzung, daß die von der Spirituscentrale ihren Abnehmern berechneten Kaufpreise auch für ihn maßgebend seien, einkaufen und sodann in einem neuen Prozesse durch die Zeugen die für diese neuen Käufe geltenden Preise feststellen lassen und es so erreichen könnte, daß auf lange Zeit hinaus die Bedingungen des Wettbewerbs zum Nachteile der Zeugen durch Inanspruchnahme ihres Zeugnisses von ihm für sich ausgenutzt würden, d. h. daß er auf diese Weise sich die nämlichen Einkaufspreise verschaffen könnte, welche im Verkehre zwischen der Spirituscentrale und den Zeugen festgesetzt würden.

Dem Oberlandesgericht ist zwar darin beizutreten, daß § 384 Ziff. 3 C.P.O. auch auf handelsgeschäftliche Gewerbegeheimnisse Anwendung findet; denn auch der Handel ist ein Gewerbe, und es gibt zweifellos auch auf dem Gebiete des Handels Tatsachen, deren Geheimhaltung ebenso sehr durch ein dringendes Interesse des beteiligten Zeugen geboten sein kann, wie auf dem Gebiete der gewerblichen oder künstlerischen Produktion. Der Wortlaut, Grund und Zweck der fraglichen Vorschrift sprechen daher für die hier vertretene Ansicht, von welcher auch das Reichsgericht in seinen Beschlüssen vom 15. Mai 1893 (Seuffert, Arch. Bd. 49 Nr. 213), vom 14. November 1902 (Entsch. des R.G.'s in Civils. Bd. 53 S. 40 flg.) und Beschw.-Rep. VII. 202/02 (Jurist. Wochenschr. von 1903 S. 49 Nr. 13) ausgegangen ist.

Was aber den zweiten Teil des Begriffs „Gewerbegeheimnis" betrifft, so ist aus diesem Ausdruck, dem hervorgehobenen Zwecke und dem Charakter der Vorschrift des § 384 Ziff. 3 a. a. O. als einer die Regel der allgemeinen Zeugnispflicht durchbrechenden Ausnahmebestimmung zu schließen, daß eine Tatsache nur unter der Voraussetzung als ein Gewerbegeheimnis im Sinne dieser Vorschrift betrachtet werden kann, daß der Zeuge oder ein anderer, dem gegenüber der Zeuge zur Geheimhaltung der Tatsache verpflichtet ist, zur Zeit der Vernehmung ein erhebliches und unmittelbares gewerbliches Interesse an der Nichtoffenbarung der Tatsache hat, was für jeden einzelnen Fall der Würdigung der Gerichte unterliegt; denn eine Tatsache, an deren Geheimhaltung ein erhebliches Interesse von Anfang an nicht bestanden hat oder wenigstens nicht mehr besteht, pflegt auch im gewöhnlichen Leben nicht als Geheimnis angesehen zu werden. Umsomehr muß aber für die Anwendung des § 384 Ziff. 3 C.P.O. mit Rücksicht auf dessen Charakter als einer Ausnahmevorschrift die Erheblichkeit des an der Geheimhaltung bestehenden Interesses betont werden. Demgemäß ist auch die Frage, was als Gewerbegeheimnis im Sinne des § 384 Ziff. 3 a. a. O. zu betrachten ist, auf Grund der zur Zeit der Zeugenvernehmung vorliegenden konkreten Sachlage zu entscheiden.

Vgl. Entsch. des R.G.'s in Civils. Bd. 33 S. 364 und den angeführten Beschluß, Beschw.-Rep. VII. 202/02.

Von diesen Gesichtspunkten aus beurteilt erscheint die Begründung des angefochtenen Beschlusses als unhaltbar.

Bei dem oben zu 1 erwähnten Grunde handelt es sich zunächst um einen von den Zeugen selbst nicht geltend gemachten und auch aus deren Erklärungen nicht von selbst sich ergebenden tatsächlichen Gesichtspunkt, der daher schon deshalb von dem Oberlandesgericht nicht hätte berücksichtigt werden dürfen (arg. § 386 Abs. 1. § 388. § 389 Abs. 3 C.P.O.); denn keiner der Zeugen hatte behauptet, daß durch die fraglichen Angaben „seine ganze allgemeine Geschäftslage" offenbart werde. Der betreffende Grund erscheint aber auch sachlich als nicht zutreffend. Ein erhebliches gewerbliches Interesse eines Kaufmanns an der Geheimhaltung einer seine allgemeine Geschäftslage betreffenden Tatsache wird in der Regel nur dann bestehen, wenn aus dieser Tatsache etwas zu ungunsten seiner allgemeinen Geschäftslage gefolgert werden könnte. Daß aber diese Voraussetzung bezüglich der von den Zeugen verlangten Angaben vorliege, ist nicht ersichtlich. Selbst wenn durch diese Angaben die Einkaufspreise der von den Zeugen in dem fraglichen Halbjahre von der Centrale bezogenen Mengen Spiritus festgestellt werden sollten, so wird sich hieraus allein noch kein Schluß auf ihre allgemeine Geschäftslage ziehen lassen, da selbst für die von denselben in dieser Zeit erzielten Geschäftsgewinne noch andere, keineswegs allgemein bekannte oder leicht zu ermittelnde Tatumstände, wie Verkaufspreise der betreffenden Waren, Geschäftsunkosten, Zahlungsfähigkeit der Kunden 2c, in Betracht kommen. Aber selbst die Ermittelung der von den Zeugen von den fraglichen Waren erzielten Geschäftsgewinne würde noch keinen Schluß auf die allgemeine Geschäftslage derselben gestatten, da hierfür noch andere Tatsachen, wie Größe des Geschäftskapitals, des Umsatzes, der Erträgnisse des Geschäfts zu anderen Zeiten 2c von weit größerer Bedeutung sind. Endlich ist auch nicht erfindlich, inwiefern die mit den betreffenden Fragen bezweckte Feststellung, daß sie zur fraglichen Zeit geringere Einkaufspreise für ihre Waren bezahlt hätten, als der Beklagte für die seinigen, geeignet sein sollte, die Beurteilung ihrer Geschäftslage ungünstig zu beeinflussen. Bezüglich der fraglichen Tatsachen fehlt es daher hauptsächlich an der Voraussetzung des § 384 Ziff. 3 a. a. O., daß durch deren Bekundung die Zeugen ein hinsichtlich ihrer allgemeinen Geschäftslage etwa bestehendes Gewerbegeheimnis offenbaren würden.

Bei Würdigung des oben unter 2 a) aufgeführten Grundes des

angefochtenen Beschlusses kommt zunächst in Betracht, daß von den Zeugen nicht einmal behauptet worden und bei der Beschaffenheit der fraglichen Ware auch nicht anzunehmen ist, daß die Zeugen bei ihrer Vernehmung am 1. März 1902 noch im Besitze solcher Waren sich befanden, auf deren Ankaufspreise sich die an sie gestellten Fragen unmittelbar bezogen, und deren Weiterverkauf durch die Offenbarung ihrer Ankaufspreise insofern vielleicht hätte beeinträchtigt werden können, als der Beklagte dadurch in die Lage versetzt worden wäre, die Preise seiner eigenen Angebote gleichartiger Waren danach zu bemessen. Hiernach kam also der Absatz solcher Waren, auf deren Einkaufspreise sich die betreffenden Fragen bezogen haben, zur Zeit der Vernehmung der Zeugen für diese nicht weiter in Betracht, und konnte es sich daher für sie nur darum handeln, ob etwa durch die Offenbarung der in der Zeit von April bis September 1901 von den Zeugen für Spiritus bezahlten Preise der Absatz anderer, gleichartiger Waren seitens derselben durch Ermöglichung eines erfolgreichen Wettbewerbs des Beklagten in der angegebenen Weise ungünstig würde beeinflußt worden sein. Dies ist jedoch nicht glaubhaft gemacht, namentlich nicht, daß mit der Feststellung der Einkaufspreise des den Zeugen in den Monaten April bis September 1901 von der Centrale gelieferten Spiritus auch die Feststellung der Einkaufspreise solcher Waren gegeben oder ermöglicht worden wäre, deren Weiterverkauf für sie zur Zeit ihrer Vernehmung noch in Frage gestanden hätte; denn die Preise jeder Ware sind naturgemäß zeitlichen Schwankungen unterworfen. Selbst wenn diese, wie die Zeugen behauptet haben, für Spiritus seit Errichtung der Centrale seltener und geringer geworden sein sollten, so würde damit doch nicht deren gänzlicher Wegfall gegeben sein. Aus den in den betreffenden Monaten von den Zeugen gezahlten Preisen für Spiritus war daher am 1. März 1902 nicht ohne weiteres auf die Höhe der von ihnen für gleichartige Ware später gezahlten und künftig noch zu zahlenden Preise zu schließen. Die bloße Möglichkeit, daß die Preise während des fraglichen längeren Zeitraums unverändert geblieben sind, genügt in dieser Hinsicht nicht. Es müßte mindestens glaubhaft gemacht sein, daß dieselben während dieser Zeit in Wirklichkeit die gleichen geblieben sind, und daß dies dem Beklagten bekannt oder wenigstens erkennbar war, oder daß derselbe auf Grund der festzustellenden Preise der Zeit von April bis September 1901 die für dessen Wettbewerb erheblichen Preise der späteren Zeit feststellen könnte. In dieser Hinsicht sind aber sowohl die vom Oberlandesgericht angeführten Tatsachen als auch die von den Zeugen selbst in ihrer früheren Beschwerdeschrift aufgestellten Behauptungen über den ihnen durch einen „langjährigen Vertrag" von der Centrale gewährten „bestimmten Rabatt- und Provisionssatz" von den durch diese festgesetzten allgemeinen Verkaufspreisen zu unbestimmt und auch insofern unvollständig, als eine entsprechende Kenntnis dieses Inhalts des letzteren Vertragsverhältnisses seitens des Beklagten nicht einmal behauptet, jedenfalls aber nicht glaubhaft gemacht ist.

Diese Gründe erscheinen aber im wesentlichen auch insoweit als zutreffend, als es sich bei den betreffenden Spirituspreisen der Centrale von 1901 um ein von den Zeugen C., A. und H. H. etwa zu bewahrendes Gewerbegeheimnis der Centrale selbst handelt; denn es ist anzunehmen, daß, sofern die fraglichen Preise für diese Verkäuferin jemals den Charakter eines Gewerbegeheimnisses gehabt haben sollten, sie denselben zur Zeit der Vernehmung der Zeugen auch für die Verkäuferin längst verloren hatten. Es braucht daher nicht untersucht zu werden, ob diese Zeugen der Centrale gegenüber jemals zur Geheimhaltung dieser Preise verpflichtet waren.

Endlich ist auch der letzte Grund des Oberlandesgerichts, daß durch die fraglichen Angaben der Zeugen dem Beklagten eine günstigere Einkaufsmöglichkeit für die Zukunft gewährt werden würde rc. (s. oben zu 2 b), schon deshalb vom Oberlandesgerichte mit Unrecht verwertet worden, weil die einschlägigen Tatumstände weder von den Zeugen geltend gemacht worden noch aus deren Vorbringen ohne weiteres zu entnehmen waren. Dieser Grund erscheint aber auch an sich als nicht zutreffend und jedenfalls als nicht ausreichend. Wenn nämlich nach obigen Ausführungen die fraglichen Preise ihrer Natur nach, also unmittelbar im Hinblick auf den Geschäftsbetrieb der Zeugen selbst, jedenfalls zur Zeit der Vernehmung derselben kein Gewerbegeheimnis mehr waren,

vgl. Entsch. des R.G.'s in Civils. Bd. 33 S. 364 und Bd. 53 S. 40 flg.,

so sind sie als solches auch nicht mittelbar im Hinblick auf den Gewerbebetrieb des Beklagten anzusehen. Namentlich erscheint es in dieser Beziehung nicht als genügend, daß der Beklagte infolge etwaiger die fraglichen Preise offenbarender Aussagen der Zeugen in dem gegenwärtigen Prozesse obsiegen und hierdurch veranlaßt werden könnte, auch künftig Lieferungsverträge von Spiritus mit der nämlichen Preisbestimmung, wie er es mit der Klägerin getan hat, abzuschließen; denn es ist nicht glaubhaft gemacht, daß gerade die Beantwortung der betreffenden Fragen seitens der Zeugen die letztere Folge haben würde, noch weniger aber, daß selbst durch solche künftigen Verträge des Beklagten das geschäftliche Interesse der Zeugen in erheblichem Maße berührt würde.

Hiernach erscheint die fragliche Zeugnisverweigerung nicht als durch die Bestimmung des § 384 Ziff. 3 a. a. O. gerechtfertigt."...

---

85. 1. **Darf eine Girobank, insbesondere die Reichsbank, den ihr von einem Girokunden erteilten Auftrag, dem Konto eines anderen Girokunden eine Summe gutzuschreiben, ohne Rückfrage bei dem Auftraggeber noch ausführen, wenn sie vor der Gutschrift erfahren hat, daß der bestimmte Empfänger der Überweisung seine Zahlungen eingestellt hat?**

2. **Widerruf einer Überweisung auf Girokonto.**

3. **Welche Bedeutung hat es, wenn die Girobank einem Kunden erklärt, daß sie sein Konto sperre?**

I. Civilsenat. Urt. v. 25. April 1903 i. S. Kommerz- und Diskontobank H. (Kl.) w. Reichsbank (Bekl.) und Konkursverw. der L. Bank (Nebeninterv.). Rep. I. 483/02.

I. Landgericht I Berlin, Kammer für Handelssachen.
II. Kammergericht daselbst.

Die Klägerin und die L. Bank hatten im Juni 1901 ein Girokonto bei der Reichsbank. Maßgebend für die Benutzung desselben waren die „Bestimmungen für den Giroverkehr der Reichsbank". Nach Ziff. 6 Abss. 4 und 5 dieser Bestimmungen sind zur Übertragung von Konten an demselben oder an einem anderen Bankplatze die roten

Checkformulare bestimmt. Sie müssen auf den Namen ausgestellt werden und sind nicht übertragbar. Das Guthaben haftet der Reichsbank für ihre Forderungen aus allen Geschäftszweigen. Sie darf dagegen auch solche Forderungen aufrechnen, welche noch nicht fällig sind. Auf Grund eines von der L. Bank mit der Filiale der Klägerin in F. abgeschlossenen Geschäfts wies am 24. Juni 1901 die Klägerin durch roten Check die Reichsbankhauptstelle in H. an, dem Girokonto der L. Bank in L. 81000 ℳ gutzuschreiben und dafür ihr Konto mit dem gleichen Betrage zu belasten. Die Reichsbankhauptstelle in H. nahm, wie die Beklagte behauptete, am 24. Juni 1901 die Belastung der Klägerin vor und überwies unstreitig mittels Schreibens vom gleichen Tage der Reichsbankhauptstelle in L. 81000 ℳ für Rechnung der Klägerin. Am 25. Juni Vormittags 10 Uhr 20 Min. schrieb die Reichsbankhauptstelle in L. den überwiesenen Betrag von 81000 ℳ der L. Bank gut, obgleich ihr schon vormittags um 9 Uhr die Zahlungseinstellung derselben bekannt war, und sie um die Stunde einem Angestellten der Bank, welcher in gewohnter Weise mit dem Kontogegenbuch und einem zur teilweisen Verfügung über das Girokonto bestimmten Check erschienen war, nach ihrer Behauptung erklärt hatte, die Reichsbank könne Verfügungen über das Guthaben nicht mehr zulassen und werde dasselbe zur Aufrechnung gegen ihre Forderungen an die L. Bank benutzen. Nach der Behauptung der Klägerin war diese Erklärung dahin gegangen, sie lasse Verfügungen über das Konto der L. Bank nicht mehr zu, sondern sperre es.

Die Klägerin erhielt am Morgen des 25. Juni 1901 von der Zahlungseinstellung der L. Bank Kenntnis. Auf Veranlassung der Klägerin ersuchte hierauf die Reichsbankhauptstelle in H. in einem Telegramm, welches um 11 Uhr 10 Min. bei der Reichsbankhauptstelle in L. eintraf:

„Gestrige 81000 L. Bank von Kommerzbank nicht buchen, erbitten Rücküberweisung",

worauf sie indessen die Antwort erhielt

„Bereits gutgeschrieben. Rücküberweisung abgelehnt."

Dieser Bescheid wurde am Nachmittage des 25. Juni wiederholt.

Am 26. Juni 1901 wurde der Konkurs über das Vermögen der L. Bank eröffnet, und Rechtsanwalt F. zum Konkursverwalter bestellt. Ihm gegenüber hat sich die Beklagte am 26. Juli 1901 zur Auszahlung der 81000 *M* bereit erklärt, worauf diese 81000 *M* von der L. Bank der Klägerin gutgeschrieben worden sind.

In einer im Oktober 1901 erhobenen Klage verlangte die Klägerin die überwiesenen 81000 *M* nebst Zinsen von der Reichsbank zurück. Das Landgericht erkannte nach dem Antrag der Klage, wogegen das Kammergericht die Klage abwies.

Die Revision der Klägerin wurde zurückgewiesen aus folgenden

Gründen:

„Die Revision ist der Ansicht, daß die Beklagte, indem sie am 25. Juni 1901 vormittags 10 Uhr 20 Min. die Überweisung der 81000 *M* an die L. Bank vollzog, ohne zuvor der Klägerin von der der Beklagten schon seit vormittags 9 Uhr bekannten Zahlungseinstellung der L. Bank Mitteilung zu machen und Gelegenheit zu geben, die Überweisung der 81000 *M* vom Tage zuvor zu widerrufen, die Sorgfalt des ordentlichen Kaufmanns außer acht gelassen und gegen die §§ 665. 666 und 675 B.G.B. verstoßen habe. Dieser Ansicht kann jedoch nicht beigepflichtet werden; sie verkennt die Rechte und Pflichten, welche sich für die Beklagte aus dem Girovertrage ergeben, auf Grund dessen die Klägerin die Dienste der Beklagten zur Überweisung der in Rede stehenden 81000 *M* in Anspruch genommen, und die Beklagte die Überweisung vollzogen hat. Dieser Girovertrag, wie er durch die „Bestimmungen für den Giroverkehr der Reichsbank" für alle Inhaber eines Girokontos bei der Reichsbank im einzelnen seine nähere Ausgestaltung erfahren hat, gibt die entscheidende Norm für die Beurteilung der Rechtsverhältnisse, welche aus dem Giroverkehr entstehen. Im Wesen des Giroverkehrs ist es begründet, daß die Einkassierungen und Zahlungsaufträge, zu deren Vollziehung die Girobank auf Grund des Giroeröffnungsvertrags verpflichtet ist, nach dem ausgesprochenen Willen der Beteiligten und nach der von den Girokunden der Bank einfürallemal erteilten Ermächtigung von der Bank vollzogen werden durch Umbuchungen in den Büchern der Bank, durch Abschreibung und Gutschrift auf dem Konto der Girokunden, derart, daß in der Umbuchung auf dem Konto der Beteiligten sich die Leistung der Bank erschöpft, und die Umbuchung selbst die Wirkung hat, daß kraft der Abschreibung der Girozahler um so viel weniger von der Bank zu fordern, und kraft der Gutschrift der Zahlungsempfänger um so viel mehr von der Bank zu beanspruchen hat. Es ist somit durch den Willen der Beteiligten der Umbuchung in den Büchern der Bank für sich allein schon, sowohl der Bank als den Girokunden gegenüber, rechtsbegründende Wirkung beigelegt, ohne daß es irgend einer Mitteilung an die Beteiligten bedarf. Hiernach hat das Berufungsgericht mit Recht angenommen, daß die Buchung der von der Klägerin überwiesenen 81000 ℳ zu gunsten der L. Bank mit der am 25. Juni 1901 vormittags 10 Uhr 20 Min. eingetretenen Vollziehung der Buchung bei der Reichsbankhauptstelle in L. unwiderruflich geworden ist, und daß die Beklagte die Rechte der L. Bank, wie sie auf Grund des geschlossenen Girovertrags ihr zukamen, verletzt hätte, wenn sie die bereits vollzogene Buchung nach der Ankunft des Telegramms um 11 Uhr 10 Min. wieder rückgängig gemacht hätte. Mit der Gutschreibung war der Überweisungsauftrag der Klägerin ausgeführt, und damit das Recht der L. Bank auf die überwiesenen 81000 ℳ erworben.

Daß die Beklagte auch in ihrem Giroverkehr und insbesondere bei der Vollziehung von Überweisungen, welche unter Verwendung des roten Checks gemäß § 6 Abs. 4 der Bestimmungen von Ort zu Ort auszuführen sind, für die Sorgfalt des ordentlichen Kaufmanns einzustehen hat, ist im Hinblick auf § 347 H.G.B. zweifellos. Sie hat dafür zu sorgen, daß sich der gesamte Giroverkehr, den getroffenen Bestimmungen entsprechend, rasch und zuverlässig abwickelt, daß die notwendigen Umbuchungen richtig und pünktlich stattfinden, und der wirtschaftliche Zweck des Giroverkehrs, die Zahlungsgeschäfte unter größtmöglicher Ersparung von Barzahlungsmitteln zu erleichtern, nach dem Inhalte des Girovertrags erreicht wird. Über die Grenzen des Zahlungsgeschäfts hinaus die Interessen ihrer Kunden wahrzunehmen, ist die Bank auf Grund des Girovertrags aber nicht verpflichtet, und es ist rechtsirrig, wenn die Revision meint, die Girobank sei verpflichtet, über die Zweckmäßigkeit einer ihr angesonnenen Zahlung, Übertragung oder Überweisung Erwägungen anzustellen. Der Grund, welcher ihre Kunden bestimmt, ihre Tätigkeit zur Vermittelung des Zahlungsgeschäfts in Anspruch zu nehmen, geht sie vielmehr gar nichts an, wie das Berufungsgericht in zutreffender Weise ausgeführt hat. Es folgt dies wiederum aus dem Wesen des Girovertrags, welcher über den Zweck, das Zahlungsgeschäft für die Kunden zu erleichtern, nicht hinausgeht, und die Doppelstellung, welche die Bank in jedem einzelnen Falle der Umschreibung gegenüber dem Girozahler einerseits und dem Zahlungsempfänger andererseits einnimmt, und welche Voraussetzung für die versprochene Leistung ist, kann nur dann in aller Unabhängigkeit und Unparteilichkeit gewahrt werden, wenn jede Prüfung der Zweckmäßigkeit der Überweisung ausgeschlossen bleibt, und die Bank sich streng auf diejenige Tätigkeit beschränkt, zu welcher sie nach dem Girovertrag verpflichtet ist, zur möglichst raschen Umbuchung der Überweisungen in den Büchern der Bank. Die Vorinstanz hat demnach mit Recht angenommen, daß es nicht Sache der Girobank ist, die bei ihr einlaufenden Überweisungsanträge auf ihre Rätlichkeit zu prüfen, da sie Kassenhalterin, aber nicht Ratgeberin ihrer Girokunden ist. Die Beklagte hatte deshalb auch keine Befugnis oder Verpflichtung, der Klägerin am 25. Juni 1901 vor der Gutschrift der überwiesenen 81000 ℳ auf dem Konto der L. Bank davon Mitteilung zu machen, daß letztere ihre Zahlungen eingestellt habe; jede Verzögerung der Vollziehung der Uberweisung hätte die Beklagte aus dem Girovertrage verantwortlich gemacht. Auf die §§ 665 und 666 B.G.B. kann sich die Klägerin mit Erfolg nicht berufen, weil die besondere Natur des von den Parteien gewollten Girovertrags, auf Grund dessen die 81000 ℳ überwiesen worden waren, die Anstellung von Erwägungen über die Rätlichkeit der Überweisung ausschloß, und in Bezug auf die Nachrichterteilung in den „Bestimmungen" der Reichsbank festgesetzt ist, daß andere Bescheinigungen als die in die Kontogegenbücher aufzunehmenden nicht erteilt werden.

Es kann sich hiernach nur noch fragen, ob der weitere Angriff der Revision begründet ist, es habe zu der Zeit, als die Überweisung der 81 000 ℳ zu gunsten der L. Bank gebucht wurde, ein Girovertragsverhältnis zwischen der Reichsbank und der L. Bank überhaupt nicht mehr bestanden, weil die Reichsbank durch ihre am 25. Juni vormittags 9 Uhr einem Angestellten der L. Bank gegenüber abgegebene Erklärung, „daß sie Verfügungen über das Konto der L. Bank nicht mehr zulasse, sondern dasselbe sperre," den Girovertrag außer Kraft gesetzt habe. Es ist der Revision zuzugeben, daß, wenn diese Erklärung die Wirkung der Aufhebung des Girovertrags hätte haben können, die um 10 Uhr 20 Min. vollzogene Buchung der überwiesenen 81 000 ℳ zu gunsten der L. Bank keine auf Grund des Girovertrags vollzogene gewesen wäre und deshalb auch nicht den

Erfolg gehabt hätte, daß die L. Bank bezüglich der 81000 ℳ unwiderruflich die Gläubigerin der Reichsbankhauptstelle L. wurde. Das Berufungsgericht hat aber mit Recht angenommen, daß jene am 25. Juni 1901 vormittags 9 Uhr abgegebene Erklärung, auch wenn sie genau in dem Wortlaut unterstellt wird, welchen die Klägerin behauptet, die Wirkung einer Aufhebung des Girovertrags in keinem Falle hat haben können. Ihr Wortlaut enthält nichts, was die Deutung der Erklärung dahin rechtfertigen würde, daß nun der Girovertrag unter den Parteien sofort aufgehoben sein sollte; einer der Fälle der Ziff. 9, daß die L. Bank über mehr hätte verfügen wollen, als ihr Guthaben betrug, oder über ihr ganzes Guthaben verfügt hätte, lag, wie unter den Parteien unbestritten ist, nicht vor. Die Erklärung selbst muß in Zusammenhaltung mit der ganzen Sachlage gewürdigt werden, wie sie sich am Morgen des 25. Juni 1901 durch die Tatsache, daß die L. Bank ihre Zahlungen eingestellt hatte, für die Beklagte gestaltete. Die Beklagte hatte nicht allein die Befugnis, Verfügungen der L. Bank abzulehnen, welche über den Betrag ihres Guthabens hinausgingen, sondern es war in Ziff. 6 der maßgebenden „Bestimmungen" noch ausdrücklich festgesetzt, daß das Guthaben des Girokunden der Reichsbank für ihre Forderungen aus allen Geschäftszweigen hafte, und daß sie gegen das Guthaben des Kunden aus dem Giroverkehr aufrechnen dürfe mit allen ihren Forderungen, auch mit solchen, welche noch nicht fällig seien. Trat nun der Fall ein, daß die L. Bank ihre Zahlungen einstellte, so ergab sich daraus von selbst, daß die Beklagte in Erwägungen darüber einzutreten hatte, inwieweit sie Verfügungen der L. Bank über ihr Guthaben aus dem Giroverkehr noch zulassen könne, ohne das Recht der Reichsbank, durch Aufrechnung zu erfüllen, zu gefährden. Diese Erwägungen erforderten naturgemäß bei den ausgedehnten Beziehungen, welche die L. Bank unterhielt, eine gewisse Zeit, und wenn die Beklagte innerhalb dieses Zeitraums, um einen klaren Überblick über die augenblickliche Sachlage zu gewinnen, zunächst erklärte, daß sie weitere Verfügungen über das Guthaben nicht mehr zulasse, sondern dasselbe sperre, so liegt darin weder eine Aufhebung des Girovertrags, noch die Ablehnung, eine Überschreibung zu gunsten der L. Bank vorzunehmen. Mehr, als die vorläufige Einbehaltung des Guthabens der L. Bank hat die Beklagte am Morgen des 25. Juni 1901 nicht erklärt, und diese

Erklärung hinderte es nicht, daß während des ganzen 25. Juni und bis zu der am 26. Juni 1901 erfolgten Konkurseröffnung das Giroverhältnis durch Überschreibungen für die L. Bank fortgesetzt wurde. Es ist dies dadurch geschehen, daß die am Morgen des 25. Juni 1901 zu gunsten der L. Bank eingetroffenen Überweisungen, darunter die hier fragliche zu 81000 ℳ, in den Büchern der Bank um 10 Uhr 20 Min. vollzogen worden sind, und es ist nach den Vorträgen der Parteien nicht daran zu zweifeln, daß die L. Bank im Besitz der weißen Checks, die sie beim Abbruch des Giroverhältnisses hätte zurückgeben müssen, verblieb und späterhin über die sämtlichen ihr am 25. Juni 1901 überwiesenen Beträge, die zur Aufrechnung nicht beansprucht wurden, mittels weißen Checks verfügt hat. Wenn demnach auch ganz davon abgesehen wird, daß die am 25. Juni morgens 9 Uhr abgegebene Erklärung sich auf diejenigen Guthaben, welche in diesem Zeitpunkt noch nicht gutgeschrieben waren, darunter die 81000 ℳ, überhaupt nicht beziehen konnte, so ist doch jedenfalls der Schluß des Berufungsgerichts gerechtfertigt, daß durch jene Erklärung das Giroverhältnis der Beklagten zur L. Bank nicht aufgehoben worden ist. Diese Auffassung steht auch mit den in dem Urteile des Reichsgerichts vom 12. Oktober 1897 (Entsch. des R.G.'s in Civils. Bd. 40 S. 162 flg.) ausgesprochenen Rechtsgrundsätzen nicht im Widerspruch, weil in dem dort entschiedenen Fall die Bestimmungen der Reichsbank über den Giroverkehr noch nicht die Vorschrift der Ziff. 6 Abs. 5 enthielten, welche unstreitig für das Rechtsverhältnis der Parteien maßgebend ist und dahin lautet, daß das Guthaben der Kunden aus dem Giroverkehr der Reichsbank für ihre Forderungen aus allen Geschäftszweigen haftet, und sie dagegen auch solche Forderungen aufrechnen darf, welche noch nicht fällig sind.

Da somit die Überweisung der Klägerin vom 24. Juni 1901 am 25. Juni 1901 ordnungsmäßig zu gunsten der L. Bank durch Gutschrift im Giroverkehr vollzogen worden ist, hat die Klägerin kein Rückforderungsrecht, und ist die von ihr erhobene Klage mit Recht abgewiesen worden." ...

86. Sind Beschlüsse über die Einforderung von Nachschüssen bei Gesellschaften mit beschränkter Haftung nach Maßgabe der Tarifstelle 25a zum Stempelsteuergesetze vom 31. Juli 1895 zu versteuern?

VII. Civilsenat. Urt. v. 28. April 1903 i. S. Handelsgesellschaft Industrieviertel B. T. (Kl.) w. preuß. Fiskus (Bekl.). Rep. VII. 35/03.

I. Landgericht I Berlin.
II. Kammergericht daselbst.

Die klagende Gesellschaft mit beschränkter Haftung war durch Vertrag vom 9. Dezember 1899 mit einem — voll eingezahlten — Stammkapital von 2500000 ℳ gegründet worden. Nach § 7 des Gesellschaftsvertrags war jeder Gesellschafter zur Einzahlung von Nachschüssen bis zur Höhe von 100 Prozent seiner Stammeinlage verpflichtet, und wurde die Einforderung von Nachschüssen von der Versammlung der Gesellschafter mit einfacher Mehrheit beschlossen. In der Sitzung des Aufsichtsrats vom 22. Oktober 1900 wurde beschlossen, die Zustimmung der Gesellschafter zur Einforderung von Nachschüssen in Höhe von 20 Prozent der Stammeinlagen, zahlbar zunächst mit 10 Prozent per 15. Dezember 1900, einzuholen. Die Zustimmung wurde brieflich erteilt; die Nachschüsse wurden zum Gesamtbetrage von 250000 ℳ eingezahlt. Der Beklagte forderte auf Grund der Tarifstelle 25a Abs. 3 zum preußischen Stempelsteuergesetze vom 31. Juli 1895 den einprozentigen Stempel von dem eingezahlten Betrage mit 2500 ℳ. Der Stempel wurde am 20. August 1901 gezahlt. Die Klägerin hielt den Abs. 3 der Tarifstelle 25a auf die Einziehung von Nachschüssen nicht für anwendbar und forderte den gezahlten Betrag nebst Zinsen zurück. Die Klage wurde von den Vorinstanzen zurückgewiesen. Auch die Revision ist zurückgewiesen worden aus folgenden

Gründen:

„Die Tarifstelle 25a des Stempelsteuergesetzes besteuert Gesellschaftsverträge, wenn sie betreffen die Errichtung von Aktiengesellschaften oder Kommanditgesellschaften auf Aktien sowie die Erhöhung des Aktien- oder Grundkapitals solcher Gesellschaften, ferner die Errichtung von Gesellschaften mit beschränkter Haftung und die Erhöhung des Stammkapitals solcher Gesellschaften. Demnächst bestimmt der

Absatz 3: „Beschlüsse über die Erhöhung des Aktien-, Grund- oder Stammkapitals (Nachschüsse) sind wie Verträge hierüber zu versteuern." Diese Bestimmung war notwendig, weil eine Kapitalerhöhung sich nicht nur in vertragsmäßiger Form, d. i. unter Zustimmung sämtlicher Gesellschafter, sondern auch im Wege eines Mehrheitsbeschlusses vollziehen kann, der Zweck des Gesetzes, auch die Kapitalerhöhungen einer angemessenen Verstempelung zu unterwerfen, mithin nur durch die Gleichstellung der Beschlüsse mit den Verträgen zu erreichen war. Die Annahme des Berufungsgerichts, daß bei den Gesellschaften mit beschränkter Haftung die Erhöhung des Stammkapitals durch Beschluß unstatthaft sei, ist nicht richtig (§ 53 Abs. 2 des Gesetzes, betreffend die Gesellschaften mit beschränkter Haftung, vom $\frac{\text{20. April 1892}}{\text{20. Mai 1898}}$, vgl. auch § 16 des Gesellschaftsvertrages der Klägerin); sie beruht anscheinend auf der nicht zutreffenden Unterstellung, daß es sich um eine Vermehrung der den Gesellschaftern nach dem Gesellschaftsvertrage obliegenden Leistungen handle (§ 53 Abs. 3 a. a. O.). Wenn nun den Worten „Beschlüsse über die Erhöhung des Aktien-, Grund- oder Stammkapitals" in Klammern das Wort „Nachschüsse" beigefügt ist, so führt, wie der Revision zuzugeben ist, die Auslegung nach Maßgabe der gewöhnlichen Bedeutung der Worte und Zeichen zunächst zu dem Ergebnisse, daß mit dem eingeklammerten Ausdruck die vorher angegebene Erhöhung noch besonders habe gekennzeichnet werden sollen; es scheint, als sei der Gesetzgeber davon ausgegangen, daß Nachschüsse gleichbedeutend seien mit Kapitalerhöhungen. Diese Auslegung ist indessen abzulehnen. Nachschüsse sind dem Rechte der Aktiengesellschaften und der Kommanditgesellschaften auf Aktien fremd; die Erläuterung, wie sie durch die Klammer beabsichtigt sein soll, kann sich also jedenfalls nur auf die Gesellschaften mit beschränkter Haftung beziehen. Bei diesen wird aber zwischen der Erhöhung des Stammkapitals und den Nachschüssen ganz ausdrücklich unterschieden. Die erstere kann, was schon erwähnt ist, von den Gesellschaftern mit Dreiviertelmehrheit beschlossen werden. Sie geschieht nicht, wie der Berufungsrichter annimmt, nach Verhältnis der Geschäftsanteile, sondern unter Vermehrung der Stammeinlagen und folgeweise der Geschäftsanteile (entsprechend der Ausgabe neuer Aktien bei der Erhöhung des Grundkapitals von Aktiengesellschaften) und ist durchaus nicht auf den Kreis der bisherigen Gesellschafter beschränkt (§§ 55. 56. 57 a. a. O.). Bei der Nachschußpflicht handelt es sich um Leistungen der Gesellschafter; ihre allgemeine rechtliche Grundlage ist der Gesellschaftsvertrag oder ein mit Zustimmung sämtlicher Gesellschafter zu beschließender Zusatz zu diesem. „Im Gesellschaftsvertrage kann bestimmt werden, daß die Gesellschafter über den Betrag der Stammeinlagen hinaus die Einforderung von weiteren Einzahlungen (Nachschüssen) beschließen können" (§ 26 Abs. 1 a. a. O.). Die Einzahlung der Nachschüsse erfolgt nach Verhältnis der Geschäftsanteile (§ 26 Abs. 2). Von der Einzahlung des Nachschusses kann sich der Gesellschafter nur unter gewissen Voraussetzungen befreien (§ 27), während eine Verpflichtung, sich an der Erhöhung des Stammkapitals durch Übernahme weiterer Stammeinlagen zu beteiligen, nicht besteht. Durch den Nachschuß wird der Geschäftsanteil des Gesellschafters nicht geändert; er nimmt nach wie vor mit seiner ursprünglichen Stammeinlage am Gewinne teil (§§ 14. 5. 29). Die durch den Gesellschaftsvertrag gegebene Möglichkeit, Nachschüsse einzufordern, wird durch einen Beschluß der Gesellschafter verwirklicht. Dieser Beschluß ist die eigentliche, ziffermäßige Grundlage, auf welcher im Einzelfalle die Verpflichtung des Gesellschafters zur Zahlung des Nachschusses beruht.

Hätte hiernach der Gesetzgeber in Abs. 3 der Tarifstelle 25a Erhöhungen des Stammkapitals bei der Gesellschaft mit beschränkter Haftung durch das eingeklammerte „Nachschüsse" näher kennzeichnen wollen, so würde er sich, ohne daß hierfür irgend ein Grund ersichtlich wäre (die Materialien ergeben für die Auslegung des Gesetzes nichts), mit der klaren Sprechweise des für den Begriff der Kapitalerhöhung und der Nachschüsse maßgebenden Gesetzes über die Gesellschaften mit beschränkter Haftung in Widerspruch gesetzt haben; die Nachschüsse im Sinne des Stempeltarifs wären etwas völlig Verschiedenes von den Nachschüssen im Sinne des § 26 des Gesetzes über die Gesellschaften mit beschränkter Haftung, der unter Nachschüssen nicht eine Erhöhung des Stammkapitals, sondern weitere Einzahlungen über den Betrag der Stammeinlagen hinaus versteht. Es würde nicht bloß, wie die Revision meint, eine inkorrekte Bezeichnung vorliegen, sondern man müßte annehmen, daß dem Gesetzgeber das Gesetz vom 20. April 1892 und seine Terminologie unbekannt geblieben wäre. Dies kann aber eine sachgemäße Auslegung nicht unterstellen; es ist davon auszugehen, daß das Wort „Nachschüsse" im Stempeltarif den gleichen Sinn hat, wie in dem Gesetze vom 20. April 1892. Dann ergibt sich, daß die Klammer — allerdings abweichend von der gewöhnlichen Bedeutung dieses Zeichens — keine Erläuterung, sondern eine Erweiterung des Vorhergehenden bringt, und man kann die Erweiterung, wenn das Wort „Nachschüsse" im technischen Verstande gebraucht ist, nur darin finden, daß auch Beschlüsse über die Einforderung von Nachschüssen versteuert werden sollen: die Klammer steht an Stelle eines „und" oder „sowie". Eine derartige Annahme überschreitet nicht die der Auslegung gezogenen Grenzen; sie entwickelt aus dem, was im Gesetz in unzulänglicher Form, aber doch noch erkennbar — durch die Anwendung des einen bestimmten Begriff bezeichnenden Wortes — zum Ausdrucke gelangt ist, den gesetzgeberischen Gedanken und verleiht dem Gesetz einen Inhalt, der ihm sonst bei der von der Revision vertretenen Auffassung gänzlich fehlen würde. Dazu kommt, daß es mit dem Zwecke des Gesetzes, wie er in der Besteuerung der Kapitalerhöhung zu Tage tritt, nicht wohl vereinbar sein würde, wenn die Beschlüsse über die Einforderung von Nachschüssen stempelfrei bleiben sollten. Bei aller rechtlichen Verschiedenheit von den Beschlüssen über die Erhöhung des Stammkapitals verfolgen doch auch jene das Ziel einer — mindestens vorübergehenden — Verstärkung des Betriebskapitals oder der Ausgleichung von Verlusten, die das Betriebs-(Stamm-)Kapital getroffen haben. Im letzteren Falle dürfen die Nachschüsse an die Gesellschafter nicht zurückgezahlt werden, und das Gleiche gilt, wenn sie vor vollständiger Einforderung der Stammeinlagen gezahlt sind, und das Stammkapital noch nicht voll aufgebracht ist; in anderen Fällen ist die Rückzahlung nicht vor Ablauf einer dreimonatigen Sperrfrist zulässig (§ 30 a. a. O.). Die Revision weist darauf hin, daß Verträge über Nachschüsse unmöglich seien, und daß daher Beschlüsse über Nachschüsse nicht „wie Verträge hierüber" verstempelt werden könnten. Der Vordersatz ist nicht ganz unbedenklich, wie der gegenwärtige Fall beweist, in welchem alle Gesellschafter der Einforderung von Nachschüssen schriftlich zugestimmt haben (vgl. § 48 Abs. 2 a. a. O.). Aber auch wenn er zweifellos richtig wäre, so würde damit zu gunsten der Klägerin nichts bewiesen sein. Daß die Versteuerung der Beschlüsse über Nachschüsse im Gesetze nicht mit der wünschenswerten Deutlichkeit zum Ausdruck gekommen ist, wurde bereits erörtert. Hat man sich aber dahin zu entscheiden, daß auch diese Beschlüsse stempelpflichtig sein sollen, so bietet der Umstand, daß es Verträge über die — konkrete — Nachschußpflicht nicht gibt, keine besonderen Schwierigkeiten. Stempelrechtlich sollen die Nachschußbeschlüsse wie Beschlüsse über die Erhöhung des Stammkapitals behandelt werden; dies erhellt aus der Zusammenfassung beider in Abs. 3 der Tarifstelle 25a. Deshalb bestimmt sich der Steuersatz nach der Summe, welche sich ergibt, wenn Stammkapital und Nachschüsse zusammengerechnet werden. Die Nachschußbeschlüsse sind zu versteuern, wie Verträge über die Erhöhung des Stammkapitals. So ist auch in der vorliegenden Sache verfahren, indem bei einem Stammkapital von 2500000 M der Stempel zu 1 vom Hundert von dem Betrage von 250000 M, als von dem Betrag, um den das Stammkapital erhöht ist, erhoben wurde. Vom Standpunkte des Stempelgesetzes aus ist es weder widersinnig noch undurchführbar, die Kapitalerhöhung und die Nachschüsse trotz ihrer begrifflichen Verschiedenheit steuerlich einander gleich zu stellen; beide haben durch Tarifstelle 25 getroffen werden sollen (derselben Ansicht sind Hummel-Specht, Bemerkung 20 zu Tarifstelle 25 S. 674. 675, und Nölle, S. 134. 135; abweichend Heinitz, 2. Aufl. S. 368 Buchstabe c, der mit Recht betont, daß ein Beschluß über die Einforderung von Nachschüssen kein Beschluß über Kapitalerhöhung sei, aber mit Unrecht ihre Gleichstellung im Sinne der Tarifs verneint)." ...

---

87. Kann der vertragsmäßig vorbehaltene Rücktritt von einem Kaufvertrage über bewegliche Sachen dingliche Wirkung haben?

II. Civilsenat. Urt. v. 28. April 1903 i. S. St. Georgen-Aktienbrauerei (Kl.) w. F. (Bekl.). Rep. II. 474/02.

I. Landgericht Halle a. S.
II. Oberlandesgericht Naumburg a. S.

Aus den Gründen:

... „Anlangend die in dem Berufungsurteile unmittelbar an den Rücktritt geknüpfte dingliche Wirkung ist für das Recht des Bürgerlichen Gesetzbuchs davon auszugehen, daß bei dem vertragsmäßigen Vorbehalte des Rücktritts zwischen dem obligatorischen und dem dinglichen Vertrage zu unterscheiden ist. Der vertragsmäßige Vorbehalt des Rücktritts vom „Kaufvertrage" ist ferner im Zweifel als ein Vorbehalt des Rücktritts vom obligatorischen Vertrage aufzufassen; dieser Rücktritt hat keine dingliche Wirkung, nur die in den §§ 346 bis 348 B.G.B. geregelten obligatorischen Wirkungen. Indessen können die Vertragschließenden dem an sich obligatorisch wirkenden Rücktrittsrecht dingliche Wirkung geben, indem sie — wenigstens bei beweglichen Sachen — den dinglichen Vertrag von der auflösenden Bedingung der Erklärung des Rücktritts abhängig machen, die nach § 158 Abs. 2 B.G.B. dinglich wirkt. Das Berufungsgericht hat zwar diese rechtlichen Fragen nicht zum Gegenstande ausdrücklicher Erörterungen gemacht; dessen Ausführungen, daß unmittelbar durch den Rücktritt der Klägerin vom Kaufvertrage die verkauften Inventarstücke wieder Eigentum des Verkäufers geworden seien, so kurz sie auch sein mögen, lassen jedoch nach Ansicht des erkennenden Senats immerhin noch die Auffassung zu, es sei das Berufungsgericht bei seiner Auslegung des streitigen Vertrages zu dem Ergebnisse gelangt, daß die Vertragschließenden dem Rücktrittsrecht auch dingliche Wirkung in dem oben dargelegten Sinne gegeben haben."...

---

88. 1. Fassung einer Vorabentscheidung über den Grund des Anspruchs im Sinne des § 304 Abs. 1 C.P.O.

2. Genügt es für deren Zulässigkeit, wenn neben der geforderten Zurücknahme eines Kaufgegenstandes der Betrag der dagegen vom Beklagten zurückzuzahlenden Kaufsumme streitig ist?

V. Civilsenat. Urt. v. 29. April 1903 i. S. Sch. Ehel. (Bekl.) w. S. (Kl.). Rep. V. 524/02.

I. Landgericht Naumburg a. S.
II. Oberlandesgericht daselbst.

Der Kläger, der durch Vertrag vom 9. April 1901 von den beklagten Eheleuten das Gasthaus zum Sankt Stephan in Z. gekauft hatte, wollte wegen Täuschung und Irrtums von dem Kauf zurücktreten und klagte mit dem Antrage; die Beklagten zur Anerkennung der Aufhebung des Kaufvertrags und zur Entgegennahme der Rückauflassung wie des Grundstücks selbst gegen Wiederübernahme der auf den Kläger übergegangenen Hypothekenschulden und Rückzahlung von 12800 *M* nebst Zinsen zu verurteilen. Die Klage wurde in erster Instanz abgewiesen, während in zweiter Instanz am 10. November 1902 eine als Zwischenurteil nach § 303 C.P.O. vom Berufungsgericht bezeichnete Entscheidung des Inhalts erlassen wurde, daß der Kaufvertrag vom 9. April 1901 nichtig sei. Gegen dieses Zwischenurteil legten die Beklagten Revision ein, die das Reichsgericht für zulässig erachtete.

Aus den Gründen:

„Der Berufungsrichter hat seine angefochtene Entscheidung als Zwischenurteil aus § 303 C.P.O. aufgefaßt, wie er in der Begründung ausdrücklich erklärt. Diese Ansicht und Absicht des Richters ist aber für den rechtlichen Charakter der Entscheidung nicht maßgebend; dieser ist vielmehr lediglich aus ihr selbst, aus ihrem Inhalt zu entnehmen, wie das Reichsgericht in feststehender Rechtsprechung ausgeführt hat.

Vgl. z. B. Entsch. des R.G.'s in Civils. Bd. 42 Nr. 81 und 99 S. 349 und 395 flg.

Danach stellt sich die angefochtene Entscheidung indes nicht als ein Zwischenurteil über ein einzelnes selbständiges Angriffsmittel dar (§ 303 C.P.O.), wie der Berufungsrichter angenommen haben wird, sondern als eine Vorabentscheidung über den Grund eines nach Grund und Betrag streitigen Anspruchs im Sinne des § 304 Abs. 1 C.P.O. Zwar lautet sie nicht, wie in solchen Fällen sonst üblich, dahin, daß der Anspruch des Klägers dem Grunde nach gerechtfertigt sei; aber die gewählte Fassung: „Der zwischen den Parteien geschlossene Kaufvertrag vom 9. April 1901 ist nichtig", die sich aus der Meinung des Berufungsrichters erklärt, daß es sich um ein Zwischenurteil im Sinne des § 303 handle, bringt gleichwohl zu genügendem Ausdruck, daß der Anspruch des Klägers dem Grunde nach anerkannt worden ist. Die Richtigkeit des Kaufvertrags ist gerade der Grund des Anspruchs, den der Kläger auf Rückgängigmachung der Folgen des Vertragsschlusses geltend macht. Wenn sie anerkannt wird, so ist folglich über den Grund des Anspruchs entschieden. Dies war auch in der Form einer Vorabentscheidung nach § 304 Abs. 1 zulässig; denn es steht ein sowohl dem Grunde als dem Betrage nach streitiger Anspruch in Frage. Der Anspruch des Klägers ist nicht auf eine bestimmte, nur so und nicht anders zu bewirkende Leistung gerichtet, sondern der Kläger verlangt neben der tatsächlichen und rechtlichen Zurücknahme des Grundstücks auch die Wiederübernahme von Hypothekenschulden und die Zahlung einer bestimmten Geldsumme (12800 ℳ), die in diesem Betrage zwischen den Parteien streitig ist. Selbst also, wenn man den Begriff des „Betrages", der nach § 304 Abs. 1 neben dem Grunde des Anspruchs streitig sein muß, auf Mengen von vertretbaren Sachen oder Handlungen einschränkt, liegt hier ein Streit über den Betrag im Sinne dieser Gesetzesbestimmung vor.

Die Entscheidung stellt sich nun zwar nicht, wie die Revision meint, daneben auch als Teilurteil dar; von den mehreren formalen Klaganträgen hat der in erster Linie gestellte, auf Anerkennung der Aufhebung des Kaufvertrags, über den vorabentschieden ist, nicht die Bedeutung eines selbständigen Antrags, sondern er bezeichnet nur den Grund, die Ursache, woraus die folgenden Anträge als Wirkungen abgeleitet werden. Aber die Entscheidung ist, wie ausgeführt, eine Vorabentscheidung im Sinne des 304 Abs. 1 C.P.O. und als solche der Anfechtung mit dem Rechtsmittel der Revision zugängig."...

---

89. Darf der Schuldner gegenüber dem Erben seines Gläubigers Zahlung bis zur Vorlegung eines Erbscheins verweigern?

III. Civilsenat. Urt. v. 1. Mai 1903 i. S. D. B. (Bekl.) w. v. d. L. (Kl.). Rep. III. 4/03.

I. Landgericht I Berlin.
II. Kammergericht daselbst.

Aus den Gründen:

„Die Klägerinnen, welche durch Testament ihrer am 24. Dezember 1901 zu Berlin verstorbenen Schwester B. v. d. L. zu deren Erbinnen eingesetzt sind, verlangten unter Vorlegung des Testaments und der Eröffnungsverhandlung die Aushändigung eines von ihrer Erblasserin bei der Beklagten, der Deutschen Bank, angelegten Depots. Die Beklagte verweigerte diese Aushändigung bis zur Beibringung eines Erbscheins, weil sie nach § 2367 B.G.B. nur an einen durch Erbschein Legitimierten mit absolut befreiender Wirkung zahlen könne. Sie ist jedoch in beiden Vorinstanzen zur Aushändigung verurteilt, und die von ihr jetzt eingelegte Revision ist unbegründet. Daß ein formgültiges Testament vorliegt, und die Klägerinnen darin als Erbinnen berufen sind, bestreitet die Beklagte nicht; sie vermeint nur, daß seit Einführung des Bürgerlichen Gesetzbuchs den Erbschaftsschuldnern, damit sie des Vorteils der absolut befreienden Wirkung der Zahlung gemäß § 2367 B.G.B. teilhaft würden, das Recht zustehe, die Zahlung zu verweigern, bis sich die Erben durch Vorlegung eines Erbscheins legitimierten. Diese Meinung ist rechtsirrig. Ein Satz, daß der Nachweis des Erbrechts den Schuldnern gegenüber nur durch einen Erbschein geführt werden könne, wäre etwas so Außerordentliches, insbesondere auch dem preußischen Recht, an welches die Bestimmungen über den Erbschein sich angelehnt haben, so Widersprechendes, daß er einer ausdrücklichen Festsetzung bedurft haben würde. Ein solcher Satz ist aber im Bürgerlichen Gesetzbuch nirgends ausgesprochen und aus der Bestimmung des § 2367 über die Wirkung des Erbscheins unmöglich zu folgern. Dazu aber kommt, daß sich aus der Entstehungsgeschichte der bezüglichen §§ 2366. 2367, insbesondere den Protokollen der II. Kommission Bd. 5 S. 686. 687, wie das Berufungsgericht eingehend dargelegt hat, klar ergibt, daß ein solches Recht des Schuldners, die Vorlegung eines Erbscheins verlangen zu können, nicht gewollt ist. Ein solches Recht würde auch, wie schon die zweite Kommission erwog, in vielen Fällen zu einer geradezu unerträglichen Belästigung der Erben, zu unnützen Kosten und Verzögerung der Nachlaßregulierung führen." ...

90. Wird das Verfahren über die Rechtmäßigkeit einer einstweiligen Verfügung dadurch in der Hauptsache erledigt, daß der Beklagte den Kläger wegen seines Anspruchs befriedigt, und letzterer in die Aufhebung der durch die einstweilige Verfügung angeordneten Maßregel willigt?

C.P.O. §§ 938. 942. 945.

V. Civilsenat. Urt. v. 2. Mai 1903 i. S. F. (Kl.) w. Sch. (Bekl.). Rep. V. 517/02.

I. Landgericht Braunsberg.
II. Oberlandesgericht Königsberg i. Pr.

Nachdem auf Antrag des Klägers zur Sicherung seines Anspruchs aus einer auf zwei Grundstücken des Beklagten haftenden Hypothek von 2000 ℳ die Zwangsverwaltung der beiden Grundstücke im Wege einstweiliger Verfügung nach § 942 C.P.O. durch das Amtsgericht in M. angeordnet worden war, und der Kläger den Beklagten zur Verhandlung über die Rechtmäßigkeit der einstweiligen Verfügung vor das Gericht der Hauptsache geladen hatte, zahlte der Beklagte das Kapital von 2000 ℳ nebst Zinsen an den Kläger, verweigerte jedoch die Erstattung der inzwischen auf etwa 1600 ℳ aufgelaufenen Zwangsverwaltungskosten. Der Kläger beantragte daraufhin die Aufrechterhaltung der einstweiligen Verfügung. Der erste Richter hob sie jedoch auf, weil er als erwiesen ansah, daß zur Zeit ihres Erlasses die klägerische Hypothek nicht gefährdet gewesen sei. Nach Verkündung dieses Urteils willigte der Kläger, indem er sich lediglich wegen seiner auf die Grundstücke gemachten Verwendungen einen persönlichen Ersatzanspruch vorbehielt, in die Aufhebung der Zwangsverwaltung und Löschung des Grundbuchsvermerks. Sodann legte er gegen das erstinstanzliche Urteil Berufung ein. Der zweite Richter verwarf die Berufung als unzulässig. Sein Urteil ist aufgehoben worden aus folgenden

Gründen:

„Die Revision ist nach § 547 Ziff. 1 C.P.O. zulässig und auch begründet.

Der Berufungsrichter legt entscheidendes Gewicht darauf, daß der Kläger wegen seiner durch die einstweilige Verfügung zu sichernden

Forderuug und Zinsen Befriedigung erhalten hat. Infolgedessen sei zur Zeit der Berufungseinlegung ein streitiges Rechtsverhältnis nicht mehr vorhanden, und aus diesem Grunde das in der Hauptsache eingelegte Rechtsmittel unzulässig gewesen. Zur Anfechtung der Entscheidung über den Kostenpunkt genüge aber nicht, daß in der Hauptsache überhaupt ein Rechtsmittel eingelegt werde; letzteres müsse vielmehr insoweit auch zulässig sein. Anderenfalls sei eine Anfechtung der den Kostenpunkt betreffenden Entscheidung gemäß § 99 Abs. 1 C.P.O. ausgeschlossen. Letzteres ist unzweifelhaft richtig und entspricht der in dieser Beziehung feststehenden Rechtsprechung des Reichsgerichts. Dagegen irrt der Berufungsrichter, wenn er aus der Tatsache der Befriedigung des Klägers ohne weiteres ein Erledigtsein des vorliegenden Rechtsstreits in der Hauptsache herleitet. Zunächst hat der Kläger ... ausdrücklich bestritten, daß durch die Bezahluug von Kapital und Zinsen sich die eingeleitete Zwangsverwaltung erledigt habe; er hält sich zur Einwilligung in die Aufhebung der letzteren nicht eher für verpflichtet, als bis er auch wegen der ca. 1600 ℳ betragenden Kosten der Zwangsverwaltung befriedigt sei. Vom Standpunkt dieser Annahme aus ergab sich, gleichviel ob sie zutreffend war oder nicht, für den Kläger das Recht, die Fortsetzung der Zwangsverwaltung wegen der Kosten zu verlangen, und es ist nicht erfindlich, wie er dieses Verlangen gegenüber dem die Rechtmäßigkeit des ganzen Zwangsvollstreckungsverfahrens verneinenden Urteil erster Instanz anders als durch den von ihm gestellten Berufungsantrag hätte zum Ausdruck bringen können. War daher der Berufungsrichter der Ansicht, daß der Kläger kein Recht auf Sicherung seines Kostenerstattungsanspruchs durch die fortgesetzte Zwangsverwaltung habe, diese vielmehr durch die Zahlung von Kapital und Zinsen erledigt sei, so mußte er auf Grund dieser Auffassung, die den Charakter eines sachlichen Entscheidungsgrundes hatte, die eingelegte Berufung als sachlich unbegründet zurückweisen; ihre Verwerfung wegen Unzulässigkeit war nicht gerechtfertigt. Ebenso fehl geht, wie die Revision mit Recht rügt, die weitere Annahme des Berufungsrichters, daß, weil die einstweilige Verfügung durch die Bezahlung von Kapital und Zinsen sich erledigt habe, der Kläger mit dem Rechtsmittel der Berufung auch nicht mehr für die Vergangenheit einen richterlichen Anspruch über die Rechtmäßigkeit der einstweiligen Verfügung verlangen dürfe. Aus dem vom Berufungsrichter angeführten reichsgerichtlichen Urteil vom 10. Februar 1902 (Entsch. des R.G.'s in Civils. Bd. 50 S. 406) ergibt sich ein solcher Satz nicht; dort ist vielmehr nur die Geltendmachung eines Schadensersatzanspruches aus § 945 C.P.O. im Rahmen des den Arrest oder die einstweilige Verfügung betreffenden Verfahrens (wegen des provisorischen Charakters des letzteren) für unstatthaft erklärt worden und im Anschluß hieran weiterhin bemerkt, es bleibe unter Umständen auch die Entscheidung der Frage, ob überhaupt ein materieller Rechtsgrund für den Schadensersatzanspruch gegeben sei, dem späteren Prozeß vorbehalten. Daß letzteres richtig ist, leuchtet ohne weiteres ein, wenn man an die Fälle denkt, in denen das einen Arrest oder eine einstweilige Verfügung betreffende Verfahren infolge der Erledigung der Hauptsache sein Ende findet, ohne daß es zuvor zu einer Entscheidung über die Rechtmäßigkeit der Maßregel gekommen ist, und wenn man ferner die Möglichkeit in Betracht zieht, daß, wie in den Verhandlungen der Reichstagskommission über die Civilprozeßnovelle ausdrücklich festgestellt worden ist (vgl. den Kommissionsbericht S. 174. 175), die Entschädigungspflicht des Arrestausbringers, obwohl sie in der Person des letzteren ein Verschulden nicht voraussetzt, doch nach Maßgabe des § 254 B.G.B. durch ein Verschulden des Arrestgegners ausgeschlossen sein kann. Von diesen Erwägungen und Gesichtspunkten wird der vorliegende Fall nicht getroffen. Hier kann es sich vielmehr nur fragen, ob etwa der Kläger das ihm trotz seiner Befriedigung in der Hauptsache verbliebene Recht, im anhängigen Verfahren eine Entscheidung über die Rechtmäßigkeit der einstweiligen Verfügung zu verlangen, nachträglich durch seine . . . Löschungsbewilligung verloren hat. Auch dies ist indessen zu verneinen. Die Einwilligung in die Löschung des Grundbuchvermerks und in die Aufhebung der Zwangsverwaltung hatte keine weitere Bedeutung, als die, daß der Kläger auf die Fortsetzung des Zwangsverwaltungsverfahrens zum Zwecke der Beitreibung der rückständigen Verwaltungskosten aus den Grundstückseinkünften verzichtete. Die Frage der Rechtmäßigkeit des Verfahrens als Ganzen blieb davon unberührt; und daß auch dem Kläger eine Absicht, auf die weitere richterliche Prüfung dieses Punktes zu verzichten und sich bei der hierüber getroffenen, ihm ungünstigen Entscheidung des ersten Richters zu beruhigen, fern lag, ergibt schon die seiner Erklärung beigefügte Einschränkung, inhalts deren er sich den Anspruch auf Ersatz der von ihm während der Zwangsverwaltung zur besseren Instandsetzung des Grundstücks gemachten Aufwendungen vorbehielt. Eine weitere Verfolgung dieses Ersatzanspruchs hatte die Rechtmäßigkeit der eingeleiteten Zwangsverwaltung zur notwendigen Voraussetzung. Der Kläger wäre daher mit sich selbst in Widerspruch geraten, wenn er gleichzeitig mit dem erwähnten Vorbehalt sich dem Ausspruch des ersten Richters, der die Maßregel für nicht gerechtfertigt ansah, unterworfen hätte." ...

---

91. Findet Beschwerde gegen eine Entscheidung statt, durch die im Falle des § 937 C.P.O. entgegen dem Antrage der Partei, die einstweilige Verfügung ohne vorgängige mündliche Verhandlung zu erlassen, mündliche Verhandlung angeordnet wird?

V. Civilsenat. Beschl. v. 6. Mai 1903 i. S. preuß. Justizfiskus (Kl.) w. K. (Bekl.). Beschw.-Rep. V. 107/03.

I. Landgericht Meseritz.
II. Oberlandesgericht Posen.

Das Reichsgericht hat die obige Frage verneint aus folgenden

Gründen:

... „Der angefochtene Beschluß verneint die Anwendbarkeit des § 567 Abs. 1 C.P.O. auf den vorliegenden Fall, weil das Landgericht nicht den Erlaß der beantragten Verfügung abgelehnt, sondern nur ausgesprochen habe, daß es ein bestimmtes, gesetzlich sogar als Regel vorgeschriebenes Verfahren für erforderlich erachte, um zu einer Entscheidung zu gelangen. Die Auswahl des Verfahrens liege im Gebiete des richterlichen Bestimmungsrechts; für Parteianträge sei innerhalb dieses Gebietes kein Raum. Daher enthalte auch die Ablehnung eines derartigen Antrags keine Zurückweisung eines das Verfahren betreffenden Gesuchs im Sinne der angeführten Gesetzesvorschrift. Diesen Ausführungen war beizupflichten. Ein Antrag, mit dem eine Partei den Erlaß der von ihr verlangten Entscheidung in einem bestimmten

Verfahren begehrt, ist kein selbständiger Antrag im prozessualen Sinne, sondern lediglich Bestandteil des Sachantrags der Partei. Entsprechend dieser Einheitlichkeit des Sachantrags bildet auch die Entscheidung des Gerichts, durch die letzteres sich darüber schlüssig macht, in welcher Verfahrensart es den Sachantrag prüfen und über ihn beschließen will, ein untrennbares Ganzes. Die Entscheidung läßt sich nicht in der Weise in zwei Teile zerlegen, daß sie zur einen Hälfte als Ablehnung eines Parteiantrags und demgemäß dem Beschwerderecht der Partei unterliegend, zur anderen Hälfte, soweit sie mündliche Verhandlung anordnet, als eine Entscheidung behandelt wird, gegen die wegen Mangels der in § 567 Abs. 1 C.P.O. bestimmten Voraussetzungen Beschwerde nicht stattfindet. Vielmehr greift der letztere Gesichtspunkt gegenüber dem Antrage in seiner Gesamtheit durch. Weil die Anordnung der mündlichen Verhandlung keine, auch nicht eine teilweise sachliche Erledigung des Parteibegehrens enthält, sondern nur eine die Erledigung vorbereitende Maßregel ist, liegt in ihr keine Ablehnung des gestellten Antrags, und fehlt es daher an einer der für die Zulässigkeit der Beschwerde geltenden gesetzlichen Voraussetzungen.

Zu der vorliegenden Frage hat in einem ähnlichen Falle bereits der I. Civilsenat des Reichsgerichts dahin Stellung genommen, daß er unter Zurückweisung der eingelegten Beschwerde ausgesprochen hat, die Entscheidung, ob das Gericht in einem Falle, in dem mündliche Verhandlung nicht zwingend vorgeschrieben sei, eine solche herbeiführen wolle, bevor es über ein ihm vorliegendes Gesuch befinde, sei lediglich in das Ermessen des mit dem Gesuche befaßten Gerichts gestellt.

Vgl. den Beschluß vom 15. März 1899, Jurist. Wochenschr. S. 257 Nr. 8.

Ob die Beschwerde in einem solchen Falle überhaupt zulässig sei, ist zwar damals formell unentschieden gelassen worden. Sachlich aber bedeutet die Anerkennung des Satzes, daß eine Korrektur des vom Vorderrichter geübten Ermessens in der Beschwerdeinstanz ausgeschlossen ist, nichts anderes, als die Verneinung der Zulässigkeit der Beschwerde überhaupt."

92. 1. Sind Kuxe neueren Rechts Wertpapiere? Welche rechtlichen Folgen hat es, wenn zur Erfüllung eines Kaufvertrages, der über einen der Gattung nach bestimmten Kux geschlossen worden war, ein mit einer rückständigen Zubuße belasteter Kux geliefert wird? Kann nach rechtskräftig gewordener Verurteilung des Verkäufers zur Erfüllung des Kaufvertrages der Käufer auf einen Anspruch wegen Nichterfüllung zurückgreifen?

2. Tragweite der §§ 68. 74 Abs. 3 C.P.O.

3. Entsprechende Anwendung des § 156 A.L.R. I. 11.

I. Civilsenat. Urt. v. 6. Mai 1903 i. S. L. & Co. (Kl.) w. S. Z. (Bekl.). Rep. I. 25/03.

I. Landgericht I Berlin, Kammer für Handelssachen.
II. Kammergericht daselbst.

Die Kommanditgesellschaft W. & Co. in Berlin hatte von der Beklagten am 4. Oktober 1899 einen Kux der Gewerkschaft B.-W. zum damaligen Börsenpreise gekauft und am 5. Oktober 1899 den Kux Nr. 1390/650 geliefert erhalten.

Am 7. Oktober 1899 verkaufte sie einen Kux der genannten Gewerkschaft an die Klägerin für 2760 ℳ und lieferte an diese den von der Beklagten erhaltenen Kux. Angeblich veräußerte die Klägerin den Kux weiter für 2780 ℳ, und trat ihr Käufer vom Vertrage zurück, weil sich herausgestellt, daß für den Kux eine vor dem 5. Oktober 1899 fällig gewordene Zubuße von 400 ℳ rückständig gewesen sei.

Auf eine von der jetzigen Klägerin gegen die Kommanditgesellschaft W. & Co. erhobene Klage wurde diese Gesellschaft vom Landgericht I in Berlin durch rechtskräftig gewordenes Urteil vom 21. September 1900 verurteilt, der Klägerin einen Kux der Gewerkschaft B.-W. zu liefern, für den sämtliche bis zum 6. Oktober 1899 fällig gewordenen Zubußen bezahlt seien. In dem Rechtsstreite hatte die Kommanditgesellschaft W. & Co. der jetzigen Beklagten noch vor dem ersten Verhandlungstermine den Streit verkündet, und war diese der Gesellschaft beigetreten.

Sich berufend auf eine von der Kommanditgesellschaft W. & Co. unter dem 26. November 1901 ausgestellte Urkunde, welche nach

Erwähnung des Rechtsstreits zwischen der jetzigen Klägerin und der Kommanditgesellschaft W. & Co. und seines Ergebnisses folgende Abtretungserklärung enthielt:

„Wir treten nun hierdurch an die Firma L. & Co. alle unsere Ansprüche an die Firma S. Z. auf Erstattung des durch die Lieferung des mangelhaften Kuxes B.-W. Nr. 1390/650 uns erwachsenen Schadens, insbesondere den Anspruch auf Zahlung des an die Firma L. & Co. zurückzuerstattenden Kaufpreises von 2760 ℳ nebst Zinsen und der Prozeßkosten zu freiem Eigentum ab,"

forderte die Klägerin in ihrer Klage von der Beklagten die Zahlung von 2780 ℳ nebst Zinsen und der der Kommanditgesellschaft W. & Co. in dem Vorprozeß entstandenen Kosten in Höhe von 309,96 ℳ nebst Zinsen.

Vom Landgericht wurde die Beklagte zur Zahlung des Geforderten gegen Rückgabe des Kuxes 1390/650 verurteilt. Auf die Berufung der Beklagten änderte indes das Kammergericht nach Beweisaufnahme, auf Grund deren es feststellte, daß auf den Kux Nr. 1390/650 eine Zubuße von 400 ℳ am 4. Oktober 1899 rückständig gewesen sei, das Urteil des Landgerichts dahin ab, daß es unter Abweisung der Mehrforderung der Klägerin die Beklagte zur Zahlung dieses Zubußebetrages nebst Zinsen verurteilte.

Vom Reichsgericht wurde, unter Zurückweisung der Revision der Klägerin und der Anschließung der Beklagten im übrigen, die kammergerichtliche Verurteilung der Beklagten ersetzt durch die Verurteilung der Beklagten zur Zahlung des Betrages der Kosten des Vorprozesses nebst Zinsen.

Aus den Gründen:

„Nach dem gegebenen Sachverhalt ist vorauszusetzen, daß die Kuxe der Gewerkschaft B.-W. Kuxe neueren Rechts sind. Kuxe neueren Rechts aber sind unbedenklich den Wertpapieren zuzuzählen,

vgl. Brunner in Endemanns Handb. Bd. 2 § 192 I und II 1; Cosack, Lehrb. des Deutschen bürgerlichen Rechts Bd. 2 § 254 II; Entsch. des R.G.'s in Civils. Bd. 47 S. 106; vgl. auch § 1 des Depotgesetzes vom 5. Juli 1896,

und da, wie feststeht, die Kuxe der genannten Gewerkschaft zur hier in Betracht kommenden Zeit einen Börsenpreis hatten, mithin Gegenstand des Handelsverkehrs waren, so waren die zwischen der Firma

W. & Co. und der Beklagten und zwischen jener Firma und der Klägerin abgeschlossenen Kaufverträge Handelskäufe, und zwar Handelsverkäufe, auf die, weil sie im Oktober 1899 abgeschlossen sind, das vor dem 1. Januar 1900 in Geltung gewesene Recht Anwendung findet. Anwendung findet zunächst das Allgemeine Deutsche Handelsgesetzbuch, insbesondere dessen Art. 355, und soweit allgemeines bürgerliches Recht in Frage kommt, das preußische Allgemeine Landrecht; denn die Kaufverträge sind geschlossen zwischen Firmen, deren Handelsniederlassungsort Berlin war, und wenn auch nach § 106 des Allgemeinen Berggesetzes ein Kuxerwerber, um der Gewerkschaft gegenüber das Kuxrecht ausüben zu können, im Gewerkenbuch als Eigentümer eingetragen sein muß, so ist doch für die Frage des auf den Kauf des Kuxes anzuwendenden Rechts das entscheidende Gewicht darauf zu legen, wo hinsichtlich der auf die Übertragung des Kuxes zu richtenden Willenserklärung und der Übergabe des Kuxscheins einerseits und der Bezahlung des Kaufpreises andererseits der Erfüllungsort ist.

Der Erwerber eines Kuxes tritt durch den mit seiner Eintragung in das Gewerkenbuch sich vollziehenden Erwerb in das gesamte Rechtsverhältnis, in welchem der bisherige Gewerke als solcher stand, mithin auch in dessen zur Zeit des Erwerbs bestehende Verpflichtungen ein, so daß eine Zubuße, die rückständig war, sowohl von ihm, wie von dem bisherigen Gewerken gefordert werden kann. In diesem Sinne läßt sich von einer rückständigen Zubuße sagen, daß sie auf dem Kuxe hafte.

Vgl. Entsch. des R.G.'s in Civils. Bd. 51 S. 74.

Ganz willkürlich ist indes die Annahme des Berufungsgerichts, jeder Kauf eines Kuxes werde mit der selbstverständlichen Abrede geschlossen, daß der Käufer berechtigt sein solle, den Betrag einer etwa rückständigen Zubuße am Kaufpreise zu kürzen oder nach der Zahlung des Kaufpreises zurückzufordern. Nur Umstände des einzelnen Falles können dazu berechtigen, aus ihnen auf eine stillschweigende Abrede dieses Inhalts zu schließen, und da nach dieser Richtung für keinen der gegenwärtig in Betracht kommenden Käufe Behauptungen aufgestellt sind, übrigens aber auch in der Abtretungsurkunde vom 26. November 1901 von der Abtretung eines der Firma W. & Co. aus einer Vertragsabrede gegen die Beklagte zustehenden Anspruchs keine Rede ist, so kann hier die Frage nur die sein, welche gesetzlichen Folgen es hat, wenn zur Erfüllung eines Kaufvertrags, der über einen der Gattung nach bestimmten Kux geschlossen war, ein mit einer rückständigen Zubuße belasteter Kux geliefert wird, ob ein mit einer rückständigen Zubuße belasteter Kux für nicht lieferbar in dem Sinne zu erklären ist, daß durch die Lieferung eines solchen die Verpflichtung des Verkäufers überhaupt nicht erfüllt, und deshalb vom Käufer die Lieferung eines anderen, zubußefreien Kuxes verlangt werden kann, oder ob der Umstand, daß der gelieferte Kux mit einer rückständigen Zubuße belastet ist, dem Käufer nur die aus den §§ 329 flg. A.L.R. I. 5 und den §§ 135 flg. A.L.R. I. 11 sich ergebenden Rechte gewährt.

Vgl. Entsch. des R.G.'s in Civils. Bd. 4 S. 196 flg. und Bd. 30 S. 158 flg.

Richtiger Ansicht nach ist das letztere anzunehmen. Es ist zuzugeben, daß die im gegenwärtigen Prozeß eingezogene Auskunft des Vorstandes der Börse für die Stadt Essen keine Börsenusance, kein Handelsgewohnheitsrecht des Inhalts, daß Kuxe, auf die noch Zubußen rückständig sind, als lieferbar gelten, und der Käufer nur einen Rückgriffsanspruch an den Verkäufer auf Zahlung der Zubuße hat, bezeugt, sondern lediglich eine dahingehende Rechtsansicht äußert. Andererseits stellt aber das in Vertretung vom Syndikus der Handelskammer unterzeichnete Gutachten desselben Börsenvorstandes, das im Vorprozeß beigebracht wurde, den Satz an die Spitze, daß für den Fall käuflicher Lieferung eines Kuxes, von dem sich hinterher herausstelle, daß auf ihn eine Zubuße rückständig sei, die Usancen der Essener Börse dem Käufer nicht bestimmt vorschrieben, wie er zu verfahren habe, und hinzugefügt wird dann nur noch eine Bemerkung über die „Ansicht maßgebender Bankkreise" in Essen. — Hiernach ist jedenfalls kein Handelsgewohnheitsrecht des Inhalts bezeugt, daß ein mit einem Zubußerückstand belasteter Kux nicht lieferbar ist, und es kann daher auf sich beruhen bleiben, ob, wenn in Essen ein solches Handelsgewohnheitsrecht bestände, dies für die hier fraglichen Käufe maßgebend sein würde. Nach allgemeinen Rechtsgrundsätzen kann aber einem mit rückständiger Zubuße belasteten Kux die Lieferbarkeit nicht abgesprochen werden. Ein so belasteter Kux ist nicht ein Wertpapier anderer Gattung als ein unbelasteter; er ist nur mit dem rechtlichen

Mangel behaftet, daß, wer den Kuxschein erwirbt und behufs Ausübung des Kuxrechts der Gewerkschaft gegenüber den Kux auf seinen Namen umschreiben lassen will, es auf sich nehmen muß, die rückständige Zubuße zu bezahlen; und deshalb hatte im gegebenen Fall, da eine Verschuldung der Firma W. & Co. weder festgestellt noch auch nur behauptet ist, die Klägerin gegen diese Firma in Wahrheit nur den Gewährleistungsanspruch auf Grund der angezogenen Bestimmungen des Allgemeinen Landrechts.

Gleichwohl hat das Landgericht durch rechtskräftig gewordenes Urteil der Klägerin einen Anspruch auf Lieferung eines Ersatzkuxes zuerkannt. An dieser rechtskräftigen Feststellung des Rechtsverhältnisses zwischen der Klägerin und der Firma W. & Co. läßt sich nichts ändern. Wie feststeht, war in dem Rechtsstreit der Beklagten rechtzeitig von der genannten Firma der Streit verkündet worden. Nicht behauptet hat die Beklagte, daß sie durch Erklärungen oder Handlungen der Firma an der Geltendmachung von Verteidigungsmitteln gehindert worden sei; und da unstreitig die Firma W. & Co. den Kux, den das Landgericht in seinem Urteil für einen nicht lieferbaren erachtet hat, von der Beklagten als Verkäuferin geliefert erhalten hatte, so hat die rechtskräftige Feststellung des Rechtsverhältnisses zwischen der Klägerin und der Firma W. & Co. auch eingewirkt auf das Rechtsverhältnis zwischen der Firma W. & Co. und der Beklagten. Diese Einwirkung besteht darin, daß die Firma W. & Co. auf das in ihrem Rechtsstreit mit der Klägerin Erkannte einen Rückgriffsanspruch gegen die Beklagte stützen kann, und die Beklagte das dort Erkannte als richtig erkannt gelten lassen muß (§ 74 Abs. 3 — früher § 71 Abs. 3 — und § 68 — früher § 65 — C.P.O.).

Die Klägerin irrt aber, wenn sie aus der dargelegten Wirkung des im Vorprozeß ergangenen Urteils und der von der Firma W. & Co. vorgenommenen Forderungsabtretung die Berechtigung ihres Hauptanspruchs glaubt ableiten zu können. — Die, wenn auch nicht ausdrücklich ausgesprochene, Schlußfolgerung der Klage ist folgende: Klägerin habe einen Anspruch an die Firma W. & Co. darauf, daß diese ihr gewähre, was sie haben würde, wenn die Firma am 7. Oktober 1899 durch Lieferung eines unbelasteten Kuxes ihre Verpflichtung aus dem geschlossenen Kauf erfüllt hätte, mithin einen Anspruch auf Zahlung von 2780 ℳ nebst Zinsen; die Firma W. & Co. habe deshalb auf Befreiung von der Verpflichtung zu dieser Zahlung einen Rückgriffsanspruch gegen die Beklagte, der, nachdem er an die Klägerin abgetreten worden sei, von letzterer auf Zahlung gerichtet werden könne, weil sie sich eine andere Befreiung der Firma W. & Co. von jener Verpflichtung, als eine Befreiung durch Zahlung, nicht gefallen zu lassen brauche. Das Unrichtige dieser Schlußfolgerung liegt in dem Satze, mit dem sie beginnt. Der Anspruch, den nach ihm die Klägerin zu haben behauptet, ist kein anderer, als ein Anspruch an die Firma W. & Co. auf Schadensersatz wegen Nichterfüllung des Kaufvertrags, als ein Anspruch auf Schadensersatz wegen Nichterfüllung im Sinne des Art. 355 A.D.H.G.B. Ein Anspruch hierauf ist aber der Klägerin nicht zuerkannt und würde ihr selbst dann nicht zustehen, wenn das im Vorprozeß ergangene Urteil mit Recht ergangen wäre, weil sie nach der erwirkten rechtskräftigen Verurteilung der Firma W. & Co. zur Erfüllung des Kaufvertrags auf einen Anspruch wegen Nichterfüllung nicht mehr zurückgreifen kann.

Vgl. Entsch. des R.G.'s in Civils. Bd. 15 S. 69.

Auf Grund der in der Urkunde vom 26. November 1901 erklärten Abtretung aller Ansprüche der Firma W. & Co. an die Beklagte auf „Erstattung des durch die Lieferung des mangelhaften Kuxes ... der Firma erwachsenen Schadens" hätten zur Erhebung der Klage gegen die Beklagte benutzt werden können ein etwa der Klägerin erwachsener Anspruch auf Schadensersatz wegen Nichtbefolgung des im Vorprozeß ergangenen Urteils und ein dem entsprechender Rückgriffsanspruch der Firma W. & Co. an die Beklagte. Das ist aber nicht geschehen. Es liegt nichts darüber vor, daß der Anspruch der Klägerin auf Befolgung des Urteils sich in einen Anspruch auf das Interesse umgewandelt hat; und es ist ferner darauf hinzuweisen, daß, wenn die Kuxe der Gewerkschaft B.-W., von denen in der Klage gesagt wird, daß sie gegenwärtig völlig wertlos seien, dies schon zu der Zeit, als das im Vorprozeß ergangene Urteil in Rechtskraft überging, waren und seitdem geblieben sind, ein Anspruch auf das Interesse wegen Nichtbefolgung dieses Urteils keinen Gegenstand hat, und dann also auch kein Schadensersatzanspruch der Firma W. & Co. an die Beklagte zur Entstehung gelangt ist.

Bei den bisherigen Ausführungen sind nicht berücksichtigt worden die in der Abtretungsurkunde erwähnten Prozeßkosten, mit denen die

Kosten des Vorprozesses gemeint sind. Die Bezahlung dieser Kosten konnte allerdings die Firma W. & Co., und kann jetzt auf Grund der erfolgten Abtretung die Klägerin von der Beklagten verlangen, und zwar darum, weil die Beklagte, wie bereits hervorgehoben, die Entscheidung des Vorprozesses als eine richtige anerkennen muß, und es sich deshalb rechtfertigt, die Bestimmung des § 156 A.L.R. I. 11 über die Kosten des Entwährungsprozesses hier entsprechend anzuwenden. Nach dieser Gesetzesbestimmung sind, wie die herrschende Meinung mit Recht annimmt, die Kosten eines Entwährungsprozesses, wenn er zu ungunsten des Käufers entschieden wird, diesem vom Verkäufer, sofern ihm in gehöriger Weise der Streit verkündet worden war, zu erstatten.

Vgl. Entsch. des R.O.H.G.'s Bd. 14 S. 232; Gruchot, Beiträge Bd. 20 S. 197 (Reincke), Bd. 21 S. 114 (Küntzel); Förster-Eccius, Bd. 1 S. 253; Dernburg, Bd. 2 § 149 Nr. 2" . . .

---

93. Ist der Käufer, welcher dem Verkäufer gegenüber längere Zeit vor Fälligkeit der diesem obliegenden Vorleistung im Falle des § 321 B.G.B. eine Sicherheitsstellung für den Anspruch auf die Gegenleistung ablehnte, an diese Weigerung gebunden, und wurde durch sie der Verkäufer zum Rücktritt vom Vertrage berechtigt?

II. Civilsenat. Urt. v. 8. Mai 1903 i. S. H. & Co. (Bekl.) w. H.-P. (Kl.). Rep. II. 491/02.

I. Landgericht Hamburg, Kammer für Handelssachen.
II. Oberlandesgericht daselbst.

Die Klägerin kaufte am 21. Juni 1901 von der Beklagten 100 tons Karbid, 50 tons lieferbar September 1901, 50 tons November 1901, zum Preise von 170 ℳ für 1000 kg, zahlbar innerhalb vier Wochen nach Anlieferung der Ware. Als bald darauf der Zusammenbruch der Leipziger Bank eintrat, mit welcher die Klägerin in geschäftlicher Beziehung stand, ersuchte Rechtsanwalt Dr. R. mit Schreiben vom 19. Juli 1901 namens der Beklagten die Klägerin um Klarstellung ihrer Verhältnisse, da eventuell die Beklagte gemäß

§ 321 B.G.B. Vorauszahlung oder Sicherheitsleistung für die Zahlung des Kaufpreises verlangen werde, bevor sie die Ware liefere. Die Klägerin entgegnete, ihre Verhältnisse hätten sich durch den Konkurs der Leipziger Bank nicht verschlechtert, und sie verlange Lieferung genau nach dem Vertrage. Nachdem dann noch zwei weitere Schreiben gewechselt waren, forderte Dr. R. am 26. Juli die Klägerin auf, zu erklären, ob sie bereit sei, gegen Lieferung der Ware bar zu zahlen bezw. genügende Sicherheit zu leisten, oder ob sie unter diesen Umständen auf Lieferung der Ware verzichte, worauf die Klägerin erwiderte, daß sie nicht verzichte, sondern Anlieferung verlange. Die Beklagte bot diese nun wiederum gegen Sicherheit an; die Klägerin lehnte aber alle „veränderten Konditionen" ab, und darauf schrieb Dr. R. am 2. August, daß die Beklagte nunmehr vom Vertrage zurücktrete. Als dann Ende August die Klägerin sich vergleichsweise erbot, die Ware bei Lieferung bar unter Abzug von 5 Prozent für vier Wochen zu zahlen oder den Kaufpreis bei einer Berliner Bank zur Erhebung durch die Beklagte nach vier Wochen zu hinterlegen, lehnte die Beklagte dies ab, da sie die Ware bereits anderweit nach dem von ihr vollzogenen Rücktritt vom Vertrage verkauft habe, und lieferte trotz klägerischer Aufforderung weder die im September noch die im November fälligen 50 Tonnen, obwohl ihr die Klägerin am 1. Oktober und am 1. November eine Nachfrist von jedesmal acht Tagen unter Androhung ihres Rücktritts und Geltendmachung von Schadensersatzansprüchen gesetzt hatte. Die von der Klägerin wegen Nichterfüllung des Vertrages erhobene Schadensersatzforderung wurde ihr vom Landgericht zugesprochen, und die Berufung der Beklagten hatte keinen Erfolg. Auch die Revision der Beklagten wurde zurückgewiesen.

Aus den Gründen:

„Gegen die wegen Nichterfüllung des unter den Parteien geschlossenen Kaufvertrages vom 21. Juni 1901 von der Käuferin erhobene Schadensersatzklage hat die beklagte Verkäuferin den Einwand erhoben, daß sie laut Briefs ihres Vertreters Dr. R. vom 2. August 1901 vom Vertrage zurückgetreten und hierzu berechtigt gewesen sei, weil nach Abschluß des Vertrages in den Vermögensverhältnissen der Klägerin eine wesentliche Verschlechterung eingetreten, und hierdurch ihr Anspruch auf die Gegenleistung gefährdet worden sei, die Klägerin aber das von ihr auf Grund des § 321 B.G.B. in den Briefen vom

26. und 29. Juli 1901 gestellte Verlangen, sich bereit zu erklären, entweder gegen Lieferung der Ware bar zu zahlen oder Sicherheit zu leisten, mit Schreiben vom 27. und 30. Juli 1901 abgelehnt habe. Die bestrittene Tatsache, daß im Sinne des § 321 B.G.B. eine Verschlechterung der Vermögensverhältnisse der Klägerin eingetreten sei, haben die Vorinstanzen dahingestellt gelassen, weshalb in der Revisionsinstanz von der Erweislichkeit derselben auszugehen ist. Gegenüber der zutreffenden Annahme des Landgerichts, daß sich aus § 321 B.G.B. nur das Recht der nach dem Vertrage vom 21. Juni 1901 zur Vorleistung verpflichteten Verkäuferin ableiten lasse, die Erfüllung bis zur Leistung oder Sicherstellung durch die Käuferin einredeweise zu verweigern, hatte die Beklagte in der Berufungsinstanz ausgeführt, daß sie nach den aus § 326 B.G.B. sich ergebenden Grundsätzen auch ohne Gewährung einer Nachfrist und ohne vorgängige Androhung zum Rücktritt berechtigt gewesen sei. Daran sei auch durch das von der Klägerin im Schreiben vom 26. August 1901 gemachte Angebot, bei Empfang der Ware Barzahlung unter Abzug von 5 Prozent Zinsen für vier Wochen zu leisten oder den Kaufpreis bei einer Berliner Bank zu hinterlegen, nichts geändert worden, da die Klägerin an ihre früher abgegebene ausdrückliche Erklärung, womit sie Zug um Zug Zahlung oder Sicherheit zu leisten verweigert habe, gebunden gewesen sei. Diese Begründung eines gesetzlichen Rücktrittsrechts hat das Berufungsgericht als rechtsirrtümlich erklärt, und hiergegen richtet sich der erste Angriff der Revision. Es wurde zwar zugegeben, daß für die Frage, ob die Voraussetzungen des § 321 B.G.B. vorliegen, lediglich der Zeitpunkt maßgebend sei, zu dem die Vorleistung fällig wird, und daß vor diesem Zeitpunkt die Klägerin nicht verpflichtet war, eine Erklärung über ihre Bereitwilligkeit zur sofortigen Zahlung oder Sicherheitsleistung abzugeben. Allein für einen Fall wie den vorliegenden, wo der Käufer vor Eintritt des Termins die Sicherstellung im voraus verweigert habe, müsse derselbe, wie ausgeführt wurde, an diese Erklärung gebunden erachtet werden, da Treu und Glauben im Verkehre es erforderten, daß der andere Kontrahent sich auf solche einmal abgegebene Erklärungen verlassen könne. Diese Ausführung konnte nicht für zutreffend erachtet werden. Abgesehen davon, daß die durch Verschlechterung der Vermögensverhältnisse des Käufers verursachte Gefährdung des Anspruchs auf dessen Gegenleistung nach

§ 321 B.G.B. nicht eine Umwandelung der Vertragsbestimmungen, wonach der Verkäufer vorzuleisten, der Käufer erst nach Ablauf einer bestimmten Frist nach der Ablieferung zu zahlen hatte, bewirkt, konnten die Erklärungen der Klägerin in ihren Schreiben vom 27. und 30. Juli 1901 vom Berufungsgericht ohne Rechtsirrtum dahin gewürdigt werden, daß ihnen bindende Wirkung auch für die Zeit der Fälligkeit der Lieferung nicht beizulegen sei, und die Beklagte dadurch nicht das Recht erhalten habe, vom Vertrage, an welchem die Klägerin festzuhalten erklärte, endgültig zurückzutreten, um demnächst anderweit über die Ware zu verfügen. Es war der Beklagten unbenommen, die Verhandlungen wegen Sicherstellung oder Zusage sofortiger Zahlung schon im Juli 1901 einzuleiten, obwohl die Ware erst zur einen Hälfte im September, zur anderen im November zu liefern war; allein dadurch wurde das Recht der Klägerin nicht beschränkt, in dieser der Fälligkeit der Lieferung vorausliegenden Zeit die Zusage sofortiger Gegenleistung oder Sicherstellung abzulehnen, wobei auch in Betracht kommt, daß der etwa verschlechterte Zustand ihrer Vermögensverhältnisse sich inzwischen wieder bessern konnte. Kann auch eine ernstliche Weigerung zu erfüllen unter Umständen den Gegenkontrahenten von der Notwendigkeit einer Mahnung und einer Fristsetzung unter Androhung der Ablehnung der Annahme der Leistung befreien und damit ein Rücktrittsrecht begründen, so konnte es das Berufungsgericht doch ablehnen, der zur Zeit ihrer Abgabe berechtigten Weigerung, mit welcher die Klägerin das Verlangen der Beklagten, sich bereit zu erklären, dem auf § 321 B.G.B. gestützten Verlangen zu entsprechen oder anderenfalls auf Lieferung zu verzichten, zurückwies, eine auch für die Zeit der Fälligkeit der Lieferung geltende Bedeutung beizumessen und die Klägerin daraufhin als im Verzuge mit ihrer Vertragsleistung befindlich zu betrachten, wobei von dem Berufungsgericht auch darauf hingewiesen wurde, daß die Klägerin ja noch vor dem 1. September 1901 sich ausdrücklich zu einer Sicherheitsleistung in angemessener Form erboten habe. War hiernach die Beklagte zu dem mit Schreiben vom 2. August 1901 erklärten Rücktritt vom Vertrage nicht berechtigt, blieb sie vielmehr an den Vertrag gebunden, so wurde sie auch der im Wege des § 326 B.G.B. vorgehenden Klägerin nach fruchtlosem Ablauf der ihr gesetzten Nachfristen zum Schadensersatze wegen Nichterfüllung verpflichtet."

94. Ist der Bureauvorsteher eines Notars berechtigt, auf Grund des § 383 Ziff. 5 C.P.O. sein Zeugnis über solche Tatsachen zu verweigern, die ihm in jener seiner Eigenschaft anvertraut und zur Kenntnis gelangt sind?

V. Civilsenat. Beschl. v. 9. Mai 1903 i. S. M. & K. (Kl.) w. de R. (Bekl.). Beschw.-Rep. V. 114/03.

I. Kammergericht Berlin.

Gründe:

„Die Klage gründet sich auf eine schriftliche Erklärung des Beklagten vom 25. Februar 1902, in welcher dieser unter gewissen Bedingungen zur „Ausbietung" einer für die Klägerin auf einem Grundstück des Bauunternehmers H. eingetragenen Baugelder-Sicherungshypothek für den Fall der Subhastation sich verpflichtet. Am Schluß des Schriftstücks ist die Abschließung eines notariellen Vertrags über die gegenseitigen Verpflichtungen in Aussicht genommen.

Ein notarieller Vertrag ist nicht aufgenommen worden. Aus diesem Grunde wies der erste Richter, dem hierauf gegründeten Einwande des Beklagten entsprechend, die Klage ab.

In der Berufungsinstanz hat der Beklagte der Replik der Klägerin gegenüber, daß sie und der Beklagte von der notariellen Beurkundung ihres Abkommens unter Aufrechterhaltung des letzteren Abstand genommen, folgende Behauptnngen aufgestellt:

er habe, nachdem die Klägerin am 26. Februar 1902 das Abkommen vom 25. Februar bestätigt hatte, sofort den Notar M. mit dem Entwurf eines notariellen Garantievertrags beauftragt und nach dessen Anfertigung im März die Klägerin und H. aufgefordert, zur Vollziehung des Entwurfs im Bureau des Notars M. zu erscheinen; die Klägerin habe dieser Aufforderung am 20. März 1902 Folge geleistet, die Vollziehung des Vertragsentwurfs jedoch nach Kenntnisnahme verweigert, er aber, der Beklagte, von dem notariellen Abschluß des Vertrags nicht Abstand genommen.

Über diese Tatsachen soll nach dem Beweisbeschluß des Prozeßgerichts der vom Beklagten benannte Bureauvorsteher Sch. als Zeuge vernommen werden. Dieser, als Bureauvorsteher des Notars, hält sich nicht für befugt, über die in dieser Eigenschaft gemachten Wahrnehmungen und empfangenen Mitteilungen ohne Zustimmung aller Interessenten Zeugnis abzulegen, und hat deshalb unter Berufung auf § 383 Nr. 5 und § 384 Nr. 2 C.P.O., § 300 St.G.B. und Art. 90 preuß. Fr.G.G. sein Zeugnis verweigert.

Durch das jetzt angefochtene Zwischenurteil ist die Zeugnisverweigerung für unrechtmäßig erklärt worden.

Die dagegen erhobene sofortige Beschwerde ist zulässig und mußte auch für begründet erachtet werden.

Nach § 383 C.P.O. sind zur Verweigerung des Zeugnisses berechtigt:

5. Personen, welchen kraft ihres Amtes, Standes oder Gewerbes Tatsachen anvertraut sind, deren Geheimhaltung durch die Natur derselben oder durch gesetzliche Vorschrift geboten ist, in betreff der Tatsachen, auf welche die Verpflichtung zur Verschwiegenheit sich bezieht.

Unter „anvertrauten" Tatsachen im Sinne dieser Vorschrift sind nicht bloß solche Tatsachen zu verstehen, die dem Zeugen von den Beteiligten direkt mitgeteilt sind; es genügt, daß der Zeuge in der seine Verpflichtung zur Verschwiegenheit bedingenden Eigenschaft (Amt, Stand, Gewerbe) und Tätigkeit davon Kenntnis erhalten hat.

Vgl. Entsch. des R.G.'s in Civils. Bd. 53 S. 169.

Im vorliegenden Fall handelt es sich um Verhandlungen, die die Aufnahme eines Notariatsakts zum Zweck gehabt haben. Nach Art. 90 preuß. Fr.G.G. hat der Notar, soweit nicht das Gesetz ein anderes bestimmt, über die Verhandlungen, bei denen er mitgewirkt hat, Verschwiegenheit zu beobachten, es sei denn, daß die Beteiligten ihn von dieser Verpflichtung entbinden. Dies gilt auch von Verhandlungen, die aus irgend einem Grunde nicht zur Aufnahme eines notariellen Aktes geführt haben. Kann nun auch der Zeuge die von ihm vorgeschützte Pflicht zur Verschwiegenheit nicht direkt auf die Vorschrift des Art. 90 a. a. O. gründen, da dort nur vom Notar, nicht auch von seinen Gehilfen die Rede ist, so kann doch dieser Vorschrift nicht jede Bedeutung für die hier zu entscheidende Frage abgesprochen werden. Hat der Notar die Verpflichtung zur Verschwiegenheit, so hat er auch nach Möglichkeit dafür Sorge zu tragen, daß diejenigen Personen, deren er sich bei Ausübung seines Amtes als Gehilfen bedient und bedienen darf, die gleiche Verschwiegenheit beobachten, und wird er denselben eine entsprechende Verpflichtung auferlegen, die dann unmittelbar aus dem zwischen ihnen und dem Notar bestehenden Dienstverhältnis, also aus ihrem Berufe und Gewerbe entspringt. Wollte man in einem solchen Falle eine die Zeugnisverweigerung im Sinne des § 383 Nr. 5 C.P.O. rechtfertigende Verpflichtung zur Verschwiegenheit nicht anerkennen, so würde der Schutz, den der Art. 90 a. a. O. den Beteiligten gewährt, in der Regel illusorisch sein. So stellt auch der den Schutz gegen unbefugte Offenbarung anvertrauter Privatgeheimnisse bezweckende § 300 St.G.B. den Rechtsanwälten, Advokaten, Notaren rc deren Gehilfen gleich.

Ob der Zeuge, wenn er das von ihm geforderte Zeugnis ablegte, sich der Gefahr einer strafgerichtlichen Verfolgung aus § 300 a. a. O. aussetzen würde, und ob ihm also die Befugnis zur Zeugnisverweigerung auch aus § 384 Nr. 2 C.P.O. zusteht, kann dahingestellt bleiben. Wird dies mit dem Oberlandesgericht verneint, so rechtfertigt sich doch seine Zeugnisverweigerung aus § 383 Nr. 5 in Verbindung mit Art. 90 preuß. Fr.G.G., weil ihm in seiner Stellung als Bureauvorsteher des Notars die Verpflichtung zur Verschwiegenheit in betreff solcher Tatsachen obliegt, die ihm in dieser Eigenschaft anvertraut, d. h. zu seiner Kenntnis gelangt sind, um solche Tatsachen aber bei dem von ihm erforderten Zeugnis es sich handelt."

---

95. 1. Wer ist Berechtigter im Sinne des § 873 B.G.B.?
2. Anwendung des § 185 Abs. 1 B.G.B. auf die Abtretung einer Buchhypothek durch den Nichtberechtigten.

V. Civilsenat. Urt. v. 9. Mai 1903 i. S. F. (Kl.) w. M. Ehel. (Bekl.). Rep. V. 493/02.

I. Landgericht Oppeln.
II. Oberlandesgericht Breslau.

Auf dem Grundstück der Beklagten Bd. I Bl. 27 K. waren in Abteilung III unter Nr. 1 und 4 zwei Darlehnshypotheken von

600 und 1200 *M* nebst 5 bezw. 4 Prozent Zinsen für den Kläger eingetragen. Die Hypotheken waren unter der Herrschaft des bisherigen preußischen Rechts ohne Bildung eines Hypothekenbriefs für die Ehefrau A. M. eingetragen worden. Die Beklagten hatten sie beim Erwerbe des Pfandgrundstücks in Anrechnung auf den Kaufpreis übernommen. Die Gläubigerin A. M. trat die Hypotheken am 4. Februar 1901 an den Einlieger A. C. ab, und die Abtretung wurde von dem Ehemanne der A. M. genehmigt. A. C. wurde nicht als neuer Gläubiger in das Grundbuch eingetragen. Der Sohn des A. C. trat, von seinem Vater mit Generalvollmacht versehen, die beiden Hypotheken nebst den Zinsen vom 15. Mai 1901 an den Kläger ab, und dieser wurde als neuer Gläubiger in das Grundbuch eingetragen. Kläger kündigte die Hypotheken und erhob Klage mit dem Antrage, die Beklagten als Gesamtschuldner zu verurteilen, ihm 1800 *M* nebst 5 Prozent Zinsen von 600 *M* und 4 Prozent Zinsen von 1200 *M* seit dem 13. Mai 1901 bei Vermeidung der Zwangsvollstreckung in das Pfandgrundstück und ihr sonstiges Vermögen zu zahlen, und den beklagten Ehemann zu verurteilen, sich die Zwangsvollstreckung in das Vermögen seiner Ehefrau gefallen zu lassen. Der erste Richter verurteilte die Beklagten nach diesen Anträgen. In der Berufungsinstanz wendeten die Beklagten in erster Linie ein, der Cedent des Klägers, A. C., habe die Hypotheken nicht erworben, weil er nicht als deren Gläubiger in das Grundbuch eingetragen worden sei, und er habe sie deshalb auch nicht mit Wirkung auf den Kläger übertragen können. Kläger machte dagegen geltend, wenn A. C. als Nichtberechtigter über die Hypotheken verfügt habe, so sei diese Verfügung wirksam gewesen, weil die Gläubigerin A. M. als die Berechtigte mit nachfolgender ehemännlicher Genehmigung dadurch ihre Einwilligung zu der Verfügung des A. C. erteilt habe, daß sie in der Cession vom 4. Februar 1901 ausdrücklich erklärt habe, der Cessionar solle über die Hypotheken frei verfügen. Das Berufungsgericht erachtete den Einwand der Beklagten für begründet, verwarf die Replik des Klägers und wies die Klage ab. Der Revision des Klägers ist stattgegeben aus folgenden

Gründen:

... „Die streitigen Hypotheken, welche unter der Herrschaft des bisherigen preußischen Rechtes ohne Bildung eines Hypothekenbriefs eingetragen sind, gelten seit dem 1. Januar 1900 als Hypotheken des Bürgerlichen Gesetzbuchs, für welche die Erteilung des Hypothekenbriefs ausgeschlossen ist (Einf.-G. zum B.G.B. Artt. 192. 193, preuß. Ausf.-G. zum B.G.B. Art. 33 § 1). Auf die nach diesem Zeitpunkte erfolgten Abtretungen finden daher die Vorschriften des Bürgerlichen Gesetzbuchs Anwendung.

1. Der vom Kläger versuchte Nachweis, daß die Annahme des Berufungsgerichts, eine Buchhypothek könne rechtswirksam nur von einem im Grundbuch als Gläubiger Eingetragenen abgetreten werden, nicht den gesetzlichen Vorschriften entspreche, erscheint verfehlt. Allerdings wird im Abs. 1 des § 873 B.G.B. nicht mehr wie im § 828 des I. Entwurfs, die Einigung des eingetragenen Berechtigten und des anderen Teils, sondern nur die Einigung des Berechtigten ohne Rücksicht darauf, ob er als solcher eingetragen ist oder nicht, gefordert, und die Vorschrift des § 40 Abs. 1 G.B.O., wonach eine Eintragung nur erfolgen soll, wenn derjenige, dessen Recht durch sie betroffen wird, als der Berechtigte im Grundbuch eingetragen ist, stellt sich nur als eine Ordnungsvorschrift dar, deren Verletzung materiellrechtliche Nachteile nicht zur Folge hat. Aber daraus ergibt sich nicht, daß auch ein Nichtberechtigter eine Einigung wirksam vornehmen kann. Berechtigt im Sinne des § 873 B.G.B. ist nur, wer die dingliche Verfügungsmacht über ein Grundstück oder über ein Recht an einem Grundstücke hat. Berechtigt kann auch sein, wer nicht im Grundbuch als Berechtigter eingetragen ist, wie der Erbe (§ 1922) und der Eigentümer oder der persönliche Schuldner, auf den kraft Gesetzes eine Hypothek übergegangen ist (§§ 1143. 1163. 1164. 1168 u. s. w.). Auch die dingliche Verfügung eines solchen Berechtigten ist wirksam, und dies ist durch die Weglassung des Wortes „eingetragenen" vor „Berechtigten" im § 873 Abs. 1 zum Ausdruck gebracht. Wird der Berechtigte als solcher in das Grundbuch eingetragen, weil seine Verfügung — außer den Fällen des § 40 Abs. 2. § 41 G.B.O. — sonst nicht zu einer Eintragung führen kann, so wird dadurch nicht eine Rechtsänderung bewirkt, sondern nur das unrichtige Grundbuch gemäß der wirklichen, außerhalb des Grundbuchs bestehenden Rechtslage berichtigt (§ 894). In den Regelfällen dagegen, wo nach § 873 eine Berechtigung nur durch Eintragung in das Grundbuch erlangt werden kann, muß der Berechtigte im Grundbuch als solcher ein-

getragen sein, um die Einigung wirksam vornehmen zu können, weil er ohnedies überhaupt kein Recht erworben hat, also nicht der Berechtigte sein kann. Die auf Grund der Verfügung eines Nichtberechtigten erfolgte Eintragung einer Rechtsänderung ist zwar nicht nichtig, wenn bei ihr im übrigen die gesetzlichen Vorschriften beobachtet sind, weil die Verfügung und mit ihr die Eintragung unter den Voraussetzungen des § 185 wirksam werden kann; aber solange Konvaleszenz nicht eingetreten ist, bleiben Verfügung und Eintragung unwirksam und der Anfechtung ausgesetzt. Die Abtretung einer Forderung, für welche Hypothek unter Ausschließung der Erteilung eines Hypothekenbriefs bestellt ist, kann nach § 1154 Abs. 3 in Verbindung mit § 873 nur durch die Eintragung der Abtretung in das Grundbuch auf Grund der Einigung des bisherigen Gläubigers mit dem neuen Gläubiger, welche dem Grundbuchamt durch eine formgerechte Umschreibungsbewilligung des bisherigen Gläubigers nachgewiesen wird (§§ 19. 26. 29 G.B.O.), wirksam erfolgen. Solange die Eintragung unterbleibt, tritt keine Rechtsänderung ein: die Forderung geht nicht auf den neuen Gläubiger über, sondern verbleibt dem bisherigen Gläubiger. Als A. C. die streitigen Hypotheken, die ihm die eingetragene Gläubigerin M. abgetreten hatte, an den Kläger abtrat, war er nicht als neuer Gläubiger im Grunobuche eingetragen. Nicht er, sondern die Frau M. war daher nach wie vor der dinglich Berechtigte. Die Abtretungserklärung des A. C. war an sich als Verfügung eines Nichtberechtigten unwirksam. Der Kläger konnte die ihm abgetretene Hypothek auch nicht unter dem Schutze des öffentlichen Glaubens des Grundbuchs erwerben, da er aus dem Grundbuche, welches die M. als Gläubigerin auswies, ersehen mußte, daß sein Cedent A. C., weil er nicht als der neue Gläubiger eingetragen war, nicht der zur Abtretung Berechtigte sei (§ 892). Aus demselben Grunde steht dem Kläger auch nicht die Vermutung der Richtigkeit des Grundbuchs (§ 891) zur Seite.

2. War hiernach die Abtretungserklärung des A. C. an sich nicht geeignet, die streitigen Buchhypotheken auf den Kläger zu übertragen, so fragt sich, ob sie und die auf ihr beruhende Eintragung des Klägers als neuen Gläubigers nach der Vorschrift des § 185 Abs. 1 B.G.B. von Anfang an wirksam gewesen ist. Das Berufungsgericht verneint dies aus zwei Gründen, nämlich weil der § 185 gegenüber den

zwingenden Vorschriften der §§ 873. 1154 auf Fälle der vorliegenden Art überhaupt keine Anwendung finde, und weil auch eine Einwilligung der Frau M. im Sinne des § 185 in deren Erklärung vom 4. Februar 1901 nicht enthalten sei. Beide Gründe sind nicht als richtig anzuerkennen.

a) Die Vorschriften im Allgemeinen Teile des Bürgerlichen Gesetzbuchs finden nach ihrem Inhalt und ihrer Stellung im System auch im Sachenrecht Anwendung, soweit nicht ihre Unanwendbarkeit sich aus den Vorschriften des Sachenrechts ergibt. Dies gilt insbesondere auch von dem § 185. Das ihm zu grunde liegende Prinzip, welches in dem I. Entwurfe nur für einzelne Fälle in den §§ 310. 830. 876 zum Ausdrucke gebracht war, ist bei der zweiten Lesung durch die allgemeine Vorschrift des § 185 B.G.B. ausgesprochen, um der Ansicht vorzubeugen, als handle es sich in den §§ 310. 830. 876 des I. Entwurfs nur um Spezialvorschriften, welche eine allgemeine Anwendung nicht zuließen. Für einzelne besondere Fälle, meinte man, in denen eine Konvaleszenz nicht angezeigt sei, könne diese durch Spezialbestimmungen ausgeschlossen werden.

Vgl. Protokolle Bd. 1 S. 179.

Solche Ausnahmebestimmung findet sich im Sachenrechte nicht. Der § 185 stellt sich nicht gegen, sondern ergänzend neben den § 892. Nach § 892 ist die Verfügung eines im Grundbuch als Berechtigter eingetragenen Nichtberechtigten wirksam, wenn derjenige, zu dessen Gunsten sie getroffen ist, nicht wußte, daß der als der Berechtigte Eingetragene nach der wirklichen Rechtslage nicht der Berechtigte sei. Nach § 185 ist die Verfügung eines Nichtberechtigten, einerlei, ob dem durch sie Begünstigten die Nichtberechtigung des Verfügenden bekannt war oder nicht, wirksam, wenn der Berechtigte ihr vorher zugestimmt hat oder sie nachträglich genehmigt. Was nach § 892 der redliche Glaube an die Richtigkeit des Grundbuchs, bewirkt nach § 185 die Einwilligung der Genehmigung des Berechtigten. Nach seiner allgemeinen Fassung ist der § 185 für alle Fälle bestimmt, in denen ein Nichtberechtigter mit Einwilligung oder mit Genehmigung des Berechtigten eine Verfügung vorgenommen hat. Insbesondere kann er auch dazu dienen, die Eintragung des durch die Verfügung Begünstigten als des Berechtigten in das Grundbuch dann zu erübrigen, wenn zu dem Erwerbe der Berechtigung nach § 873 Abs. 1 die Eintragung in das Grundbuch erforderlich ist. Daß die Verfügung eines Nichtberechtigten, der bis dahin zu dem Berechtigten nicht, z. B. durch eine ihm vom Berechtigten erteilte Auflassung eines Grundstücks oder durch eine vom Berechtigten erklärte Abtretung einer Buchhypothek, in eine dingliche Beziehung getreten war, wirksam wird, wenn der Berechtigte der Verfügung zustimmt oder sie genehmigt, kann keinem Zweifel unterliegen. Daraus folgt aber notwendig, daß dasselbe gelten muß, wenn der Berechtigte bei Erklärung der Auflassung oder Abtretung zugleich dem noch nicht berechtigten Erwerber seine Zustimmung zu einer weiteren Veräußerung erteilt. Denn es ist nicht einzusehen, wie die rechtliche Lage des Verfügenden dadurch verschlechtert sein könnte, daß ihn der Berechtigte durch Erteilung der Auflassung oder durch Bewilligung der Umschreibung in den Stand gesetzt hat, das Eigentum des Grundstücks oder die Buchhypothek zu erwerben. In dem einen wie in dem anderen Falle wird die Konvaleszenz lediglich durch die Zustimmung des Berechtigten bewirkt, und diese kann nicht dadurch weniger wirksam werden, wenn zu ihr ein anderer Rechtsakt hinzutritt, der nicht mit der Zustimmung im Widerspruche steht. Letzteres trifft aber gewiß nicht zu, wenn sich der Rechtsakt, die Auflassung oder die Umschreibungsbewilligung, geradezu als eine Bestätigung der Zustimmung darstellt. Erteilt also der eingetragene Berechtigte einem anderen die Auflassung oder Umschreibungsbewilligung, so steht nichts entgegen, daß er zugleich seine Zustimmung zu einer weiteren Verfügung des anderen erklärt und dadurch diesem ermöglicht, die weitere Verfügung wirksam vorzunehmen, ohne sich vorher durch seine Eintragung als Eigentümer bezw. Gläubiger zum Berechtigten zu machen. Ob man sich dessen bei der Beratung und Aufnahme der allgemeinen Bestimmung des § 185 in der zweiten Lesung bewußt gewesen ist, ergeben die Materialien nicht; andererseits liegt aber auch nichts dafür vor, daß man die Anwendung des § 185 auf den in den Motiven zu § 830 des I. Entwurfs (Bd. 3 S. 188) hervorgehobenen Fall hat beschränken wollen, wo ein nicht eingetragener Berechtigter in die Eintragungsbewilligung des eingetragenen Nichtberechtigten eingewilligt hat. Es ist allein entscheidend, daß die Vorschrift im § 185 so gefaßt ist, daß sie ihre Anwendung im weitesten Umfange gestattet. Die Praxis hat sich denn auch schon des § 185 bemächtigt, um den sich aus § 873 ergebenden Eintragungszwang zu mildern. In zwei Fällen, wo der eingetragene Eigentümer (bezw. dessen Erbe) das Grundstück aufgelassen, darauf bei seiner Anwesenheit in demselben Akte der Erwerber das Grundstück weiter aufgelassen hatte, und die Eintragung des zweiten Erwerbers von diesem beantragt war, hat das Beschwerdegericht die Eintragung des zweiten Erwerbers ohne vorangegangene Eintragung des ersten Erwerbers angeordnet, weil der eingetragene Eigentümer, also der Berechtigte, in die weitere Auflassung des nichtberechtigten Erwerbers eingewilligt habe.

Vgl. Lobes Centralbl. 1901 S. 41 und Seufferts Arch. Bd. 57 S. 10 flg. Nr. 7.

Wegen der gleichen Rechtslage muß dieses Verfahren auch bei zwei aufeinanderfolgenden Abtretungserklärungen, die eine Buchhypothek betreffen, zugelassen werden.

b) Bei der weiteren Frage, ob in der Erklärung der eingetragenen Gläubigerin M. vom 4. Februar 1901 zugleich eine Einwilligung im Sinne des § 185 enthalten sei, kommt zunächst der Wortlaut dieser Erklärung in Betracht: „Diese beiden Posten im Gesamtbetrage von 3000 M" — darunter befinden sich die beiden streitigen Hypotheken — „trete ich mit den Zinsen von heute ab an den Einlieger A. C. in O.-Gl. zum freien Eigentum ab, bekenne, Cessionsvaluta gezahlt erhalten zu haben, und bewillige und beantrage die Umschreibung der abgetretenen Posten auf den neuen Gläubiger im Grundbuche." Diese notariell beurkundete Erklärung der M. ist dem A. C. ausgehändigt und dadurch diesem gegenüber nach § 873 Abs. 2 unwiderruflich geworden. Enthält sie zugleich die Einwilligung der M. in die weitere Verfügung des A. C., so wurde auch diese Einwilligung, welche gegenüber dem A. C. als einem bei dem zustimmungsbedürftigen Rechtsgeschäfte Beteiligten erklärt war, durch die von A. C. dem Kläger erteilte Abtretungserklärung und Umschreibungsbewilligung unwiderruflich, da sie von der M. bis zur Vornahme dieses Rechtsgeschäfts, soviel bekannt, nicht widerrufen ist und der Widerruf durch das der Einwilligung zu grunde liegende Rechtsverhältnis, die Abtretung, ausgeschlossen war (§ 183). Nun enthält die Cession der M. freilich ihrem Wortlaute nach eine ausdrückliche Einwilligung im Sinne des § 185 Abs. 1 nicht; aber dessen bedarf es auch nicht. Denn wird erwogen, daß die M. durch die Abtretung zum freien Eigentum, verbunden mit der Bewilligung der Umschreibung und dem Antrag auf

Umschreibung, sich aller Rechte auf die streitigen Hypotheken begeben und ihr Gläubigerrecht ohne Einschränkung auf A. C. übertragen hat, so daß kein Interesse denkbar ist, welches die M. daran haben konnte, welche Verfügungen A. C. über die ihm abgetretenen Hypotheken treffen, und ob er die weiteren Verfügungen vor oder nach erfolgter Eintragung seines Gläubigerrechts im Grundbuche, ob er sie als Nichtberechtigter oder Berechtigter vornehmen werde, so ist doch, wenigstens bis zum Beweise des Gegenteils, anzunehmen, die M. habe mit der Abtretung zugleich ihre Einwilligung dazu erteilen wollen, daß A. C., solange er nicht aus eigenem Rechte über die Hypotheken verfügen könne oder wolle, aus ihrem Rechte die Verfügungen vornehme. Das Reichsgericht trägt kein Bedenken auszusprechen: Wird eine Hypothek, bei welcher die Erteilung des Hypothekenbriefs ausgeschlossen ist, in der erforderlichen Form von dem eingetragenen Gläubiger einem anderen zum freien Eigentum abgetreten und ihre Umschreibung im Grundbuch auf den neuen Gläubiger bewilligt, so ist, wenn nicht etwas anderes erhellt oder nachgewiesen wird, in diesen Erklärungen auch die Einwilligung zu Verfügungen des neuen Gläubigers enthalten, die er vor der Umschreibung der Hypothek vornehmen wird. Unter Anwendung dieses Satzes erweist sich die von A. C. als Nichtberechtigtem zu gunsten des Klägers erklärte Abtretung der streitigen Hypotheken infolge der dazu von der M. als der Berechtigten erklärten Einwilligung als wirksam. Durch seine Eintragung als neuer Gläubiger hat der Kläger die Hypotheken erworben und ist zu deren Geltendmachung gegen die Beklagten als Pfandschuldner berechtigt."

---

96. 1. **Hat im Falle des § 1166 B.G.B. der Gläubiger zu beweisen, daß er den Schuldner von der Zwangsversteigerung unverzüglich benachrichtigt habe, oder hat der Schuldner das Gegenteil zu beweisen?**

2. **Beweispflicht des Schuldners, wenn der Gläubiger nur einen Teil seiner Ausfallsforderung einklagt.**

V. Civilsenat. Urt. v. 13. Mai 1903 i. S. P. (Kl.) w. G. (Bekl.) Rep. V. 55/03.

I. Landgericht II Berlin.
II. Kammergericht daselbst.

Durch Vertrag vom 21. September 1895 hatte der Beklagte vom Kläger das Grundstück Bd. 10 Bl. 295 des Grundbuchs von L. nebst Restaurant und Zubehör für 37000 ℳ gekauft, 3000 ℳ gezahlt und das Restkaufgeld von 34000 ℳ nebst 4 Prozent Zinsen für den Kläger auf das gekaufte Grundstück eintragen lassen. Auf Grund des vom Beklagten mit R. und M. am 24. September 1898 geschlossenen Vertrags wurde vom Beklagten das Grundstück an M. aufgelassen. M. übernahm selbstschuldnerisch die Kaufgelderhypothek des Klägers in Anrechnung auf das Kaufgeld. Als M. die Zinsen nicht zahlte, klagte der Kläger gegen diesen auf Kapital und Zinsen und brachte das Grundstück zur Zwangsversteigerung. Durch Beschluß vom 12. Dezember 1900 wurde dem Kläger das Grundstück für das Gebot von 650 ℳ zugeschlagen. Bei der Kaufgelderverteilung erlitt der Kläger an seiner Hypothek einen Ausfall von 34883 ℳ. Der Kläger machte den Beklagten als persönlichen Schuldner für seinen Ausfall haftbar und forderte zunächst einen Teilbetrag von 5000 ℳ nebst Zinsen. Eventuell forderte er diesen Betrag als Schadensersatz. Der erste Richter verurteilte den Beklagten nach dem Klagantrage. In der Berufungsinstanz machte der Beklagte u. a. geltend, er könne nach § 1166 B.G.B. die Befriedigung des Klägers wegen seines Ausfalls bei der Zwangsversteigerung verweigern. Das Berufungsgericht erachtete diesen Einwand für an sich berechtigt und machte die Entscheidung von einem dem Beklagten auferlegten Eide abhängig. Die Revision des Klägers hat Erfolg gehabt aus folgenden

Gründen:

„Als Schadensersatzanspruch hat das Berufungsgericht den Klaganspruch nicht für begründet erachtet. Die aus der Vorschrift des § 41 Abs. 2 Eig.-Erw.-Ges. von 1872 hergeleitete Einrede des Beklagten hat es verworfen, dagegen die Einrede aus § 1166 B.G.B. für begründet gefunden. In dieser Beziehung führt es aus: Unbestritten habe der Kläger die Zwangsversteigerung des Pfandgrundstücks betrieben und an seiner Kaufgeldforderung, deren persönlicher Schuldner der Beklagte sei, einen Ausfall erlitten. Untunlich sei die Benachrichtigung des Beklagten von dem Betreiben der Zwangsversteigerung nicht gewesen. Daher habe der Kläger diese unverzüglich vorzunehmen gehabt. Der Kläger habe, daß dies geschehen, oder doch mindestens nachzuweisen gehabt, daß der Beklagte rechtzeitig von der bevorstehenden Zwangsversteigerung auf andere Weise Kenntnis erlangt habe. Durch die Beweisaufnahme sei festgestellt, daß der Beklagte von dem späteren Eigentümer M., welcher laut Vertrags vom 24. September 1898 die Kaufgeldhypothek in Anrechnung auf den Tauschpreis als Selbstschuldner übernommen habe, Ersatz verlangen könne, wenn er den Kläger befriedige. Von M. habe der Beklagte aber den Ersatz nicht erlangen können, weil dieser zur Zeit der Zwangsversteigerung zahlungsunfähig gewesen sei. Wäre der Beklagte von der Zwangsversteigerung rechtzeitig durch den Kläger benachrichtigt worden, so hätte er den durch den Ausfall des Klägers entstandenen Schaden nicht erlitten, weil er dann in der Lage gewesen wäre, selbst so viel zu bieten oder durch andere bieten zu lassen, als das geringste Gebot von 640,11 ℳ und der jetzt eingeklagte Ausfall von 5000 ℳ betrügen. Um mit einem Gebote von 5650 ℳ nicht zurückgewiesen zu werden, habe es nur einer Kaution von 565 ℳ bedurft, die der Beklagte aus eigenen Mitteln habe stellen können, die ihm aber auch D., der dazu willens und imstande gewesen sei, vorgeschossen haben würde. D. würde aber auch, wie er bekunde, selbst, und zwar weit über 5650 ℳ geboten haben, wenn er die Versteigerung erfahren hätte, da er das Grundstück, welches ja auch nach der Ansicht des Klägers damals 25000 ℳ wert gewesen sei, weit höher bewertet hätte. Daß der Beklagte mindestens 5650 ℳ selbst geboten oder einen anderen zu einem solchen oder einem höheren Gebote veranlaßt haben würde, sei in Ermangelung entgegenstehender Gründe anzunehmen, weil er bei dem Ausfalle beteiligt gewesen sei. Hätte der Beklagte für ein Gebot von 5650 ℳ den Zuschlag erhalten — was übrigens als ausgeschlossen zu erachten sei —, so wäre es ihm ein Leichtes gewesen, die Rechte aus dem Meistgebote mit erheblichem Aufschlage zu veräußern, so daß er durch den Erwerb des Grundstücks nicht geschädigt worden wäre. Bei rechtzeitiger Kenntnis von der Zwangsversteigerung hätte also der Beklagte den Ausfall des Klägers um mindestens 5000 ℳ verringern und sich vor einem Schaden in gleicher Höhe bewahren können. Diesen Schaden habe der Kläger durch Unterlassung der Benachrichtigung veranlaßt. Was den Nachweis dieser Unterlassung angehe, so habe der Kläger den ihm obliegenden Beweis der unverzüglichen Benachrichtigung nicht erbracht. Die vernommenen Zeugen hätten zum Teil nichts, zum Teil nichts Glaubwürdiges bekundet. Zu einem richterlichen Eide liege daher Veranlassung nicht vor. Es bleibe also nur der dem Beklagten über seine Kenntnis von der bevorstehenden Zwangsversteigerung angetragene Eid übrig. Werde durch dessen Leistung festgestellt, daß der Beklagte von dem Versteigerungstermine am 10. Dezember 1900 vor dem Dezember 1900 keine Kenntnis erlangt habe, so seien die Voraussetzungen des § 1166 B.G.B. gegeben und der Beklagte berechtigt, die Befriedigung des Klägers wegen eines Ausfalls von 5000 ℳ zu verweigern.

Die Revision ist begründet.

1. Bedenken sind gegen die Verteilung der Beweislast geltend gemacht. Das Berufungsgericht hat den Kläger bezüglich der Behauptung des Beklagten für beweispflichtig erklärt, daß der Kläger den Beklagten nicht unverzüglich von dem Betreiben der Zwangsvollstreckung benachrichtigt habe. Es ist bei der Beweiswürdigung zu dem Ergebnis gelangt, die vom Kläger benannten Zeugen hätten die unverzüglich erfolgte Benachrichtigung des Beklagten nicht bekundet, und hat deshalb den vom Kläger dem Beklagten angetragenen Eid diesem durch Urteil dahin auferlegt, daß er nicht vor dem Dezember 1900 die Einleitung des Zwangsversteigerungsverfahrens, betreffend das Grundstück L. Bd. 10 Bl. 295, erfahren habe. Hiermit hat es der Kenntnis des Schuldners von dem Betreiben der Zwangsversteigerung des Pfandgrundstücks, welche dieser durch die Benachrichtigung des Gläubigers erhalten hat, jede in anderer Weise vom Schuldner davon erlangte Kenntnis gleichgestellt. Es entspricht dies der in der 2. Kommission gemachten Bemerkung: „Die Kenntnis des Schuldners von der Zwangsversteigerung schließt selbstverständlich die Ersatzpflicht aus, da sie den ursächlichen Zusammenhang zwischen der Unterlassung des Gläubigers und dem Schaden des Schuldners aufhebt" (Protok. Bd. 3 S. 613). Hierüber, sowie über die Beweispflicht des Gläubigers in Ansehung dieser ihm bei unterlassener Benachrichtigung zustehenden Verteidigung besteht keine Meinungsverschiedenheit. Im übrigen gehen, was die Beweislast in Ansehung der Benachrichtigung angeht, in der Literatur die Meinungen soweit wie möglich auseinander. Planck (Bd. 3 S. 560 Bem. 4a) und

Neumann (Bem. 3 zu § 1166) fordern vom Gläubiger den Nachweis der unverzüglichen Benachrichtigung des Schuldners von der Zwangsversteigerung, wenn der Schuldner im Wege der Einrede geltend macht, daß er nicht benachrichtigt sei. Turnau u. Förster (Bd. 1 S. 757 Nr. 5) verpflichten den Schuldner zum Beweise seiner Einrede. Biermann (S. 377) hält den Schuldner für die Nichtbenachrichtigung, den Gläubiger dagegen für deren Unverzüglichkeit für beweispflichtig. Nach Fuchs (Bd. 1 S. 535) hat der Schuldner zu beweisen, daß er vom Gläubiger nicht oder nicht unverzüglich benachrichtigt ist. Die Ansicht Plancks scheint insofern einen Widerspruch zu enthalten, als danach der § 1166 dem Schuldner zwar eine Einrede geben, daß deren tatsächliche Unterlagen aber der Gläubiger beweisen soll. Wenn die Verneinung der Benachrichtigung von seiten des Schuldners nicht Klageverneinung ist, sondern die notwendige Unterlage der Einrede des Schuldners bildet, so folgt, daß der Schuldner diese Unterlage beweisen muß. Denn die Beweislast trifft stets die Partei, welche etwas behauptet und dies zur Begründung ihres Anspruchs oder zur Abwehr des Anspruchs des Gegners behaupten muß, ohne Unterschied, ob die Behauptung positiv oder negativ gefaßt ist. Das Reichsgericht tritt dessenungeachtet der Ansicht Plancks dahin bei, daß der Gläubiger nachweisen muß, er habe den Schuldner unverzüglich von der Zwangsversteigerung benachrichtigt. Ganz abgesehen davon, daß der Beweis einer Negative immer mißlich und regelmäßig nur durch Eidesantrag zu führen ist, muß folgende Erwägung entscheidend sein. Indem der § 1166 den Schuldner berechtigt, die Befriedigung des Gläubigers wegen seines Ausfalls bei der Zwangsversteigerung insoweit zu verweigern, als er infolge der Unterlassung der Benachrichtigung von der Zwangsversteigerung Schaden erleidet, macht er den Anspruch des Gläubigers auf Befriedigung wegen seines Ausfalls davon abhängig, daß der Gläubiger den Schuldner von dem Betreiben der Zwangsversteigerung unverzüglich benachrichtigt hat. Hiermit ist dem Gläubiger zwar nicht mit ausdrücklichen Worten, aber doch nach dem Sinne der Vorschrift die Verpflichtung auferlegt, dem Schuldner die Benachrichtigung unverzüglich zugehen zu lassen. Wenn nun auch nicht zur Begründung der Klage des Gläubigers die Behauptung der rechtzeitig erfolgten Benachrichtigung des Schuldners gefordert zu werden braucht, so beruht der Klaganspruch doch immerhin auf der stillschweigenden Voraussetzung, daß die Benachrichtigung erfolgt sei. Diese Voraussetzung verneint der beklagte Schuldner, indem er die Befriedigung des klagenden Gläubigers verweigert. Macht der Schuldner seine Berechtigung zur Verweigerung geltend, so bringt er damit also nicht eine Einrede vor, die er zu beweisen hätte, sondern er bestreitet, daß dem Gläubiger der eingeklagte Anspruch zustehe, und läßt hiermit den Gläubiger beweispflichtig erscheinen.

2. Die Meinung des Klägers, der Beklagte habe nicht ersichtlich gemacht, worin der Schaden bestehe, den er infolge der Unterlassung der Benachrichtigung erlitten haben wolle, erledigt sich einfach dadurch, daß der Beklagte Schuldner der Ausfallsforderung des Klägers geblieben ist, daß er aber von dieser Schuld frei geworden wäre, wenn er bei rechtzeitiger Benachrichtigung die Hypothekenforderung des Klägers hätte ausbieten oder ausbieten lassen können.

3. Dem Hauptangriffe des Klägers ist dagegen der Erfolg nicht zu versagen. Der Kläger fordert von seiner in der Zwangsversteigerung mit 34883,40 *M* ausgefallenen Hypothekenforderung vom Beklagten 5000 *M*. Daß der Beklagte dem Kläger 34000 *M* als Restkaufgeld schuldig geblieben, ist nicht bestritten; daß der Beklagte nicht auf dem Wege des § 41 Abs. 2 Eig.-Erw.-Ges. von 1872 von seiner persönlichen Verbindlichkeit frei geworden, ist von den Vorderrichtern unangefochten festgestellt, und dafür, daß in anderer Weise die Schuldverbindlichkeit des Beklagten erloschen sei, liegt nichts vor. Der Beklagte will aber gemäß § 1166 B.G.B. berechtigt sein, die Befriedigung des Klägers zu verweigern, indem er behauptet, der Kläger habe ihn von der von ihm betriebenen Zwangsversteigerung nicht rechtzeitig benachrichtigt und dadurch verhindert, daß er oder ein anderer die Hypothekenforderung des Klägers ausgeboten habe, wodurch der Ausfall des Klägers vermieden, und er von seiner persönlichen Schuld an den Kläger frei geworden sein würde. Um durch seine Einrede den Anspruch des Klägers auch nur auf den Teilbetrag von 5000 *M* zu beseitigen, muß der Beklagte nachweisen, daß der Kläger von seiner Ausfallsforderung von 34883,40 *M* auch nicht einmal 5000 *M* zu fordern hat, also nachweisen, daß der Kläger bei rechtzeitiger Benachrichtigung überhaupt keinen Ausfall erlitten haben würde. Der Nachweis, der Kläger würde nicht mit den geforderten

5000 ℳ ausgefallen sein, kann nicht genügen; denn dem Kläger würden zur Geltendmachung der 5000 ℳ von seiner Forderung immer noch 29883,40 ℳ zu Gebote stehen, denen er die zur Begründung seines Anspruchs erforderlichen 5000 ℳ entnehmen konnte. Nur wenn der Kläger auf den Rest seiner Forderung von 29883,40 ℳ verzichtet hätte, würde der Beklagte mit dem Nachweise der Verhütung eines Ausfalls von 5000 ℳ die Befriedigung des Klägers verweigern können. Für solchen Verzicht fehlt aber jeder Anhalt; der Kläger fordert ja ausdrücklich die 5000 ℳ als Teilbetrag seines Ausfalls. Dies verkennt das Berufungsgericht, indem es sich an dem Nachweise genügen läßt, der Ausfall des Klägers und der sich daraus ergebende Schaden des Beklagten betrage 5000 ℳ, und eine Feststellung bezüglich des Restes der Ausfallsforderung des Klägers von 29883,40 ℳ nicht trifft. Es hatte vielmehr zu untersuchen und festzustellen, ob die Behauptung des Beklagten richtig sei, daß der Kläger überhaupt keinen Ausfall an seiner Hypothekenforderung erlitten haben würde, wenn der Beklagte rechtzeitig von der Zwangsversteigerung benachrichtigt worden wäre. Dies muß bei der anderweiten Verhandlung nachgeholt werden. Der Hinweis des Beklagten auf die Rechtsprechung des Reichsoberhandelsgerichts (Entsch. desselben Bd. 15 Nr. 38 S. 107) und des Reichsgerichts (Entsch. desselben in Civils. Bd. 7 Nr. 70 S. 243), wonach der Gläubiger, welcher nur einen Teil seiner Forderung einklagt, einen von dem Schuldner erhobenen Kompensationseinwand nicht durch die Replik beseitigen kann, daß er die Gegenforderung des Schuldners auf den nicht eingeklagten Teil seiner Forderung verrechnen wolle, kann hier nicht in Betracht kommen. Abgesehen davon, daß diese Rechtsprechung keineswegs feststeht,

vgl. die gegenteilige Entscheidung des vormal. preuß. Obertrib. in den Entsch. desselben Bd. 77 S. 225, und die für das gemeine Recht ergangenen Entscheidungen des Reichsgerichts bei Fenner u. Mecke, Arch. Bd. 2 S. 83, und in den Entsch. des R.G.'s in Civils. Bd. 13 S. 172,

handelt es sich dabei um die Anwendung des bisherigen preußischen Rechts, während hier die Entscheidung nach den Bestimmungen des Bürgerlichen Gesetzbuchs zu treffen ist, und von einer Kompensationseinrede des Beklagten ist nicht die Rede.

Im übrigen hat das Berufungsgericht die zur Anwendung des § 1166 erforderlichen Feststellungen unter Beachtung der darin enthaltenen Vorschriften bedenkenfrei getroffen, namentlich die, daß der Beklagte, wenn er den Kläger befriedige, von dem früheren Eigentümer M. zwar Ersatz verlangen, daß er aber, weil M. unvermögend sei, den Ersatz nicht erlangen könne und deshalb in Höhe des Ausfalls des Klägers geschädigt sei."

---

97. Berechnung des Stempels, wenn in einem Kaufvertrage hinsichtlich des Kaufpreises eine Hingabe an Zahlungsstatt vereinbart ist, und daneben zur Ausgleichung andere Leistungen übernommen sind.

Preuß. Stempelgesetz vom 31. Juli 1895 Tarifstelle 32.

VII. Civilsenat. Urt. v. 15. Mai 1903 i. S. W. (Kl.) w. preuß. Fiskus (Bekl.). Rep. VII. 29/03.

I. Landgericht I Berlin.
II. Kammergericht daselbst.

Aus den Gründen:

„Durch eine schriftliche, als Tauschvertrag bezeichnete Vereinbarung vom 1. August 1898 verkaufte der Zahnarzt A. an den Kläger als Generalbevollmächtigten seiner Ehefrau verschiedene, näher beschriebene Grundstücke, belegen zu Kl.-Sch. und W., zum Preise von 15000 ℳ. Der Kaufpreis sollte belegt werden, indem der Kläger sein zu S. belegenes Ziegeleigrundstück mit einer Belastung von 3900 ℳ übertrug und 5000 ℳ bar bezahlte. Außerdem übernahm der Kläger noch in Anrechnung auf den Kaufpreis die auf den von ihm erworbenen Grundstücken eingetragenen 3500 ℳ. Außer dem zu der Urkunde verwandten Stempel von 150 ℳ ist vom Kläger noch ein Stempelbetrag von 35 ℳ gefordert und gezahlt, welche Summe jetzt zurückverlangt wird. In erster Instanz ist der Klage stattgegeben; das Berufungsgericht hat dieselbe jedoch, nachdem über den Wert des S.'er Grundstücks Beweis erhoben, und jener hierbei auf 12000 ℳ ermittelt worden war, zurückgewiesen. Die Ausführungen der Vorinstanz gehen dahin: Die Vereinbarung sei, auch wenn man sie nach ihrer Fassung als Kaufvertrag ansehe, bei dem der Käufer einen Teil des Kaufpreises durch Hingabe an Zahlungsstatt gedeckt habe, stempelmäßig als Tauschvertrag anzusehen, und zwar nach dem Stempelsteuergesetz vom 31. Juli 1895 Tarifstelle 32 Abs. 2 Satz 2, lautend: „Wird in einem Kaufvertrage hinsichtlich des Kaufpreises eine Hingabe an Zahlungsstatt vereinbart, so ist der Vertrag wie ein Tauschvertrag zu versteuern." Bei einem solchen erfolge die Stempelberechnung nach derjenigen Leistung, die nach dem Vertrage den höheren Wert habe, und zwar auch dann, wenn ein Teil dieser Leistung nicht in der Hingabe eines Gegenstandes im eigentlichen Sinne, sondern in einer zum Ausgleich erfolgenden Barzahlung oder Übernahmeverpflichtung bestehe. Bei der Erforschung, auf welcher Seite demnach vorliegend die höhere Leistung liege, komme in Betracht, daß nach der ausschließlich maßgebenden schriftlichen Festsetzung die eingetragenen 3900 ℳ als von A. übernommen nicht zu erachten seien, da es an der zufolge § 184 A.L.R. I. 11 erforderlichen ausdrücklichen Beurkundung der Übernahme mangele. Während danach A. nur ein 15000 ℳ wertes Grundstück hingegeben habe, seien vom Kläger in Tausch gegeben das S.'er Grundstück im Werte von 12000 ℳ, 5000 ℳ bar und die Übernahme der Hypothek von 3500 ℳ. Danach habe der Stempel nach einem Betrage von 20500 ℳ berechnet werden können. Zu einer Annahme des Werts der Leistungen des Klägers auf 18500 ℳ, wonach der Stempel seitens des Fiskus gefordert ist, gelange man, wenn in Übereinstimmung mit der von den Vertragschließenden nach der Fassung der Urkunde vorgenommenen Veranschlagung des Werts des S.'er Grundstücks solcher auf 10000 ℳ angenommen werde. Der Kläger sei, wenn er sich auch bei der Unterschrift als Generalbevollmächtigter seiner Ehefrau bezeichnet habe, als Aussteller der Urkunde zur Zahlung des Stempels verpflichtet.

Diese von dem Kläger mit der Revision angefochtene Entscheidung kann nicht aufrecht erhalten werden. Derselben ist zwar bezüglich der Annahme beizutreten, es sei die fragliche Vereinbarung mit Rücksicht darauf, daß die teilweise Deckung des Kaufpreises durch die Hingabe des S.'er Grundstücks vereinbart, auf Grund der angezogenen Gesetzesbestimmung als Tauschvertrag, und zwar in ihrem ganzen Umfange zu versteuern. Dagegen fällt dem Berufungsrichter eine unrichtige Anwendung des die Verstempelung der Tauschverträge regelnden Teils der obenangeführten Tarifstelle zur Last, der lautet: „Der Stempel berechnet sich bei Tauschverträgen nach dem Werte der von einem der Vertragschließenden in Tausch gegebenen Gegenstände, und zwar derjenigen, welche den höheren Wert haben." Hiernach darf der Stempel nicht nach der Höhe der vertragsmäßig festgesetzten Gegenleistung angesetzt werden; vielmehr kommt dafür der objektive, gemeine Wert der in Tausch gegebenen Gegenstände in Betracht. Hierzu sind aber nicht die zur Ausgleichung nebenher erfolgenden Leistungen zu rechnen. Es könnte sonst, da die Ausgleichung gerade die Herstellung gleicher Werte bezweckt, von der Stempelberechnung nach dem höherwertigen Gegenstande nicht die Rede sein. Vorliegend hat daher die Festsetzung des Stempelbetrags die Ermittelung des objektiven Werts der an den Kläger veräußerten, in Kl.-Sch. und W. belegenen Grundstücke zur Voraussetzung. Nach solchem Wert ist, falls dieser nicht etwa hinter demjenigen zurückbleibt, den die Vorinstanz auf Grund vorgenommener Beweisaufnahmen als bezüglich des S.er Grundstücks vorliegend festgestellt hat, die Höhe des Stempels zu bemessen. Im Falle jenes Zurückbleibens würde der ermittelte Wert des S.er Grundstücks in Betracht kommen." . . .

---

98. Genügt zur Auflassung die Erklärung des Veräußerers des Grundstücks, daß er die Eintragung des Erwerbers als Eigentümers bewillige, in Verbindung mit der Erklärung des Erwerbers, daß er diese Eintragung beantrage?

B.G.B. §§ 873. 925.

G.B.O. §§ 13. 19. 20. 29. 30.

V. Civilsenat. Beschl. v. 16. Mai 1903 in der Grundbuchs. v. S. Beschw.-Rep. V. 111/03.

I. Grundbuchamt Sasbachried.
II. Landgericht Offenburg.
III. Oberlandesgericht Karlsruhe.

Das Reichsgericht hat die Frage bejaht aus folgenden

Gründen:

„Durch den notariell beurkundeten Vertrag vom 14. November 1902 hat Ignaz W. ein in Sasbach belegenes Grundstück und das in der Sasbachrieder Gemarkung belegene, im Lagerbuch unter 219 verzeichnete Grundstück an seine Tochter Emilie verkauft, und demnächst haben die beiden Beteiligten in derselben Urkunde erklärt:

„Der Verkäufer bewilligt, daß seine Tochter als neue Eigentümerin der obigen Grundstücke in den Grundbüchern eingetragen wird; die Käuferin beantragt ihre Eintragung nach dieser Bewilligung.“

Das Grundbuchamt Sasbachried lehnte den Antrag auf Eintragung des Eigentumsübergangs in Beziehung auf das Grundstück in Sasbachried ab, weil der Vertrag zwar die Eintragungsbewilligung und den Eintragungsantrag, nicht aber die dingliche Einigungserklärung enthalte. Das Landgericht wies die Beschwerde der Beteiligten als unbegründet zurück mit der Ausführung, die Eintragungsbewilligung in Verbindung mit dem auf sie Bezug nehmenden Eintragungsantrage lasse zwar den Schluß zu, daß auch eine Einigung nach § 873 B.G.B. vorhanden sei, könne aber nicht als die nach § 925 B.G.B. erforderliche ausdrückliche Erklärung dieser Einigung angesehen werden.

Die Beteiligten wandten sich mit weiterer Beschwerde an das Oberlandesgericht. Dieses möchte die weitere Beschwerde zurückweisen, sieht sich aber durch einen Beschluß des Oberlandesgerichts in Dresden (abgedruckt bei Mugdan-Falkmann, Bd. 4 S. 311) daran gehindert und hat daher gemäß § 79 Abs. 2 G.B.O. die weitere Beschwerde dem Reichsgerichte vorgelegt.

Das Oberlandesgericht in Dresden führt in dem angeführten Beschluß aus:

„Der zur Übertragung des Eigentums an einem Grundstücke nach § 873 B.G.B. erforderlichen Einigung sei zwar im § 925 B.G.B. die technische Bezeichnung „Auflassung“ beigelegt, aber dadurch seien die von den Beteiligten abzugebenden Erklärungen nicht formalisiert, insbesondere sei der Gebrauch des Wortes „auflassen“ nicht vorgeschrieben. Vielmehr reiche jede Erklärung aus, die den Willen der Beteiligten, daß das Eigentum vom Veräußerer auf den Erwerber übertragen werde, deutlich ausdrücke. Diesem Erfordernisse genüge der Veräußerer, wenn er erkläre, daß er die Eintragung des Erwerbers als Eigentümers des Grundstücks bewillige; denn durch die Einigung in Verbindung mit der Eintragung vollziehe sich der Eigentumsübergang. Erkläre also der Eigentümer, daß er den Erwerber als Eigentümer eingetragen wissen wolle, so gebe er auf das deutlichste zu erkennen, daß er das Eigentum auf den Erwerber zu übertragen beabsichtige. Nehme der andere die Erklärung an, so sei die vom Gesetze geforderte Einigung vorhanden. Es genüge daher zur Auflassung, wenn der Veräußerer die Eintragung des Erwerbers bewillige, und der Erwerber im unmittelbaren Anschlusse hieran seine Eintragung beantrage. Der Antrag enthalte die Annahme der Bewilligung und damit der Erklärung des Veräußerers, das Eigentum auf den Erwerber übertragen zu wollen."

Das Oberlandesgericht in Karlsruhe begründet seine abweichende Ansicht dahin:

„Die Erklärungen der Beteiligten über die nach § 925 B.G.B. und § 20 G.B.O. erforderliche Einigung müßten ausdrücklich selbständig zum Ausdrucke kommen. Ein Schluß aus der Eintragungsbewilligung auf die Einigung genüge nicht. Der Nachweis der Einigung reiche nicht aus; vielmehr verlange das Gesetz, daß diese Einigung erklärt werde."

Diese Begründung erhält die ihr notwendige Ergänzung in den von ihr bezogenen Entscheidungen des Oberlandesgerichts in Colmar, in denen im wesentlichen ausgeführt ist:

„Nach § 828 Abs. 2 Entw. I seien als Erfordernisse der Einigung (damals „Vertrag" genannt) die Erklärung des Berechtigten, daß er die Eintragung der Rechtsänderung bewillige, und die Annahme der Bewilligung seitens des anderen Teils aufgestellt gewesen. In der 2. Kommision habe man eine Bindung der Einigungserklärungen an den Gebrauch bestimmter Worte abgelehnt und angenommen, es komme nur darauf an, daß die Parteierklärungen sachlich dem Inhalte jenes § 828 Abs. 2 entsprächen. Die Annahme des Erwerbers könne auch stillschweigend durch konkludente Handlungen erfolgen. Dies sei auch der Standpunkt des Bürgerlichen Gesetzbuchs, welches jedoch für den Fall der Auflassung und der Bestellung und Übertragung eines Erbbaurechts die Regel von der Formlosigkeit der Einigung durchbreche, da in diesen Fällen die Erklärungen beider Teile bei gleichzeitiger Anwesenheit abgegeben werden müßten. Daraus folge, daß auch die Annahmeerklärung ausdrücklich erfolgen müsse. Eine solche ausdrückliche Erklärung könne in dem Antrag auf Eintragung nicht gefunden; vielmehr könne aus Bewilligung und Antrag auf das Vorhandensein einer Einigung nur geschlossen werden. Es liege eine beabsichtigte Abweichung von § 2 preuß. Eig.-Erw.-Ges. vor. Die abweichende Ansicht sei, wie sich aus den §§ 19. 20 G.B.O. ergebe, irrig. Denn die im § 19 aufgestellte Regel, daß zur Eintragung einer Rechtsänderung die Bewilligung des von der Eintragung Betroffenen genüge, habe durch § 20 für die Auflassung eine Änderung erlitten."

Das Reichsgericht tritt der vom Oberlandesgericht in Dresden vertretenen Ansicht bei, mit der die vom Oberlandesgericht in Karlsruhe angezogene Entscheidung des Kammergerichts (R.J.A. Bd. 3 S. 143) keineswegs im Widerspruche steht.

Die Zuständigkeit des Notars zur Beurkundung der in Rede stehenden Auflassungserklärungen ergibt sich aus § 15 bad. Ausf.-Ges. zur G.B.O. in Verbindung mit Art. 143 Einf.-Ges. zum B.G.B. und ist auch von den Vorinstanzen nicht bezweifelt worden. Aus der Beurkundung soll sich aber die Einigung der Beteiligten nicht ergeben. Die hierfür vorgebrachten Gründe sind rechtsirrtümlich.

Nach § 873 Abs. 1 B.G.B. ist zur Übertragung des Eigentums an einem Grundstücke, zur Belastung eines Grundstücks mit einem Rechte, sowie zur Übertragung oder Belastung eines solchen Rechts die Einigung des Berechtigten und des anderen Teiles über den Eintritt der Rechtsänderung und die Eintragung der Rechtsänderung in das Grundbuch erforderlich. Vorschriften über den Inhalt der Einigung enthält das Bürgerliche Gesetzbuch nicht. Es genügen daher Erklärungen, aus denen sich der übereinstimmende Wille der Beteiligten über den Eintritt der Rechtsänderung ergibt (Prot. Bd. 3 S. 55). Hinsichtlich der Übertragung des Eigentums an einem Grundstücke schreibt der § 925 für die Einigung (Auflassung) eine besondere Form vor. Die Auflassung muß bei gleichzeitiger Anwesenheit beider Teile vor dem Grundbuchamt (oder nach Landesrecht vor einem Notar) erklärt werden. Einen bestimmten Inhalt der Auflassungserklärungen verlangt das Bürgerliche Gesetzbuch ebenfalls nicht. Es reichen daher Erklärungen aus, die den übereinstimmenden Willen der Beteiligten über den Übergang des Eigentums vom Veräußerer auf den Erwerber deutlich ergeben. Die Form hat offensichtlich mit dem Inhalte der Einigung nichts zu tun. Ausdrücklichkeit und Deutlichkeit der

Erklärungen ist in allen Fällen der §§ 873 und 925 B.G.B. erforderlich, da der Grundbuchrichter sich auf die Auslegung zweideutiger Urkunden nicht einlassen kann, und konkludente Handlungen ihm kaum erkennbar sein werden. Daß die Erklärung des Veräußerers, er bewillige die Eintragung des Erwerbers als Eigentümers, und die Erklärung des Erwerbers, er beantrage diese Eintragung, den Charakter der Ausdrücklichkeit an sich tragen, kann vernünftigerweise nicht bezweifelt werden. Es fragt sich also nur, ob sie den Übertragungswillen mit genügender Deutlichkeit ergeben. Diese Frage ist mit dem Oberlandesgericht in Dresden zu bejahen. Nicht unwichtig ist in dieser Beziehung, daß vor dem Inkrafttreten des Bürgerlichen Gesetzbuchs in einem großen deutschen Rechtsgebiet Eintragungsbewilligung und -antrag als Muster für den Inhalt der Auflassungserklärungen, deren Vertragsnatur allgemein anerkannt wurde, vom Gesetzgeber aufgestellt waren (preuß. Eig.-Erw.-Ges. § 2), und daß man auch bei den Vorarbeiten zum Bürgerlichen Gesetzbuch keinen Zweifel an der Deutlichkeit so gefaßter Erklärungen hegte, vielmehr den § 873 B.G.B. nur deshalb abweichend faßte, um nicht zu dem Mißverständnis Anlaß zu geben, diese Formel müsse gewählt werden, widrigenfalls die Auflassung ungültig sei (Mot. Bd. 3 S. 172 flg., Prot. Bd. 3 S. 55). Namentlich sollte dem Irrtum vorgebeugt werden, daß die Erklärung des Erwerbers den Eintragungsantrag zum Inhalte haben müsse (Mot. Bd. 3 S. 174 Nr. 2). Es mag jedoch zugegeben werden, daß der Wortlaut eines früheren Landesgesetzes und die Meinungen, die bei den Vorberatungen des Bürgerlichen Gesetzbuchs zu Tage getreten sind, für die Beantwortung der vorliegenden Frage nicht maßgebend seien. Aber auch eine selbständige Prüfung führt zu keinem anderen Ergebnis. In dieser Beziehung kann von den an sich zutreffenden Ausführungen in dem oben inhaltlich mitgeteilten Beschlusse des Oberlandesgerichts in Dresden ausgegangen werden, so daß im wesentlichen nur die dagegen erhobenen Bedenken zu erörtern sind. Diese Bedenken gipfeln in der Annahme, daß die Worte „Eintragungsbewilligung“ und „-antrag“ von dem Gesetze zur Bezeichnung formaler Rechtsakte gebraucht und verbraucht seien und daher nicht den Inhalt des materiellen Rechtsakts der Einigung bilden könnten. Damit wird auf die Unterscheidung zwischen materiellem und formellem Konsensprinzip hingewiesen, diese aber in ihrer Bedeutung verkannt. Das materielle Prinzip ist im § 873 B.G.B., das formelle im § 19 G.B.O. enthalten.

Ein materieller Konsens liegt vor, wenn der übereinstimmende Wille beider Teile dahin deutlich ausgedrückt ist, daß eine Rechtsänderung eintreten solle (Einigung). Die Rechtsänderung tritt mit der Eintragung ein. Daher enthält die Erklärung des Berechtigten, daß er die Rechtsänderung wolle, mit Notwendigkeit auch die Erklärung, daß er mit der Eintragung einverstanden sei, daß er sie bewillige, und die Erklärung des anderen Teiles, daß er mit dem Eintritte der Rechtsänderung einverstanden sei, enthält ebenso selbstverständlich die Erklärung, daß er die Rechtsänderung, also die Eintragung wolle, sie beantrage. Daraus ergibt sich ohne weiteres, daß eine (den Formvorschriften des § 29 G.B.O. entsprechende) Einigung in allen Fällen zur Herbeiführung der Eintragung ausreicht. Die Einigung enthält begrifflich die Eintragungsbewilligung und den Eintragungsantrag in sich. Es ist nicht erforderlich, daß die Worte „Bewilligung" und „Antrag" in der Einigung oder noch außer ihr gebraucht werden. Mit der Einigung und Eintragung ist die Rechtsänderung vollendet; ein weiterer Akt wird vom Gesetze nicht gefordert.

Aber die Eintragung setzt nicht in allen Fällen voraus, daß eine Einigung erklärt ist. Nur im Falle der Auflassung eines Grundstücks sowie im Falle der Bestellung oder Übertragung eines Erbbaurechts ist die Eintragung an dieses Erfordernis, an das Vorhandensein von Erklärungen beider Teile gebunden (§ 20 G.B.O.). In allen übrigen Fällen reicht eine der Erklärungen hin, aus denen sich die Einigung zusammensetzt, nämlich die Erklärung des Berechtigten, daß er die Rechtsänderung wolle (§ 19 G.B.O.). Der Grundbuchrichter muß sich also den im § 20 G.B.O. hervorgehobenen Fällen gegenüber mit einem minus begnügen. Selbst wenn nun mit der herrschenden Meinung angenommen wird, daß in den Fällen des § 19 G.B.O. der Berechtigte ausdrücken müsse, er wolle die Eintragung, er begehre, er bewillige sie, so würde daraus nur folgen, daß § 19 an den Inhalt oder Wortlaut der Erklärung des Berechtigten höhere Anforderungen stelle, als der § 873 B.G.B., daß der sogenannte formelle Konsens eines besonders prägnanten Ausdrucks bedürfe. Daraus würde sich aber, was die Vorinstanzen verkannt haben, ergeben, daß die Eintragungsbewilligung, wenn sie als Bestandteil einer Einigung erscheint, den Willen des Berechtigten, daß die Rechtsänderung eintreten solle, in besonders deutlicher Weise zum Ausdruck bringt. Die Annahme, daß die Eintragungsbewilligung etwas anderes und etwas anderartiges sei, als die zur Einigung erforderliche Erklärung des Berechtigten, erscheint mithin verfehlt.

Auch die Bedenken, daß die Eintragungsbewilligung keine rechtsgeschäftliche Erklärung sei, daß sie nicht dem anderen Teile, sondern dem Grundbuchamte gegenüber, um dieses in Tätigkeit zu setzen, erklärt werde, erscheinen als unbegründet. Die rechtsgeschäftliche Natur der Eintragungsbewilligung ergibt sich unzweideutig aus dem § 873 Abs. 2 B.G.B., nach dem sie dann ein Bestandteil der Einigung, also eines Rechtsgeschäfts ist, wenn sie in einer den Vorschriften der Grundbuchordnung entsprechenden Form ausgestellt, dem anderen Teile ausgehändigt und von ihm angenommen worden ist. Aber auch in den Fällen, wo sie nicht Bestandteil einer Einigung, sondern eine einseitige Erklärung ist, die dem Grundbuchamte gegenüber abgegeben wird (vgl. §§ 1188. 1195. 1196 B.G.B.), ist sie zweifellos rechtsgeschäftlicher Natur. Sie bildet die materielle Unterlage für die Eintragung. Die Tätigkeit des Grundbuchamts wird durch einen Antrag im Sinne des § 13 G.B.O. angeregt. Wird die Eintragungsbewilligung als Bestandteil einer Einigung, insbesondere, wie es bei der Auflassung erforderlich ist, in Gegenwart des anderen Teiles abgegeben, so richtet sie sich an den anderen Teil und kommt für den Grundbuchrichter nur als notwendige materielle Unterlage der Eintragung in Betracht.

Die zuletzt erörterten Bedenken werden auch hinsichtlich des Eintragungs**antrags** erhoben. Auch sie sind unbegründet. Es wird dabei übersehen, daß der Antrag in zweifacher Bedeutung vorkommt. Das Grundbuchamt verfährt der Regel nach nicht von Amts wegen, sondern es soll eine Eintragung nur auf Antrag bewirken (§ 13 G.B.O.), auch wenn sonst die materiellen Grundlagen der Eintragung vorliegen. In dieser Bedeutung ist der Antrag freilich weder eine rechtsgeschäftliche Willenserklärung, noch sonst ein materiellrechtliches Erfordernis, ist lediglich an das Grundbuchamt gerichtet und an keine Form gebunden. Er kann aber auch **zugleich** zum Ersatz einer zur Eintragung erforderlichen Erklärung dienen (§ 30 G.B.O.), und dann ist er insoweit offensichtlich rechtsgeschäftlicher Natur, gehört zu den zur Eintragung erforderlichen materiellen Unterlagen und bedarf daher der im § 29 G.B.O. vorgeschriebenen Form. In dieser Bedeutung und Form ist er z. B. der deutlichste und schärfste Ausdruck der Eintragungsbewilligung des Eigentümers, der eine Hypothek auf sein Grundstück eintragen lassen will. In dieser Bedeutung und Form richtet er sich, wenn ein zweiseitiges dingliches Rechtsgeschäft die Grundlage der Eintragung bildet, sowohl an die Gegenpartei als an den Grundbuchrichter. Er dient aber gemäß § 30 G.B.O. nicht bloß zum Ersatze der Eintragungsbewilligung, sondern zum Ersatze jeder zur Eintragung erforderlichen Erklärung, und es ist daher verfehlt, wenn gesagt wird, das Wort „Antrag" sei vom Gesetze zur Bezeichnung eines rein formalen Verfahrensakts verbraucht und könne demnach nicht einen rechtsgeschäftlichen Akt bezeichnen. Insbesondere hat ein so gearteter Antrag auch die Bedeutung der Annahme einer Eintragungsbewilligung, und diese Bedeutung tritt besonders klar hervor bei der Einigung, die — wie die Auflassung — bei gleichzeitiger Anwesenheit beider Teile erfolgen muß. Die Erklärung des Veräußerers, daß er dem anderen Teile sein Eigentum übertrage, oder die gleichwertige Erklärung, daß er die Eintragung des anderen Teiles als Eigentümers bewillige, stellt sich als Offerte dar, und wenn der andere Teil darauf mit dem Eintragungsantrag antwortet, so erklärt er damit unzweideutig die Annahme des Angebots. Es kann zugegeben werden, daß unter solchen Umständen der Antrag sich auch an das Grundbuchamt richtet mit dem Zwecke, dieses zur Eintragung zu veranlassen; aber verfehlt ist die Annahme, daß der Antrag begrifflich sich nur an das Grundbuchamt richten könne. Das Gegenteil ergibt sich klar aus dem im § 30 G.B.O. gebrauchten Worte „zugleich".

Demnach enthalten Eintragungsbewilligung und -antrag auch die zur Übertragung des Eigentums an einem Grundstück erforderliche Einigung.[1] Die Auflassung ist damit unzweideutig erklärt, und es

[1] Übereinstimmend: Fuchs, Grundbuchrecht Bd. 1 S. 214 flg.; Turnau u. Förster, Liegenschaftsrecht 2. Aufl. Bd. 1 S. 356, Bd. 2 S. 121 flg.; Achilles-Strecker, Grundbuchordnung S. 38 Anm. 4; Biermann, Sachenrecht 2. Aufl. S. 125; Lenel, Deutsche Juristenzeitung 1900 S. 206; Förster, in der Zeitschrift Das Recht 1900 S. 478, 1901 S. 71, 1903 S. 54 flg.; Dorst, Zeitschr. f. d. Notare 1900 S. 294; Seyffert, in Lobes Centralblatt Bd. 1 S. 391; Kockerols, das. Bd. 2 S. 80; anderer Meinung: Schröder, in der Zeitschrift Das Recht 1901 S. 14 und Pitel, in Lobes Centralblatt Bd. 2 S. 77 flg. D. E.

kann keine Rede davon sein, daß aus Bewilligung und Antrag nur auf eine vorausgegangene Auflassung geschlossen werden könne." ...

99. Einfluß nachträglicher Verfälschung des Wechselinhalts auf den Fortbestand der Verpflichtung früherer Wechselschuldner nach Maßgabe des echten Wechselinhalts.

I. Civilsenat. Urt. v. 8. April 1903 i. S. M. Erben (Kl.) w. F. (Bekl.). Rep. I. 311/02.

I. Landgericht Freiberg.
II. Oberlandesgericht Dresden.

Der Kläger nahm den Beklagten als Vorindossanten aus einem Wechsel über 3750 ℳ nebst Zinsen und Wechselunkosten in Anspruch und erlangte in zweiter Instanz zunächst ein dem Klagantrag entsprechendes Vorbehaltsurteil. Im Nachverfahren wurde von dem Beklagten u. a. eingewendet, daß bei Abgabe seines Giros die Wechselsumme nur auf 750 ℳ gelautet habe und erst nachträglich vom Wechselaussteller in den jetzt ersichtlichen Betrag verfälscht worden sei. Das Berufungsgericht machte seine Entscheidung im übrigen von einem richterlichen Eide des Beklagten über die behauptete Verfälschung der Wechselsumme abhängig, hielt jedoch in Höhe der 750 ℳ nebst Zinsen und verhältnismäßigen Wechselunkosten die Verurteilung des Beklagten aufrecht.

Die Revision des Beklagten gegen diese Verurteilung ist zurückgewiesen worden.

Aus den Gründen:

... „Das Berufungsgericht hält unter der Voraussetzung, daß der Beklagte den Urteilseid leistet, für festgestellt, daß zur Zeit der Girounterschrift des Beklagten die im Kontexte des Wechsels mit Buchstaben geschriebene Wechselsumme nur 750 ℳ betragen, und daß nachträglich der Aussteller des Wechsels, G. R., diese Wechselsumme durch Voranschreibung des Wortes „Dreitausend" gefälscht habe. In Höhe der ursprünglichen Wechselsumme zuzüglich der auf diesen Betrag anteilsweise entfallenden, in der Regreßsumme mitenthaltenen Wechselunkosten, zusammen 761,40 ℳ samt Wechselzinsen, sowie 2,54 ℳ eigener Provision aus der reduzierten Wechselsumme verurteilt es deshalb den Beklagten unbedingt durch entsprechende Aufrechterhaltung des Wechselurteils vom 30. Mai 1901. Die Revision erklärt dies für rechtsirrtümlich, weil durch die Fälschung der Wechselsumme auch die Verpflichtung des Beklagten aus der unverfälschten, ursprünglichen Wechselsumme erloschen sei. Es muß jedoch die Ansicht des Berufungsgerichts gebilligt werden. Zwar das in den Entsch. des R.G.'s in Civils. Bd. 32 S. 36 veröffentlichte Erkenntnis, wie das Berufungsgericht glaubt, kann diese Ansicht nicht für sich geltend machen. Allerdings nicht aus dem von der Revision hervorgehobenen Grunde, daß diese Entscheidung des VI. Civilsenats vom 2. November 1893 sich nur mit einem unwesentlichen Bestandteile des Wechsels, dem Domizilvermerke, beschäftige. Denn der dort auf S. 38 als notwendig und mit der herrschenden Lehre übereinstimmend ausgesprochene Grundsatz, daß jeder einzelne Unterzeichner einer Wechselerklärung nach Maßgabe desjenigen Inhaltes hafte, den der Wechsel zur Zeit der Abgabe seiner Unterschrift gehabt oder nachher zu seinem Nachteil unter seiner Zustimmung erhalten habe, wird in erster Linie gerade für Abänderungen eines wesentlichen Wechselbestandteils geltend gemacht und nur folgeweise auf die nachträgliche Hinzufügung des „an sich" nicht wesentlichen Domizilvermerks angewendet. Aber die damals zur Entscheidung stehende Frage war eine ganz andere. Es handelte sich darum, ob der beklagte Indossant gemäß dem von ihm selbst nachträglich beigefügten Domizilvermerke haftbar sei. Nur in der Beschränkung auf diese Frage darf man jene Äußerung verstehen, die, wenn sie für die völlig verschiedene Frage nach der Haftung aus dem ursprünglichen, aber später verfälschten Wechselinhalte gelten sollte, wenigstens nicht so allgemein hätte lauten können.

Über die Folgen einer Verfälschung des Wechselinhalts finden sich keine Bestimmungen in der Wechselordnung. Die Vorschriften der Artt. 75 und 76 über falsche und gefälschte Wechselunterschriften geben nur insofern einen Anhalt, als sie im allgemeinen für die Tendenz der Wechselordnung sprechen, die nachteiligen Wirkungen der Fälschungen und Verfälschungen nach Möglichkeit auszuschließen. Bei der Frage, ob trotz Verfälschung des Wechselinhaltes die Verpflichtung aus dem ursprünglichen Inhalte fortdauern könne, wird davon auszugehen sein, daß in dem Begriff der Verfälschung an sich nichts liegt, was diese Fortdauer hindert. Vielmehr wird das Entscheidende nur in der Art zu finden sein, in welcher die Verfälschung ausgeführt ist und danach auf die Integrität des echten Wechselinhaltes eingewirkt hat. Es läßt sich daher auf die Frage der Fortdauer keine allgemein gültige Antwort geben, sondern es muß diese Antwort nach Verschiedenheit der zu prüfenden Fälle auch verschieden lauten. Da die Wechselverpflichtung — mit der hier nicht interessierenden Ausnahme, die sich aus der in Art. 73 vorgesehenen Amortisation des Wechsels ergibt — nicht nur in ihrem Entstehen, sondern auch in ihrem Fortbestehen an die Verkörperung in und auf dem Wechselpapiere geknüpft ist, so kann nicht bestritten werden, daß es Fälle von Verfälschungen des Wechselinhalts geben kann, die mit der Zerstörung des ursprünglichen Inhalts auch die diesem Inhalt entsprechende ursprüngliche Verpflichtung durchaus und endgültig aufheben. So z. B., wenn dieser Inhalt durch Radieren, Ab- und Ausschneiden beseitigt worden ist. Dann ist dieser Inhalt vom Wechsel verschwunden; er ist nicht mehr vorhanden und kann auch, da er nachträglich nicht wiederhergestellt, sondern nur neu geschaffen werden könnte, nicht wieder ins Leben treten. Deswegen werden regelmäßig mit dem Erlöschen der früheren Wechselverpflichtungen verbunden sein diejenigen Verfälschungen, welche in einer Änderung des Datums, des Zahlungsortes, eines Namens (wenn dieser wesentlich ist) und dergleichen bestehen. Daneben kommen aber Fälle vor, wo die fälschende Veränderung den ursprünglichen Text nicht affiziert, sondern ihn dergestalt unberührt läßt, daß er neben der Veränderung in voller Integrität bestehen bleibt und nach Entfernung des fälschenden Zusatzes, sei es in Gedanken, sei es tatsächlich, auch in dieser seiner Integrität wieder erkennbar wird. Ein Grund, auch in diesen Fällen die ursprüngliche Verpflichtung infolge der Verfälschung erlöschen zu lassen, ist nicht vorhanden. Weder allgemeine Rechtsgrundsätze noch die besondere Natur des formellen Wechselrechts verlangen diese Konsequenz. Im Gegenteile muß die bereits berührte konservatorische Tendenz der Wechselordnung, welche in den Artt. 75 und 76 Ausdruck gefunden hat, dazu führen, hier die ursprünglichen Wechselverpflichtungen aufrecht zu erhalten. Ein solcher Fall liegt gegenwärtig vor. Die Verfälschung besteht nur in dem dem echten Texte vorangesetzten Worte

„Dreitausend" und hat diesen Text sonst völlig intakt gelassen. Und zwar ist hier die ursprüngliche Wechselsumme von dem Zusatze so wenig berührt worden, daß nicht nur ihre äußere, sondern auch ihre innere Integrität — nach dem Zahlenwerte — durchaus gewahrt geblieben ist. Das Reichsoberhandelsgericht hat in dem in Bd. 23 S. 399 flg. seiner Entscheidungen veröffentlichten Falle, wo die ursprüngliche Wechselsumme von 3000 ℳ in 30000 ℳ verfälscht war, die früheren Wechselverpflichtungen als erloschen angesehen. Dieser Fall war dem vorliegenden schon aus dem Grunde nicht gleich, weil dort durch den fälschenden Zusatz der echte Text wenigstens in seinem Zahlenwerte verändert, nämlich um eine Dezimale vorgeschoben war. Darauf ist auch in den begründenden Ausführungen Gewicht gelegt; es ist geltend gemacht, daß „die Zahl und das Wort, also der Begriff 3000, aus der Obligation entfernt, zerstört" worden sei. Schon diese Verschiedenheit der beiden Fälle würde es rechtfertigen, die vorliegend zu prüfende Verfälschung abweichend zu behandeln. Der Senat steht aber auch nicht an, in der Entscheidung des Reichsoberhandelsgerichts eine nicht zu billigende Überspannung bloß formaler Betrachtungsweise zu erblicken. Einer genaueren Feststellung der Grenzen, innerhalb welcher die Integrität des ursprünglichen Textes noch könnte angenommen werden, z. B. ob dies noch in dem in den Entsch. des R.O.H.G.'s Bd. 5 S. 373 referierten Falle der Verfälschung von 164 Fl. in 464 Fl. tunlich wäre, bedarf es vorliegend nicht, da in dieser Richtung keine Zweifel bestehen können."...

---

100. 1. Kann bei Gesellschaften m. b. H. die Einzahlung auf die Stammeinlage durch vertragsmäßige Aufrechnung wirksam geschehen?

2. Kann die erfolgte Eintragung eines Kapitalerhöhungsbeschlusses in das Handelsregister aus dem Grunde angefochten werden, daß die von den Geschäftsführern bei der Anmeldung abgegebene Versicherung tatsächlich unrichtig gewesen sei?

3. Wirkung der Kaduzierung und Versteigerung eines auf das erhöhte Stammkapital erworbenen Geschäftsanteils vor Eintragung des Erhöhungsbeschlusses in das Handelsregister.

Gesetz, betr. die Gesellschaften m. b. H., v. 20. Mai 1898 §§ 8. 14. 19. 54. 57.

I. Civilsenat. Urt. v. 27. April 1903 i. S. M. (Bekl.) w. E. M. & Co. (Kl.). Rep. I. 120/03.

I. Landgericht I Berlin.
II. Kammergericht daselbst.

Der Beklagte war Gesellschafter der am 4. Mai 1897 mit einem Stammkapital von 1000000 ℳ gegründeten klagenden Gesellschaft m. b. H. Durch notariellen Gesellschaftsbeschluß vom 8. März 1899 wurde die Erhöhung des Stammkapitals um 250000 ℳ bestimmt. Der Beklagte trat diesem Beschlusse durch notarielle Erklärung vom 4. April dess. Jahres bei und übernahm dabei eine auf das erhöhte Stammkapital zu lei ende Stammeinlage von 50000 ℳ. Bevor der Erhöhungsbeschluß in das Handelsregister eingetragen wurde, führte die Gesellschaft gegen den Beklagten, der mit der Einzahlung der einberufenen 25 Prozent dieser weiteren Einlage = 12500 ℳ säumig war, das Kaduzierungsverfahren durch und versteigerte am 16. September 1899 dessen neuen Geschäftsanteil öffentlich; der Geschäftsanteil wurde dem Architekten v. H. zugeschlagen. Daraufhin nahm die Klägerin den Beklagten auf den Ausfall in Anspruch. Diese Klage wurde jedoch durch das rechtskräftig gewordene Urteil vom 20. März 1900 mit der Begründung abgewiesen, daß die vor der Eintragung des Erhöhungsbeschlusses in das Handelsregister ergangene Verlustigerklärung rechtsunwirksam gewesen sei. Inzwischen hatte ein anderer Gesellschafter, Kaufmann K., für den Beklagten den rückständigen Betrag von 12500 ℳ in der Weise entrichtet, daß er von seiner höheren fälligen Forderung an die Klägerin eine entsprechende Summe zur Aufrechnung stellte. In den Büchern der Klägerin wurde dieser Betrag dem K. belastet und dem Beklagten als Einzahlung auf seine neue Stammeinlage gut geschrieben. Die Geschäftsführer der Klägerin gaben nunmehr vor dem Gerichte die gesetzlich erforderte Versicherung ab, daß die vorgeschriebenen Leistungen auf die weiteren Stammeinlagen bewirkt seien, und der Gegenstand dieser Leistungen sich in ihrer freien Verfügung befinde. Am 3. Januar 1900 erfolgte die Eintragung des Erhöhungsbeschlusses in das Handelsregister.

Nunmehr verlangte die Klägerin vom Beklagten die Einzahlung des Restbetrages von seiner neuen Stammeinlage mit 37500 ℳ. Der Beklagte stützte seinen Antrag auf Klagabweisung darauf, daß

1. die durch K. bewirkte Aufrechnung keine gesetzlich wirksame Einzahlung der eingerufenen 25 Prozent der neuen Stammeinlage enthalten habe, und danach auch die Versicherung bei der Anmeldung unzutreffend gewesen, und die Eintragung in das Handelsregister zu unrecht erfolgt sei;

2. das im Vorprozesse ergangene Urteil dem Ersteigerer, Architekten v. H., der in gutem Glauben sei, nicht präjudiziere und daher die Klägerin, da v. H. die Zurückgewährung des erworbenen Geschäftsanteils verweigere, gar nicht in der Lage sei, ihm, dem Beklagten, den Geschäftsanteil wieder zu verschaffen.

Das Landgericht sprach die Verurteilung des Beklagten nach dem Klagantrage, jedoch nur „Zug um Zug gegen Gewährung eines Geschäftsanteils der Klägerin zum Nominalbetrage von 50000 ℳ auf das durch Beschluß vom $\frac{8.\text{ März}}{4.\text{ April}}$ 1899 erhöhte Kapital", aus. Die Berufung des Beklagten hatte keinen Erfolg; dagegen kam auf die Anschlußberufung der Klägerin der erwähnte Vorbehalt in Wegfall.

Die Revision des Beklagten ist zurückgewiesen worden aus folgenden

Gründen:

„Das Landgericht geht davon aus, daß die vom Mitgesellschafter K. vorgenommene Berichtigung der eingerufenen Rate des Beklagten von seiner Einlage auf das erhöhte Stammkapital, da sie nur durch Aufrechnung bewirkt worden sei, eine wirkliche Einzahlung nicht darstelle, und daß daher die Versicherung der Geschäftsführer bei der Anmeldung der Stammkapitalserhöhung zum Handelsregister tatsächlich unrichtig gewesen sei. Diese Frage läßt das Berufungsgericht unentschieden, weil die Zulässigkeit der Aufrechnung für den Fall einem Bedenken unterliege, daß etwa nach der damaligen Bilanz eine Vermögensunzulänglichkeit der Klägerin bestanden haben sollte. Beide Instanzen sind dann aber übereinstimmend der Ansicht, daß es auf die tatsächliche Richtigkeit oder Unrichtigkeit der nach § 57 Abs. 2, § 8 Abs. 2 des Gesetzes vom $\frac{20.\text{ April } 1892}{20.\text{ Mai } 1898}$ abzugebenden Versicherung nicht ankomme, daß vielmehr allein die Eintragung in das Handelsregister entscheide. Hiergegen wendet sich die Revision. Ihre Angriffe mußten indessen schon daran scheitern, daß im vorliegenden Falle eine den gesetzlichen Anforderungen genügende Einzahlung des eingerufenen Teiles nachgewiesen ist. Das Gesetz verlangt nicht „bare" Einzahlung. In § 19 Abs. 2 ist auch nicht die Aufrechnung überhaupt, sondern nur die einseitige Aufrechnung durch den Gesellschafter ausgeschlossen. Vorliegend handelt es sich aber um eine von der Gesellschaft angenommene, vereinbarte Aufrechnung. Es steht weiter fest, daß bei der Aufrechnung dem Mitgesellschafter K. eine dem aufgerechneten Betrag entsprechende fällige Forderung gegen die Gesellschaft zustand. Durch die Aufrechnung ist daher ein die Schuld des Beklagten deckender Wert in das Vermögen der Gesellschaft gelangt. Unter solchen Umständen ist die Zulassung der Aufrechnung unbedenklich. Mit Unrecht beruft sich das Landgericht auf das Urteil des erkennenden Senats vom 25. Mai 1898 in den Entsch. des R.G.'s in Civils. Bd. 41 S. 120 flg. Der dort behandelte Fall lag völlig verschieden; die Zulässigkeit einer vertragsmäßigen Aufrechnung wurde nur beanstandet, weil „eine für die Überlassung von Vermögensgegenständen zu gewährende Vergütung" (§ 19 Abs. 3 des Ges.) zur Aufrechnung benutzt werden sollte (S. 124). Gegenüber dem Bedenken des Kammergerichts muß allerdings zugegeben werden, daß dann, wenn zur Zeit der Aufrechnung das Vermögen der Gesellschaft nicht hingereicht hätte, um ihre Schulden zu decken, und sonach die aufgerechnete Forderung des K. nicht vollwertig gewesen wäre, die Wirkung der Aufrechnung als Einzahlung berechtigten Zweifeln unterliegen würde. Allein die Verhandlungen ergeben nicht den geringsten Anhalt für eine solche Annahme, und die bloße Möglichkeit, daß das Vermögen der Gesellschaft unzureichend sein konnte, die freilich immer denkbar ist, kann keinen Anspruch auf Berücksichtigung erheben. Aber auch abgesehen hiervon erweisen sich die Angriffe der Revision als verfehlt. Mit den Vorinstanzen ist vielmehr anzuerkennen, daß auch dann, wenn man die Unrichtigkeit der abgegebenen Versicherung unterstellt, die daraufhin erfolgte Eintragung des Erhöhungsbeschlusses in das Handelsregister zu Recht besteht, so daß der Wirksamkeit dieses Beschlusses die Bestimmung des § 54 Abs. 3 des Ges. nicht mehr entgegen gehalten werden kann. Nicht zu prüfen ist, ob eine Eintragung angefochten oder etwa nach § 144 des Ges. über die Angelegenheiten der freiwilligen Gerichtsbarkeit von Amts wegen gelöscht werden könnte, wenn die vorgeschriebene Versicherung überhaupt nicht abgegeben worden wäre, wenn also ein formaler Mangel des Verfahrens vorliegen würde. Ein solcher

Fall steht nicht in Frage. Vielmehr handelt es sich nur um die — der Prüfung des Registerrichters gar nicht zugängliche — sachliche Unrichtigkeit der abgegebenen Versicherung. Daß ein solcher Mangel die Wirksamkeit der einmal erfolgten Eintragung hindern oder aufheben könnte, läßt sich aus den Bestimmungen des Gesetzes nicht entnehmen und würde auch mit der Bedeutung der Eintragung für die Öffentlichkeit nicht vereinbar sein. In diesem Sinne hat auch schon die bisherige Rechtsprechung, sowohl des Reichsoberhandelsgerichts, wie des Reichsgerichts, die von den materiellen Unterlagen unabhängige Wirksamkeit der vollzogenen Registereintragung anerkannt. Die Revision freilich stellt dies in Abrede. Sie meint, daß dieser Grundsatz nicht allgemein ausgesprochen worden sei, sondern nur für Fälle, wo, wie bei Liquidation, Konkurs, das Interesse Dritter, der Gläubiger, in Frage stehe: diesen gegenüber solle die einmal geschehene Eintragung unanfechtbar sein, während den Gesellschaftern unter sich die Geltendmachung materieller Einwendungen nicht entzogen sei. Das Letztere ist in gewissem Umfange richtig, hat aber für den vorliegenden Streit keine Bedeutung. Es handelt sich gar nicht darum, ob der Beklagte den Kapitalerhöhungsbeschluß oder seine Übernahme eines Anteils an dem erhöhten Stammkapital aus irgend einem Grunde anfechten könnte. Gegen die Gültigkeit dieser Akte hat er selbst nicht den geringsten Einwand erhoben. In Frage kommt nur, ob durch die Eintragung des Erhöhungsbeschlusses in das Handelsregister die unerläßliche Voraussetzung für dessen rechtliche Wirksamkeit gegeben sei, und in dieser Richtung kann nicht zugegeben werden und findet auch in den von der Revision angeführten Entscheidungen keinen Anhalt, daß ein Unterschied zu machen sei, je nachdem es sich um die Beziehungen der Gesellschafter unter sich und zu der Gesellschaft oder um die Interessen der Gläubiger handelt. Verfehlt ist auch der Angriff der Revision, wenn sie eine Verpflichtung der Gesellschaft zum Schadensersatze für die durch die Geschäftsführer mittels unrichtiger Angaben „erschlichene" Eintragung in das Handelsregister zu konstruieren versucht, um daraus abzuleiten, daß die Klägerin, wenn die Eintragung wirksam sei, den früheren Zustand wieder herstellen müßte, so daß der Beklagte im Ergebnis doch nicht in Anspruch könnte genommen werden. Ganz abgesehen davon, daß ein solcher Einwand in den Vorinstanzen nicht erhoben worden ist, ergibt sich ohne weiteres die

Unschlüssigkeit des Vorbringens. Die Erwirkung der Registereintragung ist eine selbstverständliche Konsequenz aus dem im Erhöhungsbeschluß erklärten Willen, an welchem auch der Beklagte teilgenommen hat. Wenn die Eintragung die Wirkung hat, daß er nun seiner Übernahmeerklärung gemäß in Anspruch genommen werden kann, was er früher nicht konnte, so ist doch in der Herbeiführung dieser Änderung keine Beschädigung des Beklagten, am allerwenigsten eine widerrechtliche Beschädigung enthalten. Daß ihm gerade aus dem angeblich unrichtigen Inhalte der von den Geschäftsführern zur Erwirkung der Eintragung abgegebenen Versicherung ein Schaden erwachsen sei, ist nicht behauptet.

Der Beklagte hat der Klage gegenüber weiter eingewendet, daß infolge des — wenn auch für nichtig erklärten — Kaduzierungsverfahrens der gutgläubige Erwerber des Geschäftsanteils zu schützen, und daher die Klägerin gar nicht mehr in der Lage sei, ihm, dem Beklagten, diesen Geschäftsanteil, auf welchen die eingeklagte Zahlung geschuldet werde, zu verschaffen. Diesen Einwand haben beide Instanzen für unbegründet erklärt. Das Landgericht ist zu diesem Ergebnis aus der Ansicht heraus gelangt, daß die Klägerin nur einen äquivalenten, nicht den identischen früheren Geschäftsanteil des Beklagten einzuräumen habe, und hat dann auch in Konsequenz dieser Auffassung die Verurteilung des Beklagten nur Zug um Zug gegen Gewährung eines Geschäftsanteils von 50000 *M* ausgesprochen. Diese Ansicht ist verfehlt. Der Revision muß zugegeben werden, daß, wenn sein Geschäftsanteil infolge der Versteigerung auf den Architekten v. H. übergegangen ist, der Beklagte sich nicht gefallen zu lassen braucht, mit einem anderen, wenn auch gleich hohen, Geschäftsanteil abgefunden zu werden. Im Gegensatze zum Landgericht hat die Berufungsinstanz angenommen, daß von einem Übergange des Geschäftsanteils auf den Ersteigerer v. H. keine Rede sein könne, daß vielmehr dem Beklagten nach wie vor, und ohne daß es eines besonderen Verschaffungsaktes seitens der Klägerin bedürfe, der ursprüngliche Geschäftsanteil ungeschmälert zustehe. Sie hat deshalb den Vorbehalt bei der Verurteilung des Beklagten gestrichen. Die Begründung dieser Ansicht ist darauf gestützt, daß das in den Entsch. des R.G.'s in Civils. Bd. 27 S. 50 veröffentlichte Urteil hier nicht verwendet werden könne, weil die Vorschriften der Artikel 306 flg. des A.D.H.G.B.'s, welche es selbst als seine rechtliche Grundlage bezeichne, nur auf körperliche Sachen, nicht aber auf Geschäftsanteile einer Gesellschaft m. b. H. Bezug hätten, und weil, auch wenn die Bestimmungen in §§ 42 flg. A.L.R. I. 15 Anwendung finden sollten, doch aus § 39 I. 11 daselbst sich ergebe, daß durch die Versteigerung ein Kaufgeschäft über den gar nicht vorhandenen Geschäftsanteil nicht zu stande gekommen sei. Im Ergebnis ist dem beizustimmen. Die Revision versucht zwar in eingehender Ausführung den Nachweis zu erbringen, daß das erwähnte reichsgerichtliche Urteil seinen Ausspruch keineswegs auf körperliche Sachen habe beschränken wollen. Darauf braucht nicht näher eingetreten zu werden. Denn selbst wenn dies richtig wäre, so könnte daraus doch nicht folgen, daß der Schutz des gutgläubigen Erwerbes auch auf die Ersteigerung eines Geschäftsanteils, der rechtlich noch gar nicht bestand, auszudehnen sei. Dies ist das Entscheidende. Es handelt sich nur um den Erwerb des Eigentums. Dieser aber kann an einem nicht existierenden Gegenstand unter keinen Umständen und nach keinem Rechte statt haben. Welche obligatorischen Beziehungen durch die Versteigerung entstanden sind, ist für die vorliegende Frage gleichgültig. Es ist deshalb zu bezweifeln, aber auch unerheblich, ob es nötig war, die vom Berufungsgericht angeführten Bestimmungen des A.L.R. heranzuziehen. Bei der mündlichen Verhandlung hat der Prozeßbevollmächtigte der Revisionsklägerin noch geltend gemacht, daß von dem Beklagten auch behauptet worden sei, der Architekt v. H. sei auf vorherige Anmeldung, nachdem die notarielle Versteigerungsverhandlung zu den Registerakten eingereicht worden sei, als Gesellschafter in das Gesellschaftsregister eingetragen worden. Diese Behauptung könnte von Bedeutung sein, wenn sich daraus entnehmen ließe, daß die Klägerin den Geschäftsanteil des Beklagten nachträglich, nachdem er rechtlich entstanden war, dem v. H. übereignet habe. Allein dies ergibt die Behauptung nicht. Abgesehen aber davon ist sie für den vorliegenden Streit nicht von Erheblichkeit. Mitgesellschafter würde der v. H. dadurch nicht geworden sein, und einen Anspruch auf Berichtigung hat der Beklagte nicht erhoben." . .

101. Kann, nachdem Verkauf und Übergabe beweglicher Sachen ohne Eigentumsvorbehalt erfolgt waren, das Eigentum auf den Verkäufer in der Weise wirksam zurückübertragen werden, daß die Vertragschließenden nachträglich einfach vereinbaren, der Verkauf solle unter dem Eigentumsvorbehalte geschehen sein?

B.G.B. §§ 929. 930. 868.

II. Civilsenat. Urt. v. 28. April 1903 i. S. Sch. (Bekl.) w. A. R. (Kl.). Rep. II. 461/02.

I. Landgericht Arnsberg.
II. Oberlandesgericht Hamm.

Die Klägerin verkaufte und übergab im Dezember 1899 dem Beklagten eine Anzahl Möbel für 4700 ℳ, zahlbar 4 Monate nach Empfang der Sachen, und verkaufte sie ihm von neuem durch schriftlichen Vertrag vom 28. September 1900 auf Ratenzahlungen unter Vorbehalt des Eigentums bis zur völligen Tilgung des Kaufpreises von 4700 ℳ nebst Zinsen seit dem 1. Juli 1900. Nach der Behauptung der Klägerin war dem letzteren Vertrage eine mündliche Vereinbarung der Parteien dahin vorausgegangen, daß das Eigentum an den Sachen auf die Klägerin wieder „übergehen solle, bezw. wieder übergegangen sei", daß aber der Gewahrsam der Sachen dem Beklagten als Verwahrer und Nutznießer, jedenfalls so bleiben solle, als seien ihm die Sachen nur unter Vorbehalt des Eigentums bis zur Tilgung des Preises überlassen. Die Klägerin verlangte Anerkennung ihres Eigentums an den Sachen bis zur völligen Tilgung des Kaufpreises. Der Beklagte widersprach. Das Landgericht wies die Klage ab. Das Berufungsgericht verurteilte den Beklagten nach dem Klagantrage. Auf die Revision des Beklagten wurde das Berufungsurteil aufgehoben, und die Klage abgewiesen aus folgenden

Gründen:

„Der Revision war stattzugeben, da der gegen die Annahme des Berufungsgerichts, die Klägerin sei Eigentümerin der streitigen Gegenstände, erhobene Revisionsangriff für durchgreifend erachtet werden mußte. Es steht fest, daß durch den im Dezember 1899 zwischen den Parteien abgeschlossenen Vertrag der Beklagte Eigentümer der ihm von der Klägerin damals ohne Eigentumsvorbehalt verkauften und übergebenen Gegenstände geworden war, an welchen jetzt die Klägerin ihr Eigentum anerkannt wissen will. Das Berufungsgericht geht bei der Beurteilung der Sache zutreffend davon aus, daß der Eigentumsvorbehalt der Klägerin nur im Falle des stattgehabten Rückerwerbes der Sachen durch sie rechtswirksam sein würde, und daß hierzu gemäß den §§ 929. 930 B.G.B. die Einigung der Parteien über die Rückübertragung des Eigentums an den Sachen und weiter, zum Ersatze der tatsächlich nicht erfolgten Rückgabe der Sachen an die Klägerin, die Vereinbarung eines Rechtsverhältnisses erforderlich gewesen sei, vermöge dessen die Klägerin als Erwerberin der Sachen den mittelbaren Besitz derselben erlangte, sowie daß zur Herbeiführung des mittelbaren Besitzes der Klägerin nach § 868 B.G.B. der Beklagte Besitzer der Sachen als Nießbraucher, Pfandgläubiger, Pächter, Mieter, Verwahrer oder in einem ähnlichen Verhältnisse habe werden müssen, vermöge dessen er der Klägerin gegenüber auf Zeit zum Besitze berechtigt oder verpflichtet war. Das Berufungsgericht stellt nun Willenseinigung der Parteien über den Eigentumsübergang auf die Klägerin und eine mündliche Vereinbarung dahin fest, daß der Beklagte fortan die Sachen auf Grund des schriftlichen Vertrags vom 28. September 1900 besitzen solle. In dem letzteren findet es die Vereinbarung eines „ähnlichen Verhältnisses" im Sinne des bezogenen § 868, durch welches infolge des darin für die Klägerin gemachten Vorbehalts des Eigentums an den verkauften Sachen bis zur Tilgung des Kaufpreises der Beklagte nur auf Zeit zum Besitze der Sachen berechtigt, und demgemäß die Klägerin mittelbare Besitzerin geworden sei. Dies ist nach den vorliegenden Umständen rechtlich zu beanstanden. Anzuerkennen ist, daß der Eigentumsvorbehalt, wie er hinsichtlich des Kaufvertrags im § 455 B.G.B. Erwähnung gefunden hat, bei der Übergabe der verkauften Sachen an den Käufer rechtlich möglich ist, und daß in solchem Falle, auch wenn dem Käufer nicht die Verpflichtung eines Verwahrers oder Verwalters besonders auferlegt ist, der Käufer unmittelbarer, der Verkäufer mittelbarer Besitzer der Kaufsache wird, also ein Verhältnis von der im § 868 B.G.B. erforderten Art geschaffen wird. Durch den Vertrag vom 28. September 1900 wurde jedoch ein solches Verhältnis nicht geschaffen. Nach dem Inhalte desselben „liefert" nämlich zwar die Klägerin unter Vorbehalt des Eigentums dem Beklagten die von diesem „bestellten" Möbel zum Preise von 4700 *M*, welcher in Raten bezahlt und vom 1. Juli 1900 ab verzinst werden soll. Unstreitig waren aber dieselben Möbel zu demselben in Raten zahlbaren Preise dem Beklagten von der Klägerin auf Grund des Vertrags vom Dezember 1899 bereits geliefert worden. In Wirklichkeit handelt es sich also bei dem Vertrage vom 28. September 1900 nicht um den Abschluß eines neuen Lieferungsvertrags, sondern um die Wiederholung des im Dezember 1899 abgeschlossenen Vertrags, welcher lediglich aufrecht erhalten und durch Hinzufügung des Eigentumsvorbehalts ergänzt wurde, woraus sich auch der Umstand erklärt, daß der Beginn der Verpflichtung des Beklagten zur Zahlung von Zinsen des Kaufpreises auf den vor dem Abschluß des Vertrags vom 28. September 1900 liegenden Zeitpunkt des 1. Juli 1900 festgesetzt wurde. Eine Veränderung der bestehenden Verhältnisse ist demnach durch den Vertrag vom 28. September 1900 nur in der Willenslage der Parteien eingetreten, indem der Beklagte unter Zustimmung der Klägerin seinen Vertragswillen zu erkennen gegeben hat, bis zur Tilgung des Kaufpreises die streitigen Sachen nicht mehr für sich, sondern für die Klägerin zu besitzen. Durch den Vertrag ist aber nicht ein neues Rechtsverhältnis geschaffen worden, welches, wie z. B. ein Rückkauf, der Veränderung des Willens zur Grundlage und Erklärung hätte dienen können. Es liegt lediglich ein abstraktes constitutum possessorium vor, und fehlt das konkrete Rechtsverhältnis, dessen Hinzutritt erforderlich ist, wenn das constitutum possessorium als Äquivalent der körperlichen Übergabe das Erfordernis des dinglichen Vertrags erfüllen soll. Vgl. hierzu das Urteil des erkennenden Senats vom 15. November 1901 in den Entsch. des R.G.'s in Civils. Bd. 49 S. 170 flg.

Hiernach konnte durch die von dem Berufungsgericht festgestellte Vereinbarung der Parteien das Eigentum an den streitigen Gegenständen auf die Klägerin nicht übergehen, und selbstverständlich ein Eigentum, welches nicht bestand, von ihr nicht mit rechtlicher Wirkung vorbehalten werden. Das Berufungsgericht verkennt dies und hat durch seine Entscheidung die §§ 930. 868 B.G.B. verletzt. Die angefochtene Entscheidung unterliegt daher der Aufhebung. Auch war die Klage ohne weiteres abzuweisen. Denn auch die von der

Klägerin behauptete, von der durch das Berufungsgericht festgestellten etwas abweichende Vereinbarung ist nicht geeignet, den Rückerwerb der streitigen Sachen durch die Klägerin und die Gültigkeit ihres Eigentumsvorbehalts darzutun. Danach soll dem schriftlichen Vertrage vom 28 September 1900 eine mündliche Vereinbarung der Parteien dahin vorausgegangen sein, daß der Gewahrsam der Sachen dem Beklagten als Verwahrer und Nutznießer, jedenfalls so bleiben solle, als seien ihm die Sachen nur unter Vorbehalt des Eigentums bis zur Tilgung des Kaufpreises überlassen. Diese Vereinbarung würde, wenn sie erfolgt ist, noch deutlicher, als die von dem Berufungsgericht festgestellte, den Mangel der Begründung eines konkreten Rechtsverhältnisses ergeben, welches nach den obigen Ausführungen vorhanden sein mußte, um den Übergang des Eigentums an den streitigen Sachen auf die Klägerin als bewirkt anzusehen. Damit wäre auch dem in dem nachfolgenden Vertrage vom 28. September 1900 für die Klägerin vereinbarten Eigentumsvorbehalte der Boden entzogen."

---

102. Sind die Vorschriften der §§ 2325—2329 B.G.B. anwendbar, wenn der Erblasser eine Stiftung, insbesondere eine Familienstiftung oder eine nach preußischem Recht zu beurteilende Fideikommißstiftung, errichtet hatte?

IV. Civilsenat. Urt. v. 30. April 1903 i. S. v. C. u. Gen. (Kl.) w. v. C.'sche Familienstiftung u. Gen. (Bekl.). Rep. IV. 29/03.

I. Landgericht I Berlin.
II. Kammergericht daselbst.

Aus den Gründen:

..."Ob ... die Vorschriften der §§ 2325 flg. B.G.B. ... anwendbar sind, wenn es sich nicht um eine Zuwendung an eine dritte bereits existierende physische oder juristische Person, sondern um die Dotierung einer Stiftung handelt, welche selbst erst durch den die fragliche Dotierung enthaltenden Stiftungsakt ins Leben gerufen wurde, kann als zweifelhaft bezeichnet werden. Da jedoch im wirtschaftlichen

Ergebnisse für den Pflichtteilsberechtigten kein Unterschied besteht, ob der Erblasser sein Vermögen durch die Errichtung einer Stiftung oder durch schenkungsweise Zuwendung an eine bereits bestehende Stiftung vermindert, und da der den §§ 2325 flg. a. a. O. zu grunde liegende leitende Gedanke in beiden Fällen in gleicher Weise zutrifft, so erscheint es geboten, eine entsprechende Anwendung der fraglichen Gesetzesbestimmungen auch in den Fällen zuzulassen, in welchen vom Erblasser durch Rechtsgeschäft unter Lebenden nicht eine bestehende Stiftung bereichert, sondern eine neue Stiftung begründet worden war.

Vgl. übrigens die Protokolle der II. Kommission S. 7630—7634 und S. 5390.

Der Berufungsrichter hat dies zwar im allgemeinen ebenfalls angenommen; er ist jedoch im vorliegenden Falle zu dem Ergebnisse gelangt, daß die Klage dennoch zurückzuweisen sei. Diese Entscheidung kann nicht gebilligt werden.

A. Was zunächst die vom Erblasser errichteten Familienstiftungen betrifft, so ... nimmt der Berufungsrichter selbst, und zwar mit Recht, an, daß beide Familienstiftungen, welche die gerichtliche Bestätigung erlangt haben, mit selbständiger juristischer Persönlichkeit bekleidet seien. Die bei der Errichtung aus dem Vermögen des Stifters ausgesonderten und den Stiftungen zugewendeten Vermögensgegenstände wurden also Bestandteile des Stiftungsvermögens, welches dem eigenen Vermögen des Stifters seitdem als ein neues, einem anderen Subjekte zustehendes, mithin fremdes Vermögen gegenüber getreten ist, und welches ebenso auch dem eigenen Vermögen der einzelnen Familienmitglieder als ein besonderes und selbständiges Vermögen gegenübersteht. Begrifflich besteht danach überhaupt kein Unterschied zwischen der Dotierung einer Familienstiftung und der Dotierung einer rechtsfähigen Stiftung anderer Art. Ebenso wie die Errichtung einer anderen rechtsfähigen Stiftung wird daher auch die durch Rechtsgeschäft unter Lebenden ausgeführte Begründung einer Familienstiftung an sich als eine der Schenkung im Sinne des § 2325 B.G.B. analog zu behandelnde Zuwendung an einen Dritten angesehen werden müssen. Auch der Erfolg für den Pflichtteilsberechtigten ist in allen Fällen, in denen der Erblasser einen Teil seines Vermögens schon bei Lebzeiten zu Stiftungszwecken hergab, insofern ein gleicher, als das der Stiftung vom Erblasser zugewendete Vermögen stets zu einer Schmälerung des Vermögens des Stifters und damit seines Nachlasses führt. Eine Milderung oder völlige Beseitigung dieser für den Pflichtteilsberechtigten ungünstigen Wirkung kann aber eintreten, wenn und soweit ihm bei der Errichtung der Familienstiftung, in Gemäßheit der Stiftungssatzungen, gewisse Bezüge oder sonstige vermögensrechtliche Vorteile zugewiesen werden. Hierdurch wird an sich die Natur des in der Errichtung der Stiftung liegenden Dotationsgeschäfts zwar nicht verändert; auch bleibt hier die vom Erblasser dotierte Stiftung für den Pflichtteilsberechtigten immer ein „Dritter"; es entsteht aber die Frage, ob der Pflichtteilsberechtigte für befugt erklärt werden darf, neben den ihm stiftungsmäßig zugewendeten Vermögensvorteilen und unabhängig hiervon eine Ergänzung seines Pflichtteils lediglich nach Maßgabe des § 2325 und des § 2329 B.G.B. zu verlangen, oder ob er sich dabei nach Analogie des § 2327 a. a. O. den Wert derjenigen Zuwendungen anrechnen lassen muß, welche er durch eben dieselbe Stiftung mittelbar empfängt. Diese Frage ist im letzteren Sinne zu entscheiden. Allerdings kann von einem „Geschenke", welches der Pflichtteilsberechtigte vom Erblasser erhalten habe, hier ebensowenig gesprochen werden, wie sich die Dotierung der Stiftung selbst als eine „Schenkung" darstellte; ist aber die Dotierung der Stiftung für die Pflichtteilsergänzungsklage wie eine Schenkung im Sinne des § 2325 a. a. O. zu behandeln, so wird auch die Zuwendung, welche der Erblasser seinen Pflichtteilserben mittels dieser Stiftung aus dem Stiftungsvermögen zukommen läßt, einer gleichen beziehungsweise entsprechenden Behandlung unterworfen werden dürfen....

B. Zu einem ähnlichen Ergebnisse muß man auch bezüglich der hier in Rede stehenden Familienfideikommißstiftungen gelangen.

Allerdings besteht zwischen der rechtlichen Natur eines Familienfideikommisses und einer anderen Stiftung (im gewöhnlichen Sinne) ein wesentlicher Unterschied. Dies zeigt sich namentlich, wenn man die rechtliche Stellung ins Auge faßt, welche einerseits der jeweilige Fideikommißbesitzer und andererseits der Kreis der zur Nachfolge berufenen Anwärter dem Fideikommißvermögen gegenüber einnimmt. In dieser Beziehung hat das preußische Allgemeine Landrecht, dessen

Vorschriften über Familienfideikommisse nach Art. 59 Einf.-Ges. zum B.G.B. unberührt geblieben sind, in den §§ 72. 73 Tl. II Tit. 4 ausgesprochen:

„Dem jedesmaligen Fideikommißbesitzer gebührt das nutzbare Eigentum des Fideikommisses.

Das Obereigentum befindet sich bei der ganzen Familie."

Ob aus diesen letzten Worten zu folgern sein möchte, daß man die Familie als Subjekt des Obereigentums und mithin als eine juristische Persönlichkeit aufzufassen habe, kann dahin gestellt bleiben. Jedenfalls steht nach preußischem Rechte der Familie nicht das volle und ungeteilte Eigentum zu; vielmehr tritt das nutzbare Eigentum des jeweiligen Fideikommißbesitzers sogar dergestalt in den Vordergrund, daß grundbuchmäßig — nach früherem und jetzigem Rechte — die Eintragung des Fideikommißbesitzers in der I. Abteilung zu erfolgen hat, während die Fideikommißeigenschaft sowie das Recht der Anwärter in der II. Abteilung einzutragen ist.

Vgl. Entsch. des R.G.'s in Civils. Bd. 13 S. 388, Bd. 28 S. 226, Bd. 36 S. 303, sowie §§ 52 und 74 der preußischen Grundbuchordnung von 1872 einerseits, und Art. 15 preuß. Ausf.-Ges. zur Grundbuchordnung und § 11 Nr. 2 der Allgemeinen Verfügung vom 20. November 1899 im Just.-Min.-Bl. von 1899 S. 349 andererseits.

Hieraus ergibt sich zunächst, daß eine vom Erblasser durch Rechtsgeschäft unter Lebenden zur Ausführung gebrachte, nach den Bestimmungen des Allgemeinen Landrechts zu beurteilende Fideikommißstiftung jedenfalls für denjenigen Pflichtteilsberechtigten, welcher dabei in keiner Weise bedacht, sondern ganz übergangen ist, sich als eine Vergabung an einen Dritten darstellt, auf welche die Vorschrift des § 2325 B.G.B. ohne Zweifel eine entsprechende Anwendung finden muß. In einer fast gleichen Lage befindet sich derjenige Pflichtteilsberechtigte, dem nach der Stiftungsurkunde nur eine entfernte Anwartschaft erteilt wurde. Aber auch der unmittelbar zum Fideikommißbesitz berufene Pflichtteilsberechtigte wird unter Umständen nicht ohne Grund über eine Beeinträchtigung seiner Rechte klagen können. Dies trifft namentlich dann zu, wenn der Wert des ihm zugewendeten nutzbaren Eigentums im besonderen Falle hinter demjenigen Betrage zurückbleibt, welcher ihm, falls die Fideikommißstiftung unterblieben wäre, als sein Pflichtteil zur freien und unbeschränkten Verfügung hätte zufallen müssen. Da ferner diejenigen Rechte, welche stiftungsgemäß den ihm (als dem zeitweiligen Fideikommißbesitzer) auferlegten Beschränkungen korrespondierend sind, anderen Personen, nämlich den nach ihm zur Folge berufenen Anwärtern, zugewendet wurden, so muß die Errichtung der Fideikommißstiftung, auch von seinem Standpunkte aus betrachtet, wenigstens insoweit als eine Vergabung zu gunsten Dritter erscheinen, als dadurch nicht ihm allein, sondern daneben auch den übrigen Fideikommißinteressenten Zuwendungen zu teil geworden sind.

Sogar dann, wenn — wie im vorliegenden Falle — der Stifter in eigener Person die Stellung des ersten Fideikommißbesitzers einnahm, kann von einer Vergabung an Dritte insofern gesprochen werden, als der Stifter mittels des Stiftungsakts aus seinem übrigen (Allodial-)Vermögen das Fideikommißvermögen absonderte, dasselbe einem dauernden Zwecke widmete, sich bezüglich des so gebildeten Sondervermögens der freien Verfügung zu gunsten der zur Nachfolge berufenen Person begab und zugleich dem Kreise dieser Anwärter die ihnen stiftungsmäßig gebührenden Rechte auf das gesamte Fideikommißvermögen einräumte.

Da sich hiernach die durch Rechtsgeschäft unter Lebenden ausgeführte Errichtung eines nach preußischem Rechte zu beurteilenden Familienfideikommisses immer als eine Vergabung an Dritte darstellt, und da diese Vergabung, ebenso wie eine eigentliche Schenkung, im wirtschaftlichen Ergebnisse zu einer Verkürzung der Pflichtteilsberechtigten führen kann, so erscheint auch hier die Annahme gerechtfertigt, daß in Fällen solcher Art (und zwar auch dann, wenn der Pflichtteilsberechtigte zum Kreise der zur Nachfolge berufenen Anwärter gehört, beziehungsweise wenn er selbst zum Besitze des Fideikommisses gelangt ist) die Vorschrift des § 2325 B.G.B. analog anzuwenden ist. Andererseits muß dann aber auch hier, in Konsequenz solcher Auffassung, der § 2327 a. a. O. eine analoge Anwendung finden, so daß also jeder Pflichtteilsberechtigte, welcher durch die Errichtung des nach § 2325 Abs. 3 zunächst in Frage kommenden Fideikommisses oder infolge einer anderen (schon früher oder später errichteten) Fideikommißstiftung desselben Erblassers irgendwie (als Fideikommißbesitzer oder als Anwärter) bedacht worden ist, sich den

Wert des so Empfangenen — und zwar ohne jede zeitliche Beschränkung (vgl. Protokolle Bd. 6 S. 105) — auf die Ergänzung anrechnen zu lassen hat." ...

---

103. Kann gegenüber der Haftung aus § 1 des Haftpflichtgesetzes die Einrede der höheren Gewalt auf das unvorsichtige Verhalten eines unter sieben Jahren alten Kindes begründet werden?[1]

VI. Civilsenat. Urt. v. 11. Mai 1903 i. S. Münchener Trambahn-Aktiengesellschaft (Bekl.) w. P. (Kl.). Rep. VI. 470/02.

I. Landgericht I München.
II. Oberlandesgericht daselbst.

Am 17. Juli 1900 geriet das damals vier Jahre und acht Monate alte Töchterchen des Braugehilfen J. P., M. P., in der L.'straße in München, als es hinter einem Motorwagen die Straße überschreiten wollte, unter die Räder eines in entgegengesetzter Richtung kommenden Motorwagens der Beklagten und erlitt hierdurch eine so schwere Verletzung des linken Beines, daß dasselbe abgenommen werden mußte. Der Vater des Kindes erhob auf Grund des Haftpflichtgesetzes Schadensersatzklage gegen die Trambahn-Aktiengesellschaft.

Der Klage wurde zum Teil entsprochen, die Revision der Beklagten zurückgewiesen. Die Beklagte hatte die Einrede der höheren Gewalt auf das Verhalten des verletzten Kindes zu begründen versucht. Darüber äußert sich das Reichsgericht folgendermaßen in den

Gründen:

„Das Berufungsgericht geht von der Auffassung aus, unter dem Begriffe der höheren Gewalt seien von außen kommende Ereignisse zu verstehen, die nach menschlichem Ermessen nicht vorauszusehen, und deren Eintritt und Wirkungen durch Vorkehrungen nicht abzuwenden seien, die zu dem durch sie zu erreichenden Erfolge nach der Verkehrsanschauung in vernünftigem Verhältnisse stünden, somit unabwendbare äußere Zufälle. Es sei dann weiter mit Hinsicht auf das in

---

[1] Vgl. die folgende Sache. D. R.

Betracht kommende Betriebsunternehmen und unter Würdigung des gesamten tatsächlichen Vorganges die aufgeworfene Frage zu prüfen und zu entscheiden. Der Begriff der höheren Gewalt sei im relativen Sinne aufzufassen. Es führt sodann weiter aus: als ein von außen kommendes Ereignis möge es wohl erachtet werden, wenn ein unmündiges, unverständiges Kind unversehens vor einem in rascher Fahrt begriffenen Wagen der elektrischen Trambahn über das Gleis laufe. Es gebreche aber an den weiteren Voraussetzungen, daß ein solches Ereignis nicht vorauszusehen und nicht abzuwenden sei. Der Unternehmer einer die Straßen einer großen, volkreichen Stadt durchziehenden Trambahn habe von vornherein damit zu rechnen, daß Kinder in sorgloser und unachtsamer Weise vor den Wagen über die Gleise liefen. Unfälle von Kindern, die von der Trambahn überfahren würden, hätten gerade in der gefährdenden Natur des Betriebsunternehmens, der Raschheit der Fahrt und der minder hörbaren Art der Fortbewegung ihren Grund. Ein rechtlich wirksames Verschulden könne einem unmündigen Kinde nicht zugerechnet werden. Verschulden der Eltern des Kindes durch Unterlassen der Beaufsichtigung könne der Klage des Kindes nicht entgegengesetzt werden. Der Unfall sei voraussehbar und auch nicht unabwendbar gewesen. Der von der Berufungsklägerin angezogene, der Entscheidung des R.G.'s in Bd. 21 S. 13 flg. zu grunde liegende Fall dürfe nicht verallgemeinert werden und sei auch tatsächlich dem gegenwärtigen nicht gleich. Ohne daß die Frage des Verschuldens des Wagenführers aufgeworfen oder entschieden werde, sei hervorzuheben, daß dem Trambahnpersonale nicht unbekannt gewesen sei, daß in der L.'straße Kinder aus Arbeiterfamilien sich sorglos und unbeaufsichtigt herumtrieben, am 17. Juli 1900 die Straße streckenweise aufgegraben gewesen sei, und dort Sandhaufen und andere Gegenstände gelagert hätten, die erfahrungsgemäß von Kindern zu Spielzwecken aufgesucht würden. Das Personal habe die Passage und insbesondere den freien Ausblick augenblicklich erschwert gesehen und habe sich bewußt sein können, daß im Falle einer Wagenkreuzung an jener Stelle eine erhöhte Gefährdung vorgelegen habe. Es hätte auch besonders langsam gefahren werden können, während der Wagen im gewöhnlichen Tempo gefahren sei.

Die Revision stellt der Prüfung des Gerichtshofs anheim, ob nach Lage der Sache der Unfall des Kindes voraussehbar oder abwendbar gewesen, und wirft insbesondere die Frage auf, ob bezüglich der Frage der Voraussehbarkeit nicht auch darauf gerechnet werden dürfe, daß die Eltern der ihnen obliegenden Aufsichtspflicht nachkämen.

Die Revision konnte keinen Erfolg haben.

Der II. Civilsenat des Reichsgerichts hat allerdings in einer Entscheidung vom 23. März 1888,

Entsch. des R.G.'s in Civils. Bd. 21 S. 13,

in einem ähnlichen Falle die Annahme des Berufungsgerichts, der Unfall sei durch höhere Gewalt verursacht worden, gebilligt, nämlich in eingehender Prüfung des Begriffs der höheren Gewalt die Ausführung der Revisionsklägerin, die höhere Gewalt könne niemals in einer Handlung des Verletzten zu finden sein, für nicht zutreffend erklärt und die entgegengesetzte Auffassung auch dann für zulässig erachtet, wenn ein Kind unmittelbar vor dem Herankommen eines Eisenbahnzuges oder eines Pferdebahnwagens über die Schienen laufe (S. 19 und 20 a. a. O.). Der II. Civilsenat hat aber in dieser Entscheidung zugleich anerkannt, daß nicht solche Unfälle einer höheren Gewalt zugeschrieben werden dürften, welche in der gefährdenden Natur des Unternehmens selbst ihren Grund haben.

Vom Reichsgericht, insbesondere dem erkennenden Senate, ist aber, wie in einer Entscheidung vom 12. Juni 1899,

Entsch. des R.G.'s in Civils. Bd. 44 S. 27,

eingehend nachgewiesen ist, in mehrfachen Entscheidungen der Umstand, daß der Unfall auf die eigentümlichen, mit dem Betriebe der elektrischen Straßenbahn in den Straßen einer verkehrsreichen Stadt notwendig verbundenen Gefahren zurückzuführen sei, als maßgebend für den Ausschluß der höheren Gewalt erachtet, und mit Rücksicht hierauf gerade hinsichtlich gleichgelagerter Fälle, also des Überfahrens unmündiger Kinder durch Wagen der Straßenbahn, anerkannt worden, daß solche Ereignisse, die bei dem Betriebe mit einer gewissen Häufigkeit vorzukommen pflegen und durch die Natur des Betriebes einer Straßenbahn von selbst gegeben seien, vom Betriebsunternehmer von vornherein in Aussicht zu nehmen und demgemäß als mit diesem Betriebe und seinen Gefahren im Zusammenhang stehend zu erachten seien und von dem Unternehmer nach § 1 des Haftpflichtgesetzes vertreten werden müßten. Haben solche Unfälle aber ihren Grund in der gefährdenden Natur des Unternehmens selbst, so können sie auch nicht als von außen in den Betrieb eingreifende Ereignisse erachtet werden, welche die Grundlage für die Annahme einer höheren Gewalt bilden könnten.

Indem das Berufungsgericht das entscheidende Gewicht darauf legt, daß solche Unfälle gerade in der gefährdenden Natur des Betriebsunternehmens, in der raschen Fahrt der Wagen und in der minder hörbaren Art der Fortbewegung ihren Grund hätten, befindet es sich somit im wesentlichen in Übereinstimmung mit der neueren Rechtsprechung des Reichsgerichts.

Daß der Unfall mit den eigentümlichen Gefahren des Betriebes, insbesondere am Orte des Unfalls, im Zusammenhange steht, ist einwandsfrei festgestellt. Eine Einwirkung höherer Gewalt liegt hiernach nicht vor. Die Frage des eigenen Verschuldens scheidet bei der Unmündigkeit des verletzten Kindes aus." ...

---

104. 1. **„Höhere Gewalt" gegenüber der Haftung aus § 833 B.G.B.?**

2. **Kann bei der Beschädigung eines Kindes unter sieben Jahren in Frage kommen, ob ein ihm zur Last fallendes Verschulden bei der Entstehung des Schadens mitgewirkt habe?**[1]

3. **Wer ist im Sinne des § 254 B.G.B. der Beschädigte?**

B.G.B. §§ 254. 828.

VI. Civilsenat. Urt. v. 11. Mai 1903 i. S. L. (Bekl.) w. E. (Kl.). Rep. VI. 485/02.

I. Landgericht Münster.
II. Oberlandesgericht Hamm.

Am 15. Juni 1900 wurde der damals sechsjährige Kläger von einem Pferde des Beklagten getreten und verletzt. Sein Anspruch auf Ersatz des ihm dadurch zugefügten Schadens wurde in der Berufungsinstanz dem Grunde nach für berechtigt erklärt, nachdem das

---

[1] Vgl. die vorige Sache. D. R.

Landgericht ihm nur einen Anspruch auf Ersatz des halben Schadensbetrages zugesprochen hatte. Die Revision des Beklagten ist zurückgewiesen worden aus folgenden

Gründen:

„Die Umstände, unter denen der Kläger verletzt worden ist, sind in dem angefochtenen Urteile bedenkenfrei festgestellt.

Danach ist der Beklagte am 15. Juni 1900 mit seinem Wagen durch die H.'straße in O. gefahren, indem er seine beiden Pferde vom Wagen aus lenkte. Ihm kam dort eine Zigeunertruppe entgegen, die einen Wagen mit Affen, ein Dromedar und andere Tiere bei sich führte und von einer großen Kinderschar begleitet wurde. Durch diesen Zug wurden die Pferde des Beklagten unruhig und stellten sich auf die Hinterfüße. Der Kläger, der unter den Kindern war und den Wagen des Beklagten nicht beachtet hatte, befand sich in diesem Augenblick unmittelbar vor den Pferden. Er fiel vor ihnen hin und wurde von einem der Tiere durch einen Tritt am Kopfe verletzt. . . .

Das Berufungsgericht ist auf die unter den Parteien streitige Frage, ob der Beklagte unvorsichtig gehandelt habe, aus dem Grunde nicht eingegangen, weil die Ersatzpflicht des Tierhalters von einem Verschulden unabhängig sei und selbst durch höhere Gewalt nicht ausgeschlossen werde. Diese Schlußbemerkung hat der Revisionskläger hervorgehoben, um zu beweisen, daß das angefochtene Urteil auf Rechtsirrtum beruhe. Hätte mit ihr gesagt sein sollen, daß in keinem Falle die höhere Gewalt die Haftung des Tierhalters ausschließen könne, so würde das allerdings rechtsirrig sein. Denn wenn infolge der höheren Gewalt ein willkürliches Tun des Tieres ausgeschlossen gewesen ist, so ist auch der Schade nicht durch das Tier verursacht. Aber das Berufungsgericht hat, wie die Umstände hier liegen, offenbar den Fall vor Augen, wo das Ereignis, das als höhere Gewalt in Frage kommen kann, nur mitwirkend gewesen ist, nur den Anstoß zu einem willkürlichen Tun des Tieres gegeben hat. Der Revisionskläger hat auszuführen gesucht, es sei jedenfalls ein prozessualer Mangel des Berufungsurteils, daß es sich nicht darüber ausspreche, ob die Pferde unter dem Einfluß höherer Gewalt gestanden hätten, oder nicht. Es sei in der Begründung eine Lücke, die zu seiner Aufhebung nötige. Dabei ist von ihm zugleich auf das Urteil des II. Civilsenats vom 23. März 1888,

Entsch. des R.G.'s in Civils. Bd. 21 S. 13,

verwiesen, und der Zweifel aufgeworfen, ob es nicht als höhere Gewalt anzusehen sei, wenn das Kind blindlings vor die Pferde des Beklagten gelaufen sei. Allein eine weitere Verhandlung über den vollständig vorliegenden Sachverhalt ist entbehrlich, weil lediglich zu entscheiden ist, ob die festgestellten Tatsachen unter den Rechtsbegriff der höheren Gewalt zu bringen sind. Diese Frage kann schon jetzt verneint werden. Es liegt auf der Hand, daß der Beklagte gegenüber der von ihm erkannten Gefahr, die in der Begegnung seines Gefährtes mit dem Zuge der Zigeuner in der von Kindern angefüllten Straße lag, weitergehende Vorsichtsmaßregeln zu treffen in der Lage war, als er getroffen hat. Dadurch allein schon wird die Möglichkeit beseitigt, den Unfall als die unvermeidliche Folge eines von außen einwirkenden unwiderstehlichen Ereignisses anzusehen. Deswegen ist auch nicht näher darauf einzugehen, daß, was das eigene Verhalten des Verletzten anlangt, das Reichsgericht von den im Urteil vom 23. März 1888 ausgesprochenen allgemeinen Sätzen in dem Urteil vom 12. Juni 1899,

Entsch. des R.G.'s in Civils. Bd. 44 S. 27,

wieder abgegangen ist. Das Berufungsgericht hat hiernach ohne Rechtsirrtum angenommen, daß im vorliegenden Falle die Haftung des Beklagten durch höhere Gewalt nicht ausgeschlossen ist.

Der Revisionskläger hat weiter gerügt, daß der Berufungsrichter den § 254 B.G.B. nicht angewendet hat, und diesen Angriff in zweifacher Weise zu begründen versucht.

Zunächst ist ausgeführt, Beschädigter im Sinne des § 254 sei nicht bloß der Verletzte, sondern auch der in seinem Vermögen beschädigte Vater des Verletzten Darum habe der Berufungsrichter die Frage prüfen müssen, ob ein Verschulden dieses Beschädigten bei der Entstehung des Schadens mitgewirkt habe. Es sei zu untersuchen gewesen, ob nicht der Vater seine Aufsichtspflicht gröblich vernachlässigt habe, indem er den sechsjährigen Knaben unbeaufsichtigt habe auf der Straße herumlaufen lassen. Diese Ausführung beruht jedoch auf einem Rechtsirrtum. Der Beschädigte, von dem § 254 spricht, ist allerdings der, welcher einen Vermögensschaden erlitten hat und dafür Ersatz fordert. Aber ein Schade, für den der Vater des verletzten Knaben aus eigenem Rechte nach § 833 B.G.B. Ersatz fordern könnte, ist hier gar nicht geltend gemacht. Der Vater ist auch nicht als Prozeßpartei, sondern als gesetzlicher Vertreter seines Sohnes aufgetreten. Gegenüber dem Anspruche des letzteren kann der Beklagte sich auf ein etwaiges Verschulden des Vaters nicht berufen.

Der Revisionskläger hat sodann die Annahme des Berufungsgerichts beanstandet, daß bei einem sechsjährigen Knaben ein eigenes Verschulden und damit die Anwendbarkeit des § 254 B.G.B. ausgeschlossen sei. Er hat sich die Ausführung des Landgerichts angeeignet, das ein mitwirkendes Verschulden des Beschädigten darin gefunden hat, daß der Kläger den herankommenden Wagen nicht beachtet hat und dadurch in gefahrbringender Weise den Pferden nahe gekommen ist. Verschulden soll hier nach der Auffassung der Revision nicht im gewöhnlichen, sondern in einem weiteren, verkehrsmäßigen Sinne verstanden werden und so viel bedeuten als „die Ursache setzen", „den Anstoß geben". Endemann, auf den das Landgericht sich für diese Ansicht beruft, hat (Lehrbuch des Bürgerl. Rechts 8. Aufl. Bd. 1 § 132 und § 130 Anm. 1) darzutun versucht, daß das Bürgerliche Gesetzbuch auch sonst in geeigneten Fällen von der persönlichen Verkehrsfähigkeit Abstand nehme und den Ausdruck „Verschulden" gleichbedeutend mit „Verursachen" in dem obigen Sinne gebrauche. Zugleich hat er darauf verwiesen, daß die Rechtsprechung beim § 1 des Haftpflichtgesetzes, trotz des Festhaltens am Verschulden im engeren Sinne, wenn ein Kind den Unfall verursacht habe, den Gesichtspunkt der höheren Gewalt verwertet habe, worin von ihm ersichtlich ein Zugeständnis an die von ihm behauptete Notwendigkeit seiner Auslegung des § 254 gefunden wird. Allein die in dem Urteil vom 23. März 1888, das die letzte Bemerkung offenbar im Auge hat, ausgesprochene allgemeine Anschauung ist, wie schon bemerkt, später verlassen worden. Und die in Anm. 1 zu § 130 von Endemann zusammengestellten Paragraphen des Bürgerlichen Gesetzbuchs, in denen der Ausdruck „Verschulden" in dem obigen Sinne gebraucht sein soll, lassen in keinem Falle eine solche Auslegung zu. Die vom Revisionskläger vertretene Rechtsauffassung hat denn auch in der Literatur weitere Vertreter nicht gefunden und muß abgelehnt werden.

Der § 254 ist, wie v. Liszt (Deliktsobligationen S. 46) zutreffend bemerkt hat, insofern nicht genau gefaßt, als es es dort heißt: „Hat bei der Entstehung des Schadens ein Verschulden des Beschädigten mitgewirkt." Denn nicht das Verschulden, sondern erst das auf ihm beruhende Handeln kann mitwirkende Ursache sein. Der angeführte Satz des § 254 muß darum so verstanden werden: „hat eine schuldvolle Handlung des Beschädigten mitgewirkt." Eine solche kann nach § 276 B.G.B. wieder nur auf Vorsatz oder Fahrlässigkeit beruhen; denn diese allein hat der Schuldner zu vertreten. Weiter reicht darum auch nicht die Verantwortlichkeit dessen, der bei der Entstehung eines ihn selbst treffenden Schadens mitgewirkt hat. Nach § 828 B.G.B., auf den im § 276 ausdrücklich verwiesen wird, kann, wer das siebente Lebensjahr noch nicht vollendet hat, für einen von ihm verursachten Schaden nicht verantwortlich gemacht werden; es wird also bei ihm die Möglichkeit eines vorsätzlichen oder fahrlässigen Handelns verneint. Eine deliktische Handlungsfähigkeit besteht bei Personen dieses Alters nicht, wie ihnen auch die Geschäftsfähigkeit fehlt (§ 104 B.G.B.). Das Berufungsgericht hat also die Anwendbarkeit des § 254 mit Recht verneint." ...

---

105. Ist es bei Einklagung einer Forderung gegen den Erben des ursprünglichen Schuldners für die Festsetzung des Streitwertes von Bedeutung, daß die Klage auf Zahlung aus den Mitteln und nach dem Bestande des Nachlasses gerichtet ist?

III. Civilsenat. Beschl. v. 12. Mai 1903 i. S. Fürst zu J.=B. (Bekl.) w. S. (Kl.). Beschw.=Rep. III. 136/03.

I. Landgericht Hanau.
II. Oberlandesgericht Kassel.

Obige Frage ist vom Reichsgericht verneint worden aus folgenden

Gründen:

„Durch den Beschluß unter Ziff. 1 hatte das Oberlandesgericht von Amts wegen nach § 16 Abs. 1 des Gerichtskostengesetzes den Wert des Streitgegenstandes, der von dem Landgericht zu Hanau in Ansehung des Herrn Beklagten zu 1 durch Beschluß vom 4. März 1903 auf 500 ℳ festgesetzt worden war, unter Abänderung dieses Beschlusses auf 10000 ℳ festgesetzt bezw. erhöht. Die Beschwerde gegen den zweitinstanzlichen Beschluß wird von dem Herrn Beklagten zu 1 gegenwärtig darauf gestützt, daß sowohl die Klage als die unterm 26. September 1902 ergangene Verurteilung auf Zahlung der 10000 ℳ aus den Mitteln und nach dem Bestande des Nachlasses, welchen der Herr Beklagte unter der Rechtswohltat des Inventars angetreten, gerichtet, dieser Nachlaß aber überschuldet, und demgemäß die Forderung von 10000 ℳ nicht oder nur zu einem geringen Prozentanteile realisierbar sei. Allein dieser Umstand ist für die vorliegende Festsetzung des Streitwertes ohne Bedeutung. Der Regel nach ist es bei der Einklagung einer Forderung für die Bemessung des Streitwertes gleichgültig, ob und inwieweit die Forderung mit Rücksicht auf die Vermögensverhältnisse des Schuldners oder sonstige Umstände realisierbar ist.

Vgl. Entsch. des R.G.'s in Civils. Bd. 25 S. 367; Seuffert, Archiv Bd. 44 Nr. 51.

Der geltend gemachte Betrag der Forderung, nicht aber ihr wirtschaftlicher Wert, wie er sich möglicherweise erst in der Zwangsvollstreckung herausstellt, kommt als Streitwert in Betracht.

Im vorliegenden Falle ist allerdings die Sachlage insofern eine besondere, als der Herr Beklagte den Nachlaß, zu welchem die in Frage stehende Schuld gehört, (gemäß dem früheren Rechte) mit der Rechtswohltat des Inventars angetreten hat und mit der hieraus sich ergebenden Beschränkung („aus Mitteln des Nachlasses") in Anspruch genommen und verurteilt worden ist. In der Tat hat auch der jetzt erkennende Senat in einer früheren Entscheidung vom 25. Januar 1887, abgedruckt bei Bolze, Praxis des R.G.'s Bd. 4 S. 319 Nr. 1070, für einen derartigen Fall den Betrag des (reinen) Nachlasses als maßgebend für die Festsetzung des Streitwertes erklärt, und ebenso läßt neuerdings Gaupp-Stein 4. Aufl. Bd. 1 § 3 Bem. IV a. E. S. 31 in einem Falle, wo ein Erbe mit sachlich beschränkter Haftung in Anspruch genommen wird, ebenso wie in dem Falle des § 148 K.O. (Festsetzung des Wertes einer streitigen Konkursforderung nach dem Betrage der auf sie entfallenden Konkursdividende) den Streitwert durch den Wert des Befriedigungsobjektes bestimmen, sofern dieser niedriger ist, als die Forderung. Allein abgesehen davon, daß es sich bei dem angeführten § 148 um eine positive, der Ausdehnung nicht fähige Ausnahmevorschrift handelt, ist auch der vorliegende Fall, wie sich der Senat bei nochmaliger Erwägung überzeugt hat, von dem des § 148 K.O. wesentlich verschieden. Dort ist nach der Natur des Konkursrechts von vornherein außer Zweifel und auch vom Kläger ins Auge gefaßt, daß die geltend gemachte Forderung nicht zu ihrem vollen Nennwert durchführbar ist. Hier aber war sowohl die Klage als die Verurteilung auf den vollen Betrag der Forderung von 10000 ℳ gerichtet, und daneben nur die Beschränkung auf Zahlung aus Mitteln des Nachlasses (nicht aus dem Vermögen des Herrn Beklagten) beigefügt, die Überschuldung des Nachlasses dagegen erst bei Gelegenheit der Kostenfestsetzung zur Sprache gebracht. Es kommt daher bei dieser Sachlage die Vorschrift des § 781 C.P.O. zur entsprechenden Anwendung, wonach bei der Zwangsvollstreckung gegen den Erben des Schuldners die Beschränkung der Haftung so lange, bis auf Grund derselben gegen die Zwangsvollstreckung von dem Erben Einwendungen erhoben sind, unberücksichtigt bleibt, also auch der ziffermäßige Betrag der dem Beklagten im Urteile (nach § 780) allgemein vorbehaltenen Beschränkung bis dahin nicht zu beachten ist. Und auch wenn die Unzulänglichkeit des Nachlasses schon vor dem Urteil vom Beklagten an- und ausgeführt, und demgemäß im Urteil die Beschränkung der Haftung ihrem Betrage nach festgestellt ist, was nach § 780 C.P.O. geschehen kann,

vgl. Entsch. des R.G.'s in Civils. Bd. 34 S. 277,

so ist dies doch für die Festsetzung des Streitwertes ohne Einfluß, sofern der Kläger (wie im vorliegenden Falle) die geltend gemachte Forderung zu ihrem vollen Betrage bis zum Urteile aufrecht erhalten hat.

Vgl. Bolze, Bd. 17 S. 370 Nr. 678; vgl. auch Petersen u. Anger, 4. Aufl. § 6 Bem. III 12." ...

106. Kann der Zeichenberechtigte in seinem durch § 12 des Gesetzes zum Schutz der Warenbezeichnungen vom 12. Mai 1894 geschützten Rechte dadurch gestört, und die Verbotsklage dadurch begründet werden, daß ein anderer in Zirkularen die Behauptung aufstellt, er sei bezüglich gleicher Waren allein berechtigt, das betreffende Zeichen zu führen?

Unterliegt eine solche Störung auch dann der Entscheidung des inländischen Gerichts, wenn aus der deutschen Zeicheneintragung gegen einen Inländer geklagt ist, der im Auslande die Behauptung verbreitet hat, er sei im Auslande nach dem dort geltenden Rechte der Zeichenberechtigte?

II. Civilsenat. Urt. v. 12. Mai 1903 i. S. B. & T. S. U. (Kl.) w. G. & L. (Bekl.). Rep. II. 482/02.

I. Landgericht Straßburg.
II. Oberlandesgericht Colmar.

Die Parteien waren Konkurrenten im Verkauf von Sensen nach Frankreich; sie hatten für ihre Sensen in Deutschland und in Frankreich Zeicheneintragungen erwirkt, die teils die Worte „Acier Diamant", teils das Bild eines oder zweier Diamanten mit oder ohne Zutaten enthielten. Die Beklagte, welche in Straßburg wohnhaft war und von da aus ihr Geschäft betrieb, versandte zu Anfang 1900 Zirkulare, worin sie unter Hinweis auf die Klägerin ihre Kunden davor warnte, sich durch einen Nachahmer, der auf das mit ihren Sensen „Acier Diamant" erworbene große Renommee neidisch sei, ködern zu lassen, und erklärte, daß sie nach der französischen Gesetzgebung allein das Recht zum Gebrauche dieser Worte und des Diamantenbildes habe, da sie dieselben zuerst in Frankreich eingeführt und hinterlegt habe, und daß sie die Nachahmer gerichtlich belangen werde. Hiergegen richtete sich die beim Landgericht in Straßburg anhängig gemachte Klage, mit der die Klägerin beantragte, der Beklagten zu verbieten, die in dem Zirkulare gemachten Aufstellungen bezüglich des Warenzeichens „Acier Diamant" und des Bildes eines Edelsteines zu wiederholen und zu verbreiten, und sie zu 10000 *M* Schadensersatz zu verurteilen. In den Vorinstanzen wurde die Klage abgewiesen. Auf die Revision der Klägerin wurde das Urteil des Oberlandesgerichts hinsichtlich der Verbotsklage, und zwar soweit dieselbe auf § 12 des Warenzeichengesetzes gestützt war, aufgehoben, und die Sache in diesem Umfange an das Berufungsgericht zur anderweiten Verhandlung und Entscheidung zurückverwiesen.

Aus den Gründen:

... „Die Klägerin rügt nur Verletzung des § 12 des Warenzeichengesetzes, indem sie die dreifache Begründung, welche das Oberlandesgericht für dessen Nichtanwendung gegeben hat, als rechtsirrtümlich angreift. In Frage steht also nur noch der Klagantrag, der Beklagten zu verbieten, ihre in den Zirkularen enthaltenen Behauptungen bezüglich der Warenzeichen „Acier Diamant" und des Bildes eines Edelsteins zu wiederholen und zu verbreiten. Das Oberlandesgericht hat die Abweisung dieses Antrags zunächst damit begründet, daß das lediglich wörtliche Bestreiten eines Rechts unter Umständen die Feststellungsklage, aber nicht die Klage auf Verbieten des ferneren wörtlichen Bestreitens rechtfertige. So allgemein gefaßt kann dem jedoch nicht beigepflichtet werden. Die Klage aus § 12 des Warenzeichengesetzes ist die abwehrende (negatorische) Klage, ähnlich der Klage wegen Störung des Eigentumsrechts. Wie nach § 1004 B.G.B. der Eigentümer auf Unterlassung klagen kann, wenn weitere Beeinträchtigungen seines Eigentums im Sinne dieser Gesetzesvorschrift zu besorgen sind, so ist diese Klage nicht nur gegeben, wenn jemand die im § 12 angegebenen, dem Eingetragenen ausschließlich zustehenden Befugnisse widerrechtlich ausübt, sondern sie dient auch, wie der erkennende Senat schon ausgesprochen hat (Rep. II. 455/99, 145/01), zur Abwehr künftiger rechtswidriger Eingriffe in das Warenzeichenrecht, wenn nämlich Tatsachen vorliegen, welche die Annahme rechtfertigen, daß solche Eingriffe beabsichtigt sind oder vorbereitet werden. Auch aus schriftlichen Äußerungen kann die Absicht, einen Eingriff zu begehen, entnommen werden, wenn nach Lage der Sache anzunehmen ist, daß mit der betreffenden Erklärung der Entschluß, entsprechend zu handeln, verknüpft ist; es kann dies namentlich der Fall sein, wenn jemand in Bekanntmachungen behauptet, ohne Verletzung der Rechte des Eingetragenen das Zeichen gebrauchen zu dürfen, oder daß er, und nicht der Eingetragene das Recht habe, das Zeichen zu gebrauchen. So hat denn auch das Reichsgericht in Fällen, in welchen die schriftlichen Bekanntmachungen oder Kundgebungen ein Bestreiten oder Inanspruchnehmen von Patentrechten und von dem Rechte, einen Firmennamen zur Kennzeichnung von Waren zu gebrauchen, betrafen, die Verbotsklage zugelassen.

Vgl. die Entscheidung Rep. I. 184/89 und VI. 186/89 bei Bolze, Bd. 8 Nr. 148, Bd. 9 Nr. 110, und Entscheidung Rep. I. 25/96.

Dadurch, daß das Oberlandesgericht nur das wörtliche Bestreiten des klägerischen Zeichenrechts ins Auge gefaßt hat, ist es von einem zu engen Gesichtspunkte ausgegangen. Es mußte vielmehr neben dem Inhalte der Zirkulare die Umstände des vorliegenden Falles, also namentlich in Betracht ziehen, daß die Parteien in dem Sensengeschäft in Frankreich in einem scharfen Wettbewerbe zueinander stehen, daß die Zirkulare an die Abnehmer der Sensen versendet worden waren, und die Klägerin behauptet, ihr sei hierdurch ein erheblicher Schaden verursacht worden, und daß, wie die Klägerin fernerhin behauptet hat, die Beklagte auch tatsächlich die erwähnten Zeichen an ihren Sensen anbringt, und mußte hiernach erwägen, ob nicht eine widerrechtliche Störung des klägerischen Zeichenrechts vorliegt.

Auch der zweite für die Unzulässigkeit der Verbotsklage vom Oberlandesgericht angeführte Grund, daß nämlich die deutschen Gerichte nicht befugt seien, den in Deutschland geschützten Zeicheninhaber gegen das im Auslande geschehene bloß wörtliche Bestreiten seines Markenrechts durch Untersagen des Bestreitens zu schützen, geht fehl. Abgesehen davon, daß der Satz in den Urteilsgründen: „Die Klage will aber in erster Linie das Verbot der Verbreitung in Frankreich", nicht ausschließt, daß die Klägerin auch das Verbot der Verbreitung ꝛc der Zirkulare im Inlande mit ihrer Klage anstrebt, erkennt das Oberlandesgericht selbst an, daß die Wirksamkeit des deutschen Zeichenrechts nicht an die territoriale Grenze Deutschlands gebunden ist. Daraus folgt aber von selbst, daß, wenn die Beklagte mit den Behauptungen in ihren Zirkularen sich in Frankreich einer Störung des klägerischen Zeichenrechts schuldig gemacht haben sollte, das deutsche Gericht, dessen Gerichtsbarkeit die Beklagte nach § 12 des Warenzeichengesetzes untersteht, auch zuständig ist, ihr die fernere Störung in Frankreich zu untersagen.

Endlich hat das Oberlandesgericht die Verbotsklage auch deshalb abgewiesen, weil in den Zirkularen nicht das aus der Zeicheneintragung in Deutschland folgende Zeichenrecht der Klägerin angegriffen, sondern behauptet sei, daß dasselbe in Frankreich nicht Platz greife, da in Frankreich die in Rede stehenden Zeichen der Beklagten durch das französische Gesetz und ein französisches Urteil als der Beklagten ausschließlich zugelassene Zeichen für ihre Sensen anerkannt seien, die Aufstellung einer derartigen Behauptung aber niemandem auf Grund eines deutschen Gesetzes verboten werden könne, und darüber, ob die Beklagte das von ihr für Frankreich beanspruchte Recht besitze oder nicht besitze, mit Wirkung in Frankreich nur die französischen Gerichte entscheiden könnten. Auch dieser Ausführung ist nicht beizutreten. Die Beklagte ist in Bezug auf Deutschland Inländerin, wohnt in Straßburg und hat daselbst ihre geschäftliche Niederlassung; die Klägerin stützt ihren Antrag auf ihre in Deutschland eingetragenen Warenzeichen; die Wirkung ihres Rechts aus denselben erstreckt sich nach deutschem Rechte, wie bereits hervorgehoben, auch auf Störungen in Frankreich. Richtig ist nun, daß diese Wirkung für störende Handlungen der Beklagten in Frankreich nicht eintritt, wenn die Beklagte nach dem in Frankreich geltenden Rechte zur ausschließlichen Benutzung der Worte „Acier Diamant" und des Bildes eines Diamanten behufs Kennzeichnung ihrer Sensen berechtigt ist; denn dann stehen, wie in der Entscheidung des erkennenden Senats in Bd. 45 S. 145 gesagt ist, die Rechtsordnungen zweier selbständiger Länder einander gegenüber, und kann von einem widerrechtlichen Eingriffe der Beklagten, die für Frankreich von einem ihr dort zustehenden Rechte Gebrauch macht, keine Rede sein. Aber daraus folgt für den vorliegenden Fall noch nicht, daß das deutsche Gericht nicht darüber entscheiden dürfe, ob der Beklagten wirklich das von ihr in den Zirkularen in Anspruch genommene Recht in Frankreich nach dem dortigen Rechte zusteht; es folgt dieses namentlich nicht daraus, daß jeder Staat innerhalb seiner Grenzen sein eigener Herr ist; denn das deutsche Gericht soll ja gerade das französische Recht hinsichtlich der von der Beklagten behaupteten Befugnis in Anwendung bringen, und ein etwa von dem deutschen Gericht auszusprechendes Verbot kann gegenüber der Beklagten vollstreckt werden. So ist auch in der vorerwähnten Reichsgerichtsentscheidung hervorgehoben, daß von dem Oberlandesgericht, dessen Entscheidung mit Revision angefochten war, festgestellt worden ist, das streitige Zeichen sei im Auslande eingetragen, und hierdurch habe der Eingetragene nach dem betreffenden ausländischen Rechte das ausschließliche Recht auf die Benutzung der Marke erworben. . . ."

---

107. Wird die Nichtigkeit eines der gesetzlichen Form entbehrenden Vertrags über die Errichtung einer Gesellschaft mit beschränkter Haftung dadurch geheilt, daß die Gesellschaft in das Handelsregister eingetragen wird? Kann die Nichtigkeit mit der Klage gemäß § 75 des Gesetzes, betr. die Gesellschaften m. b. H., geltend gemacht werden?

I. Civilsenat. Urt. v. 13. Mai 1903 i. S. R. (Kl.) w. J. & K. (Bekl.). Rep. I. 55/03.

I. Landgericht Meiningen.
II. Oberlandesgericht Jena.

Von obigen Fragen hat das Reichsgericht die erste verneint, die zweite bejaht.

Aus den Gründen:

„Die Vorinstanzen haben nicht verkannt, daß der Gesellschaftsvertrag, auf Grund dessen am 25. Februar 1899 die beklagte Gesellschaft in das Register des Amtsgerichts M. eingetragen wurde, dem Erfordernis der gerichtlichen oder notariellen Form, wie es durch § 2 des Gesetzes, betreffend die Gesellschaften mit beschränkter Haftung, aufgestellt ist, nicht genügt und nur einen schriftlichen Vertrag mit notarieller Beglaubigung der Unterschriften darstellt; sie erachten aber diesen Mangel der Form dadurch als geheilt, daß die beiden Geschäftsführer der Gesellschaft, darunter der Kläger, die Gesellschaft persönlich unter Bezugnahme auf den Vertrag zur Eintragung ins Handelsregister angemeldet und die Firma gezeichnet haben, worauf sodann die Eintragung der Gesellschaft ins Register auch erfolgte. Das Berufungsgericht pflichtet bei dieser Sachlage der von Staub in seinem Kommentar zum Handelsgesetzbuch 6. und 7. Aufl. S. 927 und 928 bezüglich der Aktiengesellschaft vertretenen und nun auch in dem Kommentar zu dem Gesetz, betr. die Gesellschaften mit beschränkter Haftung, S. 34 Anm. 27 und S. 406

Anm. 3 II aufrecht erhaltenen Meinung bei, daß die Nichtbeobachtung der für die Errichtung der Gesellschaft vorgeschriebenen gerichtlichen oder notariellen Form die Nichtigkeit der einmal eingetragenen Gesellschaft nicht zur Folge habe, vielmehr nach der Fassung des § 309 H.G.B. bezüglich der Aktiengesellschaften, wie des § 75 des Gesetzes, betr. die Gesellschaften mit beschränkter Haftung, bezüglich dieser letzteren angenommen werden müsse, daß der Mangel der gesetzlich vorgeschriebenen gerichtlichen oder notariellen Form durch die Eintragung der Gesellschaft ins Handelsregister geheilt sei.

Diese Auffassung ist jedoch rechtsirrig und entbehrt der gesetzlichen Grundlage.

Gegenüber dem ursprünglichen Entwurf, welcher für die Errichtung einer Gesellschaft mit beschränkter Haftung lediglich die schriftliche Form des Gesellschaftsvertrags erfordert hatte, ist im Laufe der Beratungen des Entwurfs aus wohlerwogenen Gründen, um die Bedeutsamkeit der bezüglichen Willenserklärungen den Beteiligten zum vollen Bewußtsein zu bringen, das Erfordernis festgesetzt worden, daß der Gesellschaftsvertrag des Abschlusses in gerichtlicher oder notarieller Form bedürfe. Dieses Erfordernis wurde zum Gesetz. Insoweit wurde im öffentlichen Interesse für die Gesellschaft mit beschränkter Haftung dieselbe zuverlässige Errichtungsgrundlage gefordert, welche der Art. 209 A.D.H.G.B. für die Errichtung des Aktiengesellschaftsvertrags vorschrieb. Diese Bestimmungen sind zwingenden Rechts; ihre Nichtbeachtung hatte gemeinrechtlich die Nichtigkeit der Gesellschaft zur Folge, wie dies bezüglich der Aktiengesellschaft von Behrend, Handelsrecht S. 717; Kayser, Kommanditgesellschaften auf Aktien und Aktiengesellschaften 2. Aufl. Bem. 5 zu Art. 209; Petersen und Pechmann, Supplement zu Puchelt S. 30 Nr. 4; Lehmann in Iherings Jahrb. Bd. 33 S. 413 und auch von Staub, Komm. 5. Aufl. § 3 zu Art. 209 S. 387, wo er freilich die Nichtigkeit für heilbar erachtet, anerkannt war. Allerdings fehlte es unter dem älteren Recht an einer gesetzlichen Bestimmung, wie diese Nichtigkeit zur Geltung zu bringen sei, aber den Stand der Doktrin faßt die Denkschrift zu dem Entwurf des jetzt geltenden Handelsgesetzbuchs auf S. 168 mit Recht in den Worten zusammen:

„Daß eine Aktiengesellschaft trotz der Eintragung in das Handelsregister nicht besteht, wenn im Gesellschaftsvertrag eine der vom

Gesetze für wesentlich erklärten Bestimmungen fehlt oder wenn eine solche Bestimmung ungültig ist, gilt schon jetzt als zweifellos. Andererseits wird in der Wissenschaft und Rechtsprechung überwiegend angenommen, daß sonstige Mängel des Gründungsherganges im allgemeinen nicht genügen, um die Gültigkeit der in das Handelsregister eingetragenen Gesellschaft nachträglich in Frage zu stellen, wenngleich sie unter Umständen die Folge haben können, daß eine größere oder geringere Anzahl von Übernehmern oder Zeichnern von Aktien befugt ist, ihre Beteiligung als unverbindlich anzufechten."

Von diesem allgemeinen Standpunkt aus wurde sodann zur Verbesserung des bestehenden Rechtszustandes die Nichtigkeitsklage im wesentlichen in der Gestaltung, wie sie in §§ 309—311 H.G.B. für die Aktiengesellschaften und in §§ 75—77 des Gesetzes vom $\frac{20\text{ April }1892}{20.\text{ Mai }1898}$ für die Gesellschaften mit beschränkter Haftung zum Gesetz geworden ist, vorgeschlagen, um die Nichtigkeit der Gesellschaft in einer für alle Beteiligten bindenden Weise festzustellen und die nichtigen Handelsgesellschaften aus dem Register wieder zu entfernen. Hiernach kann nicht von der Einführung eines neuen Rechtsgrundsatzes die Rede sein, daß eine Nichtigkeit, welche dem Gesellschaftsvertrag wegen Nichtbeachtung der gesetzlich gebotenen gerichtlichen oder notariellen Form anhaftet, durch die Eintragung der Gesellschaft in das Handelsregister geheilt würde. Das Rechtsgeschäft, welches der durch das Gesetz vorgeschriebenen Form ermangelt, ist vielmehr jetzt nach § 125 B.G.B. ebenso nichtig, wie dies früher nach den Grundsätzen des gemeinen Rechts der Fall war. Es kann sich vielmehr nur darum handeln, ob die Klage, welche hier erhoben ist, unter den § 75 des Gesetzes, betr. die Gesellschaften mit beschränkter Haftung, fällt, und ob danach der Kläger mit Recht verlangen kann, daß die Nichtigkeit der beklagten Gesellschaft mit den aus § 77 sich ergebenden Wirkungen festgestellt werde. Diese Frage ist aber zu bejahen, und die Vorinstanzen haben dieselbe aus Rechtsirrtum verneint, indem sie dem § 75 eine zu enge, mit dem Wortlaute desselben nicht im Einklang stehende Auslegung gegeben haben. Der § 75 gestattet jedem Gesellschafter oder Geschäftsführer, im Wege der Klage zu beantragen, daß die Gesellschaft mit beschränkter Haftung für nichtig erklärt werde, wenn der Gesellschaftsvertrag nicht die nach § 3 Abs. 1 wesentlichen Bestimmungen enthält, oder eine dieser Bestimmungen nichtig ist. Die

Bestimmungen des § 3 Abs. 1 beziehen sich auf die Notwendigkeit, im Gesellschaftsvertrag 1. Firma und Sitz der Gesellschaft, 2. den Gegenstand des Unternehmens, 3. den Betrag des Stammkapitals, 4. den Betrag der von jedem Gesellschafter zu leistenden Stammeinlage anzugeben. Fehlt eine dieser nach der Auffassung des Gesetzes wesentlichen Bestimmungen oder ist eine derselben nichtig, so wird bezüglich der Mängel zu 1 und 2 in § 76 ein Weg zur Heilung des Mangels eröffnet; unheilbar bleiben die Mängel zu 3 und 4, und es muß hiernach die Nichtigkeitsklage schon dann Erfolg haben, wenn in einem in gerichtlicher oder notarieller Form errichteten Gesellschaftsvertrag das Stammkapital entgegen der gebietenden Vorschrift des § 5 Abs. 1 auf weniger als 20000 ℳ oder die Höhe der Stammeinlage eines Gesellschafters auf weniger als 500 ℳ festgesetzt ist. Ergibt sich dies unmittelbar aus dem Wortlaut des Gesetzes, so kann die Folgerung nicht abgelehnt werden, daß die Nichtigkeitsklage begründet ist, wenn nicht nur die in Bezug auf das Stammkapital und die Stammeinlage getroffene Bestimmung, sondern der ganze Gesellschaftsvertrag nichtig ist, weil er nicht in gerichtlicher oder notarieller Form beurkundet ist, und nach der Auffassung des Gesetzes ohne diese Form eine genügend zuverlässige Rechtsgrundlage für eine derartige Gesellschaft nicht bietet. Der Bezugnahme auf § 2 des Gesetzes, welche das Berufungsgericht mit Staub vermißt, bedurfte es also nicht, weil durch die Fassung des § 75 der Mangel der gerichtlichen oder notariellen Errichtung des Gesellschaftsvertrags als Nichtigkeitsgrund mit umschlossen wird. Zudem war es vom Standpunkt des Gesetzgebers aus selbstverständlich, daß das Gebot, welches er in § 2 des Gesetzes gegeben hat, von allen Beteiligten gebührend beachtet werde; und jedenfalls zeigt die unmittelbar angereihte Bestimmung des § 76 klar, daß das Gesetz, wenn der Gesellschaftsvertrag nicht in der gebotenen gerichtlichen oder notariellen Form errichtet worden ist, der Eintragung der Gesellschaft in das Handelsregister eine die Nichtigkeit des Vertrags heilende Kraft nicht zuschreibt. Eine derartige Kraft dem vollzogenen Registereintrag beizumessen, ist um so weniger zulässig, als in § 142 flg. des Gesetzes über die Angelegenheiten der freiwilligen Gerichtsbarkeit nunmehr dem Registerrichter ausdrücklich die Mittel an die Hand gegeben sind, um von Amts wegen die Löschung von Einträgen zu bewirken, welche wegen eines Mangels der gesetzlichen Voraussetzungen nicht zulässig waren. Wenn das Berufungsgericht in Anlehnung an Staub und mit Rücksicht auf die in dem Urteil des Kammergerichts vom 11. November 1901,

Entscheidungen in Angelegenheiten der freiwilligen Gerichtsbarkeit und des Grundbuchrechts Bd. 3 S. 16. 18 flg.,

besprochene Entstehungsgeschichte der §§ 75 bis 77 die Meinung vertritt, es sei der Sinn des § 75, daß nur Mängel im urkundlichen Inhalt des Gesellschaftsvertrags bezüglich der in § 3 Abs. 1 hervorgehobenen Punkte und jedenfalls nur Mängel sachlicher Natur die Nichtigkeitsklage begründen können, so ist diese einschränkende Auslegung mit der zum Gesetz gewordenen Fassung des § 75 durchaus nicht vereinbar. Die Auffassung des Berufungsgerichts würde dahin führen, daß auf dem Gebiet der Gesellschaften mit beschränkter Haftung, wie auf dem Gebiet des Aktiengesellschaftsrechts der § 125 B.G.B. seiner Bedeutung völlig entkleidet, und die Absicht des Gesetzes, durch Vorzeichnung bestimmter Formen des Vertragsschlusses die Wichtigkeit der rechtsgeschäftlichen Erklärung bei der Gründung solcher Gesellschaften zum Bewußtsein zu bringen, ganz vereitelt würde, sobald unter Nichtbeachtung der gesetzlichen Vorschriften die Eintragung der Gesellschaft in das Register erfolgt. Der Tatsache, daß die Eintragung erfolgt war, und daß dies für den Rechtsverkehr selbständige Bedeutung hatte, ist durch die Bestimmungen des § 77 vollkommen Rechnung getragen worden." . . .

---

108. Findet auf die Verjährung des Anfechtungsrechts des Konkursverwalters in einem vor dem 1. Januar 1900 eröffneten Konkursverfahren der § 34 K.O. a. F. oder der § 41 K.O. n. F. Anwendung? Verjährte nach früherem Recht auch die Anfechtungseinrede?

VII. Civilsenat. Urt. v. 15. Mai 1903 i. S. Gr. Ehel. (Kl.) w. W.'schen Konkursverwalter (Bekl.). Rep. VII. 64/03.

I. Landgericht Thorn.
II. Oberlandesgericht Marienwerder.

Die klagende Ehefrau war die ersteheliche Tochter der Gemeinschuldnerin, über deren Vermögen am 2. September 1899 der

Konkurs eröffnet wurde. Die Kläger hatten am 1. August 1899 miteinander die Ehe geschlossen. Im Juli 1899 war auf zwei Grundbuchblättern über Grundstücke der Gemeinschuldnerin für die klagende Ehefrau eine mit 5 v. H. verzinsliche Hypothek von 6000 ℳ in Anrechnung auf das künftige Muttererbe überwiesenes Heiratsgut eingetragen worden. Der Konkursverwalter hatte in einem Vorprozesse die Hypothekbestellung angefochten, und diese war auch den Konkursgläubigern gegenüber rechtskräftig für unwirksam erklärt. Die Kläger meldeten am 5. Februar 1901 eine Forderung von 7000 ℳ als Konkursgläubiger mit der Begründung an, daß die Gemeinschuldnerin bezw. deren Ehemann dem Kläger für den Fall, daß er ihre Tochter heirate, eine Mitgift von 6000 ℳ und 1000 ℳ zur Anschaffung von Möbeln versprochen habe; dies sei bereits im Vorprozesse festgestellt. Sie erhoben beim Bestreiten des Konkursverwalters Klage auf Feststellung der Forderung. Dieser widersprach der Klage und focht u. a. auch das angebliche Mitgiftversprechen als den Konkursgläubigern gegenüber unwirksam an. Die Kläger bestritten die Einwendungen des Beklagten und behaupteten insbesondere, daß das Anfechtungsrecht verjährt sei.

Die Vorinstanzen wiesen die Klage ab. Der Berufungsrichter erachtete den Anfechtungseinwand für durchgreifend. Das Urteil ist aufgehoben, und die Forderung in Höhe von 7000 ℳ festgestellt.

Aus den Gründen:

(Es wird zunächst ausgeführt, daß der Berufungsrichter ohne Rechtsirrtum ein klagbares Mitgiftversprechen im Sinne des § 1048 A.L.R. I. 11 festgestellt habe. Dann heißt es weiter:)

„Von den Einwendungen des Konkursverwalters kommt für die Revisionsinstanz nur der Anfechtungseinwand aus § 24 Nr. 2 K.O. a. F. in Betracht. Ihm gegenüber haben sich die Kläger auf die Verjährung berufen. Das Anfechtungsrecht des Konkursverwalters verjährte nach § 34 K.O. a. F. in einem Jahre seit der Eröffnung des Verfahrens. Käme diese Vorschrift zur Anwendung, so könnte der Konkursverwalter den zwischen dem Kläger und der Gemeinschuldnerin abgeschlossenen Vertrag nicht mehr anfechten. Der Konkurs ist am 2. September 1899 eröffnet. In dem die Hypothek wegen der baren Mitgift von 6000 ℳ betreffenden Vorprozesse hat der Verwalter nur die Hypothekbestellung, nicht auch das von ihm bestrittene Mitgiftversprechen angefochten. Erst in dem gegenwärtigen, im November 1901 anhängig gemachten Prozesse hat der Beklagte die Unwirksamkeit des Vertrags auf Grund des § 24 Nr. 2 K.O. geltend gemacht. Die Verjährungsfrist des § 34 K.O. vernichtete das Anfechtungsrecht dergestalt, daß es auch nicht im Wege der Einrede ausgeübt werden konnte. Dies sprechen die Motive zur Konkursordnung ausdrücklich aus (S. 154), und ihnen ist die Theorie und Praxis gefolgt, so daß der erkennende Senat kein Bedenken trägt, sich gleichfalls für jene Auslegung zu entscheiden.

Vgl. v. Wilmowski, Konkursordnung, 4. Aufl. Bem. zu § 34 K.O. und die dortigen Zitate; Urt. des Oberlandesgerichts Jena bei Seuffert, Bd. 42 S. 249. Petersen-Kleinfeller, Kommentar zur neuen Konkursordnung Bem. 4 zu § 41.

Gegenteilig äußert sich Dernburg in seinem Preußischen Privatrecht Bd. 2 § 131 Anm. 9; er will der Auffassung der Motive gegenüber mit einer exceptio doli helfen. Diese würde indessen im vorliegenden Falle, in welchem der Konkursverwalter aus dem Vorprozesse das Verlangen der Kläger auf Gewährung der Mitgift kannte und es trotzdem unterließ, ihm mit dem Rechtsbehelfe der Anfechtung zu begegnen, kaum zu begründen sein. Ebensowenig ist der von Cosack (Anfechtung S. 357) betretene Weg gangbar: er nimmt an, daß die Verjährung des Anfechtungsrechts durch die Erklärung des Verwalters unterbrochen werde, daß er es ausübe. Bis zum gegenwärtigen Prozeß ist, soweit ersichtlich, eine solche Erklärung nicht abgegeben. Auch bei einer einschränkenden Auslegung des § 34 K.O. im Sinne der genannten Schriftsteller (Mandry-Geib, Civilrechtlicher Inhalt der Reichsgesetze S. 561 äußert sich lediglich zweifelnd) würde das Ergebnis für den Beklagten nicht günstiger sein.

Hiernach kommt es nur auf die Frage an, ob der § 34 K.O. a. F. noch auf das Anfechtungsrecht des Beklagten anwendbar ist, oder ob nicht vielmehr der § 41 K.O. n. F. mit seinem das Einrederecht ausdrücklich gewährenden zweiten Absatze Platz greift. Der Berufungsrichter nimmt das letztere an, indessen wie die Revision mit Recht rügt, unter widerspruchsvoller Begründung. Er geht davon aus, daß, da es sich um ein vor dem Inkrafttreten des Gesetzes, betreffend Änderungen der Konkursordnung, eröffnetes Konkursverfahren handelt, nach Art. V des Einführungsgesetzes zu dem Gesetze, betreffend Änderungen der Konkursordnung, vom 17. Mai 1898 die bisherigen Gesetze maßgebend seien. Dies ist zutreffend, begründet aber den Schluß, daß auch bezüglich des Anfechtungsrechts der Konkursgläubiger, das mi. dem Konkurs entsteht, das alte Recht, insbesondere wegen der Zeit seiner Ausübung und der mit seiner Nichtausübung verknüpften Folgen, in Geltung geblieben ist. Dem stimmt der Berufungsrichter insofern zu, als er sagt, daß allerdings zunächst der § 34 K.O. a. F. in Betracht komme. Daß er dennoch den § 41 Abs. 2 K.O. n. F. anwendet und deshalb die Verjährung nicht für durchgreifend erachtet, beruht auf einer nicht zu billigenden Heranziehung des Art. 169 des Einf.-Ges. z. B.G.B. Dieser Artikel erklärt grundsätzlich die Vorschriften des Bürgerlichen Gesetzbuchs über die Verjährung auf die vor dem Inkrafttreten des Bürgerlichen Gesetzbuchs entstandenen, noch nicht verjährten Ansprüche für anwendbar. Er bezieht sich also auf das den Vorschriften der Konkursordnung unterstehende, einen Anspruch im Sinne des § 194 Abs. 1 B.G.B. nicht darstellende Anfechtungsrecht überhaupt nicht; für dieses sind in erster Linie die Konkursordnung und die zu ihr erlassenen Übergangsbestimmungen maßgebend. Der Berufungsrichter wendet auch keine Vorschrift des Bürgerlichen Gesetzbuchs, sondern eine solche der neuen Konkursordnung an, und das konnte er nur auf Grund des den Konkurs betreffenden Übergangsrechts, nicht auf Grund des Art. 169 Einf.-Ges. z. B.G.B. Die durchgreifende Norm ist lediglich der erwähnte Art. V: er schließt eine Rückwirkung des § 41 K.O. n. F. auf das Anfechtungsrecht in einem vor dem 1. Januar 1900 eröffneten Konkursverfahren aus. Inwieweit dies nach Art. VI auch für ein an diesem Tage oder später eröffnetes Verfahren zutrifft, bedarf vorliegend keiner Erörterung. In dem bereits am 2. September 1899 eröffneten Konkurse kann jedenfalls nur der § 34 K.O. a. F. für die Verjährungsfrage entscheidend sein. Ist dies aber der Fall, so war das Anfechtungsrecht des Beklagten nach Jahresfrist seit der Konkurseröffnung endgültig erloschen". . . .

109. Inwieweit sind durch die Vorschrift des § 2 des deutschen Gerichtskostengesetzes die außerhalb des preußischen Staatsgebietes von nicht preußischen Staatsangehörigen errichteten Urkunden, von denen nur im Prozeßverfahren durch ihre Einreichung zu den Prozeßakten Gebrauch gemacht worden ist, der Versteuerung aus dem preußischen Stempelsteuergesetz vom 31. Juli 1895 entzogen?

VII. Civilsenat. Urt. v. 15. Mai 1903 i. S. H. (Kl.) w. preuß. Fiskus (Bekl.). Rep. VII. 28/03.

I. Landgericht Torgau.
II. Oberlandesgericht Naumburg a. S.

Der Kläger hatte durch den Justizrat U. in T. Klage gegen den Gutsbesitzer K. auf Zahlung von 500 *M* nebst Zinsen und Kosten bei dem Landgericht in T. erhoben, in dem ersten Verhandlungstermine aber die Klage zurückgenommen. Vor dem Termine hatte der Justizrat U. die ihm vom Kläger erteilte Prozeßvollmacht zu den Prozeßakten eingereicht, deren Wortlaut folgender war:

„Prozeß-Vollmacht.

Den Rechtsanwalt U. in T. bevollmächtige ich zur Führung des von mir gegen den Gutsbesitzer K. in S. wegen Wechselforderung ... angestellten Prozesses mit der Befugnis, Sachen und Gelder, Wertpapiere und Dokumente von der Gegenpartei und Dritten in Empfang zu nehmen und darüber zu quittieren.

Dessau, den 5. Februar 1902.

gez. H. H."

Der Gerichtsschreiber erforderte zu dieser Vollmacht einen Stempel von einer Mark, den der Kläger an die Gerichtskasse zahlte. Mit der erhobenen Klage verlangte der Kläger die Rückzahlung dieses Betrags. Das Landgericht wies die Klage ab, und die Berufung des Klägers hatte keinen Erfolg. Der Revision ist stattgegeben und der Beklagte nach dem Klagantrage verurteilt aus folgenden

Gründen:

„Die als „Prozeßvollmacht" bezeichnete Urkunde, für die der Beklagte den streitigen Stempel erhoben hat, ist in Dessau, also außerhalb des Geltungsbereichs des preußischen Stempelsteuergesetzes vom 31. Juli 1895, von dem in Dessau wohnenden und dorthin staatsangehörigen Kläger ausgestellt. Sie ist also im Sinne des § 2 dieses Gesetzes als eine im Auslande von einem Ausländer ausgestellte Urkunde anzusehen. Nach § 2 Abs. 1 a. a. O. unterliegen derartige Urkunden der preußischen Stempelsteuer, wenn sie über Geschäfte errichtet sind, die im Inlande befindliche Gegenstände betreffen oder im Inlande zu erfüllen sind. Der § 2 regelt aber die Stempelpflichtigkeit der ausländischen Urkunden nur insoweit, als sie von dem Inhalte der Urkunde abhängt. Ein weiteres Erfordernis des stempelpflichtigen Tatbestandes stellt für derartige Urkunden, von denen im Inlande Gebrauch gemacht werden soll, das Gesetz im § 16 unter f dahin auf, daß die Stempelpflichtigkeit durch den Gebrauch der Urkunde bedingt ist. Für die Richtigkeit dieser Auslegung des Gesetzes wird hier lediglich auf die in dem Urteile des jetzt erkennenden Senats vom 29. Mai 1900,

Entsch. des R.G.'s in Civils. Bd. 46 S. 274 flg.,

enthaltene eingehende Begründung verwiesen. Der Stempelanspruch des Beklagten kann hiernach im vorliegenden Falle auf das Stempelsteuergesetz nur gegründet werden, wenn von der Urkunde im Inlande Gebrauch gemacht worden ist. Diese Voraussetzung trifft hier zu, da die Urkunde von dem Bevollmächtigten des Klägers bei dem Landgericht zu den Prozeßakten H. wider K. eingereicht worden ist. Trotzdem ist aber die Urkunde durch ihren Gebrauch nicht stempelpflichtig geworden, weil die Entstehung der Stempelpflichtigkeit durch das deutsche Gerichtskostengesetz ausgeschlossen war. Der § 2 daselbst bestimmt in den Abss. 1 und 2 für die vor die ordentlichen Gerichte gehörigen, nach der Civilprozeßordnung zu erledigenden Rechtssachen:

„Eine Erhebung von Stempeln und anderen Abgaben neben den Gebühren findet nicht statt.

Urkunden, von denen im Verfahren Gebrauch gemacht wird, sind nur insoweit einem Stempel oder einer anderen Abgabe unterworfen, als sie es ohne diesen Gebrauch sein würden."

Die Vorschrift im Abs. 2 betrifft nicht nur die Prozeßvollmachten, sondern alle Urkunden ohne Unterschied, von denen im Prozeßverfahren Gebrauch gemacht wird. Es ist daher ohne Bedeutung für die Anwendbarkeit des § 2, daß der Inhalt der hier vorliegenden Urkunde, ungeachtet sie sich selbst als bloße „Prozeßvollmacht" bezeichnet, über den durch § 81 C.P.O. gegebenen Rahmen einer solchen hinausgeht, da sie den Rechtsanwalt U. ermächtigt, Sachen und Gelder, Wertpapiere und Dokumente von der Gegenpartei und Dritten in Empfang zu nehmen, und die Empfangnahme des Streitgegenstandes, geschweige denn anderer Gegenstände, ein dem Prozeßbetrieb dienendes Geschäft rechtlicher Natur, also eine „Prozeßhandlung", nicht ist. Dieser erweiterte Umfang der Vollmacht hat nur die Bedeutung, daß sie gemäß § 10 Abs. 3 des Stempelsteuergesetzes nach Tarifstelle 73 Abs. 1, wenn überhaupt, dann als gewöhnliche Vollmacht zu versteuern ist. In dem Urteile des jetzt erkennenden Senats vom 14. April 1903 in Sachen K. gegen Fiskus (Rep. VII. 11/03) ist dieser Grundsatz eingehend begründet worden.

Daß von der Urkunde im vorliegenden Falle im Prozeßverfahren Gebrauch gemacht worden ist, würde jedenfalls dann außer Zweifel stehen, wenn sie eine bloße für den damaligen Rechtsstreit bestimmte Prozeßvollmacht wäre. Es entsteht aber die Frage, ob der Annahme des Gebrauchs im Prozeßverfahren der Umstand entgegensteht, daß sie inhaltlich den Bevollmächtigten zu Handlungen ermächtigte, die außerhalb des Prozeßverfahrens lagen. Diese Frage ist zu verneinen. Die Tatsache des Gebrauchmachens von einer Urkunde ist unabhängig von deren Inhalt. Ob der Gebrauch derjenige ist, den der Aussteller bei der Errichtung der Urkunde bezweckte, ist dafür, ob sie gebraucht ist, ohne Bedeutung. Es macht auch keinen Unterschied, von wem sie gebraucht wird, ob von dem Aussteller oder einem Dritten, und ob der Gebrauch gerade in der erfolgten Art beabsichtigt war.

Vgl. Heinitz, Stempelsteuergesetz 2. Aufl. S. 152 zu bb; Hummel u. Specht S. 241 unter II.

Es genügt zur Annahme des Gebrauchs einer Urkunde, daß sie in den Geschäftsverkehr gebracht, und ihr Inhalt dadurch anderen zugänglich wird. Das ist hier aber durch ihre Einreichung bei Gericht geschehen. Da die Einreichung zu den Prozeßakten im Laufe des Prozesses gegenüber dem Prozeßrichter erfolgte, ist der Gebrauch im (Prozeß-)Verfahren geschehen. Der Einwand, daß im Verfahren nur von demjenigen Teile der Urkunde Gebrauch gemacht sei, der sich als eine Prozeßvollmacht darstelle, nicht aber auch von dem darüber hinausgehenden Teile, gründet sich auf die nach der vorstehenden Darlegung für die Tatsache des Gebrauchs im stempelrechtlichen Sinne bedeutungslose Unterscheidung der Urkunden nach ihrem Inhalte und scheitert schon daran, daß die Urkunde nach ihrer äußeren Form ein einheitliches Schriftstück ist, in dem ein seiner rechtlichen Natur nach einheitliches Geschäft — nämlich eine Vollmachtserteilung, die freilich zu verschiedenartigen Geschäften ermächtigt — enthalten ist, und daß auch der Teil des Urkundeninhalts, der nicht den Prozeßbetrieb betrifft, in den Geschäftsverkehr und zur Kenntnis Dritter gebracht ist. Ob der Aussteller der Urkunde oder der Rechtsanwalt U., der sie eingereicht hat, Interesse daran hatte und beabsichtigt hat, auch von diesem Teile des Urkundeninhalts im Prozeßverfahren Gebrauch zu machen, ist gleichgültig, wenn nur dieser Gebrauch selbst erfolgt ist.

Daß „ohne diesen Gebrauch", d. h. ohne die im Prozeßverfahren H. gegen K. erfolgte Einreichung, die Vollmacht nicht stempelpflichtig gewesen wäre, ergibt sich daraus, daß ein anderer Gebrauch als der bezeichnete von der Vollmacht nicht gemacht worden ist, und ohne irgend einen Gebrauch die Stempelpflichtigkeit nicht entstehen konnte.

Alle Voraussetzungen der Anwendbarkeit des § 2 Abs. 2 des deutschen Gerichtskostengesetzes liegen hiernach vor und daraus folgt, daß die Vollmacht einem Stempel nicht unterliegt. Dieses Ergebnis findet seine Bestätigung in den Motiven zum § 2 a. a. O., in denen ausgeführt wird: der Prozeß müsse dem landesgesetzlichen Besteuerungsrecht überhaupt entzogen werden, und deshalb müsse auch die mittelbare Besteuerung des Rechtsstreits ausgeschlossen werden, die darin liege, daß nach den Stempelgesetzen einzelner Bundesstaaten außerhalb eines Rechtsstreits errichtete Urkunden dadurch stempelpflichtig würden, daß sie in einem Rechtsstreite dem Richter vorgelegt oder überreicht würden oder als Anlagen der Prozeßschriften dienten; die Produktion einer ohne solchen Gebrauch nicht oder zu geringerem Betrage steuerpflichtigen Urkunde im Prozesse dürfe künftig nicht mehr Anlaß zur Erhebung oder Erhöhung von Abgaben sein. Würde im vorliegenden Falle der Stempel für die bis dahin noch nicht stempelpflichtige und nur im Prozeßverfahren gebrauchte Urkunde aus Anlaß dieses Gebrauchs erhoben werden dürfen, so würde darin eine mittelbare Besteuerung des Rechtsstreits selbst liegen.

Wollte man annehmen, daß für die Frage nach dem Gebrauche der Urkunde ihr Inhalt dahin zu scheiden sei, daß zwar der eine Prozeßvollmacht enthaltende Teil im Prozeßverfahren gebraucht worden sei — wodurch eine Stempelpflichtigkeit nach § 2 Abs. 2 a. a. O. jedenfalls nicht begründet wird —, daß aber von dem weitergreifenden Teile des Urkundeninhalts im Verfahren überhaupt kein Gebrauch gemacht worden sei, so würde das Ergebnis ebenfalls sein, daß die Stempelforderung hier nicht begründet ist. Denn in diesem Falle wäre zwar die Anwendbarkeit des § 2 Abs. 2 ausgeschlossen; die Stempelpflichtigkeit des letztbezeichneten Teils der Vollmacht wäre aber mangels des Nachweises irgend eines Gebrauchs dieses Teils nicht zur Entstehung gelangt.

Es kann deshalb dahingestellt bleiben, ob die durch § 2 des Stempelsteuergesetzes vom 31. Juli 1895 gegebenen Erfordernisse der Stempelpflichtigkeit einer ausländischen Urkunde hier vorliegen, und ob insbesondere der Annahme des Berufungsrichters beizutreten ist, daß die Vollmacht die Beurkundung eines im Inlande zu erfüllenden Geschäfts, nämlich eines Dienstauftrages, enthält." . . .

---

110. 1. Auf welchem Wege ist die Wahrheit über eine von einem ausgebliebenen Zeugen vorgebrachte Entschuldigung zu ermitteln? Kann von ihm schlechthin eine Glaubhaftmachung verlangt werden? 2. Behandlung einer als „Berufung" bezeichneten Eingabe als Beschwerde.

VI. Civilsenat. Beschl. v. 18. Mai 1903 in der Beschwerdes. des M., zur S. F. (Kl.) w. D. Testamentsvollstr. (Bekl.) u. K. (Nebeninterv.). Beschw.-Rep. VI. 142/03.

I. Oberlandesgericht Hamburg.

Gründe:

„Der Beschwerdeführer ist vom Oberlandesgericht am 2. April 1903 wegen seines Ausbleibens in diesem zu seiner Vernehmung als Zeugen anberaumten Termine in eine Geldstrafe von 20 *M* und in die durch sein Ausbleiben verursachten Kosten verurteilt worden. Auf eine von ihm eingereichte Gegenvorstellung, worin er behauptete, durch Erkrankung am Erscheinen verhindert gewesen zu sein, und sich hierfür auf das Zeugnis seiner Logiswirtin Frau Kr. berief, hat das Oberlandesgericht . . . beschlossen, daß der Zeuge vorgängig glaubhaft zu machen habe, daß er infolge von Krankheit außer stande gewesen sei, am 2. April im Gerichte zu erscheinen. Hierauf hat dieser . . . wieder nur eine Eingabe eingereicht, worin er behauptete, daß er am 1. April abends einen Ohnmachtsanfall gehabt habe, und das Oberlandesgericht bat, sich bei Frau Kr. zu „erkundigen", ob er nicht am Abend des 1. April Krämpfe gehabt habe, ferner sich auf das Zeugnis seiner von ihm getrennt lebenden Ehefrau dafür berief, daß er überhaupt an Ohnmachtsanfällen leide, die ihn auf einen bis zwei Tage denkunfähig zu machen pflegten, und unter anderem auch noch bat, ihm einen Arzt zu benennen, von dem er sich untersuchen lassen solle. Sodann ist der . . . Beschluß . . . ergangen, wodurch der Antrag auf Wiederaufhebung der erkannten Ordnungsstrafe abgelehnt worden ist, da der Zeuge die ihm auferlegte Glaubhaftmachung unterlassen habe, es nicht Sache des Gerichtes sei, sich zu „erkundigen", und das Ausbleiben des Zeugen also unentschuldigt geblieben sei. Hiergegen hat der Zeuge eine Eingabe an das Oberlandesgericht gerichtet, worin er „Berufung" einzulegen erklärt und verschiedene Ausführungen macht, von denen hier hervorzuheben ist, daß er sagt, er habe kein Geld übrig, um sich an einen Arzt wenden zu können.

Obgleich der Zeuge das von ihm eingelegte Rechtsmittel als „Berufung" bezeichnet, darf es unbedenklich als Beschwerde aufgefaßt werden; denn auf den Gebrauch des Wortes „Beschwerde" kommt es nicht an;

vgl. Entsch. des R.G.'s in Civils. Bd. 43 S. 416flg.;

wenn in jenem Falle die eingelegte „Berufung" nicht als Beschwerde gelten konnte, so lag das daran, daß damals das Rechtsmittel überhaupt nicht durch Einreichung eines Schriftsatzes bei Gericht, sondern durch Zustellung an den Gegner eingelegt war. Die Beschwerde ist hier nun aber zweifellos zulässig, nach § 380 Abs. 3, bezw. § 567 Abs. 1 C.P.O.

Das Rechtsmittel erweist sich auch als begründet. Zwar entspricht es völlig dem § 380 Abs. 1 C.P.O., wenn das Gericht einen trotz ordnungsmäßiger Ladung ausgebliebenen Zeugen ohne vorgängige

Erörterung darüber, ob ihm etwa eine genügende Entschuldigung zur Seite steht, ohne weiteres zunächst zu einer Geldstrafe verurteilt, und es ist auch wahr, daß der Beschwerdeführer derjenigen Auflage, von deren Erfüllung das Oberlandesgericht die Wiederaufhebung seines Strafbescheides abhängig machen wollte, nämlich den nachträglich vorgebrachten Entschuldigungsgrund glaubhaft zu machen, nachzukommen unterlassen hat. Aber das Gesetz schreibt auch schlechtweg vor (§ 381 Abs. 1 C.P.O.), daß, falls nachträglich genügende Entschuldigung des Ausbleibens erfolgt, die gegen den Zeugen getroffenen Anordnungen wieder aufgehoben werden sollen, ohne daß gerade die Glaubhaftmachung der Entschuldigungsgründe als Voraussetzung aufgestellt wäre. Das Gesetz läßt die Frage, in welcher Weise dem Gerichte die Überzeugung von der Wahrheit der etwaigen Entschuldigung vermittelt werden soll, offen. Es muß nun allerdings als durchaus sachgemäß anerkannt werden, wenn das Gericht sich mit der bloßen Glaubhaftmachung eines an sich ausreichenden Entschuldigungsgrundes begnügt, und wenn es in diesem Sinne eine Aufforderung an den Zeugen ergehen läßt. Aber wenn der Zeuge eine Glaubhaftmachung im Sinne des § 294 C.P.O. nicht unternehmen kann oder will, so ist das kein Grund, ihn mit der Strafe belastet zu lassen, obgleich er Beweismittel für die von ihm zu seiner Entschuldigung angeführten Umstände benannt hat. So liegt aber hier die Sache. Der Zeuge will offenbar behaupten, daß er an epileptischen Anfällen leide, daß er am Abend vor dem Vernehmungstermin einen solchen Anfall gehabt, und daß dieser ihn auch noch für den anderen Tag unfähig gemacht habe, sich als Zeugen vernehmen zu lassen. Hierfür hat er in einer Beziehung seine Logiswirtin Kr., in der anderen seine von ihm getrennt lebende Ehefrau als Zeuginnen benannt, und was er über seine Bereitwilligkeit, sich ärztlich untersuchen zu lassen, erklärt hat, läßt sich allenfalls dahin auslegen, daß er sich auf das Gutachten eines gerichtsseitig zu ernennenden Sachverständigen beziehen wolle. Es ist nicht abzusehen, weshalb das Gericht nicht äußerstenfalls sollte den so angetretenen Beweis erheben müssen, ehe es den Zeugen endgültig für schuldig erklärte, Strafe und Kosten zu bezahlen. Die Analogie eines eigentlichen Strafverfahrens ist hier maßgebend. Außerdem aber wäre es nicht ausgeschlossen, daß das Gericht dem Zeugen nähere Anweisung darüber erteilte, in welcher Weise er die von ihm zunächst verlangte

Glaubhaftmachung beschaffen könne. Es liegt die Vermutung nahe, daß ihm dies unklar ist, und man kann von einem Zeugen nicht verlangen, daß er sich zum Zwecke solcher Rechtsbelehrung an einen Rechtsanwalt wende. Ebenso ist freilich auch in Ansehung der Glaubhaftmachung selbst davon auszugehen, daß man dem Zeugen nicht zumuten darf, zur Beschaffung derselben Auslagen auf sich zu nehmen, zumal da es ganz zweifelhaft, in den Gesetzen jedenfalls nirgends ausdrücklich bestimmt ist, ob er eventuell solche Auslagen vom Staate ersetzt verlangen kann. Diesen Erwägungen gegenüber verschlägt es nichts, daß allerdings in der Literatur, soweit sie auf diesen Gegenstand zu sprechen gekommen ist, immer nur,

vgl. z. B. Gaupp-Stein, Civilprozeßordnung (4. Aufl.), Bd. 1, Bem. I zu § 381, S. 821 flg.; Petersen und Anger, Civilprozeßordnung (4. Aufl.), Bd. 1, Bem. 1 zu § 381, S. 773; Landau, in den Beiträgen zur Erl. des Deutschen Rechts, Bd. 42 S. 490 flg.,

an eine Glaubhaftmachung der Entschuldigung, nicht an eine Beweiserhebung darüber gedacht zu sein scheint.

Somit war der angefochtene Beschluß aufzuheben. Das weitere Verfahren nach Maßgabe der dargelegten Grundsätze und die danach zu treffende Endentscheidung waren, wie in § 575 C.P.O. vorgesehen ist, dem Oberlandesgerichte zu überlassen."

---

111. Umfang des Schikaneverbots.

B.G.B. § 226.
A.L.R. I. 8 §§ 27. 28.

VII. Civilsenat. Urt. v. 19. Mai 1903 i. S. Akt.-Ges. Th. (Bekl.) w. R. M. (Kl.). Rep. VII. 72/03.

I. Landgericht Halberstadt.
II. Oberlandesgericht Naumburg a. S.

Aus den Gründen:

„Der Beklagten steht eine Grundgerechtigkeit dahin zu, die sog. Schlackensturzbrücke, welche sich auf dem Grund und Boden der Klägerin befindet, und die von der Beklagten nach Maßgabe des Vertrags vom 29. Januar 1877 hergestellt ist, zur Beförderung von Schlacken nach dem nördlich gelegenen Grundstück der Beklagten, dem sog. Sägemüller, einer Schlackenhalde, zu benutzen. Es handelt sich darum, ob dieses Gebrauchsrecht auch die Befugnis umfaßt, einmal mittels einer auf der Brücke hergestellten Rohrleitung die zu der dem Hüttenwerk der Beklagten zugehörigen Geschirrbeize gebrauchten Abwässer (Laugen) in ein auf dem Sägemüller befindliches Klärbassin abzuführen, sodann mit jenem Rohr eine elektrische Lichtleitung zu verbinden, damit dadurch die Brücke, die Schlackenhalde, die Klärbassins und die dort befindlichen Baulichkeiten, nämlich das Konsumgebäude und die Arbeiterhäuser nebst Höfen, beleuchtet werden. In der Berufungsinstanz ist von der Klägerin um die Verurteilung der Beklagten gebeten, die erwähnten Vorrichtungen zu beseitigen. Diesem Antrage ist durch das angefochtene Urteil unter Ausschluß der Entfernung einer Vorrichtung, welche bloß zur Beleuchtung der Brücke dient, stattgegeben. Hiergegen richtet sich die Revision der Beklagten. . . .

Schließlich steht in Frage, ob, was das angefochtene Urteil verneint, die Beklagte sich gegenüber dem die fraglichen Benutzungsarten verbietenden Verlangen der Klägerin auf den § 226 B.G.B. berufen kann, welcher lautet: „Die Ausübung eines Rechtes ist unzulässig, wenn sie nur den Zweck haben kann, einem anderen Schaden zuzufügen.“ Ob diese Bestimmung, welche zum Schutz des Umfangs einer Gerechtigkeit angerufen wird, mit der das Grundstück der Klägerin vor dem Inkrafttreten des Bürgerlichen Gesetzbuchs belastet worden, anzuwenden ist (vgl. Art. 184 Einf.-Ges. zum B.G.B.), braucht nicht untersucht zu werden, da, wenn, wie hier, eine schikanöse Ausübung des Eigentumsrechts behauptet wird, das preußische Landrecht eine gleichlautende Vorschrift enthält (§§ 27. 28 A.L.R. I. 8). Mit Recht hat nun aber die Vorinstanz angenommen, daß das durch die fraglichen Bestimmungen statuierte Schikaneverbot der Beklagten nicht zur Seite steht. Nach demselben hat sich der Eigentümer, wenn er auf die seinem Rechte unterstellte Sache einwirkt, jedes Vorgehens zu enthalten, welches nur den Zweck haben kann, einem anderen Schaden zuzufügen. Eine derartige Einwirkung liegt aber dann nicht vor, wenn der Eigentümer der Benutzung der Sache durch Dritte, denen hierzu ein Rechtstitel nicht beiwohnt, in dem Falle entgegentritt, daß die Benutzung irgend welchen Schaden für den

Eigentümer nicht herbeiführt, mag etwa dieser auch hierbei von der Absicht geleitet sein, dem Dritten den mit der Benutzung verfolgten Vorteil zu vereiteln. Denn ein derartiges Vorgehen ist eine Abwehrmaßregel, welcher zugleich das Bestreben zu grunde liegen wird, das Eigentumsrecht unbeschränkt zu erhalten. Jedenfalls kann vorliegend nicht bestritten werden, daß die Klägerin, indem sie den Prätensionen der Beklagten entgegentritt, von diesem Bestreben erfüllt ist. Die Klägerin kann, wenn sie auch, was sie zugibt, durch die fraglichen Rohrleitungen gegenwärtig eine Einbuße nicht erleidet, nicht wissen, ob ihr nicht durch solche in Zukunft ein Schaden droht. Sie hat ferner die Herstellung der Brücke, die der Benutzung zur Überführung der Schlacken dienen soll, nur für die Dauer solchen Gebrauchs zugestanden. Danach hat sie ein Interesse daran, einem längeren Bestehen der Brücke, damit sie dann zu anderweiten Zwecken benutzt werde, schon jetzt entgegenzutreten."

---

112. Enthält die im § 2 Abs. 3 des Gesetzes über das Verlagsrecht vom 19. Juni 1901 getroffene Bestimmung über die Befugnis zur Veranstaltung einer Gesamtausgabe zwingendes Recht? Findet sie Anwendung auf Verlagsverträge, die vor dem 1. Januar 1902 geschlossen worden sind?

I. Civilsenat. Urt. v. 20. Mai 1903 i. S. B. (Kl.) w. J. M. G.'s Verlag (Bekl.). Rep. I. 118/03.

I. Landgericht Leipzig.
II. Oberlandesgericht Dresden.

Die Klägerin ist die Verfasserin zweier im Jahre 1882 unter dem Pseudonym „W. Heimburg" im Verlage der Beklagten erschienenen Schriftwerke, einer Novelle „Ihr einziger Bruder" und eines Buches „Waldblumen", acht Novellen enthaltend. Durch Verlagsverträge, d. d. Leipzig, den 19. Februar 1883 überließ die damals in Niederlößnitz wohnende Klägerin das Verlagsrecht der beiden Werke gegen ein für jede Auflage festgesetztes Honorar der Beklagten und ihren Rechtsnachfolgern „zum alleinigen und unbeschränkten Eigentum". Die Beklagte bewirkte am 6. November 1901 in der beim Stadtrat zu Leipzig geführten Eintragsrolle den Eintrag, daß Fräulein B. B. die Verfasserin der beiden im Jahre 1882 erschienenen Werke sei. Später erschienene Werke gab die Klägerin der Firma E. K. Nachfolger, Gesellschaft mit beschränkter Haftung in Stuttgart-Leipzig, in Verlag. Da letztere Firma mit Zustimmung der Klägerin nach dem Schlusse des Jahres 1902 eine illustrierte Gesamtausgabe der Heimburg'schen Romane und Novellen zu veranstalten beabsichtigte und in diese Gesamtausgabe auch die beiden von der Beklagten verlegten Novellen aufnehmen wollte, machte die Klägerin von diesem Vorhaben der Beklagten am 20. Juni 1902 unter Bezugnahme auf § 2 Abs. 3 des Gesetzes vom 19. Juni 1901 Mitteilung. Die Beklagte erhob gegen dieses Vorhaben Widerspruch und erklärte, daß sie sofort nach dem Erscheinen der Gesamtausgabe gegen die Klägerin und ihren Verleger wegen unberechtigten und unerlaubten Nachdrucks Klage erheben werde.

Mit der deswegen erhobenen Klage wurde beantragt, die Beklagte zur Anerkennung zu verurteilen, daß die Klägerin berechtigt sei, die beiden im Verlag der Beklagten erschienenen Novellen „Ihr einziger Bruder" und „Waldblumen" vom 1. Januar 1903 ab in eine Gesamtausgabe ihrer Werke aufzunehmen und in einer solchen erscheinen zu lassen.

Das Landgericht wies die Klage ab, und die Berufung der Klägerin hatte keinen Erfolg. Die Revision der Klägerin ist zurückgewiesen worden, und zwar aus folgenden

Gründen:

„Es kann nach der Entstehungsgeschichte des Reichsgesetzes vom 19. Juni 1901 über das Verlagsrecht nicht zweifelhaft sein, daß dieses Gesetz kein wesentlich neues Recht schaffen, sondern nur das in Übung befindliche Recht, wie es auf Grund der Gepflogenheiten des Verlagsgewerbes gewohnheitsmäßig sich gestaltet und durch Wissenschaft und Rechtsprechung weiter ausgebildet hatte, im Anschluß an das Gesetz vom 19. Juni 1901 über das Urheberrecht an Werken der Literatur und Tonkunst einer mit den Grundsätzen dieses Gesetzes wie des Bürgerlichen Gesetzbuchs übereinstimmenden, zusammenfassenden Regelung unterziehen wollte. Von diesem Standpunkt aus wurden nach der Festsetzung des § 1 über den wesentlichen Inhalt des Verlagsvertrags in den §§ 2 ff. Bestimmungen getroffen einerseits über die Beschränkungen der Befugnisse des Verfassers während der Dauer des

Vertragsverhältnisses, andererseits über den Umfang der Verlegerbefugnisse, wie sie sich aus dem übertragenen Verlagsrechte ergeben.

Diese Bestimmungen sind, wie bei den Beratungen des Gesetzes wiederholt hervorgehoben worden ist, dispositiver Natur; sie sollen entscheidend gelten, soweit nicht zwischen Verfasser und Verleger ausdrücklich durch den Vertrag etwas anderes bestimmt worden ist, sind aber einer abweichenden Regelung nach dem Willen der Parteien zugänglich. Derartigen dispositiven Charakter hat auch die neue Bestimmung des § 2 Abs. 3, nach welcher der Verfasser zur Vervielfältigung und Verbreitung eines Werkes in einer Gesamtausgabe befugt ist, wenn seit dem Ablauf des Kalenderjahres, in welchem das Werk erschienen ist, zwanzig Jahre verstrichen sind. Unzweifelhaft verdankt diese Bestimmung, deren Entstehungsgeschichte bei Kuhlenbeck, Urheberrecht und Verlagsrecht S. 222. 223, übersichtlich zusammengestellt ist, einer wohlwollenden Rücksichtnahme auf die Interessen der Schriftstellerwelt ihre Entstehung; aber auch sie ist, wie bei den Beratungen wiederholt hervorgehoben wurde, rein dispositiver Natur und der Abänderung durch Übereinkunft der Parteien, welche das Recht zur Veranstaltung einer Gesamtausgabe für den Verfasser beschränken oder ausschließen können, unterworfen. Es ist deshalb rechtsirrig, wenn die Revision geltend macht, die Bestimmung des § 2 Abs. 3 sei zwingendes Recht; das ist sie nicht, wie die Vorinstanzen zutreffend angenommen haben, und es werden damit alle die Folgerungen hinfällig, welche die Revisionsklägerin aus dem angeblich zwingenden Charakter der Vorschrift für ihre Behauptung gezogen hat, daß der § 2 Abs. 3 des Gesetzes rückwirkende Kraft besitze. Nach dem Charakter dieser Rechtsnorm ist vielmehr die gegenteilige Schlußfolgerung berechtigt, weil, wenn auch in Zukunft Verfasser und Verleger vereinbaren können, daß der Verfasser das Recht zur Veranstaltung einer Gesamtausgabe nicht haben soll, hieraus ersichtlich ist, daß die Berechtigung, welche der § 2 Abs. 3 mangels entgegengesetzter Vereinbarung gewährt, sich auch auf keinen anderen Zeitraum bezieht, als auf denjenigen, für welchen das Gesetz überhaupt disponiert, den Zeitraum vom 1. Januar 1902 an. Eine Rückwirkung der Bestimmung des § 2 Abs. 3 auf Verträge, die vor dem 1. Januar 1902 abgeschlossen worden sind, würde nur dann anerkannt werden können, wenn eine solche vorgeschrieben, oder sonst aus sicheren Anzeichen erkennbar wäre, daß vom

Gesetzgeber eine Rückwirkung der neuen Rechtsgrundsätze auf Schuldverhältnisse, die vor dem 1. Januar 1902 entstanden sind, in bestimmtem Maße gewollt sei. Für eine solche Annahme fehlt hier jeglicher Anhaltspunkt. Übergangsbestimmungen hat das Gesetz über das Verlagsrecht nicht getroffen, während solche in den §§ 60—64 des Reichsgesetzes über das Urheberrecht Aufnahme gefunden haben zu dem ausgesprochenen Zweck, daß die neuen Vorschriften auch für solche Werke Geltung haben sollen, welche zur Zeit des Inkrafttretens des Gesetzes entstanden waren. Demnach ist es gemäß § 62 des Gesetzes über das Urheberrecht anzuerkennen, daß die ausschließlichen Befugnisse des Urhebers eines geschützten Werkes sich nach den Vorschriften des neuen Gesetzes über das Urheberrecht bestimmen, auch wenn das Werk vor dessen Inkrafttreten bereits entstanden war. Daraus aber, daß ähnliche, eine Rückwirkung verfügende Vorschriften in dem Gesetze über das Verlagsrecht fehlen, ergibt sich die Berechtigung des Schlusses, daß hier eine Rückwirkung der neuen Bestimmungen auf Rechtsverhältnisse, die vor dem 1. Januar 1902 bereits bestanden haben, nicht gewollt ist. Es bleibt somit auch bezüglich des Rechtes zur Veranstaltung einer Gesamtausgabe, wie es der neue § 2 Abs. 3 des Gesetzes über das Verlagsrecht gewährt, bei dem allgemeinen Rechtsgrundsatz, daß ein neues Gesetz auf bereits bestehende Verträge nicht anzuwenden ist, und für Schuldverhältnisse, die vor dem 1. Januar 1902 bereits entstanden waren, das Recht ihrer Entstehungszeit maßgebend ist. Hiernach aber steht der Klägerin das Recht, welches sie in Anspruch nimmt — die Werke „Ihr einziger Bruder" und „Waldblumen", beide im Jahre 1882 erschienen, vom 1. Januar 1903 an in eine Gesamtausgabe aufnehmen zu dürfen —, nicht zu, weil für die im Jahre 1882 abgeschlossenen Verträge über diese beiden Werke das Recht des Bürgerlichen Gesetzbuchs für das Königreich Sachsen die Entscheidungsnorm bildet, und dieses Gesetz in § 1140 bestimmt, daß der Urheber eines Werkes, welcher einen Verlagsvertrag über dasselbe geschlossen hat, das Werk weder gleichzeitig einem anderen in Verlag geben, noch die Aufnahme desselben in eine Gesamtausgabe seiner Werke veranstalten darf." . . .

Register.

Die beigesetzten Zahlen beziehen sich auf die Seiten.

A. Sachregister.

A

F

J

K

N

O

P

T

U

Z

B. Gesetzesregister.

1. Reichsgesetze.

a. Bürgerliches Gesetzbuch.

b. Einführungsgesetz zum Bürgerlichen Gesetzbuche.

c. Allgemeines Deutsches Handelsgesetzbuch.

d. Handelsgesetzbuch von 1897.

2. Gemeines Recht.

Pandekten.

3. Französisches Recht.

Code civil.

4. Landesrecht.

Preußen.

a. Allgemeines Landrecht.

b. Einzelne Gesetze und Verordnungen.

Baden.

Bayern.

Elsaß-Lothringen.

Hessen-Darmstadt.

Mecklenburg-Schwerin.

Sachsen (Königreich).

C. Chronologische Zusammenstellung der Entscheidungen.

Seite

Zusammenstellung

der

im vierundfünfzigsten, der neuen Folge vierten Bande

mitgeteilten Entscheidungen

nach

Oberlandesgerichtsbezirken.

Berichtigungen.

Vierundfünfzigster Band.

S. 4 Z. 4 v. o. statt „Beschw.-Rep." lies „Rep".
„ 60 „ 11 v. u. statt „1903" lies „1902".

FSC
www.fsc.org
MIX
Papier | Fördert gute Waldnutzung
FSC® C083411

Kolibri 360 GmbH
Ferdinand-Jühlke-Straße 7
99095 Erfurt, Deutschland
produktsicherheit@kolibri360.de